Theologen, Ketzer, Heilige

Kleines Personenlexikon zur Kirchengeschichte

THEOLOGEN, KETZER, HEILIGE

Kleines Personenlexikon zur Kirchengeschichte

Herausgegeben von Manfred Heim

VERLAG C.H. BECK MÜNCHEN

Die Deutsche Bibliothek - CIP-Einheitsaufnahme

Theologen, Ketzer, Heilige : Kleines Personenlexikon zur Kirchengeschichte / hrsg. von Manfred Heim. – München : Beck, 2001
ISBN 3 406 47977 4

ISBN 3 406 47977 4

Satz: fgb · freiburger graphische betriebe
Druck und Bindung: Friedrich Pustet, Regensburg
Gedruckt auf säurefreiem, alterungsbeständigem Papier
(hergestellt aus chlorfrei gebleichtem Zellstoff)
Printed in Germany

www.beck.de

Inhalt

Vorwort

Auf die Frage König Maximilians II. von Bayern nach dem Sinn des Geschichtsablaufs gab Leopold von Ranke die berühmte und viel zitierte Antwort: „Ich aber behaupte: jede Epoche ist unmittelbar zu Gott, und ihr Wert beruht gar nicht auf dem, was aus ihr hervorgeht, sondern in ihrer Existenz selbst, in ihrem Eigenen selbst. Dadurch bekommt die Betrachtung der Historie, und zwar des individuellen Lebens in der Historie, einen ganz eigentümlichen Reiz, indem nun jede Epoche als etwas für sich Gültiges angesehen werden muß und der Betrachtung höchst würdig erscheint."

Vom „individuellen Leben in der Historie" in einem ganz konkreten Sinn handelt das vorliegende Lexikon, das rund tausend Persönlichkeiten aus zweitausend Jahren Geschichte der Kirche und der Kirchen vorstellen will. Es beschreibt bald knapp, bald ausführlicher, in jedem Fall anschaulich Leben und Schicksal, Werk und Wirkung bedeutender Gestalter und Gestalten der Kirchengeschichte von Jesus und den Aposteln bis zur Gegenwart und bietet erste (auch bibliographische) Information über Heilige und Mystiker, Kanonisten, Ketzer und Sektengründer, Päpste und Politiker, Kardinäle, Bischöfe und Äbte, Könige und Kaiser, wichtige christliche Denker und Lenker sowie katholische, evangelische und orthodoxe Theologen. Das schon aus Platzgründen zwingend gebotene und auch von daher bestimmte Auswahlkriterium bildete freilich nicht allein geschichtliche Größe, denn diese unterliegt – bekanntermaßen bei den Zeitzeugen und noch mehr bei der Betrachtung längst verschollener Zeiten – höchst unterschiedlicher Beurteilung. So mußten Personen und Persönlichkeiten aus dem weiten christlich-kulturellen Schaffensbereich – Komponisten, Dichter, Baumeister, Maler, Bildhauer, Stukkateure, Freskanten – ebenso unberücksichtigt bleiben wie viele geduldige Bekenner und mutige Blutzeugen ihres Glaubens, wie viele, die – auch still und leise – Großes in ihrer Zeit oder bis heute Bleibendes gewirkt haben.

Nach Zielsetzung und Inhalt ergänzt das Personenlexikon die beiden ebenfalls im Verlag C. H. Beck erschienenen Werke, die bisher erfreulich großes Interesse gefunden haben: Georg Schwaiger (Hg.), Mönchtum, Orden, Klöster. Von den Anfängen bis zur Gegenwart. Ein Lexikon (1993, ^{3}1998; italienisch: Mailand 1997, spanisch: Madrid 1998), und Manfred Heim, Kleines Lexikon der Kirchengeschichte (1998). Vielleicht vermag auch dieser Band Freude an der Beschäftigung mit

der vielgestaltigen Geschichte der christlichen Kirchen und den Menschen, die sie geprägt haben, zu erwecken.
Dem Herausgeber ist es eine ehrenvolle Pflicht, für vielfältige Mitarbeit und Unterstützung ein Wort von Herzen kommenden Dankes zu sagen: den Damen und Herren Autorinnen und Autoren der Beiträge, vom Verlag C. H. Beck Herrn Dr. Ernst-Peter Wieckenberg, der auch zu diesem Buch die Idee hatte und es initiierte, und Herrn Dr. Ulrich Nolte für seine wie immer freundschaftliche und akribische Betreuung im Lektorat.
Besonderer Dank gebührt Frau Susanne Stübinger und Herrn Wolfgang Rotzsche, M. A., meinen Mitarbeitern im Seminar für Bayerische Kirchengeschichte an der Ludwig-Maximilians-Universität München, sowie Herrn Priv.-Doz. Dr. Josef Kreiml, die mit großem Einsatz an der technischen und redaktionellen Bearbeitung mitgewirkt haben.

München, am 1. Mai 2001 Manfred Heim

Autorenverzeichnis

Siegmar Döpp, Dr. phil., Professor für Klassische Philologie, Universität Göttingen

Stephan Haering OSB, Dr. theol., Professor für Kirchenrecht, Universität München

Karl Hausberger, Dr. theol., Professor für Mittlere und Neue Kirchengeschichte, Universität Regensburg

Manfred Heim, Dr. theol., Professor für Bayerische Kirchengeschichte, Universität München

Hans-Georg Hermann, Dr. jur., wiss. Assistent, Leopold-Wenger-Institut für Rechtsgeschichte, Universität München

Franz Kalde, Dr. iur. can., Univ.-Doz., Universität Salzburg

Hans-Martin Kirn, Dr. theol., Professor für Theologie, Universität Kampen (Niederlande)

Josef Kreiml, Dr. theol., Priv.-Doz., Universität München

Ruth Meyer, Dr. phil., wiss. Mitarbeiterin, Albertus-Magnus-Institut, Bonn

Jörg Müller, Dr. phil., wiss. Assistent, Leopold-Wenger-Institut für Rechtsgeschichte, Universität München

Wolfgang Rotzsche, M. A., Doktorand, Mitarbeiter am Seminar für Bayerische Kirchengeschichte, Universität München

Marianne Sammer, Dr. phil., Priv.-Doz., wiss. Assistentin, Institut für Bayerische Geschichte, Universität München

Marianne Schlosser, Dr. theol., Priv.-Doz., Akad. Oberrätin, Grabmann-Institut zur Erforschung der mittelalterlichen Theologie und Philosophie, Universität München

Georg Schwaiger, Dr. theol., Professor für Kirchengeschichte des Mittelalters und der Neuzeit, Universität München

Susanne Stübinger, Doktorandin, Mitarbeiterin am Seminar für Bayerische Kirchengeschichte, Universität München

Rudolf Voderholzer, Dr. theol., wiss. Assistent, Institut für Dogmatik, Universität München

Abkürzungsverzeichnis

1. Allgemeine Abkürzungen

Nicht aufgeführt sind Wörter, bei denen lediglich die adjektivischen Endungen -ich und -isch abgekürzt wurden, sowie allgemein verständliche Abkürzungen. Der Beugungsfall ist mit Ausnahme des jeweils im Artikel abgekürzten Personenlemmas und der Jh.-Angaben nicht kenntlich gemacht.

ahd.	althochdeutsch
amerik.	amerikanisch
angl.	anglikanisch
a.o.	außerordentlich
AT	Altes Testament
atl.	alttestamentlich
Ausg.	Ausgabe(n)
bayr.	bayerisch
Bd./Bde.	Band/Bände
bed.	bedeutend
bes.	besonders
Bf.	Bischof
bfl.	bischöflich
byz.	byzantinisch
dt.	deutsch
EA	Erstausgabe
ebd.	ebenda
Ebf.	Erzbischof
ebfl.	erzbischöflich
ed.	ediert von
EKD	Evangelische Kirche in Deutschland
engl.	englisch
europ.	europäisch
ev.	evangelisch
f.	folgende
fränk.	fränkisch
frz.	französisch
gr.	griechisch
hebr.	hebräisch
Hg./Hgg.	Herausgeber (Sg.)/(Pl.)
hl./Hl./hll./Hll.	heilig/Heilige(r)/heilige/Heilige (Pl.)
Hzg.	Herzog

it.	italienisch
Jh.	Jahrhundert
jüd.	jüdisch
Kard.	Kardinal
kath.	katholisch
Kf.	Kurfürst
kgl.	königlich
Kgr.	Königreich
Klr.	Kloster/Klöster
Ks.	Kaiser
ksl.	kaiserlich
lat.	lateinisch
ltd.	leitend
luth.	lutherisch
MA	Mittelalter
ma.	mittelalterlich
mhd.	mittelhochdeutsch
mod.	modern
n. Chr.	nach Christus
NT	Neues Testament
ntl.	neutestamentlich
ökum.	ökumenisch
ÖRK	Ökumenischer Rat der Kirchen
orth.	orthodox
österr.	österreichisch
P.	Papst
philos.	philosophisch
pol.	politisch
prot.	protestantisch
rel.	religiös
röm.	römisch
russ.	russisch
S.	San, Sanctus, Sant', Santo
sächs.	sächsisch
sel.	selig
sog.	sogenannt
soz.	sozial
span.	spanisch
St./St	Sankt/Saint(e)
syr.	syrisch
theol.	theologisch
trad.	traditionell
Univ.	Universität(en)
urspr.	ursprünglich
Vat./vat.	Vatikanisch/vatikanisch
v. Chr.	vor Christus

VELKD	Vereinigte Evangelisch-Lutherische Kirche in Deutschland
Verf.	Verfasser
wiss.	wissenschaftlich
Zs.	Zeitschrift

2. Bibliographische Abkürzungen und Kurztitel

AHP	Archivum Historiae Pontificiae, Rom 1963 ff.
BBKL	Biographisch-Bibliographisches Kirchenlexikon. Begründet und hg. von F. W. Bautz (†). Fortgeführt von T. Bautz, Herzberg 1975 ff.
[1,2]BKV	Bibliothek der Kirchenväter. Eine Auswahl patristischer Werke in deutscher Übersetzung, 1. Aufl., 80 Bde., Kempten-München 1869–1888, 2. Aufl., 83 Bde., Kempten-München 1911–1939.
Boehm	Biographisches Lexikon der Ludwig-Maximilians-Universität München. Hg. von L. Boehm, W. Müller, W. J. Smolka, H. Zedelmaier, Teil 1: Ingolstadt-Landshut 1472–1826. Mit einem Beitrag von Ch. Schöner: Die „magistri regentes" der Artistenfakultät 1472–1526 (Ludovico Maximilianea, Forschungen Bd. 18), Berlin 1998.
Brecht	M. Brecht, K. Deppermann, U. Gäbler, H. Lehmann (Hgg.), Geschichte des Pietismus, Göttingen 1993 ff.
DA	Deutsches Archiv für Erforschung (1937–1944: für Geschichte) des Mittelalters, Marburg/Köln–Weimar-Wien 1951 ff.
DBE	Deutsche Biographische Enzyklopädie, 10 Bde. Hg. von W. Killy, Darmstadt 1995–1998.
DBI	Dizionario biografico degli Italiani, Rom 1960 ff.
DH	Heinrich Denzinger, Enchiridion symbolorum, definitionum et declarationum de rebus fidei et morum. Kompendium der Glaubensbekenntnisse und kirchlichen Lehrentscheidungen. Lateinisch-deutsch, 38. Aufl. Verbessert und erweitert, übersetzt und hg. von P. Hünermann unter Mitwirkung von H. Hoping, Freiburg-Basel-Rom-Wien 1999.
DHP	Dictionnaire Historique de la Papauté. Hg. von Ph. Levillain, Paris 1994.
DIP	Dizionario degli Istituti di Perfezione. Hg. von G. Pellicia, G. Rocca, Rom 1974 ff.

DNP	Der Neue Pauly. Enzyklopädie der Antike. Hg. von H. Cancik, H. Schneider, Stuttgart 1996ff.
DSp	Dictionnaire de Spiritualité Ascétique et Mystique. Doctrine et Histoire, 17 Bde., Paris 1932–1995.
EC	Enciclopedia Cattolica, 12 Bde., Vatikanstadt 1948–1954.
[3]EKL	Evangelisches Kirchenlexikon. Internationale Theologische Enzyklopädie, 3. Aufl., 4 Bde. und Register-Bd., Göttingen 1968–1997.
FC	Fontes Christiani. Zweisprachige Neuausgabe christlicher Quellentexte aus Altertum und Mittelalter, Freiburg-Rom-Wien 1991 ff.
Gasper	H. Gasper, J. Müller, F. Valentin (Hgg.), Lexikon der Sekten, Sondergruppen und Weltanschauungen. Fakten, Hintergründe, Klärungen, Freiburg-Basel-Wien 1994 (überarbeitete Neuausgabe 2000).
Gatz B 1448	Die Bischöfe des Heiligen Römischen Reiches 1448 bis 1648. Ein biographisches Lexikon. Hg. von E. Gatz unter Mitwirkung von C. Brodkorb, Berlin 1996.
Gatz B 1648	Die Bischöfe des Heiligen Römischen Reiches 1648 bis 1803. Ein biographisches Lexikon. Hg. von E. Gatz unter Mitwirkung von S. M. Janker, Berlin 1990.
Gatz B 1803	Die Bischöfe der deutschsprachigen Länder 1785/1803 bis 1945. Ein biographisches Lexikon. Hg. von E. Gatz, Berlin 1983.
GKG	M. Greschat (Hg.), Gestalten der Kirchengeschichte, 14 Bde., Stuttgart-Berlin-Köln-Mainz 1981–1986 (Taschenbuch-Neuauflage 1994).
HDRG	Handwörterbuch zur deutschen Rechtsgeschichte, Berlin 1971 ff.
HJb	Historisches Jahrbuch der Görres-Gesellschaft, Köln/München 1880ff.
HLL	Handbuch der Lateinischen Literatur der Antike. Hg. von R. Herzog und P. L. Schmidt, München 1969ff.
Kaufmann	Th. Kaufmann, Reformatoren (Kleine Reihe V. & R. 4004), Göttingen 1998.
Kéry	L. Kéry, Canonical Collections of the Early Middle Ages, Washington 1999.
[4]Kleinheyer-Schröder	G. Kleinheyer, J. Schröder (Hgg.), Deutsche und Europäische Juristen aus neun Jahrhunderten. 4. neubearbeitete und erweiterte Aufl., Heidelberg 1996.
KThD	H. Fries, G. Schwaiger (Hgg.), Katholische Theologen Deutschlands im 19. Jahrhundert, 3 Bde., München 1975.

^{2}LACL	Lexikon der antiken christlichen Literatur. Hg. von S. Döpp, W. Geerlings unter Mitarbeit von P. Bruns, G. Röwekamp, M. Skeb (OSB), 2. Aufl., Freiburg-Basel-Wien 1999.
LCI	Lexikon der christlichen Ikonographie. Hg. von E. Kirschbaum, W. Braunfels, 8 Bde., Rom-Freiburg-Basel-Wien 1968–1976 (Taschenbuchausgabe 1994).
LLex	Literaturlexikon. Autoren und Werke deutscher Sprache. Hg. von W. Killy, Gütersloh-München 1988 ff.
LMA	Lexikon des Mittelalters. 9 Bde. und Register-Bd., München-Zürich 1980–1999 (Studienausgabe Stuttgart 1999; CD-Rom Stuttgart 2000).
^{3}LThK	Lexikon für Theologie und Kirche, 3.Aufl., 10 Bde., Freiburg-Basel-Rom-Wien 1993–2001.
Metzler	Metzler Lexikon christlicher Denker. 700 Autorinnen und Autoren von den Anfängen des Christentums bis zur Gegenwart. Hg. von M. Vinzent unter Mitarbeit von U. Volp und U. Lange, Stuttgart-Weimar 2000.
NDB	Neue Deutsche Biographie, Berlin 1953 ff.
Obst	H. Obst, Apostel und Propheten der Neuzeit. Gründer christlicher Religionsgemeinschaften des 19. und 20. Jahrhunderts. 4. stark erweiterte und aktualisierte Aufl., Göttingen 2000.
RAC	Reallexikon für Antike und Christentum. Sachwörterbuch zur Auseinandersetzung des Christentums mit der antiken Welt, Stuttgart 1941 ff.
^{2}RGA	Reallexikon der Germanischen Altertumskunde, 2. Aufl., Berlin-New York 1973 ff.
^{4}RGG	Die Religion in Geschichte und Gegenwart. 4. Aufl., Tübingen 1998 ff.
Schwaiger (1987)	G. Schwaiger, Christenleben im Wandel der Zeit, Bd. 1: Lebensbilder aus der Geschichte des Bistums Freising; Bd. 2: Lebensbilder aus der Geschichte des Erzbistums München und Freising, München 1987.
^{3}Schwaiger	G. Schwaiger (Hg.), Mönchtum, Orden, Klöster. Von den Anfängen bis zur Gegenwart. Ein Lexikon, 3. Aufl., München 1998.
Schwaiger (1999)	G. Schwaiger, Papsttum und Päpste im 20. Jahrhundert. Von Leo XIII. zu Johannes Paul II., München 1999.
^{7}StL	Staatslexikon. Recht, Wirtschaft, Gesellschaft. Hg. von der Görres-Gesellschaft, 7. Aufl., 7 Bde., Freiburg-Basel-Wien 1985–1993.

[2]Stolleis	M. Stolleis (Hg.), Juristen. Ein biographisches Lexikon. Von der Antike bis zum 20. Jahrhundert, 2. Aufl., München 2001.
TRE	Theologische Realenzyklopädie, Berlin-New York 1977 ff. (Register zu Bd. 1–27, 1998; Studienausgabe: Teil 1, Bde. 1–17 und Index-Bd., 1993, Teil 2, Bde. 18–27, 1999).
[2]VerfLex	Die deutsche Literatur des Mittelalters. Verfasserlexikon, 2. völlig neu bearb. Aufl., Berlin 1978 ff.

3. Abkürzungen von Ordensbezeichnungen

Nachfolgend bedeuten (der Beugungsfall ist jeweils nicht kenntlich gemacht): B. M. V. = Beata Maria Virgo; C. = Congregatio; Can. = Canonicus; Cl. = Clerici; I. = Institutum; Miss. = Missionarius; O. = Ordo; Reg. = Regularis; S. = Sanctus; Soc. = Societas.

CASH	(Cl. Apostolici S. Hieronymi): Jesuaten
CCRRMM	(O. Cl. Reg. Minorum): Mindere Regularkleriker (Caraccioliner)
CMF	(Cordis Mariae Filii): Claretiner
CP	(C. Passionis Iesu Christi): Passionisten
CR	(O. Cl. Reg. vulgo Theatinorum): Theatiner
CRS	(O. Cl. Reg. a Schomascha): Somasker
C(R)SA	(Can. Reg. S. Augustini): Augustiner-Chorherren
CRV	(C. Can. Reg. Vindesemensis-Victorina): Augustiner-Chorherren von Windesheim-St. Victor
CSsR	(C. Sanctissimi Redemptoris): Redemptoristen
CVUOSB	(C. Vallis Umbrosae O. S. Benedicti): Vallombrosaner
IC	(I. Caritatis): Institut der Liebe, Rosminianer
OAD	(O. Augustiniensium Discalceatorum): Augustiner-Barfüßer
OC/OCarm	(O. Fratrum B. M. V. de Monte Carmelo): Karmeliten
OCart	(O. Cartusiensis): Kartäuser
OCist	(O. Cisterciensis): Zisterzienser
OCD	(O. Fratrum Discalceatorum/Sororum Discalceatarum B. M. V. de Monte Carmelo): Unbeschuhte Karmeliten/Karmelitinnen
OCR/OCSO	(O. Cisterciensium [Reformatorum seu] Strictioris Observantiae): Trappisten
OESA	(O. Fratrum Eremitarum S. Augustini): Augustiner-Eremiten (seit 1969: OSA)
OFM	(O. Fratrum Minorum): Franziskaner

OFMCap	(O. Fratrum Minorum Capuccinorum): Kapuziner
OFMConv	(O. Fratrum Minorum Conventualium): Konventualen, Minoriten, Schwarze Franziskaner
OM	(O. Minimorum): Minimen, Paulaner
OP	(O. Praedicatorum): Dominikaner
OPraem	(Candidus et Can. O. Praemonstratensis): Prämonstratenser
OSA	(O. S. Augustini): Augustiner
OSB	(O. S. Benedicti): Benediktiner
OSCl	(O. S. Clarae): Klarissen
OSPPE	(O. Fratrum S. Pauli Primi Eremitae): Pauliner
OSSalv	(O. Sanctissimi Salvatoris): Orden vom Heiligsten Erlöser, Birgitten
OSST	(O. Sanctissimae Trinitatis): Trinitarier
OVM	(O. de Visitatione B. M. V.): Orden der Heimsuchung Mariä; Visitandinnen, Salesianerinnen
SAC	(Soc. Apostolatus Catholici): Pallottiner
SDB	(Soc. S. Francisci Salesii): Salesianer Don Boscos
SJ/SI	(Soc. Jesu): Gesellschaft Jesu, Jesuiten
SM	(Soc. Mariae): Maristen, Marianisten
SSCC	(C. Sacrorum Cordium Jesu et Mariae necnon Adorationis perpetuae Sanctissimi Sacramenti Altaris): Genossenschaft von den Heiligen Herzen Jesu und Mariä und von der ewigen Anbetung des Heiligsten Altarsakraments: Picpus-Patres, Arnsteiner Patres
SVD	(Soc. Verbi Divini): Steyler Missionare

4. Namen und Abkürzungen der biblischen Bücher

(nach dem „Ökumenischen Verzeichnis der biblischen Eigennamen nach den Loccumer Richtlinien“, Stuttgart [2]1981; in Klammern die in der Tradition der Lutherbibel stehenden Namen)

Altes Testament (AT)

Gen	Das Buch Genesis (Das erste Buch Mose)
Ex	Das Buch Exodus (Das zweite Buch Mose)
Lev	Das Buch Levitikus (Das dritte Buch Mose)
Num	Das Buch Numeri (Das vierte Buch Mose)
Dtn	Das Buch Deuteronomium (Das fünfte Buch Mose)
Jos	Das Buch Josua
Ri	Das Buch Richter
Rut	Das Buch Rut
1 Sam	Das erste Buch Samuel
2 Sam	Das zweite Buch Samuel
1 Kön	Das erste Buch der Könige

2 Kön	Das zweite Buch der Könige
1 Chr	Das erste Buch der Chronik
2 Chr	Das zweite Buch der Chronik
Esra	Das Buch Esra
Neh	Das Buch Nehemia
Tob	Das Buch Tobit (Das Buch Tobias)
Jdt	Das Buch Judit
Est	Das Buch Ester
1 Makk	Das erste Buch der Makkabäer
2 Makk	Das zweite Buch der Makkabäer
Ijob	Das Buch Ijob (Das Buch Hiob)
Ps	Die Psalmen
Spr	Das Buch der Sprichwörter (Die Sprüche Salomos)
Koh	Das Buch Kohelet (Der Prediger Salomo [Pred])
Hld	Das Hohelied (Das Hohelied Salomos)
Weish	Das Buch der Weisheit (Die Weisheit Salomos)
Sir	Das Buch Jesus Sirach
Jes	Das Buch Jesaja
Jer	Das Buch Jeremia
Klgl	Die Klagelieder
Bar	Das Buch Baruch
Ez	Das Buch Ezechiel (Das Buch Hesekiel [Hes])
Dan	Das Buch Daniel
Hos	Das Buch Hosea
Joël	Das Buch Joël
Am	Das Buch Amos
Obd	Das Buch Obadja
Jona	Das Buch Jona
Mi	Das Buch Micha
Nah	Das Buch Nahum
Hab	Das Buch Habakuk
Zef	Das Buch Zefanja
Hag	Das Buch Haggai
Sach	Das Buch Sacharja
Mal	Das Buch Maleachi

Neues Testament (NT)

Mt	Das Evangelium nach Matthäus
Mk	Das Evangelium nach Markus
Lk	Das Evangelium nach Lukas
Joh	Das Evangelium nach Johannes
Apg	Die Apostelgeschichte
Röm	Der Brief an die Römer
1 Kor	Der erste Brief an die Korinther
2 Kor	Der zweite Brief an die Korinther
Gal	Der Brief an die Galater

Eph	Der Brief an die Epheser
Phil	Der Brief an die Philipper
Kol	Der Brief an die Kolosser
1 Thess	Der erste Brief an die Thessalonicher
2 Thess	Der zweite Brief an die Thessalonicher
1 Tim	Der erste Brief an Timotheus
2 Tim	Der zweite Brief an Timotheus
Tit	Der Brief an Titus
Phlm	Der Brief an Philemon
Hebr	Der Brief an die Hebräer
Jak	Der Brief des Jakobus
1 Petr	Der erste Brief des Petrus
2 Petr	Der zweite Brief des Petrus
1 Joh	Der erste Brief des Johannes
2 Joh	Der zweite Brief des Johannes
3 Joh	Der dritte Brief des Johannes
Jud	Der Brief des Judas
Offb	Die Offenbarung des Johannes

Die Artikel von Abaelard bis Zwingli

A

Abaelard, Peter, * 1079 (Le Pallet bei Nantes), † 21. 4. 1142 (Klr. Cluny). Der Name A.s ist untrennbar verbunden mit dem der hochgebildeten Kanonikertochter Heloïsa (1101–1164). Ihre tragische Liebesgeschichte dokumentieren eine autobiograph. Schrift A.s und ein Briefwechsel, die in die Literatur eingegangen sind. Um 1117 wird er vom Kanoniker Fulbert zum Hauslehrer von dessen 17jähriger Ziehtochter Heloïsa bestellt. Zwischen dem Lehrer und seiner Schülerin entbrennt eine leidenschaftl. Liebe, die jedoch entdeckt wird: Fulbert läßt A. entmannen und die schwangere Heloïsa ins Kloster verbringen. A.s Leben ist bis an sein Ende unstet und von höchst wechselvollem Geschick. Als Lehrer für Logik berühmt und wegen seiner Scharfsinnigkeit gleichermaßen gefürchtet wie beneidet, sammelt er immer wieder eine große Schülerschar um sich. Als A. seine subtilen sprachlog. Überlegungen auch auf die Theologie anwendet, formuliert er Thesen zur Trinitätslehre, Soteriologie und Ethik, die 1121 als häret. verurteilt werden. A.s Versuch, sich gegen massive Einwände von → Bernhard von Clairvaux und Wilhelm von St. Thierry zu verteidigen, scheitert. 1140 nochmals verurteilt, findet er bis zu seinem Tod im Jahr 1142 Zuflucht im Klr. Cluny. Selbst im Tod finden A. und Heloïsa keine Ruhe: Das 1497 für ihre Gebeine errichtete Grab wurde während der Frz. Revolution zerstört und erst 1817 als Ehrengrab in Paris (Friedhof Père Lachaise) wieder hergestellt.

Lit.: [3]LThK 1 (1993), 9 f.; A., Die Leidensgeschichte und der Briefwechsel mit Heloisa. Übertr. und hg. von E. Borst. Nachwort von W. Berschin ([4]1987); LMA 1 (1980), 7–10; TRE 1 (1977), 7–17.

Ruth Meyer

Abraham a Sancta Clara (Johann Ulrich Megerle), OAD, Volksprediger und Schriftsteller, * 2. 7. 1644 (Kreenheinstetten bei Meßkirch/Baden), † 1. 12. 1709 (Wien). Nach Abschluß seiner Ausbildung auf der SJ-Schule in Ingolstadt und an der OSB-Univ. in Salzburg legte A. 1663 bei den Augustiner-Barfüßern in Mariabrunn Profeß ab. Es folgten weitere Studien in Wien, Prag und Ferrara, 1668 die Priesterweihe. 1670–1672 war er als Wallfahrtsprediger in Taxa (Bayern) tätig, dann als Prediger in Wien, wo ihn 1677 Ks. Leopold I. zum ksl. Prediger ernannte. 1680 hatte A. das Priorat in Wien inne, 1683–1688 das in Graz. 1689 wurde A. in Wien zum Provinzial bestellt, 1692 zum *Definitor provinciae*. 1686, 1689 und 1692 führte ihn sein Amt nach Rom. Zus.

mit Jeremias Drexel gehörte A. zu den erfolgreichsten Schriftstellern der Kath. Reform: 1670–1785 waren seine 56 Schriften volksnahen Stils, die sich durch eine blumenreiche, mitunter derbe Sprache auszeichnen, in 323 Ausg. erschienen. Hervorgehoben seien die Kanzelreden zur Pestepidemie in Wien von 1679 (*Mercks Wien*), zur Türkenbelagerung von 1683 (*Auff, auff ihr Christen*), A.s Stände- und Narrensatiren und sein Hauptwerk, *Judas der Ertz-Schelm* (1686–1695, 4 Bde.), eine Moralsatire.

Lit.: J. Schillinger, A. (1993); F. M. Eybl, A. (1992). MARIANNE SAMMER

Adalbert von Prag, hl. (Fest 23. 8), Bf. von Prag, Märtyrer, * um 956 (Libice), † 23. 4. 997 (am Friesischen Haff). A. stammte aus der böhm. Fürstenfamilie Slavnik. Vojtěch empfing von Ebf. Adalbert von Magdeburg die Firmung und zugleich dessen Vornamen. Erzogen wurde er an der Domschule zu Magdeburg. A. wurde 983 zweiter Bf. von Prag. Ihm ist die Gründung des ersten Männerklr. Břevnov zu verdanken. Zweimal mußte er sein Bistum verlassen. In Rom trat A. in das gr.-lat. Kloster St. Bonifatius und Alexius ein. Mit Ks. → Otto III. besprach er weitgehende Missionspläne. Seine Missionsreisen führten ihn u. a. nach Ungarn und Polen. A. erlitt 997 während der Heidenmission in Preußen den Märtyrertod. Nach der Beisetzung in Gnesen erfolgte bereits 999 die Heiligsprechung. Er gilt als zentrale Gestalt der frühen osteurop. Kirchengeschichte. Seine Gebeine ruhen in Prag. A. wird seit Ende des 11. Jh.s als Patron Polens angerufen.

Lit.: H. H. Henrix (Hg.), A.v.P. (1997). WOLFGANG ROTZSCHE

Adam, Karl, Dogmatiker, * 22. 10. 1876 (Pursruck), † 1. 4. 1966 (Tübingen). 1900 zum Priester geweiht, war A. ab 1917 Prof. für Moraltheologie in Straßburg und 1919–1949 Prof. für Dogmatik in Tübingen. Er hat wichtige Einsichten zum Thema der Glaubenserkenntnis gewonnen. A.s Ekklesiologie (Kirche als Fortdauer der Menschwerdung Christi) wirkte bis in die Dogmat. Konstitution *Lumen gentium* des II. Vatikanums hinein. Seine Christologie trug entscheidend zu einer neuen Zentrierung der kath. Theologie des 20. Jh.s bei.

Lit.: M. Lehmeyer, Vordenker des Glaubens (1998); ³LThK 1 (1993), 141 f.; H. Kreidler, Eine Theologie des Lebens (1988); K. A., Das Wesen des Katholizismus (¹¹1946); K. A., Jesus Christus (⁷1946). JOSEF KREIML

Adam von Bremen, Geschichtsschreiber, † 12. 10. 1081/85. A. stammte aus Ostfranken. Die Erziehung erfolgte an der Domschule zu Bamberg. Seit 1066/67 wirkte er in Bremen, seit 1069 als Domscholaster. Zu verdanken war diese Funktion seinem Freund Ebf. Adalbert von Bremen. Sein Wirken am Hof des dänischen Kg. Svend Estridsen brachte ihm Kenntnisse über die Verhältnisse in den nordischen Ländern ein; seine Geschichte des Erzbistums Hamburg/Bremen *Gesta Hammaburgensis ecclesiae pontificum* bringt die erste Völker- und Landeskunde Skandinaviens und stellt eine außerordentl. wichtige Geschichtsquelle dar. Die ersten beiden Bücher behandeln die Erzbischöfe von Hamburg-Bremen bis 1043, das dritte Buch ist Adalbert von Bremen gewidmet, das vierte behandelt Skandinavien, Island und Grönland anhand einer Völker- und Länderkunde. Im Vordergrund steht die Missionierung des Nordens. Abgeschlossen wurde das Werk 1075/76 und von A. nochmals bis 1080/81 überarbeitet. Es sind mehr als 20 Handschriften erhalten.

Lit.: [3]LThK 1 (1993), 139.
WOLFGANG ROTZSCHE

Aegidius von Rom (Romanus), OESA, Theologe, Ebf. von Bourges, * um 1243/47 (Rom), † 22. 12. 1316 (Avignon). Ae. studierte seit etwa 1260 in Paris, 1269–1272 als Schüler des → Thomas von Aquin, und lehrte dort bis 1277, dann wieder 1285–1291 als hochgelehrter Magister der Theologie. 1292–1295 wirkte er als Ordensgeneral der Augustiner, nach seiner Bestellung zum Ebf. von Bourges (1295) als Mitarbeiter und Vertrauter P. → Bonifaz' VIII. 1296–1299 und 1302/03 in Rom. Für diesen verfaßte er u. a. den Traktat *De ecclesiastica potestate* (*Über die kirchliche Gewalt*), mit dem er den päpstl. Universalanspruch auch in weltl. Dingen theol. begründete. Die hierin formulierten Argumente fanden Eingang in die berühmte Bulle *Unam sanctam* (1302). Sein schon 1280 für den Kronprinzen → Philipp IV. den Schönen geschriebener Fürstenspiegel *De regimine principum* (*Über die Regentschaft der Fürsten*) erfreute sich später großer Beliebtheit.

Lit.: Metzler 4f.; [3]LThK 1 (1993), 180f.
MANFRED HEIM

Aemiliani, Hieronymus (Gerolamo Miani), hl. (Fest 8. 2.), Ordensgründer (CRS), * 1486 (Venedig), † 8. 2. 1537 (Somasca bei Bergamo). Begegnung mit oberit. Reformkreisen (→ Cajetan von Thiene); soz.-karitatives Engagement v. a. für Waisenkinder. Zentrale seiner Arbeit war seit 1534 in Somasca; durch A. Gründung der *Gesellschaft der Diener der Armen*, aus der der Regularkleriker-Orden der *Somasker* hervorging; Bestätigung 1540 durch P. → Paul III.; 1568 Erhebung zum eigtl. Orden (Augustinusregel) mit den Privilegien der Bettelorden und Exemtion; Schwerpunkte der Arbeit: Waisen- und Armenhäuser, Jugenderziehung, Pfarrseelsorge; weibl. Zweige: *Somasche* und *Oblatinnen der Mutter der Waisen*. P. → Pius XI. erklärte A. zum universalen Patron der Waisen und der verlassenen Jugend.

Lit.: [3]LThK 5 (1996), 93; [3]Schwaiger 414f.
SUSANNE STÜBINGER

Agnes, hl. (Fest 21. 1., Ostkirche: 5. 7), eine der berühmtesten Märtyrerinnen der Alten Kirche (entweder unter → Diocletian 304, oder unter → Valerian 258/59). Der Überlieferung nach wurde ihr bereits als sehr jungem Mädchen die Bewährung des Glaubens und ihrer Liebe zu Christus, dem sie sich im Jungfräulichkeitsgelübde geistl. vermählt hatte, abverlangt. Ihre Verehrung ist bereits im 4. Jh. bezeugt (354), A. wird im röm. Meß-Kanon und in den liturg. Texten der Ostkirche genannt; der hl. → Ambrosius erzählt von ihrem Martyrium durch das Schwert, die A.-*Passio* wurde auch für andere liturg. und geistl. Texte einflußreich. Über A.' Grab an der Via Nomentana wurde im 4. Jh. eine Basilika errichtet (heutige Gestalt: 7. Jh.), eine zweite Kirche (S. Agnese in Agone) entstand im 8. Jh. über der Stelle ihres Martyriums. Früheste Darstellung: mit Märtyrer-Krone, in Orantenhaltung; ab dem 6. Jh. mit dem Lamm (lat. *agnus*), eine Anspielung auf Christus, das Lamm Gottes, und A.' Namen, obwohl dieser von gr. *Hagne* (die Reine) abzuleiten ist. Aus der Wolle von Lämmern, die am A.-Tag in Rom gesegnet werden, wird trad. das Pallium der Erzbischöfe gefertigt.

Lit.: [3]LThK 1 (1993), 237f.; LCI 5 (1974), 58–63. MARIANNE SCHLOSSER

Agricola, Johann (Schneider, Schnitter; auch Islebius), ev. Theologe und Reformator, * 20. 4. 1492/94 (Eisleben), † 22. 9. 1566 (Berlin). A., ein Schüler → Luthers, war nach Studien in Leipzig und Wittenberg seit 1525 u.a. Prediger in Eisleben und Rektor der dortigen Lateinschule, seit August 1540 Hofprediger Joachims II. von Brandenburg in Berlin, Generalsuperintendent und Visitator. In den antinomist. Streitigkeiten bezog er Stellung gegen → Melanchthon und Luther, was 1537 zum Bruch führte, im Augsburger Interim (1548) für Ks. → Karl V. Als Theologe, Kirchenlieddichter und Hg. der ersten Sprichwörtersammlung in hochdt. Sprache hinterließ A. ein umfangreiches Werk.

Lit.: [4]RGG 1 (1998), 191; DBE 1 (1995), 54; [3]LThK 1 (1993), 249f. MANFRED HEIM

Agricola, Michael, finn. Reformator, * um 1510 (Pernå/Pernaja), † 9. 4. 1557 (Uusikirkko). Der Sohn eines Fischers studierte auf Veranlassung des reformorientierten Bf. Martin Skytte (1457–1550), dessen Sekretär er seit 1528 war, 1536–1539 in Wittenberg und kehrte mit Empfehlungsschreiben M. → Luthers und Ph. → Melanchthons nach Finnland zurück. Er wirkte als Rektor der Kathedralschule in Åbo (Turku) und Berater Skyttes, dem er im Amt nachfolgte (offiziell seit 1554). Sein humanist. geprägtes reformator. Wirken vermied, bes. in der Frömmigkeitspraxis, starke Brüche mit der Tradition. A. lieferte wesentl. Beiträge zur Entstehung der finn. Schriftsprache und zur Formierung eines nat. Bewußtseins. Als lit. Hauptwerk A.s gilt die schon in Wittenberg begonnene Übersetzung des NT (1548). Daneben sind das ABC-Buch (sog. Fibel) von 1543, das Gebetbuch von 1544, Katechismus und Meßbuch von 1549 und die Übers. von Teilen des AT (Psalter u.a.) von 1551/52 bedeutsam.

Lit.: [4]RGG 1 (1998), 191; V. Tarkiainen, K. Tarkiainen, M. A. (1985). HANS-MARTIN KIRN

Ailly, Pierre d', Gelehrter, Konzilstheologe, * um 1350 (Compiègne), † 9. 8. 1420 (Avignon). 1389 Kanzler der Univ. Paris, in diesem Amt folgte ihm 1395 sein Schüler J. → Gerson. Sein Leben fiel in die Zeit des Papstschismas, während dessen zwei, zeitweise drei Päpste die Legitimität ihres Anspruchs behaupteten. A. nahm am Konzil von Pisa (1409) teil und war eine wichtige

Persönlichkeit auf dem Konzil von Konstanz (1414–1418), wo er zu den Vertretern der Überordnung der Autorität des Allg. Konzils über die Autorität des Papstes gehörte.

Lit.: [3]LThK 8 (1999), 101–103.

MARIANNE SCHLOSSER

Akakios (Akazius) von Konstantinopel, seit 471 Bischof und Patriarch, † 489. Nach A. ist das 484–519 währende *Akazianische Schisma* zw. Rom und Konstantinopel benannt, das begann, als in der Auseinandersetzung um den Monophysitismus P. Felix II. (III., 483–492) über A. Bann und Absetzung aussprach.

Lit.: [3]LThK 1 (1993), 285 f.

MANFRED HEIM

Alacoque, Marguerite-Marie, hl. (Fest 16. 10.), * 22. 7. 1647 (Lauthecour), † 17. 10. 1690 (Paray-le-Monial). Mit dem Namen der Nonne von Paray-le-Monial (Profeß 1672) ist v.a. die Ausbreitung der Herz-Jesu-Verehrung verbunden. In mehreren Visionen erhielt sie den Auftrag, für die öffentl. und liturg. Verehrung des Herzens Jesu einzutreten, um dadurch die gottmenschl. Liebe des Erlösers wieder stärker ins Bewußtsein der Christgläubigen zu heben.

Lit.: Heilige M. M. A. Leben und Offenbarungen von ihr selbst geschrieben und ergänzt durch Zeitgenossen ([5]1994).

MARIANNE SCHLOSSER

Albertus Magnus, hl. (Fest 15. 11.), OP (1223), Theologe, * ca. 1200 (wohl Lauingen), † 15. 11. 1280 (Köln). Nach dem Eintritt in den OP entfaltet sich A.' ungewöhnl. wiss., seelsorgl. und pol. Talent. Erster Höhepunkt seines Wirkens ist 1245–1248 eine Professur für Theologie in Paris. Weitere hohe Ämter im Orden folgen. 1260 wird A. trotz Widerstand aus dem Orden Bf. von Regensburg; dieses Amt gibt A. bereits zwei Jahre später wieder ab. Danach ist er als Legat des P. Urban IV. und Kreuzzugsprediger in Deutschland unterwegs. Von pol. Bedeutung sind mehrere Friedensmissionen in seiner Wahlheimat Köln, wo er von etwa 1270 an lebt und über 80jährig stirbt. A. hinterließ ein umfangreiches Gesamtwerk, das ihn als Universalgelehrten seiner Zeit ausweist. Seine umfassende Kompetenz in Naturwissenschaft, Philosophie und Theologie würdigen der Ehrentitel *Doctor universalis* und der Beiname *der Große* (*Magnus*). Geistesgeschichtl. von bes. Bedeutung ist seine Kommentierung aller Schriften des Aristoteles, welche die Aristotelesrezeption im 13. Jh. wesentl. fördert. Von A.' Aufarbeitung einer Fülle antiker, patrist. und zeitgenöss. Quellen, darunter bes. arab. und jüd. Aristoteleskommentatoren wie → Averroes, Avicenna und → Moses Maimonides, profitierten zahlr. Schüler, deren bedeutendster → Thomas von Aquin ist. Die Seligsprechung A.' erfolgte 1622, die Heiligsprechung erst 1931. 1941 wurde A. zum Patron der Naturwissenschaftler erklärt, weil er in der Naturkunde bis heute Anerkennenswertes geleistet hat.

Lit.: [3]LThK 1 (1993), 337–339; M. Lohrum, A. der Große (1991); LMA 1 (1980), 294–299; I. Craemer-Rüegenberg, A. M. (1980); TRE 2 (1978), 177–189.

RUTH MEYER

Albrecht, Jakob, Gründer der Ev. Gemeinschaft, * 1. 5. 1759 (Fox Mountain bei Pottstown, Pennsylvania), † 18. 5. 1808 (Lancaster County, Pennsylvania). Nach dem dt.-stämmigen Farmer und Prediger A. sind die in Nordamerika wirkenden dt. Methodisten, die *Albrechtsleute* (auch *Albrechtsbrüder*), benannt, deren Bischof er seit 1807 war. Die von A. um 1800 begründete Gemeinschaft (ev. Freikirche) bezeichnet sich seit 1816 als *Evangelische Gemeinschaft.*

Lit.: [3]LThK 3 (1995), 1037.
MANFRED HEIM

Albrecht von Brandenburg, Bf. von Halberstadt, Ebf. von Magdeburg, Ebf. und Kf. von Mainz, Kardinal, * 28. 6. 1490 (Cölln/Spree), † 24. 9. 1545 (Mainz). A. war Sohn des Kf. Johann Cicero und der Margaretha von Sachsen. Nach seiner Mitregentschaft zw. 1500 und 1503 als Markgraf von Brandenburg begann 1505 seine geistl. Laufbahn. 1513 erfolgte die Priesterweihe, 1513 die Wahl zum Ebf. von Magdeburg und Administrator von Halberstadt, 1514 die Konsekration. Als Erzbischof und Kurfürst von Mainz war er zugleich Erzkanzler und Primas des Hl. Röm. Reichs. A. erhielt die Erlaubnis, acht Jahre lang den Ablaßvertrieb durchzuführen. An ihn wandte sich der Reformator M. → Luther, gegen den er auch den Prozeß in Gang brachte. 1518 erfolgte seine Ernennung zum Kardinal. Seine Haltung zur Reformation wird als zwiespältig beschrieben. Reichspol. bedeutsam war sein Eintreten für den Nürnberger Anstand 1532. Im Erzstift Mainz setzte der Erzkanzler des Reiches landespol. Reformakzente.

Lit.: [3]LThK 1 (1993), 344; F. Jürgensmeier (Hg.), Ebf. A.v.B. (1991).
WOLFGANG ROTZSCHE

Alexander I., russ. Kaiser, * 12.(23.) 12. 1777 (St. Petersburg), † 19. 11. (1. 12.) 1825 (Taganrog). Ältester Sohn Pauls I. und der Maria Fedorovna, wurde A. vom liberalen Schweizer F. C. de La Harpe in aufgeklärtem Geist erzogen. Seine bereits eingeleitete Reformpolitik gab er nach 1812 wieder auf und verfolgte eine von christl. Grundsätzen geleitete konservative Politik, die sich u. a. in der Stiftung der *Heiligen Allianz* niederschlug, einer am 26. 9. 1815 in Paris erzielten Absichts- oder Grundsatzerklärung der Monarchen von Rußland, Österreich und Preußen, ihre Politik auf die Grundlage der christl. Religion („in Gemäßheit der Worte der Heiligen Schrift") zu stellen, Frieden und Gerechtigkeit zu wahren und einander Beistand zu leisten. Beeinflußt von mystizist. und pietist. Strömungen (u. a. B. J. von → Krüdener), förderte A. die russ. Bibelgesellschaft, verbot die Freimaurerlogen und 1820 die Gesellschaft Jesu.

Lit.: [4]RGG 1 (1998), 284; [3]LThK 1 (1993), 372.
MANFRED HEIM

Alexander III., Papst (7. 9. 1159–30. 8. 1181), vorher Orlando (Roland) Bandinelli, * Siena; † Cività Castellana. Lehrer der Rechte in Bologna; 1150 Kardinal; 1153 Kanzler der Röm. Kirche; einflußreicher Berater P. Hadrians IV. (1154–1159); dessen Legat auf dem Reichstag von

Besançon, dort scharfer Zusammenstoß mit dem Stauferkaiser → Friedrich I. Barbarossa. A. wurde von der kaiserfeindl. Mehrheit der Kardinäle gewählt; die kaiserfreundl. Minderheit erhob Viktor IV. zum Gegenpapst. A. wurde in ganz Westeuropa, im Reich zunehmend nach Viktors IV. Tod (Beendigung des Schismas erst 1180) anerkannt. Bes. Rückhalt gewann A. in den Städten Oberitaliens, die 1168 die neugegründete Stadt Alessandria nach ihm benannten. Erst im Frieden von Venedig (1177) kam die Verständigung mit dem 1160 gebannten Kaiser zustande; zugleich scheiterte der ksl. Versuch, ähnl. wie Ks. → Heinrich III. die Kirchenhoheit auszuüben. Aber etwa gleichzeitig wurden die Kirchenhoheitsrechte durch Heinrich II. von England ausgebaut, der nur unmittelbar nach der Ermordung des Ebf. Th. → Becket (1170) dem Papst größeres Entgegenkommen zeigte. 1179 wurde das III. Laterankonzil gehalten, das u.a. die Zweidrittelmehrheit bei der Papstwahl festlegte, das geltende Eigenkirchenrecht zum Patronatsrecht minderte und Maßnahmen gegen die Katharer ergriff. A. war einer der bedeutendsten ma. Päpste, ebenbürtiger Antagonist Friedrichs I., begabt als Gelehrter und Staatsmann, dabei maßvoll und verständigungsbereit. Als erster großer Kanonist unter den Päpsten des MA legte er den Grund zur neuen dekretalen Gesetzgebung des Papsttums: mit Hilfe der Dekretisten und Dekretalisten wird Papstrecht zum universalen Kirchenrecht.

Lit.: J. Laudage, A. III. und Friedrich Barbarossa (1997); LMA 1 (1980), 372f.

GEORG SCHWAIGER

Alexander VI., Papst (11. 8. 1492 – 18. 8. 1503), vorher Rodrigo de Borja (Borgia), * wohl 1. 1. 1431 (1432?) (Játiva bei Valencia), † 18. 8. 1503 (Rom). Von seinem päpstl. Onkel Calixt III. 1455 zum Kardinal, 1456 zum Vizekanzler der Röm. Kirche ernannt und mit einträgl. Pfründen ausgestattet; von den Zeitgenossen als klug, glänzend begabt, diplomat. gewandt und geschäftserfahren gerühmt, jedoch von sittenlosem Wandel, bes. in seinem ehebrecher. Verhältnis mit Vanozza de Cataneis, die ihm vier Kinder gebar. Er wurde durch simonist. Machenschaften zum Papst gewählt. Unter ihm vollzog sich ein Ausbau der Zentralgewalt im Kirchenstaat. Angesichts des Eindringens Frankreichs und Spaniens in Italien konnte er sich erfolgreich behaupten, zunächst in Anlehnung an Spanien, seit 1499 an Frankreich. Ein gewisses Gegengewicht zum frz. Einfluß in Italien sollte auch sein Paktieren mit den Osmanen bilden. Auch in der durch die Entdeckungen in Ost und West sich wandelnden Lage wußte A. päpstl. Machtansprüche zu wahren, u.a. durch sein Schiedsrichteramt im Streit Spaniens und Portugals um die neuentdeckten Länder (Vertrag von Tordesillas 1494). Seine Politik wurde weithin davon bestimmt, seine Familie, v.a. seine Kinder Lucrezia und Cesare → Borgia, im Stil it. Renaissancefürsten zu etablieren. Unter den Leistungen seines Mäzenatentums ragen die *Appartamenti Borgia* im Vatikan hervor. Neuere Versuche einer günstigeren Beurteilung seiner ungeistl. Persönlichkeit sind durch die Quellen kaum gestützt.

Lit.: DHP (1994), 70–73; LMA 1 (1980), 374. GEORG SCHWAIGER

Alexios (Alexius) von Edessa, hl. (Fest 12.3. syr., 17.3. gr.-orth., 17.7. kath.). Nach einer syr. Legende des 5. Jh.s war A. ein wohlhabender röm. Patrizier, der an seinem Hochzeitstag nach Edessa floh, wo er arm und weltabgewandt starb. Die gr. Erweiterung dieser Legende (vor dem 9. Jh.) wurde für die abendländ. Rezeption von großer Bedeutung. Nach A. sind die vor dem 14. Jh. entstandenen Ordensgemeinschaften von Laienbrüdern und -schwestern zur Pflege von Kranken und Bestattung von Toten, die *Alexianer*, benannt (auch Zelliten oder Zellenbrüder, Barmherzige oder arme Brüder, Lollarden).

Lit.: [4]RGG 1 (1998), 294 f.; DNP 1 (1996), 487; [3]LThK 1 (1993), 381 f.; LMA 1 (1980), 384; TRE 2 (1978), 264–266. MANFRED HEIM

Alkuin (Alchwine, Albinus, Beiname: Flaccus), Gelehrter und Berater → Karls d. Gr., * um 730 (Northumbrien), † 19. 5. 804 (Tours). A. war seit 778 Leiter der Domschule in York, als er 782 an den Hof Karls d. Gr. gerufen wurde, um seine überragende Gelehrtheit für die Ausbildung einer geistl. Führungselite des Frankenreiches einzusetzen. Die Aachener Hofschule erlangte unter A. Weltruhm. Zu A.s Schülern zählten u. a. Amalarius von Metz, → Hrabanus Maurus, → Einhard, zu seinen Freunden der Hochadel und Karl selbst: A.s Korrespondenz mit ihm umfaßt 232 Briefe. A. wurde Abt mehrerer Klöster und 796 Abt von St. Martin in Tours, dessen Klosterschule er betreute. Als Lehrer verfaßte er Schriften zu den *artes liberales* und zu didakt. Problemen wie der Orthographie; als Erzieher mahnt er in seinen Briefen und Schriften (z. B. *De virtutibus et vitiis liber*) zu einer christl. Lebensführung. Bei den mehr als 300 Gedichten A.s handelt es sich meist um Zweckdichtung. Er stellte eine Textrevision der Bibel her und schrieb umfangreiche kompilator. Bibelkommentare. Sein dogmat. Hauptwerk *De fide sanctae et individuae Trinitatis libri III* ist Karl gewidmet. An dessen Liturgiereform war A. maßgebl. beteiligt mit einem (nicht erhaltenen) Homiliar, einem Lektionar und einer Bearbeitung des *Sacramentarium Gregorianum.* Die Bildungsreform beeinflußte A., indem er bei der Abfassung der *Epistola de litteris colendis* (784/85) und der *Admonitio generalis* (789) mitarbeitete, die u. a. die Einrichtung von Bibliotheken und Schulen in den Bistümern und Klöstern vorsahen und die Verbesserung der Predigt. Für die Missionierung der Slawen und Awaren erwirkte A. Taufunterricht. Auf dem Konzil zu Frankfurt a. M. (794) und dem Konzil zu Aachen (799) argumentierte er gegen den Adoptianismus, eine Irrlehre, die behauptet, daß Jesus Christus sich bewähren mußte, bevor er von Gott als Sohn angenommen wurde.

Lit.: M. S. Driscoll, A. et la pénitence à l'époque Carolingienne (1999); TRE 2 (1978), 266–276. MARIANNE SAMMER

Aloysius von Gonzaga (Luigi, Louis), hl. (Fest 21.6.), SJ (1585), * 9. 3. 1568 (Castiglione delle Stiviere, Mantua), † 21.6. 1591 (Rom). 1578 Ablegung des Gelübdes der Jungfräulichkeit. 1581–1584 war A. am Hof → Philipps II. in Madrid; er zeigte ein vorbildhaftes Leben in großem Ernst und asket. Frömmigkeit bei gleichzeitig großer Praxisorientierung. 1585 Verzicht auf sein Erstgeburtsrecht (Markgrafschaft Castiglione) und Eintritt in die SJ. Beim aufopfernden Einsatz in der Krankenpflege während einer Pestepidemie in Rom kam es zur eigenen Erkrankung, an der A. verstarb. Attribute: meist Kreuz, Totenkopf und Lilie. 1729 zum Patron der Jugend (bes. der studierenden) ernannt, 1926 bestätigt. Seit 1739 vollkommener Ablaß an den *Aloysian. Sonntagen*. Genossenschaften vom hl. A.: *Brüder vom hl. A. von Gonzaga* (1840), *Sisters of St. Louis of Monaghan* (1921), *Franciscan Sisters of St. Louis de Gonzague* (1750).

Lit.: [3]LThK 1 (1993), 426.
SUSANNE STÜBINGER

Altmann von Passau, Bischof, * um 1010/20, † 8.8. 1091 (Zeiselmauer bei Wien). Bevor A. 1065 Bf. von Passau wurde, wirkte er als Domscholaster in Paderborn, Stiftspropst in Aachen und Hofkaplan Ks. → Heinrichs III. und der Kaiserin Agnes. Er kämpfte energisch für die Durchsetzung der Klerikerreform und des Zölibats (gegen den heftigen Widerstand seines Diözesanklerus) und gründete um 1067 St. Nikola in Passau, um 1075 Göttweig. Als Parteigänger und Legat P. → Gregors VII. (später → Urbans II.) gehörte A. im Investiturstreit zu den Wählern des Gegenkg. Rudolf von Rheinfelden (1077), mußte 1078 vor Kg. → Heinrich IV. aus Passau weichen und wurde 1085 abgesetzt. Um 1140 entstand in Göttweig, wo er bestattet ist, seine Vita. A. wird im Bistum Passau als Hl. verehrt (Fest 8. 8.).

Lit.: [4]RGG 1 (1998), 381; DBE 1 (1995), 102f.; [3]LThK 1 (1993), 471f.
MANFRED HEIM

Amalrich von Bena, Magister, * Bène bei Chartres, † 1206 (Paris). Nach dem Studium unterrichtete A. bis zu seinem Tod an der Artistenfakultät der Univ. zu Paris. Dabei befaßte er sich auch mit der Theologie. Seine neuplatonisch inspirierte gnost.-pantheist. Geschichtsauffassung stützte sich auf Aristoteles und → Johannes Scotus Eriugena. Die Lehre A.s selbst ist nur aus gegner. Schriften überliefert. 1204 mußte er seine Lehre von der Gliedschaft der Gläubigen am Leib Christi widerrufen. Zwei Jahre später starb er und wurde beim Klr. Saint-Martin-des-Champs beigesetzt. Auf der Synode in Paris (1210) und auf dem IV. Laterankonzil (1215) wurde die Lehre A.s verurteilt. Seine Anhänger, die *Amalrikaner,* wurden als Ketzer verfolgt. Sie verwarfen alle Sakramente und jegliche kirchl. Ordnung. Die Sekte wurde später in der pantheist.-libertin. Sekte der Brüder und Schwestern des freien Geistes fortgesetzt.

Lit.: [3]LThK 1 (1993), 484f.; K. Albert, A.v.B. und der ma. Pantheismus (1976), 193–212. WOLFGANG ROTZSCHE

Ambrosius von Mailand, hl. (Fest 7.12.), Kirchenvater, * wohl 339 (Trier), † 7. 12. 397 (Mailand). Der Sproß einer christl. Adelsfamilie studierte in Rom Rhetorik und lernte dort die neuplaton. Philosophie kennen. Etwa seit 372 verwaltete er als Konsular die Provinz Aemilia et Liguria. 374 ließ er sich in Mailand taufen und zum Bischof weihen. In diesem Amt, das er bis zu seinem Tode bekleidete, gelang es ihm, beträchtl. Einfluß auf die Religionspolitik der röm. Kaiser zu nehmen. Als 384 der Senat in einer Petition, welche Symmachus dem Hof überbrachte, um die Erlaubnis bat, Altar und Statue der Göttin Victoria, welche aus dem Sitzungssaal entfernt worden waren, dort wieder aufzustellen, erreichte A. mit zwei geharnischten Briefen an Ks. Valentinian II. die Ablehnung. 386 widersetzte sich A. der Anordnung dieses Kaisers, Mailänder Basiliken den Arianern zur Verfügung zu stellen. A.' Erfolg in dem Konflikt mit Valentinian II. sicherte der kath. Kirche für die Folgezeit die Oberhoheit im rel. Bereich. So konnte A. Ks. → Theodosius I. (den Großen), der den Wiederaufbau einer von Christen zerstörten Synagoge in Callinicum (Mesopotamien) befohlen hatte, zur Zurücknahme seiner Anordnung bewegen. Als Theodosius 390 ein Blutbad in Thessaloniki zu verantworten hatte, zwang ihn A. zu förml. Kirchenbuße. Als Prediger hinterließ er, wie → Augustinus in den *Bekenntnissen* (5,13,23) bezeugt, bei seinen Hörern tiefen Eindruck. Zahlr. von A.' Prosaschriften beruhen auf stenographierten Predigten, die er für die Publikation überarbeitete. Ein großer Teil der Werke befaßt sich mit der Auslegung bibl. Texte, ganz überwiegend des AT; dabei stützt sich A. zumeist auf gr. Vorlagen (→ Philo, → Origenes, → Basilius, Didymus) und bedient sich der allegor. Deutung. So rezipiert er in der *Explanatio XII psalmorum* (*Erklärung von zwölf Psalmen*) Origenes und im *Exameron* (*Sechstagewerk*) die Schrift des Basilius über den Schöpfungsbericht. Das einzige Werk, das A. dem NT widmet, ist ein umfangreicher Kommentar zu Lk. Mit Problemen der Ethik befaßt er sich in *De officiis ministrorum* (*Von den Pflichten der Kirchendiener*), wobei er sich an Ciceros Schrift *Über die Pflichten* (44 vor Chr.) orientiert und die Beispiele des heidn. Vorbilds durch christl. ersetzt. Andere moral. Schriften des A. gelten dem jungfräul. Stand. Des weiteren hat A. mit *De fide* (*Über den Glauben*) und *De spiritu sancto* (*Vom Heiligen Geist*) Werke syst. und dogmat. Natur geschrieben; zu seinen katechet. Schriften gehört *De mysteriis*, worin es um das Wesen von Taufe und Eucharistie geht. Schließlich stammen von A. die ältesten erhaltenen christl. Leichenreden: zwei auf seinen Bruder Satyrus, eine auf Valentinian II. und eine auf Theodosius d. Gr. Bes. starke Nachwirkung war A.' Dichtungen beschieden: aus akatalektischen jamb. Dimetern bestehenden Hymnen, die zum Gesang im Gottesdienst bestimmt sind. Nicht alle unter A.' Namen überlieferten Hymnen stammen von ihm, z.B. nicht *Te Deum laudamus*; sicher echt sind *Aeterne rerum conditor* (*Ewiger Schöpfer der Dinge*), *Deus, creator omnium* (*Gott, du Erschaffer aller Dinge*), *Iam surgit hora tertia* (*Schon naht die dritte Stunde*) und *Intende qui regis Israel* (*Merke auf, der du über Israel herrschst*).

Lit.: ²LACL 13–22. Siegmar Döpp

Amrhein, Andreas, OSB (1871), * 4. 2. 1844 (Gunzwil, Beromünster), † 29. 12. 1927 (St. Ottilien). Studium in Florenz (bildende Kunst), Paris (Geschichte, Orientalistik), Luzern und Tübingen (Theologie); 1872 Priesterweihe. Beteiligung an der Gründung der Abtei Maredsous (Belgien). 1884 Gründung der St. Benediktus Missionsgesellschaft in Reichenbach am Regen, seit 1887 in St. Ottilien (heute OSB-Kongregation von St. Ottilien für auswärtige Missionen, Ottilianer); Schwesterngenossenschaft: Missionsbenediktinerinnen von Tutzing. Die Mission erstreckt sich auf weite Teile Ost-/Südafrikas, Koreas und Chinas (Mandschurei).

Lit.: [3]LThK 1 (1993), 542.

Susanne Stübinger

Amsdorf(f), Nikolaus von, luth. Theologe, * 3. 12. 1483 (Torgau), † 14. 5. 1565 (Eisenach). Der aus einer thüring. Adelsfamilie stammende A. studierte in Leipzig und Wittenberg, wo er 1511 als Lizentiat der Theologie die Lehrbefugnis erhielt. Seit 1516 stand er unter dem prägenden Einfluß des Fakultätskollegen M. → Luther, dessen enger Mitarbeiter er wurde. A. begleitete Luther zur Leipziger Disputation (1519) und zum Reichstag in Worms (1521). 1524 begann A.s 18jährige Wirksamkeit als Superintendent in Magdeburg, wo er der Reformation zum Durchbruch verhalf. Seine organisator. Fähigkeiten kamen auch in den reformator. Neuordnungen anderer Städte und Territorien zum Zuge, so in Goslar. 1542 wurde A. gegen den Widerstand des Domkapitels Bischof von Naumburg-Zeitz und damit erster ev. Bischof, von Luther ordiniert. Durch ksl. Truppen 1546 vertrieben, zwang ihn das Interim zur Aufgabe des Amts. Fortan kämpfte A. von Weimar, Magdeburg und seit 1552 von Eisenach aus in wachsender Distanz zu Ph. → Melanchthon und seinen Anhängern nachdrückl. für die „reine" Lehre Luthers. Er wirkte an der Gründung der Univ. Jena und der Herausgabe der Jenaer Lutherausgabe von 1556 mit. A.s ausgeprägte Luthertreue, gerechtfertigt als Treue zum wiederentdeckten Evangelium, ließ ihn für manche zum autoritativen Sachwalter Luthers nach dessen Tod, ja sogar zu einem „zweiten Luther" werden. A.s Einfluß als maßgebl. Lutherinterpret war beachtlich, bes. auf die sog. Gnesiolutheraner der 2. Hälfte des 16. Jh.s. Seine schon zu Luthers Lebzeiten in Bekenntnis- und Glaubensfragen kompromißlose Haltung trug mit zur Polarisierung im reformator. Lager bei. A. gilt als einer der Wegbereiter der luth. Orthodoxie.

Lit.: Kaufmann 51f.; R. Kolb, N.v.A. (1483–1565) (1978); TRE 2 (1978), 487–497.

Hans-Martin Kirn

Andreae, Johann Valentin, luth. Theologe, * 17. 8. 1586 (Herrenberg), † 27. 6. 1654 (Stuttgart). Der Enkel Jakob A.s studierte in Tübingen Theologie, Philosophie und Mathematik, unterbrochen durch ein mehrjähriges Wanderleben, das A. u.a. in die Schweiz (Genf), nach Frankreich und Italien führte. Seit 1614 war A. in versch. kirchl. Ämtern tätig, u.a. als Pfarrer und Spezialsuperintendent in Calw und als Hofprediger und Konsistorialrat in

Stuttgart. Zentrales Anliegen des weitläufig gebildeten, von J. → Arndts Bestrebungen zur Erneuerung prakt. Frömmigkeit beeinflußten A. war eine umfassende Kirchen-, Staats- und Gesellschaftsreform. Schon die 1614–1618 anonym gedruckten, wohl von A. verfaßten Rosenkreuzerschriften wiesen mit ihrer fiktiven Kunde von der Existenz einer vorbildl. elitären Bruderschaft den Weg zu einer „Generalreformation" der Welt. Deutl. Ausdruck fanden A.s universal angelegte, einem christl. Humanismus verpflichtete Reformanliegen in der Schrift *Christianopolis* (1619), einer rel. Utopie von der Gottesstadt, in der auch der neuen Bedeutung der Naturwissenschaften für die Bildung Rechnung getragen wurde. Prakt.-kirchl. Reformen, u. a. die Intensivierung der Kirchenzucht in den Gemeinden (Einrichtung des Kirchenkonvents), ließen sich nur teilweise in A.s Sinn gestalten. Zahlr. Elemente seines unkonventionellen, von rel. Verinnerlichung, Sozietätsidealen und gesellschaftl. Gestaltungswillen geprägten Denkens weisen auf Pietismus und Aufklärung voraus.

Lit.: [4]RGG 1 (1998), 470–472; Brecht 1 (1993), 151–166; R. van Dülmen, Die Utopie einer christl. Gesellschaft (1978).

HANS-MARTIN KIRN

Andreae, Johannes → Johannes Andreae

Andreas, Apostel → Apostel (Zwölf) und Evangelisten

Angela Merici, hl. (Fest 27. 1.), it. Ordensgründerin, * 1470/74 (Desenzano), † 27. 1. 1540 (Brescia). Als Drittordensfrau pflegte A. seit 1516 in Brescia kranke Frauen, bevor sie ihre Lebensaufgabe in der Erziehung und Unterweisung der weibl. Jugend erkannte. Mit der Zielsetzung, Mädchen und Frauen zu einem rel. Leben in allen Gefährdungen der Zeit zu führen, gründete sie 1535 eine nach der hl. Ursula benannte, bis heute weltweit tätige Vereinigung von Frauen, die Ursulinen. Bis zu ihrem Tod deren Oberin, war A. schon bei ihren Zeitgenossen hochangesehene Pädagogin und vielfach gefragte Beraterin.

Lit.: [3]LThK 1 (1993), 647.

MANFRED HEIM

Angelus Silesius (Johannes Scheffler), Dichter und kath. Apologet, getauft 25. 12. 1624 (Breslau), † 9. 7. 1677 (ebd.). Nachdem A. sein 1643 in Straßburg und Leiden begonnenes Medizinstudium 1647 in Padua abgeschlossen hatte, wurde er 1649 fürstl. Leibarzt in Oels. Nach einem Streit mit dem dortigen Hofprediger wegen eines Druckverbots wurde er Arzt in Breslau und konvertierte 1653 zum kath. Glauben. 29. 5. 1661 Priesterweihe. Aufgrund seiner Beschäftigung mit ma. und zeitgenöss. Mystik strebte A. zunächst, beeinflußt von Daniel Czepko und Abraham von Franckenberg, ein überkonfessionelles Christentum an. Seine Spiritualität der sinnenhaften Verinnerlichung entfremdete ihn der luth. Orthodoxie und trieb ihn in den Katholizismus. 1657 veröffentlichte er sein Hauptwerk, den sog. *Cherubinischen Wandersmann*, eine Sammlung von hochrangigen Epigrammen über rel. Erfahrungen und Reflexionen aus seiner Oelser Zeit. 1657 erschien auch die *Heilige Seelenlust*, eine Sammlung von Andachtsliedern, frei von der konfessionellen Polemik seiner insg. 55 Streitschriften. Ignatianisch beeinflußt ist sein letztes Werk, die *Sinnliche Beschreibung der vier letzten Dinge* (1675).

Lit.: G. Stenger, Ohne Warum (1990); LLex 1 (1988), 181–183; H. Althaus, E. O. Reichert, J. Scheffler als Streittheologe (1967). MARIANNE SAMMER

Anno II. von Köln, hl. (Fest 4. 12.), Erzbischof, * um 1010, † 4. 12. 1075 (Köln). Schüler und Domscholaster in Bamberg, 1046 Hofkaplan Ks. → Heinrichs III., 1054 Stiftspropst in Goslar, 1056–1075 (gegen den Willen der Kölner) Ebf. von Köln. Versuchte A. nach dem Tod Heinrichs III. (1056), die Politik der Regentin und Kaiserin Agnes zu beeinflussen, riß er die Reichsgeschäfte an sich, als er 1062 den erst elfjährigen Kg. → Heinrich IV. in seine Gewalt brachte (Königsraub von Kaiserswerth). Nach dessen Schwertleite verlor A. seinen pol. Einfluß jedoch wieder. Er versorgte nahe Verwandte mit bfl. Sitzen und ließ einen Aufstand der Bürger von Köln 1074 mit willkürl. Härte niederschlagen. A. bemühte sich um die allg. Kirchenreform und gründete eine Reihe von Stiften und Klöstern, u. a. das bedeutende Reformkloster Siegburg (1059), wo er begraben ist. Dort entstand auch das *Annolied*, eine wahrsch. 1080 verfaßte, 878 Reimverse umfassende mhd. Dichtung, deren letztes Drittel A.s Wirken im Rahmen der Weltgeschichte preist. A. wurde 1083 heiliggesprochen.

Lit.: [4]RGG 1 (1998), 509; [3]LThK 1 (1993), 698. MANFRED HEIM

Anselm von Canterbury, hl. (Fest 21. 4.), bedeutendster Theologe der Vorscholastik, Bischof, Kirchenlehrer (1720), * 1033 (Aosta), † 1109 (Canterbury). Hauptquelle für A.s Leben ist die Biographie seines Mitbruders Eadmer. A. wurde in Aosta geboren (daher auch A. von Aosta), trat 1060 in die Abtei Le Bec ein, wo er → Lanfranc als Abt (1079) und 1093 als Ebf. von Canterbury folgte. Dort widersetzte er sich entschieden der Abhängigkeit der engl. Kirche vom König und ging deswegen zweimal ins Exil. A.s theol. Werk ist unter vier Aspekten von herausragender Bedeutung. 1) A.s (von → Augustinus inspiriertes) Programm ist zugleich der Titel seiner bekanntesten Schrift: *Glaube, der nach Einsicht sucht.* Die geoffenbarte Wahrheit (*fides quae*) über Gott ist innerlich vernünftig, d. h. für ein stets tieferes Verstehen offen. Die Intelligibilität kann erfaßt werden, wenn das Denken des Menschen durch den Glauben, d. h. die persönl. Bindung an Gott (*fides qua*) gereinigt ist. Das theol. Durchforschen geschieht mit dem Ziel, daß Glaube und Liebe wachsen. 2) Unter den *Gottesbeweisen* A.s wurde besonders einer bekannt und mit seinem Namen verbunden: Das *Unum argumentum.* Gottes Wesen sei von solcher Art, daß sein wirkliches Sein gedacht werden müsse, bzw. sein Nicht-Sein nicht gedacht werden könne, wenn man nur das Wesen richtig denkt. Zu den berühmtesten Gegnern zählt → Thomas von Aquin, überzeugte Anhänger sind → Bonaventura und J. → Duns Scotus. Die Kontroverse um die Gültigkeit des Beweises zieht sich durch die Philosophiegeschichte bis heute. 3) Ähnlich bedeutend war A.s oft mißverstandene *Satisfaktionslehre*; hier deutet A. das erlösende Kreuzesleiden Christi als Genugtuung für die Sünde und Wiederherstellung der Freundschaft mit Gott, die für das gesamte Menschengeschlecht allein der Sohn Gottes in Menschengestalt zu leisten vermag. 4) Weitere Schriften, darunter auch *Gebete und Meditationen*, reflektieren über *Gnade* und *freien Willen* sowie die Stellung der Gottesmutter → Maria in der Heilsgeschichte.

Lit.: K. Kienzler, Gott ist größer (1997); Freiheitsschriften (lat.-dt.): De libertate arbitrii, De casu diaboli, De concordia praescientiae et praedestinationis et gratiae Dei cum libero arbitrio, übers. und eingel. von H. Verweyen (1994); G. Gäde, Eine andere Barmherzigkeit (1989).

MARIANNE SCHLOSSER

Anselm von Havelberg, * um 1099, † 12. 8. 1158, OP, 1129 durch → Norbert von Xanten zum Bf. von Havelberg geweiht. In seinem wichtigsten Werk, dem *Anticimenon*, beschreibt A. 1149/50 in der Form des lit. Dialogs theol. Disputationen mit gr. Theologen über Glaubenslehre und Liturgie, die er anläßlich einer Gesandtschaftsreise an den byz. Hof (1135/36) geführt habe. Mag auch die Darstellung der ostkirchl. Position nicht immer gelungen sein, so ist doch A.s Bemühen um Verständnis und Gespräch Ausdruck ökum. Gesinnung (Sieben). Den Dialogen in Buch II und III geht A.s geschichtstheol. Entwurf (Buch I) voran: Der Hl. Geist wirkt Erneuerung und Vielfalt (z.B. neuer Orden) innerhalb der Einheit des Glaubens der Kirche.

Lit.: J. T. Lees, A.of H. (1998); H.-J. Sieben, Die eine Kirche, der Papst und die Konzilien in den Dialogen des A.v.H., in: Theologie und Philosophie 54 (1979), 219–251; [2]VerfLex 1 (1977/78), 384–391.

MARIANNE SCHLOSSER

Anselm von Laon, Theologe, Schüler des → Anselm von Canterbury in Bec, † 15.7.1117. Seit 1080 war er, zus. mit seinem Bruder Radulf, an der Kathedralschule von Laon tätig, wo eine eher heilsgeschichtl., an der Bibel und den Kirchenvätern orientierte, weniger „dialektische“ Theologie gelehrt wurde. Die Lehrmeinungen (Sentenzen) patrist. und zeitgenöss. Autoren wurden in mehreren Sammlungen syst. zusammengestellt. A. war entscheidend beteiligt bei dem Unternehmen der „Glossierung“, d. h. der Kommentierung der ges. Hl. Schrift anhand von Vätertexten und neueren Autoren. Die so in mehreren Phasen entstandene *Glossa* besaß nahezu autoritativen Rang für die Schriftauslegung späterer Theologen.

Lit.: LMA 1 (1980), 687f.

MARIANNE SCHLOSSER

Ansgar (Anskarius, Anscharius), **hl.** (Fest 3. 2., Skandinavien 4. 2.), OSB, Ebf. von Hamburg-Bremen, *Apostel des Nordens*, * 8. 9. 801 (Picardie, Frankreich), † 3. 2. 865 (Bremen). A. erhielt 826 von → Ludwig d. Fr. den Auftrag zur Skandinavienmission in Begleitung des dän. Kg. Harald

Klak. Er war 831 erster Bischof, dann Erzbischof des neugegründeten Bistums Hamburg; 832 päpstl. Legat im Norden (zus. mit Ebf. Ebo von Reims). 843 durch den Vertrag von Verdun Verlust der Zelle Turholt (Flandern). 845 Zerstörung Hamburgs durch die Wikinger; A. wurde 849 durch Ludwig den Deutschen Erzbischof in Bremen (Grundlage für die Vereinigung der Diözesen Hamburg und Bremen 864 durch P. → Nikolaus I.). 849 Mission in Dänemark, 852/53 in Schweden; ab 855 kirchl. Aufbauarbeit in seinem Bistum.

Lit.: [4]RGG 1 (1998), 517; F. Delius (Hg.), Die Pigmenta des hl. A. (1997); [3]LThK 1 (1993), 715. SUSANNE STÜBINGER

Antonius der Große (der Einsiedler), hl. (Fest 17. 1.), *Vater der Mönche*, * 251, † 356. Hauptquelle ist *Leben und Wandel unseres frommen Vaters Antonius* (dt.: [2]BKV 17) des hl. → Athanasius (verfaßt unmittelbar nach dem Tod des A.), die ihn als vorbildl. Mönch beschreibt. Aus reichem, christl. Elternhaus in Koma (Mittelägypten) gebürtig, entschloß er sich nach dem Tod der Eltern im Alter von 18 Jahren – in wörtl. Befolgung von Mt 19,21 und Mt 6,34 – zu einem asket. Leben in der Nachfolge Jesu. Nach Aufenthalten an versch. Wüstenorten (u.a. 20 Jahre in einer verlassenen Verteidigungsanlage, wo ihn dämon. Versuchungen heimsuchten) ließ er sich schließl. an einem einsamen Berg in der Nähe des Roten Meeres nieder. Als geistl. Ratgeber von vielen gesucht, begab er sich zur Zeit der Verfolgung unter Maximinus Daja (311) selbst nach Alexandrien, um den verfolgten und gefangenen Christen beizustehen. 337 predigte er in Alexandrien gegen die Irrlehre des → Arius. Nachdem er seinen Schülern seinen nahenden Tod vorhergesagt und ein heiml. Begräbnis angeordnet hatte, starb er im Alter von 105 Jahren. Die Übersetzung der Vita ins Lat. begründete den Ruhm des A. auch im Westen (vgl. Augustinus, conf. VIII, 4,14). 561 entdeckt, wurden seine Gebeine zunächst nach Alexandrien überführt. Nach der Eroberung Ägyptens durch die Muslime kamen sie nach Konstantinopel und von dort nach Frankreich, wo sie heute in der Pfarrkirche St-Julien in Arles ruhen. A.' Attribut, das Schwein, spielt auf die bestandenen Versuchungen an, die ein beliebtes Motiv in der bildl. Darstellung wurden (berühmtestes Beispiel: Altar des Mathias Grünewald für die Antoniterkirche in Isenheim, heute in Colmar, Museum Unterlinden).

Lit.: [2]LACL 36f.

RUDOLF VODERHOLZER

Antonius von Padua (Taufname Fernando), hl. (Fest 13.6.), OFM (1220), * 1195 (Lissabon), † 13.6. 1231 (Arcella bei Padua). 1210 Eintritt ins Kloster St. Vinzenz bei Lissabon (CRSA), später Übersiedelung nach S. Cruz in Coimbra; 1220 Übertritt zum OFM; A. wurde von → Franz von Assisi zum Lehrer der Theologie (Univ. Bologna) bestimmt, wirkte zudem als Volksprediger (Südfrankreich/Italien) und erhielt den Auftrag zur Predigt gegen Ketzer (1222–1224 gegen Katharer). A. wurde 1224 zum ersten theol. Lehrer des Ordens ernannt.

Seine Predigten, von denen zwei Sammlungen erhalten sind, sind geprägt von der Lehre des hl. → Augustinus. 1227–1230 war A. Provinzial der Romagna und verwaltete mehrere Klöster. Seine Verehrung hat ab dem 16. Jh. in der ganzen Kirche einzigartiges Ausmaß (A.-Dienstag, A.-Brot, Responsorium *Si quaeris*); er ist u. a. Patron der Liebenden und der Eheleute, der Reisenden und der Bergleute und wird v. a. bei Verlust von Gegenständen, bei Viehkrankheit, Fieber/Seuchen, Schiffbruch etc. angerufen; Attribute: Buch, Herz, Lilie, Flamme, Jesuskind auf dem Arm. 1232 Kanonisierung, 1946 durch → Pius XII. zum Kirchenlehrer (*Doctor evangelicus*) ernannt.

Lit.: Metzler 34f.; [4]RGG 1 (1998), 578; [3]LThK 1 (1993), 791f.

SUSANNE STÜBINGER

Apollinaris von Laodizea, * ca. 315, † ca. 390. Vertreter eines extremen Anti-Arianismus, 346 vom arian. Bf. Georg exkommuniziert, seit 360 nizän. Gegenbischof in seiner Heimatstadt Laodizea (Syrien). A. war befreundet mit → Athanasius von Alexandrien († 373), dessen lit. Nachlaß er beanspruchte und als dessen Sachwalter er sich verstand. Um gegen die Arianer die Erlösung des Menschen durch den göttl. Logos theol. zu sichern, meinte A., der göttl. Logos habe sich mit dem Fleisch Jesu zu einer einzigen Natur (gr. *mia physis*) verbunden. An die Stelle der menschl. Geist-Seele Jesu tritt der göttl. Logos, der das Fleisch zum Werkzeug des Erlösungshandelns mache. Damit wird allerdings die unversehrte Menschheit Jesu zu einem Torso verkürzt, was den Einspruch des kirchl. Lehramtes auf den Plan rief. Dem *Apollinarismus* wurde erstmals wohl schon 362 auf der Synode von Alexandrien widersprochen, ausdrückl. wird er seit 385 als Häresie bekämpft. Der *Apollinarismus* lebte nach-chalcedon. fort im Monophysitismus, dem A. mit seiner Rede von der *mia physis* das Stichwort geliefert hatte.

Lit.: [2]LACL 41f.

RUDOLF VODERHOLZER

Apostel (Zwölf) und Evangelisten. Das Christentum ist von seinem Wesen her missionarisch. Die „Weltmission“ des Sohnes vom Vater her (Joh 3,17; 20,21) wird fortgeführt von den Jüngern bis an die Grenzen der Erde (Mt 28,20). A. kommt von gr. *apostello* = aussenden, ausschikken. Das NT nennt → Jesus selbst den Apostel (Hebr 3,1). Nachdem der Begriff bei → Paulus noch in einem weiteren Sinne verwendet wird (vgl. Röm 16,7, wo Paulus etwa Andronikus und Junias angesehene A. nennt), identifiziert Lk den Zwölferkreis, von Jesus als Zeichen der eschatolog. Sammlung Israels geschaffen (Mk 3,14), mit den Aposteln (die leicht differierenden Apostellisten in Mk 3,16–19; Mt 10,1–4; Lk 6,14–16). Zu ihnen gehören auch der Herrenbruder Jakobus (Gal 1,19; 1 Kor 15,7, dem die Tradition den *Jakobusbrief* zuschreibt und der in der Westkirche mit Jakobus d.J. identifiziert wird) und Paulus, der sein Apostolat auf die Begegnung mit dem Auferstandenen vor Damaskus zurückführt (1 Kor 15,8f.; vgl. Gal 1,1; Röm 1,5 usw.; Apg 9; 22,5–16; 26,9–18). Als Zeugen des

Lebens, Sterbens und v.a. der Auferstehung Jesu (Apg 1,21) bilden sie die Brücke vom vorösterl. Jüngerkreis zur österl. Kirche des erhöhten Herrn. Sie sind mit den Propheten Fundament (Eph 2,20) und Säulen der Kirche (vgl. Gal 2,9), deren Haupt Christus ist. Das Apostelamt wird durch Gebet und Handauflegung auf die Apostelschüler, z.B. Titus und Timotheus (vgl. Tit und 1/2 Tim) bzw. die Presbyter/Episkopen, übertragen, die in Kontinuität zum Ursprung das Werk Jesu Christi fortsetzen und im Volk Gottes Christus als Haupt der Kirche repräsentieren. Die apostol. Überlieferung ist Garant der Authentizität der Lehre. Von alters genießen daher Kirchen bes. Ansehen und bes. Autorität, die als Gründung eines Apostels gelten, in denen ein Apostel gewirkt hat oder die ein Apostelgrab beherbergen. Die Bedeutung Roms besteht bes. darin, daß mit Petrus und Paulus die wichtigsten Apostel nicht nur dort gewirkt, sondern auch das Martyrium erlitten haben. Zwei der Apostel, Matthäus und Johannes, gelten der Tradition nach als Verfasser eines Evangeliums. Zu diesen Evangelisten im engeren Sinne gehören auch Markus und Lukas.

Petrus (Fest 29. 6.). Die herausragende Persönlichkeit des Zwölferkreises und mit → Paulus die profilierteste Apostelgestalt des NT. Gebürtig im galiläischen Betsaida und seit seiner Heirat in Kapharnaum lebend, wurde P. als Simon (zus. mit seinem Bruder Andreas: Mk 1,16–18) durch Jesus von ihren Fischerboten am See Genesaret weg und (als Menschenfischer) in seine Nachfolge gerufen. Von Jesus erhielt er den Beinamen *Kepha(s)* (Mt 16,18; Joh 1,42; vgl. schon Gal 1,18), was urspr. viell. soviel wie Edelstein bedeutet und die Würde des Erstberufenen bezeichnet. In seiner gr. Version *Petros/Petrus* (= Fels) wird dieser Name später auch im Sinne der die Kirche begründenden und tragenden Funktion des Simon Petrus verstanden (Mt 16,18). Die Evangelien stellen die Diskrepanz heraus zw. menschl. Unzulänglichkeit (so bes. die Verleugnung Jesu vor dem Hahnenschrei während der Passion) und Größe der Berufung als erstgenannten Apostel, Sprecher des Zwölferkreises und Wortführer beim Messiasbekenntnis (Mk 8,29 par.; Joh 6,69). Wenn P. sich bekehrt haben wird, kommt ihm die Aufgabe zu, seine Brüder zu stärken (Lk 22,31f.). Auf seine Initiative hin sammelten sich die nach dem Karfreitag versprengten und verstörten Jünger bald wieder in Jerusalem und verkündeten in der Kraft des Hl. Geistes die Botschaft von der Auferstehung des Gekreuzigten, dessen Erscheinungen sie bezeugten. Der auferstandene Herr selbst überträgt P. seine Vollmacht als Hirte (Joh 21,15ff.), welche die Binde- und Lösegewalt beinhaltet (Schlüssel des Himmelreiches, Mt 16,19). Der auf P. gegründeten Kirche gilt die Verheißung bleibender Unzerstörbarkeit (Mt 16,18: „Du bist Petrus, der Fels, und auf diesen Felsen *werde* ich meine Kirche bauen, und die Mächte der Unterwelt *werden* sie nicht überwältigen."). Paulus, der durchweg den Namen Kephas gebraucht, nennt ihn als ersten Auferstehungszeugen (1 Kor 15,5), erkennt dessen Autorität an und nimmt Maß am Apostolat des P., wenn er sein eigenes Apostelsein bestimmt (1 Kor 15,8). Zus. mit Johannes und dem Herrenbruder Jakobus gehört er zu den Säulen der Urkirche in Jerusalem (Gal 2,9), wo er im Ringen zw. den juden- und heidenchristl. Positionen eine vermittelnde Stellung einnahm. Aufgeschlossen für die Heidenmission, verließ er nach einiger Zeit Jerusalem und war u.a. in Antiochien anzutreffen. Seine auf einen Kompromiß hinzielende Strategie führte dort zur Auseinandersetzung mit Paulus. Es bestehen heute keine echten Zweifel mehr, daß P. tatsächl. bis nach Rom gekommen ist und dort unter → Nero das Martyrium erlitten hat (1 Clem 5). Die herausragende Bedeutung des P. in der frühen Kirche belegen die seine Verfasserschaft beanspruchenden pseudepigraph. Briefe 1/2 Petr. Während das NT über das Schicksal des P. schweigt (vgl. allerdings 1 Petr 5,13, wo Babylon für Rom steht und eine Erinnerung an den Romaufenthalt des P. aufbewahrt sein dürfte, sowie Joh 21,18f. über das Martyrium des P. in der Nachfolge Jesu), gibt es umfangreiche außerbibl. Traditionen. Nach der Quo-vadis-Legende (vgl. den daran angelehnten Roman des poln. Literatur-Nobelpreisträgers H. Sienkiewicz) bewog Christus selbst den abermals schwach werdenden und aus Rom fliehenden P., umzukehren und dem Martyrium nicht auszuweichen. Um nicht mit seinem Herrn, den er mehrmals nicht hatte kennen wollen, verwechselt zu werden, bat P., so wird in den *Petrusakten* überliefert, mit dem Kopf nach unten gekreuzigt zu werden. Jüngste Ausgrabungen unter dem Petersdom und archäolog. Forschungen lassen die alte Überlieferung vom Petrusgrab in Rom, zu dem es keine konkurrierenden Traditionen gibt, als mit hoher Wahrscheinlichkeit hist. zutreffend erscheinen. Das Papstamt des röm. Bischofs versteht sich in der Nachfolge des Apostels P. als Garant der Zuverlässigkeit der kirchl. Verkündigung und als Dienst an der sichtbaren Einheit der Kirche. P. wird bes. verehrt in Rom, Vatikan St. Peter, und in der Kunst dargestellt mit Schlüssel, auf dem Kopf stehendem Kreuz und Hahn.

Lit.: L. Wehr, Petrus und Paulus – Kontrahenten und Partner (1996).

Jakobus der Ältere (Fest 25.7.). Sohn des Zebedäus und Bruder des Johannes, mit dem zus. er zu den ersten Jüngern Jesu gehört (Mk 1,19f.). J. wurde um das Jahr 44 auf Veranlassung von Kg. Herodes mit dem Schwert hingerichtet (Apg 12,2) und ist somit der erste Blutzeuge aus dem Kreis der Zwölf. Zuvor soll er, der Überlieferung zufolge, vergebl. in Spanien missioniert haben. Seine Verehrung geht bes. von Santiago de Compostela im äußersten Nordwesten Spaniens (Kap *finis terrae*) aus, wo im 9. Jh. sein Grab entdeckt wurde; von da an entwickelte sich Santiago zum größten Wallfahrtsort des MA. J. wird dargestellt als Pilger mit Umhang, Stab, Wasserflasche, breitkrempigem Hut und Pilgermuschel, in Spanien auch als Ritter (Maurentöter).

Lit.: P. C. von Saucken, Santiago de Compostela (1996).

Johannes (27.12.). Sohn des Zebedäus und jüngerer Bruder des Jakobus, stammte aus Betsaida und war Fischer (Mk 1,19f.). Vermutl. wegen ihres stürm. Temperamentes werden J. und sein Bruder von Jesus *Boanerges* (*Donnersöhne*) genannt (Mk 3,17). Gemäß trad. Deutung ist J. der Lieblingsjünger, der beim Abendmahl an der Seite Jesu war (Joh 13,25) und der ihm als einziger der Männer zus. mit einigen Frauen und → Maria bis unter das Kreuz gefolgt war (Joh 19,25). Jesus empfahl ihm (und damit, typolog., der ganzen Kirche) Maria als Mutter (19,27). J. gilt der Überlieferung (→ Papias von Hierapolis, → Irenäus von Lyon) auch als Verfasser des 4. Evangeliums sowie dreier ntl. Briefe. Seit → Justin dem Märtyrer wird J. auch oft mit Johannes dem Seher von Patmos und Verfasser der Offb identifiziert. Schon → Tertullian (Praescr. 36) weiß davon, daß J. in Rom der versuchten Tötung durch siedendes Öl entkam (Kirche S. Giovanni a Porta Latina). J. starb hochbetagt in Ephesus, wo sich ein reicher Legendenkranz um sein Leben bildete und seit 200 eine J.-Kirche über seinem Grab bezeugt ist, die → Justinian im 6. Jh. durch die große J.-Basilika ersetzen ließ; in der Antike waren Reliquien auch in Konstantinopel. In Rom ist J. Mitpatron der Lateranbasilika; dort wurde lange Zeit unter dem Papstaltar die Tunika des J. verehrt. Dargestellt mit Kelch, aus dem eine (Gift-)Schlange entweicht. Das Attribut des Evangelisten ist der Adler.

Lit.: K. Berger, Im Anfang war J. (1997).

Andreas (Fest 30.11.). Bruder des Simon Petrus. Sein Name ist gr. und bedeutet *der Mannhafte*. Nach Mk 1,16–18 gehört er zu den erstberufenen Aposteln, nach Joh 1,40.44 ist er sogar der erste, der auf Vermittlung des Johannes des Täufers Jesus als Messias entdeckt und seinen Bruder Simon zu ihm führt. A. wird bes. von den Griechen verehrt. Der Überlieferung nach soll er v.a. in den Gegenden südl. des Schwarzen Meeres und in Griechenland missioniert und am 30.11.60 am schrägen Kreuz das Martyrium erlitten haben. Seit 357 waren die Gebeine in der Apostelkirche in Konstantinopel; 1208 wurden sie nach Amalfi gebracht; das Haupt kam 1462 nach Rom; → Paul VI. ließ es zum Zeichen ökum. Versöhnungsbereitschaft 1964 nach Patras zurückgeben; Teile der A.-Reliquie befanden sich seit 1250 im Chorherrenstift St. Victor in Paris und wurden 1438 der Brüsseler Palastkapelle überlassen. Attribut ist das A.-Kreuz mit den schräg übereinandergelegten Balken.

Lit.: W. Sanders (Hg.), A. (1985).

Philippus (Fest 3.5.). Wird in allen Apostellisten an fünfter Stelle angeführt. Während die ersten drei Evangelien nichts weiter von ihm berichten, erwähnt ihn Joh dreimal (6,7; 12,21f.; 14,8f.). Als Träger eines gr. Namens (Pferdefreund) wird er (zus. mit dem anderen „Griechen“ Andreas) von den Hellenisten als Vermittler einer Begegnung mit Jesus angegangen. Die verbreitete fälschl. Identifizierung mit dem gleichnamigen Diakon aus Apg (6,5; 21,8f., wo zudem von vier jungfräul. Töchtern die Rede ist) ließ eine differenzierte Charakterisierung nicht zu. Seine Gebeine werden in der Kirche Dodici Apostoli in Rom verehrt. Reliquien befinden sich aber auch in Florenz (S. Giovanni), Paris, Köln, Andechs (Ebenholzreliquiar im dortigen Klosterschatz). Eine verbreitete Darstellung bezieht sich auf die Legende vom Niederreißen der Götzenbilder im Marstempel. Ph. wird jugendl. dargestellt und hat neben der Schriftrolle ein Kreuz oder auch einen Stein als Attribut.

Bartholomäus (Fest 24. 8.). Ist ident. mit Nathanaël (vgl. Joh 1,45 ff.). Nach → Eusebius (H.e. V, 10) predigte er im östl. Indien; andere Überlieferungen sehen ihn in den Ländern um das Schwarze Meer Mesopotamien, Parthien und Armenien; er wurde gemartert in *Albanopolis* oder *Urbanopolis*, die Reliquien wurden übertragen nach Nephergerd (Mijasarkin) durch Maruta, nach Darä um 507 (Viktor von Capua glaubt sie um 546 in Phrygien in „Dolici"), um 580 auf die Insel Lipan (→ Gregor von Tours, Glor. mart. 1,34), 838 nach Benevent, viell. (teilweise?) nach Rom auf die Tiberinsel durch Ks. → Otto III. († 983). 1238 kam die Hirnschale als Reliquie nach Frankfurt a. M. Dargestellt wird B. v. a. mit Schindmesser und abgezogener Haut, die auf sein Martyrium durch Enthäutung verweisen.

Matthäus (Fest 21.9.). Nach frühkirchl. Überlieferung ident. mit dem Zöllner **Levi** (Mk 2,14–17; vgl. Mt 9,9 ff. und 10,3). Nach → Papias (Eusebius, H.e. III, 24, 6) hat er das Evangelium in Aramäisch, der Muttersprache Jesu, verkündet und das ihm zugeschriebene Evangelium auch zunächst in dieser Sprache verfaßt. M. soll später in Äthiopien oder auch in Parthien oder Persien missioniert haben. 954 werden unweit von Paestum die Reliquien gefunden und 1084 zur Zurückdrängung des byz. Einflusses in Unteritalien nach Salerno übertragen, dessen Stadtpatron M. ist. Er ist dargestellt als Evangelist mit einem Engel als Attribut.

Thomas (Fest 3.7.; früher 21.12.). Trägt den Beinamen Didymus (gr. = Zwilling). Wird in Joh als treuer (11,16), mit der Unbegreiflichkeit der Auferstehungsbotschaft ringender (14,5; 20,25), letztlich vorbildhaft zu Christus sich bekennender („Mein Herr und mein Gott": 20,28) Jünger gezeichnet. Nach alter Tradition brachte er das Evangelium bis nach Indien (Th.-Christen). Im ind. Mailapur (Vorstadt des heutigen Madras am Golf von Bengalen) soll er auch das Martyrium erlitten haben. Seit 1547 steht auf dem Th.-Berg in Madras eine dem hl. Th. geweihte Kirche. Ein großer Teil der Reliquien wurde im 3. Jh. nach Edessa überführt (3.7. Translationsfest). → Johannes Chrysostomus nennt das Th.-Grab im 4. Jh. eines der vier bek. Apostelgräber. 1258 Überführung nach Chios, von dort nach Ortona an der Adria, wo die Th.-Reliquien heute verehrt werden. Der Finger (!) ist in Rom, Santa Croce. Attribute: Lanze, Schwert, Winkelmaß.

Jakobus d. J. (Fest 3.5.). Sohn des Alphäus, wegen der (seit → Hieronymus übl.) Gleichsetzung mit dem in Mk 15,40 genannten J. *der Jüngere* genannt. Er wird außer in den Apostellisten (Mk 3,18) im NT nicht mehr erwähnt. Die westkirchl. Tradition identifizierte ihn lange mit dem Herrenbruder Jakobus, der nach Josephus Flavius im Jahre 62 in Jerusalem gesteinigt wurde. → Hegesipp dagegen berichtet, J. sei von einer Tempelzinne herabgestürzt und von einem Walker mit einer Keule erschlagen worden (→ Eusebius, H.e. II,23). Der Überlieferung zufolge wurden seine Gebeine im 6. Jh. nach Rom transferiert, wo J. mit Philippus die Kirche SS. Apostoli geweiht ist. Sein Haupt wird im Dom von Ancona verehrt. Im Osten wurden J. und der Herrenbruder unterschieden. Dessen Reliquien sollen nach Konstantinopel gekommen sein, wo ihm eine Kirche geweiht war. Dargestellt wird J. meist mit Buch und Walkerstange.

Judas Thaddäus (Fest 28. 10.). Die seit → Origenes allg. übl. Identifizierung des in Mk 3, 18 und Mt 10, 3 genannten Thaddäus mit dem Judas, Sohn des Jakobus, in Lk 6, 16 und Apg 1, 13 besteht wohl zu Recht. J. war der Haupt-, Th. der Beiname. Er soll u. a. in Edessa missioniert haben, wo er eine wichtige Rolle in der *Abgarlegende* spielt. Der an einer unheilbaren Krankheit leidende Kg. Abgar von Edessa (4 v. Chr.–7 n. Chr. und wieder 13–50 n. Chr.) soll Christus briefl. um seine Heilung gebeten haben. Christus habe in einem Antwortbrief die Sendung eines Jüngers verheißen. Nach der Himmelfahrt sandte Thomas den Jünger Addai (später mit Thaddäus gleichgesetzt) als Verkünder des Evangeliums nach Edessa, der Kg. Abgar die Hände auflegte und ihn heilte (Eusebius, H.e. I,16). Seine Verehrung als Helfer in aussichtslosen Situationen wuchs im 19. und 20. Jh. Attribute: Keule, Hellebarde, seltener auch Schwert oder Beil.

Simon Kanaanäus oder Zelotes (Fest 28. 10.). Beide Beinamen bedeuten Eiferer und kennzeichnen S. als ehemal. Mitglied der Partei der Zeloten. S. wurde oft mit dem Bräutigam aus Joh 2 (Kana) oder auch mit Nathanaël identifiziert. Er missionierte der Überlieferung nach in der jüd. Diaspora (Ägypten, Armenien, nicht aber in Kleinasien); Britannienmission ist legendär. Er wird gemeinsam mit Judas Thaddäus dargestellt. Es ist keine größere Verehrung vermeintl. Reliquien bekannt. Dargestellt mit einer Säge, die an sein Martyrium erinnert.

Matthias (Fest 24. 2.). Wurde durch Losentscheid als Ersatz für den zum Verräter gewordenen **Judas Iskariot** zur Vervollständigung in den Zwölferkreis gewählt (Apg 1, 15–26). Der legendar. Bericht von seinem Martyrium (Steinigung und Enthauptung) lehnt sich an die Passionen des Herrenbruders Jakobus und des Apostels → Paulus an. Kaiserin → Helena schenkte die M.-Reliquien ihrer Geburtsstadt Trier, Bf. Agricius († 330) überführte sie dorthin. Nach zweimaligem Wiederauffinden der Gebeine (1050 und 1127) werden sie seither in der Abtei St. Matthias in Trier verehrt. Attribute: Beil, Hellebarde, Schwert und Kreuz, seltener Steine und Lanze.

Markus (Fest 25. 4.). Johannes mit dem Beinamen M. gehörte mit seiner Mutter Maria, die in Jerusalem ein Haus besaß, zur dortigen Kirche (Apg 12, 12–17). Er begleitete zeitweise den Apostel → Paulus auf seinen Missionsreisen. Nach 1 Petr 5, 14 war er mit Petrus in Rom. Auf diese Notiz stützt sich die frühkirchl. Tradition (→ Papias), daß M. als Dolmetscher des Petrus auch dessen Evangelium aufgezeichnet habe, so daß das *Markusevangelium* die Erinnerungen des ersten der Apostel aufbewahre. Von Petrus nach Alexandrien geschickt, soll er dort als erster Bischof um das

Jahr 67 das Martyrium erlitten haben. Die Legende berichtet von seiner Gefangennahme am Altar während des Ostergottesdienstes und seiner Schleifung am Strick durch Alexandria. Im 9. Jh. wurden die M.-Reliquien von Venedig (M.-Dom) geraubt. Reliquien befinden sich auch auf der Reichenau (Mittelzell). 1968 wurden sie von P. → Paul VI. teilweise nach Alexandrien zurückgegeben. Dargestellt wird M. als Evangelist mit seinem Attribut, dem Löwen.

Lukas (Fest 18. 10.). Der möglicherweise aus Antiochien stammende Heidenchrist L. war Arzt (Kol 4, 14) und begleitete als Mitarbeiter des → Paulus den Apostel zeitweise auf dessen Reisen. Er gilt seit dem 2. Jh. als Verfasser des *Lukasevangeliums* und der *Apostelgeschichte*, die sich durch lit. Anspruch, gepflegtes Griechisch und auch Nähe zur paulin. Tradition auszeichnen. Die sein Leben betreffenden Überlieferungen sind spärlich. Er starb mit 84 oder 89 Jahren in Theben in Böotien oder in Bithynien, nach einigen Quellen als Märtyrer. Seine Gebeine wurden 357 nach Konstantinopel übertragen, wo sie zus. mit denen des Andreas und des Timotheus die Hauptreliquien der Apostelkirche bildeten. Seine ausführl. und anschaul. Überlieferungen zur Kindheitsgeschichte Jesu führten seit dem 6. Jh. zur Ausbildung der Legende von L. als Madonnenmaler, worauf die L.-Bilder (Mariä und Christi), u. a. in Rom und Trier, zurückgehen. L.-Reliquien befinden sich auch in Padua. Dargestellt wird er als Evangelist mit einem Stier, oft auch eine Muttergottesikone malend. RUDOLF VODERHOLZER

Aristides, *der Philosoph aus Athen* (→ Eusebius, H.e. 4, 3, 3), 2. Jh. Autor der ältesten vollständig überlieferten christl. Verteidigungsschrift (dt.: [2]BKV 12, 1–54), die entw. unter Ks. → Hadrian (117–138) oder dessen Nachfolger Antoninus Pius (138–161) verfaßt wurde. Nach Darstellung der Überlegenheit des christl. Gottesbegriffes und einer Kritik der falschen Gottesverehrung bei den Barbaren, Hellenen und, mit Einschränkungen, bei den Juden verweist A. v. a. auf die Überlegenheit der christl. Lebensführung (Sorge um die Schwachen, Integration der Sklaven, hohes Eheideal). Die Welt verdanke ihren Fortbestand dem Gebet der Christen. Die Apologie des A. ist bedeutend weniger aufgrund origineller Theologie als vielmehr als Zeugnis für den glaubensfrohen Enthusiasmus, mit dem die frühe Kirche die argumentative Auseinandersetzung mit den alten Religionen aufnahm.

Lit.: M. Fiedrowicz, Apologie im frühen Christentum (2000).

RUDOLF VODERHOLZER

Arius, Presbyter in Alexandrien, * ca. 260, † 336. Urheber der für die Kirche bedrohlichsten Irrlehre der christl. Antike. Der Streit um den *Arianismus* überschattete das gesamte 4. Jh. A.' Theologie knüpfte an neuplaton. Philosophie an und leugnete mit Berufung auf die Einzigkeit Gottes die ntl. bezeugte und für die Erlösung des Menschen grundlegende innergöttl. Beziehung von Vater und gleichewigem Sohn. Nachdem Bf. Alexandros von Alexandrien A. 318/19 wegen Häresie des Amtes enthoben und verbannt hatte, erregte sein Fall weit über die Grenzen Ägyptens hinaus Aufmerksamkeit. A. fand selbst unter Bischöfen Anhänger. Um die Frage zu klären und damit einer Gefährdung der Reichseinheit entgegenzuwirken, berief Ks. → Konstantin 325 die bis dahin größte Bischofsversammlung nach Nizäa ein. Die später als 1. Ökum. Konzil anerkannte Synode verurteilte die Auffassung des A., wonach der Logos, d.h. der Sohn Gottes, geschaffen sei und es eine Zeit gab, in der er nicht war. Gegen A. und seine Anhänger wurde als Glaube der Kirche festgehalten, daß der Sohn dem Vater *wesensgleich* (gr. *homoousios*) sei. A. wurde vom Kaiser nach Illyrien verbannt. Seine Forderungen nach Rehabilitierung blieben unerfüllt. 333 ordnete der Kaiser die Vernichtung aller seiner Schriften an. A. starb 336 in der Verbannung, kurz nachdem der Kaiser seine Wiederaufnahme in die Kirche von Alexandrien befohlen hatte. Von pol. Seite unterstützt, erhielt der Arianismus zeitweise die Oberhand im 4. Jh. → Hieronymus schreibt: „Der Erdkreis seufzte auf und erkannte, daß er arianisch geworden war" (Dial. c. Lucif. 19). Erst als der Arianismus nach dem Tod von Ks. Valens in der Schlacht von Adrianopel (378) seiner pol. Stütze beraubt war, konnte sich die nizän. Christologie durchsetzen. Teile der christianisierten Germanen blieben bis ins 7. Jh. hinein Arianer.

Lit.: [3]LThK 1 (1993), 981–989.

RUDOLF VODERHOLZER

Arminius, Jacob(us), niederländ. Theologe, * 10. 10. 1560 (Oudewater), † 19. 10. 1609 (Leiden). Nach der Schulzeit hielt sich A. in Marburg auf, wo er mit den Lehren des frz. Humanisten und Philosophen Pierre de la Ramée (Petrus Ramus) bekannt wurde. 1576–1581 studierte er in Leiden, dann in Genf, Basel und Padua. 1588 wurde er Pfarrer in Amsterdam, 1603 Theologieprof. in Leiden. Das Leben des A. ist durch den niederländ. Freiheitskampf gegen die span. Herrschaft (Verlust der ganzen Familie) und die konfessionelle Konsolidierung der calvinist. Orthodoxie in der jungen Republik geprägt. Im theol. und kirchenpol. zentralen Streit um die Prädestinationslehre wandte sich A. gegen die strenge Fassung, derzufolge Erwählung und Verwerfung allein vom ewigen Ratschluß Gottes über die Bestimmung eines jeden Menschen abhängen (Franciscus Gomarus). Demgegenüber betonte A. aus bibl. und eth. Gründen die Bedeutung der Freiheit zu Bekehrung und Glaube unter der Leitung der göttl. Gnade wie auch die Stellung Christi als des universalen Mittlers, die er bei seinen Gegnern zu der des Vollstreckers einer partikularen Erwählung verkürzt sah. Die Synode von Dordrecht (1618/19) verurteilte die von Anhängern des A., den sog. Remonstranten, eingebrachten Glaubensartikel und drängte den *Arminianismus* ins Abseits. Dieser kam, v.a. aufgrund seines Protestpotentials gegen die strenge Prädestinationslehre, in England und Amerika zu größerem Einfluß, so im Methodismus J. → Wesleys. Die urspr. Gedanken und Anliegen des A. gingen dabei weitgehend verloren.

Lit.: [4]RGG 1 (1998), 778f.; C. Bangs, A. ([2]1985); TRE 4 (1979), 63–96.

HANS-MARTIN KIRN

Arnauld, Antoine, führender Jansenist, * 6. 2. 1612 (Paris), † 8. 8. 1694 (Brüssel). *Le Grand A.* wurde vom Abt von Saint-Cyran, Jean Duvergier de Hauranne, beeinflußt und empfing 1641 die Priesterweihe. 1643 erhielt A. den Doktorhut und wurde Mitglied der Sorbonne. Das kath. Eucharistieverständnis verteidigte er gegen prot. Angriffe, die Sakraments- und Moralauffassung der SJ hingegen bekämpfte er. Als Mitstreiter konnte er hierbei B. → Pascal gewinnen, der in seinen *Lettres provinciales* (*Briefe aus der Provinz*, 1655–57) die als zu lax empfundene Moralauffassung der SJ kritisierte. Wegen seiner Parteinahme für C. → Jansen wurde A. von der Sorbonne ausgeschlossen. In den Niederlanden, stets auf der Flucht, setzte A. ab 1679 sein lit. Wirken weiter fort.

Lit.: D. Moreau, Deux cartésiens (1999). WOLFGANG ROTZSCHE

Arnd(t), Johann, luth. Theologe, * 27. 12. 1555 (Ballenstedt oder Edderitz), † 11. 5. 1621 (Celle). Nach dem Studium in Helmstedt, Wittenberg (?), Straßburg und Basel wurde A. 1583 Pfarrer im anhaltinischen Ballenstedt und Badeborn. Wegen obrigkeitskrit. Haltung 1590 amtsenthoben, wechselte er nach Quedlinburg, wo er bis 1599 als Pfarrer tätig war. 1599–1609 wirkte er in Braunschweig, dann in Eisleben, seit 1611 als braunschweig-lüneburg. Generalsuperintendent und Hofprediger in Celle. A. betonte in Anknüpfung an die spätmittelalterl. Mystik (u. a. → Thomas von Kempen) und den Spiritualismus der Reformationszeit (Paracelsus, Valentin Weigel) die subjektive Seite des von Erfahrung und Verinnerlichung geprägten Christusglaubens, die er in seinen weit verbreiteten, in zahlr. Sprachen übersetzten und über den Protestantismus hinauswirkenden *Vier Büchern von Wahrem Christentum* (1605–1610; nach A.s Tod auf sechs Bücher erweitert) und im *Paradies-Gärtlein* (1612), einem ergänzenden Gebetbuch, entfaltete. Innerhalb der luth. Orthodoxie blieb A. umstritten. Neben zahlr. Gegnern, die Defizite in der Rechtfertigungslehre und Neigung zum rel. Schwärmertum beklagten – so bes. markant der Tübinger Theologe Lukas Osiander d. J. 1623 –, standen namhafte Fürsprecher wie sein Schüler Johann Gerhard. A. wurde zum Initiator einer breiten Frömmigkeitsbewegung, die den durch Ph. J. → Spener begründeten luth. Pietismus vorbereiten half, blieb aber auch für Spiritualisten und radikale Pietisten ein wichtiger Gewährsmann.

Lit.: [4]RGG 1 (1998), 788 f.; Brecht 1 (1993), 130–151; TRE 4 (1979), 121–129. HANS-MARTIN KIRN

Arnold, Gottfried, luth. Theologe und radikaler Pietist, * 5. 9. 1666 (Annaberg), † 30. 5. 1714 (Perleberg). A. studierte 1685–1689 in Wittenberg. Unter Ph. J. → Speners Einfluß öffnete er sich dem Pietismus. Spener vermittelte ihn als Hauslehrer nach Dresden und Quedlinburg. 1697 wurde A. zum Prof. der Geschichte an der pietist. Univ. Gießen berufen, gab sein Amt jedoch nach wenigen Monaten aus Enttäuschung über den verweltl. akadem. Betrieb wieder auf. Schon früh bestimmte ihn eine radikalpietist.-kirchenkrit. Haltung auf der Basis eines idealisierten Urchristentums, die A. trotz Konflikten auch in den späteren Jahren im prakt. Kirchendienst beibehielt. A.s *Unparteiische Kirchen- und Ketzerhistorie* (1699–1700) markiert einen epochalen Neuansatz gegenüber der konfessionellen Kirchengeschichtsschreibung: Nicht mehr die objektive theol. Lehre, sondern die von den offiziellen Kirchen stets bedrängte oder unterdrückte subjektive rel. Überzeugung galt als Kriterium wahren Christentums. Damit gab A. der mod. Geschichtsbetrachtung mit ihrem Interesse an Individualität und subjektiver Handlungsmotivation sowie dem überkonfessionellen Denken wesentl. Impulse. A. trat u.a. auch als Herausgeber myst. Werke, biograph. Sammlungen und als Verfasser einer pietist. Pastoraltheologie (1704) hervor.

Lit.: [4]RGG 1 (1998), 791f.; Brecht 1 (1993), 410–416; ebd. 2 (1995), 116–119; D. Blaufuß, F. Niewöhner (Hgg.), G. A. (1666–1714) (1995).

Hans-Martin Kirn

Athanasios Athonites, hl. (Fest 5.7.), Klostergründer auf dem Berg Athos, * um 920/30 (Trapezunt), † 5.7. 1000/01 (Athos). A. studierte und lehrte in Konstantinopel, bevor er um 952 Mönch auf dem Kymenas-Berg in Bithynien wurde und 958 auf den Athos zog, wo er mit Unterstützung des gleichgesinnten Ks. Nikephoros II. Phokas 963 die *Große Lavra* gründete. Die koinobit. Lebensweise auf dem Athos richtete A. vorrangig nach der Regel des → Theodoros Studites aus.

Lit.: [4]RGG 1 (1998), 869f.; DNP 2 (1997), 208f.; [3]LThK 1 (1993), 1126.

Manfred Heim

Athanasius von Alexandrien, hl. (Fest 2.5.), Kirchenvater, * ca. 295, † 373. Gegen 328 zum Bf. von Alexandrien geweiht, verfolgte er mit großer Energie das Ziel, die dogmat. Entscheidungen der Kirche gegen staatl. Einflußnahme abzuschirmen. Nicht minder entschieden kämpfte er gegen den Arianismus (→ Arius), die Auffassung also, daß der Logos Gott untergeordnet, nicht von derselben Substanz wie der Vater und vom Vater vor der Zeit aus dem Nichts geschaffen sei. Zum ersten Mal wurde A. 335 abgesetzt; nach längerem Aufenthalt in Trier kehrte er 337 auf seinen Bischofssitz zurück. Schon 339 ging er erneut ins Exil, und zwar nach Rom. 346 wieder in sein Amt eingesetzt, mußte er 356 ein weiteres Mal aus Alexandrien fliehen und suchte Schutz bei den ägypt. Eremiten. Zu ihnen begab er sich auch, als Ks. → Julian ihn 363 erneut vertrieb. Ein letztes Mal wurde A. 365 verbannt, konnte aber bald zurückkehren. Von den zahlr. unter seinem Namen überlieferten Schriften in gr. Sprache sind nicht alle echt. Wohl um 318 entstanden ist eine Apologie gegen die Heiden; im zweiten Buch befaßt sich A. mit der Fleischwerdung des göttl. Worts. A.' Hauptwerk sind drei zw. 335 und 360 verfaßte Reden gegen die Arianer; hier setzt sich A. bes. ausführlich mit deren Auslegung von Spr 8,22f. auseinander. In der *Apologia contra Arianos* (*Verteidigung gegen die Arianer*) breitet A. zahlr. Dokumente seines Kampfes aus und erläutert sie. Des öfteren bedient sich A. der Briefform; so schreibt er 340 eine *Epistola ad episcopos encyclica* (*Rundbrief an die Bischöfe*), um gegen den an seiner Stelle eingesetzten Bf. Gregor zu protestieren; in vielen anderen Briefen befaßt er sich mit dogmat. Fragen. Dem als Vater des Mönchtums geltenden → Antonius dem Großen widmet A. eine Biographie, in welcher er die Askese als Lebensform verherrlicht.

Lit.: M. Tetz, Athanasiana (1995).
SIEGMAR DÖPP

Athenagoras I. (Aristokles Spyrou), Ökum. Patriarch, * 25. 3. 1886 (Tsaraplana), † 7. 7. 1972 (Istanbul). Nach dem Studium in Chalke empfing A. 1910 die Mönchs-, 1922 die Priester- und Bf.-Weihe und war 1923–1930 Metropolit von Kerkyra und Paxoi, 1931–1948 Ebf. des gr.-orth. Erzbistums von Nord- und Südamerika. Seit 1949 Ökum. Patriarch und Ebf. von Konstantinopel, war er bestrebt, die Beziehungen unter den orth. Kirchen und zu anderen christl. Kirchen zu verbessern. Von hist. Bedeutung sind die Begegnungen zw. ihm und P. → Paul VI. in Jerusalem (1964) sowie Konstantinopel und Rom (1967). 1965 hoben beide Seiten die wechselseitige Exkommunikation von 1054 (Morgenländisches Schisma, → Michael I. Kerullarios, → Humbert von Silva Candida) auf.

Lit.: Schwaiger (1999), 358–360; [4]RGG 1 (1998), 888; [3]LThK 1 (1993), 1143.
MANFRED HEIM

Augustinus, Aurelius, hl. (Fest 28. 8.), Kirchenvater, * 13. 11. 354 (Thagaste/Numidien), † 28. 8. 430 (Hippo Regius, Numidien). Der Sohn des röm. Veteranen Patricius und der frommen Christin Monnica wurde in nordafrikan. Rhetorenschulen ausgebildet und begeisterte sich als Jugendlicher für Ciceros Schrift *Hortensius*, einen Aufruf zum Philosophieren. Nach Stationen in Thagaste und Karthago begab er sich 383 nach Rom, wenig später wurde er als Rhetor nach Mailand berufen. Vom Stil der Bibel befremdet, wandte er sich den Manichäern zu, deren dualist. Weltbild vom Kampf zweier Prinzipien, des Lichts und der Finsternis, geprägt ist (→ Mani); A. blieb den Manichäern bis 382 verbunden. Es folgte eine Phase des Skeptizismus; in diese Zeit fällt die Lektüre von Schriften der Neuplatoniker Plotin und Porphyrios. Stark beeindruckt wurde A. von der Persönlichkeit und den Predigten des Mailänder Bf. → Ambrosius. 386 erlebte A. bei der Beschäftigung mit Paulusbriefen eine Bekehrung, die durch die Kinderstimme *Tolle, lege* (*Nimm, lies!*) ausgelöst wurde. Danach verbrachte er mit Freunden einige Monate in Cassiciacum (nahe Mailand), wo er sich philos. Erörterungen widmete. Am Karsamstag 387 ließ er sich von Ambrosius taufen. 388 begab sich A. über Rom in seine Heimatstadt zurück, wurde 391 in Hippo Regius zum Presbyter ordiniert und empfing dort schließlich 395 die Bf.-Weihe. A.' Denken, das Christentum und Neuplatonismus miteinander verbindet und in einem riesigen Œuvre (93 Werke in 232 Büchern) niedergelegt ist, entfaltet bis in die Gegenwart eine immense Wirkung. In Cassiciacum entstehen

u. a. die Schriften *Contra Academicos* (*Gegen die Akademiker*), *De beata vita* (*Vom glückseligen Leben*), *De ordine* (*Von der Ordnung*) und *Soliloquia* (*Selbstgespräche*), ein Dialog zw. Augustinus und der ihm innewohnenden Vernunft (Ratio). Stark neuplaton. geprägt sind die Werke, die A. bald nach 388 in Thagaste verfaßt: *De quantitate animae* (*Von der Größe der Seele*), *De magistro* (*Vom Lehrer*), *De libero arbitrio* (*Vom freien Willen*) und *De vera religione* (*Von der wahren Religion*). Zahlr. Schriften zw. 391 und 400 sind dem Kampf gegen die Manichäer gewidmet, so *De utilitate credendi* (*Vom Nutzen des Glaubens*) und *De duabus animabus* (*Über die zwei Seelen*). In den Jahren 400–412 wendet sich A. vornehmlich gegen die Donatisten (→ Donatus), denen zufolge Unwürdige wie die Traditoren die Vollmacht zum Spenden der Sakramente verlieren; 412 folgt die bis etwa 421 reichende Auseinandersetzung mit dem Pelagianismus (→ Pelagius), welcher lehrt, daß der Mensch aus freiem Willen, ohne durch die Ursünde beeinträchtigt zu sein, zw. Gut und Böse entscheiden könne. Doch A.' theol. Schriftstellerei greift weit über den Kampf gegen Häresien hinaus. So entwickelt er in *De doctrina Christiana* (*Von der christlichen Lehre*) eine Hermeneutik der Bibel und eine Predigtlehre; die Schrift *De Trinitate (Von der Dreifaltigkeit)*, zw. 399 und 419 entstanden, stellt die Summe des trinitar. Denkens im 4. Jh. dar. Einen bes. Rang nehmen ferner die 397/98 geschriebenen *Confessiones* (*Bekenntnisse*) ein, eine Analyse der eigenen Lebensführung in der Form eines Gebets. Das geistesgeschichtl. wohl bedeutendste Werk des A., *De civitate Dei contra paganos* (*Über den Gottesstaat gegen die Heiden*), entsteht unter dem Eindruck der Eroberung Roms durch Alarich (410) zw. 413 und 426. In Antwort auf die Vorwürfe der Heiden, die Christen seien für den Niedergang des Imperiums verantwortlich, entwirft A. eine Geschichtstheologie, die auf der Unterscheidung zweier Gemeinschaften beruht: Die eine werde aus den Menschen gebildet, die nach dem Fleisch, die andere aus denen, die nach Gott leben wollten; kein Gemeinwesen in Geschichte und Gegenwart lasse sich mit der *civitas Dei* gleichsetzen, vielmehr seien die beiden Gemeinschaften in dieser Weltzeit miteinander verflochten, bis sie beim letzten Gericht getrennt würden.

Lit.: [2]LACL 65–85; W. Geerlings, A. (1999). SIEGMAR DÖPP

Augustinus von Canterbury, hl. (Fest 26. 5. angl. Kirche, 27. 5. kath.), OSB, Missionar, *Apostel Englands*, † 26. 5. zw. 604/09. Prior des röm. Klr. St. Andreas. P. → Gregor I. d. Gr. beauftragte 596 eine Gruppe von etwa 40 Mönchen unter Leitung des A. mit der Angelsachsenmission in Britannien. Auf der Reise im Frankenreich 596 zum Bischof geweiht, landete er 597 in England, wo er im Einflußbereich Kg. Ethelberts von Kent große Missionserfolge erzielte. A. errichtete in Canterbury die erste Kathedrale und das Klr. St. Peter und Paul. 601 sandte ihm P. Gregor mit einer zweiten Missionsgruppe das ebfl.

Pallium, damit den Auftrag zum Aufbau der Kirchenorganisation in England (Metropolitansitze Canterbury und York mit je 12 Suffraganen) und kluge Weisungen zur Missionsmethode. A. setzte 604 Bischöfe in London und Rochester ein. Größte Schwierigkeiten ergaben sich mit der Liturgiepraxis der kelt. Kirche.

Lit.: [3]LThK 1 (1993), 1247f.; LMA 1 (1980), 1229f.; S. Brechter, Die Quellen zur Angelsachsenmission Gregors des Großen (1941). GEORG SCHWAIGER

Averroes (Ibn Rušd), arab. Philosoph, * 1126 (Cordoba), † 1198 (Marrakesch). A. besaß umfassende Kenntnisse der islam. Theologie, Rechtswissenschaft und Medizin. Mit ihm kommt die islam. Philosophie des MA (Alkindi, † um 866; Alfarabi, † 950; Avicenna: 973/980–1037) zu einem gewissen Abschluß. Wirkungsgeschichtlich werden im jüd. und christl. Bereich seine ins Hebräische und Lateinische übersetzten Kommentare zu Aristoteles so bedeutsam, daß A. häufig nur *der Kommentator* genannt wurde. A. bestritt nicht prinzipiell die Vereinbarkeit von Glauben und Philosophie; die Lösung etwaiger Differenzen sah er in der unterschiedl. Betrachtungsweise von Philosophen (demonstrativ), Theologen (dialekt.) und gläubigem Volk (rhet.-bildhaftes Verstehen des Koran), woran sich freilich eine Abstufung ablesen läßt. Die Schwierigkeit der Vermittlung trat jedoch deutlich zutage in seiner dem Schöpfungsglauben widerstreitenden Lehre von der Anfanglosigkeit der Welt. Gestützt auf Aristoteles und dessen antike Kommentatoren, lehrte A., das geistige Vermögen (Intellekt) sei in spontaner wie in lernender Hinsicht für alle Menschen ein je einziges, womit die Individualität der geistigen Seele unmöglich wird. Die Vorsehung Gottes bezieht sich nach ihm nur bis zu den Gattungen, erreicht also nicht das Einzelne (universaler Determinismus). Die allzu unkrit. Rezeption von A.' Aristoteles-Auslegung durch christl. Lehrer führte nach einer Phase der Harmonisierung zu einer scharfen Auseinandersetzung (→ Albertus Magnus, → Thomas von Aquin, → Bonaventura) mit dem heterodoxen Aristotelismus (→ Siger von Brabant, Boethius von Dacien). Als Aristoteles-Kommentator blieb A. in einer best. Schulrichtung der Philosophie (*Averroismus* des 14. bis 16. Jh.s) maßgebende Autorität.

Lit.: Philosophie und Theologie von A., übers. von M. J. Müller, Nachwort von M. Vollmer (1991); LMA 1 (1980), 1291–1296. MARIANNE SCHLOSSER

B

Baader, Franz von, Religionsphilosoph, * 27. 3. 1765 (München), † 23. 5. 1841 (ebd.). B. studierte in Ingolstadt und Wien Medizin, war theol. Autodidakt und Schriftsteller. Nach einem Aufenthalt in England trat er 1799 als Bergrat in den Bayr. Staatsdienst. 1826 wurde B. Honorarprof. für spekulative Theologie in München. Dem verheirateten Laientheologen war es ein lebenslanges Anliegen, eine innere Verbindung zw. Theologie und Philosophie herzustellen, um dadurch einen Beitrag zur Überwindung der geistigen Krise seiner Zeit zu leisten. B. setzte sich mit → Kant auseinander und wandte sich der Mystik (Kabbala, → Meister Eckhart, J. → Böhme, J. C. → Lavater) zu. Er stand in Verbindung mit bedeutenden Denkern seiner Zeit (Jacobi, Schelling, Schlegel, → Hegel). Sein eigenes Denken charakterisierte er als Philosophie des Lebens, der Liebe, der Freiheit und des Gebetes. Trotz seiner Polemiken gegen den Liberalismus trat B. – wie viele Romantiker – für kirchl. Reformen ein. Er suchte die Spannung zw. der äußeren und der inneren Dimension der Kirche zu überwinden, dachte ökumenisch, suchte einen Mittelweg zw. Restauration und Revolution und war ein Vorläufer des Sozialkatholizismus.

Lit.: [4]RGG 1 (1998), 1037f.; [3]LThK 1 (1993), 1327–1329; TRE 5 (1980), 64–67. JOSEF KREIML

Bajus (de Bay), Michael, Theologe, * 1513 (Meslin l'Evêque, Hennegau), † 16. 9. 1589 (Löwen). Nach seinem Studium bis 1535 in Löwen wirkte B. dort seit 1543/44 als Prof. der Philosophie, seit 1550/51 als Prof. der Theologie, seit 1575 als Vizekanzler der Univ. und als Dekan von Saint-Pierre. Auf Betreiben der Franziskaner wurden 18 seiner Thesen 1560 durch die Sorbonne abgelehnt, 1567 wurden 79 Thesen durch → Pius V. in der Bulle *Ex omnibus afflictionibus* ohne Namensnennung für häretisch erklärt. Die Bulle *Provisionis nostrae* (1580) → Gregors XIII. bestätigte B.' Verurteilung, ungeachtet seiner zahlr. Verteidigungsschriften (z. B. *Breves adnotationes* 1561, *Apologiae* 1569, *Explicatio* 1570). Mit seiner Grundüberzeugung, daß der paradies. Urzustand vollkommen, aber nicht übernatürlich gewesen sei, und daß nach dem Sündenfall der Mensch nur durch Gnade gerechtfertigt werden könne, beeinflußte B. den Jansenismus (C. → Jansen), blieb aber für die kath. Theologie von geringem Einfluß.

Lit.: Metzler 59; TRE 5 (1980), 133–137. MARIANNE SAMMER

Balde, Jacob, SJ (1624), Hofhistoriograph, neulat. Lyriker, der *deutsche Horaz*, * 4. 1. 1604 (Ensisheim, Oberelsaß), † 9. 8. 1668 (Neuburg a.d. Donau). Nach Abbruch des Jurastudiums (Molsheim, Ingolstadt) Noviziat SJ (seit 1. 7. 1624). Ab 1626 Lehrtätigkeit (klass. Sprachen, Rhetorik) in München, ab 1628 am Gymnasium in Ingolstadt; 1633 Priesterweihe. 1635–1637 Tätigkeit als Prof. der Rhetorik an der Univ.

Ingolstadt, von 1638–1640 als Hofprediger des Kf. → Maximilian I. in München. B. arbeitete bis 1650 in München als Dichter und Historiograph, seit 1654 als pfalzgräfl. Hofprediger in Neuburg a. d. Donau. Er hinterließ ein umfangreiches lit. Œuvre versch. Gattungen (u. a. Satire, *Poema de vanitate mundi*; Elegie, *Urania victrix*; Drama *Jephtias*; Predigt etc.), aus dem v. a. die an Horaz angelehnte und von barokken Stilelementen durchzogene Odendichtung (*Lyricorum libri IV; Epodum liber unus*; *Sylvarum libri VII.*; darin u. a. Gedichte um die Schönheit Münchens und des Isartals) herausragt, die durch → Herders *Terpsichore* (1795/96) z. T. übersetzt und erneut wieder in den Blickpunkt des Interesses kamen.

Lit.: [4]RGG 1 (1998), 1069; Boehm 29f.; [3]LThK 1 (1993), 1365.

SUSANNE STÜBINGER

Balthasar, Hans Urs von, kath. Schweizer Theologe, Kardinal, * 12. 8. 1905 (Luzern), † 26. 6. 1988 (Basel). „Der vielleicht gebildetste Mann seiner Zeit" (H. de → Lubac). Der vielseitig begabte, zweisprachig (dt.-frz.) aufgewachsene, überaus belesene, konzertreif Klavier spielende B. entschied sich zunächst für das Studium der Germanistik (Wien, Berlin, Zürich). Nach der Promotion trat er 1929 in die SJ ein. Den ordensübl. Studien der Philosophie in Pullach bei München (Einfluß E. Przywaras) und der Theologie in Lyon-Fourvière (hier erschloß ihm H. de Lubac das Denken der Kirchenväter) folgten 1936 die Priesterweihe und die Mitarbeit bei den *Stimmen der Zeit* in München. Ab 1940 Studentenseelsorger in Basel, begegnete B. dort K. → Barth (eine von Freundschaft und tiefem Respekt getragene Auseinandersetzung mit dessen Theologie in *Karl Barth*, 1951) und der Ärztin Adrienne von Speyr, die bei ihm zur kath. Kirche übertrat, deren myst. Schauungen er mitstenographierte und in dem von ihm 1947 gegründeten Johannes Verlag Einsiedeln herausgab (62 Bde.). Mit ihr zusammen rief er die *Johannes-Gemeinschaft* ins Leben, ein Säkularinstitut, um dessentwillen B. 1949 die SJ verließ. Die publizist. Tätigkeit (neben den eigenen Werken geniale Übers., u. a.: *Der seidene Schuh* von Paul Claudel, dt. Uraufführung 1943, und die Werke H. de Lubacs) wurde begleitet von Vortragsreisen und Exerzitienkursen. 1969 Mitglied der Internat. Theol. Kommission. 1972 maßgebl. Mitbegründer der Internat. Kath. Zs. *Communio*. Bereits zum Kardinal ernannt, starb B. zwei Tage vor der offiziellen Erhebung und liegt in seiner Heimatstadt begraben. In der umfangreichen Bibliographie ragt die 16 Bde. umfassende *Trilogie* (1961–1987) hervor. Sie ist eine Gesamtdarstellung der syst. Theologie in der originellen, an den transzendentalen Seinsbestimmungen des Schönen, Guten und Wahren orientierten Anordnung *Herrlichkeit*, *Theodramatik* und *Theologik*. *Herrlichkeit* ist eine am Gestaltbegriff Goethes angelehnte theol. Wahrnehmungslehre, *Theodramatik* bietet Schöpfungs-, Erlösungs- und Vollendungslehre und stellt die Heilsgeschichte im Paradigma des Welttheaters als Drama zw. göttl. und menschl. Freiheit dar, *Theologik* ist eine Fundamentaltheologie, die rückblickend das Offenbarungsverständnis bedenkt und rechtfertigt. Engagiert setzte sich B. mit K. → Rahner über die Frage des *anonymen Christentums* auseinander (*Cordula oder der Ernstfall*, 1966), dem er die Bedeutung der expliziten Kirchlichkeit und des bis zur Martyriumsbereitschaft gehenden Bekenntnisses entgegenstellte. Gegen alle Versuche, mit Gewißheit von der ewigen Verdammnis bestimmter Geschöpfe zu sprechen, betonte B. die kirchl. legitime und sogar gebotene Hoffnung (nicht Gewißheit) auf die Rettung aller (*Was dürfen wir hoffen?*, 1985). B. sah sie begründet in der Sendung des Sohnes, der im Liebesgehorsam sich vollkommen entäußernd nicht nur bis ans Kreuz, sondern in die äußerste Gottferne absteigt (seine Deutung des Karsamstags!) und alle geschöpfl. Selbstverweigerung und frei gewählte Gottverlassenheit unterfängt (*Theologie der drei Tage*, [2]1990).

Lit.: E. Guerriero, H. U. v. B. (1993).
RUDOLF VODERHOLZER

Baradeus, Jakob (Baradai, *der Filzene*), asket. Mönch und Bf. von Edessa, * bei Tellâ (Konstantina), † 30. 7. 578 (Romanos-Klr., Ägypten). 537 Aufenthalt in Konstantinopel; B. stand in der Gunst der Kaiserin Theodora I. 542/43 Bf.-Weihe auf Wunsch des Ghassanidenfürsten Arethas V. bar Gabala. B. war energ. Chalkedongegner; durch ihn kam es zur Errichtung einer eigenständigen Kirchenorganisation (ostsyr.-monophysit. Jakobitische Kirche, Jakobiten; heute syr.-orth. Kirche). Vita Ende des 6. Jh.s entstanden.

Lit.: [3]LThK 7 (1998), 418–422; [3]LThK 5 (1996), 724.
SUSANNE STÜBINGER

Baronius, Caesar, Kirchenhistoriker und Kardinal, * 31. 10. 1538 (Sora/Kampanien), † 30. 6. 1607 (Rom). B. schloß sich dem Oratorium des Ph. → Neri an und wurde 1564 Priester, 1593 Generaloberer des Oratoriums und 1596 Kardinal. 1597 übernahm er das Amt des Bibliothekars der Röm. Kirche. Beim Konklave 1605 war der gelehrte und lautere B. ein ernsthafter Kandidat für den päpstl. Stuhl. Bleibende Bedeutung hat B. als Verfasser der monumentalen *Annales ecclesiastici* (EA: Rom 1588–1607). Es handelt sich um eine annalist. angelegte Darstellung der Kirchengeschichte bis 1198, die aus Vorträgen B.' im Oratorium entstanden ist. Die *Annales* sind eine apologet. Reaktion auf die *Magdeburger Centurien* des M. → Flacius, das erste prot. Kirchengeschichtswerk. Trotz versch. Schwächen waren die *Annales ecclesiastici* zumal durch die Publikation von Quellen eine in der Geschichte der Historiographie bedeutsame Leistung.

Lit.: [3]LThK 2 (1994), 31; H. Jedin, Kard. C. B. (1978).
STEPHAN HAERING

Barth, Karl, bedeutendster reformierter Theologe des 20. Jh.s, * 10. 5. 1886 (Basel), † 10. 12. 1968 (ebd.). Nach Studien in Bern, Berlin (u.a. bei A. von → Harnack), Tübingen und Marburg sowie Pfarrdienst in Genf und Safenwil wurde B. 1921 Prof. in Göttingen, Münster (1925) und Bonn (1930). Wegen Verweigerung des Treueids 1935 entlassen und dann für immer nach Basel zurückgekehrt, engagierte sich B. zus. mit M. → Niemöller u.a. in der *Bekennenden Kirche* (federführende Mitarbeit an deren Barmer Erklärung, 1934). Nach dem Krieg kritisierte B. die dt. Wiederbewaffnung und den westl. Antikommunismus. Mit seinem Kommentar zum *Römerbrief* (1919/22), in dem er den unendl. qualitativen Unterschied zw. Gott und Mensch herausstellte, wurde B. zum Wortführer der *Dialektischen Theologie*, die den auf → Schleiermachers Gefühlstheologie basierenden Kulturprotestantismus des 19. Jh.s mit Entschiedenheit zurückwies. B.s Hauptwerk *Kirchliche Dogmatik* (1932–1967), eine Gesamtdarstellung der syst. Theologie von riesigem Ausmaß, orientiert sich programmat. am kirchl. Bekenntnis. Die einleitend aufgestellte These, die kath. Lehre von der *analogia entis* (*Seinsanalogie* zw. göttl. Sein und menschl.-geschöpfl. Sein als Voraussetzung der Verstehbarkeit göttl. Offenbarung) sei die Erfindung des Antichrist und der einzig wirkliche Gegensatz zw. den Konfessionen (Kirchl. Dogmatik I, S. VIII f.), hat auf Seiten der kath. Kirche die Reaktion von E. Przywara und H. U. von → Balthasar hervorgerufen, was den ökum. Dialog erheblich voranbrachte, in dem B. schließl. auch Wahrheitsmomente an einer kath. *natürlichen Theologie* einräumte. B. entwickelte die calvinist. Prädestinationslehre fort, indem er die Verwerfung der Menschen als in Christus aufgehoben deutet, in dem die ewige Erwählung des Menschen durch Gott Wirklichkeit geworden ist. In seinem Wohnhaus in Basel ist heute das K.-B.-Archiv untergebracht.

Lit.: E. Busch, K. B.s Lebenslauf. Nach seinen Briefen und autobiograph. Texten (1975). RUDOLF VODERHOLZER

Bartholomäus, Apostel → Apostel (Zwölf) und Evangelisten

Basilides, christl. Schriftsteller. Der etwa zw. 120 und 140 vermutl. in Alexandrien tätige Stifter einer Schule wird von seinen Gegnern als Gnostiker charakterisiert. Sein auf Griechisch geschriebenes Hauptwerk, *Exegetica*, ist nur in Fragmenten überliefert; es enthielt wohl nicht eine Auslegung eines von B. selbst verfaßten Evangeliums, sondern neben anderem eine solche von Mk. B.' Lehre weist Elemente des Platonismus auf. Falls B. Oden verfaßt hat, sind sie verloren.

Lit.: [2]LACL 98. SIEGMAR DÖPP

Basilius von Caesarea, der Große, hl. (Fest 14. 6., Ostkirche 1. und 30. 1.), Bischof und Kirchenlehrer, * 329/30, † 379. Gehört mit seinem älteren Freund → Gregor von Nazianz sowie seinem jüngeren leibl. Bruder → Gregor von Nyssa zu den drei großen Kappadoziern. Aus vornehmer und begüterter christl. Familie in Caesarea gebürtig, erhielt B. bei Studien in Konstantinopel und Athen eine hervorragende rhetor. Ausbildung. Nach Rückkehr in die Heimat und kurzzeitiger Tätigkeit als Rhetoriklehrer wandte sich B. um 356, nicht zuletzt dem Beispiel seiner Schwester Makrina folgend, mit Entschiedenheit dem

Glauben zu. In asket.-kontemplativer Zurückgezogenheit studierte er gründlich die Hl. Schrift. Bei einer Reise nach Ägypten, Palästina, Syrien und Mesopotamien lernte er das dortige Mönchtum und auch die kirchenpol. Situation kennen. 364 zum Presbyter geweiht, war er seinem Bf. Eusebius ein wichtiger theol. Ratgeber und folgte ihm 370 auf dem Bf.-Stuhl nach. B. bemühte sich um die Reorganisation der kappadoz. Kirche und um Festigung des nizän. Glaubens. Sein karitatives Wirken erwarb ihm Ansehen auch beim homoiischen Ks. Valens, der ihn als Visitator nach Armenien schickte. Mit seiner Schrift *Über den Heiligen Geist* (374/75; dt. FC 12) trug B. maßgebl. zur Widerlegung der Pneumatomachen (Leugner der Gottheit des Geistes) und zur Vorbereitung des Konzils von Konstantinopel (381) bei, auf dem die pneumatolog. Dogmenentwicklung zum Abschluß gebracht wurde. Mit seinem umfangreichen Schrifttum zu monast.-asket. Fragen wurde B. zu einem der wichtigsten Mönchsväter der östl. Kirche (B.-Regel für gemeinschaftl. Mönchtum). Auch die sog. B.-Anaphora, im byz. Ritus zehnmal im Jahr gefeiert, wird auf den Kirchenlehrer aus Kappadozien zurückgeführt.

Lit.: [2]LACL 99–105.

RUDOLF VODERHOLZER

Baur, Ferdinand Christian, ev. Theologe, * 21. 6. 1792 (Schmiden bei Stuttgart), † 2. 12. 1860 (Tübingen). Nach dem Studium in Tübingen und kurzer Tätigkeit als Vikar und Repetent wirkte B. ab 1817 als Lehrer der alten Sprachen am Niederen Seminar in Blaubeuren und von 1826 bis zu seinem Tode als Prof. für Kirchen- und Dogmengeschichte an der ev.-theol. Fakultät der Univ. Tübingen. Beeinflußt von der Theologie → Schleiermachers und der Geschichtsauffassung → Hegels, galten seine Forschungen zunächst der antiken Religionsgeschichte und der Frühgeschichte des Christentums, gefolgt von Untersuchungen zum NT und zur Geschichte des christl. Dogmas sowie von einer Gesamtdarstellung der Kirchengeschichte bis zur Gegenwart. Sein gigantisches wiss. Werk zeugt von immenser Quellenkenntnis, konsequenter Anwendung der von ihm so benannten *historisch-kritischen Methode* und stetem Bemühen, durch Rekonstruktion der geist. Triebkräfte und inneren Zusammenhänge eine bloß antiquar. oder pragmat.-moralisierende Darstellung der Geschichte zu überwinden. B. hat die Dogmengeschichte als eigene Disziplin begründet und wurde durch seine heftig angefeindeten literarkrit. Studien zu Kanon und Texten des NT zum Bahnbrecher der mod. ntl. Exegese, wobei er mit seiner konsequent hist. Theologie im Gegensatz zu seinem Schüler D. F. → Strauß nicht die Destruktion der Überlieferung, sondern die Wesensbestimmung des Christentums intendierte. Diese Absicht leitete den tieffrommen Gelehrten auch bei der Auseinandersetzung mit der *Symbolik* seines Tübinger kath. Kollegen J. A. → Möhler, die zur Grundlegung der vergleichenden Konfessionskunde beitrug.

Lit.: [4]RGG 1 (1998), 1183–1185; U. Köpf (Hg.), Hist.-krit. Geschichtsbetrachtung (1994).

KARL HAUSBERGER

Becket, Thomas, hl. (Fest 29.12.), Ebf. von Canterbury, * um 1117/20 (London), † 29. 12. 1170 (Canterbury). Seit etwa 1143 als Kleriker in Diensten Ebf. Theobalds von Canterbury, studierte B. kanon. Recht in Auxerre und Bologna und wurde 1153/54 Archidiakon von Canterbury, 1155 Kanzler und engster pol. Vertrauter Kg. Heinrichs II., 1162 Ebf. von Canterbury; sein Sekretär, → Johannes von Salisbury, verfaßte auch die Lebensbeschreibung B.s. Zur Enttäuschung des Königs legte B. mit Übernahme des ebfl. Stuhles sein Kanzleramt nieder, weil er Königsdienst und geistl. Amt für unvereinbar hielt. Deshalb widersetzte er sich in der Folge jeder Form kirchenfremden Eingriffs in geistl. Belange, was ihn vor dem König in Ungnade fallen ließ. Heftige Kompetenzstreitigkeiten (*Constitutions of Clarendon*) führten im Oktober 1164 zum Bruch. Wegen Meineids und Hochverrats verurteilt, floh B. nach Frankreich (Sens und Pontigny). Nach England zurückgekehrt, wurde er in seiner Kathedrale von Rittern des Königs ermordet. Die sogleich einsetzende Verehrung führte schon 1173 zu seiner Heiligsprechung.

Lit.: [3]LThK 9 (2000), 1523 f.; LMA 8 (1997), 702–704; TRE 5 (1980), 394–397. Manfred Heim

Beda Venerabilis, hl. (Fest 25. 5.), * um 672, † 25. 5. 735. B. prägt auf Generationen hinaus das Geschichts- und Weltbild der Angelsachsen und der von ihnen missionierten Kontinentaleuropäer, regelt ferner ebenso prägend die seit → Dionysius Exiguus wieder unscharf gewordene und für den christl. Glauben zentrale Festlegung des Osterfestes. Früh wird B. ins Klr. Wearmouth gegeben, 686 wechselt er in dessen Tochtergründung Yarrow und hat diese enge Umgebung nicht verlassen, somit weniger persönl. erlebt als viele seiner Zeitgenossen. Daß er trotzdem gerade als „Welterklärer" so erfolgreich ist, liegt an seiner Begabung, an der hervorragenden Bibliothek, die er vorfindet und fortführt, und zeigt darüber hinaus allg. das hohe Niveau lit. Arbeitens, das während der sog. *northumbrischen Renaissance* möglich ist. Als Gelehrter genießt er bereits zu Lebzeiten hohes Ansehen, sein Ruf als Lehrer ist legendär. Viele seiner ca. 35 Kommentare, hagiograph., hist. und komputist. Schriften lassen sich vom pädagog. Impetus her erklären. Bemerkenswert ist, daß er bei seinem exeget. Arbeiten einem eher heutigen Wissenschaftsverständnis folgt; so hat er die in die eigenen Werke aufgenommenen Exzerpte häufig durch Siglen als Übernahme gekennzeichnet. In der Komputistik korrigiert B. u. a. in zwei Schriften die Ostertermine, berechnet Schaltjahre erneut und bewahrt die Indiktionszählung vor dem Vergessen – alles mit bleibender Wirkung für das europ. MA. Im allg. Bewußtsein lebt B. jedoch zu recht als „Erfinder" des lit. Genus der Chronik fort, denn in seinen chronikal. Werken notiert er nicht nur, sondern deutet zugleich. Alles ist Teil von Gottes Heilsplan – dementsprechend wird von nun an in den Chroniken das Geschehen der Welt vom Ursprung an verfolgt. Trotzdem ist B. darin in seinen zeitnahen Notizen so detailgetreu, daß seine Werke auch heute noch eine hist. Quelle ersten Ranges sind. Dies gilt erst recht für sein Hauptwerk, die *Kirchengeschichte der Angelsachsen*, die wichtigste schriftl. Quelle überhaupt über die Frühgeschichte der Angeln und Sachsen, einschließlich ihrer Besiedlung Englands. Viell. seinem didakt. Genie folgend, müht er sich gegen Ende seines Lebens auch um Übersetzungen in „die“ german. Volkssprache (Theoðisk), auch hierin ein Vorbild.

Lit.: ³LThK 2 (1994), 116f.; TRE 5 (1980), 397–402. JÖRG MÜLLER

Bellarmin, Robert, hl. (Fest 17.9.), SJ-Theologe, Kardinal, * 4. 10. 1542 (Montepulciano), † 17. 9. 1621 (Rom, Grab in S. Ignazio). Neffe des Reform-P. Marcellus I. († 1555). Als Prof. in Löwen (1570–1576) benutzte er als erster die *Summa theologiae* des → Thomas von Aquin als Lehrbuch. Nach Rom berufen, lehrte B. 1576–1588 am Collegium Romanum Kontroverstheologie und verfaßte in dieser Zeit sein Hauptwerk *Disputationes de controversiis christianae fidei adversus hujus temporis haereticos* (3 Bde., Ingolstadt 1586–1593, viele Auflagen). Darin werden die Aussagen der Reformatoren ausführl. dargestellt und mit der kath. Position konfrontiert, deren Argumente B. sorgfältig und umfassend sammelte und unzweideutig vertrat. Die *Disputationes* wurden als Grundlagenwerk der Kontroverstheologie bis ins 19. Jh. benutzt und haben eine Fülle von Gegenschriften provoziert. 1587–1602 erfüllte B. versch. Aufgaben im Orden und an der Röm. Kurie. Seinem Katechismus *Dottrina cristiana breve* (Rom 1597) war mit Übers. in mehr als 50 Sprachen und 400 Auflagen ein ungeheuerer Erfolg beschieden, v. a. in den Missionsgebieten bis ins 20. Jh. 1599 Kardinal. 1602–1605 als Ebf. von Capua Umsetzung der Reformbeschlüsse des Konzils von Trient. Ab 1605 wieder in Rom, Mitglied des Sacrum Officium und anderer Kongregationen, vertrat B. im Fall → Galilei eine moderate Position, mußte diesem im Auftrag des Offiziums 1616 aber das Verbot mitteilen, das kopernikan. Weltbild zu lehren. In seinen letzten Lebensjahren konzentrierte sich B. auf das Verfassen geistl. Schriften. In seiner Ekklesiologie geht es ihm v. a. um die Bestimmung der wahren Kirche, deren hierarch. Aufbau und konkret sichtbare Gestalt er gegen die reformator. Vergeistigung verteidigt: „Die Kirche ist sichtbar wie die Republik Venedig“.

Lit.: T. Dietrich, Die Theologie der Kirche bei R. B. (1542–1621) (1999). RUDOLF VODERHOLZER

Benedikt XIV., Papst (1740–1758), vorher Prospero Lambertini, * 31. 3. 1675 (Bologna), † 3. 5. 1758 (Rom). Papst seit 17. 8. 1740; 1727 Ebf. von Ancona, 1728 Kardinal, 1731 Ebf. von Bologna. B. verband glänzende Begabung, jurist. Ausbildung und freundl. Wesen mit gutem Gespür für pol. Realität und die Erfordernisse der Zeit; deshalb Übereinkommen mit Neapel 1741, Spanien 1753, Österreich für Mailand 1757, Anerkennung der preuß. Königswürde, Reformen im kirchl. Bereich, bes. im Kirchenrecht. Als verfehlt erwies sich seine Entscheidung im Ritenstreit (gegen Anpassung in der Weltmission). B. war der bedeutendste Papst seines Jh.s und einer der gelehrtesten aller Päpste.

Lit.: [3]LThK 2 (1994), 209; DHP (1994), 214–219. GEORG SCHWAIGER

Benedikt XV., Papst (1914–1922), vorher Giacomo della Chiesa, * 21. 11. 1854 (Genua), † 22. 1. 1922 (Rom). Papst seit 3. 9. 1914; seit 1883 im Dienst der Röm. Kurie, unter → Leo XIII. enger Mitarbeiter des Nuntius und Kardinalstaatssekretärs Rampolla, deshalb unter → Pius X. kaltgestellt; 1907 Ebf. von Bologna, 1914 Kardinal. Sein Pontifikat stand völlig im Schatten des 1. Weltkriegs und seiner Folgen. Versuche der Friedensvermittlung scheiterten, doch brachten Bemühungen um Milderung der Leiden, bes. für Kriegsgefangene, Erfolg. Die Unabhängigkeit des Vatikans wurde von Italien respektiert. England und die Niederlande errichteten noch 1914 diplomat. Vertretungen beim Hl. Stuhl. Innerkirchl. trat nach den schweren Verstörungen unter Pius X. (Reformkatholizismus, Modernismus, Integralismus, diplomat. Fehlgriffe) spürbare Beruhigung ein. Am bedeutsamsten wurden die Einführung des neuen kirchl. Gesetzbuches (*Codex Iuris Canonici*, 1918) und die programmat. Abkehr von der Europäisierung in der Weltmission (Enzyklika *Maximum illud* 1919).

Lit.: Schwaiger (1999), 161–192, 462–472. GEORG SCHWAIGER

Benedikt von Aniane, hl. (Fest 11. 2.), Abt, * um 750, † 11. 2. 821 (Kornelimünster). B., mit urspr. Namen Witiza, war Sohn eines westgot. Grafen und wurde am fränk. Hof erzogen. Nach 773/74 wandte er sich dem Mönchsleben zu und lebte zunächst anachoretisch, später zönobitisch nach den Klosterregeln des hl. → Pachomius und des hl. → Basilius. Schließlich wandte er sich ganz der Regel des hl. → Benedikt von Nursia zu. 814 wurde B. von → Ludwig d. Fr. nach Aachen berufen und mit der Leitung des neu gegründeten Klr. Kornelimünster betraut. Von hier aus entfaltete B. im ganzen Frankenreich seine Reformtätigkeit und verhalf, gestützt auf von ihm veranlaßte Beschlüsse von Reichssynoden, der Benediktusregel zur alleinigen Geltung in den Klöstern. Die bis zum Hoch-MA ausschließl. benediktin. Prägung klösterl. Lebens im Westen geht auf B. zurück.

Lit.: [3]LThK 2 (1994), 200 f.
STEPHAN HAERING

Benedikt von Nursia, hl. (Fest 21. 3., 11. 7.), Abt, * um 480 (bei Nursia), † 21. 3. (um) 547 (Montecassino). B. brach sein Studium in Rom ab und wandte sich einer aszet. Lebensweise zu, zeitweise als Einsiedler, zeitweise in Verbindung mit anderen Mönchen. Um 529 verließ er Subiaco, wo er eine klösterl. Gemeinschaft geleitet hatte, und gründete auf dem Montecassino ein monast. Kloster, das als Stammkloster des heute weltweit verbreiteten OSB gilt. B. ist der Verfasser der bedeutendsten Mönchsregel des Westens (Ausgabe: *Die Benediktusregel.* Lat./dt., hg. im Auftrag der Salzburger Äbtekonferenz, Beuron

1992). P. → Paul VI. erklärte ihn 1964 zum Schutzpatron Europas.

Lit.: ³LThK 2 (1994), 203 f.
Stephan Haering

Benigni, Umberto, extremer Integralist und antimodernist. Inquisitor, * 30. 3. 1862 (Perugia), † 27. 2. 1934 (Rom). 1884 zum Priester geweiht, lehrte B. zunächst Kirchengeschichte am Diözesanseminar seiner Heimatstadt und ab 1901 an versch. röm. Kollegien. Parallel dazu betätigte er sich rege auf journalist. Felde, so seit 1901 als Leiter des intransingenten röm. Blattes *La Voce della Verità*, ehe er 1906 in das päpstl. Staatssekretariat eintrat und neben seinen dienstl. Verpflichtungen alsbald einen zunächst inoffiziellen Kampfbund für die Verteidigung der „integralen Ordnung" des Katholizismus gegen alle Formen der Revolution initiierte, dessen Hauptorgan bis Ende 1912 das zw. Zeitung und Presseagentur angesiedelte Informationsblatt *Le Correspondance de Rome* war. Im Zuge des sich zunehmend verschärfenden antimodernist. Kurses der Kirchenleitung erwuchs aus dieser Kampfgemeinschaft 1909 eine förmliche Geheimorganisation mit dem an den rigorosen → Pius V. wie den amtierenden Papst anknüpfenden Namen *Sodalitium Pianum*. Unter der Generaldirektion des Prälaten B., der sich 1910 von seinem Posten als Untersekretär im Staatssekretariat entbinden ließ, baute die etwa 50 Mitglieder zählende Gruppierung ein weite Teile Europas umspannendes Spionagenetz auf, ihre konspirative Vorgehensweise mit der Bedrohung durch eine angebliche modernist. Verschwörung begründend. Dementsprechend richteten sich die Aktivitäten der Geheimorganisation mit Wissen und Billigung → Pius' X. zuvorderst gegen den als „Verräter" der Kirche angeprangerten „Modernismus" auf allen Gebieten, dem der Lehre und der hist. Forschung genauso wie dem der Sozialpolitik und der Literatur. Erst der Amtsantritt → Benedikts XV. und der Ausbruch des 1. Weltkriegs beendeten die widerliche Verketzerungs- und Denunziationskampagne im großen. Nach der 1921 verfügten Auflösung seines *Sodalitium* wandte sich der darob zutiefst indignierte B. dem it. Faschismus zu und begründete 1923 die profaschist. Vereinigung *Entente romaine de Defence sociale*, die sich neben dem Kampf wider das Judentum und die Freimaurerei „die Abwehr gegen die liberale, demokratische und modernistische Infektion" aufs Panier schrieb.

Lit.: R. Götz, „Charlotte im Tannenwald", in: Für euch Bischof – mit euch Christ, FS Friedrich Kard. Wetter (1998), 389–438.
Karl Hausberger

Berengar von Tours, Philosoph und Theologe der Vorscholastik, † 1088 (Insel St-Cosmas bei Tours). Bekannt geworden als Gegner → Lanfrancs und des Kard. → Humbert von Silva Candida im sog. 2. Abendmahlsstreit. B. vertrat unter Berufung auf → Augustinus, jedoch gestützt auf die sich eben entwickelnde dialekt. Methode des 11. Jh.s, eine zugespitzt symbolist. Deutung der Gegenwart des Leibes Christi in der Eucharistie, die er nach einer ersten Verurteilung 1059, bei der man ihm eine ausgesprochen realist. Bekenntnisformel vorgelegt hatte, noch steigerte. Zahlr. Synoden richteten sich gegen B. Die Auseinandersetzung mit seinen Argumenten bewirkte eine klarere Fassung des Verständnisses der eucharist. Wandlung, die in der Formel der röm. Synode von 1079 bereits als *Wandlung in der Substanz* (*substantialiter converti*) bezeichnet wurde. Die Nachwirkungen der B.-Auseinandersetzung sind bis in die Sakramententheologie des 13. Jh.s hinein zu spüren.

Lit.: ³LThK 2 (1994), 244f.; J. de Montclos, Lanfranc et B. (1971).

MARIANNE SCHLOSSER

Bernadette von Soubirous → Soubirous, Marie-Bernarde

Bernhard von Clairvaux, hl. (seit 1174, Fest 20.8.), OCist, Klostergründer, Mystiker und Kirchenlehrer (seit 1830), * 1090 (Fontaines-lès-Dijon), † 20.8. 1153 (Clairvaux). Nach seiner Ausbildung bei den Regularkanonikern von St-Vorles (Châtillon) trat B. 1112 in das dortige Zisterzienserkloster ein. 1115 gründete er Klr. Clairvaux, später weitere 68 Tochterkonvente, hinzu kamen über 100 Klosterangliederungen. B. übernahm keine hohen geistl. Würden, fungierte aber dank seines diplomat. Geschicks und seines Redetalents als Berater von Päpsten, Bischöfen und Fürsten (1130–1145). B. half, das Schisma zugunsten von Innocenz II. zu entscheiden. Er bekämpfte Arnold von Brescia aus pol. (1144/45), → Abaelard (1140) und Gilbert Porreta (1148) aus theol. Gründen. P. Eugen III. entsandte ihn als Kreuzzugsprediger (1146/47–1149/50) nach Frankreich und Deutschland. Sein Denken haben Wilhelm von Champeaux, → Petrus Lombardus, → Hugo von St. Victor und → Johannes von Salisbury geprägt. Mehr als 500 Briefe, 8 Schriften und über 200 Predigten sind von ihm erhalten. B. ist der meistzitierte ma. Autor, dessen Autorität es zuzuschreiben ist, daß neben den originalen auch zahlr. ihm zugeschriebene Texte die Frömmigkeitsgeschichte, v. a. die Passions- und Brautmystik, beeinflußt haben. B. gilt als spiritueller Vorläufer → Bonaventuras und der *Devotio moderna*, doch hat er auch auf den Humanismus und auf die Reformatoren gewirkt. Seine theol. Standpunkte und seine Schriftauslegungen bewegen sich innerhalb der Tradition und der Dogmatik.

Lit.: P. Dinzelbacher, B. (1998); J. Leclercq, B. (1997); TRE 5 (1980), 644–651.

MARIANNE SAMMER

Bernhard von Pavia, * vor 1150, † 18. 9. 1213. B. erfaßt als erster syst. das durch den Papst neu durch einzelnen Fallentscheid herausgegebene Recht; er bündelt es seinerseits in einer Sammlung, deren Ordnungsprinzipien für Jh.e vorbildlich bleiben, wobei die Konsequenzen dieses Ansatzes für die Fortentwicklung des westeurop. Rechtsdenkens kaum hoch genug eingeschätzt werden können. Möglicherweise dem Hause Balbi entstammend (skept.: Liotta), studiert und lehrt B. in Bologna Kanonistik. Seine Lehrer sind Johannes Faventinus und Gandulfus (nicht → Huguccio: Gillmann, Archiv für kath. Kirchenrecht, 1936, 115). 1187 wird B. Propst in Pavia, zur Wende 1191/92 Bf. in Faënza, dann 1198 in Pavia. Frühere kleinere Werke sind:

Summa de matrimonio, 1173/79, und die *Summa de electione*, 1177/79. Darin versucht er, das Ehe- und das Bischofswahlrecht unter vorrangiger Berücksichtigung der neueren „Leitentscheidungen" des Papsttums darzulegen. Diese verlieren damit ihren Charakter als Einzelfallentscheidungen, werden zu Ius Novum. Entscheidend ist aber sein *Breviarium extravagantium* (1188/90), frei übers. *Kurzhandbuch der außerhalb des gratianischen Dekrets überlieferten Papstbriefe juristischen Inhalts*. Die dafür notwendigen Fertigkeiten erwirbt er, indem er zuvor – geradezu als Probestücke – zwei ähnl. Sammlungen erstellt (Landau): die *Summa Parisiensis secunda* (1177/78) und die *Collectio Lipsiensis* (1185). Das Breviar, auch als *Compilatio prima* bezeichnet, ist für die Lehre und den Gerichtsgebrauch bestimmt. Es bietet die urspr. in Briefform vorliegenden Entscheidungen in Auszügen, gekürzt oder gestrafft, ordnet dabei den Stoff den Büchern *iudex*, *iudicium*, *clerus*, *connubia*, *crimen*, (*Richter*, *Verfahren*, *Kleriker*, *Ehesachen*, *Delikte*) zu und prägt durch diese Anlage method. das bis 1918 gültige Kirchenrecht. Mit dem Buch *crimen* trägt es entscheidend zur Ausbildung eines Strafrechts bei, wie überhaupt die unser heutiges Rechtsverständnis kennzeichnende Unterscheidung zw. Buße und Strafe wohl maßgebl. auf B. zurückzuführen ist (Kéry). Gleichzeitig fördert B.s weitverbreitetes Werk durch den dogmat.-syst. Ansatz letztlich das allen kontinentaleurop. Rechtstraditionen von nun an gemeinsame Denken und Arbeiten in zunehmend abstrakter werdenden Rechtssystematiken. Diesem Ansatz entsprechend kommentiert B. auch bereits 1198 sein eigenes Werk in einer Titelsumme, die als erstes Hauptwerk der Dekretalistik, der sich vorrangig auf die päpstl. Justizbriefe gründenden jurist. Teildisziplin, gilt. Die Quellen für B.s Arbeiten sind nun bemerkenswerterweise nicht nur auf das zeitgenöss. Kirchenrecht beschränkt, sondern er greift noch einmal auf das unter dem Namen → Pseudo-Isidor kursierende Corpus, das Dekret → Burchards von Worms und auch weniger bekannte Quellen, wie z. B. die *Anselmo Dedicata* (Landau) zurück. Der Hang zu zunehmender Abstrahierung zeigt sich auch in seinem späten Schaffen: *Casus*, also auf die konkret vorliegenden Texte bezogene, abstrahierende Fallschilderungen, die der besseren jurist. Durchdringung dienen sollen, zum Dekret → Gratians.

Lit.: L. Kéry, Aspekte des kirchl. Strafrechts im Liber extra, in: H. Schlosser, D. Willoweit (Hgg.), Neue Wege strafrechtsgeschichtl. Forschung (1999), 241–297; [2]Stolleis 81 f. Jörg Müller

Bernhardin von Siena (B. degli Albizzeschi), hl. (Fest 20. 5.), OFM (1402), Bußprediger, * 8. 9. 1380 (Massa Maritima), † 20. 5. 1444 (Aquila). Studium des kanon. Rechts, Priesterweihe 1404. B. war 1415 Vorstand der toskan. und umbrischen Observanz, seit 1417 Bußprediger, 1438–1442 Generalvikar der it. Franziskanerobservanten. 1423 kam es zu einer Anklage wegen Häresie, 1427 zum Freispruch. 1439 Teilnahme an den Unionsverhandlungen mit der gr. Kirche auf dem Konzil von Florenz. B. verfaßte asket. Werke; durch ihn kam es zu einer weiten Verbreitung des Monogramms *IHS* im Abendland, da er im Anschluß an seine Predigten eine Tafel mit den goldenen, von Sonnenstrahlen umgebenen Buchstaben *IHS* zur Verehrung ausstellte. Attribute: rechteckige Tafel oder runde Scheibe mit dem Monogramm *IHS* (rechte Hand), Buch (linke Hand).

Lit.: [3]LThK 2 (1994), 279f.; BBKL 1 (1975), 540. SUSANNE STÜBINGER

Bernhardt, Oskar Ernst, Kaufmann und Schriftsteller, gen. Abd-ru-shin – Sohn des Lichts, geistiger Vater der Gralsbewegung, * 18. 4. 1875 (Bischofswerda), † 6. 12. 1941 (Kipsdorf). B. legte im Bewußtsein eines bes. Sendungsauftrags ab 1925 in den *Gralsblättern* (bis 1930) seine rel. Erkenntnisse und sein *Wissen vom Aufbau der Schöpfung* nieder; später Zusammenfassung in *Im Lichte der Wahrheit* (3 Bde., Hauptwerk; lit. Fundament der Gralsbewegung). B. selbst wollte keine Religionsgemeinschaft gründen, um sein Haus am Vomperberg bildete sich jedoch eine Siedlung (bis 1933); am 12. 3. 1938 Verhaftung B.s (Verbannung ins Erzgebirge) und Verbot der Bewegung. Die Gralsbewegung heute kennt keine klaren Organisationsstrukturen (lose Gemeinschaft mit Betonung des Individuellen); durch interne Differenzen kam es zur Spaltung in die *Internat. Gralsbewegung* und die *Grals-Siedlung Vomperberg*; weltweit gibt es derzeit 20.000 Kreuzträger.

Lit.: Obst 546–574; [4]RGG 3 (2000), 1245; Abd-ru-shin, Im Lichte der Wahrheit ([21]1997); [3]LThK 4 (1995), 975; Gasper 408–412. SUSANNE STÜBINGER

Bernold von Konstanz (oder St. Blasien), Geschichtsschreiber, * um 1050, † 16. 9. 1100 (Klr. Allerheiligen, Schaffhausen). Vielleicht seit 1176 Mönch in St. Blasien, nahm B. als leidenschaftl. Parteigänger P. → Gregors VII. an der röm. Fastensynode von 1179 teil, wurde 1084 Priester, 1091 Mönch in Allerheiligen. In mehreren theol. Schriften bezog der kanonist. hochgelehrte B. deutlich Stellung gegen die Anhänger → Heinrichs IV. und befürwortete entsprechende kirchenrechtl. Sanktionen gegen diese. Für die Kanonistik entwickelte er Prinzipien der scholast. Methode.

Lit.: [3]LThK 2 (1994), 285f.; LMA 1 (1980), 2007f. MANFRED HEIM

Bernward von Hildesheim, hl. (Fest 20. 11.), Bischof, * um 960 (aus sächs. Hochadel), † 20. 11. 1022 (Hildesheim). Nach dem Besuch der Domschule zu Hildesheim, wo er u. a. gründl. Kenntnisse in Handwerk, Technik und Architektur erwarb, war B. seit 987 Hofkaplan, auf Veranlassung der Kaiserin Theophanu seit 989 auch Erzieher Kg. → Ottos III. und wurde 993 Bf. von Hildesheim, wo er um 1001 das Klr. St. Michael gründete. Der großartige Bau der Abteikirche und weitere hervorragende Kunstwerke (v. a. Goldschmiedearbeiten), deren Auftraggeber und Mitgestalter B. war (B.-Türen des Doms, -Säule, -Kreuz, -Leuchter, Skriptorium u. a.) sind beeindruckende Zeugnisse dieses außerordentl. Vertreters des otton.-sal. Reichsepiskopats. B. wurde 1192 heiliggesprochen.

Lit.: M. Brandt, A. Eggebrecht (Hgg.), B. und das Zeitalter der Ottonen, 2 Bde. (1993). MANFRED HEIM

Berthold von Regensburg, OFM, Volksprediger, * ca. 1200/10 (Regensburg?), † 13. 12. 1272 (Regensburg). Um 1226 trat B. in das Regensburger OFM-Kloster ein. 1231–1235 absolvierte er wohl das Studium provinciale der Minoriten in Magdeburg, wo er evtl. seit 1236 als Lektor wirkte. 1240 ist B. als Prediger in Augsburg bezeugt, 1246 als Visitator des Frauenklr. Niedermünster. In der Folgezeit predigte er im ges. dt.-sprachigen Süden. 1263 wurde er zus. mit → Albertus Magnus von P. Urban IV. mit der Kreuzpredigt gegen die Waldenser betraut, die ihn nach Deutschland, Frankreich und in die Schweiz führte. B. wurde noch zu seinen Lebzeiten als Prediger, der Fehlverhalten rigoros kritisierte und Wunder wirkte, legendarisiert. Als authent. gelten nur die drei *Rusticani* genannten, bislang nicht edierten lat. Predigtsammlungen, die B. als Predigthandbuch für Priester wohl 1250–1255 anlegte. Diese konventionellen Predigtentwürfe, nicht die dt. Predigten, für die B. berühmt wurde, erfuhren eine breite zeitgenöss. Rezeption. Bei den 71 überlieferten dt. Predigten handelt es sich um Mitschriften, die unter Hinzuziehung von den lat. Predigtstücken im Stile B.s zusammengestellt wurden. Diese Texte wurden von den Romantikern wiederentdeckt, aber noch nicht hist.-krit. ediert.

Lit.: P. Segl, B., in: Berühmte Regensburger (1997), 79–88; U. Dank, Rhet. Elemente in den Predigten B.s (1995); TRE 5 (1980), 651–654. MARIANNE SAMMER

Beza, Theodor, Reformator, * 24. 6. 1519 (Vézelay), † 13. 10. 1605 (Genf). Der aus einer Adelsfamilie stammende humanist. gebildete Jurist trat zunächst als Dichter hervor (*Poemata*, 1548), stellte seine vielseitige Begabung aber nach einer schweren Erkrankung ganz in den Dienst der Reformation J. → Calvins. Seit 1549 wirkte B. als Prof. des Griechischen in Lausanne, wo er seine Arbeit an der liturg. wichtigen Psalmenübertragung in frz. Verse begann und eine kommentierte Übersetzung des NT anfertigte. Wiederholt trat er als Verteidiger Calvins in öffentl. Streitfällen auf, so im Fall M. → Servets gegen die Angriffe Sebastian Castellios. Von 1559 an war B. neben J. Calvin als theol. Lehrer in Genf tätig. Nach Calvins Tod übernahm er dessen Führungsaufgaben, von deren länderübergreifender Bedeutung seine reiche Korrespondenz zeugt. Mit seinen zahlr. exeget. und kontroverstheol. Werken sowie seinen kirchenpol. Aktivitäten trug er im unmittelbaren Gefolge Calvins wesentl. zur Festigung der Genfer Reformation und ihrer Profilierung gegenüber Katholizismus und Luthertum bei. Die Lehr- und Bekenntnisbildung der reformierten Orthodoxie verdankt ihm wichtige Impulse.

Lit.: Kaufmann 106f.; [4]RGG 1 (1998), 1401f.; TRE 5 (1980), 765–774; P.-F. Geisendorf, Th. de B. ([2]1967). HANS-MARTIN KIRN

Biel, Gabriel, einflußreicher Theologe des Spät-MA, * 1. Viertel 15. Jh./1410? (Speyer), † 7. 12. 1495 (Einsiedeln bei Tübingen). Durch das Studium der *Artes* an der nominalist. ausgerichteten Univ. Heidelberg und der Theologie in Erfurt und Köln war B. vertraut mit der *via*

antiqua, die sich auf die klass. Autoren des 13. Jh.s stützte, wie mit der *via moderna*, welche die Erkenntnistheorie → Ockhams aufgriff und weiterführte. B.s Werk ist aber auch geprägt von einem starken seelsorgerl. Interesse. Aus den Jahren der Tätigkeit als Domprediger in Mainz (1457–1466) stammt sein umfangreiches Predigtwerk. Vor 1468 schließt er sich den Brüdern vom gemeinsamen Leben (Fraterherren) an und fördert engagiert die *Devotio moderna*, eine Frömmigkeitsbewegung mit dem Ziel der Vertiefung des rel. Lebens und der Christusbeziehung des einzelnen Menschen. Als Prof. in Tübingen (1484–1491) verfaßt B. einen Sentenzenkommentar (*Collectorium*), in dem er Ockham und, diesen korrigierend, weitere Autoren zu einer Synthese zu bringen sucht. B. beeinflußte → Luther, der sich mit ihm auseinandersetzt, aber auch das Konzil von Trient und die span. sowie portugies. Theologie des 16. Jh.s.

Lit.: TRE 6 (1980), 488–491; H. A. Oberman, Spätscholastik und Reformation, Bd. 2 ([2]1979). MARIANNE SCHLOSSER

Birgitta von Schweden, hl. (Fest 8.10., Schweden 7.10.), Mystikerin und Ordensstifterin (OSSalv), *die nordische Seherin*, * 1303 (Finstad bei Uppsala), † 23. 7. 1373 (Rom). Verehelicht mit Ulf Gudmarsson, Mutter von acht Kindern; Erzieherin am Hof des Kg. Magnus Eriksson. 1341/42 Pilgerfahrt nach Santiago de Compostela, die B. die pol. Probleme der Zeit erkennen ließ; anschließend Rückzug der beiden Eheleute zu den OCist von Alvastra, am 12. 2. 1344 starb B.s Gatte. In der Folgezeit Zunahme von Offenbarungen und Visionen, die ins Lat. übersetzt wurden von Magister Matthias von Linköping, später von Prior Petrus Olavi (*Revelationes caelestes*); einige (wohl eigenhändig verfaßte) Manuskriptfragmente existieren in altschwed. Sprache. 1346 kam es, unterstützt durch kgl. Stiftungen, zur Errichtung eines Doppelklosters auf dem Königsgut Vadstena (Bistum Linköping), das die Grundlage des Birgitten- oder Erlöserordens darstellt; Bestätigung des Ordens und der Satzungen B.s als Ergänzungen zur Augustinusregel am 3. 12. 1378 durch P. Urban VI. B. unternahm 1349 eine Pilgerfahrt nach Rom, dort Gründung eines Hospizes für schwed. Studenten und Pilger und Aufnahme ihrer Reformarbeit; durch Strafreden an den Papst wirkte B. mit an der Rückkehr P. Urbans V. 1367 aus Avignon.

Lit.: [4]RGG 1 (1998), 1610; [3]Schwaiger 115–121; [3]LThK 2 (1994), 478f.; TRE 6 (1980), 648–652. SUSANNE STÜBINGER

Bismarck, Otto Fürst von (B.-Schönhausen), Hzg. von Lauenburg, preuß.-dt. Staatsmann, Gründer und erster Kanzler des Dt. Reiches, * 1. 4. 1815 (Schönhausen, Altmark), † 30. 7. 1898 (Friedrichsruh bei Hamburg). Schon als preuß. Gesandter am Bundestag in Frankfurt a.M. (1851–1859) wurde B. zum Kämpfer für Preußens Vorherrschaft; nach Gesandtschaften in St. Petersburg und Paris 1862 Ministerpräsident; Vorbereitung der militär. Entscheidung der *Deutschen Frage* (klein-dt. preuß. Lösung mit „Eisen und Blut“, unter Ausschluß Österreichs); siegreiche Kriege gegen Dänemark 1864 (betr. Schleswig-Holstein), gegen Österreich 1866 (Ende des Dt. Bundes unter der Führung Österreichs; gewaltige Annexionen Preußens in Norddeutschland); dt.-frz. Krieg 1870/71 mit Proklamation Kg. Wilhelms von Preußen zum *Deutschen Kaiser*; durch B. als ersten Kanzler des Dt. Reiches Ausbau der Reichsinstitutionen. Die Außenpolitik war fortan geprägt von staatsmänn. Zurückhaltung und auf Ausgleich bedacht (pol. Höhepunkt: Berliner Kongreß 1878), mit dem Ziel der Friedenssicherung durch Isolierung Frankreichs, Annäherung an Österreich-Ungarn und Pflege guter Beziehungen zu Rußland; Bündnisse: 1873 Drei-Kaiser-Abkommen; 1879 Zweibund mit Österreich, 1882 durch Italien zum Dreibund erweitert; 1887 Rückversicherungsvertrag mit Rußland (um das Dt. Reich vor feindl. Koalitionen zu schützen). Unter dem Einfluß des pietist. Freundeskreises seiner Frau Johanna von Puttkamer (Heirat 1847) gewann B. ein engeres Verhältnis zu Religiosität und Luthertum, wodurch er später sein Handeln als Ausdruck göttl. Willens begriff. Innenpol. suchte B. eine durch die industrielle Revolution geprägte Sozialordnung zu schützen; in den Folgen verhängnisvoll wurde seine Bekämpfung des pol. Katholizismus (Höhepunkt im „Kulturkampf" seit 1872; bedeutendster parlametar. Gegner B.s war der Wortführer der Zentrumspartei Ludwig Windthorst, 1812–1891) und der zu einer Massenorganisation angewachsenen Sozialdemokratie (Sozialistengesetz 1878). Aus persönl. und sachl. Gegensätzen wurde B. 1890 durch Ks. Wilhelm II. entlassen. Nationale B.-Verehrung und Kult um den *Eisernen Kanzler* erlitten mit dem Zusammenbruch der preuß.-dt. Großmacht 1945 die tiefste Zäsur. Seither geht der Blick verstärkt auf mögl. Alternativen im 19. Jh. und auf die Folgen von B.s Politik.

Lit.: Schwaiger (1999), 61–74, 437–440; Th. Schwarzmüller, O. von B. (1998); O. Pflanze, B., 2 Bde. (1997/98); A. Hillgruber, O.v.B. (1978).

Georg Schwaiger

Blarer, Thomas, Jurist und Bürgermeister von Konstanz, * um 1501 (Konstanz), † 19.3.1567 (Neugiersberg). Der aus dem Patriziat der Reichsstadt Konstanz stammende B., Bruder des Reformators Ambrosius B., studierte in Freiburg (1514–1519) und Wittenberg (1520–1523) Rechtswissenschaft. In Wittenberg schloß er sich der reformator. Bewegung M. → Luthers an. Nach der Heimkehr bald Ratsmitglied in Konstanz, bestimmte B. von 1526 bis 1548 im jährl. wechselnden Amt von Bürgermeister und Reichsvogt maßgebl. den Gang der Reformation in der Stadt mit. Er wirkte dabei eng mit den führenden Predigern, dem Vetter Johannes Zwick und dem Bruder Ambrosius B., sowie im Rat mit dem Vetter Konrad Zwick zusammen. Die Rekatholisierungsmaßnahmen im Gefolge der Niederlage der Protestanten im Schmalkald. Krieg zwangen B. in die Verbannung. Er ist auch als Verfasser theol. Schriften und als Kirchenlieddichter bekannt geworden (Ev. Gesangbuch 216).

Lit.: [4]RGG 1 (1998), 1638–1639; J. Vögeli, Schriften zur Reformation in Konstanz 1519–1538, hg. von A. Vögeli, 2 Bde. (1972/1973). Hans-Martin Kirn

Blondel, Maurice, bedeutendster kath. Philosoph des 20. Jh.s, * 2. 11. 1861 (Dijon), † 4. 6. 1949 (Aix-en-Provence). 1893 an der Sorbonne in Paris zum Dr. phil. promoviert, lehrte B. von 1896 bis zu seiner Erblindung 1927 Philosophie an der Univ. Aix-en-Provence. Seine philos. Konzeption ist im weiteren Sinne der Phänomenologie zuzurechnen, wobei im Zentrum der Überlegungen die Annahme steht, daß das Denken aus einem umfassenden Lebenszusammenhang mit dem Wollen und Empfinden hervorgehe und auch nur hieraus verständlich bleibe. Von entscheidender Bedeutung für die Theologie wurde v. a. sein Frühwerk, näherhin die in der Dissertation *L'Action* vertretene These, daß das menschl. Handeln (*action*) von sich aus nie zur vollen Identität von Wollen und Verwirklichtem gelange, vielmehr zu seiner erstrebten Vollendung eines uneinforderbaren Gnadengeschenks bedürfe. Mit dieser These, die die Annahme eines übernatürl. Wesens in sich schließt, wurde B. zum Begründer der sog. Immanenzapologetik, die sich im Unterschied zur herkömml. Demonstrationsapologetik beim Aufweis der Transzendenz nicht auf äußere Kriterien wie Wunder und Weissagungen stützt, sondern auf die innere Dynamik und Spannung menschl. Existenz. Zugleich aber geriet B., der nach eigener Aussage als Glaubender das Werk eines Philosophen tun wollte, dadurch in den Verdacht, ein gefährlicher Modernist zu sein, da die Enzyklika *Pascendi* vom 8. 9. 1907 just die Immanenz als ein Markenzeichen des Modernismus hinstellte.

Lit.: BBKL 15 (1999), 196–234; R. Virgoulay, „L'Action" de M. B. (1993).

KARL HAUSBERGER

Bodelschwingh, Friedrich von (d. Ä.), ev. Theologe, * 6. 3. 1831 (Tecklenburg), † 2. 4. 1910 (Bethel, Bielefeld). Bedingt durch das Wirken seines Vaters, wuchs B. am preuß. Hof zu Berlin auf. Er studierte in Basel Theologie und besuchte Veranstaltungen des dortigen Missionshauses. Sein Wunsch nach Heidenmission ließ sich nicht erfüllen. 1858–1864 wirkte er als Hilfsprediger in Paris. 1864 wechselte er nach Westfalen. Seine diakon. Neigungen waren vielerorts bekannt und geschätzt. 1872 übernahm B. die Leitung der 1867 gegründeten Bielefelder Anstalten in Bethel. Fast 40 Jahre hatte er hier seinen persönl. Wirkungsmittelpunkt. B. machte aus der Anstalt die *Stadt der Barmherzigkeit*. Seine Lebensphilosophie war vom christl. Miteinander und der Nächstenliebe geprägt. B. wurde zu einem Hauptvertreter der Inneren Mission. Seit 1903 gehörte er bis zu seinem Tod dem preuß. Landtag an.

Lit.: M. Hellmann, Es geht kein Mensch über die Erde, den Gott nicht liebt (1993).

WOLFGANG ROTZSCHE

Bodin, Jean, * 1529/30 (Angers), † 1596 an der Pest (Laón). Mit 15 oder 16 Jahren trat er in den OCarm ein, dessen Schulen in Angers und Paris er besucht, den er aber nach drei Jahren, möglicherweise um sich einem Häresieprozeß zu entziehen, wieder verläßt. Jurastudium in Toulouse (1550), wo er dann auch selbst Lehrtätigkeit entfaltet. Um 1561 Wechsel nach Paris, dort Anwalt und Berater Kg. Heinrichs III., in den 1570er Jahren auch für dessen Bruder. 1572 entgeht er in der Bartholomäusnacht knapp einem Mordanschlag. Ab 1577 arbeitet er als Kronanwalt in Laón. Dort ist er zeitweise – gezwungenermaßen als Opfer von Repressalien wie der öffentl. Verbrennung seiner Bücher – auf der Seite der anti-kgl. Liga; ein durch die frz. Religionskriege geprägtes „Leben zwischen den Fronten" (Mayer-Tasch). Sein letztlich bahnbrechender Erfolg beruht auf seinem Hauptwerk, den *Six livres de la République* (1576, lat. 1586). Geistesgeschichtl. ist mit B. untrennbar der Begriff der Souveränität verknüpft, den er – insofern durchaus fußend auf noch ins MA reichenden Traditionen – nicht neu erfand, aber für den er Zentralformeln prägte, die in ihrer Konzentration auf das Essentielle alles Bisherige auf eine neu definierte staatstheoret. Grundlage stellten: „Unter dem Staat versteht man die am Recht orientierte, souveräne Regierungsgewalt über eine Vielzahl von Haushaltungen und das, was ihnen gemeinsam ist", oder: „unter der Souveränität ist die dem Staat eignende absolute und zeitlich unbegrenzte Gewalt zu verstehen". Damit erhält der Staat das Monopol legitimer Gewalt, womit sich zugleich ein Ansatz zur Überwindung des zeitgenöss. Konfessionskrieges andeutet, andererseits läßt die Definition keine sanktionsbewehrte Bindung des Souveräns an das Recht erkennen, da diese als Einschränkung der Stellung des Souveräns gerade seiner Definition entgegenliefe. Vielmehr macht den Träger der Souveränität aus, daß er keine andere Macht außer Gott über sich hat. Daß für die Kirche als Machtfaktor im Staat kein Raum bzw. Raum allenfalls durch sich unterordnende Integration besteht, liegt bei dieser Konzeption offen. B. hält dessen ungeachtet eine Bindung des Souveräns an göttl. Recht und an Naturrecht sowie seine Selbstbindung kraft Verträgen für gegeben. Als zentrales Herrschaftsmoment und Ausdruck der Machtkonzentration betont B. die Gesetzgebung. Ihre neue Bedeutung gegenüber entsprechenden Erscheinungen schon im MA (etwa der praktizierten Gesetzgebungskompetenz im Papsttum oder bei den Staufern) liegt in der Verknüpfung mit der Souveränität: „Wer also souverän sein soll, darf in keiner Weise dem Befehl anderer unterworfen und muß in der Lage sein, den Untertanen das Gesetz vorzuschreiben, unzweckmäßige Gesetze aufzuheben oder für ungültig zu erklären und durch neue zu ersetzen." Die Parömie des röm. Rechts vom *Imperator legibus solutus*, die sich hier ebenfalls wiedererkennen läßt, ist der begriffl. Kristallisationskern dann für den späteren „Ab-solutismus". Merkwürdig mutet es an, daß B. bei aller spürbaren Modernität positiv der Hexenverfolgung gegenüberstand: immerhin publizierte er in diesem Sinn 1581 die *Démonomanie des Sorciers* – dadurch wird deutlich, wie sehr auch er gerade ein Kind seiner Zeit war.

Lit.: P. C. Mayer-Tasch, J. B. (2000); ders. (Hg.), J. B. Sechs Bücher über den Staat, übers. von B. Wimmer (1981–1986); [2]Stolleis 90–92; M. Stolleis, Geschichte des öffentl. Rechts in Deutschland, Bd. 1 (1988), 170–186; [7]StL 1 (1985), 861–863. Hans-Georg Hermann

Boethius, Anicius Manlius Severinus (Boëthius), Philosoph, * ca. 480 (Rom), † Oktober 524 (bei Pavia). Einer christl. Adelsfamilie entstammend, errang der vorzüglich in der Philosophie Ausgebildete die Gunst des ostgot. Kg. Theoderich, der ihn 510 zum Konsul und wohl 522 zum obersten Beamten der Zivilverwaltung (*Magister officiorum*) ernannte. Doch im Zuge einer Auseinandersetzung zw. Theoderich und dem röm. Senat geriet B. in den Verdacht des Hochverrats; er wurde seiner Ämter enthoben, gefangengenommen und schließlich hingerichtet. Als Schriftsteller trat B. zuerst, etwa 20jährig, mit Einführungen in die Fächer des Quadriviums (Arithmetik, Geometrie, Astronomie, Musik) hervor. Überzeugt, daß die Lehren des Platon und des Aristoteles übereinstimmen, hegte er den Plan, sämtl. Schriften der beiden Philosophen ins Lateinische zu übersetzen und zu kommentieren; dieses Vorhaben konnte er jedoch nur zu einem Teil verwirklichen, und zwar für einige von Aristoteles' log. Schriften. Des weiteren verfaßte B. fünf theol. Traktate (*Opuscula sacra*), die in den damaligen dogmat. Streitfragen wie dem Problem der Einheit des dreifaltigen Gottes begriffl. Klärung anstreben und wichtige Darlegungen zu *Substanz* und *Person* enthalten. B.' Verfasserschaft, oftmals angezweifelt, ist durch das sog. *Anecdoton Holderi* gesichert. Mit seinen Analysen theol. Grundbegriffe wurde B. zu einem der Wegbereiter der Scholastik. 523/24 schuf er während der Haft *De consolatione philosophiae* (*Vom Trost der Philosophie*), einen Dialog zw. der Philosophie, die allegorisch als Ärztin auftritt, und B., welcher, krank geworden durch den Verlust aller ird. Güter, der Heilung bedarf. Gedichte und Prosapartien wechseln in dieser Schrift einander ab. Im gedankl. Zentrum steht eine neuplaton. und augustinisch geprägte Theologie: Gott ist das vollkommen Gute und als solches mit der wahren Glückseligkeit identisch. Der Mensch hat die Aufgabe, die ewige, gerechte Ordnung des Kosmos zu erkennen. Der *Consolatio* scheint spezif. Christliches zu fehlen, doch steht B.' Anschauung nirgendwo mit christl. Lehre in Widerspruch.

Lit.: [2]LACL 108–110; C. J. de Vogel, B., in: „Nimm und lies" (1991), 127–140.

SIEGMAR DÖPP

Bogumil (Bogomil), Sektenstifter, * / † 10. Jh. Vermutl. war B. Dorfpriester in Bulgarien und unter Zar Peter (927–969) tätig. Andere Vermutungen tendieren bei den Lebensdaten in das 8. Jh. Seine dualist. geprägte Lehre breitete sich auf dem ganzen Balkan und in Kleinasien aus. Kulthandlungen und die Amtskirche wurden von den *Bogomilen* abgelehnt. Das Heil wurde in Demut, Gebet, Abstinenz und zivilem Ungehorsam gegenüber Besitz und Herrschaft gesucht. Lediglich die Seele sei eine Schöpfung Gottes, die Welt und den menschl. Körper habe demnach jedoch der Teufel geschaffen.

Lit.: [3]LThK 2 (1994), 549; H.-D. Döpmann, Die Ostkirchen vom Bilderstreit bis zur Kirchenspaltung von 1054 (1990).

WOLFGANG ROTZSCHE

Böhme, Jacob, luth. Mystiker und Theosoph, * 1575 (Alt-Seidenberg bei Görlitz), † 16.(17.) 11. 1624 (Görlitz). Der aus bäuerl. Verhältnissen stammende Schuhmacher und Händler verfaßte die wirkmächtigsten Werke nachreformator. dt. Mystik und Theosophie. Den Autodidakten haben neben Bibel und luth. Predigt vor allem myst., spiritualist. (C. → Schwenckfeld, Valentin Weigel) und naturphilos. (Paracelsus) sowie alchemist. und kabbalist. Gedankengut beeinflußt. 1612 verfaßte er seine erste, unter dem Namen *Aurora* bekannt gewordene Schrift *Morgenröte im Aufgang*. Sie nahm das Schlüsselerlebnis des Jahres 1600 auf, eine geistige Schau, die B. ein neues Offenbarungs- und Schöpfungsverständnis erschloß. Das ohne B.s Zutun als Manuskript zirkulierende Werk erregte den Verdacht der orth. Geistlichkeit. B. wurde mit einem Schreibverbot belegt, doch begann er 1618 mit neuen Aufzeichnungen. Als Hauptwerke gelten *Von der Menschwerdung Christi* (1620), *Mysterium Magnum* (1622/23) und *Von der Gnadenwahl* (1623). Im Druck erschien zu Lebzeiten B.s nur seine anonyme Schrift *Der Weg zu Christo* (1624). B. verstand seine spekulative Theosophie als „Gottesweisheit" christl. Einfalt (*simplicitas*) im Gegensatz zur theol. Fachgelehrsamkeit. Sie wollte der intuitiven Erfahrung eines dynam., in allem Sein durch das Schöpferwort wirkmächtigen Gottes, der hohen Bedeutung der Erneuerung der Gottebenbildlichkeit durch das göttl. Wort und der Natur als Sprache Gottes Ausdruck verleihen. Pantheist. Konsequenzen wies B. zurück. Seine Hoffnung richtete sich auf eine grundlegende Erneuerung von Kirche und Welt. Trotz Inanspruchnahme durch separatist. und radikalpietist. Kirchenkritiker hat B. die Trennung von der luth. Kirche stets abgelehnt. B.s vielschichtiges Denken entfaltete über Deutschland hinaus eine breitere Wirksamkeit in den Niederlanden (erste Gesamtausg. seiner Werke Amsterdam 1682), in England und Frankreich. Pietismus, Romantik, Idealismus (F. W. Schelling, G. W. F. → Hegel) und Erweckungsbewegung verdankten B. ebenso wichtige Impulse wie Literatur und Kunst.

Lit.: [4]RGG 1 (1998), 1668 f.; J. Garewicz, A. M. Haas, Gott, Natur und Mensch in der Sicht B.s und seiner Rezeption (1994); Ch. Geissmar, Das Auge Gottes (1993); TRE 6 (1980), 748–754.

Hans-Martin Kirn

Böhmer, Justus Henning, ev. Rechtsgelehrter, * 29. 1. 1674 (Hannover), † 23. 8. 1749 (Halle/Saale). Zu den Hauptwerken B.s, der seit 1701 als Prof. in Halle lehrte, zählen das *Jus ecclesiasticum Protestantium* (5 Bde., Halle 1714–1737, 5. Aufl. 1756–1789), die *Institutiones iuris canonici* (Halle 1738, 5. Aufl. 1770) und die Herausgabe des *Corpus iuris canonici* (2 Bde., Halle 1747). B. hatte starken Einfluß auf die Entwicklung des ev. Kirchenrechts, da er als erster das ev. Kirchenrecht auf der Grundlage des kanon. Rechts syst. bearbeitete und ihm eine hist. Grundlage gab. Er befürwortete das staatsfreundl. Territorialsystem, wurde 1743 Regierungskanzler des Herzogtums Magdeburg und Ordinarius der Jurist. Fakultät. In jüngeren Jahren betätigte er sich auch als Dichter von Kirchenliedern.

Lit.: [4]Kleinheyer-Schröder 74–77; [2]Stolleis 93; BBKL 1 (1975), 666. Franz Kalde

Bolland(us), Jean, Hagiograph, SJ, * 13. 8. 1596 (Julémont, Lüttich), † 12. 9. 1665 (Antwerpen). Nach seinem Eintritt in die SJ am 12. 9. 1612 lehrte B. an mehreren Kollegien, bis er 1630 den Auftrag erhielt, eine hist.-krit. Hagiologie herauszugeben, deren erste zwei Bde. er 1643 mit Unterstützung von Gottfried Henschen SJ (1601–1681) und Daniel Papebroch SJ (1628–1714) vorlegen konnte. Seither gehören die Hgg. der *Acta Sanctorum* der SJ an, ihre Hagiographen nennen sich *Bollandisten*. Die Originalausg. umfaßt seit 1940 69 Bde., ist kalendar. (1. 1. bis 10. 11.) angeordnet und will anhand von erläuterten Quellen das Leben der Heiligen möglichst vollständig dokumentieren. 1794–1837 war das Projekt eingestellt. Seit 1882 erscheint ergänzend die Zs. *Analecta Bollandiana*, seit 1910 die Reihe *Subsidia hagiographica*.

Lit.: [3]LThK 2 (1994), 561 f.; BBKL 1 (1975), 675 f. Marianne Sammer

Bonaventura, (Geburtsname Johannes Fidanza), hl. (Fest 15. 7.), neben → Thomas von Aquin bedeutendster Theologe des 13. Jh.s, * 1217/21 (Bagnoreggio bei Viterbo), † 15. 7. 1274 (Lyon). Nach dem Studium der Philosophie in Paris trat er 1243 in den OFM ein, studierte Theologie – einer seiner Lehrer war Alexander von Hales –, wurde 1248 Baccalaureus und 1254 zum Magister der Theologie promoviert. Aus der kurzen Zeit als Univ.-Lehrer stammen umfangreiche theol. und exeget. Werke, die B. als Denker von hohem Rang erweisen. 1257 wurde B. zum Generalminister des Ordens gewählt. Aufgrund seiner persönl. Integrität gelang ihm die Konsolidierung des Ordens, der durch Auseinandersetzungen um das urspr. Ordensideal und joachimit. Schwärmerei gefährdet war. Mit Recht wird er daher als der „zweite Gründer“ bezeichnet. Trotz zahlr. Pflichten, v. a. zeitraubender Reisen, entstanden in diesen Jahren die Werke, die B. berühmt werden ließen: das *Große Franziskusleben* (eine theol. durchgeformte Biographie des Ordensgründers), das *Itinerarium*, das den Leser zur Betrachtung Gottes im Spiegel der körperl. und geist. Geschöpfe anleitet und bis zur Betrachtung der Glaubensgeheimnisse der Dreifaltigkeit und Menschwerdung führt, die *Triplex via*, eine kurze Summe der myst. Theologie, und weitere Schriften zum geistl. Leben. In den späten 1260er Jahren hatte B. nochmals die franziskan. Lebensweise gegen Angriffe aus den Kreisen der weltgeistl. Professoren zu verteidigen. Mehrfach bezog er auch Stellung gegen die Irrtümer des heterodoxen Aristotelismus (→ Averroes, → Siger von Brabant), zuletzt (1273) in der unvollendeten Predigtreihe über das Sechstagewerk der Schöpfung (*Hexaemeron*). Zum Kard.-Bf. von Albano ernannt, war B. maßgebl. an den Vorbereitungen zum II. Konzil von Lyon beteiligt, auf dem Konzil selbst bes. an den Verhandlungen mit den Griechen. 1482 wurde er heiliggesprochen und 1588 zum Kirchenlehrer ernannt. → Leo XIII. rühmte B. und Thomas von Aquin als „die beiden Leuchter im Haus des Herrn“ . B.s Theologie schöpft aus → Augustinus, → Anselm von Canterbury, → Bernhard von Clairvaux und den Victorinern (→ Richard von St. Victor), sie ist ebenso von der Spiritualität des hl. → Franz von Assisi geprägt. In B.s Denken verbinden sich Philosophie, Theologie und Mystik: Alles Denken über Gott und Mensch muß in die Liebe zu Gott münden.

Lit.: M. Schlosser, B. begegnen (2000); B., De triplici via – Über den dreifachen Weg, übers. und eingel. von M. Schlosser (1993). MARIANNE SCHLOSSER

Bonhoeffer, Dietrich, ev. Theologe, * 4. 2. 1906 (Breslau), † hingerichtet 9. 4. 1945 (Flossenbürg). B. war 1928/29 Vikar in Barcelona, wurde 1930 in Berlin für Syst. Theologie habilitiert und war anschl. Stipendiat am Union Theological Seminary in New York. 1933–1935 war er als Auslandspfarrer an der dt. Gemeinde in London tätig, danach als Direktor des „illegalen" Predigerseminars der Bekennenden Kirche in Finsterwalde. Ab 1939 beteiligte er sich am militär. Widerstand. Über ökum. Verbindungen erkundete B. Friedensbedingungen der Alliierten für den Fall eines gelungenen Putsches gegen Hitler. Nach zweijähriger Haft wurde er 1945 wegen pol. Hochverrats zum Tode verurteilt. In seinen 1951 unter dem Titel *Widerstand und Ergebung* veröffentlichten *Briefen und Aufzeichnungen aus der Haft* legte B. das Hauptthema seiner christolog. Theologie, die in Jesus Christus realisierte Einheit von Gottes- und Weltwirklichkeit, aus. Eine breite Rezeption erfuhr auch seine *Ethik* (1949).

Lit.: E. Bethge, D. B. mit Selbstzeugnissen und Bilddokumenten ([18]2000); [4]RGG 1 (1998), 1683–1685; Ch. Feldmann, „Wir hätten schreien müssen" (1998); E. Feil, Die Theologie D. B.s ([4]1991); TRE 7 (1981), 55–66; G. L. Müller, B.s Theologie der Sakramente (1979). JOSEF KREIML

Bonifatius (Winfrid, Wynfrith), hl. (Fest 5. 6.), Missionserzbischof, * 672/73 (bei Exeter, Wessex), † ermordet 5. 6. 754 (bei Dokkum, Friesland). Ausgebildet in den Klöstern Exeter und Nursling, wurde er dort Lehrer und Priester (nach 700). Nach dem Scheitern seiner ersten Missionsreise nach Friesland 716 reiste er nach Rom, wo er von P. Gregor II. eine Missionsvollmacht und den Namen B. erhielt. Zunächst ging B. nach Thüringen, dann zus. mit Willibrord nach Friesland, 721 nach Hessen, wo er Klöster gründen und die kirchl. Strukturen verbessern konnte. Am 30. 11. 722 wurde B. vom Papst zum Missionsbischof ohne festen Sprengel geweiht, 723 erhielt er von → Karl Martell einen Schutzbrief. B. begab sich wieder nach Hessen, wo er sein Missionswerk mit der Fällung der Donareiche bei Geismar krönte. Seit 724 organisierte er den Ausbau der Kirche in Thüringen. 732 wurde er in Rom zum Erzbischof erhoben, 738 zum päpstl. Legaten. In Bayern errichtete B. unter Hzg. Odilo 739 die Bistümer Regensburg, Freising, Salzburg und Passau kanonisch, um 741 in Hessen und Thüringen die Bistümer Würzburg, Erfurt und Büraburg (später vereinigt zur Diözese Mainz), 745 das Bistum Eichstätt, daher sein Beiname *Apostel der Deutschen.* Karl Martells Söhne Karlmann und Pippin unterstützten

B.' Bemühungen um eine Reform der fränk. Landeskirche (742 Concilium Germanicum, 744 Synode von Soissons) hinsichtlich der Kirchenorganisation, der Disziplinierung des Klerus oder der Unterdrückung heidn. Kulte, doch scheiterten Vorhaben wie die Rückgabe entfremdeten Kirchenguts oder die Erneuerung der Metropolitanverfassung in Neustrien am Widerstand des fränk. Adels und Episkopats.

Lit.: H. Flachenecker, B. und Willibald, in: Sammelblatt des Hist. Vereins Eichstätt 92/93 (1999/2000), 150–164; R. Schieffer, Der hl. B., in: Säulen der Mainzer Kirche im ersten Jahrtausend (1998), 25–44; L. E. von Padberg, Studien zur B.-Verehrung *(1996)*; TRE 7 (1981), 69–74. MARIANNE SAMMER

Bonifaz VIII., Papst (1294–1303), vorher Benedetto Caetani, * um 1235 (Anagni), † 11. 10. 1303 (Rom). Papst seit 24. 12. 1294. Er wurde in Neapel einstimmig zum Nachfolger → Cölestins V. gewählt, auf dessen Rücktritt er als kanonist. Berater maßgebl. Einfluß genommen hatte und dessen administrative Maßnahmen er sofort außer Kraft setzte (ausgenommen die Kardinalsernennungen). Durch sofortige Übersiedlung nach Rom beendete er die Abhängigkeit von Neapel. B. war eine starke Persönlichkeit, hochbegabt, geschäftskundig, aber auch herrschsüchtig, habgierig und schroff verletzend. Die Opposition wuchs rasch, verschärft durch seine Gefangensetzung des Vorgängers. Seine Politik wurzelte in der älteren Auffassung von der Überordnung des Papsttums über alle Institutionen der Welt, wie sie (fußend auf → Gregor VII. und → Innocenz III.) → Innocenz IV. am schärfsten ausgesprochen hatte. B. erhob nicht eigentl. neue Ansprüche, doch war seine Politik fast durchweg von Mißerfolg begleitet. Zum Verhängnis wurde ihm der Konflikt mit Frankreich (nach dem Untergang der Staufer), der neuen Vormacht Europas. Im Streit mit der mächtigen Familie der Colonna und ihren Kardinälen (Zerstörung von Palestrina, Güterkonfiskation) trieb er diese auf die Seite Frankreichs. Im Selbstbewußtsein auch gestärkt durch das erste *Heilige Jahr* (1300), hob er die früher anerkannten Privilegien (u. a. kgl. Klerusbesteuerung) auf und lud die Bischöfe Frankreichs, 1301 auch Kg. → Philipp IV., zu einer Synode nach Rom. Hier erließ B. am 18. 11. 1302 die Bulle *Unam Sanctam*, die in scharfer Form die päpstl. Ansprüche enthielt. Philipp IV. fand die Unterstützung seiner Ständeversammlung. Vor Publikation einer Bannbulle gegen Frankreich wurde B. am 7. 9. 1303 in Anagni überfallen; nach seiner Befreiung ging er als gebrochener Mann nach Rom, wo er bald starb. Der übersteigerte Machtanspruch des hochma. Papsttums war in B. an den neuen pol. Kräften der sich wandelnden Welt gescheitert, der Niedergang der päpstl. Autorität unübersehbar eingeleitet.

Lit.: A. Bartolomei Romagnoli, Le bolle di Celestino V cassate da Bonifacio VIII, in: AHP 37 (1999), 61–83; ³LThK 2 (1994), 579–581; LMA 2 (1983), 414–416. GEORG SCHWAIGER

Booth, William, Begründer der Heilsarmee, * 10. 4. 1829 (Nottingham), † 20. 8. 1912 (London). Als methodist. Laienprediger heiratete B. 1855 Catherine Mumford, die spätere *Mutter der Heilsarmee.* Sechs Jahre später sagte er dem Methodismus ab und wurde unabhängiger Evangelist. 1865 gründete B. die *Ostlondoner Christliche Mission.* 1878 wurde die Vereinigung in *Salvation Army* (Heilsarmee) umbenannt. Auf Lebzeiten war B. deren General. Als Prediger, Schriftsteller und Kämpfer gegen den Unglauben und die soz. Mißstände war er bis zu seinem Tod tätig. In 103 Ländern ist die Heilsarmee derzeit anzutreffen.

Lit.: R. Collier, Der General Gottes W. B. ([3]1991); N. H. Murdoch, Origins of The Salvation Army (1994).
WOLFGANG ROTZSCHE

Bora, Katharina von, Nonne und Ehefrau M. → Luthers, * 29. 1. 1499 (Lippendorf bei Leipzig), † an der Pest 20. 12. 1552 (Torgau). Die seit 1504 nach dem frühen Tod der Mutter im Kloster erzogene B. floh 1523 mit anderen Nonnen unter dem Einfluß der Wittenberger Reformation aus dem Klr. Nimbschen bei Grimma. M. Luther heiratete B. im Jahr 1525 und setzte damit ein Zeichen für seine reformator. Auffassung der christl. Ehe im allg. und der Priesterehe im besonderen. Ihr Verhältnis entwickelte sich zu einer innigen Liebesehe. Mit anderen Theologenfrauen der Zeit gehört sie zu den „Gründerfiguren" des ev. Pfarrhauses. Die unternehmer. Talente der streitbaren Frau befähigten sie zur Führung eines großen gastfreien Haushalts einschließlich der student. Burse. Der Ehe mit Luther entstammten sechs Kinder, zwei starben noch zu Lebzeiten des Reformators. In der Folgezeit prägte die bürgerl. Idealisierung der Ehe Luthers das Bild von B., die bis ins 20. Jh. hinein Gegenstand lit. Versuche wurde (u. a. Jochen Klepper).

Lit.: M. Treu, K.v.B. ([2]1996); ders. (Hg.), K.v.B. Die Lutherin (1999); H. Wüst, J. Jahn (Hgg.), Frauen der Reformation (1999).
HANS-MARTIN KIRN

Borgia, Lucrezia, it. Fürstin, * 18. 4. 1480 (Subiaco), † 24. 6. 1519 (Ferrara). Tochter des späteren P. → Alexander VI. und der Römerin Vanozza Catanei; 1. Ehe 1493 mit Giovanni Sforza (1497 wegen angebl. Impotenz des Gatten getrennt); ihren 2. Gemahl, Alfons von Aragonien, Hzg. von Bisceglie (Heirat 1498), ließ vermutl. ihr Bruder Cesare Borgia (1475–1507, Vorbild für Machiavellis *Principe*) am 8. 8. 1500 im Vatikan ermorden. 1501 heiratete sie Alfonso d'Este von Ferrara; hier führte sie ein sittenreines Leben und lud als typ. Renaissancefürstin Dichter (u. a. Ariosto) und Gelehrte an den Hof von Ferrara. Sie war nicht sittl. verkommen, sondern Opfer der skrupellosen Heiratspolitik ihres Vaters und ihres Bruders Cesare.

Lit.: [3]LThK 2 (1994), 595 f.; LMA 5 (1991), 2164.
GEORG SCHWAIGER

Borromäus, Karl, hl. (Fest 4. 11.), Kardinal, * 2. 10. 1538 (Arona), † 3. 11. 1584 (Mailand). Schon als Kind für die kirchl. Laufbahn bestimmt, wurde B. 1560 von P. Pius IV., seinem Onkel, zum Kardinal und zum Administrator der Diözese Mailand ernannt; er fungierte als einer der engsten Mitarbeiter des Papstes. Der frühe Tod seines Bruders Federico veranlaßte B. zu einer stärkeren Hinwendung zum geistl. Leben und zur Seelsorge. 1563 empfing B. die Priester- und die

Bf.-Weihe; 1566 verlegte er nach dem Tod Pius' IV. seinen Wohnsitz nach Mailand, wo er als Erzbischof eine intensive pastorale Tätigkeit entfaltete. Mit größtem persönl. Einsatz führte B. zahlreiche Pfarrvisitationen durch, hielt Synoden ab, förderte die Bildung des Klerus und die rel. Unterweisung des Volkes durch Predigt und Katechese. Planmäßig setzte er die Dekrete des Reformkonzils von Trient (1545–1563) um. Er gilt als das Muster eines tridentin. Seelsorgs- und Reformbischofs. P. → Paul V. sprach B. 1610 heilig.

Lit.: G. Alberigo, K. B. (1995); [3]LThK 2 (1994), 598–600. STEPHAN HAERING

Bosco, Don Giovanni, hl. (Fest 31. 1.), Ordensgründer, * 16. 8. 1815 (Becchi bei Castelnuovo d'Asti, Piemont), † 31. 1. 1888 (Turin). B. wuchs in ärml. Verhältnissen auf. 1841 Priesterweihe. In Turin setzte er sich für die arme Jugend ein, sein Leitbild war an der Theologie des hl. A. von → Liguori orientiert. Ab 1846 gründete B. Oratorien als Orte der Glaubensunterweisung und Freizeitgestaltung, schul. Einrichtungen und Heime. Ein weltweites soz. Jugendwerk ist aus der Idee des Sozialpädagogen entstanden. Bes. Wert legte er außerdem auf die Förderung von Priesterberufen, auf Presseapostolat und Mission. 1859 wurde die Gesellschaft des hl. → Franz von Sales gegründet, die heute als *Salesianer Don Boscos* bekannt ist. Mit M. D. Mazzarello gründete B. 1872 die *Kongregation der Töchter Mariens, der Hilfe der Christen*. B. gilt als wichtiger Vertreter des pädagog. Präventionssystems. Die Erziehungsmethode nach B. läßt sich in drei Begriffen darstellen: Vernunft, Religion und herzliche Liebe.

Lit.: T. Bosco, Don B. ([3]1997). WOLFGANG ROTZSCHE

Bossuet, Jacques Bénigne, kath. Theologe und Kanzelredner, Bf. von Meaux, * 27. 9. 1627 (Dijon), † 12. 4. 1704 (Paris). Schon als Kind für den geistl. Stand bestimmt, besuchte B. das SJ-Kolleg in Dijon und studierte am Collège de Navarre in Paris. Der leidenschaftl. Anhänger Kg. → Ludwigs XIV., berühmte Kanzelredner und Trauerprediger B. war 1669–1671 Bf. von Condom, 1671–1682 Erzieher des Dauphin, seit 1671 Mitglied der Académie française, seit 1681 Bf. von Meaux. Er unternahm eine bibl. Rechtfertigung und Begründung des Absolutismus, verteidigte die gallikan. Freiheiten, kämpfte gegen die Bibelkritik des R. → Simon, gegen den Jansenismus (C. → Jansen) und in bes. Weise gegen den Protestantismus in allen seinen „Variationen". Er wandte sich energ. auch gegen Mme. → Guyon, die Mystik und den Quietismus und geriet darüber in heftigen Streit mit F. → Fénelon. B., der u. a. mit G. W. → Leibniz in intensivem Briefwechsel stand, schuf ein gewaltiges, aber nicht vollständig erhaltenes Werk und gehört zu den Klassikern der frz. Literatur. Berühmt ist auch seine aus kath. Sicht verfaßte *Universalgeschichte* (*Discours sur l'histoire universelle*, 1681).

Lit.: Metzler 121; J. Meyer, B. (1995); [3]LThK 2 (1994), 612 f. MANFRED HEIM

Boylet, Colette → Coletta von Corbie

Brenz, Johannes, luth. Reformator, * 24.6. 1499 (Weil der Stadt), † 11.9. 1570 (Stuttgart). Der Sohn eines Schultheissen der Reichsstadt Weil der Stadt begann 1514 mit dem Studium in Heidelberg. Das Erlebnis M. → Luthers bei der Heidelberger Disputation 1518 ließ ihn mit anderen humanist. orientierten Studiengenossen, die später wie B. als Reformatoren bekannt wurden (u.a. M. → Bucer und Erhard Schnepf), zum Anhänger der Reformation werden. 1522 begann B. als Prediger mit der reformator. Neuordnung von Kirche und Gemeinwesen in Schwäbisch Hall (erstes ev. Abendmahl Ende 1526, Katechismus 1527/28). Im Bauernkrieg mahnte B. in mehreren Gutachten und Schriften zum Ausgleich und zur Mäßigung. Im Kampf gegen die radikalreformator. Täuferbewegung sprach er sich anders als Luther gegen die Todesstrafe aus. In den Mitte der 1520er Jahre aufbrechenden Abendmahlsstreitigkeiten setzte sich B. kompromißlos für Luther und gegen die schweizer.-oberdt. Positionen ein. Maßgebl. trug er zum Ausbau und zur Konsolidierung der 1534 im Herzogtum Württemberg eingeführten Reformation bei. Als Gegner des Interims mußte er 1548 aus Hall fliehen. Seit 1553 wirkte er im führenden Amt des Stiftspropstes in Stuttgart (Katechismus 1535; Neuordnung der Univ. Tübingen 1537/38, Große Kirchenordnung 1559). Neben seinen vielfältigen kirchl. Aktivitäten, u.a. als Gutachter und Teilnehmer versch. Religionsgespräche, erwähnenswert sind die aus Predigten erwachsenen exeget. Werke sowie seine christolog. Spätschriften, die das Erbe Luthers zu profilieren suchten und dabei auch den Bruch mit Ph. → Melanchthon und den Schweizern in Kauf nahmen (Ubiquitätslehre).

Lit.: I. Fehle (Hg.), J. B. 1499–1570 (1999); [4]RGG 1 (1998), 1751 f.; TRE 7 (1981), 170–181. HANS-MARTIN KIRN

Brigid von Kildare (Brigit, Brigida, altir. *die Hohe*), hl. (Fest 1.2.), Patronin Irlands und Bauernpatronin, Ordensgründerin, * um 453 (Fochart Muirthemne, Leinster), † 1.2. um 524; die älteste Vita von Cogitosus datiert Mitte des 7. Jh.s. Durch B. Gründung des Doppelklr. Kildare (hier soll ihr zu Ehren bis ins 13. Jh. ein ewiges Feuer/Brigidenfeuer gebrannt haben) und Stiftung des Brigidenordens, dessen Hauptaufgabe in der Erziehung und dem Unterricht von Mädchen liegt. Darstellung oft in ländl. Umgebung mit Tieren, z.T. kommt es zur Übernahme von Zügen einer kelt. Gottheit; rasch weit verbreitete Verehrung (Reliquien heute in Belém/Portugal und Brügge). Attribute: Äbtissinnenstab und Buch, Tiere (Gänse, Kuh), Kerze bzw. Flamme über dem Haupt.

Lit.: [4]RGG 1 (1998), 1765; [3]LThK 2 (1994), 692 f.; LMA 2 (1983), 689.
SUSANNE STÜBINGER

Brückner, Carl August, Gründer des *Reformiert-apostolischen Gemeindebundes*, * 7.3. 1872 (Mylau), † 8.4. 1949 (Dresden). Mitglied der *Neuapostolischen Kirche*, seit 1905 als Apostel; umfangreiche Tätigkeiten als Prediger, Organisator und Publizist (*Neuapostolische Rundschau*). Am 17.4. 1921 nach scharfen internen Auseinandersetzungen

Ausschluß aus der *Neuapostolischen Kirche* durch den Stammapostel H. → Niehaus. Schon am 5.5. desselben Jahres kam es in den Neuapostol. Gemeinden des Provinzbezirkes Dresden in Form einer Privatabmachung mit B. zur Gründung der reformiert-apostol. Gemeinden, die in kurzer Zeit auf 6000 Mitglieder anwuchsen; die jurist. Konstituierung erfolgte 1924.

Lit.: Obst 185–228; Gasper 308–312.
SUSANNE STÜBINGER

Bruder Klaus → Klaus von Flüe

Bruder Lorenz → Laurentius von der Auferstehung

Bruno, Giordano, it. Philosoph, * 1548 (Nola), † verbrannt 17.2. 1600 (Rom). Während seiner humanist. Studien in Neapel trat B. in den OP ein. 1573 zum Priester geweiht, geriet B. schon kurz nach Beendigung seines Theologiestudiums in Häresieverdacht wegen seiner Kritik am Glauben an die Menschwerdung Gottes in Jesus Christus sowie der verbotenen Lektüre der Kirchenväter in den Ausgaben des → Erasmus von Rotterdam. 1576 Austritt aus dem Orden und Beginn einer hekt. Wanderschaft quer durch Europa, bei der er an zahlr. Univ. (Venedig, Genf, Toulouse, Paris, London, Wittenberg, Prag, Helmstedt, Frankfurt) Mathematik und (als Anhänger des → Kopernikus) Astronomie lehrte und mit großem Selbst- und Sendungsbewußtsein seine mod. naturphilos. Gedanken vortrug: Unendlichkeit und Vielzahl der Welten, Ablehnung der aristotel. Substanzlehre und Physik, Beseelung aller Dinge im Sinne einer pantheist. Allgegenwart Gottes. Der Übertritt zum Calvinismus 1579 brachte ihm ebensowenig eine neue Heimat wie das Luthertum. In Tübingen bot man ihm vier Gulden, wenn er nur ja wieder abziehe. In Frankfurt veröffentlichte er 1591 seine Hauptwerke. Von dort lud ihn Giovanni Mocenigo nach Venedig ein. Dieser aber, enttäuscht, weil ihn B. nicht wie erhofft in die Magie einführte, verklagte ihn 1592 bei der Inquisition. Ab 1593 wurde ihm in Rom der Prozeß gemacht, der am 8. 2. 1600 zum Todesurteil führte wegen Leugnung von Inkarnation, Trinität und individueller menschl. Seele. Am 17.2. wurde B. auf dem Campo dei Fiori in Rom auf dem Scheiterhaufen verbrannt. Die Hinrichtung B.s gehört zu den Verfehlungen kirchl. Einrichtungen, für die P. Johannes Paul II. am 12.3. 2000 um Vergebung gebeten hat. Wenngleich B.s Lehren wesentl. Aussagen des Glaubens widersprechen, so ist doch jede Anwendung von Gewalt im Dienst der Verteidigung der Wahrheit zu verurteilen. B.s Gedanken wurden von Spinoza, Goethe, → Hegel u.a. aufgegriffen.

Lit.: P. R. Blum, G. B. (1999).
RUDOLF VODERHOLZER

Bruno von Köln, hl. (seit 1514, Fest 11.10.), Gründer des OCart, * um 1031/32 (Köln), † 6.10. 1101 (La Torre, Kalabrien). Zum Theologen in der Reimser Domschule ausgebildet, wurde B. Kanonikus zu St. Kunibert in Köln, ehe er 1037 nach Reims als Schulleiter zurückkehrte. Dort entstanden B.s Kommentare zu den Psalmen und den Paulusbriefen. 1075 wurde B. zum Kanzler der Erzdiözese erhoben, 1076 jedoch entzweite er sich mit seinem Ebf. Manasses I. aus kirchenpol. Gründen. 1082 trat B. in das OSB-Kloster Molesme ein, dessen Abt Robert ihm erlaubte, bei Sêche-Fontaine eine Einsiedelei zu gründen. 1083 wies ihm Bf. Hugo von Grenoble die Bergwildnis La Chartreuse als Niederlassung zu, wo B. und seine Gefährten seit 1084 in Einzelzellen lebten. 1090 lehnte B. die Würde des Ebf. von Reggio ab und ließ sich 1091 mit päpstl. Erlaubnis in der Wildnis La Torre nieder, wo er erneut ein Zelleneremitorium gründete. 1097 entstand die Filiale St. Stefano in Bosco, 1099 S. Jacobo de Mentauro. Angeregt vom Vorbild der Wüstenväter, schrieb B. der Gemeinschaft körperl. und geist. Arbeit, Gebet und Askese vor. Abgesehen von dem tägl. achtstündigen Chorgebet, der Messe und bestimmten Erholungszeiten, haben die Mönche strenges Stillschweigen zu wahren. Ihr Kopf ist kahlgeschoren, die Gewandung weiß. Ihre Toten bestatten sie in ein Tuch gehüllt und ohne Sarg, das Holzkreuz über dem Grab trägt keinen Namen. Ludolf von Sachsen († 1378) und → Dionysius der Kartäuser († 1471) zählen zu den größten Gelehrten des Ordens. Der *Devotio moderna* und dem Humanismus öffneten sich bes. die Stadtkartausen in Köln, Mainz, Straßburg, Würzburg und Nürnberg. 1510 bestanden in Europa 195 Kartausen in 17 Provinzen, 1990 waren es 19 für den männl. Ordenszweig und fünf für den weiblichen.

Lit.: A. Helly, B. (1992); LMA 1 (1983), 788–790. MARIANNE SAMMER

Bruno von Querfurt, hl. (Fest 14.2.), Missionar und Märtyrer, * um 974 (Burg Querfurt), † 9.3. 1009 (Grenzland zw. Preußen und Litauen). B., auch Bonifacius genannt, erhielt in der Domschule zu Magdeburg seine Erziehung. Als Domherr von Magdeburg und Hofkaplan begleitete er 996 → Otto III. nach Italien. In Rom trat er dem OSB bei, lebte aber als Einsiedler auf der Insel Pereum bei Ravenna. Als Missionar war B. unter den sog. schwarzen Ungarn in Siebenbürgen tätig. Ebf. Tagino von Magdeburg weihte B. 1004 in Merseburg zum Erzbischof für die Heidenmission. 1008 wirkte er in Polen. In Preußen wurde B. 1009 mit 18 Gefährten gefangengenommen und enthauptet. Er gilt als *Apostel der Preußen.*

Lit.: H. Beyer-Thoma, Bayern und Osteuropa (2000), 117–130.

WOLFGANG ROTZSCHE

Brüsewitz, Oskar, ev. Pfarrer, * 30.5. 1929 (Willkischken bei Tilsit), † 22.8. 1976 (Halle/Saale). Der gelernte Schuhmacher war nach der Ausbildung zum Prediger in Erfurt 1969–1976 Pfarrer in Rippicha. B. starb an den Folgen seiner öffentl. Selbstverbrennung am 18. 8. 1976 vor der Michaeliskirche in Zeitz, die er aus Protest gegen Diskriminierung, Unterdrückung und Verfolgung junger Christen in der DDR und gegen die indifferente Haltung der „Kirche im Sozialismus" in der Konfrontation mit der SED-Diktatur vornahm. B. verstand sie zugleich auch als Anklage gegen den Kommunismus.

Lit.: H. Müller-Enbergs, W. Stock, M. Wiesner, Das Fanal (1999).

MANFRED HEIM

Brust, August, Gewerkschafter und Politiker, * 1. 8. 1862 (Hamm/Westfalen), † 20. 4. 1924 (Essen). Der Bergarbeiter und überzeugte Katholik B. gründete 1894 den *Gewerkverein christlicher Bergarbeiter für den Oberamtsbezirk Dortmund* und bemühte sich zugleich um die Bildung eines reichsweiten christl. Gewerkschaftsverbandes. Er war später Redakteur und Stadtverordneter, seit 1908 u.a. Mitglied des Preuß. Landtags.

Lit.: C. Hiepel, Arbeiterkatholizismus an der Ruhr (1999). MANFRED HEIM

Bucer, Martin, Reformator, * 11. 11. 1491 (Schlettstadt), † 27. (28.) 2. 1551 (Cambridge). Der begabte Handwerkerssohn trat 1507 ins Schlettstadter OP-Kloster ein und studierte Philosophie. Nach der Priesterweihe in Mainz begann er 1517 mit dem Theologiestudium in Heidelberg, wo er sich dem humanist. Denken des → Erasmus von Rotterdam öffnete. Bestimmend wurde die Begegnung mit M. → Luther und dessen bei der Heidelberger Disputation 1518 vorgetragenen Kreuzestheologie. 1521 von den Ordensgelübden entbunden und in den Ehestand getreten, kam B. 1523 als Flüchtling nach Straßburg. Bald zum führenden Prediger avanciert, stellte er seine theol.-exeget. und organisator. Talente ganz in den Dienst der Reformation. Er wirkte dabei eng mit den städt. Behörden, v.a. mit dem Bürgermeister Jakob Sturm, zusammen. Seit Anfang der 1530er Jahre betätigte sich B. auch außerhalb Straßburgs als Ratgeber in Fragen der reformator. Neuordnung. Der seit Mitte der 1520er Jahre in der Abendmahlsfrage aufbrechenden kirchl. wie pol. bedeutsamen Spaltung der reformator. Bewegung suchte B. durch zahlreiche Vermittlungsversuche entgegenzuwirken. Frucht seiner Bemühungen war die *Wittenberger Konkordie* von 1536, die oberdt. und kursächs. Theologen in der Abendmahlsfrage zusammenführte, die Trennung von den Schweizern aber gegen B.s Absicht verstärkte. Seinen Willen zum Dialog bewies B. auch in den Religionsgesprächen der 1540er Jahre mit der kath. Seite. Gegenüber den radikalreformator. Gegnern (Täuferbewegung; C. von → Schwenckfeld) wurde B.s Haltung zunehmend kompromißloser. Auch die Juden wollte er im Sinne konsequenter Marginalisierung restriktiv behandelt wissen. Das Interim von 1548 erzwang den Gang ins Exil nach England (Cambridge). Hier entstand die letzte große Reformschrift *De regno Christi* (1550, gedruckt 1557), die seine kirchl.-bürgerl. Einheitsvorstellungen und missionar. Anliegen nochmals breit entfaltete.

Lit.: [4]RGG 1 (1998), 1810–1812; D. F. Wright (Hg.), M. B. (1994); M. Greschat, M. B. (1990); TRE 7 (1981), 258–270.
HANS-MARTIN KIRN

Buchman, Frank Nathan Daniel, luth. Theologe und Pastor, * 4. 6. 1878 (Pennsburg, Pennsylvania), 7. 8. 1961 (Freudenstadt, Schwarzwald). Nach theol. Studium in Philadelphia und Massachusetts wirkte B., dessen Vorfahren aus der Schweiz kamen, als Pastor in den Armenvierteln von Philadelphia und gründete dort – nach dem Vorbild der → Bodelschwingh-Anstalten, die er bei einem Deutschlandbesuch kennengelernt hatte – das erste luth. Jugendheim Amerikas. Der von der Erweckungsbewegung geprägte B. sah seinen Lebensinhalt in der tätigen Erneuerung eines lebendigen Christentums im einzelnen Menschen, damit der Erneuerung der Welt überhaupt, und gründete 1921 die *Oxfordgruppenbewegung* genannte christl. Bewegung mit dem Ziel, den Menschen durch Anleitung zur Sündenerkenntnis und vertrauenden Gotteshingabe zu bessern. Aus ihr entstand 1938 die *Moralische Aufrüstung* (auch Caux-Bewegung, nach dem Sitz der europ. Zentrale am Genfer See).

Lit.: Metzler 131; G. Lean, Der vergessene Faktor (1991). MANFRED HEIM

Bugenhagen, Johannes, Reformator, * 24. 6. 1485 (Wollin), † 20. 4. 1558 (Wittenberg). Der Sohn eines Ratsherrn begann 1502 mit dem artist. Studium in Greifswald, übernahm 1504 ein Schulrektorenamt und wurde 1509 zum Priester geweiht. 1517 trat er das Amt des bibl. Lektors im Klr. Belbuck an, das seinen humanist.-exeget., durch die Lektüre des → Erasmus von Rotterdam vertieften Neigungen entsprach. Das 1521 in Wittenberg aufgenommene Studium brachte B. in freundschaftl. Kontakt mit Ph. → Melanchthon und M. → Luther, der seine Theologie entscheidend prägte. Seit 1522 verheiratet, wurde B. 1523 Stadtpfarrer von Wittenberg und Beichtvater Luthers, 1533 kamen zu den pfarramtl. Aufgaben auch die des Theologieprof. Speziell als Bibelausleger und Prediger, als Mitarbeiter an Luthers Bibelübersetzung, Bildungsreformer, Verfasser zahlr. reformator. Kirchen- und Gemeindeordnungen (u.a. Braunschweig 1528, Hamburg 1529, Dänemark 1537) und als Ordinator der Geistlichen kommt dem nach seiner Herkunft *Pommer(anus)* genannten B. eine hohe Bedeutung für die Institutionalisierungsprozesse der reformator. Bewegung zu. Neben den Bibelkommentaren fand v.a. B.s *Passionsharmonie* weite Verbreitung.

Lit.: [4]RGG 1 (1998), 1852f.; K. Stoll (Hg.), Kirchenreform als Gottesdienst (1985); TRE 7 (1981), 354–361. HANS-MARTIN KIRN

Bullinger, Heinrich, Reformator, * 18. 7. 1504 (Bremgarten), † 17. 9. 1575 (Zürich). Der Sohn eines Priesters studierte nach gründl. Ausbildung, die ihn früh mit der *Devotio moderna* in Berührung brachte, 1519–1522 in Köln. Der von humanist. Lehrern, patrist. und bibl. Studien sowie den Schriften der Wittenberger Reformatoren geprägte B. übernahm 1523 eine Lehrerstelle an der Klosterschule in Kappel bei Zürich und schloß sich der reformator. Bewegung H. → Zwinglis an. 1531 wurde er zum Nachfolger Zwinglis im Amt des Antistes (Vorstehers) der Zürcher Kirche berufen. Er förderte die Konsolidierung der Zürcher Reformation nach innen (u.a. Ausbalancieren des Kräfteverhältnisses zw. Kirche und Obrigkeit; Synodalverfassung, Gottesdienstordnung 1535) wie die polem.-apologet. Abgrenzung nach außen, so vom Katholizismus, von der Täuferbewegung und der luth. Reformation. Weite Verbreitung in zahlr.

Übersetzungen fanden seine *Dekaden* (*Sermonum decades quinque*, 1549–1551), eine für B.s Theologie charakterist. Sammlung von Lehrpredigten, sowie seine von J. → Calvin hoch geschätzten Bibelkommentare. B. leistete wichtige Beiträge zur reformierten Bekenntnisbildung (*Confessio Helvetica Prior* 1536; *Confessio Helvetica Posterior* 1566, Entfaltung des zentralen Bundesbegriffs). Eine ausgedehnte Korrespondenz zeugt von seinem europaweiten Ansehen als Theologe, Seelsorger und Berater im Raum der reformierten Kirchen.

Lit.: [4]RGG 1 (1998), 1858f.; F. Blanke, I. Leuschner, H. B. (1990); TRE 7 (1981), 375–387. HANS-MARTIN KIRN

Bultmann, Rudolf, ev. Neutestamentler und Systematiker, * 20. 8. 1884 (Wiefelstede), † 30. 7. 1976 (Marburg). Gehört zu den zugleich umstrittensten und einflußreichsten Theologen des 20. Jh.s. Seit 1921 bis zu seiner Emeritierung 1951 Prof. für ntl. Theologie in Marburg. Dort zw. 1923 und 1928 Begegnung mit Martin Heidegger und dessen Existenzphilosophie. 1934 schloß sich B. der Bekennenden Kirche an. Größtes Aufsehen erregte er mit seinem Vortrag *Neues Testament und Mythologie* von 1941, worin er die These vertrat, man müsse die Aussagen des NT ihrer zeitbedingten mytholog. Aussageform entkleiden, um zu einem verantwortbaren Glauben zu finden. Damit war der Auftakt gegeben für eine heftige Debatte um die Entmythologisierung. Ausgehend von der vermeintl. unwiderleglichen Tatsache, daß ein Wissen um den hist. Jesus und damit eine geschichtl. Verankerung des Glaubens unmöglich sei (*Geschichte der synoptischen Tradition*, 1921), propagierte B. eine von der Dialekt. Theologie ebenso wie von der Existenzphilosophie beeinflußte „existentiale Interpretation", wonach nicht die Geschichte Basis des Glaubens ist, sondern das Kerygma mit einem neuen Existenzverständnis, in das hinein Jesus auferstanden sei. Der These, die hist. Rückfrage nach dem ird. Jesus sei unmöglich, aber auch unnötig, hat 1953 Ernst Käsemann, ein Schüler B.s, mit hist. und syst.-theol. Argumenten widersprochen und damit zugleich eine Wende im Selbstverständnis der hist.-krit. Exegese eingeleitet.

Lit.: B. Jaspert (Hg.), R. B.s Werk und Wirkung (1984).
RUDOLF VODERHOLZER

Burchard I., Bf. von Worms, * ca. 965, † 20. 8. 1025. B. ist als ein Vertreter des sog. otton.-sal. Reichskirchensystems in bes. guter Weise dokumentiert; bleibenden Ruhm brachten ihm aber seine Werke: ein Kirchenrechtsbuch von großem Einfluß; ein im Vergleich zu ähnl. Texten sehr früh aufgezeichnetes Hofrecht, d.h. eine Fixierung der Binnenrechtsverhältnisse (nicht Abgabenverhältnisse) einer Grundherrschaft. B.s Karriere ist gleichzeitig typ. für den kirchl. Reichsdienst der sächs. Kaiser: der Aufstieg aus kleinerem Adel (bei Fritzlar?) über eine gute Ausbildung (in Koblenz?) zu einem Kanonikat im Umfeld eines führenden Bischofs und damit zur Hofkapelle; Domkämmerer und Propst bei St. Viktor in Mainz. Dort reformiert B. das daraufhin aufblühende Stift; Ebf. → Willigis erwählt ihn nun zum engeren Mitarbeiter, zum Familiaren. Im Jahr 1000 bestimmt ihn Ks. → Otto III. endlich in indirekter Nachfolge seines Bruders Falco für den Wormser Stuhl. Das Individuelle, der Einfluß von B.s Persönlichkeit, zeigt sich in einer Beobachtung Finkensteins: Im Gegensatz zum Rang des Mainzer Erzstuhls findet sich unter den geistig hervorragenden Mitgliedern des Reichsepiskopats dieser Epoche außer B. kein einziger ehemal. Mainzer Kanoniker. In Worms macht B. sich an die Erneuerung des kirchl. und städt. Lebens, wobei das Bauprogramm zugleich Kirchenreform bedeutet; denn wiederum führt er die Kanonikerregel ein, wobei die Reform des Kanonissenstiftes durch seine Schwester Mathilde geleitet wird. Der Ausbau seiner bfl. Residenz, kirchl. Neubauten und die Errichtung von Stiften wird nachhaltig durch das engere Verhältnis zu Ks. → Heinrich II. gefördert, das auch den Rückzug der Salier aus der direkten Stadtherrschaft erleichtert. Die bes. Nähe zum Königtum setzt sich unter → Konrad II. fort, für dessen Erziehung er zeitweilig gesorgt hatte. Was bleibt, ist das Bild eines pol. und administrativ hochbegabten Menschen, der immerhin drei Herrscherwechsel übersteht, seine Fähigkeiten nur innerhalb der Kirche und dort zugunsten einer gemäßigten Reform einbringt. Er war gerade keiner der pol. Reichsbischöfe. Im Zuge der vermutl. auf persönl. Frömmigkeit zurückzuführenden Reformbestrebungen faßt B. das Kirchenrecht seiner Zeit in einem Handbuch für den Bischof zusammen, das zugleich aus seelsorger. Impetus heraus erste Ansätze eines neuen Rechtsdenkens zeitigt. Dieses *Decretum Burchardi* (vor 1025) hat großen Erfolg, findet weite Verbreitung – auch wenn es gerade den tatsächl. Einfluß weltl. Quellen auf das kirchl. Rechtsleben z.T. mit Hilfe von Verfälschungen zu leugnen trachtet. Die Sammlung hebt B. weit über den Rang seiner bfl. Zeitgenossen hinaus. Letztlich demselben Denken ist sein Ansatz von 1024 zuzurechnen, die Rechtsverhältnisse innerhalb seiner Grundherrschaft, u.a. zum Schutz seiner eigenen Leute voreinander, schriftl. fixieren zu lassen. Mit diesen Handlungen einer sich verschriftlichenden Rechtlichkeit ist er bereits der Bote einer neuen Zeit und eben nicht mehr der typ. salische Reichsbischof.

Lit.: W. Hartmann (Hg.), B.v.W. 1000–1025 (2000); Kéry 133–155; T. Kölzer, G. Fransen (Hgg.), B.v.W., Decretorum Libri XX (1992). Jörg Müller

Buß, Franz Joseph, Ritter von (1863), Jurist, Publizist und Politiker, * 23.3. 1803 (Zell am Harmersbach), † 31.1. 1878 (Freiburg i.Br.). Nach dem Studium der Philosophie, Medizin und Rechtswissenschaften in Freiburg, Heidelberg und Göttingen wurde der dreifach promovierte B. 1833 Prof. für Staatswissenschaft und Völkerrecht, 1844 auch für Kirchenrecht in Freiburg i.Br. 1837–1840, 1846–1848 und 1873 war er Abgeordneter im bad. Landtag, 1848/49 in der dt. Nationalversammlung, 1850 im Erfurter Unionsparlament und 1874–1877 im Reichstag. In seinen Frühschriften noch von liberalen und freigeistigen

Ideen beeinflußt, nahm er als Parlamentarier lebenslang einen entschieden konstitutionell-konservativen Standpunkt ein, Liberalismus und Volkssouveränität ebenso ablehnend wie Absolutismus und Privilegienordnung. Aufgrund seiner *Fabrikrede* im bad. Landtag 1837, in der er bezüglich der Arbeiterfrage wirksame staatl. Maßnahmen (Arbeiterschutz, Sozialversicherung, Hilfskassen für Krankheits- und Unglücksfälle etc.) forderte, wurde B. zum Pionier der parlamentar. Vertretung kath. Sozialpolitik. Als Politiker von herausragender Wirkung und Führungsautorität erwies er sich auch durch seinen rastlosen Einsatz für die im Vereinswesen sich bündelnde kath. Bewegung, die er 1846 gegen den Deutschkatholizismus in Baden gemeinsam mit H. B. Andlaw (1802–1871) organisierte und der er 1848 bei der ersten Generalversammlung der Pius-Vereine (Katholikentag) in Mainz präsidierte. B., der aus ärml. Verhältnissen stammte, war zweifellos „eine der profiliertesten Persönlichkeiten des sich (organisatorisch) entfaltenden sozialen und politischen Katholizismus im Deutschland des 19. Jahrhunderts" (J. Oelinger).

Lit.: [7]StL 1 (1985), 1069f.

Karl Hausberger

C

Caecilia, hl. (Fest 22.11.), röm. Märtyrerin, keine zuverlässigen Daten zur Vita, † angebl. 230 (Reliquien seit 821 in Rom/S. Cecilia); Passio nach 486 entstanden (rein legendarisch). Verehrung seit Mitte des 5. Jh.s, als Patronin der Kirchenmusik (Attribut: Orgel) seit dem 15. Jh. Nach ihr benannt ist der in der Romantik wurzelnde *Cäcilianismus* (Bewegung der sechziger Jahre des 19. Jh.s in der kath. Kirchenmusik), dessen Hauptleistung die Wiedereinführung und Erforschung des trad. Chorals ist; Träger: Allgemeiner Cäcilienverband für die Länder der dt. Sprache (ACV, gegründet 1868 von F. X. Witt, päpstl. Approbation 1870); theol. stark unterstützt durch J. M. → Sailer. Verbreitung in Europa und bis in die USA.

Lit.: [4]RGG 2 (1999), 2f.; [3]LThK 2 (1994), 870–874; LCI 5 (1973), 455–463.

Susanne Stübinger

Caesarius von Arles, hl. (Fest 27.8.), Bischof, * um 470 (Chalons-sur-Saône), † 24.8.542. Mit 20 Jahren trat C. dem südgall. Insel-Klr. Lérins bei. In Arles wurde C. von Bf. Aeonius zum Priester geweiht und übernahm die Leitung des Rhôneinsel-Klr. Trinquetaille. Seit 503 wirkte er 40 Jahre lang als Bf. von Arles. C. war Primas von Gallien (513) und Spanien (514). Von den Reformsynoden, die er veranlaßte, verdient v. a. die Synode von Orange (529) Erwähnung. Als eifriger Anhänger der Lehre des hl. → Augustinus bekämpfte C. den Semipelagianismus (→ Pelagius). Überliefert sind 238

Predigten aus seiner Feder. Sein Einfluß auf die Predigten des MA ist von größter Bedeutung.

Lit.: [3]LThK 2 (1994), 878f.
WOLFGANG ROTZSCHE

Caesarius von Heisterbach, Verfasser theol. und hist. Schriften, OCist, * um 1180 (Köln?), † um 1240 (Klr. Heisterbach?). C. ging am St. Andreasstift in Köln zur Schule und absolvierte an der dortigen Domschule ein Theologiestudium. 1198/99 trat er in das OCist-Klr. Heisterbach ein, wo er das Amt des Novizenmeisters und des Priors (ab 1227) übernahm. Von C.' 36 Schriften kommen v.a. der *Vita Engelberti* (1226–1237) zu Ehren des Ebf. → Engelbert von Köln und dem *Catalogus archiepiscoporum Coloniensium* (um 1238) historiograph. Bedeutung zu. Die Biographie der hl. → Elisabeth von Thüringen (1236/37) beruht auf den Kanonisationsakten und ist erbaulich gehalten. C.' Briefe und Predigtsammlungen werden an Bedeutung von den beiden Exempelsammlungen, dem *Dialogus Miraculorum* (1225–1227) und den *Libri VIII miraculorum* (unvollendet), überragt. Es handelt sich um lehrhafte, wundersame Erzählungen, die C. aus versch. Quellen kompilierte und zum Zweck der theol. Unterweisung seiner Novizen didakt. gestaltete oder zur freien Auslegung während der Predigt lose zusammenstellte. Deren Einfluß auch auf die volkssprachl. Predigtliteratur reicht bis in die Gegenreformation.

Lit.: [3]LThK 2 (1994), 879f.; LMA 2 (1983), 1363–1366. MARIANNE SAMMER

Cajetan von Thiene (Gaëtano da Tiene), hl. (Fest 7. 8.), Ordensgründer (CR), * Okt. 1480 (Vicenza), † 7. 8. 1547 (Neapel). 1516 Priesterweihe; Geheimsekretär P. → Julius' II.; Mitglied des *Oratoriums der göttl. Liebe* (Intention: rel. Erneuerung, Reform des Kirchenwesens). 1524 Gründung des CR (u.a. mit G. Caraffa, späterer P. Paul IV.) als ältesten Orden von Regularklerikern (*O. Clericorum Regularium vulgo Theatinorum*) mit der Aufgabe der kirchl. Reform; 1622 Berufung der Theatiner nach München. Anläßl. der Geburt des Erbprinzen Max II. Emanuel Ernennung C.s zum Patron des Hauses Kurbayern und seiner Lande. 1629 Selig-, 1671 Heiligsprechung.

Lit.: K. Obermeier, Der hl. K.v.Th. (2000); [4]RGG 2 (1999), 9; [3]LThK 2 (1994), 884; M.J. Hufnagel, St. C. – ein wenig bekannter Schutzpatron Bayerns (1992). SUSANNE STÜBINGER

Cajetanus, Thomas (Jakob de Vio), OP, Universalgelehrter, Kardinal, * 20. 2. 1469 (Gaëta), † 10. 8. 1534 (Rom; Grab in S. Maria sopra Minerva). Der 15jährige Jakob wählte beim Ordenseintritt den Namen Thomas. Als Student in Neapel, Bologna und Padua erhielt er nach seiner Heimatstadt den Beinamen Cajetanus. Mit 25 Jahren wurde C. nach einer glänzenden Disputation mit → Pico della Mirandola Magister der Theologie. 1500–1507 lehrte er an der Sapienzia in Rom, 1507–1518 war er in der Leitung des Ordens tätig und setzte sich für intensive Förderung des Studiums im Orden sowie strenge Aufnahmekriterien ein. In dieser Zeit entstand auch C.'

theol. Hauptwerk: der erste *Kommentar zur Summa theologiae des Thomas von Aquin* (1507–1522). 1517 zum Kardinal erhoben, trat C. als päpstl. Legat im Oktober 1518 auf dem Reichstag zu Augsburg mehrmals, „väterlich, nicht richterlich", dem Reformator M. → Luther gegenüber und disputierte auch mit ihm, womit er seinen röm. Auftrag überschritt. C. erkannte in Luthers Rede von der Notwendigkeit der Rechtfertigungsgewißheit als Voraussetzung für die Wirksamkeit der Sakramente eine kirchentrennende Neuerung. In einem seiner im Zuge der Auseinandersetzung mit Luther entstandenen Opuscula notiert er: „Das heißt eine neue Kirche bauen." Der Kritik Luthers an der Praxis der Kirche stimmte er weitgehend zu, fast gleichzeitig mit Luther und unabh. von dessen Ablaßthesen hatte er selbst 1517 gegen den Mißbrauch des Ablasses geschrieben. So setzte er sich nach dem Tod → Leos X. (1522) für den Reform-P. → Hadrian VI. ein, nach dessen frühem Tod sich alle Reformen um Jahre verzögerten. Die letzten Lebensjahre C.' waren überschattet von der in England sich anbahnenden Kirchenspaltung. Wenige Wochen vor seinem Tod hatte er für P. → Clemens VII. noch ein Gutachten zu den Eheangelegenheiten Kg. → Heinrichs VIII. verfaßt.

Lit.: B. Hallensleben, Communicatio. Anthropologie und Gnadenlehre bei Th.de von C. (1985).

RUDOLF VODERHOLZER

Calasanza, Joseph von (José de Calasanz), hl. (Fest 25.8.), Ordensgründer (S[ch]P), Patron der Volksschulen, * 31. 7. 1557 (Peralta de la Sal, Aragonien), † 25.8.1648 (Rom). 1583 Priesterweihe. 1592 Übersiedelung nach Rom (Kontakt zu Kard. Marcantonio IV. Colonna und Anschluß an it.-röm. Reformkreise), dort Einsatz während der Pestepidemie von 1595. Ab 1597 erteilte C. kostenlosen Elementarunterricht und Katechismusunterweisung in S. Dorotea (Trastevere), seit 1605 bei S. Pantaleo; rasche Erweiterung der Schule (1611 1000 Schüler) und Zusammenschluß der Mitarbeiter zum Regularkleriker-Orden der Piaristen/Scolopini; 1617 erfolgte die päpstl. Anerkennung, 1621 die Erhebung zum Orden. 1748 Selig-, 1767 Heiligsprechung.

Lit.: [3]LThK 5 (1996), 1005.

SUSANNE STÜBINGER

Calixt, Georg, luth. Theologe, * 14. 12. 1586 (Medelby), † 19. 3. 1656 (Helmstedt). C., Sohn eines von Ph. → Melanchthon geprägten Landpfarrers, studierte seit 1603 Philosophie und – vornehmlich als Autodidakt – Theologie in Helmstedt, wo er sich im dortigen Humanistenkreis eine gemäßigt luth.-orth. Position aneignete (Ablehnung der Ubiquitätslehre). Die konfessionelle Strenge der sog. Gnesiolutheraner blieb ihm zeitlebens fremd. 1614 übernahm C., in scharfsinnigem Gebrauch aristotel. Logik und hist. Argumente geschult, in Helmstedt eine Professur für Kontroverstheologie, die er bis zu seinem Tode innehatte. 1629 entwickelte er zunächst in polem.-antikath., dann in irenischer Zielsetzung sein → Vinzenz von Lérins aufnehmendes altkirchl. Traditionsprinzip (*consensus antiquitatis*). Ihm zufolge bot der Rückgriff auf die Lehre der Kirche der ersten fünf Jh.e neben der Autorität der Bibel ein hinreichendes Kriterium für die Ablehnung des Papsttums wie auch für die Überwindung von Konfessionalismus und Kirchenspaltung. Religionsgespräche sollten die Realisierung der vom gemeinsamen Glaubensfundament der Alten Kirche (Apostolicum) verbürgten universalen Einheit der Kirchen voranbringen. Weder auf kath. noch auf prot. Seite fanden C.s Unionsbestrebungen Anklang. Im orth. Luthertum erwuchsen ihm entschiedene Gegner, da C.s Traditionsprinzip auch die Stellung der Reformation und ihrer Bekenntnisse relativierte (sog. Synkretist. Streit). Theologiegeschichtl. bedeutsam wurden C.s Unterscheidung von Theologie und Glaube, auf die sich J. S. → Semler anerkennend bezog, der Gebrauch der analyt., nach aristotel. Logik vom Ziel der Theologie ausgehenden Methode in der Dogmatik sowie die Trennung von Glaubens- und Sittenlehre.

Lit.: [4]RGG 2 (1999), 12 f.; C. Böttigheimer, Zwischen Polemik und Irenik (1996); TRE 7 (1981), 552–559.

HANS-MARTIN KIRN

Calov, Abraham (Calovius, Kalau), luth. Theologe, * 16. 4. 1612 (Mohrungen, Ostpreußen), † 25. 2. 1686 (Wittenberg). Nach philos. und theol. Studien in Königsberg (seit 1626) und Rostock (1634–1637) wurde C. 1640 a.o. Prof. in Königsberg, 1643 Schulrektor und Pastor in Danzig, 1650 Prof. und 1652 Generalsuperintendent in Wittenberg. Er schuf ein umfangreiches Werk (bes. zur Schriftauslegung) und gilt als (nicht unumstrittener, weil stark polemisierender) Exponent der luth. Barocktheologie. C. wandte sich auch gegen G. → Calixt, der für eine Wiedervereinigung der christl. Konfessionen auf Grundlage der Konzilsbeschlüsse der ersten fünf Jh.e eintrat und des Synkretismus geziehen wurde.

Lit.: V. Jung, Das Ganze der Heiligen Schrift (1999).

MANFRED HEIM

Calvin, Johannes, Reformator, * 10. 7. 1509 (Noyon), † 27. 5. 1564 (Genf). Der Sohn eines Notars studierte von 1523–1527 in Paris die artes liberales, dann 1528–1531 auf Wunsch des Vaters in Orléans und Bourges Rechtswissenschaft, kehrte aber nach dem Tod des Vaters 1531 aufgrund seiner Liebe zur klass. Literatur nach Paris zurück. Wohl 1532/33 erlebte er eine Bekehrung, die ihn zum vertieften Bibelstudium führte und den Weg von der humanist. Reform zur Reformation M. → Luthers wies. 1533 aufgrund der Verfolgung der Evangelischen zur Flucht aus Paris gezwungen, kam C. 1536 nach Basel, wo die erste Fassung seiner *Christianae religionis Institutio* entstand, des später zum zentralen Lehrbuch zur Religion ausgebauten Werks (zuletzt 1559). 1536–1538 wirkte C., theol. ganz Autodidakt, auf Bitten des Reformators Guillaume Farel als Bibelausleger und Prediger am Aufbau der Genfer Kirche mit (Kirchenordnung von 1537, Bekenntnis und Katechismus), doch gelang das Werk nicht. Beide Reformatoren wurden u.a. wegen ihrer strengen Auffassung von der Sittenzucht aus Genf verbannt. 1538–1541 hielt sich C.

auf Bitten M. → Bucers in Straßburg auf, wo er als Pfarrer der frz. Flüchtlingsgemeinde und theol. Lehrer wirkte. Hier begann mit der Auslegung des Römerbriefs C.s fruchtbare Tätigkeit als Verfasser von Bibelkommentaren, die sich durch philolog. Genauigkeit, klare Struktur und Rücksicht auf den hist. Kontext auszeichneten. Viele der traditionell christolog. Beweisführungen aus dem AT hat C. mangels Anhalt am Text abgelehnt, was ihm von streng luth. Seite den Vorwurf des „Judaisierens" eintrug. In der Straßburger Zeit empfing C. im Kreis der dortigen Reformatoren, v. a. durch M. Bucer, wichtige theol. (Abendmahlslehre, Prädestinationslehre) und liturg. Impulse. Er lernte namhafte Vertreter der dt. Reformation kennen und schätzen, u. a. Ph. → Melanchthon, und nahm an Religionsgesprächen mit kath. Theologen teil. 1541 wurde C. nach Genf zurückgerufen. Sogleich machte er sich an die Neuordnung der dortigen Kirche. Trotz erhebl. Widerstände und Kompetenzstreitigkeiten mit der städt. Obrigkeit, etwa in der Frage des Ausschlusses vom Abendmahl, gelang die Durchsetzung einer wesentl. vom Ältestenamt getragenen strengen Kirchenzucht, die zu einem Kennzeichen der Genfer Reformation wurde (*Ordonnances ecclésiastiques*, 1541). Freilich konnte C. erst nach 1555 auf eine stabile pol. Mehrheit setzen. Breite Zustimmung fand C.s Mitwirken an der Hinrichtung des offener Häresie beschuldigten Antitrinitariers M. → Servet 1553. Der entschiedene Widerspruch Sebastian Castellios belebte die öffentl. Debatte um die rel. Toleranz. So sehr sich C. stets für eine Einigung der reformator. Kirchen in der strittigen Abendmahlsfrage einsetzte, so sehr mißtraute er doch Teilkompromissen wie der durch M. Bucer beförderten Wittenberger Konkordie von 1536. Die Einigung mit Zürich in dieser Frage (*Consensus Tigurinus*, 1549) wurde eine wichtige Basis des reformierten Protestantismus. Mit den Lutheranern war zum Leidwesen C.s keine Verständigung möglich. Weitere Differenzen verschärften die Trennung, so die Lehre von der doppelten Prädestination. Unüberbrückbar erschien die Kluft zwischen Protestanten und Katholiken, wie C.s Schrift zum Tridentinum (1547) zeigt. Genf wurde zu C.s Zeit ein wichtiger Zufluchtsort für ev. Glaubensflüchtlinge, Hort der Unterstützung der frz. Protestanten und ein Zentrum reformator. Literaturproduktion. Der Ausbau des Genfer Gymnasiums zur Akademie 1559 machte die Stadt zugleich zu einem wichtigen Ausbildungszentrum mit europ. Ausstrahlung, das dem sich formierenden *Calvinismus* sein eigenständiges Gepräge sichern half. Von C.s überragender Bedeutung als Theologe, Ratgeber und Seelsorger in einem weitreichenden reformator. Kommunikationsgeflecht kündet neben dem großen lit. Werk auch seine umfängliche Korrespondenz.

Lit.: W. van't Spijker, C. (2001); [4]RGG 2 (1999), 16–36; B. Cottret, C. (1998); TRE 7 (1981), 568–592.

Hans-Martin Kirn

Camillo de Lellis, hl. (Fest 14. 7.), Ordensgründer (*Kamillianer*), Patron der Kranken und Krankenhäuser, seit 1930 auch der Krankenpfleger, * 25. 5. 1550 (Bucchianico, Abruzzen), † 14. 7. 1614 (Rom). Als 25jähriger erfuhr er seine Bekehrung. Er erkannte die Mängel in der weltl. Krankenpflege und nahm seine Tätigkeit im St.-Jakobus- und Hl.-Geist-Hospital in Rom auf; 1584 Gründung einer Genossenschaft zur Krankenpflege mit ganzheitl. Sicht des Kranken (auch *Väter vom guten Tod* genannt); im selben Jahr Priesterweihe. 1586 Bestätigung der Kongregation durch P. → Sixtus V.; 1591 Ernennung zum Regularkleriker-Orden der Diener der Kranken/Kamillianer durch P. Gregor XIV. (über die drei üblichen Gelübde hinaus zusätzlich Ablegung des Gelübdes des Krankendienstes auch unter Lebensgefahr, bes. in Zeiten der Pest); im 19./20. Jh. weibl. Zweig der Kamillianerinnen. Reformen in der Krankenseelsorge und im Krankenhausbetrieb. Tätigkeitsbereich heute v. a. in Krankenhäusern, Pflege- und Altenheimen und in der Betreuung Suchtkranker.

Lit.: [3]LThK 2 (1994), 912.

SUSANNE STÜBINGER

Campanella, Tommaso, OP (1583), it. Philosoph im Spannungsfeld zw. Renaissance, Gegenreformation und Barock, * 5. 9. 1568 (Stilo, Kalabrien), † 21. 5. 1639 (Paris). C. wurde nach einer ersten Verhaftung durch die Inquisition (1594) 1599 wegen angebl. Verschwörung gegen die span. Herrschaft in Neapel gefangengesetzt und erst 1626 durch P. → Urban VIII. freigelassen; in dieser Zeit entstanden die meisten seiner zahlr. Schriften. Gefährdet durch sein Eintreten für den Heliozentrismus → Galileis kam es 1634 zur Flucht nach Frankreich, dort zum Kontakt zu → Richelieu und dem Kreis um Mersenne. C. lehrte eine doppelte Offenbarung (durch die Natur und die Bibel); sein bekanntestes Werk, die *Città del Sole* (*Sonnenstaat*, 1602, dt. 1900, Anhang zur *Realis philosophia epistologica*), entwickelt eine theokrat.-kommunist. Idealstaatsutopie vor dem Hintergrund von Platon und Th. → Morus mit Auswirkung auf den mod. Sozialismus. Die SJ versuchte 1588–1768 unter ihrer Ägide in Paraguay den Sonnenstaat zu realisieren. Weitere Werke: *Monarchia Messiae* (1605), *Universalis philosophiae seu Metaphysicarum libri XVIII* (1619–1638), *De monarchia hispanica* (1625).

Lit.: Metzler 152f.; [4]RGG 2 (1999), 45; [3]LThK 2 (1994), 913; R. Hagengruber, T. C. – eine Philosophie der Ähnlichkeit (1994); G. Ernst, Religione, ragione e natura (1991); G. Bock, T. C. – polit. Interesse und philos. Spekulation (1974).

SUSANNE STÜBINGER

Campbell, Thomas, presbyterian. Prediger, Gründer der *Disciples of Christ*, * 1. 2. 1763 (Irland), † 4. 1. 1854 (Bethany, West-Virginia). Pfarrer der *Reformed Presbyterian Church* in Irland. C. zeigte Bemühungen um die Einheit des Christentums. 1807 Auswanderung nach Pennsylvanien. 1808 Kirchenaustritt und Gründung einer *Christian Association of Washington, Pennsylvania*, 1812 Taufe zus. mit seiner Familie (Gedanke eines allein auf der Bibel beruhenden Christentums). 1813/14 zunächst Vereinigung mit zwei baptist. Gemeinschaften, 1827 Trennung von den Baptisten; seit 1831 besteht die Bezeichnung *Campbelliten*. 1832 Verbindung mit den *Christians* (gleichgesinnte Anhänger des Presbyters Barton Warren Stone) zu den *Disciples of Christ*, später auch *Christian Church* genannt. Rasches Anwachsen der Bewegung; Engagement für die Ökum. Bewegung – es besteht ein offizieller Dialog des *Disciples' Ecumenical Consultative Council* (DECC) mit der kath. Kirche, dem Reformierten Weltbund und der russ.-orth. Kirche.

Lit.: [3]LThK 3 (1995), 259f.
SUSANNE STÜBINGER

Canisius, Petrus (Pieter Kanijs), hl. (seit 1925, Fest 27. 4.), SJ, Kirchenlehrer, * 8. 5. 1521 (Nimwegen), † 21. 12. 1597 (Freiburg, Schweiz). Nach seinem Philosophiestudium 1536–1540 in Köln trat C. 1543 als erster Deutscher der SJ bei. 1546 Priesterweihe. 1547 nahm er am Konzil von Trient teil, wirkte 1548 als Rhetoriklehrer und Prediger in Messina. Nach seiner Profeß in Rom und seiner Promotion 1549 in Bologna reiste C. auf Weisung des → Ignatius von Loyola und auf Bitten Hzg. Wilhelms IV. von Bayern nach Ingolstadt und wurde Rektor und Vizekanzler der Univ. (1549–1552). C. stellte sich in den Dienst der Gegenreformation in Bayern, Österreich und Böhmen: 1552–1556 versah er Predigerämter in Wien und Prag, 1559–1566 in Augsburg und 1571–1577 in Innsbruck. 1556–1569 gründete er als erster Provinzial der Oberdt. Ordensprovinz zahlr. jesuit. Niederlassungen (u. a. Ingolstadt, Dillingen, Innsbruck, München). Er wirkte auf mehreren Reichstagen (u. a. Augsburger Reichstag 1555) und bei anderen Gelegenheiten (z. B. Wormser Religionsgespräch 1557, Tridentinum 1562) kirchenpolitisch. 1580 wurde C. endgültig nach Freiburg/Schweiz versetzt. Bis zu seinem Tod waren die Katechismen C.' (*Großer Katechismus* 1555, *Kleiner Katechismus* 1556, *Mittlerer Katechismus* 1558) in über 200 Ausgaben und Übersetzungen in mehreren Sprachen erschienen. Sie waren kulturgeschichtl. gesehen einflußreicher als der *Catechismus Romanus*. Auch C.' Gebetbücher waren berühmt (*Lectiones et precationes ecclesiasticae* 1556, *Manuale Catholicorum* 1587). C. enthielt sich der Polemik, erachtete aber ein Einvernehmen mit den Protestanten als ausgeschlossen. Auf die Sendung des → Bonifatius anspielend, wurde C. als *zweiter Apostel Deutschlands* bezeichnet.

Lit.: R. Berndt (Hg.), C. (1521–1597) (2000).
MARIANNE SAMMER

Cano, Melchior, Theologe, * um 1509 (Tarancón oder Pastraña), † 30. 9. 1560 (Toledo). C. trat 1523 in den OP ein und lehrte ab 1533 Theologie in Valladolid, Alcalá und Salamanca. Beim Konzil von Trient hatte er großen Anteil an den Beratungen über das Bußsakrament und die Eucharistie. In seinem Orden übte er versch. Ämter aus. Bedeutend ist C. v. a. als hervorragender Vertreter der Schule von Salamanca. Sein Hauptwerk *De locis theologicis* (EA: 1563) wirkte bahnbrechend in der theol. Erkenntnis- und Methodenlehre und erfuhr zahlr. Auflagen. In vielen pol., kirchl. und theol. Fragen seiner Zeit meldete C. sich zu Wort.

Lit.: B. Körner, M. C. De locis theologicis (1994); [3]LThK 2 (1994), 924f.
STEPHAN HAERING

Capito, Wolfgang Fabricius, Reformator, * Dezember 1478 (Hagenau, Elsaß), † an der Pest 4. 11. 1541 (Straßburg). C., Sohn eines Schmiedemeisters, studierte in Ingolstadt, Heidelberg und Freiburg, wo er 1515 zum Dr. theol. promoviert wurde. Der zunächst als Prädikant in Bruchsal (1512–1515), dann in Basel tätige C. zeichnete sich durch herausragende Hebräischkenntnisse aus, die in versch. Lehrbücher eingingen und C. zus. mit dem Freund Konrad Pellikan zu einem führenden Hebraisten der Zeit werden ließen. In Basel arbeitete C. eng mit → Erasmus zusammen, stand aber auch mit M. → Luther, zu dessen Schriftenverbreitung er schon 1518 beitrug, und H. → Zwingli in Kontakt. 1520 folgte er einem Ruf nach Mainz als Berater des dortigen Erzbischofs. Von 1523 an wirkte C. in Straßburg, zum Propst des Thomasstiftes berufen, tatkräftig an der reformator. Umgestaltung der Stadt mit (u.a. Kampf gegen die Messe 1525–1529). „Reformation" war ihm stets Rückkehr der Kirche zu wahrer Katholizität. Anders als M. → Bucer vertrat C. anfangs gegenüber Vertretern der radikalen Reformation wie den Täufern, deren Überzeugungstreue ihn beeindruckte, eine vom Liebesgebot geprägte rücksichtsvolle Haltung. Dies änderte sich Anfang der 1530er Jahre, als auch für C. die Sorge um die Einheit der Kirche stärker in den Vordergrund trat. Für die Schärfe des Abendmahlsstreits im prot. Lager brachte C. wenig Verständnis auf, doch bemühte auch er sich wie Bucer, freilich erfolglos, um eine Einigung zw. den Schweizern und den Wittenbergern. 1536 hat er die Wittenberger Konkordie, die Übereinkunft zw. Oberdeutschen und Wittenbergern in der Abendmahlsfrage, unterzeichnet. Auch als Mitverfasser der sog. *Confessio Tetrapolitana*, des Vierstädtebekenntnisses für den Reichstag von Augsburg 1530, trat C. hervor. C.s exeget. Werke beeindrucken durch ihre Offenheit gegenüber der jüd. Auslegungstradition. Zu den Schülern C.s gehört der namhafte Hebraist und Publizist Paul Fagius (1504–1549).

Lit.: [4]RGG 2 (1999), 59f.; TRE 7 (1981), 636–640; J. M. Kittelson, W. C. (1975).
HANS-MARTIN KIRN

Caracciolo, Francesco (Taufname Ascanio), hl. (Fest 4. 6.), Ordensgründer (CCRRMM), Patron Neapels, * 13. 10. 1563 (Santa Maria, Abruzzen), † 4. 6. 1608 (Agnona, Abruzzen). Einsatz für die Seelsorge der Armen, Gefangenen und zum Tod Verurteilten. 1588 Gründung der Kongregation der *Clerici regulares minores* (Mindere Regularkleriker; auch *Caraccioliner* bzw. *Marianer* gen.) zus. mit Giovanni Agostino Adorno und Fabricio Caracciolo; die Regel wurde 1588 von P. → Sixtus V. und 1605 von P. Paul V. bestätigt. C. war ein Förderer der Verehrung des Altarsakraments und forcierte die Einführung der Ewigen Anbetung in seinem Orden. 1807 Heiligsprechung.

Lit.: [3]LThK 2 (1994), 940.
SUSANNE STÜBINGER

Cassiodor, Flavius Magnus Aurelius (Cassiodorus), Senator, Politiker und Schriftsteller, * ca. 485 (Squillace), † ca. 580 (ebd.). Einer adligen Familie entstammend, trat C. etwa 506 in die Politik ein; seine Karriere führte ihn, der sich stets um eine Vermittlung zwischen Goten und Römern bemühte, über das Konsulat (514) bis zur Prätorianerpräfektur (533–540). Als mit dem Fall Ravennas 540 der Niedergang der Gotenherrschaft in Italien besiegelt war, kehrte sich C. von der Politik ab und wandte sich einer mönch. Lebensweise zu. 555 gründete er das Doppelklr. Vivarium/Castellum; darin wirkte er bis zu seinem Tode, ohne je das Amt des Abtes zu übernehmen. C. ist ein vielseitiger Schriftsteller. Zu seinen hist. Schriften gehören eine Weltchronik, die von Adam bis zum Jahre 519 reicht, und eine – nur im Auszug des Jordanes erhaltene – Gotengeschichte. Die amtl. Schreiben, Erlasse und Formulare, die C. 507–537 abfaßte, vereinigte er in der Sammlung *Variae*. Seine erste theol. Schrift ist *De anima* (*Über die Seele*); zu den Psalmen schrieb er, an → Augustinus anknüpfend, einen Kommentar (*Expositio psalmorum*). Bes. intensiv fortgewirkt haben die zwei Bücher *Institutiones* (*Unterweisungen*): Im ersten Buch führt C. die Mönche in das Studium der Bibel ein und empfiehlt ihnen, sich neben anderen Arbeiten auch dem Abschreiben hl. Bücher zu widmen; das zweite Buch ist den sieben freien Künsten (*artes liberales*) gewidmet. Zu seinen Hauptwerken zählt ferner die *Dreiteilige Kirchengeschichte* (*Historia ecclesiastica tripartita*); sie fußt auf einem Auszug, den Theodorus Lector (→ Theodoros Anagnostes) um 530 aus den Werken der Kirchenhistoriker → Sokrates (ca. 380–440), → Sozomenus (um 440) und → Theodoretus (um 450) geschaffen hatte. Noch im Alter von 93 Jahren schrieb C. für die Mönche eine Anleitung zum Kopieren von Manuskripten: *De orthographia* (*Über die Rechtschreibung*).

Lit.: [2]LACL 120f.; G. Jenal, Italia ascetica atque monastica, Bd. 1 (1995).

SIEGMAR DÖPP

Chaminade, Guillaume-Joseph, Ordensgründer (SM), * 8. 4. 1761 (Périgueux), † 22. 1. 1850 (Bordeaux). 1785 Priesterweihe. Während der Frz. Revolution Exil in Saragossa. 1800 Rückkehr nach Bordeaux und Gründung einer marian. Kongregation, aus der 1816 die Marianistinnen, 1817 die Marianisten hervorgingen (*Frères de la société de Marie*, Marienbrüder/-schwestern); die Regel wurde am 10. 7. 1891 durch P. → Leo XIII. bestätigt. Aufgabenschwerpunkt des Ordens ist rel. Erziehung und Unterricht der Jugend. Der Seligsprechungsprozeß wurde 1918 eingeleitet.

Lit.: [3]LThK 2 (1994), 1004f.

SUSANNE STÜBINGER

Chantal, Jeanne-Françoise de, geb. Frémy[i]ot, hl. (Fest 12. 12.), Mystikerin und Ordensstifterin (OVM), * 23. 1. 1572 (Dijon), † 13. 12. 1641 (Moulins). Verheiratet mit Christophe de Rabutin, Baron von Ch. († 1601), Mutter von sechs Kindern. Ab 1604 Kontakt zu → Franz von Sales, der ihr Beichtvater wurde; am 6. 6. 1610 kam es in Annecy (dort ist Ch. zus. mit Franz von Sales bestattet) zur Gründung einer Gemeinschaft ohne Klausur, die nach Intervention des Ebf. von Lyon 1618 in einen Orden mit Klausur umgewandelt wurde (*Ordo de visitatione Mariae Virginis, Orden von der Heimsuchung Mariä*, auch Salesianerinnen bzw. Visitandinnen genannt; Augustinusregel); der Orden, den eine Verbindung von beschaul. Leben mit Krankenbetreuung, rel. Mädchenerziehung und Arbeit in Findel-/Waisenhäusern kennzeichnet, verbreitete sich rasch. 1619–1621 Parisaufenthalt Ch.s, während dem sie der Reformbewegung von Port Royal des Champs (wie u.a. auch B. → Pascal) nahestand. Ch. hinterließ neben erbaul. und didakt. Schriften eine umfangreiche Korrespondenz; ihren 18 Jahre währenden Briefwechsel mit F. von Sales veröffentlichte sie nach dessen Tod (1622); seine *Geistlichen Unterredungen* (*Entretiens spirituels*) mit den Schwestern wurden 1629 herausgegeben.

Lit.: Metzler 164f.; [4]RGG 2 (1999), 101; [3]LThK 2 (1994), 1005f.; A. Ravier, J. F. Frémyot Baronin v. Ch. (1992).

SUSANNE STÜBINGER

Chappuis, Jean, Editor des *Corpus Iuris Canonici*, um 1500 (genaue Lebensdaten unbekannt). Ch., Lizentiat beider Rechte der Univ. Paris, unternahm mit Unterstützung von Vitalis von Theben und Girolamo Chiari die Herausgabe einer Sammlung kirchl. Rechtsbücher (bestehend aus dem Dekret → Gratians, dem *Liber Extra*, dem *Liber Sextus*, den *Clementinen*, den *Extravagantes* → Johannes' XXII. und den *Extravagantes Communes*) und gab dieser Kollektion den Namen *Corpus Iuris Canonici* (EA: Paris 1500–1503). Durch P. → Gregor XIII. wurden 1580 die Sammlung und deren Bezeichnung approbiert. Ch. edierte auch andere Rechtsquellen und Schriften.

Lit.: [3]LThK 2 (1994), 1009.

STEPHAN HAERING

Chemnitz, Martin, luth. Theologe, * 9.11.1522 (Treuenbrietzen), † 8.4.1586 (Braunschweig). Ch. studierte nach Schulaufenthalten in Wittenberg und Magdeburg 1543–1545 in Frankfurt/Oder, kam nach Wittenberg zurück und ging 1547 nach Königsberg, wo er 1550 eine Stelle als Bibliothekar antrat und, theol. Autodidakt, ein planmäßiges Studium der Kirchenväter begann. 1553 setzte er als Schüler Ph. → Melanchthons seine Studien in Wittenberg fort und hielt theol. Vorlesungen. 1554 wechselte er als Stellvertreter des Stadtsuperintendenten nach Braunschweig, dessen Amt er 1567 übernahm. 1568 erfolgte die Beauftragung mit der Reformation von Braunschweig-Wolfenbüttel. 1561 erschienen wichtige Schriften zur umstrittenen Abendmahlsfrage, die Ch. als überragenden Theologen bekannt machten. 1566–1573 veröffentlichte er sein berühmtestes Werk, das *Examen Concilii Tridentini*, ein klass. Zeugnis luth. Kontrovestheologie. Ch. hatte entscheidenden Anteil an der luth. Bekenntnisbildung (Konkordienformel). Seine Schriften, v.a. auch seine postum erschienene Dogmatik, ein Fragment gebliebenes Jugendwerk (*Loci theologici*, 1591/92), wirkten prägend auf die luth. Orthodoxie ein. Die dort im 17. Jh. aufkommende Rede vom „zweiten Martin", ohne den das Erbe des ersten (→ Luther) nicht hätte bestehen können, unterstreicht seine Wertschätzung.

Lit.: [4]RGG 2 (1999), 127f.; J. A. O. Preus, The Second Martin (1994); TRE 7 (1981), 714–721.

HANS-MARTIN KIRN

Chlodwig I., Merowingerkönig, * nach → Gregor von Tours 466, † 27. 11. 511. Sohn Childerichs I. von Tournai, dem er um 482 als König der salischen Franken auf dem Thron folgt. Besiegt zunächst die umliegenden Kleinkönigreiche, dann das galloröm. Reich des *rex Romanorum* Syagrius (486/87), die Alemannen in einem oder zwei Feldzügen (496 [?], sicher dann 506), bedrängt die Burgunder, zerschlägt das tolosanische Kgr. der Westgoten unter Alarich II. (507/08) diesseits der Pyrenäen. Schließlich läßt er sich noch zum König der ribuarischen Franken um Köln erheben, nachdem deren Kg. Sigibert und Chloderich beseitigt sind (zw. 509/11). Mit dem territorialen Ausgreifen und seiner Konsolidierung geht die „internationale" Anerkennung Hand in Hand: Ch. heiratet zu Beginn der 490er Jahre eine Nichte des Burgunderkönigs, 493 gibt er seine Schwester dem Ostgotenkg. Theoderich zur Frau. Nach dem Sieg über die Westgoten wird er vom oström. Ks. Anastasius als ranggleich mit Theoderich anerkannt. Einher geht die „konfessionelle" Konsolidierung: Anders als die übrigen Germanenstämme, die nach ihrer Christianisierung (zunächst) Arianer sind, läßt er sich – nach Heirat der engagierten kath. Christin Chrodechilde (um 492/94), die bei Ch. sogar die kath. Taufe seiner beiden Söhne durchgesetzt, und nachdem sich deren christl. Gott als Sieghelfer bewährt hatte – kath. taufen (wahrscheinl. Weihnachten 498). Er begründet damit einen engen Schulterschluß zw. Franken und röm. Kirche. Auch wenn die Christianisierung der Franken selbst erst im 7. Jh. abgeschlossen war, wurde hierdurch eine weitreichende, auch pol. Weichenstellung vollzogen, die schon den Zeitgenossen bewußt war. Bereits der Krieg gegen die Westgoten wurde propagandist. als Kampf gegen diese als häret. Arianer etikettiert. Zugleich errichtete Ch., spätestens mit dem Konzil von Orléans 511, eine fränk. „Reichskirche". Unter seiner Herrschaft erfolgte als Konsolidierungsakt auch des Rechts – wohl nach westgot. und burgund. Vorbild – die Aufzeichnung des fränk. Volksrechtes, der *Lex Salica* (507/11), wenn auch anscheinend unter redaktioneller Beeinflussung mit monarchist. Tendenz. Er machte Paris mit Verlegung des Königssitzes von Soissons hierher zur „Hauptstadt" der Francia.

Lit.: D. Geuenich, C.s Alemannenschlacht(en) und Taufe, in: ders. (Hg.), Die Franken und die Alemannen bis zur „Schlacht bei Zülpich" (496/97) (1998), 423–437; [3]LThK 2 (1994), 1078f.; LMA 2 (1983), 1863–1868; [2]RGA 3 (1981), 478–485.

HANS-GEORG HERMANN

Christina von Schweden, Königin, * 8. 12. 1626 (Stockholm), † 19. 4. 1689 (Rom). Hochgebildete, philosoph. interessierte (Kontakte zu zahlr. Gelehrten und Künstlern, u.a. zu H. → Grotius, C. Salmasius, R. Descartes), tolerante, aber auch durchsetzungsfähige Frau; übernahm als Tochter → Gustavs II.

Adolf 1644 die Regierung (30jähriger Krieg), verzichtete jedoch am 6.6. 1654 zugunsten ihres Vetters Karl Gustav auf den Thron, da sie, aus nicht geklärten Gründen vom orth. Luthertum Schwedens abgekommen, zum kath. Glauben konvertiert war (rel. Gespräche mit dem SJ-Pater Antonio Macedo, seit 1650 Unterricht durch die SJ), was die Regentschaft nach schwed. Gesetz unmöglich machte; sie legte am 24.12. 1654 in Brüssel im Palast des Erzhzg. Leopold vor einem OP-Pater und am 3.11. 1655 öffentl. in Innsbruck das kath. Glaubensbekenntnis ab; P. Alexander VII. empfing Ch. in Rom und spendete ihr die Firmung (sie erhielt die Namen Maria Alexandra). Nach Reisen nach Frankreich, Schweden und Hamburg und zwei erfolglosen Versuchen, die neapolitan. bzw. poln. Krone zu erlangen, lebte Ch. ab 1668 dauerhaft in Rom, den Wissenschaften und der Kunst gewidmet; Alexander VIII. erwarb ihre umfangreiche Bibliothek für den Vatikan.

Lit.: V. von der Heyden-Rynsch, Ch. von Schw. (2000); [4]RGG 2 (1999), 260; [3]LThK 2 (1994), 1139f. SUSANNE STÜBINGER

Chrodegang von Metz, hl. (Fest 6.3.), Bischof, * um 712/15, † 6.3. 766 (Metz). Von adeliger Abstammung, wurde Ch. am Hof → Karl Martells erzogen und dort dessen Referendar. Wohl 742 zum Bf. von Metz bestellt, begab sich Ch. 753 nach Rom, um P. → Stephan II. zur (pol. höchstbedeutsamen) Salbung des Frankenkg. → Pippin III. d.J. nach Reims zu geleiten (754); der Papst verlieh Ch. zur Auszeichnung das Pallium und erhob ihn zum Erzbischof. In der Folge konnte er, nunmehr an der Spitze des fränk. Reichsepiskopats stehend, maßgebl. Einfluß geltend machen. Unter ihm wurde Metz zum Zentrum der Liturgiereform, indem er die liturg. Texte nach röm. Gebrauch einführte. Sein bes. Augenmerk galt dem Mönchtum: er gründete 748 das Klr. Gorze, an der Gründung u.a. von Lorsch war er beteiligt. Von herausragender Bedeutung erwies sich die von Ch. durchgeführte Reform seines Kathedralklerus, für den er 755 eine Regel verfaßte, die zum Muster für künftige kanonikale Lebensordnungen wurde. Die Regel Ch.s hatte das gemeinsame Leben, die *vita communis*, der Kapitularkanoniker auf eine neue Grundlage gestellt und durch ihre spezif. Ausrichtung auf die Chorherren den eigenständigen Charakter des Kanonikerstandes gegenüber dem Mönchtum deutlich gemacht (*Chrodegangische Klerikerreform*).

Lit.: [4]RGG 2 (1999), 344; [3]Schwaiger 131–146; LMA 2 (1983), 1948–1950. MANFRED HEIM

Cisneros, Francisco Jiménez → Ximenes

Claret y Clará, Antonio Maria, hl. (Fest 24. 10.), Volksmissionar, Ordensgründer (CMF), * 23.12. 1807 (Sallent bei Manresa), † 24.10. 1870 (Fontfroide). 1835 Priesterweihe; 1839 kurzes SJ-Noviziat. 1840 Aufnahme der Tätigkeit als Volksmissionar in Spanien und auf den Kanaren. 1850–1857 Ebf. von Santiago de Cuba (umfangreiches pastorales und soz. Wirken). Am 16. 7. 1849

Gründung der Kongregation der *Söhne des Unbefleckten Herzens Mariä (Claretiner)* zur inneren und äußeren Mission, 1855 des *Apostolischen Instituts der Lehrschwestern von Maria Immaculata* (Claretinerinnen) mit Hauptaufgabe der Erziehung und Ausbildung der weibl. Jugend; 1870 endgültige Approbation durch P. → Pius IX. 1857 Rückkehr C.s nach Madrid auf den Ruf von Königin Isabella II., deren Beichtvater er war und mit der er 1866 ins Exil nach Frankreich flüchtete. C. war Teilnehmer am I. Vatikanum, an dessen Vorbereitung er 1869 in Rom arbeitete. 1934 Selig-, 1950 Heiligsprechung.

Lit.: [4]RGG 2 (1999), 386f.; [3]LThK 2 (1994), 1211. SUSANNE STÜBINGER

Claudian, Claudius (Claudianus), Dichter, * ca. 370, † nach 404. Aufgewachsen wohl in Ägypten, kam C. um 390 nach Rom und wurde 395 an den Kaiserhof berufen, der bis 402 in Mailand, anschließend in Ravenna residierte. In epischen Gedichten, die kein christl. Element aufweisen, stellte C. wichtige Ereignisse der Zeitgeschichte dar. → Augustinus und → Orosius charakterisieren ihn als Heiden. Doch im Corpus von C.s kleineren Gedichten finden sich auch solche christl. Inhalts, z.B. ein Hymnus über den *Erlöser (De salvatore)*. Diese Gedichte C. abzusprechen besteht kein zureichender Grund.

Lit.: RAC 18 (1998), 1281–1284, 1305f. (Italia II, literaturgeschichtl.). SIEGMAR DÖPP

Clemens I., Papst → Clemens von Rom

Clemens VII., Papst (19. 11. 1523–25. 9. 1534), vorher Giulio de' Medici; * 25. 5. 1478 (Florenz) als illegitimer Sohn des Stadtherrn Giuliano de' Medici. Durch seinen Vetter → Leo X. 1513 Ebf. von Florenz und Kardinal. In schwerster Krise der Kirche (Reformation) agierte C. vorwiegend als it. Renaissancefürst für Kirchenstaat und Medici mit den Mitteln einer verschlagenen, unglaubwürdigen Diplomatie in allen Bereichen. Sein Versuch, im Bund mit Kg. Franz I. von Frankreich (der mit den Türken gegen Ks. → Karl V. konspirierte) und Venedig die ksl. Vorherrschaft in Italien einzudämmen (Hl. Liga von Cognac 1526), führte 1527 zur Verwüstung Roms im *Sacco di Roma* und zur Gefangennahme. Die folgende Annäherung an Karl V. (Friede von Barcelona 1529; Kaiserkrönung in Bologna 1530) brachte keine päpstl. Hilfe für die Reformationswirren in Deutschland (Reichstag von Augsburg 1530), da C. stets der Konzilsforderung auswich. Die Schwäche seines Charakters trat auch in der hinhaltenden Behandlung der Eheangelegenheit → Heinrichs VIII. von England und gegen die skandinav. Reiche zutage. In seinem Pontifikat trennte sich ein Drittel des Abendlandes (weite Teile Deutschlands, England, Skandinavien u.a.) von Papsttum und alter Kirche; Ausbau der Hierarchie in Lateinamerika und Mäzenatentum bildeten keinen Ausgleich. Deshalb „wohl der unheilvollste aller Päpste" (L. von Ranke).

Lit.: [3]LThK 2 (1994), 1223; DHP (1994), 378–380. GEORG SCHWAIGER

Clemens XIV., Papst (19.5.1769–22.9.1774), vorher Giovanni Vincenzo Antonio Ganganelli; * 31.10. 1705 (Sant'Arcangelo bei Rimini). 1723 OFMConv (Ordensname Lorenzo); 1759 Kardinal. Als Papst führte er nach langem Zögern unter hartem Druck der von Bourbonen regierten Staaten die Aufhebung der SJ durch (21.7.1773) und versuchte, das Verhältnis zu diesen Staaten durch Konzessionen an das Staatskirchentum zu verbessern. Die gespannte Lage in der dt. Reichskirche ist durch die Koblenzer Gravamina 1769 (Episkopalismus; Febronianismus) und durch den Salzburger Kongreß der bayr. Bischöfe (1770–1777) gekennzeichnet. C., wohlmeinend und auch um Kunst und Wissenschaft verdient, wurde über den Tod hinaus viel verleumdet.

Lit.: ³LThK 2 (1994), 1226f.; DHP (1994), 394–397. GEORG SCHWAIGER

Clemens von Alexandrien, Titus Flavius, Philosoph, * zw. 140 und 150, † um 220. In Alexandrien hatte er Pantaenus zum Lehrer und wurde dessen Nachfolger in der *Leitung* der Katechetenschule. 202 verließ C. die Stadt, viell. wegen eines Konflikts mit Bf. Demetrius; seither lebte C. in Jerusalem. Seine auf Griechisch geschriebenen Werke sind für den mittleren Platonismus repräsentativ. Der *Protrepticus*, eine an die Griechen gerichtete Mahnrede, stellt der Torheit des heidn. Götterglaubens die Selbstoffenbarung des Logos in Christus gegenüber. Im *Paedagogus* (*Lehrer*) zeigt C., welche Vorschriften man befolgen muß, um zur Erkenntnis der christl. Wahrheit zu gelangen; am Ende des Werks steht ein Hymnus auf Christus. Der Traktat *Quis dives salvetur* (*Welcher Reiche soll gerettet werden*) legt Mk 10,17–31 dahin aus, daß nicht der Reiche vom Himmelreich ausgeschlossen ist, sondern der Sünder, der nicht bereut. Als das Hauptwerk behandeln die *Stromata* (*Teppiche*), zum Genre der Buntschriftstellerei gehörend, den spezif. Charakter christl. Erkenntnis im Unterschied zu anderen Formen. Für C. stellt der christl. Glaube die wahre Philosophie dar.

Lit.: ²LACL 128–131. SIEGMAR DÖPP

Clemens von Rom, hl. (Fest 23. 11. kath., 24. 11. gr. und syr., 25. 11. russ.), Vorsteher der Christengemeinde in Rom, ca. 91–100. Von der altkirchl. Tradition wird er seit ca. 170 als Verfasser eines Schreibens an die Gemeinde von Korinth betrachtet, das bald nach 96 in gr. Sprache entstand. Dieser *Erste Clemensbrief* setzt die Fürsorgepflicht der röm. Gemeinde als selbstverständlich voraus, fordert die Korinther auf, die kurz vorher vollzogene Absetzung von Presbytern rückgängig zu machen, und enthält grundsätzl. Ausführungen über das geistl. Amt. Der sog. *Zweite Clemensbrief*, viell. um die Mitte des 2. Jh.s abgefaßt, ebenfalls in gr. Sprache, stellt die älteste erhaltene christl. Predigt dar; im Blick auf das nahende Weltende wird die Gemeinde zur Befolgung von Christi Geboten ermahnt. Als Werke des C. geben sich ferner zwei im 4. Jh. entstandene Schriften aus: gr. Homilien und die nur in lat. Übersetzung → Rufins erhaltenen *Recognitiones*

(*Wiedererkennungen*). Diese sog. *Pseudoclementinen* ähneln in vielem dem antiken Roman; C. erzählt in der Ich-Form, was er als Begleiter des Petrus (→ Apostel) erlebte und welches Schicksal seiner Familie zuteil wurde.

Lit.: ²LACL 131–133. SIEGMAR DÖPP

Coccejus, Johannes, reformierter Theologe, * 9. 8. 1603 (Bremen), † an der Pest 5. 11. 1669 (Leiden). C. studierte 1626–1630 in Franeker, Leiden und Groningen. 1630 wurde er Prof. für bibl. Philologie in Bremen, 1636 für Hebräisch und 1643 für Theologie in Franeker. Seit 1650 wirkte er als Theologieprof. in Leiden. C. wurde bekannt durch seine von gründl. Kenntnis der Ursprachen und der rabbin.-talmud. Tradition bestimmten Bibelkommentare und seine heilsgeschichtl. ausgerichtete, einen stufenweisen Fortschritt auf das Reich Gottes hin nachzeichnende Föderal-(Bundes-)Theologie (*Summa doctrinae de foedere et testamento Dei*, 1648). Seine exeget. und theol. Arbeit hatte die Förderung von Glaube und prakt. Frömmigkeit auf bibl. Basis in endzeitl. Perspektive zum Ziel. Als Kontroverstheologe bekämpfte C. entschieden sozinian., antitrinitar. und kath. Positionen. Konflikte innerhalb der eigenen Kirche brachen an der Frage der Sonntagsheiligung auf, die C. anders als die von G. → Voetius geführte kirchl. Reformpartei nicht in der geforderten puritan. Strenge vertreten mochte. Es schlossen sich langwierige theol. Auseinandersetzungen, etwa zum Verhältnis von AT und NT, an, die schließlich zur Bildung zweier Richtungen, der Coccejaner und der Voetianer, innerhalb der niederländ. reformierten Kirche führten. Pietismus und Aufklärung verdanken dem bibl.-heilsgeschichtl. Denken C.' und seiner Fortbildung wichtige Anregungen, auch theol. Entwürfe des 19. und 20. Jh.s zeigen seine Wirksamkeit (Erlanger Schule, K. → Barth).

Lit.: ⁴RGG 2 (1999), 407f.; W. J. van Asselt, The Covenant Theology of J. C. (1603–1669) (1994); TRE 8 (1981), 132–140. HANS-MARTIN KIRN

Cölestin V., hl. (Fest 19. 5.), Papst (5. 7.–13. 12. 1294, Abdankung), vorher Peter vom Morrone, * 1209/10 (Sant' Angelo Limosano) als Bauernsohn, † 1296 (Castello di Fumone bei Anagni). Organisierte einen Eremitenverband unter der Benediktusregel, die späteren *Cölestiner.* C. wurde nach langer Sedisvakanz unter dem Einfluß Kg. Karls II. von Neapel (Anjou) in Perugia zum Papst gewählt und nach heftigem Sträuben zur Annahme der Wahl bestimmt. C. erkannte frühzeitig, daß er dem Amt nicht gewachsen war, trug sich mit Abdankungsgedanken, erließ am 10. 12. 1294 eine Konstitution über die mögl. Abdankung von Päpsten und dankte, korrekt beraten von Kardinälen, bes. Benedetto Caetani, am 13. 12. 1294 ab. Nachfolger wurde B. Caetani als → Bonifaz VIII., der C. im Kastell Fumone in lockerem Gewahrsam hielt, um ein Schisma zu verhindern. C. wurde Objekt eschatolog. Spekulationen (*Engelpapst*), unter dem Einfluß seiner Anhänger und der frz. Gegner Bonifaz' VIII. 1313 von Clemens V. heiliggesprochen.

Lit.: A. Bartolomei Romagnoli, Le bolle di Celestino V cassate da Bonifacio VIII, in: AHP 37 (1999), 61–83; [3]LThK 2 (1994), 1247f.; LMA 3 (1986), 7–9.
GEORG SCHWAIGER

Coletta von Corbie, (Boellet, Boylet), hl. (Fest 6. 3.), Ordensfrau, Begründerin des Reformzweiges der Klarissen-Colettinnen, * 13. 1. 1381 (Corbie), † 6. 3. 1447 (Gent). Nach dem Tod ihrer Eltern, denen sie als einziges Kind im hohen Alter geboren worden war, führte die Suche nach ihrer Berufung das geistl. hochbegabte, franziskan. ausgerichtete Mädchen zunächst in die streng eremit. Lebensform: Sie lebte vier Jahre als Reklusin in Corbie. 1406 fühlte sie die Berufung in den OSCl. Unterstützt von dem gleichgesinnten Franziskaner-Konventualen Heinrich von Baume reformierte und gründete C. zahlr. Klarissenklöster im Geist der urspr. Armut und Zurückgezogenheit, wie sie die Regel der hl. → Klara vorsieht.

Lit.: L. Lehmann, Neue Studien zur hl. C.v.C. und ihrer Zeit, in: Collectanea Franciscana 65 (1995), 643–663.
MARIANNE SCHLOSSER

Coligny, Gaspard de, Seigneur de Châtillon, frz. Heerführer und Politiker, * 16. 2. 1519 (Châtillon-sur-Loing), † 24. 8. 1572 (Paris). 1552 Admiral von Frankreich, 1555 Gouverneur der Picardie, konvertierte C. in span. Gefangenschaft in den Niederlanden (1557–1559) zum Calvinismus und übernahm nach seiner Freilassung die militär. Führung der Hugenotten. Als kgl. Rat übte er seit 1571 starken Einfluß auf Kg. Karl IX. aus und erstrebte eine Einbindung Frankreichs in die prot., antihabsburg. Politik. Dabei machte sich C. u. a. die Königinmutter Katharina von Medici zur erbitterten Feindin und wurde auf deren Befehl mit Tausenden von Hugenotten in der Bartholomäusnacht ermordet.

Lit.: [4]RGG 2 (1999), 420.
MANFRED HEIM

Colin, Jean-Claude, Ordensgründer (SM), * 7. 8. 1790 (Saint-Bonnet-le-Troncy bei Lyon), † 15. 11. 1875 (La Neylière, Rhône). 1816 Priesterweihe. 1824 Gründung der *Societas Mariae*, der Kongregation der Maristen (Priester und Laienbrüder) in Belley mit Hauptaufgabe in der Jugenderziehung, der Seelsorge schwieriger Gebiete und der Weltmission; der weibl. Zweig widmet sich v. a. der Mädchenerziehung und soz. Aufgaben; 1836 erfolgte die päpstl. Approbation, 1873 wurden die Regeln endgültig gutgeheißen.

Lit.: A. Pichlmeier, Wes Geistes Kind (2000); [3]LThK 2 (1994), 1256.
SUSANNE STÜBINGER

Colombini, Johannes, hl. (Fest 31. 7.), Ordensgründer (CASH), * 1304 (Siena), † 31. 7. 1367 (San Salvatore al Monte Amiato). Geprägt durch die Pest 1348, durch pol. Umstände in Siena (1355) sowie das rel. Klima der Zeit (→ Katharina von Siena) erfolgten C.s Lebenswandel und seine Hinwendung zu Bußpredigt und karitativen Werken, speziell im Bereich der Armen- und Krankenpflege; 1360 Gründung der *Jesuaten (Apostolische Kleriker vom hl. Hieronymus)*, einer Laiengemeinschaft zur Krankenpflege und Totenbeerdigung, zunächst mit der

Benedikt-, später der Augustinusregel; die Ordensbezeichnung resultiert aus dem Ruf „Es lebe Jesus, gelobt sei Jesus!" zu Beginn und Ende der Predigten; die Ordensmitglieder werden auch Aquavite-Väter genannt wegen der Verwendung selbst zubereiteter Liköre in der Krankenpflege; die Kultbestätigung erfolgte durch P. → Gregor XIII; der Orden wurde 1668 durch P. Clemens IX. aufgelöst; der weibl. Zweig (Jesuatinnen/Schwestern von der Heimsuchung Mariä) wurde 1367 gestiftet und hatte als Kongregation bis 1872 in Italien Bestand.

Lit.: [3]Schwaiger 241; [3]LThK 5 (1996), 894. SUSANNE STÜBINGER

Columban, 1) d. Ä., von Hy (Iona), hl. (Fest 9. 6.), genannt Columcille (ir. *Taube der Kirche*), Kleriker, Mönch, Klostergründer, Abt, Apostel Schottlands, * 7. 12. 521/22 (Gartan, Irland), † 9. 6. 597 (Iona), aus der ir. Königsfamilie Ui Neill stammend. Ging 563/64 nach Schottland (*peregrinatio pro Christo*), wirkte dort und auf den Hebriden 34 Jahre lang. C.s Verdienste liegen in der Christianisierung des Landes sowie der Gründung zahlr. Klöster (Zusammenschluß zu einem Klosterverband, *paruchia*, mit dem geistigen Zentrum Iona, Ausbildungsort späterer Mönche); C.s Einfluß auf das ir. Mönchtum war prägend; seine spezielle Fürsorge galt den Armen und Kranken. Eine lit. Tätigkeit ist ungewiß; er soll sich der Abschrift der Evangelien gewidmet haben und gilt als Verfasser einer Majuskelhandschrift des 6. Jh.s. Die Verehrung C.s setzte schon früh ein.

Lit.: Metzler 177f.; [3]LthK 2 (1994), 1267; Adomnán's life of Columba, ed. and transl. by the late A. O. Anderson and by Marjorie Ogilvie Anderson (1991); H. Löwe (Hg.), Die Iren und Europa im frühen MA 1 (1982).

2) d. J., Abt von Luxeuil und Bobbio, hl. (Fest 23. 11.), Mönch in Bangor, Abt, * 543 (Leinster, Irland), † 23. 11. 616 (Bobbio). C. ging 590/91 als Missionar und Bußprediger über England und die Bretagne nach Burgund (*peregrinatio pro Christo*) und gründete in den Vogesen die Klr. Anegrey, Luxeuil (geistiges Zentrum) und Fontaine unter der strengen *Regula coenobialis* (ältestüberlieferte Regel ir. Ursprungs, später durch die Benediktregel abgelöst). Durch ihn erfolgte die Einführung von Beichte und Beichtbüchern (ir. „Tarifbuße") in die fränk. Kirche. Neben dem Widerstand der fränk. Bischöfe kam es 610 zur Vertreibung C.s durch Kg. Theuderich II.; sein Weg führte über Metz, Zürichsee und Bregenz ins Tal der Trebbia, dort 614 Gründung des Klr. Bobbio.

Lit.: Metzler 176f.; [4]RGG 2 (1999), 424; [3]LThK 2 (1994), 1267; U. Meinhold, C.v. Luxeuil im Frankenreich (1981); TRE 8 (1981), 159–162. SUSANNE STÜBINGER

Cornelius a Lapide (Cornelis Cornelissen van den Steen), SJ, Exeget, * 8. 12. 1567 (Bocholt), † 12. 3. 1637 (Rom). C. studierte bei der SJ in Maastricht und Köln Philosophie, in Douai und Löwen Theologie. Am 11. 6. 1592 trat er in die SJ ein, am 24. 12. 1595 Priesterweihe. 1598–1616 wirkte er als Prof. für Exegese und Hebräisch in Löwen, ab 1616 in Rom. Seine ausführl. Bibelkommentare nach dem vierfachen Schriftsinn unter Berücksichtigung der patrist.

und scholast. Tradition galten als beispielhaft und beeinflußten nachhaltig die nachtridentin. Predigt. Die Exegesen zu den Psalmen und dem Buch Hiob erschienen postum in der ersten zehnbändigen Gesamtausg. (Antwerpen 1681). C.' Werke wurden noch im 19. und 20. Jh. ediert.

Lit.: [3]LThK 2 (1994), 1313.

MARIANNE SAMMER

Couturier, Paul-Irénée, kath. Priester, Begründer des geistl. Ökumenismus, * 29.7. 1881 (Lyon), † 24.3. 1953 (ebd.). Priesterweihe 1906, Aufnahme in den Orden vom Hl. Irenäus und 1927 bei den Mönchen der Vereinigung. Durch russ.-orth. Flüchtlinge kam C. in Kontakt mit der reichen Liturgie und Spiritualität der orth. Kirche und machte die Erfahrung der gespaltenen Christenheit; 1926 Aufenthalt im OSB-Priorat Amay-sur-Meuse (*Mönche der Vereinigung*), wo sich bei C. der Gedanke einer Glaubensvereinigung zw. Rom, den orth. und der angl. Kirche festigte; 1933 Gestaltung der Gebetsoktav für die Einheit der Christen in Lyon unter Beteiligung von Katholiken, Protestanten und Orthodoxen. Seit 1946 Kontakt zum ÖRK. 1952 Ernennung C.s zum Ehren-Archimandriten des Patriarchats Antiochien. Fortsetzung seiner Arbeit durch die *Association Interconfessionelle Unité Chrétienne* (Lyon).

Lit.: [3]LThK 2 (1994), 1334.

SUSANNE STÜBINGER

Cranmer, Thomas, engl. Reformator, Ebf. von Canterbury, * 2. 7. 1489 (Aslacton, Nottinghamshire), † 21.3.1556 (Oxford). Nach Studien (seit 1503) und Lehrtätigkeit (bis 1529) in Cambridge (um 1520 Priesterweihe) wurde C. 1532 zum Ebf. von Canterbury erhoben, nachdem er die Pläne Kg. → Heinrichs VIII., der seine Ehe mit Katharina von Aragón für nichtig erklären lassen wollte, unterstützt und deshalb die Gunst des Monarchen gewonnen hatte (Th. → Wolsey). 1533 annullierte C. diese Ehe und sanktionierte diejenige mit Anne Boleyn; auch spätere Ehescheidungen und -schließungen des Königs erfolgten mit seiner Zustimmung. Unter Kg. Eduard VI. (1547–1553) wurde C. zus. mit Thomas Cromwell († 1540) zum Haupt der Reformation in England. Aus seiner Feder stammen u.a. die Fassungen des *Allgemeinen Gebetbuch* (*Common Prayer Book*) von 1549 und 1552 sowie die 42 Artikel der Angl. Kirche von 1553. Im Zuge der gegenreformator. Politik der Königin → Maria I. Tudor der Kath. (seit 1553) wurde C. als Verräter und Häretiker verurteilt und fand auf dem Scheiterhaufen den Tod.

Lit.: Metzler 180–182; [4]RGG 2 (1999), 483; [3]LThK 2 (1994), 1337; TRE 8 (1981), 226–229.

MANFRED HEIM

Cullmann, Oscar, prot. Theologe, * 25. 2. 1902 (Straßburg), † 16. 1. 1999 (Chamonix). C. wurde 1930 Prof. für NT in Straßburg; 1938–1972 war er in Basel Prof. für NT und Geschichte der Alten Kirche. Außerdem versah er 1948–1968 eine Professur in Paris. C. hat die Theologie des 20. Jh.s entscheidend mitgeprägt. Nach ersten literarkrit. Arbeiten wandte er sich später stärker theol. Fragestellungen zu. Dabei unterstrich er den geschichtl. Charakter der christl. Offenbarung und entdeckte in den ntl. Texten ein lineares Zeitverständnis und ein heilsgeschichtl. Schema. Aufgrund seiner Arbeiten über die Petrustraditionen war C., der als Beobachter am II. Vatikanum teilgenommen hat, ein bevorzugter Gesprächspartner kath. Theologen. Er verstand die versch. christl. Traditionen als Ausdruck unterschiedl. Gnadengaben und gilt als bed. Ökumeniker.

Lit.: [4]RGG 2 (1999), 503f.; [3]LThK 2 (1994), 1357f; O. C., Einheit durch Vielfalt ([2]1990); O. C., Heil als Geschichte ([2]1967); O. C., Die Christologie des NT ([4]1966). JOSEF KREIML

Cyprian von Karthago (Caecilius Cyprianus), hl. (Fest 16. 9. kath., 31. 8. russ.), 248/49–258 Bf. von Karthago, † 14. 9. 258 (Karthago). In den 40er Jahren wandte er sich dem Christentum zu. Für die Dauer der Christenverfolgung durch Ks. → Decius (249–251) zog er sich aufs Land zurück. Nach seiner Rückkehr beschäftigte C. bes. der Streit darüber, wie mit den ‚Abgefallenen' (*lapsi*) zu verfahren sei, denjenigen Christen also, welche während der Verfolgung ihren Glauben verleugnet hatten. Als 251 in Rom → Novatian und andere dem neugewählten Bf. Cornelius den Gehorsam verweigerten, setzte C. seine ganze Kraft dafür ein, die Ausbreitung des Schismas in Nordafrika zu verhindern. Später führte er mit dem röm. Bf. (P.) Stephanus (254–257) einen heftigen Streit um die Gültigkeit der Ketzertaufe. Unter Ks. → Valerian erlitt C. den Märtyrertod durch Enthauptung. Das Werk C.s umfaßt Briefe aus seinem Episkopat und Traktate; die letzteren sind teils apologet. Natur, teils geben sie C.s Vorstellungen von Kirche und Bischofsamt wieder. Wohl am Anfang steht die Schrift *An Donatus* (*Ad Donatum*), worin die Taufe als Akt göttl. Gnade, als Wiedergeburt dargestellt wird. Der Traktat *Über die Abgefallenen* (*De lapsis*) aus dem Jahre 251 ist eine eindringl. Mahnung zur Buße. Das Werk *Über die Einheit der Kirche* (*De unitate ecclesiae*) handelt von den Gefahren der Häresien und der Schismen und betont die Autorität des Bischofsamtes in der Nachfolge des Petrus (→ Apostel); das vierte Kapitel ist auch in einer Fassung überliefert, welche den Titel *Stuhl Petri* (*cathedra Petri*) enthält. Neben diesen Schriften hat C. noch zahlr. andere verfaßt, z.B. über das Vaterunser und über Almosen. Auf C. geht die Vorstellung zurück, daß es außerhalb der Kirche kein Heil gibt.

Lit.: HLL 4 (1997), 529–584.
SIEGMAR DÖPP

Cyrill und Method → Kyrillos und Methodios

Cyrill von Alexandrien, hl. (Fest 27. 6.), Bf. von Alexandrien, † 444. Erstes gesichertes Datum im Leben des C. ist, daß er 403 seinen Onkel Theophilus, dessen Nachfolger als Bf. von Alexandrien er 412 wurde, zur „Eichensynode" begleitete, auf der → Johannes Chrysostomus abgesetzt wurde. Der Tradition des → Athanasius verpflichtet, war er von Anfang an bes. sensibel für die christolog. Fragen. So empörte er sich über die Predigt des → Nestorius (428–431 Bf. von Konstantinopel), der den Titel *Theotokos* für → Maria ablehnte. Nestorius unterschied so sehr zw. Gottheit und Menschheit Jesu, daß er das Geborenwerden und auch Leiden nur von der Menschheit und nicht von der Gottheit aussagen wollte. Demgegenüber betonte C. die Einheit von göttl. und menschl. Natur Jesu, die vom ersten Augenblick der Empfängnis an bestand, so daß Maria zu Recht Gottesmutter genannt werden kann. In der Weise, wie über Maria gesprochen wird, zeige sich also auch der rechte oder falsche Glaube an Jesus Christus. Die exakte Form der Einheit konnte allerdings auch C. noch nicht aussagen, wenn er einmal von der Einigung auf der Ebene der Hypostase, ein andermal (etwa in seinem 3. Brief an Nestorius) von einer „physischen Einheit" sprach, was ihn dem Apollinarismus gefährlich nahe brachte. C. und Nestorius wandten sich beide nach Rom um Klärung. P. Cölestin I. entschied im Sinne C.s, der 430 eine Synode abhielt, die seinem 3. Brief an Nestorius zus. mit 12 Anathematismen zustimmte. Das auf Drängen des Nestorius von Ks. Theodosius 431 einberufene, in Ephesus tagende Konzil bestätigte unter Vorsitz des C. den *Theotokos*-Titel und setzte Nestorius ab. 433 kam es auf der Basis einer antiochen. Formel zu einer Einigung mit den antiochen. Bischöfen, die zunächst dem *Theotokos*-Titel nicht zugestimmt hatten. Nach 435 galt C.s Aufmerksamkeit der Widerlegung der Werke des → Theodor von Mopsuestia, die von den Anhängern des Nestorius als Bestätigung ihrer eigenen Position verbreitet wurden. Erst das Konzil von Chalcedon (451) brachte mit der Formel von der unvermischten und ungetrennten Einheit von göttl. und unversehrter menschl. Natur in der Hypostase des Logos die Klärung in der christolog. Grundfrage. C.s Hauptwerk *Daß Christus einer ist* sowie die *Briefe an Nestorius* liegen in dt. Übersetzung vor ([2]BKV 2, 12).

Lit.: [2]LACL 148–152.

Rudolf Voderholzer

Cyrill von Jerusalem, hl. (Fest 18. 3.), Bf. von Jerusalem (348/50), Kirchenlehrer, * um 318, † 386/87. Auf Betreiben der Arianer dreimal verbannt. 362 widersetzte sich C. Bestrebungen, den jüd. Tempel wieder aufzubauen. Die auf die Anastasis in Jerusalem zugeschnittene Liturgie, wie sie von → Egeria beschrieben wird, dürfte maßgebl. von C. geprägt worden sein. Während C. 359 auf der Synode von Seleukia mit der Mehrheit die homoiousian. Position teilte, vertrat er auf dem Konzil von Konstantinopel 381 die nizän. Lehre. Bedeutend sind seine *Prokatechese* (Mahnung zu rechter Gesinnung für die mit der Vorbereitung beginnenden Taufbewerber), 18 *Katechesen* an die Taufbewerber ausgehend vom Jerusalemer Credo (dt.: [2]BKV 41) und die *Fünf Mystagogischen Katechesen* (dt.: FC 6). Letztere sind in ihrer überlieferten Form möglicherweise von seinem Nachfolger Johannes II. († 417) überarbeitet. Angesichts der wachsenden Volkskirche betont C. die Größe der Taufgnade und die überragende Bedeutung der Initiationssakramente (Taufe, Myronsalbung, Eucharistie). Weit entwickelt ist die Lehre von der Eucharistie als Vergegenwärtigung des Opfers Christi, das auch den Verstorbenen zugewandt werden kann.

Lit.: [2]LACL 152f.

Rudolf Voderholzer

D

Dalberg, Carl Theodor Freiherr von, letzter Kf.-Ebf. von Mainz und Erzkanzler des Hl. Röm. Reiches, * 8. 2. 1744 (Mannheim), † 10. 2. 1817 (Regensburg). Nach Familientradition für die reichskirchl. Laufbahn bestimmt, erhielt der hochbegabte D. früh Domkanonikate in Würzburg, Mainz, Worms und Konstanz, trat nach dem Studium der Rechte in Heidelberg (1759–1761) in kurmainzische Dienste und wurde 1771 Statthalter in Erfurt, wo er wie später als Domscholaster in Würzburg (ab 1780) seine reichen Fähigkeiten v.a. in den Dienst einer umfassenden, vom Geist der Aufklärung geprägten Bildungsreform stellte, sich daneben vielseitig lit. betätigte und intensive Kontakte mit führenden Männern in Dichtung (Goethe, → Herder, Schiller, Wieland) und Wissenschaft (Gebrüder Humboldt) unterhielt. In den Bann der großen Politik geriet er erstmals 1787 durch die Wahl zum Koadjutor mit Nachfolgerecht in Mainz und Worms; 1788, dem Jahr seiner Priester- und Bf.-Weihe (Titular-Ebf. von Tarsus), wurde er auch in Konstanz zum Koadjutor gewählt. Der tatsächl. Regierungsantritt in den drei Bistümern (1800 in Konstanz, wo er I. H. von → Wessenberg zum Generalvikar ernannte; 1802 in Mainz und Worms nur noch für die rechtsrhein. Gebiete) war überschattet von der großen Säkularisation, die D. zunächst überstand. Der Reichsdeputationshauptschluß vom 25.2. 1803 übertrug ihm die „Würden eines Kurfürsten, Reichs-Erzkanzlers, Metropolitan-Erzbischofs und Primas von Deutschland", schuf für ihn ein neues Staatsgebilde, bestehend aus den Fürstentümern Aschaffenburg und Regensburg sowie der Grafschaft Wetzlar, und verlegte den Mainzer ebfl. Sitz nach Regensburg. Mit dem Zusammenbruch des Reiches und der Gründung des Rheinbundes 1806 erhob ihn → Napoleon zum Fürstprimas und 1810, nach der Abtretung Regensburgs an Bayern, zum Großherzog des Satellitenstaates Frankfurt (mit Fulda und Hanau). 1813 in Napoleons Sturz hineingezogen, lebte D. zunächst einige Monate im Exil (Schweiz, Meersburg) und nahm sodann im März 1814 für immer in Regensburg seinen Wohnsitz, wo er sich bis zuletzt ganz der oberhirtl. Aufgabe widmete. Mehr als alles andere hatte sich D. seit 1803 die Neuordnung der zerrütteten kath. Kirchenverhältnisse in Deutschland angelegen sein lassen, doch scheiterte er mit all seinen Konkordatsplänen für das Reich, den Rheinbund und den Dt. Bund am Widerstand der Landesherren, die Partikularkonkordate anstrebten und dabei von der Röm. Kurie unterstützt wurden. – In der Geschichtsschreibung hat man das Bild D.s im fortschreitenden 19. Jh. von zwei entgegengesetzten Seiten her verdüstert: Eine von nationalstaatl. Kriterien bestimmte, kleindt.-preuß. orientierte Historiographie brandmarkte ihn als Schleppenträger Napoleons und Reichsverräter, während ihn eine auf Rom zentrierte, ultramontan-kath. Kirchengeschichtsschreibung wegen seiner angebl. nationalkirchl. Bestrebungen mit scharfem Verdikt belegte. Erst nach dem 2. Weltkrieg bahnte sich aufgrund intensiver Quellenforschung eine objektivere Würdigung an, die deutlich werden ließ, daß sich D. inmitten des Zusammenbruchs der alten Ordnung wie kein zweiter bemüht hat, aus der Konkursmasse von Revolution und Säkularisation zu retten, was noch zu retten schien. Wenn er mit seinen Anstrengungen weithin Schiffbruch erlitt, so lag dies zuvorderst an den grundstürzenden Umbrüchen, in die er als Mann des Staates wie der Kirche hineingestellt war, näherhin daran, daß schier all seine Unternehmungen wie die Idee des Reiches selbst zerrieben wurden zw. den immer dreisteren Weltherrschaftsplänen Napoleons, den partikularist. Interessen der dt. Fürsten und dem sich verstärkenden Zentralismus Roms.

Lit.: K. Hausberger (Hg.), C. von D. (1995). KARL HAUSBERGER

Danaeus, Lambertus (Lambert Daneau), frz. Jurist und Theologe, * ca. 1530 (Beaugency-sur-Loire), † 11. 11. 1595 (Castres). Nach Studien der Rechte in Orléans und Bourges (1553–1559), seit 1560 der Theologie in Genf bei J. → Calvin lehrte D. u.a. in Leiden und Gent und wurde mit seinem umfangreichen, gut 60 Titel zählenden lit. Werk zu einem wichtigen Wegbereiter des strengen, Kirchenzucht und Ethik betonenden Calvinismus in Westeuropa. Mit seinen *Ethices Christianae libri tres* von 1577 verfaßte D. die erste syst. Ethik des Protestantismus.

Lit.: C. Strohm, Ethik im frühen Calvinismus (1996). MANFRED HEIM

Dante Alighieri, Dichter, * Mai 1265 (Florenz), † 14. 9. 1321 (Ravenna). D., dem niederen Stadtadel zugehörig, erhielt seine sorgfältige Ausbildung bei den Franziskanern und Dominikanern in Florenz. 1289 beteiligte er sich an der Schlacht in Campaldino gegen die Ghibellinen von Arezzo, 1290 an der Erstürmung der Feste von Caprona. Seit 1295 war er Mitglied des Rates der Hundert, 1300 gehörte er zu den sechs Prioren und geriet in Opposition zu P. → Bonifaz VIII. und Karl von Valois. Nachdem dieser den Guelfen zum Sieg verholfen hatte, wurde D. zu einer hohen Geldstrafe und zwei Jahren Verbannung, später zum Tode verurteilt. Er lebte fortan an versch. it. Fürstenhöfen. D. strebte eine überregionale, dem Lateinischen gleichrangige it. Hochsprache an (*De Vulgari Eloquentia*, 1305). In der *Monarchia* und in sechs *Epistolae* entwickelte D. sein Konzept einer Weltmonarchie von göttl. Autorität, die unabhängig, doch im Einvernehmen mit dem Papst regiert. D.s *Divina Commedia* (um 1307–1321) erlangte Weltruhm. In 100 Gesängen mit 14233 Versen in Terzinen stellt sie ein philos.-theol. Lehrgedicht dar, die visionäre Führung des lyr. Ichs durch die Hölle, das Fegfeuer und das Paradies beschreibend.

Lit.: S. Bemrose, A new life of D. (2000); O. Lieberknecht, Allegorese und Philologie: Überlegungen zum Problem des mehrfachen Schriftsinns in D.s „Commedia" (1999); U. Prill, D. (1999); LMA 3 (1986), 544–563. MARIANNE SAMMER

Darby, John Nelson, einflußreicher Führer der Darbyiten, Mitbegründer der *dispensational theology* (biblizist. Geschichtstheol., Auswirkungen auf den brit. und nordamerik. Millenarismus), * 18. 9. 1800 (London), † 29. 4. 1882 (Bournemouth). Priester der angl. Kirche von Irland, 1828 Kirchenaustritt wegen Ablehnung des Staatskirchentums und freikirchl. Ansichten über Wesen und Verfassung der Kirche (Erwartung der nahen Wiederkunft Christi, Konzentration auf das Urchristentum). Daraufhin rasches Entstehen einer konfessionell nicht gebundenen Brüderbewegung, ausgehend von Plymouth (*Plymouthbrüder*), die jede kirchl. Organisation ablehnte; D. wurde nach 1840 Vorstand einer separatist. Gruppe. Er unternahm zahlr. Reisen, u.a. 1854 nach Deutschland, dort Übersetzung des NT, 1869/70 des AT; die Gesamtausg. (*Elberfelder Bibel*) erschien 1871. Darbyistische Versammlungen in Deutschland wurden am 13. 4. 1937 verboten; daraufhin kam es zur Gründung des *Bundes freikirchlicher Christen*, 1942 zur Vereinigung mit den Baptistengemeinden zum *Bund evangelisch-freikirchlicher Gemeinden in Deutschland, Körperschaft des öffentlichen Rechts*. Die Lehren D.s sind bis heute unter Evangelikalen und christl. Fundamentalisten durch die *Scofield Reference Bible* stark verbreitet.

Lit.: [4]RGG 2 (1999), 579–581; [3]LThK 3 (1995), 25; TRE 8 (1981), 357f.
SUSANNE STÜBINGER

De Veuster, Damian, (Taufname Jozef), sel. (Fest 10.5), SSCC (1859), Missionar bei den Aussätzigen, * 3. 1. 1840 (Tremelo, Belgien), † 15. 4. 1889 (Molokai, nordwestl. Hawaii). Dienst ab 1864 auf den Hawaii-Inseln, seit 1873 Seelsorger bei den Aussätzigen auf Molokai, bis er selbst an Lepra erkrankte (um 1876) und verstarb. Überführung des Leichnams 1936 nach Löwen.

Lit.: [3]LThK 3 (1995), 47; W. Hünermann, Priester der Verbannten – D.d.V. ([9]1986). SUSANNE STÜBINGER

Decius, Gaius Messius Quintus Traianus, röm. Kaiser (249–251), * zw. 190 und 200 (Budalia), † Juni 251 (bei Abrittus/Mösien). Im Juni 249 wurde er von den Truppen in Mösien zum Imperator ausgerufen. Ein entschiedener Anhänger altröm. Tradition, verkündete er im Herbst desselben Jahres ein Opfergebot: Sämtl. Reichsangehörige mußten den Staatsgöttern Opfer darbringen und sich von den Behörden den Vollzug bescheinigen lassen. Da viele Christen sich weigerten, das geforderte Opfer zu verrichten, leitete D.' Maßnahme eine Verfolgung ein, die bis zu seinem Tode dauern sollte.

Lit.: R. Selinger, Die Religionspolitik des Kaisers D. (1995). SIEGMAR DÖPP

Delp, Alfred, SJ (1926), kath. Theologe und Widerstandskämpfer gegen den Nationalsozialismus im Kreisauer Kreis, * 15. 9. 1907 (Mannheim), † 2. 2. 1945 (Berlin-Plötzensee). 1937 Priesterweihe. 1939–1941 Schriftleitung bei den *Stimmen der Zeit*. Bis 1944 Kirchenrektor an St. Georg in München-Bogenhausen. Ab 1942 Kontakt zu Graf H. J. von → Moltke von Kreisau, 1944 zu Claus Schenk von Stauffenberg; Mitarbeit am Entwurf einer christl. Sozialordnung; am 28. 7. 1944 Verhaftung, am 11. 1. 1945 Todesurteil wegen Hoch- und Landesverrats; D. wurde am 2. 2. 1945 erhängt. Werke u.a.: *Tragische Existenz* (1935, Auseinandersetzung mit der Philosophie Martin Heideggers), *Der Mensch und die Geschichte* (1943, Geschichtstheologie), *Die dritte Idee* (1944, Auseinandersetzung mit der soz. Frage), *Der Mensch vor sich selbst* (1941, Fragen der Anthropologie), *Im Angesicht des Todes* (1944/45, geschrieben zw. Verhaftung und Hinrichtung, Zeugnis des Glaubens und der Ordenstreue).

Lit.: [4]RGG 2 (1999), 644–646; [3]LThK 3 (1995), 77; R. Bleistein, A. D. (1989); ders., Begegnung mit A. D. (1994); M. Pope, A. D. SJ im Kreisauer Kreis (1994). SUSANNE STÜBINGER

Denck, Johann, Humanist und Wiedertäufer, * um 1495/1500 (Heybach bei Huglfing, Oberbayern), † November 1527 (Basel). Studium in Ingolstadt und Basel; 1518–1523 Tätigkeit als Hauslehrer; auf Empfehlung von J. → Oekolampad 1523–1525 Schulrektor an der Nürnberger Sebaldusschule. Verwicklung D.s in den Prozeß der „gottlosen Maler" (B. und H. B. Bentham, G. Penz) und Ausweisung am 21.1.1525. 1526 Wiedertaufe in Augsburg. Es kam zu Ausweisungen auch aus Mühlhausen, Augsburg, Straßburg aufgrund spiritualist. Kritik an der Reformation (Kampf gegen M. → Luthers Sünden- und Rechtfertigungslehre, Lehre von der Prädestination und dem unfreien Willen). Zus. mit L. Hätzer Herausgabe der *Wormser Propheten*-Übersetzung. Im postum veröffentlichten *Widerruf* zeigt sich eine Lösung vom Täufertum. D.s Schriften sind z.T. als Anhang zur *Theologia Deutsch* (1528) überliefert.

Lit.: Metzler 195f.; [4]RGG 2 (1999), 660f.; [3]LThK 3 (1995), 93; TRE 8 (1981), 488–490. SUSANNE STÜBINGER

Dereser, Johann Anton, kath. Theologe, * 3. 2. 1757 (Fahr a. M.), † 16. 6. 1827 (Breslau). Seit 1776 dem OCarm angehörend, studierte D. Theologie in Würzburg und Heidelberg, wurde 1780 in Mainz zum Priester geweiht und 1781 Lektor im Heidelberger Karmel, lehrte sodann ab 1783 als Prof. für Exegese und bibl. Sprachen in Bonn und ab 1791 am Straßburger Priesterseminar, dessen Leitung er 1792 übernahm. Im Zuge der Revolution wegen Verweigerung des Verfassungseides am 28. 10. 1793 verhaftet und zum Tode verurteilt, wurde er nach dem Sturz der Jakobiner rehabilitiert und erhielt nach kurzem Aufenthalt im Würzburger Karmel 1797 eine Dozentur für oriental. Sprachen und 1799 eine Professur für Exegese an der Univ. Heidelberg. Weitere Tätigkeitsbereiche und Stationen seines bewegten Lebens waren: 1810 Stadtpfarrer in Karlsruhe, 1811–1814 Regens des Priesterseminars in Luzern, ab 1815 Prof. für Exegese und Dogmatik in Breslau (1819 Domkapitular ebd.). Als einer der führenden kath. Theologen der Aufklärung in Deutschland hat sich D. namentlich um die philolog.-krit. Schriftauslegung sowie um die bibl.

Fundierung der Liturgie verdient gemacht, in letzterer Hinsicht v.a. durch sein Stundenbuch in der Volkssprache (*Deutsches Brevier für Stiftsdamen, Klosterfrauen und jeden guten Christen*, 4 Bde., 1792), das bis 1819 acht Auflagen erlebte und von keinem geringeren als J. M. → Sailer wärmstens empfohlen wurde.

Lit.: KThD 1 (1975), 162–188.

KARL HAUSBERGER

Deusdedit, * ca. 1048 (im Limousin), † 2.3.1098/99. OSB in Tulle/ Corrèze, wird D. bereits 1078 Kard.-Presbyter an S. Pietro in Vincoli. Er gehört zum engeren Kreis der Reformer um → Gregor VII., in deren Auftrag er vermutl. Reisen nach Spanien und ins Reichsgebiet nördl. der Alpen (Sachsen, 1084/ 85?) unternimmt. Bedeutung erhält D. durch seine Werke: Hier v.a. eine vor dem September 1087 vollendete und P. Viktor III. gewidmete Kanonessammlung. In vier Bücher gegliedert, werden darin die Gedanken der sog. gregorian. Kirchenreform nicht nur jurist. unter Rückgriff auf trad. kirchenrechtl. Quellen, u.a. → Burchard von Worms, unterlegt, sondern durch Auswahl und Gliederung der Texte das Papsttum als Quelle und Richtschnur eines kirchl. Rechtssystems etabliert. Sah man noch im 19. Jh. D. aufgrund dieser Sammlung gleichsam als einen „Chefideologen" und Hauptberater Gregors an, so haben sich derartige Vorstellungen heute relativiert, da die geringe Verbreitung der Sammlung offensichtlich ist. Zusätzlich stammen aus D.s Feder: *Libellus contra invasores* [gemeint waren die Wibertiner] *et simoniacos et reliquos schismaticos*, eine der Streitschriften des Investiturstreits, in zwei Fassungen erschienen, die aber an Radikalität in bezug auf die herausgehobene Stellung des Papsttums die Kanonessammlung übertrifft und auch wesentl. verbreiteter war als jene, sowie ein *Libellus theopoesos* mit geistl. Gedichten.

Lit: Kéry 228–233; [3]LThK, 3 (1995), 115.

JÖRG MÜLLER

Dibelius, Otto, bed. ev. Kirchenführer des 20. Jh.s, * 15. 5. 1880 (Berlin), † 31. 1. 1967 (ebd.). Nach Studium in Berlin, Gießen (Dr. phil.) und Wittenberg und einem für ihn zeitlebens prägenden mehrmonatigen Aufenthalt in Schottland (1906) wurde D. Ende 1906 ordiniert und versah bis 1925 mehrere Pfarrstellen. 1925 wurde ihm das Amt des Generalsuperintendenten der Kurmark, eine der wichtigsten Leitungspositionen der Kirche in Altpreußen, übertragen. 1926 erschien die Programmschrift *Das Jahrhundert der Kirche*, mit der er die Kirche als geistige Heimat im Gemeinschaftsbewußtsein der ev. Christen zu fundieren versuchte. Dies führte zu einer heftigen Kontroverse mit K. → Barth, der im Ruf nach der Kirche ein „fremdes, feindseliges Heidenwort" sah. Nach anfängl. Zustimmung zur „nationalen Erneuerung" 1933 wandte sich D. bald entschieden gegen die staatl. Vereinnahmung der Kirche. Er wurde zwangspensioniert und wirkte fortan in der Bekennenden Kirche. 1937 wurde er wegen Kritik am Reichskirchenminister verhaftet. Obwohl freigesprochen, erhielt

D. Redeverbot. 1945 wurde er mit dem neuen Titel „Bischof" vom ev. Oberkirchenrat in Berlin in seinem alten Amt bestätigt. Als Mitglied des Vorläufigen Rates der EKD formulierte D. den Entwurf für das Stuttgarter Schuldbekenntnis vom Oktober 1945. Maßgebl. an der Organisierung und Gestaltung der EKD beteiligt, war er von 1949–1961 zwei Amtsperioden lang deren Ratsvorsitzender, 1954–1961 auch einer der Präsidenten des ÖRK. Weil er der DDR den Status einer anzuerkennenden Obrigkeit bestritt, durfte er ab 1961 die zur DDR gehörenden Teile seiner Kirche nicht mehr besuchen. Erst am 31.3. 1966 trat er, internat. angesehen und mit zahlr. Ehrendoktoraten ausgezeichnet, hochbetagt von seinem Amt zurück.

Lit.: R. Stupperich, O. D. (1989).
RUDOLF VODERHOLZER

Diepenbrock, Melchior Freiherr von, Fürstbf. von Breslau, Kardinal, * 10. 1. 1798 (Bocholt, Westfalen), † 20. 1. 1853 (Schloß Johannesberg, österr.-Schlesien, heute Tschechien). Nach bewegter Jugend unter dem Einfluß seines väterl. Freundes J. M. → Sailer Hinwendung zur Theologie; 1823 Priesterweihe durch Sailer in Regensburg; hier engster Vertrauter und Mitarbeiter Sailers, 1835 Domdekan, 1842 Generalvikar, 1844 Rücktritt nach wachsendem Zerwürfnis mit Bf. Valentin von Riedel; 1845 Fürstbf. von Breslau; seitdem umsichtige Leitung der damals größten Diözese Europas, bes. Bemühung um Priesterbildung, Versorgung der Katholiken in der Diaspora, soz. Probleme in Oberschlesien; 1848 Teilnahme an der Frankfurter Nationalversammlung; 1850 Kardinal. Der ritterl., unbestechl. wahrhaftige D. war geprägt von der irenischen Geistigkeit Sailers – einer der letzten großen Vertreter der Sailerschule.

Lit.: [3]LThK 3 (1995), 218; A. Loichinger, M. D. (1988). GEORG SCHWAIGER

Diocletian, Gaius Aurelius Valerius (Diocletianus), röm. Kaiser 284–305, * ca. 245 (Dalmatien), † um 316 (Split). In der Hoffnung, die Verwaltung des riesigen Imperiums zu stärken, richtete er ein Kaiserkollegium aus je zwei *Augusti* und je zwei *Caesares* ein, die in versch. Städten residierten (Tetrarchie). Zur Erhöhung der Staatseinkünfte nahm er eine Steuerreform vor; die durch sie ausgelöste Inflation suchte er 301 durch ein Edikt zu dämpfen, das die Handwerkerlöhne und die Höchstpreise für Lebensmittel festlegte. Dem Christentum gegenüber verhielt er sich zunächst neutral, doch in den Jahren 303–305 erließ er insgesamt vier Edikte, unter denen die Kirche schwer zu leiden hatte.

Lit.: K. H. Schwarte, D.s Christengesetz, in: R. Günther, St. Rebenich (Hgg.), E fontibus haurire (1994), 203–240.
SIEGMAR DÖPP

Diodor von Tarsus, Bischof, † vor 394. In Antiochien zum Presbyter geweiht, wurde er Vorsteher eines Klosters. Als entschiedener Verfechter des nizän. Glaubensbekenntnisses und Gegner der Arianer mußte er sich unter Valens 372 ins Exil begeben; nach dessen Tod (378) wurde D. Bf. von Tarsus in Kilikien. Sein umfangreiches Œuvre umfaßte exeget., dogmat., philos. und naturwiss. Schriften; es wurde 499 auf dem Konzil von Konstantinopel als nestorian. verurteilt und ist bis auf geringe Reste, die sich in Katenen und Florilegien erhalten haben, untergegangen.

Lit.: [2]LACL 171 f. SIEGMAR DÖPP

Dionysius Areopagita. Der Autor des *Corpus Dionysiacum* (vier Abhandlungen, zehn Briefe) bleibt anonym. Die angebl. Schriften des Anhängers des Apostels → Paulus (vgl. Apg 17, 17–34) können frühestens gegen Ende des 5. Jh.s verfaßt sein. Sie sind vom späteren Neuplatonismus und vom christl. Platonismus (z.B. → Gregor von Nyssa) inspiriert. In Syrien ist der Einfluß D.' beträchtl. gewesen. Sergius von Reshaina († 536) war aller Wahrscheinlichkeit nach sein erster Übersetzer. Der früheste Beleg dionysian. Einflusses im Westen ist in der 34. Homilie → Gregors I. d. Gr. (593) zu finden. Von Abt Hilduin (827–835) stammt die erste vollständige lat. Übersetzung der Werke D.' Im MA ist v. a. seine negative und myst. Theologie einflußreich geworden. D. inspirierte die christl. Philosophie und Theologie bis ins 20. Jh. hinein.

Lit.: [4]RGG 2 (1999), 859 f.; [2]LACL 174–177; [3]LThK 3 (1995), 242 f.; D. A., Von den Namen zum Unnennbaren ([3]1990); TRE 8 (1981), 772–789. JOSEF KREIML

Dionysius der Kartäuser, Theologe des Spät-MA, * 1402/03 (Rijkel), † 12. 3. 1471 (Roermond), nach seinem Geburtsort auch D. von Rijkel genannt. Nach Studien in Zwolle und Köln trat D. in den OCart ein. Er hinterließ ein umfangreiches Werk: Kommentare zu allen bibl. Büchern, zu den Schriften des von ihm bes. geschätzten → Dionysius Areopagita, aber auch zu → Thomas von Aquin, sowie syst. Abhandlungen, in denen seine überragende Belesenheit ebenso zutage tritt wie sein pastorales Anliegen, die Erneuerung des christl. Lebens in allen Ständen der Kirche. Sein Beiname *Doctor ecstaticus* kennzeichnet sein bes. Interesse für die geistl. und myst. Theologie; auf diesem Gebiet blieb D. im 16. und 17. Jh. einflußreich.

Lit.: D. Wassermann, D. (1996). MARIANNE SCHLOSSER

Dionysius Exiguus. Etwa 497–540 in Rom tätig, hat D., ein gelehrter skyt. Mönch, zwei für das Abendland grundlegende Neuerungen hinterlassen: Die christl. Zeitrechnung einschließl. der Durchsetzung einer funktionierenden Osterfestberechnung sowie eine ganz best. Art, kirchenrechtl. relevante Materialien in Sammlungen zu ordnen. Trotz vieler Forschungskontroversen kann man über die Lebensdaten nur mutmaßen: Skythe, vermutl. von der rumän. Schwarzmeerküste, doch *moribus omnino Romanus*, auf jegl. Art Römer. Die Gründe, die ihn im Winter 496/97 nach Rom führen, sind ebensowenig zu ermitteln wie die Zwischenstationen. Letztes sicheres Datum ist die Datierung eines Vorworts an Petronius auf 525; nach dem Zeugnis des → Cassiodor soll er aber dann noch länger gelebt haben. Sein Beiname *der Kurze* oder *der Kleine* ist eher Bescheidenheitstopos denn Ausdruck eines körperl. Merkmals. Zunächst beruht sein Ansehen auf seinen Fähigkeiten, kirchl. Texte aus dem Griechischen ins Lateinische zu übertragen, dabei sich enger an das Original anzulehnen, als es seine Vorgänger geschafft haben, und stilist. überzeugend zu schreiben. So tradiert er u.a. theol., hagiograph. und patrist. Werke, meist „auf Bestellung" (H. Mordek). Seine kirchenrechtl. Sammlung legt er – kontinuierlich überarbeitet – in drei Redaktionen vor, wobei er in der zweigeteilten Sammlung einen *Codex canonum ecclesiasticorum*, Texte der Konzilsüberlieferung enthaltend, mit einem *Liber decretorum*, einer Sammlung päpstl. Schreiben von P. Siricius bis Anastasius II., verband. Langfristig großen Erfolg hat diese Sammlung u.a. dadurch, daß die Autorität der stadtröm. Bischöfe, des röm. Sitzes, durch diese Art der Zitation in bes. Maße gestärkt wird und man andererseits dann wieder im Gegenzug aufgrund dieser Autorität diese Sammlung benutzte; erst recht, nachdem P. → Hadrian I. 774 eine erweiterte Fassung zum allg. Gebrauch ins Frankenreich geschickt hatte. Dort wird sie überaus schnell verbreitet, so daß sie z.B. in den internen Auseinandersetzungen, z.B. um Tassilo III., sozusagen als „Leitfossil" der erfolgreichen Durchsetzung fränk. Herrschaftansprüche gelten kann. Neben der *Hispana* (→ Isidor von Sevilla) ist diese später sog. *Dionysio-Hadriana* die zweite, zentrale Kirchenrechtssammlung und -quelle des abendländ. MA bis hin zum *Decretum Gratiani* (→ Gratian). Durch die Tätigkeit ist D.' Ansehen so gewachsen, daß er im Streit um die richtige Berechnung des Osterzyklus das überlegene alexandrin. Modell in Rom und damit letztlich im Abendland einführen kann (später von → Beda Venerabilis erneuert), ebenso die Jahreszählung nach Christi Geburt.

Lit.: [3]LThk 3 (1995), 244f.

Jörg Müller

Dioskur von Alexandrien, Patriarch, † 4.9. 454 (Gangra). Als Patriarch von Alexandrien (444–451) regierte D. die Kirche von Ägypten. Er versuchte gegenüber dem aufstrebenden Konstantinopel die kirchenpol. Bedeutung seines Sitzes zu behaupten und setzte auf der sog. Räubersynode von Ephesus 449 seinen Gegner Flavian, den Patriarchen von Konstantinopel, ab. 451 wurde D. seinerseits auf Betreiben P. → Leos I. seines Amtes enthoben und in die Verbannung nach Gangra geschickt. Er vertrat die (monophysit. geprägte) christolog. Position seines Lehrers → Cyrill von Alexandrien vor der Union von 433. Die von Cyrill anerkannte Unionsformel von 433 stellte einen christolog. Kompromiß zw. gemäßigten Antiochenern und Alexandrinern dar. Die heftige Opposition der ägypt. Kirche gegen die Christologie von Chalkedon (451) ist zum Teil auf die Verurteilung D.s zurückzuführen.

Lit.: [2]LACL 180f.; [4]RGG 2 (1999), 864f.; [3]LThK 3 (1995), 249.

Josef Kreiml

Dölger, Franz Joseph, kath. Religions- und Kirchenhistoriker (Spätantike), * 18. 10. 1879 (Sulzbach a.M.), † 17. 10. 1940 (Schweinfurt). 1902 Priesterweihe, 1911 Prof. in Münster, 1926 Breslau, 1929 Bonn. Hauptarbeitsgebiet des lit. sehr fruchtbaren Gelehrten war die Erforschung altkirchl. Lebens in seinem Zusammenhang mit der heidn. antiken Umwelt (*Antike und Christentum*); Mitbegründer des *Reallexikons für Antike und Christentum.* Das F. J. D.-Institut der Univ. Bonn arbeitet seit 1955 in der von D. gewiesenen Richtung weiter. – Sein Cousin Franz Dölger (1891–1968, 1931 Prof. in München) war der bedeutendste Byzantinist seiner Zeit (byzantin. Urkundenforschung und pol. Geschichte).

Lit.: ³LThK 3 (1995), 304f.

GEORG SCHWAIGER

Döllinger, Johannes Joseph Ignaz von, Theologe, Kirchenhistoriker, * 28.2.1799 (Bamberg), † 10.1.1890 (München). Nach Studien in Würzburg und Bamberg 1822 Priester, 1823 Prof. für Kirchengeschichte und Kirchenrecht am Lyzeum Aschaffenburg, 1826–1890 an der Univ. München, 1847 kgl. Hofkaplan und infulierter Stiftspropst von St. Kajetan in München, 1871 durch den Münchener Ebf. Gregor von Scherr exkommuniziert. D. war in München profiliertestes Mitglied des Freundeskreises um J. → Görres; in seinen frühen Werken stark apologet. ausgerichtet, kämpfte er im Bayr. Landtag und 1847/48 in der Frankfurter Nationalversammlung für die Freiheit der Kirche. In den fünfziger und sechziger Jahren trat in seinen Werken und Vorträgen – auf dem Hintergrund der Entwicklung im Pontifikat → Pius' IX. – zunehmend kath. Selbstkritik hervor, auch Distanzierung zur röm. Kirchenleitung, deren Mißtrauen seit seinen Vorträgen 1861 (Entbehrlichkeit des zerbrechenden Kirchenstaates) und 1863 (Gelehrtenversammlung in München) wuchs. Vorbereitung und Ablauf des I. Vat. Konzils 1869/70 bekämpfte D. publizist. mit Schärfe. Als er die Annahme der Definition des päpstl. Primates mit Einschluß der Unfehlbarkeit (in Glaubens- und Sittenlehren) aus Gewissensgründen verweigerte, kam es zur Exkommunikation. Der altkath. Bewegung schloß er sich nicht an. Vermittlungsversuche blieben erfolglos. D. wandte sich jetzt verstärkt ökum. Aufgaben zu. Das Leben des bedeutendsten, internat. hochangesehenen Theologen Deutschlands endete in der Tragik.

Lit.: I. von D. (1799–1890) und die Ökumene, in: Internat. Kirchl. Zs. 90 (2000), 3. Heft; F. X. Bischof, Theologie und Geschichte. I. von D. (1799–1890) in der zweiten Hälfte seines Lebens (1997); ³LThK 3 (1995), 306f.; KThD 3 (1975), 9–43; J. Friedrich, I.v.D., 3 Bde. (1899–1901).

GEORG SCHWAIGER

Dominikus, hl. (seit 1234, Fest 8.8.), Gründer des OP, * um 1170 (Caleruega, Altkastilien), † 6.8. 1221 (Bologna). Der Adlige (aus der Familie Guzman) studierte in Palencia, ehe er 1199 in das reformierte Domkapitel von Osma berufen wurde, wo er 1201 als Subprior wirkte. 1203 und 1205 reiste D. mit seinem Bischof nach Skandinavien. 1206 wurden sie vom Papst mit der Mission der Zisterzienser gegen die Katharer und Waldenser in Südfrankreich beauftragt. D. wirkte auch während des Albigenserkreuzzugs als Wanderprediger v.a. in Toulouse und in Carcassonne (1210–1213). D.' erstes Predigerheim in Toulouse approbierte Bf. Fulco 1215 in rechtlich gültiger Form.

Nachdem D. für seine Gemeinschaft die Augustinusregel gewählt und eine Satzung entworfen hatte, bestätigte P. Honorius III. 1216 den Orden, der sich in den folgenden Jahren dank seiner zentralist. Organisation und seiner pastoralen Ausrichtung in Frankreich, Spanien, Italien, Ungarn, Deutschland, England, Skandinavien und den östl. Ländern ausbreitete. Der Predigerorden widmete sich der Predigt, dem Wanderapostolat und der Laienseelsorge, war dem Papst direkt unterstellt und zur Armut verpflichtet (Bettelorden). Er beschickte die Universitäten, installierte in jedem Ordenskonvent eine Schule, um die theol. Kompetenz seiner Mitglieder zu sichern, und widmete sich noch zu Lebzeiten D.' in bes. Maße der Frauenseelsorge. Erst später wurde dem Orden die Inquisition zur Reinerhaltung des Glaubens übertragen. Zu seinen berühmtesten Mitgliedern zählen Gelehrte wie → Albertus Magnus, → Thomas von Aquin, → Duns Scotus, aber auch Mystiker wie → Meister Eckhart, J. → Tauler und H. → Seuse.

Lit.: [3]Schwaiger 156–177.

MARIANNE SAMMER

Domitian, Titus Flavius (Domitianus), röm. Kaiser (14. 9. 81 – 18. 9. 96), * 24. 10. 51 (Rom), † 18. 9. 96 (ebd.). Jüngster Sohn Vespasians, keine geregelte Erziehung; wurde nach dem Tod des Titus von Heer und Senat als Kaiser anerkannt; autokrat. Herrschaft (*dominus et deus*) und zunehmender Kaiserkult, wogegen sich früh Widerstände regten, denen D. in der großen Stoikerverfolgung des Jahres 93 begegnete. Eine Christenverfolgung kann nur vermutet, nicht aber nachgewiesen werden; es scheinen eher Einzelmaßnahmen ergriffen worden zu sein. Ermordung D.s durch Verschwörung seiner Frau und der engsten Umgebung.

Lit.: [4]RGG 2 (1999), 936f.; P. Guyot, R. Klein, Das frühe Christentum bis zum Ende der Verfolgungen (1997).

SUSANNE STÜBINGER

Donatus, Bf. von Karthago, † um 355 (im Exil). Der nach D. benannte *Donatismus* war eine Folgeerscheinung der diokletian. Christenverfolgung im röm. Afrika (→ Diocletian). Eine rigorist. Minderheit innerhalb der Kirche erklärte jene, die während der Verfolgung die Hl. Schrift und kirchl. Geräte an den Staat auslieferten, zu Apostaten. Auch Bf. Mensurius, ein Gegner provokativer Martyriumsbereitschaft, wurde von den Rigoristen heftig angegriffen. Unter seinem Nachfolger Caecilianus brach das Schisma offen aus (um 309). Mit Hilfe des Primas von Numidien, der Caecilianus exkommunizierte, wurde D. im Jahr 313 als Bischof eingesetzt. Eine röm. Synode unter Vorsitz des P. Miltiades verurteilte ihn. Daraufhin errichteten die Donatisten, die sich auf die Ekklesiologie und das Sakramentenverständnis → Cyprians stützten, fast überall in Afrika eine Gegenhierarchie. Unter Führung D.' wurden sie zur vorherrschenden Kirche Afrikas. Der Niedergang des Donatismus, der wesentl. auf den Einsatz des → Augustinus zurückzuführen ist, begann erst kurz vor 400.

Lit.: [4]RGG 2 (1999), 939–942; [3]LThK 3 (1995), 332–334; [3]EKL 1 (1986), 916f.; TRE 1 (1977), 670–672.

JOSEF KREIML

Drey, Johann Sebastian, kath. Theologe, * 16.10. 1777 (Killingen bei Ellwangen), † 19.2. 1853 (Tübingen). Nach dem Studium in Augsburg (St. Salvator) 1801 zum Priester geweiht und zunächst in der Seelsorge sowie als Lehrer naturwiss. Fächer am Lyzeum in Rottweil tätig, wurde D. 1812 zum Prof. für Theol. Enzyklopädie, Dogmatik und Dogmengeschichte an der neuerrichteten, alsbald mit Tübingen vereinigten Univ. Ellwangen ernannt und lehrte sodann 1817–1846 die gleichen Disziplinen in Tübingen, wo er mit seinen Fakultätskollegen bereits 1819 die *Theologische Quartalschrift*, weltweit die älteste theol. Fach-Zs., ins Leben rief. Beeinflußt von Ideen der kath. Aufklärung, der Philosophie Schellings und der Theologie → Schleiermachers sowie stark geprägt vom Organismusdenken der Romantik, hat D. den organolog. Ansatz der letzteren Bewegung in seinem Hauptwerk *Apologetik als wissenschaftliche Nachweisung der Göttlichkeit des Christenthums in seiner Erscheinung* (3 Bde., 1838/47) dahingehend vertieft, daß er die gesamte Offenbarung als ein in der Geschichte sich entfaltendes System verstand, das seinerseits nur durch die Geschichte in die jeweilige Gegenwart vermittelt wird. Sein Traditionsprinzip der „Selbstüberlieferung des Christentums zu beständiger Gegenwart" war fortan ein wichtiges Bindeglied der ansonsten durch ein hohes Maß an Freiheit und Selbstdenkertum gekennzeichneten kath. *Tübinger Schule*. Eine mindestens genauso bedeutsame theologiegeschichtl. Leistung D.s besteht darin, daß er in krit. Absetzung von der apologet. Tradition die mod. kath. Apologetik bzw. Fundamentaltheologie als fachlich selbständige Disziplin begründet hat, indem er ihr die Aufgabe einer inhaltsbezogenen glaubens- und vernunftwiss. Fundierung der Theologie zuwies.

Lit.: A. P. Kustermann (Hg.), Revision der Theologie – Reform der Kirche (1994). KARL HAUSBERGER

Droste zu Vischering, Clemens August Freiherr von, Ebf. von Köln, * 21.1. 1773 (Schloß Vorhelm bei Beckum), † 19.10. 1845 (Münster). 1798 zum Priester geweiht, leitete D. 1807–1813 und 1815–1820 als Kapitelsvikar die Diözese Münster und ging bereits dort gegen seiner Meinung nach nicht rechtgläubige Theologen vor, u.a. gegen G. → Hermes. Ab 1827 war er Weih-Bf. in Münster. 1836 wurde er Ebf. von Köln, brachte durch sein Vorgehen gegen hermesian. Professoren die theol. Lehre an der Univ. Bonn zum Erliegen und geriet 1837 aufgrund seiner Haltung in der Mischehenfrage in Konflikt mit der preuß. Regierung. Da D. einen Rücktritt als Erzbischof ablehnte, setzte ihn die Regierung in Haft, was eine öffentl. Kontroverse um die kirchl. Freiheit auslöste (*Kölner Wirren*). Der Konflikt wurde zwar unter Kg. Friedrich Wilhelm IV. bereinigt, doch konnte D. die Leitung seiner Erzdiözese faktisch nicht mehr übernehmen.

Lit.: ³LThK 3 (1995), 380f.; M. Hänsel-Hohenhausen, C. A. Freiherr D. zu V., 2 Bde (1991); Gatz B 1803, 145–148.
STEPHAN HAERING

Duns Scotus, Johannes, sel. (Fest 8.11.), scholast. Theologe und Philosoph, * 1265/66 (Duns), † 8. 11. 1308 (Köln). Ein Vierzeiler auf dem Grab zeichnet die wichtigsten Stationen dieses kurzen, fruchtbaren Gelehrtenlebens nach: „Schottland gebar mich, England nahm mich auf, Frankreich lehrte mich, Köln behält mich.“ D. trat bereits in jungen Jahren dem OFM bei, studierte und lehrte in Oxford, Cambridge und Paris. Aufgrund seiner Weigerung, die Petition → Philipps IV. des Schönen gegen → Bonifaz VIII. zu unterstützen, mußte er für einige Zeit Paris verlassen. 1307 wurde er nach Köln gesandt, wo er starb und in der Minoritenkirche begraben ist. Unter D.' Werken ragen hervor: die Kommentierung der *Sentenzen* des → Petrus Lombardus (in mehreren Fassungen), die Aristoteles-Kommentare und der Traktat *Über das erste Prinzip*, ein Gottesbeweis, an dem man D.' meisterl. philos. Argumentation bewundern kann. Der log. Scharfsinn und die exakte Methodik trugen ihm den Beinamen *Doctor subtilis* ein. Die philos. bahnbrechenden Gedanken (etwa: die Lehre von der Univozität des Seinsbegriffs, von der *Distinctio formalis* und der *Haecceitas*) entwickelte D. auf dem Hintergrund theol. Fragen (Wie ist Theo-logie als Reden über Gott möglich? Wie ist Einheit und Dreifaltigkeit zu denken? Welche Folgen hat die Annahme, daß Gottes Vorsehung sich auf jedes einzelne Geschöpf bezieht?), wobei auch die ordensspezif. Spiritualität befruchtend wirkte. Noch deutlicher wird dies in zwei theol. Fragen, die zu D.' Ruhm beitrugen: 1. In der Christologie stützt D. die Ansicht, das Hauptmotiv der Menschwerdung sei nicht nur die Erlösung der gottfernen Menschheit, sondern Gottes liebender Wille, es möge außerhalb der Trinität ein Geschöpf geben, das Gott auf innigste Weise widerlieben könne. Das vollkommenste Geschaffene aber sei die menschl. Wirklichkeit in Christus. Selbst wenn die Menschheit nicht der Erbsünde verfallen wäre, so wäre Gottes Sohn wohl dennoch Mensch, freilich nicht gekreuzigt worden. 2. Im gleichen Zusammenhang ist D.' Lehre von der Vorauserlösung der Gottesmutter → Maria zu sehen, wofür man ihm den Beinamen *Doctor marianus* gab. D. hält es für möglich und für theol. folgerichtig, daß Maria nicht nur im Schoß ihrer Mutter bereits geheiligt wurde (wie es alle Theologen annahmen), sondern daß sie überhaupt niemals mit der Erbsünde, d.h. dem Mangel an Gottesfreundschaft, behaftet war. Das heißt nicht, daß sie des Erlösers nicht bedurft hätte, sondern daß sie die Gnade der Bewahrung empfing, die vollkommener ist als die der Heilung. Die durch ihren Sohn erworbene Gnade wirkt hier rückwirkend. D.' differenzierte Argumentation war einflußreich für die Formulierung des diesbezügl. Dogmas (8.12.1854).

Lit.: G. Papa, R. Zavalloni (Hgg.), Dokumente zur Seligsprechung des J. D. Sc. (1992); TRE 9 (1982), 218–231, 232–240. MARIANNE SCHLOSSER

Durandus von Mende, 1) Wilhelm d. Ä., genannt Speculator, Kanonist und Liturgiker, * um 1230 (Puymisson/Südfrankreich), † 1.11.1296 (Rom). D. studierte in Lyon und Bologna und lehrte danach in Modena. Er trat 1262 in den päpstl.

Dienst ein und wurde 1285 Bf. von Mende; 1295 kehrte er an die Röm. Kurie zurück. D. ist als Autor wichtiger kanonist. und liturg. Werke aufgetreten, die später durch den Buchdruck weit verbreitet wurden. Sein kirchenrechtl. Hauptwerk ist das *Speculum iudiciale*, sein liturg. Hauptwerk das *Rationale divinorum officiorum*.

2) Wilhelm d. J., Neffe von 1), Theologe, * um 1266 (Puymisson), † Juli 1330 (Nikosia). D. wurde 1296 in der Nachfolge seines Onkels Bf. von Mende und war in Diensten der Kurie tätig sowie als Ratgeber des frz. Königs. Er verfaßte eine Ordnung für die Abhaltung eines allg. Konzils und Abhandlungen über die Reform der Kirche. D. galt aufgrund seiner Schriften als Kirchenreformer und Vorläufer des Konziliarismus.

Lit.: [3]LThK 3 (1995), 411; P.-M. Gy (Hg.), Guillaume D. (1992).

STEPHAN HAERING

E

Echter, Julius (von Mespelbrunn), Fürstbf. von Würzburg, * 18. 3. 1545 (Mespelbrunn), † 13. 9. 1617 (Würzburg). Aus einem Rittergeschlecht stammend, wurde E. nach Studien an versch. Univ. 1570 Domdekan und 1573 als entschieden kath. Kandidat Bf. von Würzburg. Er konsolidierte das Hochstift wirtschaftl., erbaute in Würzburg 1576–1579 das Juliusspital und begründete 1582 die Univ. neu. Ab 1585 trieb E., gestützt v.a. auf die SJ, gegen vielfache Widerstände die kath. Reform in seinem Territorium mit Nachdruck voran. Seine Förderung des Kirchenbaus prägt bis heute das Bild Mainfrankens. E. trat der Liga, dem Verbund kath. Reichsstände, bei und sicherte dadurch sein Reformwerk, war aber auch erfolgreich auf die Eigenständigkeit des durch ihn gefestigten Hochstifts bedacht. Er war einer der profiliertesten nachtridentin. Reformbischöfe des Reichs.

Lit.: [4]RGG 2 (1999), 1047; Gatz B 1448, 143–145; [3]LThK 3 (1995), 439f.

STEPHAN HAERING

Eck, Johannes (Johannes Maier), theol. Hauptgegner M. → Luthers, * 13. 11. 1486 (Egg [Eck] a.d. Günz), † 10. 2. 1543 (Ingolstadt). E. studierte seit 1498 in Heidelberg, Tübingen, Köln und Freiburg i. Br., empfing 1508 in Straßburg die Priesterweihe und wurde 1510 zum Dr. theol. promoviert. In dieses Jahr fällt auch der Beginn seines Wirkens an der Univ. Ingolstadt als Prof. der Theologie und Vizekanzler; zeitweise wirkte er zugleich auch als Pfarrer an den beiden Hauptkirchen der Stadt. Die 95 Ablaßthesen, mit denen Luther im Spätjahr 1517 öffentl. hervortrat, riefen den heftigen Widerspruch E.s hervor; die Konfrontation führte zur Leipziger Disputation von 1519, einem theol. Streitgespräch zw. Luther, A.B. → Karlstadt und E. hauptsächl. über

Prädestination sowie die Autorität von Papst und Konzilien, deren Irrtumslosigkeit Luther bestritt. E. wirkte in Rom an der Ausarbeitung der Bannandrohungsbulle *Exsurge Domini* gegen Luther mit, verfaßte für den Augsburger Reichstag von 1530 den Häresienkatalog der 404 Artikel und war an der Widerlegung (*Confutatio*) der *Confessio Augustana* beteiligt. E., der ein umfangreiches Werk, u. a. das rezeptionsgeschichtl. bedeutsame *Enchiridion* (1525), Predigtbücher und eine Bibelübersetzung (1537) hinterließ, war seit 1522 in hohem Maße in die Religionspolitik der bayr. Herzöge eingebunden und nahm an den Religionsgesprächen von Hagenau (1540), Worms und Regensburg (1541) teil.

Lit.: Boehm 88–91; [3]LThK 3 (1995), 441–443. MANFRED HEIM

Eckhart → Meister Eckhart

Eddy, Mary Morse, (geb. Baker), amerik. Gründerin der *Christlichen Wissenschaft*, * 16. 7. 1821 (Bow, New Hampshire), † 10. 12. 1910 (Newton, Massachusetts). Durch tiefe rel. Veranlagung und aufgrund ihrer Heilung von nervösen Leiden durch P. P. Quimby kam es 1876 zur Gründung der *Christian Scientists Association* in Lynn (Mass.), 1879/82 der *First Church of Christ, Scientist* in Boston; die Religionsgemeinschaft ist durch E.s *Kirchenhandbuch* auf die Gründerin als Führerin hingeordnet und steht weder in der Tradition der Bibel noch in der Gemeinschaft der christl. Kirchen. Hauptwerk: *Science and health with key to the scriptures* (1875, eigene Methode der geist. Heilung mit weltanschaul. Fundament). 1908 Herausgabe der Tageszeitung *Christian Science Monitor.*

Lit.: Obst 316–350; [4]RGG 2 (1999), 1056; G. Gill, M. Baker E., Reading (1998); [3]LThK 3 (1995), 451; Gasper 157–163; TRE 8 (1981), 62–64.
SUSANNE STÜBINGER

Egeria, 4. Jh. Aus Aquitanien oder Galizien stammende, hochgebildete Autorin eines Berichtes über eine Pilgerreise ins Hl. Land (vermutl. 381–384), verfaßt zum schrittweisen Nachvollzug für ihre Gemeinschaft rel. Frauen. Das *Itinerarium Egeriae* (dt.: FC 20) gilt als erstes großes Zeugnis des frommen Pilgerwesens zu den von → Helena und → Konstantin gesicherten Stätten der bibl. Geschichte, v. a. des Lebens Jesu. Es gibt wertvolle Einblicke in die Liturgie der Jerusalemer Kirche (detailliert beschrieben im 2. Teil), die ihrerseits vorbildl. wurde für andere Kirchenprovinzen, und dokumentiert ein Verständnis vom Kirchenjahr, das die Heilsereignisse „passend zu Ort und Zeit“ (*Itin. Eger.* 47,5) feiert und so ihre Vergegenwärtigung im liturg. Vollzug ermöglicht. Darüber hinaus liefert das *Itinerarium* viele hist. Details über die hll. Stätten, dortige Bauten und Traditionen.

Lit.: [2]LACL 185 f.
RUDOLF VODERHOLZER

Ehrhard, Albert, kath. Kirchenhistoriker und Byzantinist, * 14. 3. 1862 (Herbitzheim, Elsaß), † 23. 9. 1940 (Bonn). 1884 zum Priester geweiht und nach weiteren Studien in Münster und Würzburg 1888 zum Dr. theol. promoviert, lehrte E. zunächst ab 1889 Philosophie und Patrologie am Priesterseminar in Straßburg und war sodann Ordinarius für Kirchengeschichte an den Univ. Würzburg (1892), Wien (1898), Freiburg i.Br. (1902), Straßburg (1903) und Bonn (1920), wobei sein wiss. Interesse hauptsächl. dem gr. Osten in frühchristl. und byz. Zeit galt. Sein unvollendet gebliebenes Hauptwerk *Überlieferung und Bestand der hagiographischen und homiletischen Literatur der griechischen Kirche von den Anfängen bis zum Ende des 16. Jahrhunderts* (3 Bde., 1936/41) wurde zu einem Standardwerk der Hagiographie. Aber auch zur Geschichte des christl. Altertums insgesamt legte er in der populärwiss. Reihe *Die Katholische Kirche im Wandel der Zeiten und Völker* mehrere Bände vor, dazu zahlr. Quellenstudien in Fachzeitschriften. In den Jahren der Modernismuskontroverse trat E. als brillanter Schriftsteller für eine Überwindung des Konflikts zw. Katholizismus und mod. Kultur ein, so v.a. in dem programmat. Werk *Der Katholizismus und das 20. Jahrhundert* (1901), das binnen Jahresfrist zwölf Auflagen erlebte, und wurde dessenthalben heftig angefeindet. Durch seine Kritik an den disziplinären Bestimmungen der Enzyklika *Pascendi* von 1907 geriet der absolut kirchentreue Gelehrte gar in den Verdacht, ein Modernist zu sein, worauf ihm Rom 1908 die Prälatenwürde entzog. – Eine gründliche, den umfangreichen Nachlaß (u.a. ca. 14000 Briefe an E.) im Byz. Institut der OSB-Abtei Scheyern ausschöpfende Biographie ist dringendes Desiderat der Theologiegeschichtsschreibung.

Lit.: N. Trippen, Theologie und Lehramt im Konflikt (1977), 110–182; NDB 4 (1959), 357. KARL HAUSBERGER

Einhard, Gelehrter und Vertrauter → Karls d.Gr., * um 770 (ostfränk. Maingau), † 14.3. 840 (Seligenstadt a.M.). E. ging nach seinem Studium im Klr. Fulda an den Hof Karls d.Gr. (um 794) und wurde der Nachfolger → Alkuins an der Hofschule. Er erhielt die Oberaufsicht über die ksl. Bauten und die Kunstwerkstätten und wurde von Karl als pol. Berater und Diplomat eingesetzt. E. blieb auch nach der von ihm betriebenen Designation → Ludwigs d. Fr. zum Kaiser am Hof (bis 830) und leitete als Laienabt mehrere Klöster. Neben zahlr. kleineren Schriften und Briefen verfaßte E. eine Biographie Karls d.Gr. (*Vita Caroli Magni*, um 825), die in über 80 Handschriften des 9. bis 15. Jh.s überliefert ist, zu den meistgelesenen Geschichtswerken des MA zählt und über Jh.e die Geschichtsschreibung und die Karlsliteratur beeinflußte.

Lit.: H. Schefers (Hg.), E.: Studien zu Leben und Werk (1997); LMA 3 (1986), 1737–1739. MARIANNE SAMMER

Elisabeth I., Königin von England, * 7. 9. 1533 (Greenwich), † 24. 3. 1603 (Richmond upon Thames). Letzte Herrscherin aus dem Haus Tudor, Tochter Kg. → Heinrichs VIII. und dessen zweiter Gemahlin Anne Boleyn, bestieg E. nach dem Tod ihrer Halbschwester → Maria I. Tudor der Kath. am 17. 11. 1558 den Thron. Binnen weniger Monate setzte sie deren Rekatholisierungspolitik ein Ende und führte den rel.

Umschwung herbei. Mit der 3. Gesetzesfassung (*Settlement*) der Uniformitätsakte von 1559 sicherte sie der Angl. Kirche die Einheitlichkeit von Liturgie und Kirchenverfassung gemäß dem *Common Prayer Book*, das zugleich eine Neufassung erfuhr (mit nachträgl. formulierten 39 Glaubensartikeln von 1563). Mit der Exkommunikation E.s durch → Pius V. 1570 gerieten die engl. Katholiken in schwerste Bedrängnis und wurden unter strenge Ausnahmegesetze gestellt. In Irland kam es in der Folge zu einem 30 Jahre währenden Aufstand, dem E. u.a. durch die Gründung des Trinity College in Dublin zur Durchführung der Reformation auf der Insel zu begegnen suchte (1591). Ihre kath. Thronrivalin Maria Stuart, Königin der Schotten (1542–1567), ließ E. nach deren Flucht nach England 1568 gefangensetzen und am 8.2. 1587 wegen Verschwörung hinrichten. Mit dem Sieg über die span. Armada (1588; → Philipp II. von Spanien) wurde England zur pol. und wirtschaftl. Großmacht, daneben kam es im *Elisabethanischen Zeitalter* auch zu einer Blüte des Geisteslebens (Shakespeare). E., die *jungfräuliche Königin*, starb unverheiratet.

Lit.: [4]RGG 2 (1999), 1221.
MANFRED HEIM

Elisabeth von Thüringen, hl. (Fest 17.11., in Deutschland 19. 11.), * 1207 in Ungarn als Tochter Kg. Andreas' II. und Gertruds von Andechs-Meranien, † 16./17. 11. 1231 (Marburg/Lahn). Gemahlin des Landgrafen Ludwig IV. von Thüringen (1221). Schweres persönl. Leid, v.a. der frühe Tod Ludwigs auf dem Kreuzzug 1227, prägte ihren Entsagungswillen und ihre Mildtätigkeit. In franziskan. Christusnachfolge zog sie sich vom Hof zurück, gründete ein Hospital für Kranke und Arme in Marburg. Schon zu Lebzeiten und bes. nach dem Tod als Heilige verehrt, schon 1235 auch auf Betreiben Ks. → Friedrichs II. von P. → Gregor IX. kanonisiert; als Heilige der Nächstenliebe eine der beliebtesten weibl. Heiligen des Spät-MA, Patronin und Stammutter der Landgrafen von Hessen; nach Einbruch der Verehrung durch die Reformation (Entfernung der Gebeine 1539 aus der Marburger Grabeskirche) neuer Aufschwung der Verehrung seit dem frühen 19. Jh.

Lit.: [3]LThK 3 (1995), 602f.; LMA 3 (1986), 1838–1842; TRE 9 (1982), 513–520.
GEORG SCHWAIGER

Emmerick, Anna Katharina, Mystikerin des Münsterlandes, stigmatisierte *Nonne von Dülmen*, * 8. 9. 1774 (Flamschen bei Coesfeld), † 9. 2. 1824 (Dülmen, Westfalen). E. führte ein Leben in strengster Askese, 1802 erfolgte der Eintritt ins Augustinerinnenkloster Agnetenberg bei Dülmen. 1813 Empfang blutender Stigmata, deren Echtheit durch kirchl. und weltl. Behörden bestätigt wurde. E.s Visionen bibl. Szenen und des Lebens und Leidens Christi wurden in 24 handschriftl. Bänden aufgezeichnet durch Clemens Brentano, der 1818–1824 bei E. in Dülmen weilte (*Das bittere Leiden unseres Herrn Jesu Christi nach den Betrachtungen der gottseligen Anna Katharina Emmerick*, 1833; aus Brentanos Nachlaß: *Das Leben der hl. Jungfrau Maria*,

1852). Ein Seligsprechungsprozeß läuft seit 1892.

Lit.: [3]LThK 3 (1995), 629; C. Engling (u.a. Hgg.), A. K. E. (1991).

SUSANNE STÜBINGER

Emser, Hieronymus, Humanist und Kontroverstheologe, * 26. (oder 16.) 3. 1478 (Weidenstetten bei Ulm), † 8. 11. 1527 (Dresden). E. war 1505–1511 Sekretär und Hofkaplan Hzg. Georgs von Sachsen. Im Auftrag des Herzogs unternahm er eine Romreise, um den Heiligsprechungsprozeß für Bf. Benno von Meißen voranzutreiben. Den humanist. gebildeten E. zeichnete eine glänzende Belesenheit in der lat. und gr. klass. und altchristl. Literatur aus. Seit der Leipziger Disputation kämpfte er im Dienst des kirchenreformer., aber entschieden antireformator. Herzogs mit lit. Mitteln gegen → Luthers Positionen. In seinen wichtigsten Schriften befaßte sich E. mit der Eucharistie, dem Priestertum, der Schriftauslegung und der Lehre von der Tradition. Er übersetzte Werke des → Erasmus und → Heinrichs VIII. von England und gab 1527 eine dt. Übersetzung des NT heraus, die 29 Auflagen erlebte. In dieser Ausgabe korrigierte E., der zu den bedeutendsten Gegnern der Reformation zählt, aus seiner Sicht die Lutherübersetzung.

Lit.: [4]RGG 2 (1999), 1271; [3]LThK 3 (1995), 637; TRE 9 (1982), 576–580.

JOSEF KREIML

Engelbert von Köln, Ebf. von Köln, * um 1185, † 7. 11. 1225 (bei Schwelm). Die kirchl. Laufbahn E.s begann früh. Seit 1198 Propst von St. Georg zu Köln, ab 1199 Kölner Dompropst, nach 1205 Propst von St. Severin zu Köln und 1213–1215 Propst von Aachen, wurde E. 1216 zum Ebf. von Köln erhoben (1216 Bf.-Weihe). 1212 nahm er am Albigenserkreuzzug teil. E., der die Machtpositionen Kölns erweiterte und festigte, wurde 1220 von → Friedrich II. zum Reichsverweser und Vormund Heinrichs VII. bestellt. Der Streit E.s mit seinem Neffen Friedrich von Isenburg um die Vogtei des Stifts Essen hatte verheerende Folgen: E. wurde bei Schwelm ermordet. Seit 1618 wird er im Erzbistum Köln als Heiliger verehrt.

Lit.: J. Lothmann, Ebf. E.v. K. (1993).

WOLFGANG ROTZSCHE

Ephraem der Syrer (von Nisibis), hl. (Fest 9. 6., orth. 28.1; angl. 10. 6.), Diakon, Hymnendichter, Exeget, Prediger und Apologet, * um 306 (bei Nisibis), † 373 (Edessa). Schüler des Bf. Jakob von Nisibis, an dessen Schule er später selbst tätig war. Als 363 seine Heimatstadt an die Perser fiel, siedelte E. ins röm. Edessa über. Dort setzte er nicht nur seine Lehrtätigkeit und sein lit. Schaffen im Interesse der Orthodoxie fort, sondern beeindruckte auch durch sein soz. Wirken im Dienst an den Flüchtlingen. E. wird nicht nur von seinen Landsleuten, sondern auch von den Griechen hoch geehrt und gilt als Klassiker. Er hinterließ dogmat., exeget. und poet. Schriften ([2]BKV 37: 56 *Hymnen gegen die Irrlehrer*; [2]BKV 61: Ausgewählte *Reden* und *Lieder*, Auswahl der *Nisibenischen* und *Edessenischen Hymnen*). Als sein reifstes Werk und als ein Höhepunkt syr. Poesie überhaupt gelten die 87 *Hymnen* *über den Glauben*, die eine Trinitätslehre enthalten und mit sechs *Meditationen über die Perle* abgeschlossen werden.

Lit.: ²LACL 191–194.

RUDOLF VODERHOLZER

Epiphanius von Salamis, Bf., * zw. 310/20 (bei Eleutheropolis), † 403. Gründete mit 20 Jahren in seiner Heimatstadt ein Kloster, dem er 30 Jahre vorstand. 367 wurde er von den Bischöfen Zyperns zum Metropoliten von Konstantia (Salamis) gewählt. Als Bischof förderte E. weiterhin das Mönchtum und erwarb sich den Ruf eines *Patriarchen der Orthodoxie*. Sein Kampf galt dem Apollinarismus und v. a. dem Origenismus (wobei er die Lehren des → Origenes oft entstellte). Im ersten Origenismusstreit (Ende des 4. Jh.s) stand E. auf der Seite des → Hieronymus gegen Bf. Johannes von Jerusalem. Theophilus von Antiochien versuchte noch den greisen E. in seinem Kampf gegen den vermeintl. Origenismus des → Johannes Chrysostomus in Konstantinopel zu instrumentalisieren, doch scheint E. das Intrigenspiel des Theophilus durchschaut zu haben, denn er reiste vor der „Eichensynode" (403) ab und starb auf dem Heimweg nach Salamis. Seine Sorge um den rechten Glauben fand ihren Niederschlag im *Ancoratus* (*Der Festgeankerte*, dt.: ²BKV 38), der den Kirchen in Pamphylien in schwerer Zeit theol. Orientierung gab, und dann v. a. in seinem Hauptwerk *Panarion* (*Arzneikasten*), in dem er auf der Basis umfangreichen Quellenmaterials 80 Häresien (davon 20 vorchristl.) beschreibt und widerlegt. Nicht von E. selbst stammt eine Zusammenfassung (*Anakephalaiosis*, dt.: ²BKV 38) dieses äußerst einflußreichen Häresienkatalogs, die auch → Augustinus bekannt war.

Lit.: ²LACL 196–198.

RUDOLF VODERHOLZER

Eppinger, Elisabeth, (Ordensname: Maria Alfonsa), Ordensgründerin, * 9. 9. 1814 (Niederbronn, Elsaß), † 31. 7. 1867 (ebd.). Tief rel. veranlagt, hatte E. visionär-ekstatische Erlebnisse. Mit Hilfe ihres Ortspfarrers J. D. Reichard kam es 1859 zur Gründung der *Kongregation der Töchter des Göttl. Erlösers* (auch *Niederbronner Schwestern* genannt); die Gemeinschaft zur Armen- und Krankenpflege wurde 1866 von P. → Pius IX. bestätigt. Der Seligsprechungsprozeß ist eingeleitet.

Lit.: ³LThK 3 (1995), 734f.

SUSANNE STÜBINGER

Erasmus von Rotterdam, Desiderius, berühmtester Humanist, * 28. 10. 1466/67 (Rotterdam), † 12. 7. 1536 (Basel). Ausgebildet im Klr. Steyn bei Gouda, empfing er 1492 die Priesterweihe; von den Ordensgelübden wurde er später dispensiert. Nach Studienjahren in Paris war E. mehrfach in England, schloß dort Freundschaft mit Th. → Morus, hielt sich in Frankreich, den Niederlanden, Italien und der Schweiz auf. Ein Schwerpunkt seiner Studien lag auf der Philologie: E. war berühmt für ein glänzendes Latein und sehr gutes Griechisch. Dies kam ihm bei der Edition und Übersetzung zahlr. patrist. Texte zugute;

sein bes. Interesse galt → Hieronymus, er gab aber auch → Cyprian, → Irenäus, → Origenes, → Augustinus und andere Väter heraus. E. war gegenüber der scholast. Theologie, die er in der Gestalt des Nominalismus kennengelernt hatte, abgeneigt; sein Ziel war: „Zurück zu den Quellen", zur Hl. Schrift (Ausgabe des NT auf Griechisch mit einer eigenen lat. Übers. und zahlr. Anmerkungen) und zu den Kirchenvätern. Als Vertreter eines bibl. Humanismus erhoffte er sich von der Verbindung zw. klass. Kultur und Theologie eine Erneuerung von Kirche und Gesellschaft. Ein eher spiritualisierendes Frömmigkeitsideal und die Kritik an veräußerlichten Formen, die in seinen Werken immer wieder durchscheint, zeigen eine gewisse Verwandtschaft mit den Anliegen → Luthers, den E. zunächst vorsichtig in Schutz nimmt. Zahlreiche prot. Theologen schätzten E. (Ph. → Melanchthon, später H. → Grotius), andere warfen ihm Feigheit vor; auch auf kath. Seite beschuldigten ihn manche allzu großer Nähe zu Luther, der sich freilich in seiner Antwort auf E.' *Diatribe über den freien Willen* klar gegen ihn stellte. Bis in unsere Zeit wurden E. divergierende Wertungen zuteil. Er starb ein Jahr nach der Hinrichtung seines Freundes Th. Morus.

Lit.: P. Walter, Theologie aus dem Geist der Rhetorik (1991); Thomas Morus, Briefe der Freundschaft mit E., übers., eingel. und komm. von H. Schulte Herbrüggen (1985); TRE 10 (1982), 1–18.

MARIANNE SCHLOSSER

Esch, Ludwig, Jugendseelsorger, * 1.4. 1883 (Köln), † 8.4. 1956 (St. Andrä, Kärnten). Nach Eintritt in die SJ (1902), Priesterweihe (1914) und Tätigkeit als Divisionspfarrer im 1. Weltkrieg war E. 1919 Mitbegründer, später Leiter des *Bundes Neudeutschland*. Der 1939 vom NS-Regime aufgelöste, 1948 neu begründete und seither durch versch. Zusammenschlüsse erweiterte *Verband katholischer Schüler höherer Lehranstalten* war von der Jugendbewegung bestimmt und hatte zum Ziel, die akadem. Jugend kirchl. zu betreuen. E. prägte durch Wort und Schrift nachhaltig die spirituelle Ausrichtung des Bundes und seiner Mitglieder.

Lit.: DBE 3 (1996), 171; [3]LThK 3 (1995), 858f.

MANFRED HEIM

Escrivá de Balaguer y Albás, Josemaría, Gründer des *Opus Dei*, * 9. 1. 1902 (Barbastro, Spanien), † 26. 6. 1975 (Rom). E. wurde 1925 zum Priester geweiht und gründete 1928 die Gemeinschaft *Opus Dei*, deren Generalpräsident er zeitlebens war und deren Spiritualität er maßgebl. formte. Im Mittelpunkt seines Wirkens stand die Heiligung des Alltags und der Arbeit sowie das Apostolat der Laien. E. bemühte sich, für sein missionar. Anliegen Menschen zu gewinnen, die einflußreiche gesellschaftl. Positionen innehaben. Seit 1982 hat das *Opus Dei* den Status einer Personalprälatur. E. wurde 1992 seliggesprochen.

Lit.: [4]RGG 2 (1999), 1580; V. Messori, Der „Fall" Opus Dei (1995); [3]LThK 3 (1995), 882f.; H. Schützeichel (Hg.), Opus Dei (1992); P. Berglar, Opus Dei. Leben und Werk des Gründers J. E. ([3]1992); F. König, Über das Opus Dei (1989); J. E., Der Weg ([10]1982).

JOSEF KREIML

Espen, Zeger Bernhard van, Kanonist, * 9. 7. 1646 (Löwen), † 2. 10. 1728 (Amersfoort). 1673 zum Priester geweiht, wurde E. 1675 Prof. für kanon. Recht in Löwen. Er war ein angesehener und fruchtbarer Autor, dessen Schriften seinen Schüler J. N. von → Hontheim beeinflußten. Jansenist. und gallikan. Tendenzen führten zur Indizierung seines Werks. Wegen eines Rechtsgutachtens für das Domkapitel von Utrecht über die Zulässigkeit der Weihe des Ebf. Steenhoven wurde E. 1728 suspendiert und von seiner Professur entfernt. Weiteren Zwangsmaßnahmen entzog er sich durch Flucht zu den Jansenisten in die Niederlande.

Lit.: [3]LThK 3 (1995), 886.

STEPHAN HAERING

Eunomius, † 394. 360 Bf. von Cyzicus, allerdings von der Bevölkerung abgelehnt und verbannt. Stammte aus Kappadozien und war Schüler des Aëtius. E. lehrte, daß das Wesen Gottes des Vaters strikt vom Sohn zu unterscheiden sei. Der Sohn sei „geschaffen" bzw. „geworden", auch die unterschiedl. Wirkweise begründe eine Wesensverschiedenheit. → Gregor von Nazianz u.a. setzten sich mit ihm auseinander.

Lit.: [2]LACL 208f.

RUDOLF VODERHOLZER

Eusebius von Caesarea, Bischof und Kirchenschriftsteller, * ca. 260/265, † 338/39. Schon früh erlangte er die Gunst Ks. → Konstantins d. Gr. und wurde wohl 313 Bf. von Caesarea in Palästina. E.' Œuvre umfaßt apologet., hist., exeget. und dogmat. Werke. Die umfangreichste apologet. Schrift besteht aus zwei Teilen, der *Praeparatio evangelica* (*Evangelische Vorbereitung*, 15 Bücher) und der *Demonstratio evangelica* (*Evangelische Beweisführung*; von den urspr. 20 Büchern sind nur 1–10 und 15 erhalten). Die *Praeparatio* versucht den Nachweis, daß der jüd.-christl. Monotheismus dem heidn. Götterglauben überlegen ist, und enthält zahlr. Zitate aus der Literatur der heidn. Antike; die *Demonstratio* legt dar, wie sich die atl. Prophezeiungen in Christus erfüllen. Zu den hist. Schriften E.' zählt eine tabellar. angelegte Chronik, die, in ihrer zweiten, 325/26 fertiggestellten Ausgabe, von der Geburt Abrahams (2106 v. Chr.) bis zum Jahr 303 n. Chr. reicht und die jüd.-christl. Geschichte zur Weltgeschichte in Beziehung setzt; Ziel ist es, das höhere Alter und damit den Vorrang der jüd.-christl. Überlieferung zu erweisen. Das gr. Original der Chronik ist verloren, erhalten hat sich neben einer armen. Version der wesentl. Teile die lat. Übersetzung der Zeittafeln durch → Hieronymus, der die Chronologie von 327 bis 378 fortführte. Mit seiner zw. 295 und 325 entstandenen *Kirchengeschichte* (*Historia ecclesiastica*) begründete E. eine neue lit. Gattung; die Darstellung erstreckt sich von Jesus bis zum pol. Sieg des Christentums unter Ks. Konstantin im Jahre 324; E. läßt den Gang der Geschichte als vom göttl. Logos gewollt und bestimmt erscheinen und entwickelt eine Reichstheologie: Als sich die Ökumene unter der Herrschaft des Ks. Augustus zu einer Einheit zusammenschloß, sei Christus, der inkarnierte Logos, geboren worden, der das Friedensreich in die Welt gebracht habe; vollendet werde der Friede durch die Religionspolitik Konstantins. Unter dem Titel *Vom Lob Konstantins* (*De laudibus Constantini*) werden zwei vor dem Kaiser gehaltene Reden vereinigt: eine Lobrede vom Herbst 335 und die Rede anläßlich Konstantins 30jährigem Regierungsjubiläum vom 25.7.336. Über den Kaiser hat E. bald nach dessen Tod (22.5.337) auch eine Biographie verfaßt, welche in vier Büchern namentlich Konstantins Religionspolitik behandelt *(De vita Constantini)*. Von den exeget. Werken des E. haben sich v.a. Kommentare zu Jesaja und zu den Psalmen erhalten. Ferner ist E. mit Arbeiten zur Trinität und zur Christologie hervorgetreten.

Lit.: ²LACL 209–214; F. Winkelmann, E. von Kaisareia (1991). SIEGMAR DÖPP

Eusebius von Nikomedien, Bf. von Berytus (Beirut), nach 314 am Hof in Nikomedien, † 341/42. Obwohl Anhänger des → Arius, unterzeichnete er den Konzilsbeschluß von Nizäa (325). Drei Monate danach wurde er dennoch wegen Arianismus und seiner Nähe zu Licinius von → Konstantin abgesetzt und nach Gallien verbannt. E. widerrief, wurde rehabilitiert, kehrte 328 zurück und wurde Ratgeber Konstantins in Kirchenfragen. Er unterstützte die ksl. Befriedungspolitik und war dementsprechend Gegner von → Athanasius und dessen unnachgiebigem Festhalten am Nizänum. E. betrieb die Rehabilitierung des Arius und die Verbannung des Athanasius (335), der ihn als opportunist. Hoftheologen betrachtete. 336 weihte E. → Wulfila zum Bischof der Christen in Gothien, die damit strukturell in die Reichskirche eingegliedert wurden. E. taufte Konstantin kurz vor dessen Tod (22.5.337) und wurde 338 Bf. von Konstantinopel. Unter seiner Leitung weigerten sich die östl. Bischöfe auf einer Synode 341, nach Rom zu kommen. Vielmehr verlangten sie von P. Julius I. die Anerkennung ihrer Urteile gegen Athanasius und → Marcell von Ancyra.

Lit.: ²LACL 216f.

RUDOLF VODERHOLZER

Eusebius von Vercelli, hl. (Fest 2.8.), erster Bf. von Vercelli (seit 345), * um 283 (Sardinien), † 1.8.371. Durch E. Einführung der *vita communis* im Westen. E. war zus. mit Lucifer von Calaris entschiedener Gegner des Arianismus (→Arius) und widersetzte sich auf Aufforderung P. Liberius' auf der Synode von Mailand (355) den Forderungen Ks. Constantius' II. (Verurteilung des Bf. → Athanasius, Aufgabe des Nicaenums, Anerkennung der 1. Sirmischen Formel), daher Verbannung nach Palästina, Kappadokien, Thebais; Rückkehr unter Ks. → Julian Apostata. Bemühen um die Beilegung des meletian. Schismas; seit 363 zus. mit Bf. → Hilarius von Poitiers Kampf gegen den Arianismus, v.a. gegen Auxentius von Mailand. Die Werke (u.a. Übersetzungen der Psalmenkommentare des → Eusebius von Caesarea und des → Origenes) sind bis auf drei Briefe verloren.

Lit.: ⁴RGG 2 (1999), 1679; ²LACL 217f.; ³LThK 3 (1995), 1013.

SUSANNE STÜBINGER

Eusthatius von Antiochien, hl. (Fest 16. 7.), 319 Bf. von Beröa, 324/25 auf Betreiben des → Ossius von Cordoba zum Bf. von Antiochien gewählt, * zw. 280 und 288 (Side, Pamphylien), † um 338, 343/45 oder auch erst um 370. E. gehörte in Nizäa 325 zu den Hauptverteidigern der kirchl. Lehre, wurde von Anhängern des → Arius bald danach abgesetzt und vom Kaiser nach Thrakien verbannt. Zw. seinen Anhängern und seinen arian. Nachfolgern kam es zum antiochen. Schisma. E. wurde später rehabilitiert, seine Gebeine um 482 nach Antiochien überführt. Von seinen Schriften sind mit Ausnahme des gegen → Origenes gerichteten Werkes *Über die Hexe von Endor* nur Fragmente erhalten. Seine Christologie ist im einzelnen schwer zu bestimmen. Er scheint allerdings spätere antiochen. Formulierungen vorweggenommen zu haben, weshalb man in ihm einen Nachfolger des → Paulus von Samosata wie auch einen Vorläufer des → Nestorius hat sehen wollen.

Lit.: ²LACL 218f.

RUDOLF VODERHOLZER

Eutyches, monophysit. Theologe, * um 370/78 (Konstantinopel), † nach 454. Der Presbyter und Klostervorsteher E. löste durch sein Festhalten an der Formel des → Cyrill von Alexandrien von der einen Natur (gr. = mia physis) des Gottessohns, wonach göttl. und menschl. Natur zu einer einzigen verschmolzen seien (Monophysitismus), den *Eutychianischen Streit* aus. Im Verlauf der theol. und kirchenpol. Streitigkeiten wurde E. auf der Flavian. Synode (448) verurteilt, auf der sog. Räubersynode von Ephesus (449) aber rehabilitiert, bevor ihn das Konzil von Chalcedon (451) endgültig als Monophysit und Häretiker verurteilte.

Lit.: ²LACL 222f.; DNP 4 (1998), 323f.; ³LThK 3 (1995), 1023f. MANFRED HEIM

Eybel, Joseph Valentin, Kanonist, * 3. 3. 1741 (Wien), † 30. 6. 1805 (Linz). E. wurde 1773 Prof. für Kirchenrecht an der Univ. Wien und verfaßte eine vierbändige Einführung in das kath. Kirchenrecht (EA: Wien 1777). 1779–1805 war er Landrat für Kirchensachen in Linz und maßgebl. an der von Ks. → Joseph II. veranlaßten Klosteraufhebung beteiligt. Hervorgetreten ist E. auch als Autor polem. Aufklärungsschriften über päpstl. und bfl. Amt, Eherecht, Beichte, Ablaß und Ordensleben.

Lit.: ³LThK 3 (1995), 1139; M. Brandl, Der Kanonist J. V. E. (1741–1805) (1976).

STEPHAN HAERING

F

Faulhaber, Michael von, Kardinal, Ebf. von München und Freising, * 5.3. 1869 (Heidenfeld, Unterfranken), † 12. 6. 1952 (München). Nach Studien in Würzburg und Rom 1903 Prof. für AT in Straßburg, 1911 Bf. von Speyer, 1917 Ebf. von München und Freising; als wortgewaltiger Prediger und mod. Seelsorger durch Publizistik und Auslandsreisen weit bekannt. Durch Zeitumstände nahm er pol. Einfluß (Ablehnung der Revolution 1918/19; bayr. Konkordat 1924; Wandlung vom monarch. Denken zur distanzierten Anerkennung der Republik), wurde zum Gegner der nationalsozialist. Rassenlehre, bis zum 2. Weltkrieg Führer des kirchl. Widerstandes (Entwurf der päpstl. Enzyklika *Mit brennender Sorge* 1937; gegen „Euthanasie"), ohne die Loyalität zur staatl. „Obrigkeit" aufzukündigen; nach 1945 Einsatz für geist., pol. und materiellen Wiederaufbau.

Lit.: ³LThK 3 (1995), 1197; G. Schwaiger (Hg.), Das Erzbistum München und Freising im 19. und 20. Jh.(1989); L. Volk (Hg.), Akten Kard. M.v. F. 1917–1945, 2 Bde. (1975–1978). GEORG SCHWAIGER

Faustus von Mileve, Bf. der Manichäer, * ca. 340 (Mileve/Numidien), † vor 400. Er wirkte längere Zeit in Rom und ab 383 in Karthago, wo → Augustinus mit ihm zusammentraf. Verfaßt hat F. ein Werk *Capitula*, mit dem er nachzuweisen suchte, daß die Bibel teils mit dem Manichäismus übereinstimmt, teils Irrtümer enthält. F.' Schrift ist nicht erhalten, sondern nur aus der Erwiderung kenntlich, welche Augustinus im Jahre 400 schrieb.

Lit.: A. Mandouze, Prosopographie chrétienne du Bas-Empire 1: Prosopographie de l'Afrique chrétienne (1982), 390–397. SIEGMAR DÖPP

Felicitas und Perpetua, hll. (Fest 7. 3.; gr. Kirche 2. 2./4. 3.), Märtyrerinnen, † 7. 3. 202/03 (Karthago). Verhaftung der christl. Katechumenen zur Zeit des Septimius Severus (Beitritt zum Christentum unter schwerer Strafe); im Gefängnis von Karthago kam es trotz Bemühungen seitens des Vaters, die Tochter zum Abfall zu bewegen, zur Taufe (und einer Niederkunft) der P. sowie zur Taufe ihrer Sklavin F.; daraufhin Hinrichtung in der Arena von Karthago zus. mit drei Männern. Die *Passio* (Kap. 3–10 eigenhändiger Bericht der P., 11–13 Bericht des Saturus, 1f./14–21 redaktionelle Zusätze) stand bald in hohem Ansehen, eine frühe gr. Übersetzung wurde 1889 gefunden. Früheste Darstellungen finden sich auf den Mosaiken der ebfl. Kapelle zu Ravenna (6. Jh.).

Lit.: J. E. Salisbury, P.'s passion (1997); ³LThK 3 (1995), 1217; BBKL 7 (1994), 205–209;. SUSANNE STÜBINGER

Fénelon, François (de Salignac de la Mothe-F.), frz. Literat, Theologe und Erzbischof, * 6. 8. 1651 (Schloß Fénelon, Périgord), † 7. 1. 1715 (Cambrai). Nach Studium in St-Sulpice, Priesterweihe und Promotion zum Dr. theol. in Cahors (1677) leitete F. seit 1679 das neugegründete

Konvertitinnenhaus in Paris, wo er sich hohes Ansehen als Pädagoge erwarb. 1689 wurde er auf Vermittlung von Madame de Maintenon von Kg. → Ludwig XIV. zum Erzieher des Thronfolgers bestellt, für den er *Fables* und pädagog. Schriften verfaßte, u.a. den Roman *Les Aventures de Télémaque*, in dem das Idealbild eines weisen Königtums entworfen wird. Das Werk, das seit 1699, gegen den Willen F.s, durch Abschreiber in Teilen veröffentlicht wurde (Erstdruck 1717), fand im 18. Jh. weite Verbreitung. 1693 wurde F. zum Mitglied der Académie française, 1695 zum Ebf. von Cambrai gewählt. Starke Einflüsse empfing er von J.-M. → Guyon, die F. gegen den Vorwurf der rel. Schwärmerei verteidigte. In der Folge kam es zu schärfster Konfrontation mit J. B. → Bossuet. Wegen seiner in den diesbezügl. Rechtfertigungsschriften (u.a. 34 Artikel von Issy, 1696, und Erklärungen, bes. die *Explication des maximes des saints sur la vie intérieure*, 1697) vertretenen Argumente wurde F. als Quietist verdächtigt. Obwohl der von ihm angerufene Papst 1699 nur 23 Sätze der Maximen verurteilte, beugte sich F. und zog sich in sein Erzbistum zurück, wo er als gefeierter Kanzelredner und Streiter für die Rechte des Volkes wirkte, im 18. Jh. deshalb auch als ein Wegbereiter der Aufklärung galt.

Lit.: Metzler 244; ³LThK 3 (1995), 1231.

MANFRED HEIM

Ferdinand I., röm.-dt. Kaiser, Enkel Ks. → Maximilians I., jüngerer Bruder und Nachfolger Ks. → Karls V., * 10. 3. 1503 (Alcalá de Henares), † 25. 7. 1564 (Wien). F. erhielt 1521 von Karl V. die habsburg. Erblande und wurde dessen Stellvertreter im Hl. Röm. Reich, erbte 1526 Böhmen und Ungarn, wandte sich nun verstärkt der Abwehr der Türken zu (1529 erste türk. Belagerung Wiens) und erstrebte schon deshalb Ausgleich mit den Protestanten; blieb in der Reichspolitik treuer Sachwalter Karls V., bis dessen span. Sukzessionsplan Entfremdung brachte; 1531 Röm. König; vermittelte in der Fürstenrebellion, schloß 1552 den Passauer Vertrag, leitete 1555 den Reichstag zu Augsburg und ermöglichte hier den Augsburger Religionsfrieden. Nach der Abdankung Karls V. wurde F. 1558 zum Kaiser gekrönt und war bis zum Tod ohne schroffe Maßnahmen um Überwindung der Glaubensspaltung und Rekatholisierung seiner Erblande (Religionsgespräche; Förderung des Konzils von Trient; Befürwortung von Laienkelch und Priesterehe im Reformlibell 1562), Reorganisierung und Zentralisierung der Verwaltung bemüht.

Lit.: → Karl V.; ³LThK 3 (1995), 1234; TRE 11 (1983), 83–87.

GEORG SCHWAIGER

Ferdinand II., röm.-dt. Kaiser, * 9. 7. 1578 (Graz), † 15. 2. 1637 (Wien). Sohn des Erzhzg. Karl von Inner-Österreich und der Maria von Bayern, als Kaiser Nachfolger seines Vetters Matthias; von Jesuiten streng rel. erzogen (1590–1595 an der Univ. Ingolstadt) und zeitlebens geistl. betreut, wurde F. ein entschiedener Vertreter der Kath. Reform und Gegenreformation. Reichsrechtl. gestützt auf den Augsburger Religionsfrieden von 1555, rekatholisierte er seit 1596 mit Härte die österr.

Lande und leitete nach seinem Regierungsantritt in Böhmen (1617) und Ungarn (1618) auch dort gegenreformator. Maßnahmen ein. Sein unduldsames Vorgehen trug zum Aufstand in Böhmen bei, der zum 30jährigen Krieg führte. Der für den Kaiser und die kath. Liga zunächst günstige Kriegsverlauf (Sieg am Weißen Berg bei Prag 1620, militär. Erfolge Tillys und Wallensteins 1626) führte F. auf den Höhepunkt seiner Macht, gekennzeichnet durch das ksl. Restitutionsedikt (1629). Das Eingreifen Schwedens (Kg. → Gustav II. Adolf) und Frankreichs (Kard. → Richelieu) brachte den Umschwung. Zum Widerstand der Protestanten kam die Opposition auch kath. Reichsstände gegen eine ksl. Übermacht (Kurfürstentag in Regensburg 1630). Im Prager Frieden (1635) verzichtete F. auf die Durchführung des Restitutionsediktes. 1621 führte er das Recht der Primogenitur im Hause Österreich ein, 1636 erreichte er die Königswahl (damit Nachfolge als Kaiser) für seinen Sohn → Ferdinand III.

Lit.: [3]LThK 3 (1995), 1234f.

GEORG SCHWAIGER

Ferdinand II., der Katholische, König von Aragón, * 10. 3. 1452 (Sos, Aragón), † 23. 1. 1516 (Madrigalejo). Als Sohn Johanns II. Kg. von Aragón 1479, von Sizilien 1468, von Kastilien-León 1474 (als Ferdinand V.), von Neapel 1504 (als Ferdinand III.). Seine Heirat mit → Isabella von Kastilien 1469 verband die span. Lande in *Matrimonialunion*. Das *Kath. Königspaar* (Verleihung des Titels durch P. → Alexander VI.) regierte noch keinen Einheitsstaat. Die regierungsunfähige Erbtochter Johanna die Wahnsinnige von Kastilien wurde mit Philipp dem Schönen, dem einzigen Sohn Ks. → Maximilians I. und Marias von Burgund, verheiratet (Kinder: Ks. → Karl V. und Ks. → Ferdinand I.). Durch die Eroberung Granadas 1492 (letzter Stützpunkt der muslim. Mauren), Neapels 1504 und Navarras 1512 schuf F. die Grundlagen der span. Weltgeltung im 16. Jh. Als Politiker skrupelloser und verschlagener Renaissancefürst, erneuerte F. die Inquisition in Spanien, verfolgte rücksichtslos Juden und Mauren. Kirchl. Reformen (durch kgl. Ernennungsrecht für Bischöfe; Klosterreformen) wurden z.T. mit Hilfe des Kard. Cisneros durchgeführt. Nach dem Tod Isabellas (1504) und ihres Schwiegersohnes Philipp des Schönen (1506) übernahm F. die Regentschaft in Kastilien, konnte aber auch in Aragón die unerwünschte habsburg. Thronfolge (Enkel Karl I., als Ks. Karl V.) nicht aufhalten.

Lit.: [3]LThK 3 (1995), 1233; LMA 4 (1989), 358f.

GEORG SCHWAIGER

Ferdinand III., röm.-dt. Kaiser, Sohn und Nachfolger Ks. → Ferdinands II., * 13. 7. 1608 (Graz), † 2. 4. 1657 (Wien). 1625 Kg. von Ungarn, 1627 Kg. von Böhmen, 1636 Röm. König, 1637 Kaiser. F. setzte die Politik seines Vaters fort, zeigte sich aber in Religionsfragen versöhnlich. Die wachsende Verschlechterung der militär. Lage im 30jährigen Krieg veranlaßte ihn seit 1641 zur Anbahnung des Friedens, die 1648 im Westfäl. Frieden endete. Die monarch. Stellung in den Erb- und Kronlanden wurde zwar erheblich gestärkt, doch die Stellung des Kaisers in der Zersplitterung des Reiches geschwächt.

Lit.: [3]LThK 3 (1995), 1235.
GEORG SCHWAIGER

Ferraris, Lucius, OFM, Theologe und Kanonist, * 18. 4. 1687 (Solero bei Alessandria), † 24. 2. 1763 (Alessandria). F. war Lektor der Theologie und des Rechts, Synodalexaminator, zeitweise Ordensprovinzial sowie Konsultor des hl. Offiziums und anderer Behörden der Röm. Kurie. Bedeutend ist er als Verfasser der mehrbändigen Enzyklopädie *Prompta Bibliotheca canonica, juridica, moralis, theologica necnon ascetica, polemica, rubricistica, historica* (EA: 8 Bde., Bologna 1746). Das wiederholt aufgelegte Werk besticht durch seinen Materialreichtum und wird aufgrund dessen bis heute v. a. zu kirchenrechtl. Gegenständen konsultiert.

Lit.: EC 5 (1950), 1195; H. J. Wetzer, B. Welte (Hgg.), Kirchenlexikon 4 ([2]1886), 1380f.
STEPHAN HAERING

Ferrer, Vinzenz, hl. (Fest 5. 4.), OP (1367), Bußprediger, * 23. 1. 1350 (Valencia), † 5. 4. 1419 (Vannes, Bretagne). Studium der Logik, Philosophie und Theologie in Valencia, Barcelona und Lérida; seit 1375 theol. Lehrer und Prediger in Valencia. In der Auseinandersetzung mit dem Abendländ. Schisma (*Tractatus de moderno schismate*, Entwurf einer „théorie monarchique du souverain pontificat“ [Gorce]) war F. eine Hauptstütze der Päpste in Avignon, von denen er sich nach 1412 abwandte; seit 1384 Wirken an der Kathedrale in Valencia, seit 1391 am Hof Johannes' I. von Aragonien (als Beichtvater des kgl. Hauses Einfluß auf pol. Fragen); 1395 Berufung als Großpönitentiar nach Avignon; 1399–1419 apokalypt. Bußpredigt vom bevorstehenden Weltenende sowie der Schlacht gegen den Antichrist in ganz Europa unter Begleitung großer Volksmengen und zahlr. Flagellanten; durch F. Bekehrung Tausender Juden (Verschärfung der span. Politik gegenüber den Juden, die F. aber bei Pogromen verteidigte), Muslime, Waldenser und Katharer. Seit 1416 enttäuschte Abwendung von P. Benedikt XIII.

Lit.: [3]LThK 3 (1995), 1245; BBKL 2 (1990), 20f.; R. Arnan-García, San V. F. y las eclesiologías del cisma (1987); TRE 11 (1983), 91–93.
SUSANNE STÜBINGER

Fischer, Julius, Gründer des *Apostelamts Juda*, * 21. 7. 1867 (Berlin), † 2. 3. 1923 (Berlin). Mitglied der *Neuapostol. Kirche*; 1902 aufgrund innerer Differenzen und Streitigkeiten in Lehrfragen (Wiederkunft Christi) Ausschluß F.s, den er selbst und viele Gemeindemitglieder als nicht rechtmäßig werteten. Bildung einer eigenständigen apostol. Gemeinschaft mit dem Namen *Apostelamt Juda*; Legitimation der Gemeinschaft durch ein Berufungserlebnis F.s am 2. 5. 1902, weswegen dieser Tag von ihm zum Wendepunkt der neueren Heilsgeschichte und zugleich zum Gründungstag der wiedererstandenen Kirche Christi erklärt wird. Ab September 1904 Herausgabe der Monatsschrift *Wahrheitskunde vom Zepter Juda; das neue Apostelamt*, seit 1920 der *Wahrheitskunde. Die Revolution auf dem seelischen Gebiete*. Sozialist. und gesellschaftskrit. Anschauungen, Kritik an Nationalismus und

Militarismus sowie die pol., wirtschaftl. und rel. Krisenstimmung der Zeit unterstützten das Wachstum der Gemeinde.

Lit.: Obst 143–184; Gasper 308–312.
SUSANNE STÜBINGER

Fisher, John, hl. (Fest 22. 6.), Bf. von Rochester (Kent) und Kardinal, Humanist, Märtyrer, * 1469 (Beverley, Yorkshire), † 22. 6. 1535 (London). 1491 Priesterweihe; 1502 Professur an der Univ. Cambridge, 1504 Kanzler ebd.. Beichtvater Lady Margaret Beauforts (Mutter Kg. → Heinrichs VIII.); mit ihr Gründung des *Christ's College* (1505) und des *St. John's College* (1511). F. stand in Verbindung zu den Humanisten (→ Reuchlin; → Erasmus 1511–1514 in Cambridge) und war einer der schärfsten lit. Gegner → Luthers (*Assertionis Lutheranae Confutatio*, *Sacri Sacerdotii Defensio*, *De Veritate Corporis et Sanguinis Christi in Eucharistia*). F. bezog 1529/30 im Streit um die Scheidung Kg. Heinrichs VIII. von Katharina von Aragón gegen den König Position, daher Verhaftung (zus. mit Th. → Morus) im April 1534. Zudem lehnte F. die 1534 verabschiedete Suprematsakte ab. In der Gefangenschaft Erhebung zum Kardinal durch P. → Paul III. am 20.5.1535. Am 17.6. Anklage F.s wegen Hochverrat, am 22.6. Enthauptung. Heiligsprechung 1935.

Lit.: [4]RGG 3 (2000), 150; Metzler 253; [3]LThK 3 (1995), 1310f.; R. Rex, The Theology of J. F. (1991); BBKL 2 (1990), 42f.
SUSANNE STÜBINGER

Flacius Illyricus, Matthias, luth. Theologe, * 3. 3. 1520 (Albona, Istrien), † 11. 3. 1575 (Frankfurt a.M.). Der Kroate F. (nichtlatinis. Name: Matthias Vlacic) studierte in Venedig, Basel, Tübingen und Wittenberg, wo er in persönl. Kontakt zu → Luther trat. 1544 wurde F. Prof. für Hebräisch in Wittenberg, wirkte 1549–1557 in Magdeburg und dann bis 1561 als Theologieprof. an der Univ. Jena. Weitere Stationen seines unsteten Lebens waren Regensburg (1562–1566), Antwerpen (1566/67), Straßburg (1567–1573) und zuletzt Frankfurt. F. trat als führender Exponent der sog. Gnesiolutheraner für die „reine Lehre" Luthers ein und kam so in Gegensatz zu seinem akadem. Lehrer Ph. → Melanchthon und dessen Kreis. Aufgrund seiner bibelexeget. Arbeiten gilt F. als Begründer einer mod. Hermeneutik, als Initiator der *Magdeburger Centurien* gab er den Anstoß zum ersten großen prot. Kirchengeschichtswerk. F. bemühte sich als Autor auch um die Verbreitung der Reformation in seiner illyr. Heimat. Streitbar und kompromißlos vertrat er seine theol. Positionen, die oft nur von wenigen geteilt wurden, und isolierte sich dadurch zunehmend.

Lit.: [4]RGG 3 (2000), 151f.; Kaufmann 108f.; [3]LThK 3 (1995), 1312f.
STEPHAN HAERING

Fliedner, Theodor, ev. Pfarrer, * 21. 1. 1800 (Eppstein, Taunus), † 4. 10. 1864 (Kaiserswerth bei Düsseldorf). F. studierte in Gießen und Göttingen Theologie und war 1822–1849 Pfarrer in Kaiserswerth. Dort gründete er nach engl. Vorbild versch. Einrichtungen der ev. Diakonie, für die er in Holland und England Spenden gesammelt hatte.

1828 rief er die erste dt. Gefängnisgesellschaft für die Gefangenenseelsorge ins Leben, 1836 gründete er zus. mit einem Krankenhaus das Diakonissenmutterhaus und 1844 die Diakonenanstalt in Duisburg.

Lit.: [4]RGG 3 (2000), 160f.; D. Kruczek, Th. F.: Mein Leben – für das Leben (1999); [3]LThK 3 (1995), 1321; BBKL 2 (1990), 57–59; A. Sticker, Th. und Friederike F. (1989). JOSEF KREIML

Florian (von Noricum), hl. (Fest 4. 5.), Märtyrer, Schutzheiliger Oberösterreichs, † um 304 (Zeit der Verfolgungen → Diocletians). Herkunft aus höherem Soldatenstand; F. lebte wohl im Stadtbezirk von Cetium (St. Pölten) und war ehem. Vorstand der Kanzlei des Zivilstatthalters von Noricum; er wurde bei dem Versuch, 40 in Lauriacum (Lorch) an der Enns verhafteten Christen zu Hilfe zu kommen, vom Statthalter Aquilinus verhaftet und in die Enns gestürzt. Leichnam angebl. von einer Valeria geborgen. Vita F.s bereits greifbar im *Martyrologium Hieronymianum* (Fassung aus dem 7. Jh.), der Grundlage für die *Passio Floriani.* Die Verehrung F.s setzte schon sehr früh ein; in den *Passauer Traditionen* finden sich bereits vor 800 Schenkungen an den Heiligen. Über seiner Begräbnisstätte erhebt sich seit dem 8./9. Jh. das spätere Augustinerchorherrenstift St. Florian. Attribute: Helm (Fürstenhut), Mantel, Fahne und Schwert (Patron der Krieger), Wasserkübel (Patron gegen Feuer- und Wassergefahr).

Lit.: [4]RGG 3 (2000), 164; G. Schwaiger (Hg.), Bavaria Sancta I (1970), 38–50. SUSANNE STÜBINGER

Fogazzaro, Antonio, kath. Schriftsteller, * 25. 3. 1842 (Vicenza), † 7. 3. 1911 (ebd.). F., ein Romancier von damals nat. Rang, dessen Werke der psycholog.-idealist. Richtung zuzurechnen sind und zunehmend spiritualist. Gepräge trugen, war eng befreundet mit versch. Exponenten der rel. Reformbewegung in Italien und darüber hinaus (z. B. mit F. X. → Kraus und F. von → Hügel) und plädierte wie diese leidenschaftlich für eine dialogbereite Öffnung der Kirche zur mod. Welt, so v. a. in seinem von den Idealen A. → Rosminis beeinflußten Roman *Il Santo* (1906), dessen Titelheld mit apostol. Impetus gegen ein verrechtlichtes papalist.-zentralist. Kirchensystem Protest erhebt und einer im Geiste der Nächstenliebe gründenden, alle Bereiche des rel. und soz. Lebens durchdringenden Reform das Wort redet. Während F. dessenthalben im April 1906 indiziert wurde, gab im dt.-sprachigen Raum die Veröffentlichung von *Der Heilige* in C. → Muths Monatsschrift *Hochland* (1905/06) den Auftakt zum „Katholischen Literaturstreit" und langdauernden, von der Röm. Kurie kräftig unterstützten Feldzug gegen den „literarischen Modernismus".

Lit.: DBI 48 (1997), 420–429; A. Piromalli, Introduzione a F. (1990); M. Weitlauff, „Modernismus litterarius" ..., in: Beiträge zur altbayr. Kirchengeschichte 39 (1988), 97–175. KARL HAUSBERGER

Foucauld, Charles-Eugène Vicomte de, OCR, großer Vertreter der Spiritualität des 20. Jh.s, * 15. 9. 1858 (Straßburg), † (ermordet) 1. 12. 1916 (Tamanrasset, alger. Sahara). 1883/84 unternahm F. eine Forschungsreise nach Marokko, ab 1886 erfolgte eine intensive Hinwendung zum Glauben; F. lebte in der OCR-Abtei Notre-Dame des Neiges sowie im Priorat Akbès in Syrien; 1897 Ordensaustritt wegen Suche nach dem Ideal radikaler Armut; Priesterweihe 1901 bei den Klarissen in Nazaret. F. führte ein zurückgezogenes Leben im Gebet, ab 1905 als Einsiedler v. a. unter den Tuareg (Gedanke der Nachfolge Christi, der Präevangelisierung, der Armut, der Verkündigung des Evangeliums bes. an Arme und des gelebten Zeugnisses), für deren Sprache er ein umfassendes Wörterbuch erstellte; es kam zur Idee der Gründung einer Laiengemeinschaft, F.s Regelentwürfe wurden aber erst nach seinem Tod umgesetzt in einer *Geistlichen Familie* (*Association Générale des Fraternités du Frère Charles de Jésus*, Zusammenschluß 1955) mit versch. Gruppierungen; ab 1933 entstanden Ordensgründungen, ab 1945 neue Lebensformen (*Kleine Brüder/Kleine Schwestern Jesu*); jede Gemeinschaft ist dabei selbständig strukturiert; im dt. Sprachraum: *Gemeinschaft Charles de Foucauld*, *Priestergemeinschaft Jesus-Caritas*, *Fraternität Jesus-Caritas*, *Fraternität Charles de Foucauld*.

Lit.: [4]RGG 3 (2000), 205; [3]LThK 3 (1995), 1372f; J. F. Six, Ch.de F. ([2]1991).

SUSANNE STÜBINGER

Fox, George, Begründer der Quäker, * Juli 1624 (Dryton-in-the Clay), † 13. 1. 1691 (London). F. löste sich aufgrund eines göttl. Befehls von seinen Eltern und durchwanderte das Land. 1646 kam er zur Erkenntnis, daß Kirche und Amt zu verwerfen seien. Der als „Schwärmer" geziehene F. fand Anhänger für seine Ideen, v. a. Separatisten aus der Kirche von England. 1652 begründete er die *Gesellschaft der Freunde* (*Society of Friends*), die Kirche, Sakrament, Priestertum und Dogma ablehnt und einen schlichten Bibelglauben sowie die Einwohnung des Hl. Geistes als „inneres Licht" in jedem Menschen lehrt. Der anfängliche Spottname „Quäker" (engl. = Zitterer) wurde zur Selbstbezeichnung der Gemeinschaft um F., die sich weltweit soz.-karitativ engagiert, unbedingte Wahrhaftigkeit und Ehrlichkeit, Anspruchslosigkeit und Abstinenz fordert, Krieg, Sklaverei und Eid ablehnt und deshalb immer wieder auch verfolgt wurde. Wegen seiner Lehre wurde F., der seit 1670 weit ausgedehnte Reisen unternahm, mehrfach verhaftet.

Lit.: H. L. Ingle, First among love (1994).

WOLFGANG ROTZSCHE

Francisco de Vitoria, span. Theologe, * 1483? (Burgos, mütterlicherseits mit jüd. Vorfahren), † 12. 8. 1546 (Salamanca). 1505 Eintritt in den OP, Studium in Paris, wo er bes. mit der Theologie des → Thomas von Aquin vertraut wird. Als Prof. in Valladolid und Salamanca legt F. seinen Vorlesungen bewußt dessen *Summa theologiae* zugrunde; in der Folge wird dieses Werk die Sentenzen des → Petrus Lombardus verdrängen. F.s Ruhm wird begründet durch die *Relectiones*, Vorlesungen zu aktuellen gesellschaftl., rel. und pol. Themen (Ursprung der staatl. bzw. der kirchl. Vollmacht, die Rechtsstellung der Bevölkerung in der Neuen Welt, das Verhältnis von Papst und Konzil u.a.); sie spiegeln seine Sorge um die rechte Reform der Kirche und sein waches Empfinden für die drängenden Fragen der Zeit. Auf der Basis scholast. Theologie gelingen ihm entscheidende Anstöße für deren Lösung (Völkerrecht, Friedensordnung).

Lit.: F.d.V., Vorlesungen I (Relectiones). Völkerrecht, Politik, Kirche, hg. von U. Horst, H.-G. Justenhoven, J. Stüben (1995), 13–99. MARIANNE SCHLOSSER

Franck, Sebastian, spiritualist. Philosoph und Theologe, * um 1500 (Donauwörth), † Ende Oktober 1542 (Basel). Nach Studien in Ingolstadt und Heidelberg wurde F. zunächst kath. Priester, schloß sich dann der Reformation an und wirkte unter dem Rat der Stadt Nürnberg als luth. Prediger. Ab 1528/29 widmete er sich ganz seinem schriftsteller. Werk. Er entwarf eine rel. Philosophie, die, Inspirationen aus der Mystik, von → Luther und vom christl. Humanismus aufnehmend, die Möglichkeit eines direkten Kontakts des Menschen mit Gott und einer Erfassung des Absoluten durch geistiges Bemühen propagiert. Eine gewisse Nähe hat seine Lehre zum Stoizismus. F.s Ideen wirkten sich bis in die moderne rel. Philosophie aus.

Lit.: [4]RGG 3 (2000), 208f.; S. Wollgast (Hg.), Beiträge zum 500. Geburtstag von S. F. (1999); [3]LThK 4 (1995), 2; TRE 11 (1983), 307–312. STEPHAN HAERING

Francke, August Hermann, luth.-pietist. Theologe, Pädagoge und Sozialreformer, * 22.3. 1663 (Lübeck), † 8. 6. 1727 (Halle/Saale). F., Sohn eines Juristen, studierte seit 1679 in Erfurt, Kiel, Hamburg und ab 1684 in Leipzig. Hier gründete er zus. mit einem Studienkollegen eine Arbeitsgemeinschaft zur Bibellektüre in der Ursprache (*Collegium Philobiblicum* 1686), die durch Anregungen Ph. J. → Speners 1687 einen stärker erbaul. Charakter erhielt. F., unter anderem beeindruckt von der Lektüre geistl. Schriften des span. Mystikers M. de → Molinos, geriet bei der Vorbereitung einer Predigt (Joh 20,31) in Lüneburg in eine tiefe Glaubenskrise, die durch „Bußkampf" und Bekehrungserlebnis überwunden wurde. Er richtete Erbauungsversammlungen für Studenten und Bürger im Sinne der Spenerschen *Collegia pietatis* ein. Die wegen Separatismusverdacht aufkommenden Spannungen mit orth. Professoren und Ortsgeistlichen endeten trotz Fürsprache des frühaufklärer. Philosophen Ch. → Thomasius mit der obrigkeitl. Unterdrükkung der pietist. Bewegung. F. übernahm 1690 ein Pfarramt in Erfurt, wo er wichtige Mitarbeiter für die Zukunft gewann. 1691 seines Amtes enthoben und ausgewiesen, erhielt er durch Vermittlung Speners eine Pfarrstelle in Glaucha, einem Vorort von Halle, und zugleich eine Professur für Griechisch und oriental. Sprachen an der neugegr. Univ. Halle. Neben der Einrichtung von Erbauungsversammlungen standen in Glaucha der auf Buße und Bekehrung zielende katechet. Unterricht, die Forderung strenger Sonntagsheiligung und eine verschärfte Beichtpraxis im Vordergrund. An der Univ. (seit 1698 als Theologieprof.) betrieb F. die Umsetzung der Spenerschen Vorschläge für eine bibl. und prakt. orientierte Reform des Theologiestudiums. Neben der Bibel empfahl F. stets J. → Arndts *Wahres Christentum* zur regelmäßigen geistl. Lektüre. Bis zur Jh.-Wende gelang F. der Ausbau der 1695 in Glaucha eingerichteten Armenschule zu einem umfassenden, über Deutschland hinaus vorbildl. wirkenden Schul- und Sozialsystem, das Angehörigen aller Schichten grundlegend verbesserte Bildungschancen eröffnete (sog. Franckesche Stiftungen mit Waisenhaus; Lehrerseminar u.a.) und von F. als Keimzelle universaler Reformen betrachtet wurde (ökum. Kontakte, Bibelverbreitung, Weltmission). Eine Vielzahl in Halle ausgebildeter Theologen trug die pietist. Ideale weiter. Neben Spenden sorgten die Erlöse von Buchhandlung, Druckerei, Verlag und Apotheke für wirtschaftl. Unabhängigkeit. Bußernst und Bekehrung wurden nach F.s persönl. Erleben zu wichtigen Kennzeichen des Hallischen Pietismus. Sie prägten auch das pädagog. Konzept mit seinen streng asket. Zügen. F.s vielbeachtete Informations- und Werbereise durch Deutschland 1717/18 demonstrierte die Ausstrahlungskraft, die der Hallische Pietismus gewonnen hatte. Die von pietist. Seite betriebene und von F. befürwortete Vertreibung des Aufklärungsphilosophen Christian Wolff aus Halle 1723 machte freilich deutlich, wie wenig man der geistigen Herausforderung der zunehmend siegreichen Aufklärungsbewegung gewachsen war.

Lit.: Vier Thaler und sechzehn Groschen. A. H. F., der Stifter und sein Werk (1998); Brecht 1 (1993), 440–539; TRE 11 (1983), 312–320. HANS-MARTIN KIRN

Franz Joseph I., Kaiser von Österreich, Kg. von Böhmen und Ungarn (1848–1916), * 18. 8. 1830 Wien (Schönbrunn), † 21. 11. 1916 (Wien). Mit Rücksicht auf die Unfähigkeit seines Onkels, Ks. Ferdinands I., frühzeitig für die Regierungsaufgaben erzogen. Nach dem Rücktritt Ferdinands I. im Revolutionsjahr 1848 wurde F. am 2. 12. 1848 in Olmütz zum Kaiser bestimmt. Er regierte anfangs neo-absolutist., warf die Erhebungen in Italien und Ungarn nieder, verlor 1859 die Lombardei, 1866 Venetien an das werdende Kgr. Italien und mußte nach der Niederlage gegen Preußen (1866) der Einverleibung Schleswig-Holsteins in Preußen und der Auflösung des Dt. Bundes zustimmen. Der neo-absolutist. Kurs wurde anfänglich auch von der kath. Kirche mitgetragen (1850 Beschränkung des josephinist. Staatskirchentums; 1855 Konkordat); doch brachte der wachsende liberale Einfluß erhebliche Beschränkungen (Maigesetze 1868 über Ehe, Schulwesen, interkonfessionelle Verhältnisse, 1870 Aufkündigung des Konkordats). Diese Entwicklung stand auch im Zusammenhang mit den Pflichten des konstitutionellen Herrschers seit dem österr.-ungar. „Ausgleich" und der Bildung der Doppelmonarchie Österreich-Ungarn. F., persönl. durchaus rel. und sehr pflichtbewußt, konnte Konflikte verhindern oder mildern (z.B. im drohenden Kulturkampf 1874) und kraft seiner Persönlichkeit innenpol. die im Nationalismus auseinanderstrebenden Kräfte noch zusammenhalten. Wegen der seit dem Ende des Kirchenstaates 1870 offenen *Römischen Frage* kritisierte P. → Leo XIII. wiederholt den Beitritt zum Dreibund (Österreich, Deutschland, Italien). Spannungen entstanden über die Besetzung wichtiger Bischofsstühle (v.a. in Ungarn), über das päpstl. Engagement zugunsten der Slawen, wodurch Österreich seine Stellung auf dem Balkan gefährdet sah. Beim Konklave 1903 billigte F. – offensichtl. auf Initiative poln. Bischöfe – die Anwendung der Exklusive gegen Kard. Rampolla.

Lit.: A. M. Sigmund, Die verschollenen Tagebücher F. J.s (1999); [3]LThK 4 (1995), 56f.; Das Zeitalter Kaiser F. J.s. Niederösterr. Landesausstellung 1984, 2 Bde. (1984). GEORG SCHWAIGER

Franz von Assisi (Franziskus von A.), hl. (Fest 4. 10.), Ordensstifter (OFM), Patron Italiens, * 1181/82 (Assisi), † 3. 10. 1226 (Portiunkula bei Assisi). Der Sohn des wohlhabenden Tuchhändlers Pietro Bernardone verbrachte zunächst eine recht unbeschwerte Jugend in Assisi, bevor ihm schrittweise seine Berufung zu einem Leben in der Nachfolge Christi deutlich wurde. Als einschneidendes Erlebnis gilt allen zeitgenöss. Biographen die Erfahrung vor dem Kreuz-Bild von San Damiano, von dem er die Worte vernimmt: „Stelle meine Kirche wieder her", was F. zunächst wörtl. nimmt. Vom leibl. Vater verstoßen, vom Bf. von Assisi aber geschützt, entschließt sich F. zu einem vollständig armen Leben im Vertrauen auf Gott als seinen Vater. Bald sammeln sich um ihn Gleichgesinnte. Die einfache Lebensregel der „Minderen Brüder" wird von P. → Innocenz III. bereits 1209/10 gutgeheißen. Auch die folgenden Päpste Honorius III. und v.a. → Gregor IX., der als Kardinal Protektor der Minderbrüder gewesen war, förderten den Orden nach Kräften. Nach der Regel von 1221, die großenteils aus Worten des Evangeliums bestand, wird 1224 die „bullierte" (päpstl. bestätigte) Regel in Kraft gesetzt. F. ist nicht nur der „Vater" der Minderbrüder, sondern auch der Klarissen – so nennt ihn → Klara – und des sog. Dritten Ordens „von der Buße", in dem Laien sich einem entschiedenen rel. Leben widmen. Zu ihm gehörten z.B. die hl. → Elisabeth von Thüringen, der hl. → Ludwig IX. und die Mystikerin Angela von Foligno (1248–1309). Die Liebe zu Christus, der als Gottes Sohn um der Erlösung der Menschen willen arm und verachtet wurde bis zum Tod am Kreuz, ist das Zentrum von F.' Spiritualität: seine eigene radikal gelebte Armut und Demut, seine Liebe zu den Armen (damals bes. den Aussätzigen), aber auch seine Liebe zur sichtbaren Kirche, in der, selbst in armseliger Gestalt, die Gegenwart Christi verbürgt ist: im Wort der Hl. Schrift und v.a. im Sakrament der Eucharistie. Auch die gesamte sichtbare Schöpfung, für F. transparent auf den Schöpfer hin, ist noch einmal zu höherer Würde erhoben durch die Menschwerdung des Schöpfers. Dies wird nicht nur aus den versch. Lebensbeschreibungen des Heiligen deutlich (Thomas von Celano, → Bonaventura u.a.), sondern auch aus seinen eigenen Schriften: Überliefert sind Briefe, Gebete, Ermahnungen, die Regeln für den Orden und für die Einsiedeleien, das Testament. Am bekanntesten ist der *Sonnengesang*, der neben weiteren Dichtungen F.' zu den herausragenden Zeugnissen der beginnenden volkssprachl. Literatur zählt. Zwei Jahre vor seinem Tod empfing F. auf La Verna, bei einer Erscheinung des gekreuzigten Christus in der Gestalt eines sechsflügeligen Seraph (die brennende Gottesliebe versinnbildend), die Wundmale. F. ist der erste sichtbar Stigmatisierte der Kirchengeschichte. Von den Zeitgenossen wurde dies als die Besiegelung der vollkommenen Christus-Ähnlichkeit F.' gedeutet. Schon kurze Zeit nach seinem Tod wurde er heiliggesprochen. Zahlr. Ordensgemeinschaften, v. a. karitative Kongregationen des 19. Jh.s, beziehen sich auf ihn zurück.

Lit.: L. Lehmann, F.v.A. (1998); ders. (Hg.), Das Testament eines Armen (1999). MARIANNE SCHLOSSER

Franz von Paula, hl. (Fest 2. 4.), Ordensgründer (OM), * 27. 3. 1416/36 (Paola, Cosenza), † 2. 4. 1507 (Tours). Mit 12 Jahren Eintritt in das OFMConv-Kloster San Marco, dann strenges Eremitenleben. 1454 Gründung eines Klosters für die Eremiten des hl. → Franz von Assisi, am 23. 5. 1474 Bestätigung des Ordens der Minimen (auch Paulaner/Pauliner genannt) durch P. → Sixtus IV.; 1503 erfolgte die endgültige Bestätigung durch P. → Alexander VI. (Ausstattung mit den Privilegien der Bettelorden); die sehr strenge Regel, 1493 aufgezeichnet, wurde 1560 durch P. Pius IV. bestätigt. 1495 Gründung des Zweiten Ordens der Minimitinnen (Andujar, Spanien); die Minimen-Tertiarier/-innen blieben unbedeutend. 1483 von P. Sixtus IV. zum sterbenden Ludwig XI. gerufen, blieb F. unter Karl VIII. als Ratgeber in Frankreich; es kam zu weiteren Klostergründungen. 1519 Heiligsprechung.

Lit.: [4]RGG 3 (2000), 247; [3]LThK 4 (1995), 50f.; BBKL 2 (1990), 103f. SUSANNE STÜBINGER

Franz von Sales (François de Sales, Salesius), hl. (Fest 24. 1.), Mystiker, Kirchenlehrer, Patron der Journalisten und Gehörlosen, Ordensgründer (OVM), * 21. 8. 1567 (Schloß Sales in Thorens, Savoyen), † 28. 12. 1622 (Lyon). Studium der Philosophie, Theologie (Paris) und der Rechtswissenschaften (Padua); 1591 Dr. beider Rechte; 1593 Priesterweihe und Ernennung zum Propst an der Domkirche von Annecy; F. zeigte Bemühungen um die Rekatholisierung der Provinz Chablais (apologet. Schrift: *Defense de l'Estendart de la sainte croix*, *Verteidigung der hl. Kreuzfahne*). 1599 wurde er Koadjutor des Bf. von Genf, 1602 zum Bf. von Genf geweiht (Verwaltung der Diözese im Sinne des Tridentinums). F. wurde bekannt durch sein rel. Schriftstellertum, hielt bedeutende Fastenpredigten in Paris, Lyon und Dijon und hatte hohen Einfluß auf Damen der adligen frz. Gesellschaft. Ab 1604 Kontakt zu J.-F. de → Chantal; es kam auf seine Anregung hin 1610 zur Gründung des Ordens der Salesianerinnen/Visitandinnen (*O. de visitatione beatae Mariae virginis*); die päpstl. Bestätigung erfolgte 1618. Werke u.a.: *Introduction à la vie dévote* (Einführung in das Frömmigkeitsleben, *Philothea* genannt; Grundanliegen der Gottesliebe, der Frömmigkeit in der Welt; nachweisbarer Einfluß des → Thomas von Kempen), *Traité de l'Amour de Dieu* (*Theotimus* genannt; Abhandlung über die Gottesliebe, Aufnahme theol. Traditionen von → Paulus bis zur Mystik des MA).

Lit.: [4]RGG 3 (2000), 247f.; Metzler 264f.; TRE 29 (1998), 717–723; [3]LThK 4 (1995), 52f.; H. Berghuis, Nichts so sehr als Mensch (1992); F. Corrignan, Diesen Weg kann ich gehen (1991).

SUSANNE STÜBINGER

Franz Xaver (Francisco de Jassú y Javier), hl. (Fest 3. 12.), SJ (1534), Apostel Indiens und Japans, Begründer der Mission im Fernen Osten und allg. der SJ-Missionen, Patron der Seefahrer und Missionare, * 7. 4. 1506 (Schloß Javier, Navarra), † 3. 12. 1552 (Insel Sanquian bei Kanton). Studium in Paris seit 1525 (1534 Montmartre-Gelübde), 1533 Anschluß an den Kreis um → Ignatius von Loyola und Mitbegründer der SJ (1539 Mitbeteiligung an der Abfassung der ersten Ordensverfassung). Seit 1542 Missionstätigkeit in Goa/Westküste Indiens (ab dem 6. 5. 1542; seit 1553 ist Goa Sitz eines Bischofsstuhls), Südindien (1542–1544, Taufe von 20000–30000 Nichtchristen), Malakka, auf den Moro-Inseln und den Molukken (1545). Anschließend Gründung der Mission in Japan (1549) unter dem Prinzip der Anpassung an die Landeskultur, Beginn des „christl. Jh.s" (1549–1639) in Japan; 1552 Rückkehr nach Goa und Ernennung zum Provinzial der neuen ind. Provinz durch Ignatius. F., der beim Versuch der Mission in China verstarb, wurde 1622 heiliggesprochen; Verehrung des Leibes in Goa, des rechten Unterarmes (Taufarm) in Rom (Il Gesù).

Lit.: Metzler 266f.; [3]LThK 4 (1995), 55f.; BBKL 2 (1990), 109–111.

SUSANNE STÜBINGER

Franzelin, Johann Baptist, kath. Theologe, Kardinal (1876), * 15. 4. 1816 (Aldein, Tirol), † 11. 12. 1886 (Rom). Seit 1834 Mitglied der SJ, erhielt F. seine theol. Ausbildung hauptsächl. in Rom und Löwen (Priesterweihe 1849) und war 1850–1876 Prof. am röm. Collegium Romanum (Gregoriana), zunächst für oriental. Sprachen (1854 zugleich für Einleitung in die Hl. Schrift), ab 1857 für Dogmatik. Seine zahlr. Lehrbücher fanden ob ihres log. Aufbaus und ihrer präzisen Gedankenführung große Verbreitung im theol. Schulbetrieb, wobei F. insofern eine Vermittlergestalt innerhalb der *Römischen Schule* der Neuscholastik repräsentierte, als er in seinen Traktaten den hist. Ansatz mit der spekulativen Durchdringung verband, ohne sich allzu eng an die damals gängigen scholast. Distinktionsformeln zu halten. Maßgebl. Anteil hatte der 1876 zum Kurienkardinal kreierte Jesuit als Mitglied der Glaubenskommission an der Vorbereitung und Durchführung des I. Vatikanums.

Lit.: P. Walter, J. B. F. (1987).

KARL HAUSBERGER

Friedberg, Emil, ev. Kirchenrechtslehrer und Hg. des *Corpus Iuris Canonici*, * 22. 12. 1837 (Konitz), † 7. 9. 1910 (Leipzig). Nach der Promotion zum Dr. iur. (1861), der Habilitation (1862) und Lehrtätigkeit in Berlin, Halle und Freiburg i. Br. war F. seit 1869 als Prof. in Leipzig tätig. Seine zweibändige Ausgabe des *Corpus Iuris Canonici* (Leipzig 1879, 1881; Nachdr. Graz 1955 und 1959) ist bis heute die am meisten gebräuchl. Edition; eine textkrit. Edition des *Corpus* steht noch aus. Das *Recht der Eheschließung in seiner geschichtlichen Entwicklung* (Leipzig 1865; Nachdr. Aalen 1965) und das *Lehrbuch des katholischen und evangelischen Kirchenrechts* (Leipzig 1879, 6. Aufl. 1909; Nachdr. Frankfurt a. M. 1965) fanden weite Verbreitung. Im Kulturkampf vertrat F. die staatl. Position.

Lit.: H. Heinrichs (u. a.Hgg.), Deutsche Juristen jüdischer Herkunft (1993), 283–300; BBKL 2 (1990), 126. Franz Kalde

Friedrich I. Barbarossa, röm.-dt. Kaiser, * 1122, † 10. 6. 1190 (auf dem Kreuzzug im Fluß Salef/Kleinasien ertrunken). Sohn des stauf. Hzg. Friedrich II. von Schwaben; 1152 als Nachfolger seines Oheims Konrad III. zum König gewählt, da man sich Ausgleich zwischen Staufern und Welfen erhoffte; 1155 zum Kaiser gekrönt. Im Mittelpunkt der Konflikte mit den Päpsten (v. a. → Hadrian IV. und → Alexander III.; Schisma 1159–1180) und den italischen Kommunen stand die Wiederherstellung der Reichsrechte in Italien. F. betonte die sakrale Geltung und Gottunmittelbarkeit der Kaiserwürde (Sacrum Imperium Romanum), während der Papst den Primat und eine Lehnshoheit über den Kaiser zu beanspruchen suchte (Eklat in Besançon 1157). Der Friede von Venedig 1177 zw. F. und Alexander III. brachte nur vorübergehend Beruhigung; die Frage der Reichsrechte in Italien blieb offen, und 1186 trat mit der Heirat → Heinrichs VI. mit Konstanze, der Erbin des Normannenreiches Sizilien, neue Verhärtung ein. F. wurde neben → Karl d. Gr. der volkstümlichste Kaiser des dt. MA. In Wirklichkeit war seine Regierung weniger erfolgreich. Die versuchte Unterwerfung der Stadtstaaten in Italien war nicht mehr zeitgemäß; ebensowenig erreichte F. die endgültige Auflösung des stauf.-welf. Dualismus (schwerer Konflikt mit Hzg. Heinrich dem Löwen von Sachsen und Bayern). Als zukunftweisend erwies sich die Hausmachtpolitik.

Lit.: K. Görich, Die Ehre F. B.s (2001); O. Engels, Die Staufer ([7]1998); J. Laudage, Alexander III. und F. B. (1997); [3]LThK 4 (1995), 146f.

Georg Schwaiger

Friedrich II., röm.-dt. Kaiser, Kg. von Sizilien und Jerusalem; aus dem Haus der Staufer, * 26. 12. 1194 (Iesi bei Ancona), † 13. 12. 1250 (Fiorentino bei Lucera, beigesetzt im Dom von Palermo). Sohn Ks. → Heinrichs VI. († 1197) und Konstanzes, der Erbin Siziliens († 1198); 1196 zum dt. König gewählt, 1198 in Palermo zum Kg. von Sizilien gekrönt. Konstanze bestimmte → Innocenz III. zum Vormund des jungen Königs und zum Verweser Siziliens, der in den dt. Thronwirren (1198 Doppelwahl: der Staufer Philipp von Schwaben und der Welfe Otto IV.) nach der Ermordung Philipps (1208) F. gegen Ks. Otto IV. unterstützte. F. wurde 1212 erneut zum dt. Kg. gewählt und 1220 in

Rom von P. Honorius III. zum Kaiser gekrönt. F. war hochbegabt und hervorragend gebildet, durchaus rel., aber wohl von den schlimmen Erfahrungen der Jugend her gelegentl. auch verschlagen und grausam. F. gestaltete das Kgr. Sizilien zu einem mod., straff organisierten Staat mit kluger Finanz-, Wirtschafts- und Kulturpolitik. Die Päpste fürchteten Umklammerung des Kirchenstaates und forderten Kreuzzug. Auf dem 5. Kreuzzug 1228/29 erlangte F. die Krone des Kgr. Jerusalem. In seiner Notlage, aber auch der Zeit entsprechend, bestätigte er geistl. und weltl. Einrichtungen im Reich ihre errungenen Freiheiten (geistl. und weltl. Fürsten; Städte). Nach der ausgleichenden Friedenspolitik (Mainzer Reichslandfriede 1235) und dem Sieg über die lombard. Städte 1237 begann unter P. → Gregor IX. die furchtbare Endphase des Kampfes zw. Kaiser- und Papsttum (1239 erneut Bann über F.), der sich unter → Innocenz IV. (1243–1254) zum haßerfüllten, erbarmungslosen Vernichtungskampf gegen das gesamte stauf. Haus steigerte. F. wurde vom Papst auf dem Konzil von Lyon 1245 abgesetzt, damit das sakrale Kaisertum ins Mark getroffen. Der Kampf war noch nicht entschieden, als F. 1250 starb, bis zuletzt erfüllt vom Bewußtsein der Erwähltheit seines Geschlechts und seiner imperialen Sendung. Das Reich zerfiel, die Auflösung der abendländ. Zusammengehörigkeit trat grell zutage. Dem Ende des altdt. Kaisertums folgte der Niedergang der Geltung des Papsttums auf dem Fuß. Bald wurde deutlich, daß in dem langen, verheerenden Ringen der „beiden Häupter der Christenheit" beide Institutionen unwiederbringlich an Macht und Autorität eingebüßt hatten.

Lit.: K. van Eickels, T. Brüsch (Hgg.), Kaiser F. II. (2000); W. Stürner, F. II., 2 Bde. (1992–2000). GEORG SCHWAIGER

Friedrich III., röm.-dt. Kaiser, aus dem Haus Habsburg, * 21. 9. 1415 (Innsbruck), † 19. 8. 1493 (Linz, beigesetzt im Stephansdom, Wien). 1452 in Rom von → Nikolaus V. zum Kaiser gekrönt (letzte Kaiserkrönung in Rom). F. geriet pol., auch durch mangelnde Entschlossenheit, in beträchtliche Schwierigkeiten, konnte den Zerfall des habsburg. Hausmachtbesitzes nicht verhindern, blieb aber zäh und letztlich erfolgreich im Festhalten seiner Pläne. Durch die Verheiratung seines Sohnes → Maximilian (I.) mit Maria (1477), der Erbtochter Karls des Kühnen, gewann er Burgund und legte damit den Grund für die Großmacht Habsburg. F. folgte 1440 in der Spaltung des Konzils von Basel nicht der vom Reichsepiskopat propagierten „Neutralität" und stellte sich mit dem Basler Restkonzil gegen Eugen IV., wechselte aber nach 1444 zu diesem Papst, erhielt dafür beträchtl. Vorrechte (zum Ausbau der Landeskirche) und schloß 1448 mit Nikolaus V. als Reichsoberhaupt (pro natione Alamanica) das Wiener Konkordat; obwohl nicht Reichsgesetz, weil nur vom Papst und nicht reichsrechtl. publiziert, blieb es bis zum Ende des Hl. Röm. Reiches 1803/06 in Geltung; zur Anerkennung der Vereinbarungen mußte die Kurie den Territorialherren in Sondervereinbarungen erhebl. Zugeständnisse machen, z. B. bei der Besetzung geistl. Stellen und Visitationen (bedeutsam für den Ausbau von Landeskirchen im 15./16. Jh.). F. erhielt Zusage der Kaiserkrönung. Durch das Wiener Konkordat wurden die *Fürstenkonkordate* von 1447 prakt. obsolet, die Hinwendung des Reiches vom Basler Konzil zum röm. Papst endgültig, aber die drängenden Fragen der Kirchenreform erneut verdrängt. Die Aktionen → Pius' II. zur Türkenabwehr fanden kaum Unterstützung.

Lit.: LMA 9 (1998), 88 f.; [3]LThK 4 (1995), 149 f. Georg Schwaiger

Friedrich III. der Weise, Kurfürst von Sachsen, * 14. 1. 1463 (Torgau), † 5. 5. 1525 (Lochau). F. gründete 1502 die Univ. Wittenberg und trat seit 1517 als Beschützer M. → Luthers auf. Seinem Engagement war es zu verdanken, daß Luther auf dt. Boden verhört worden ist. F. ließ Luther auf der Wartburg in Gewahrsam nehmen und verhinderte eine mögliche Gefährdung des Reformators. Bis 1524 hielt F. am kath. Gottesdienst in der Schloßkirche zu Wittenberg fest, empfing aber vor seinem Tod die Kommunion unter beiderlei Gestalten.

Lit.: [3]LThK 4 (1995), 154 f.

Wolfgang Rotzsche

Friedrich V. von der Pfalz, Kurfürst, Kg. von Böhmen, * 26. 8. 1596 (Amberg), † 29. 11. 1632 (Mainz). Als Haupt der Union, eines 1608 erfolgten, 1621 zerbrochenen Zusammenschlusses der prot. Reichsstände (ohne Kursachsen), wurde der *Winterkönig* F. vom rebellierenden böhm. Adel 1619 zum Nachfolger des 1618 entthronten Kg. Ferdinand von der Steiermark (seit 1619 Ks. → Ferdinand II.) gewählt. Nach der Niederlage gegen die ksl. Truppen am Weißen Berg bei Prag (1620), mitten im 30jährigen Krieg, floh F. in die Niederlande und verlor seine pfälz. Kurwürde, die 1623 → Maximilian I. von Bayern erhielt.

Lit.: G. Taddey (Hg.), Lexikon der dt. Geschichte ([3]1998), 409; DBE 3 (1996), 467 f.; [3]LThK 4 (1995), 152 f.

Manfred Heim

Funk, Franz Xaver, kath. Kirchenhistoriker, * 12. 10. 1840 (Abtsgmünd), † 24. 2. 1907 (Tübingen). Nach dem Studium der Theologie, Staatswissenschaft und Nationalökonomie in Tübingen 1863 zum Dr. phil. promoviert, wurde F. 1866 Repetent im Tübinger Wilhelmsstift und 1870 als Nachfolger von C. J. → Hefele, den er bereits seit 1869 vertrat, Prof. für Kirchengeschichte in Tübingen, wobei er sich nachmals v. a. in der Patrologie als Forscher (u. a. mit Beiträgen zur Geschichte der allg. Konzilien) und Editor (*Opera Patrum Apostolicorum*, *Patres Apostolici*) wiss. Ruhm erwarb. In Absetzung von der apologet. harmonisierenden Methode seines Vorgängers war er der erste Vertreter einer unbestechlich krit. Geschichtsschreibung unter den kath. Tübingern und wurde dessenthalben innerkirchl. heftig angefeindet. Sein *Lehrbuch der Kirchengeschichte* (1886), fortgeführt von Karl Bihlmeyer und Hermann Tüchle, bewährte sich jahrzehntelang in der akadem. Praxis.

Lit.: W. Groß, F. X. F. (1991), 121–132.

Karl Hausberger

G

Galen, Clemens August Graf von, Bf. von Münster, Kardinal (1945), * 16. 3. 1878 (Burg Dinklage, Oldenburg), † 22. 3. 1946 (Münster). 1904 Priester, Seelsorger in Berlin und Münster; konservativer Katholik, bald entschiedener Kämpfer gegen Totalitätsanspruch und Rechtsbrüche des Nationalsozialismus; u.a. 1941 drei aufsehenerregende Predigten (*Löwe von Münster*) gegen Aufhebung der Klöster, Vertreibung der Ordensleute, Rassenpolitik, Tötung Geisteskranker und Behinderter („Euthanasie"); nach Kriegsende Eintreten gegen die behauptete Kollektivschuld des dt. Volkes, gegen Unrecht der Siegermächte und Bemühung um gesellschaftl. Neuordnung.

Lit.: [3]LThK 4 (1995), 267f.; P. Löffler (Bearb.), Bischof C. A. Graf von G. Akten, Briefe und Predigten 1933–1946, 2 Bde. (1988). GEORG SCHWAIGER

Galerius (Gaius G. Valerius Maximianus), röm. Kaiser (305–311), * um 250 (Romulianum bei Serdica), † Mai 311 (Nikomedia). Seit 1. 5. 305 Augustus des Ostens; seit 306 ranghöchster Tetrarch. Als entschiedener Gegner des Christentums rigorose Durchführung des Edikts vom 3. 2. 303 (→ Diocletian) gegen die Christen; G. konnte diese Politik jedoch unter dem Druck aus dem Westen durch → Konstantin I. und Maxentius nicht erhalten, so daß es kurz vor seinem Tod zum Erlaß eines Indulgenzedikts kam (April 311), das den Christen Toleranz in der Ausübung ihres Kultes zusicherte (Christentum daraufhin *religio licita*).

Lit.: DNP 4 (1998), 757–759; [3]LThK 4 (1995), 268; BBKL 2 (1990), 168.
SUSANNE STÜBINGER

Galilei, Galileo, it. Mathematiker und Naturphilosoph * 15. 2. 1564 (Pisa), † 8. 1. 1642 (Arcetri bei Florenz). G. wurde 1589 Prof. für Mathematik in Pisa, 1592 in Padua, 1610 zum Ersten Mathematiker und Philosophen des Großherzogs der Toscana in Florenz ernannt. G. gilt als Begründer der neuzeitl. experimentellen Naturforschung, die nach heftigen Kämpfen die auf den gr. Philosophen Aristoteles gestützte Naturphilosophie ablösen sollte. (Die enge Verbindung zw. der Theologie und der aristotel. Naturphilosophie bes. in der scholast. Sakramentenlehre war der ausschlaggebende Kontext des späteren Prozesses.) G. machte beispielsweise Experimente am schiefen Turm von Pisa, wo er die *Gesetze vom freien Fall* studierte. Eine verbesserte Fernrohrtechnik ließ ihn bed. astronom. Entdeckungen machen (Mondgebirge, vier Jupitermonde). Weil er aufgrund seiner Beobachtungen das Weltbild des → Kopernikus vertrat, wurde er von dem Dominikaner Caccini 1614 attackiert. G. nahm die Fehde auf, mißachtete aber den Rat → Bellarmins, seine Lehren als Hypothesen zu deklarieren, zumal er tatsächl. keine Beweise vorlegen konnte. So wurde das Problem schließl. der röm. Inquisition vorgelegt, die das Werk *De revolutionibus* des Kopernikus als nicht mit der Schrift vereinbar erklärte und G. am 26. 2. 1616 durch Kard. Bellarmin mitteilen ließ, er dürfe fortan nicht mehr das heliozentr. Weltbild lehren. Als G. 1632 seine Schrift *Dialogo sopra i due massismi sistemi* publizierte, kam es zu einem zweiten Prozeß, der wiederum die vermeintl. Diskrepanz zw. Hl. Schrift und heliozentr. Weltbild feststellte und G. dazu verurteilte, seiner Lehre abzuschwören. Die letzten Jahre seines Lebens verbrachte G. in kirchl. Gewahrsam auf seinem Landhaus in Arcetri, wo er sein wissenschaftstheoret. Hauptwerk verfaßte: *Discorsi e dimostrazioni matematiche* (Leiden 1638). G.s trotziges „Und sie bewegt sich doch" vor der Inquisition ist eine Legende des 19. Jh.s, als der Prozeß gegen Galilei im zeitgenöss. Konflikt zw. Darwinismus und Theologie gerne als Beweis für die angebl. Wissenschaftsfeindlichkeit der Kirche herangezogen wurde. G. wurde von Johannes Paul II. in einer Ansprache am 31. 10. 1992 vor der Päpstl. Akademie der Wissenschaften rehabilitiert.

Lit.: W. Brandmüller, G. und die Kirche (1994). RUDOLF VODERHOLZER

Gallitzin, Adelheid Amalia Fürstin von, * 28. 8. 1748 (Berlin), † 27. 4. 1806 (Münster), geb. Gräfin von Schmettau. G. stand zunächst unter starkem Einfluß der Aufklärung und pflegte Kontakte u. a. zu → Voltaire, Diderot und Hemsterhuis. 1786 Zuwendung zur kath. Kirche, u. a. durch den Einfluß J. G. → Hamanns (1787/88), nach der Übersiedelung nach Münster (1779) Einsatz für die dortigen frz. Emigranten. Neben Franz von Fürstenberg (pädagog.-reformer. Generalvikar und Minister) Mittelpunkt des kath. *Kreises von Münster* (innere Erneuerung des dt. Katholizismus, Offenheit gegenüber philos., lit. und rel. Zeitströmungen). G. hatte Kontakte u. a. zu F. Jacobi, J. W. von Goethe, M. Claudius und F. L. Graf zu → Stolberg und leistete einen bed. Beitrag zu Erneuerung und Vertiefung des kulturellen Lebens in Westfalen. Aufschlußreiche Einblicke vermitteln die Tagebücher und der Briefwechsel G.s.

Lit.: [4]RGG 3 (2000), 461 f.; [3]LThK 4 (1995), 280 f.; M. Köhler, A.v.G. ([2]1995); M. Hänsel-Hohenhausen, Der Geist des G.-Kreises (1993); BBKL 2 (1990), 170–172. SUSANNE STÜBINGER

Gallus, hl. (Fest 16. 10), ir. Glaubensbote, * um 550 (Irland), † um 640 (Arbon, Schweiz). G. war einer der 12 Gefährten → Columbans d. J. und setzte dessen Arbeit in Bregenz fort. Er kam 590 ins Frankenreich und wirkte ab 610 in Alemannien; 612 Gründung einer Mönchsniederlassung an der Steinach zw. Bodensee und Säntis (spätere OSB-Abtei St. Gallen). Attribute: Bär, Brot und Pilgerstab.

Lit.: [4]RGG 3 (2000), 462; BBKL 2 (1990), 172 f.; J. Duft (Hg. und übers.), Die Lebensgeschichten der Hll. G. und Otmar aus den lat. Viten ([2]1990); LMA 4 (1989), 1098. SUSANNE STÜBINGER

Gasparri, Pietro, Kanonist und Kardinalstaatssekretär, * 5. 5. 1852 (Ussita, Prov. Perugia), † 18. 11. 1934 (Rom). 1877 zum Priester geweiht, übernahm G. 1880 eine Professur des kanon. Rechts am *Institut catholique* in Paris, bevor er 1896 in den päpstl. diplomat. Dienst trat; 1907 wurde G. Kardinal. Bes. Verdienste erwarb er sich um die Kodifikation des kanon. Rechts, die zum *Codex Iuris Canonici* führte, den P. → Benedikt XV. 1917 promulgierte. 1914–1930 war G. Kardinalstaatssekretär und leitete 1926–1929 die Verhandlungen des Hl. Stuhles über die Lateranverträge (1929). Zu den Hauptwerken G.s gehören der *Tractatus canonicus de matrimonio* (2 Bde., Paris-Lyon 1891; 4. Aufl. Rom 1932), der *Catechismus Catholicus* (Rom 1930; dt. EA: München 1932) sowie die Herausgabe wichtiger Quellendokumente zum *Codex Iuris Canonici* von 1917 (fortgeführt von G. Seredi, insg. 9 Bde.).

Lit.: DBI 52 (1999), 500–507; [2]Stolleis 234f.; BBKL 2 (1990), 180f.

Franz Kalde

Geiler von Kaysersberg, Johannes, Gelehrter und Prediger, * 16. 3. 1445 (Schaffhausen), † 10. 3. 1510 (Straßburg). G. studierte 1460–1463/64 in Freiburg i. Br. Philosophie und lehrte dort auch das Fach bis 1470, dem Jahr seiner Priesterweihe. Seit 1471 studierte er in Basel Theologie, wo er 1475 promovierte. 1446 wurde er Rektor der Univ. Freiburg, doch resignierte er zugunsten des Predigeramts: 1478–1486 in St. Lorenz in Straßburg, dann im dortigen Dom. G. gab zus. mit Peter Schott und Jakob Wimpfeling die Werke J. → Gersons, seines Lehrers, heraus und stand den oberrhein. Humanisten nahe. Er sah sich als Seelenführer und bemühte sich um die innere Erneuerung der Kirche. Seine Predigtsammlungen wurden aus Mitschriften von Hörern und aus G.s Aufzeichnungen von anderen zusammengestellt und zw. 1508–1522 gedruckt. Wiewohl seine Schriften 1559 indiziert wurden und G. für die rel. Reformgedanken des 15. Jh.s einstand, ist er nicht als Vorläufer der Reformation zu betrachten. Als predigtgeschichtl. bedeutend werden v. a. G.s Predigtzyklen über Sebastian Brants Narrenschiff (*Navicula sive speculum fatuorum*), über die Buße (*Navicula penitentiae*), über die *Christenlich bilgerschafft zum ewigen vatterland* und über *Der seelen Paradiß* erachtet.

Lit.: U. Israel, G. (1445–1510) (1997); S. Eisenmann, Sed corde dicemus (1996); TRE 12 (1984), 159–162.

Marianne Sammer

Gelasius I., Papst (1. 3. 492–19. 11. 496), hl. (Fest 21. 11.). In Rom geborener Afrikaner; hochgebildet, nach → Leo I. der bedeutendste Papst des 5. Jh.s. G. verteidigte in der Auseinandersetzung mit Ostrom mit bis dahin unbekannter Klarheit und Schärfe den röm. Primat und formulierte die im MA maßgebl. Lehre von den zwei Schwertern und den zwei gleichberechtigten, selbständigen Gewalten (geistl., weltl.; Zweigewaltenlehre; Staat und Kirche). Er kämpfte für die Geltung des Allg. Konzils von Chalkedon (451; Christologie), gegen das Akazian. Schisma (→ Akakios), gegen Manichäer (→ Mani) und Pelagianer (→ Pelagius), verfaßte liturg. Texte (nicht aber das *Sacramentarium Gelasianum* und das *Decretum Gelasianum de libris recipiendis et non recipiendis*).

Lit.: [3]LThK 4 (1995), 401f.

Georg Schwaiger

Genoveva von Paris (Geneviève), hl. (Fest 3. 1.), Patronin von Paris, * um 420/22 (Nanterre bei Paris), † 3. 1. um 502 (Paris). Ihre in drei Fassungen überlieferte Vita (um 520) ist legendarisch. Es kommt vor 451 zur Übersiedelung nach Paris, dort entfaltet sie ein segensreiches Wirken; die Rettung von Paris beim Hunneneinfall 451 wird auf G.s Gebetsfürbitte zurückgeführt. In der Folgezeit Bau der Basilika Saint-Denis (hl. Dionysius von Paris). G. zeichnet sich aus durch soz. Engagement für die Bevölkerung (Beschaffung von Getreide aus der Gegend von Troyes). Über ihrem Grab Errichtung der Apostelkirche (seit dem 9. Jh. Ste-Geneviève) durch → Chlodwig I.; dieser wird 1759–1790 durch einen weiteren Bau abgelöst, der 1791 zum Panthéon umgewandelt wurde.

Lit.: [4]RGG 3 (2000), 678; [3]LThK 4 (1995), 468f.; BBKL 2 (1990), 206f.

SUSANNE STÜBINGER

Georg, hl. (Fest 23. und 24. 4.), wohl Märtyrer unter Ks. → Diocletian (303), vielleicht aus Kappadokien, histor. schwer zu fassen. Seit dem 4. Jh. ist sein Kult in Lydda-Diospolis (Palästina) bezeugt. In der Ostkirche als Großmärtyrer verehrt, ist G. seit Spätantike und Früh-MA eine der populärsten Heiligengestalten der Ost- und Westkirche. Die reich ausgeschmückte, zunächst gr. und lat., dann in viele Volkssprachen übersetzte Legende (grausige Martern, Drachenkampf) bringt eine Überfülle von Wundertaten. G. gehört zu den 14 Nothelfern und wird bes. als Patron der Ritter (seit 1496 Ritterorden vom hl. G.) und Soldaten, aber auch der Bauern, der Pferde und des Viehs überhaupt verehrt. Dargestellt meist als Ritter zu Pferd im Drachenkampf, ist G. Patron ungezählter Kirchen und Kapellen sowie zahlreicher Städte und Länder.

Lit.: Sanct G. Der Ritter mit dem Drachen (Ausstellungskatalog 2001); [3]LThK 4 (1995), 476–478.

MANFRED HEIM

Gerhard, Johann, luth. Theologe, * 17. 10. 1582 (Quedlinburg), † 17. 8. 1637 (Jena). Schon in jungen Jahren in der Heimat anläßl. einer schweren Erkrankung mit J. → Arndt in seelsorgerl. Kontakt gekommen, studierte der aus einer vornehmen Ratsfamilie stammende G. zuerst Medizin, dann Theologie in Wittenberg, Jena und Marburg. 1606 trat er in Heldburg (Thüringen) das Amt eines Superintendenten an und 1615 das des Generalsuperintendenten in Coburg. 1616 begann seine Hauptwirksamkeit als Prof. der Theologie in Jena. G. gilt als „Klassiker" der luth. Orthodoxie des 17. Jh.s mit bed. dogmat., polem.-apologet. und erbaulichen, von der Arndtschen Frömmigkeit geprägten Werken. Sein dogmat. Hauptwerk, die *Loci theologici* (9 Bde., 1610–1622), stellt die ausführlichste, nach neuaristotel.-scholast. Systembildung formalisierte Fortbildung der reformator. Lehre M. → Luthers dar. Das letzte große Werk, das *Katholische Bekenntnis* (*Confessio catholica*, 1633–1637), verteidigt die luth. Position als wahrhaft kath. (allg. christl.) gegen kath. Kritik. Persönl. Leidens- und Anfechtungserfahrungen bestärkten die für G. charakterist. enge Zusammenschau von „reiner Lehre“ und persönl. Leben aus der Rechtfertigung, wie die vielgedruckte und in zahlr. Übersetzungen verbreitete Jugendschrift *Meditationes sacrae* (1610) und die umfänglichere *Schola pietatis* (1622–1623) zeigen.

Lit.: M. Vaahtoranta, Restauratio imaginis divinae (1998); J. A. Steiger, J. G. (1582–1637) (1997); TRE 12 (1984), 448–453. HANS-MARTIN KIRN

Gerhardinger, Karolina (Maria Theresia von Jesu), sel. (Fest 9. 5.), Pädagogin, Ordensgründerin, * 20. 6. 1797 (Stadtamhof bei Regensburg), † 9. 5. 1879 (München). Nach sehr früher Hinwendung zum Lehrberuf begann G. am 24. 10. 1833 mit zwei Gefährtinnen in Neunburg vorm Wald das klösterl. Leben und übernahm die dortige Mädchenschule, womit die Anfänge der Kongregation der Armen Schulschwestern von Unserer Lieben Frau, eines weltweit tätigen Ordens für Schulunterricht und Erziehung, bes. der weibl. Jugend, gemacht waren. 1843–1956 diente als Mutterhaus und Sitz der zentralen Leitung des Ordens das ehem. Klarissen-Klr. am Anger in München, wo G. ihre letzte Ruhestätte fand.

Lit.: Selige Th. v. J. G. Ein Leben für Kirche und Schule (Ausstellungskatalog) (1997). MANFRED HEIM

Gerhardt, Paul, luth. Theologe und Liederdichter, * 12. 3. 1607 (Gräfenhainichen bei Wittenberg), † 27. 5. 1676 (Lübben, Spreewald). G. studierte nach dem Besuch der Fürstenschule in Grimma seit 1628 Theologie in Wittenberg. 1643 nahm er eine Hauslehrerstelle in Berlin an, wo der Kantor Johann Crüger die ersten Lieder G.s in eine Neuaufl. seines Gesangbuchs aufnahm (*Praxis pietatis melica*, Ausg. 1647) und G.s dichter. Qualitäten bekannt machte. 1651, mit 44 Jahren, trat G. sein erstes Amt als Propst in Mittenwalde an. Seit 1657 wirkte er als Diakonus an der Nikolaikirche mit J. Crüger zusammen. Auch dessen Nachfolger, Johann Gerhard Ebeling, gab Lieder G.s heraus. Die vielfach aufgelegten Berliner Gesangbücher machten G. bekannt. Seine strenge Gewissensbindung an das luth. Ordinationsgelübde führte 1666 zur Amtsenthebung: G. vermochte die vom brandenburg. Kf. Friedrich Wilhelm I. per Unterschrift geforderte Zustimmung zum Kirchenfrieden mit den Reformierten nicht zu geben. Auch das Angebot einer Wiedereinsetzung ins Amt unter der Bedingung stillschweigender Anerkennung des obrigkeitl. Verbots von Kanzelpolemik nahm G. nicht an. Von 1669 bis zu seinem Tod wirkte er als Pfarrer in der Kleinstadt Lübben im Spreewald. G. dichtete mehr als 130 geistl. Lieder, die einer tiefen, in Not- und Anfechtungserfahrung gereiften luth. Frömmigkeit Ausdruck geben. Die bekanntesten (*Nun ruhen alle Wälder*, *Geh aus mein Herz und suche Freud*, *Befiehl du deine Wege*) gehören zum festen Bestand kirchl. Liedguts in reformator. Tradition.

Lit.: Ch. Bunners, P. G. (1993); TRE 12 (1984), 453–457. HANS-MARTIN KIRN

Gerhoh von Reichersberg, Reformtheologe, * 1092/93 (bei Polling, Oberbayern), † 27. 6. 1169 (Klr. Reichersberg). Nach Studien in

Freising, Moosburg und Hildesheim wurde G. 1117/19 Domherr und Scholastikus in Augsburg. 1124 legte er im Regularkanonikerstift Rottenbuch Profeß ab und wurde zum Priester geweiht. Da G. seit jeher auf die Einführung der *vita communis cleri* pochte und rigorist. die Einhaltung der Kirchenzucht und der kanon. Regeln forderte, stieß er auch bei Päpsten und Kardinälen auf Zurückhaltung. 1126–1132 ohne Amt, verfaßte G. eine Schrift gegen die Verweltlichung des Klerus und die Feudalisierung der Kirche (*Liber de aedificio Dei*), die einen Häresieprozeß nach sich zog; G. hatte irregulär lebende Kleriker als Schismatiker und Häretiker bezeichnet. Seine Verteidigungsschrift (*Dialogus inter clericum saecularem et regularem*) trug G. das Amt des Propstes des Chorherrenstifts Reichersberg ein, wo er nach dem Schisma 1159 *De investigatione Antichristi* niederschrieb und die Endzeit erwartete. → Bernhard von Clairvaux, → Abaelard oder → Petrus Lombardus betrachtete er als Gegner. G. wurde von Aventinus, Ch. Gerwold und J. Gretser wiederentdeckt. Positive zeitgeschichtl. Impulse gingen von G.s Werk kaum aus. Heute wird G. als origineller Denker bezeichnet.

Lit.: W. Jungschaffer, 900 Jahre G. (1093–1993) (1993); TRE 12 (1984), 457–459.

MARIANNE SAMMER

Gerlach, Ernst Ludwig von, Jurist und Politiker, * 7. 3. 1795 (Berlin), † 18. 2. 1877 (ebd.). Dem preuß. Beamtenadel entstammend, studierte G. Rechtswissenschaften in Berlin, Göttingen und Heidelberg, schloß sich nach 1815 der neupietist. Erweckungsbewegung an und engagierte sich fortan neben seiner berufl. Tätigkeit als Jurist (zuletzt 1844–1874 Oberlandesgerichtspräsident in Magdeburg) v.a. im pol. Bereich. Nachdem er bereits 1827 die konservative *Evangelische Kirchenzeitung* mitbegründet hatte, bemühte er sich seit den dreißiger Jahren intensiv um die Sammlung einer vorerst informellen Gesinnungsgemeinschaft christl.-antirevolutionärer Kräfte. Doch erst im Revolutionsjahr 1848 gelang ihm die Gründung einer parteiähnl. Organisation, des *Vereins für König und Vaterland*, und der *Neuen Preußischen Zeitung* (*Kreuzzeitung*). 1849–1858 Mitglied zunächst der Ersten, dann der Zweiten Kammer, war G. in diesen Jahren einer der einflußreichsten Parlamentarier und Publizisten Preußens, versagte sich aber dem Wunsch des Königs, ein Ministeramt zu übernehmen, fungierte allerdings seit 1862 als enger jurist. Berater der Regierung → Bismarcks, ehe es 1866 wegen der Sprengung des Dt. Bundes zum offenen Bruch mit dem Regierungschef kam. Nach der Reichsgründung kehrte er in die pol. Arena zurück, schloß sich im Abgeordnetenhaus als Hospitant dem kath. Zentrum an und übte an Bismarck und dessen kulturkämpfer. Politik in Wort und Schrift aufs entschiedenste Kritik, wie G. überhaupt als Verfechter einer am Altkonservatismus orientierten pol. und gesellschaftl. Ordnung lebenslang den mod. Nationalismus ebenso unnachsichtig bekämpfte wie die Ideen der Revolution und der Demokratie.

Lit.: H.-C. Kraus, E. L. v. G., 2 Bde. (1994).

KARL HAUSBERGER

Gerson, Jean Charlier, * 14. 12. 1363 (Gerson-lés-Barby, Flandern), † 12. 7. 1429 (Lyon). Seit 1377 Studium der artes am Navarra-Kolleg (Paris) mit anschließendem Theologiestudium bei P. d' → Ailly. G. wird als dessen Nachfolger 1395 Kanzler der Pariser Univ. und 1397 Dekan in Brügge. Mit d' Ailly zus. ab Februar 1415 Teilnahme am Konzil von Konstanz, unter überzeugter Beteiligung am Prozeß gegen → Hus und → Wyclif. Er tritt hier v.a. aber als Verfechter der verbreiteten Theorie auf, daß das Konzil über dem Papst stehe (Konziliarismus), die er in einer Predigt dort öffentlich vertrat (23. 3. 1415) und noch mit weiteren Schriften ausbaute (z.B. *Tractatus de potestate ecclesiastica*, 1417). Konsequent kritisierte er als Bruch der Konstanzer Beschlüsse später das Verbot P. → Martins V. einer Appellation an ein allg. Konzil, was kirchenrechtlich als außerordentl. Rechtsmittel im Spät-MA immer wieder versucht worden war (z.B. von → Ludwig IV. dem Bayern in seinem Konflikt mit dem Papsttum). Nach dem Konzil kehrt er wegen Spannungen mit dem Hzg. von Burgund nicht nach Frankreich zurück, sondern exiliert über Rattenberg/Inn nach Melk, bis er nach dessen Tod 1419 sich in Lyon niederläßt. G. war ein außerordentl. produktiver (mehr als 400 Werke) und einflußreicher Theologe von konservativer Grundhaltung (*Contra curiositatem studentium*, 1402), v.a. aber Vertreter einer myst. Theologie, weil sie zur Gotteserkenntnis besser geeignet sei als eine scholast. Theologie (Hauptwerk *De mystica theologia*, 1407/08); scharfsichtig warnte er aber vor einer seichten Sucht nach myst. Erkenntnis und betonte die prakt. Frömmigkeit. Dementsprechend setzte er sich für die *Devotio moderna* und konkret auf dem Konstanzer Konzil für die Brüder vom gemeinsamen Leben ein. Er verteidigte die Lehre von der unbefleckten Empfängnis Mariens; 1388 war er deshalb mit einer Gesandtschaft der Pariser Univ. zu P. → Clemens VII. nach Avignon gezogen, um die Verurteilung einer widersprechenden Lehre zu erreichen.

Lit.: [3]LThK 5 (1996), 909 f.; LMA 5 (1991), 561 f. HANS-GEORG HERMANN

Gerstenmaier, Eugen, ev. Theologe und Politiker, * 25. 8. 1906 (Kirchheim unter Teck), † 13. 3. 1986 (Oberwinter). Nach kaufm. Lehre (1921), nachgeholtem Abitur (1931), philos. und theol. Studien an verschiedenen Univ. (Habilitation 1938) wurde G. wegen seiner Gegnerschaft zum Nationalsozialismus 1934 verhaftet. 1936 schloß er sich der Bekennenden Kirche an, 1938 dem Kreisauer Kreis und wurde nach dem 20. 7. 1944 zu sieben Jahren Zuchthaus verurteilt. 1945 gründete G. das Hilfswerk der EKD, dessen Leiter er bis 1951 war. 1948–1973 Mitglied der Synode der EKD, 1949–1969 MdB (CDU), 1954–1969 Bundestagspräsident, war G. auch Mitbegründer und -eigentümer der Wochenzeitung *Christ und Welt*.

Lit.: DBE 3 (1996), 659.

MANFRED HEIM

Gertrud von Helfta, die Große, hl. (Fest 17. 11.), Mystikerin und Schriftstellerin, * 6. 1. 1256 (Thüringen), † 17. 11. 1301/02 (Helfta). Mit fünf Jahren als Waise ins Klr. Helfta gekommen, erfährt G. eine profunde Ausbildung (→ Augustinus, → Hieronymus, → Gregor I. der Große, → Bernhard von Clairvaux) unter Gertrud und Mechthild von Hackeborn (die zus. mit → Mechthild von Magdeburg den Höhepunkt dt. Frauenmystik und -bildung darstellen). Am 27. 1. 1281 erfährt G. eine Christusvision, ab 1289 kommt es zur Niederschrift ihrer Offenbarungen: *Legatus divinae pietatis* (Gesandter der göttl. Liebe, 5 Bde.) und *Exercitia spiritualia* (mystisch-ekstat. Vereinigung mit Christus/Brautmystik, Herz-Jesu-Verehrung/Jesusminne, Nachfolge Christi); die Übersetzung des *Legatus* ins Deutsche datiert wohl Anfang des 15.Jh.s (älteste Handschrift 1448) unter dem Titel *botte der götlichen miltekeit*. G. hat großen Einfluß auf Mystik und kath. Erbauungsliteratur, v.a. auch zus. mit Mechthilds von Hackeborn *Liber specialis gratiae* (myst. Offenbarungen), den sie kurz vor dem Tod ihrer Lehrerin niederschrieb.

Lit.: [4]RGG 3 (2000), 760; Metzler 275; M. Ankermann, G. d. Gr. von Helfta (1997); M. Bangert, Demut in Freiheit (1997); [3]LThK 4 (1995), 538; S. B. Spitzlei, Erfahrungsraum Herz (1991).

Susanne Stübinger

Godehard, hl. (Fest 5. 5.), Bf. von Hildesheim, * 960/61 (Reichersdorf/Niederbayern), † 5. 5. 1038 (Hildesheim). G. trat 990 in das OSB-Klr. Niederaltaich ein, wurde 993 Priester und 996 Abt. Er setzte sich für die klösterl. und kirchl. Erneuerung im Sinn der lothring. Reformbewegung ein und machte sein Kloster zu einem Zentrum der Reform, das weit über den bayr. Raum hinaus ausstrahlte. 1022 wurde G. auf Wunsch Kg. → Heinrichs II. Bf. von Hildesheim. Dort erwies er sich als Förderer der Schulen, der kirchl. Kunst und des Kirchenbaus, aber auch als Verteidiger der diözesanen Rechte. G. wurde 1131 von P. Innocenz II. heiliggesprochen.

Lit.: [3]LThK 4 (1995), 814f.; LMA 4 (1989), 1531f.

Stephan Haering

Goffiné, Leonhard, OPraem (1667), rel. Volksschriftsteller, * 6. 12. 1648 (Broich bei Jülich), † 11. 8. 1719 (Idar-Oberstein). Nach dem Studium in Köln 1675 Priesterweihe; Tätigkeit als Seelsorger bei den Prämonstratenserinnen in Dünnwald und Ellen, dann als Pfarrer in Klarholz, Niederehe, Coesfeld, Wehr bei Maria Laach, Hunsrück und Idar-Oberstein. Bekannt wurde G. durch die volkstüml., seinen Namen tragende *Handpostille* (1690, mit Erklärungen zu den Sonn- und Feiertagslesungen), die bis Mitte des 20. Jh.s mehr als 120 Aufl. erreichte und in fast alle europ. Sprachen übersetzt wurde.

Lit.: [3]LThK 4 (1995), 817f; L. Auer, (Hg.), Des ehrwürdigen P. L.G. kath. Handpostille ([7]1963).

Susanne Stübinger

Görres, Johann Joseph, kath. Gelehrter und Publizist, * 25. 1. 1776 (Koblenz), † 29. 1. 1848 (München). Aus einer mittelständ. Holzhändlerfamilie stammend, beschäftigte sich der Autodidakt G. nach dem Besuch eines von Exjesuiten geleiteten Gymnasiums ab 1786 intensiv mit Naturwissenschaften, Medizin und Geschichte, brach mit dem kath. Glauben und betätigte sich jahrelang als aufgeklärter Publizist revolutionären Gedankenguts, ehe er sich nach → Napoleons Staatsstreich enttäuscht aus der Politik zurückzog und ab 1800 als Lehrer der Naturgeschichte und Physik an der Koblenzer Secondairschule wirkte. Kurzzeitig Privatdozent in Heidelberg (1806/08), wandelte er sich in der Begegnung mit Vertretern der jüngeren Romantik (A. von Arnim, C. Brentano) und in Beschäftigung mit den verschütteten Traditionen des MA allmählich vom jakobin. Weltbürger zum dt. Patrioten, als der er v.a. durch seine publizist. Agitationen gegen Napoleon in der von ihm gegr. Tageszeitung *Rheinischer Merkur* (1814–1816) in ganz Deutschland bekannt wurde. Wegen seiner Kritik an der reaktionären Politik Preußens mußte G. 1819 ins Exil nach Straßburg fliehen, wo sich 1823/24 seine endgültige Rückkehr zur kath. Kirche vollzog, abzulesen an seiner Mitarbeit am *Katholik* seit Herbst 1824. 1827 schließlich berief ihn Kg. → Ludwig I. gegen preuß. Einspruch und namentlich auf Empfehlung J. M. → Sailers als „Professor der allgemeinen und Litterärgeschichte" an die Univ. München. Hier wurde der frühere Republikaner und nunmehrige kämpfer. Konservative wie von selbst zum Vordenker und Anführer einer kath. Bewegungspartei, die im Vormärz zunehmend an Einfluß in Staat und Kirche gewann. Von München aus schleuderte G. anläßlich des preuß. Mischehenstreits (*Kölner Wirren*; C. A. → Droste zu Vischering) 1838 auch seinen flammenden *Athanasius* in die Öffentlichkeit, „das erste große Dokument des politischen Katholizismus" (H. Raab), in dem er zum entschlossenen Kampf gegen den Polizeistaat und für die kirchl. Freiheit aufrief. Mit dieser Flugschrift und den gleichzeitig von ihm inspirierten *Historisch-politischen Blättern* wurde er zur Symbolfigur des pol. Katholizismus in Deutschland mit enormer Nachwirkung. Die an seinem 100. Geburtstag 1876 gegr. *Görres-Gesellschaft*, in der sich kath. Gelehrte mitten im Kulturkampf zum Widerstand und zur Selbstbehauptung der kath. Idee zusammenschlossen, hält bis heute seinen Namen wach.

Lit.: DBE 4 (1996), 59f.; [7]StL 2 (1986), 1081f. KARL HAUSBERGER

Gottschalk der Sachse (von Orbais), Theologe, * um 806, † 867/70 (Hautvillers). Um 814 war G. Oblate in Fulda, um 823–825 auf der Insel Reichenau Schüler. In Oberitalien wirkte der Mönch und Priester als Prediger. Der Inhalt seiner Predigten, bes. seine Lehre zur „doppelten Vorherbestimmung", erregte Ärgernis. In Mainz wurde G. 848 wegen Häresie verurteilt, in Hautvillers lebenslänglich inhaftiert. Dort verfaßte er zahlr. Prosaschriften und hielt Kontakt nach Westfranken. Bis zu seinem Tod blieb er seiner Überzeugung treu.

Lit.: [3]LThK 4 (1995), 955–957. WOLFGANG ROTZSCHE

Grabmann, Martin, Theologe, Mediävist, * 5. 1. 1875 (Winterzhofen, Oberpfalz), † 9. 1. 1949 (München). Theologiestudium und Priesterweihe, Prof. in Eichstätt, Wien und München. Durch Heinrich Denifle und Franz Ehrle in das Studium ma. Handschriften eingeführt, wurde G.

bahnbrechend für die Erforschung der ma. Theologie und Philosophie. Bes. Schwerpunkte seiner Studien lagen auf der *Geschichte der scholastischen Methode* (1933), der Aristoteles-Rezeption, der Gedankenwelt des → Thomas von Aquin, sowie der ma. Mystik. G.s umfangreiche Bibliothek bildete den Grundstock des von dem Dogmatiker Michael Schmaus 1954 gegründeten G.-Institutes der Univ. München.

Lit.: Th. Prügl (Hg.), Credo ut intelligam (1999); Schwaiger (1987), Bd. 2, 279–289. MARIANNE SCHLOSSER

Gracián, Baltasar, * 8. 1. 1601 (Belmonte, Aragón), † 6. 12. 1658 (wohl in Tarazona, Aragón). 1619 Novize, seit 1635 SJ. Wirkte als Lehrer (Professor) und Rektor an Ordenskollegien u.a. in Zaragoza, Tarragona, Valencia und Madrid. „Mein Lieblingsschriftsteller ist aber dieser philosophische Gracián", schrieb Arthur Schopenhauer. Der desillusionist.-pessimist. Tenor im bekanntesten Werk G.s, dem Aphorismenkompendium des *Handorakel* (*oráculo manual y arte de prudencia*, Huesca 1647), fand sein Interesse ebenso wie das Friedrich Nietzsches, wenn auch unter Ausblendung der eschatolog. Hoffnungshaltung G.s. Ch. → Thomasius machte G.s „Lebensklugheit" zum Gegenstand seiner ersten dt.-sprachigen Vorlesung 1687/88. Im Schriftschaffen krit. Moralist und Philosoph meist anhand der Schilderung von Idealtypen, leidenschaftl. Prediger im Praktischen. Meister des sog. *Conceptismo* (*Konzetto*), einer Stilrichtung voller doppelsinnig gelehrter Anspielungen und Allegorien, womit er sich (trotz Pseudonym), insbes. durch sein Hauptwerk, den dreibändigen Roman *El Criticón* (1651, 1653, 1657), aber auch Feinde zuzog, so daß die schließliche Versetzung nach Tarazona möglicherweise eine Strafmaßnahme war.

Lit.: Kindlers Neues Literatur-Lexikon 6 (Studienausg. 1996), 762–766; [3]LThK 4 (1995), 972; B. G., Handorakel und Kunst der Weltklugheit, dt. von A. Schopenhauer ([13]1992), Einl. von K. Voßler, dort auch das Schopenhauerzitat S. XIV/XV. HANS-GEORG HERMANN

Gratian, Verf. des *Decretum Gratiani*, Lebensdaten unsicher. Zw. 1125 und 1140 verfaßte G. in Bologna eine *Concordia discordantium canonum*, in der er eine Vielzahl verstreuter, kirchenrechtl. relevanter Texte (u. a. päpstl. Dokumente, Konzilsbeschlüsse, Kirchenvätertexte) sammelte, systematisierte und mit eigenen Erläuterungen versah, wobei er versuchte, Widersprüche zw. den Quellen argumentativ zu lösen. Weil dieses umfassende, später *decreta* oder *decretum* genannte Werk Grundlage für die wiss. Beschäftigung mit dem Kirchenrecht wurde, z.B. durch Dekretisten wie → Johannes Teutonicus, erhielt G. den Ehrennamen *Vater der Kanonistik*. Das *Decretum Gratiani* bildet den ersten Teil des *Corpus Iuris Canonici* (J. → Chappuis). Von den versch. Druckausgaben des Dekrets ist heute die von E. → Friedberg gebräuchlich; diese Ausgabe ist seit 1990 durch eine Wortkonkordanz erschlossen (Monumenta Germaniae Historica, Hilfsmittel 10). Eine krit. Edition des Dekrets steht noch aus.

Lit.: [4]Kleinheyer-Schröder 164–168; [3]LThK 4 (1995), 988; [2]Stolleis 257–260. FRANZ KALDE

Gregor I. der Große, Papst (590–604), hl. (Fest 3. 9., früher 12. 3.), Papst seit 3. 9. 590, Kirchenlehrer, * um 540 (Rom), aus röm. senator. Adel, † 12. 3. 604 (ebd.). G. stiftete sechs Klöster in Sizilien und im elterl. röm. Palast das Andreaskloster, in das er sich um 575 zurückzog; 579 päpstl. Apokrisiar (Gesandter) in Konstantinopel, seit 585/86 wieder in Rom als Berater Pelagius' II., dessen Nachfolger er wurde. Durch vorbildl. Verwaltung des Besitzes (Patrimonium Petri) bereitete er die weltl. Macht des ma. Papsttums und den Kirchenstaat vor. Die dadurch wachsende Entfremdung zum Byz. Reich wurde durch Pflege der Beziehungen zu den Germanen (Franken; Westgoten; Bekehrung der Angelsachsen durch Entsendung des Priors → Augustinus von Canterbury; Anbahnung des Übertritts der arian. Langobarden u.a. durch gute Verbindung mit der kath. Königin Theudelinde) reichlich aufgewogen. G. glaubte in der Endzeit zu leben, wurde aber durch kluges, sachgerechtes Handeln zu einem der maßgebl. Vermittler zw. christl. Antike und abendländ. MA, sowohl in der Theologie (Weitergabe eines vereinfachten, „vergröberten" → Augustinus), als auch in der Praxis christl. Lebens. Seine *Regula pastoralis*, die *Moralia in Job*, Homilien und *Dialogi* (Heiligenlegenden) prägten die folgenden Jh.e, ebenso seine (bald verklärte) Förderung der Benediktregel. Seine liturg. Reformen dienten v.a. der Ordnung und Bewahrung des Überlieferten.

Lit.: [3]LThK 4 (1995), 1010–1013; LMA 4 (1989), 1663–1666.

Georg Schwaiger

Gregor VII., Papst (1073–1085), hl. (Fest 25. 5.), wohl Chorherr, Papst seit 22. 4. 1073, vorher Hildebrand, * um 1015 (in der Toscana), † 25. 5. 1085 (Salerno, beigesetzt im Dom). Begleitete 1047 den abgesetzten Gregor VI. ins Exil nach Deutschland (Köln?); kehrte 1049 mit → Leo IX. nach Rom zurück, wo er, seit 1058/59 Archidiakon, wachsenden Einfluß an der Reformkurie gewann. Ohne Beachtung des Papstwahldekrets von 1059 wurde G. anläßl. der Beisetzung Alexanders II. formlos erhoben. Erfüllt vom rel. Sendungsbewußtsein, kämpfte G. leidenschaftl. bis zur Schroffheit für die „Reform" (gegen „Simonie" und Priesterehe; *Gregorianische Reform*), für die Reinheit und Freiheit der Kirche (*libertas ecclesiae*) in seinem Verständnis. Der Anspruch zur Verwirklichung seiner im *Dictatus Papae* (1075) radikal formulierten Auffassungen ergab sich im Investiturstreit, der (mit unterschiedl. Heftigkeit) jahrzehntelang alle abendländ. Staaten ergriff, die schärfste grundsätzl. Zuspitzung aber im Reich zwischen G. und dem Kg. und Ks. → Heinrich IV. erfuhr (Entzug der Anerkennung G.s durch den König und Mehrzahl des Episkopates in Worms am 24. 1. 1076; päpstl. Bann und Absetzung des Königs auf der röm. Fastensynode am 14.2.1076; Absolution Heinrichs am 28. 1. 1077 in Canossa). Der von G. erneut verurteilte König (Fastensynode 1080; damit endgültiger Bruch) antwortete auf der Synode von Brixen am 25. 6. 1080 mit der Nomination des angesehenen Ebf. Wibert von Ravenna zum Gegen-P. (Clemens III., 1084–1100). G. blieb unerbittlich, doch ohne starke Bundesgenossen. Heinrich eroberte 1083/84 Rom und ließ sich von Clemens III. Ostern 1084 zum Kaiser krönen. G., in der Engelsburg eingeschlossen, wurde zwar Ende Mai 1084 vom Normannenhzg. Robert Guiscard befreit, mußte aber nach der normann. Plünderung Rom verlassen und starb als Gestürzter und Verbannter in Salerno. Reich und Kirche blieben in schwerer Verstörung. Einigen Erfolg hatten G.s Bemühungen um Spanien (Einführung der röm. Liturgie). Der Pontifikat entschied trotz unmittelbaren Scheiterns den Sieg der gregorian. Reform (geschicktes Handeln v.a. durch P. → Urban II., 1088–1099). Im unbeugsamen Kampf um eine rel. bestimmte ird. Ordnung, konzentriert um den Nachfolger Petri (der ab jetzt fortschreitend *Vicarius Christi* genannt wird), ist G. ein wesentl. Mitgestalter der hoch-ma. Welt, seine Regierung ein epochaler Höhe- und Wendepunkt in der Geschichte des Papsttums; allerdings drangen im Kampf gegen weltl. Gewalten bald weltl. Macht-, Rechts- und Finanzdenken in die Kirchenleitung ein.

Lit.: U.-R. Blumenthal, G. VII. (2001); ³LThK 4 (1995), 1016–1018; LMA 4 (1989), 1669–1671; TRE 14 (1985), 145–152. GEORG SCHWAIGER

Gregor IX., Papst (1227–1241), Papst seit 19. 3. 1227, vorher Ugo (Ugolino) Graf von Segni, * kurz vor 1170 (Anagni), † 22. 8. 1241 (Rom). Verwandter → Innocenz' III.; 1206 Kard.-Bf. von Ostia; mehrfach Legat; förderte schon als Kardinal entschieden neue Orden (v.a. Franziskaner und Dominikaner) und kirchl. Laienbewegungen. Sein Pontifikat war maßgebl. beherrscht von der Auseinandersetzung mit Ks. → Friedrich II. G. bannte den Kaiser schon 1227 wegen des nicht rechtzeitig eingelösten Kreuzzugsversprechens und (nach zeitweiligem Zusammenwirken; Friede von Ceprano 1230) erneut 1239, als Friedrich die Macht der lombard. Städte zu brechen suchte und seinen Sohn Enzio zum Kg. von Sardinien erhob. In G. erscheinen rel. Eifer und härteste Machtpolitik nebeneinander. Er förderte die Mission, veröffentlichte Dekretalen (die als *Liber Extra* in das *Corpus Iuris Canonici* eingingen) und organisierte die Inquisition.

Lit.: ³LThK 4 (1995), 1019; LMA 4 (1989), 1671f. GEORG SCHWAIGER

Gregor XIII., Papst (13. 5. 1572 – 10. 4. 1585), vorher Ugo Boncompagni; * 1. 1. 1502 (Bologna), † 10. 4. 1585 (Rom). 1531–1539 Rechtslehrer an der Univ. Bologna, dann in kurialem Dienst (auch auf dem Konzil von Trient); 1565 Kardinal und Legat in Spanien. G. förderte entschieden die innerkirchl. kath. Erneuerung und die Gegenreformation, auch mit harten und gelegentlich zweifelhaften Mitteln, bes. erfolgreich in Polen und in den (span.) Niederlanden; unterstützte den Kampf Heinrichs III. gegen die Hugenotten, ließ 1572 die frz. *Bartholomäusnacht* (Ermordung tausender Hugenotten) in Rom öffentl. feiern (war aber an der Vorbereitung des Mordes nicht beteiligt); förderte den Aufstand der Iren und span. Rüstungen gegen → Elisabeth I. von England; doch mißlangen die kath. Restauration in Schweden, Unionspläne mit Rußland (unter Iwan IV., dem Schrecklichen) und eine Liga gegen die Türken. Bes. Aufmerksamkeit widmete G. den dt. Angelegenheiten („deutsche" Kardinalskongregation 1573; neue ständige Nuntiaturen in Köln, Graz und Luzern; Erhaltung Kurkölns für die kath. Kirche beim Abfall des Ebf. Gebhard Truchseß von → Waldburg 1583, damit Erhaltung der schwer gefährdeten Reichskirche in Niederdeutschland und Sicherung des kath. Kaisertums). Als großer Freund der Wissenschaft, kirchl. Erziehung und der SJ half G. entscheidend bei Gründung von Seminarien in allen Ländern und bei Errichtung vieler Nationalkollegien in Rom (u. a. reiche Dotation des Germanicums). Er förderte v. a. die SJ-Mission in Indien und Japan. In Ausführung tridentin. Dekrete veranlaßte er eine amtl. Ausgabe des *Corpus Iuris Canonici* (Kirchenrecht) und die Reform des Julian. Kalenders (1582). Er reorganisierte die Indexkongregation und baute das Collegium Romanum zur *Gregoriana* aus. Der gewaltige Aufwand zerrüttete die Finanzen, schuf Unruhen und ließ unter der nachsichtigen Regierung der letzten Regierungsjahre Banditenplage und allg. Unsicherheit im Kirchenstaat wachsen; die Wiederherstellung der Ordnung blieb als vordringl. Aufgabe dem Nachfolger → Sixtus V.

Lit.: [3]LThK 4 (1995), 1021 f.

GEORG SCHWAIGER

Gregor XV., Papst (9. 2. 1621 – 8. 7. 1623), vorher Alessandro Ludovisi; * 9. 1. 1554 (Bologna) aus der Grafenfamilie Ludovisi, † 8. 7. 1623 (Rom). 1612 Ebf. von Bologna, 1616 Kardinal. G. war als Papst bereits alt und kränklich, überließ die Geschäfte seinem hochbegabten Kardinalnepoten Ludovico Ludovisi. Innerkirchl. Reform und aktive Gegenreformation wurden mit großem Nachdruck und Erfolg betrieben: Zentralisierung der kath. Weltmission durch Errichtung der Propagandakongregation (1622); Rekatholisierung Böhmens nach der Schlacht am Weißen Berg vor Prag (1620); diplomat. und erhebliche finanzielle Unterstützung Ks. → Ferdinands II. und des Ligaführers → Maximilian I. von Bayern, der G. die *Biblioteca Palatina* (von Pfalz-Heidelberg) schenkte. Der Pontifikat wurde in den Anfängen des 30jährigen Krieges ein Höhepunkt der Gegenreformation.

Lit.: [3]LThK 4 (1995), 1022 f.; D. Albrecht, Die deutsche Politik Papst G.s XV., (1956).

GEORG SCHWAIGER

Gregor XVI., Papst (2. 2. 1831–1. 6. 1846), vorher Bartolomeo Alberto Cappellari, * 18. 9. 1765 (Belluno), † 1. 6. 1846 (Rom). 1783 Kamaldulenser (Fra Mauro), 1823 Ordensgeneral, 1826 Kardinal; Papstwahl unter österr. Einfluß (→ Metternichs, der aber durchgreifende Reformen im Kirchenstaat anmahnte). G. war liebenswürdig und anspruchslos, aber pol. unerfahren und weltfremder Mönch, geprägt von Wunschbildern ma. Kirchenmacht, wie er sie in seinem Werk *Der Triumph des Hl. Stuhles und der Kirche* (1799) ausgesprochen hatte. Unterstützt von schroff reaktionären Kardinalstaatssekretären unterblieb die von den Großmächten dringend empfohlene

Reform des zerbrechenden Kirchenstaates. „Neuerungen“ in Welt und Kirche wurden verworfen, so die nat. Einigungsbewegung Italiens (Risorgimento), die Freiheitsforderungen des Liberalismus (Enzyklika *Mirari vos*, 15. 8. 1832; gegen Indifferentismus, Gewissens- und Pressefreiheit, Trennung von Kirche und Staat), der bisher gefeierte → Lamennais, der Fideismus Bautins und G. → Hermes in Bonn. G. bekämpfte jedes Staats- und Nationalkirchentum, trat im Streit um konfessionelle „Mischehen“ für kath. Grundsätze ein (*Kölner Wirren* 1837/38; → Droste zu Vischering) und bahnte die Vorherrschaft der „römischen Theologie“ (Neuscholastik) in der kath. Kirche an.

Lit.: ³LThK 4 (1995), 1023 f.

GEORG SCHWAIGER

Gregor von Nazianz, hl. (Fest 2. 1., Ostkirche 19./25. 1.), Bischof, Kirchenlehrer, *der Theologe*, * 325/30, † 390 (Nazianz). G. gehört mit seinem Freund → Basilius und → Gregor von Nyssa zu den Kappadoziern, die den nizän. Glauben nicht nur verteidigten, sondern durch ihre theol.-begriffl. Arbeit auch wesentl. zur Klärung der Fragen und zu den Beschlüssen des Konzils von Konstantinopel (381) beitrugen. Als Sohn des Bf. Gregor von Nazianz d. Ä. und der Nonna wurde G. christl. erzogen. Er krönte seine gründl. Studien (Caesarea in Kappadozien, Caesarea in Palästina, Jerusalem, Alexandrien) mit einem Aufenthalt in Athen, wo er Freundschaft schloß mit Basilius und auch den späteren Ks. → Julian kennenlernte. Von den monast. Idealen des Basilius beeindruckt, kehrte G. nach Kappadozien zurück. 361 zum Presbyter geweiht, entzog er sich zunächst diesem Amt durch die Flucht, die er in Rede II mit der Würde und Last des hohen Amtes rechtfertigt, arbeitete dann aber an der Kurie seines Vaters. Basilius ernannte ihn 372 zum Bischof der kleinen Stadt Sasima, wo er den Einfluß des Arianismus hätte zurückdrängen sollen. G. blieb aber bis zum Tod seines Vaters 374 in Nazianz, bevor er sich nach Seleukia in Pisidien zurückzog. Von dort holte ihn die kleine nizän. Gemeinde von Konstantinopel als ihren Bischof in die Hauptstadt, wo er am 24. 11. 380 in der Hagia Sophia inthronisiert wurde. Das 381 einberufene Konzil erkannte ihn als rechtmäßigen Bf. von Konstantinopel an und wählte ihn zum Vorsitzenden. Da er aber bereits andernorts Bischof war und das kirchl. Recht die Wahl auf einen anderen Bischofssitz nicht gestattete, kam es zu Konflikten, so daß G. den Vorsitz des Konzils aufgab, sich in seine Heimat zurückzog und dort bis 383 das seit dem Tod seines Vaters verwaiste Amt ausübte. Nach G.s Tod zunächst in seiner Heimat beigesetzt, kamen seine Gebeine 956 nach Konstantinopel, von wo sie durch die Kreuzfahrer nach Rom gebracht wurden. Seit 1580 ruhen sie im Petersdom. G. hinterließ ein Werk von 17000 Versen, daneben 249 Briefe (im *Brief an Cledonius* formulierte G. den Grundsatz „Was nicht angenommen worden ist, ist nicht geheilt“, womit die Notwendigkeit der Annahme einer vollständigen menschl. Natur durch den Logos begründet wird), v. a. aber 44 *Reden*, verstand G. sich doch vornehml. als christl. Redner. *Ausgewählte Reden* sind dt. in [2]BKV 59 enthalten, die *Theologischen Reden* in FC 22. Die erste theol. Rede ist eine Darstellung und Kritik der Lehre des → Eunomius. Bereits 363 hatte sich G. mit zwei Kampfreden gegen die Versuche Ks. Julians gewandt, das Land zum Heidentum zurückzuführen.

Lit.: [2]LACL 262–266.

RUDOLF VODERHOLZER

Gregor von Nyssa, hl. (Fest 9. 3.), Bischof und Kirchenlehrer (nur im Westen), * 335/40, † nach 394. Jüngerer Bruder des → Basilius von Caesarea, den er als „Vater und Lehrer" verehrte und der den vielseitig interessierten, rhetor. gebildeten Bruder 371 zum Bf. von Cappadocia II in Nyssa weihte. Dort wurde er 374 abgesetzt und mußte sich mehrere Jahre versteckt halten, bevor er nach dem Tod seines Bruders (379) dessen Rolle als theol. Haupt der Anhänger des nizän. Glaubens übernahm, so v. a. auf dem Konzil von Konstantinopel 381. Christolog. setzte er sich mit dem Apollinarismus (→ Apollinaris von Laodizea) und den Lehren des → Eunomius auseinander, gegen die Pneumatomachen verteidigte er die Gottheit des Geistes. Vom nizänumsfreundl. Ks. → Theodosius I. (Nachfolger des 378 bei Adrianopel gefallenen arian. gesinnten Valens) gefördert, stand er der ksl. Familie nahe und hielt die Trauerreden für Prinzessin Pulcheria und Kaiserin Flacilla 385/86. Letzte Nachricht von seinem Leben ist die Teilnahme an einer Synode in Konstantinopel 394. G., „auf dem Gebiet der Philosophie und des spekulativen Denkens mit Ausnahme von [→] Origenes allen Kirchenvätern und christlichen Schriftstellern überlegen" (Th. Nikolaou), hat exeget., dogmat. und aszet. Werke verfaßt (Auswahl dt. [2]BKV 56). Darüber hinaus sind zahlr. Reden und 30 Briefe überliefert. G.s wichtigster Beitrag zur theol. Durchdringung des christl. Glaubens ist die mit Basilius und → Gregor von Nazianz erarbeitete Unterscheidung von *ousia* (gr. = Wesen) Gottes, das die Einheit des dreifaltigen Gottes bezeichnet, und den *hypostaseis* (gr. = Personen), benannt mit den Namen Vater, Sohn und Geist (Mt 28,20), in denen sich das eine Wesen verwirklicht. Das geistl. Leben besteht im endlosen Aufstieg der Seele des Menschen zum immer größeren Wesen Gottes (*Der Aufstieg des Mose*, dt. 1987, und auch die Auslegung des Hohenliedes, dt. *Der versiegelte Quell*, übers. von H. U. von Balthasar, Christliche Meister 23, [3]1984, jetzt auch FC 16/1–3). Das II. Konzil von Nizäa (787) rühmte G. als *Vater der Väter.*

Lit.: [2]LACL 266–271.

RUDOLF VODERHOLZER

Gregor von Rimini, Theologe des Spät-MA, OESA, 1357 Ordensgeneral, * ca. 1305 (Rimini), † 1358 (Wien). Das theol. Erbe seines Ordensvaters → Augustinus aufgreifend, liegt der Schwerpunkt G.s auf der Gnadenlehre. Gegen J. → Duns Scotus und → Ockham, die G.s Ansicht nach dem menschl. Willen zu viel und der Gnade Gottes zu wenig zugeschrieben hätten, betont er überstark die Notwendigkeit einer speziellen Gnadenhilfe Gottes, über seinen allg. Einfluß hinaus, für jede einzelne gute Handlung. Damit diese für das ewige Leben verdienstvoll werde, ist darüber hinaus ein Akt der Annahme durch Gott (*acceptatio*) erforderlich. Über J. von → Staupitz war die Theologie G.s von großem Einfluß auf den jungen → Luther.

Lit.: A. Zumkeller, Erbsünde, Gnade, Rechtfertigung und Verdienst nach der Lehre der Erfurter Augustinertheologen des Spätmittelalters (1984); H. A. Oberman (Hg.), G.v.R. Werk und Wirkung bis zur Reformation (1981).

Marianne Schlosser

Gregor von Tours, * 30. 11. 538/39 (Auvergne), † 17. 11. 594 (Tours). Bereits seit dem 14. Lebensjahr war G. im Klerikerstand. 563 Diakonatsweihe. 573 bestieg G. den Bischofsstuhl von Tours. Er förderte die Liturgie und die Verehrung des hl. → Martin, die Verwaltung des Bistums und die Fürsorge für Arme und Kranke. Mehrere hagiograph. Werke gehen auf G. zurück. Sein Hauptwerk sind die *Historiarum libri X,* wichtigste Quelle zur fränk. Geschichte des 5./6. Jh.s.

Lit.: [2]LACL 271f ; M. Heinzelmann, G.v.T. (1994). Wolfgang Rotzsche

Gregorios der Erleuchter (Illuminator), hl. (Fest 30. 9. orth.), gr. Missionar, der Armenien seit ca. 300 christianisierte und um 314/15 erster Bf. der von ihm begr. Armenischen (oder Gregorianischen) Kirche, der ältesten christl. Ostkirche, wurde. Nachrichten über sein Leben sind legendenhaft.

Lit.: [3]LThK 4 (1995), 1000f.

Manfred Heim

Gregorios Palamas, Mönch, Bf. von Thessaloniki, Begründer der theol. Richtung des *Palamismus,* * um 1296/97, † 14. 11. 1357 (Thessaloniki). Mit 20 Jahren wurde G. Mönch auf dem Athos, drei Jahre später Einsiedler; sein Lehrmeister war Gregorios Sinaites. Die theol. Diskussion um die myst. Gotteserkenntnis, die ihn sein Leben lang beschäftigen sollte, begann anläßlich einer Auseinandersetzung mit dem angesehenen Theologen Barlaam von Seminara (Kalabrien). Dieser kritisierte die hesychast. Gebetspraxis der Athos-Mönche, die über das immerwährende Jesus-Gebet (Herzensgebet, die wiederholte Anrufung des Namens Jesu und die Bitte um sein Erbarmen) bereits in diesem Leben zu einer unmittelbaren Gotteserfahrung (der sog. Schau des Tabor-Lichtes) zu gelangen hofften. G. verteidigte nicht nur diese Praxis, sondern versuchte ihre theol. Begründung: Gottes Wesen ist zwar dem sterbl. Menschen unzugänglich, doch die ungeschaffenen Wirkkräfte Gottes (sog. Energien), die von seinem Wesen unterschieden sind, können bei entsprechender Disposition des Menschen erfahrbare Wirklichkeit werden. Auf einer Synode 1341 wurde Barlaams Angriff zwar verurteilt, die bleibenden Schwierigkeiten der theol. Deutung G.' riefen aber neuen Widerspruch hervor, etwa des Gregorios Akindynos; 1344 wird G. verurteilt. In den folgenden Jahren setzt sich jedoch, nicht unabhängig von den pol. Umständen, die Lehre des G. durch: 1351 werden seine Gegner verurteilt. G. erhält den Bischofssitz von Thessaloniki. Bald nach seinem Tod 1359 setzte eine lokale Verehrung ein, als hl. Lehrer der Ostkirche wurde er 1368 kanonisiert. Die Übernahme seiner Lehre bildete den letzten Schritt der dogmengeschichtl. Entwicklung in der orth. Theologie. Eine Renaissance des Palamismus begann in der Zeit zw. den beiden Weltkriegen.

Lit.: TRE 14 (1985), 200–206; DSp 11 (1983), 79–103; H. Fries, G. Kretschmar (Hgg.), Klassiker der Theologie, Bd. 1 (1981), 252–268; J. Meyendorff, Byzantine Hesychasm (1974).

MARIANNE SCHLOSSER

Groote, Gerhard (auch Geert Grote oder Gerardus Magnus), Bußprediger, * 1340 (Deventer), † 20. 8. 1384 (ebd). Nach Studien in Paris wurde G. Kanoniker in Utrecht und Aachen. Der Patriziersohn verzichtete durch einen Sinneswandel auf jegl. Besitz, lebte drei Jahre bei den Kartäusern und schrieb das Werk *Conclusa et proposita, non vota.* Nach seiner Weihe zum Diakon war er als Wander- und Bußprediger tätig. Er bekämpfte die Simonie und prangerte Mißstände innerhalb der Kirche an. G. war bei Klostergründungen behilflich und bewirkte zus. mit Johannes Cele eine Revision des lat. Schulwesens. Seine Predigten riefen die *Devotio moderna* (neue Frömmigkeit) genannte, in Westeuropa verbreitete Erneuerungsbewegung hervor, die eine persönl.-innerliche und von tätig-helfender Liebe geprägte erneuerte Frömmigkeit erstrebte. G. galt lange als einer der mögl. Verfasser der *Nachfolge Christi* (→ Thomas von Kempen)

Lit.: [3]LThK 4 (1995), 1061 f.

WOLFGANG ROTZSCHE

Gropper, Johannes, Kölner Domherr, Theologe, Kirchenpolitiker, * 24. 2. 1503 (Soest), † 13. 3. 1559 (Rom). Von → Erasmus von Rotterdam beeinflußt, setzte sich G. für Verwaltungsreformen im Erzstift ein. 1536 legte er zum Provinzialkonzil wegweisende Reformstatuten vor. 1540/41 war G. an den Religionsgesprächen in Worms und Regensburg beteiligt. Als Ebf. Hermann zu Wied in Köln die Reformation einführen wollte, stellte sich G. an die Spitze des erfolgreichen Widerstandes. Später setzte er sich für rel. Erneuerungen ein und nahm am Trienter Konzil teil. Seine theol. Ideen und praxisorientierten Reformvorschläge fanden in Italien, Frankreich und Spanien große Resonanz.

Lit.: [4]RGG 3 (2000), 1301; [3]LThK 4 (1995), 1062; BBKL 2 (1990), 355–357; TRE 14 (1985), 266–270. JOSEF KREIML

Grotius, Hugo (Huigh de Groot), bed. Vertreter des niederländ. Späthumanismus * 10. 4. 1583 (Delft), † 28. 8. 1645 (Rostock). Studium der Rechte, Advokat. Seine wiss. und lit. Tätigkeit zeugt vom Bemühen, zw. antikem und christl. Gedankengut zu vermitteln. G.' Hauptwerke befassen sich mit der Naturrechtslehre, sie beeinflußten nachhaltig die Entwicklung des mod. Völkerrechts (*De Iure Belli ac Pacis,* 1625). Er verfaßte eine Apologie des Christentums (*De Veritate Religionis christianae,* 1627) und setzte sich als gemäßigter Calvinist für die Wiedervereinigung der getrennten Christen ein.

Lit.: Metzler 298 f.; [4]Kleinheyer-Schröder 176–182; TRE 14 (1985), 277–280.

MARIANNE SCHLOSSER

Grumbach, Argula von, reformator. Laientheologin, * 1492 (Burg Ernfels, Oberpfalz), † ca. 1568. Als Tochter des Reichsfreiherrn Bernardin von Stauff adeliger Herkunft, verbrachte sie ihre Jugendjahre am herzogl. Hof in München und heiratete 1516 den Pfleger von Dietfurt, Friedrich von Grumbach. Die gebildete Frau nahm lebhaften Anteil an den Ereignissen der Reformation und trat in Kontakt mit reformator. Theologen. Als erste Frau verfaßte sie Flugschriften, mit denen sie Anliegen der Reformation gegenüber der Univ. Ingolstadt, dem bayr. Hzg. Wilhelm IV. und anderen bis 1524 öffentl. vertrat. Sie war die erste Publizistin der Reformation und verursachte durch ihr Engagement großes Aufsehen. Nach dem Tod ihres ersten Mannes ging sie eine zweite Ehe ein mit dem reformator. gesinnten Grafen von Schlick, verwitwete aber schon 1535 erneut. Im übrigen ist über ihr späteres Leben praktisch nichts bekannt.

Lit.: Kaufmann 73–75; S. Halbach, A.v.G. als Verfasserin reformator. Flugschriften (1992). STEPHAN HAERING

Gryphius, Andreas, Dichter, * 2. 10. 1616 (Glogau), † 16. 7. 1664 (ebd.). G., mit elf Jahren Vollwaise, ging seit 1631 in Görlitz zur Schule, dann, vertrieben vom Krieg, in Glogau und in Fraustadt. Er widmete sich bes. dem Studium alter Sprachen. 1634 wurde er Erzieher der Kinder des Freiherrn Georg von Schönborn, der ihn zum ksl. Poeten krönte und zum Magister erhob. Aufgrund der Rekatholisierungsmaßnahmen begab sich G. 1638 mit seinen Zöglingen nach Leiden zum Studium und hielt dort 1639–1643 Vorlesungen. Nach seiner Bildungsreise 1644–1647, auf der G. als Dichter gefeiert wurde, kehrte er nach Schlesien zurück, heiratete 1649 und übernahm 1650 das Amt als Syndikus von Glogau. G. kämpfte lebenslang für die luth. Reformorthodoxie und vertrat eine theokrat. Staatsauffassung. Als Dichter pflegte er bes. das Sonett, die Ode und das Epigramm, er übersetzte und schrieb Tragödien (*Leo Armenius*, *Catharina von Georgien*, *Cardenio und Celinde* u.a.) und Lustspiele (z.B. *Herr Peter Squentz*, *Horribilicribrifax Teutsch*). G. zählt zu den bedeutendsten Dichtern des Hochbarocks. Die *Fruchtbringende Gesellschaft* verlieh ihm 1662 den Beinamen *der Unsterbliche*.

Lit.: N. Kaminsky, G. (1998); LLex 4 (1989), 400–405; E. Mannack, G. (1986). MARIANNE SAMMER

Guardini, Romano, kath. Theologe, Religionsphilosoph, * 17. 2. 1885 (Verona), † 1. 10. 1968 (München). Nach kurzen Studien der Chemie und Nationalökonomie wandte sich G. der Theologie zu. 1910 zum Priester geweiht, machte er 1918 mit seinem Buch *Vom Geist der Liturgie* von sich reden. Seit 1920 stand G. mit der Burg Rothenfels, dem Zentrum des zur Jugendbewegung gehörenden Bundes Quickborn, in enger Verbindung. Nach seiner Habilitation (mit einer Arbeit über → Bonaventura) hatte G. von 1923 bis zu seiner Zwangspensionierung 1939 in Berlin den Lehrstuhl für Religionsphilosophie und Kath. Weltanschauung inne. Im Zentrum seines Bemühens stand die wechselseitige Erhellung von Glaube und Welt. Aufgrund seines breitgefächerten Arbeitsgebietes (philos., lit., kulturelle, eth., pädagog., pol.-gesellschaftl. Fragestellungen) fand G. weithin Beachtung. 1945 erhielt er einen Lehrstuhl in Tübingen, 1948 in München. Nach der Krise der Theologie am Anfang des 20. Jh.s ging es G. um die Neuentdeckung der Hl. Schrift, der Kirche und der Liturgie. Er wurde zu einem der bedeutendsten Wegbereiter des II. Vatikanums. Mit der christolog. Konzentration seiner Theologie gab er auch entscheidende ökum. Impulse. Das religionsphilos. Denken G.s, das in seinem Programm der *Unterscheidung des Christlichen* seinen Ausdruck fand, galt in erster Linie dem Verhältnis von Religion und Offenbarung. Breite Beachtung fanden auch seine kulturkrit. Arbeiten, so z.B. die These vom *Ende der Neuzeit.*

Lit.: J. Reber, R. G. begegnen (2001); [4]RGG 3 (2000), 1321 f.; F. Henrich (Hg.), R. G. Christliche Weltanschauung und menschliche Existenz (1999); G. Brüske, Anruf der Freiheit (1998); B. Kurth, Das ethische Denken R. G.s (1998); [3]LThK 4 (1995), 1087 f.; H. U. von Balthasar, R. G. Reform aus dem Ursprung ([2]1995); BBKL 2 (1990), 382–384; H.-B. Gerl, R. G. 1885–1968 ([3]1987); TRE 14 (1985), 294–297. Josef Kreiml

Günther, Anton, kath. Philosoph und Theologe, * 17. 11. 1783 (Lindenau, Böhmen), † 24. 2. 1863 (Wien). Nach dem Studium der Philosophie (bei B. Bolzano) und Rechtswissenschaften in Prag fand G. als Hauslehrer in Wien Anschluß an den Kreis um K. M. → Hofbauer, unter dessen Einfluß er sich zum Theologiestudium entschloß. Zum Dr. theol. promoviert und 1821 zum Priester geweiht, blieb er nach einem mißglückten Versuch, in die SJ einzutreten, ab 1824 zeitlebens Privatgelehrter in Wien, akadem. Berufungen nach München, Bonn, Breslau und Gießen mit Rücksicht auf seine schriftsteller. Tätigkeit ablehnend. Das zentrale Anliegen seines geist. Schaffens galt der wiss. Neubegründung der kath. Theologie, die er durch die monist. Philosophie des Dt. Idealismus in Frage gestellt sah und für die die herkömmliche Scholastik seiner Ansicht nach kein tragfähiges Fundament abgeben konnte. Deshalb entwickelte er, ausgehend von Descartes und beeinflußt von → Kant, Fichte und → Hegel, ein strikt dualist. System zur anthropolog. Fundierung und rationalen Begründung der Glaubensmysterien. Seine Polemik gegen die „Philosophie der Vorzeit" provozierte die erstarkende Neuscholastik, die mit dem Vorwurf des „Semirationalismus" 1857 die Indizierung seiner Schriften und die Verurteilung einzelner Lehren durch das Breve *Eximiam Tuam* (bekräftigt im *Syllabus* von 1864 und in der Konzilskonstitution *Dei Filius* von 1870) erreichte. G., den sein origineller Denkweg trotz des erzwungenen Scheiterns als den bedeutendsten dt.-sprachigen kath. Philosophen des 19. Jh.s ausweist, unterwarf sich mit den meisten seiner Schüler dem päpstl. Spruch; einige seiner Anhänger gingen später zum Altkatholizismus über.

Lit.: B. Oßwald, A. G. (1990); H. H. Schwedt, Die Verurteilung der Werke A. G.s (1857), in: Zs. für Kirchengeschichte 101 (1990), 301–343.

Karl Hausberger

Gustav II. Adolf, König von Schweden, * 19. 12. 1594 (Stockholm), † 6. 11. 1632 (bei Lützen). 1611 bestieg G. den schwed. Königsstuhl. Der hochbegabte König war ein äußerst frommer ev. Christ. Er wollte Schweden zu einem luth. Einheitsstaat ausbauen. Nach den erfolgreichen Kriegen gegen Rußland und Polen griff G. 1630 in den 30jährigen Krieg, damit in den pol. Machtkampf gegen das Haus Habsburg ein. 1631 siegte er über den kath. Feldherrn Tilly bei Breitenfeld. Schweden wurde im Bündnis mit Frankreich zur europ. Großmacht. Gegen die Kaiserlichen fiel G. in der Schlacht bei Lützen. Der *Löwe aus dem Norden* wird in Schweden als National- und Glaubensheld verehrt.

Lit.: M. Junkelmann, G. A. (1994).

WOLFGANG ROTZSCHE

Gutenberg, Johannes (eigtl. Gensfleisch zur Laden, genannt G.), Erfinder des Buchdrucks, * um 1400 (Mainz), † 3. 2. 1468 (ebd.). G. experimentierte in seinen Straßburger Jahren 1434–1444 an dem Druckverfahren mit bewegl. Lettern, zur Anwendung kam es aber erst um 1450 in Mainz, wo er sich mit Hilfe von Darlehen eine Werkstatt einrichtete und 1452–1455 die 42zeilige Bibel herstellte. G. mußte die Bibeldruckerei an seinen Gläubiger Johannes Fust verpfänden und druckte fortan Schulbücher, Kalender u. ä. sowie das erste Formular der Weltgeschichte, den 31zeiligen Ablaßbrief (1454/55).

Lit.: A. Venzke, G. (2000); S. Füssel, G. und seine Wirkung (1999).

MARIANNE SAMMER

Guyon, Jeanne-Marie Bouvière de la Mothe, Mystikerin, * 13. 4. 1646 (Montargis), † 9. 6. 1717 (Blois). G. zog fünf leibl. Kinder auf, seit 1676 als Witwe. Sie stand unter dem Einfluß von F. La Combe. Zwei ihrer des Quietismus verdächtigten Schriften wurden indiziert. Mehrmals kam G. zw. 1688 und 1703 in Gefangenschaft. Schwerkrank verbrachte G. ihren Lebensabend in Blois. Obwohl nie Ordensfrau, lebte sie doch nach klösterl. Idealen. F. → Fénelon empfing von ihr vielfache Einflüsse. Als Katholikin hatte sie nicht unwesentl. Einfluß auch auf prot. Kreise in England und auf den dt. Pietismus. Ihre Spiritualität war geprägt von der Logos- und Trinitätsmystik. Werke und Leben vertieften die myst. Lehren über die Versenkung in Gott, über Selbstverleugnung und Gelassenheit. G. gilt als Wegbereiterin des geistl. Ökumenismus.

Lit.: [3]LThK 4 (1995), 1122; P. D. Laude, Aproches du quiètisme (1991).

WOLFGANG ROTZSCHE

Guzzolini, Silvestro, hl. (Fest 26. 11.), Ordensgründer, * um 1177 (Osimo bei Ancona), † 26. 11. 1267 (Montefano). Studium der Rechtswissenschaft und der Theologie; Kanonikat in Osimo; 1227 Rückzug als Eremit nahe Osimo (S. Quirico) mit Anschluß einiger Schüler. 1231 kam es zur Gründung eines Klosters auf dem Monte Fano bei Fabriano (Benediktregel unter eremit. und mendikant. Interpretation); die Kongregation der Silvestriner (*Congregatio Silvestrina Ordinis Sancti Benedicti*) wurde 1248 durch P. → Innocenz IV. als *Ordo S. Benedicti de Montefano* anerkannt und

1662–1667 von P. Alexander VII. mit den Vallombrosanern zwangsvereinigt; seit 1233 besteht ein weibl. Zweig (Silvestrinerinnen). 1274–1282 entstand mit der *Vita sanctissimi Silvestri confessoris et mirifici eremitae* von Andrea di Giacomo von Fabriano eine zuverlässige Lebensbeschreibung.

Lit.: [3]LThK 9 (2000), 589; BBKL 10 (1995), 344–48.

SUSANNE STÜBINGER

H

Hadrian I., Papst (9. 2. 772–25. 12. 795), aus röm. Adel. Rief in der Langobardennot den Frankenkg. → Karl d. Gr. gegen den Langobardenkg. Desiderius zu Hilfe. Die fortschreitende Lösung von Ostrom fand Ausdruck in der Datierung päpstl. Urkunden nach Pontifikat statt nach Kaiserjahren und Münzprägungen mit eigenem Bild, obwohl H. in der strittigen Frage der Bilderverehrung dem Osten zuneigte, während sich Karl auf dem Frankfurter Konzil (794) zum Verteidiger des angebl. bedrohten rechten Glaubens machte; die *Libri Carolini* hat H. nicht sanktioniert, geriet aber in wachsende Abhängigkeit vom Frankenkönig.

Lit.: [3]LThK 4 (1995), 1133 f.; LMA 4 (1989), 1821 f.

GEORG SCHWAIGER

Hadrian VI., Papst (9. 1. 1522–14. 9. 1523), vorher Adrian Florensz, * 2. 3. 1459 (Utrecht) als Zimmermannssohn, † 14. 9. 1523 (Rom, Grab in S. Maria dell'Anima); letzter nichtit. Papst vor dem Polen Johannes Paul II.; Erzieher und Ratgeber des späteren Ks. → Karl V.; 1516 Bf. von Tortosa (Spanien); 1516 Kardinal; 1520–1522 Statthalter Karls in Spanien. H. war eine gelehrte, sittenstrenge Persönlichkeit. Er strebte nach durchgreifender Kirchenreform, um der luth. Reformation in Deutschland entgegenzuwirken. Sein Vermittlungsversuch zw. Karl V. und Franz I. von Frankreich führte zum pol. Bruch mit Frankreich. Die kurze Regierungszeit ließ auf ihn gesetzte Hoffnungen nicht in Erfüllung gehen.

Lit.: [3]LThK 4 (1995), 1136 f.

GEORG SCHWAIGER

Hadrianus, Publius Aelius, röm. Kaiser (117–138), * 24. 1. 76 (Italica), † 10. 7. 138 (Baiae). Als Vollwaise von Ks. Trajan adoptiert, folgte er diesem 117 auf den Thron. H. betrieb Expansionspolitik im Osten, Grenzsicherung in Mösien und Dakien und machte ausgedehnte Reisen zum Zweck der Kontrolle über Heer, Verwaltung, Rechtsprechung, Bildung. Der jüd. Aufstand unter Barkochba (132–135) erforderte seine Anwesenheit in Judäa; H. baute Jerusalem als *Aelia Capitolina* wieder auf und errichtete einen Tempel für *Jupiter Capitolinus* anstelle des Jahweheiligtums. Nach Ende des jüd. Krieges wurde Judäa die Provinz *Syria Palaestina.* – H. ließ als Grabmal für sich und seine Nachfolger die Engelsburg (urspr. *Hadrianeum*) errichten (vollendet 193 unter Septimius Severus), die in die Aurelian. Stadtmauer integriert und zur stärksten Festung Roms wurde. 1277 verband P. Nikolaus III. das Castel Sant'Angelo mit den Palästen des Vatikan. Die Päpste suchten in Gefahrensituationen wiederholt Zuflucht in der Engelsburg.

Lit.: DNP 5 (1998), 60–64; A. R. Birley, H. (1998) SUSANNE STÜBINGER

Hain, August Hermann, der Liebe Vater, Gründer der *Christlichen Gemeinschaft Hirt und Herde,* * 27. 9. 1848 (Weida), † 29. 7. 1927 (Meerane). Nach einem Berufungserlebnis 1889 kam es am 23. 11. 1894 zur Gründung der *Christl. Gemeinschaft Hirt und Herde,* die am 16. 3. 1917 in Sachsen verboten wurde, nach dem 1. Weltkrieg jedoch wieder aufblühte und sich auch in Schlesien, Nordbayern und der Tschechoslowakei verbreitete. Hauptanliegen ist die Rückführung der sündigen Schöpfung zur Gebotserfüllung, zum *guten Wandel.* Am 21. 8. 1933 Verbot durch den NS-Staat. Am 3. 4. 1951 staatl. Anerkennung durch das Ministerium des Inneren der DDR; Verbreitungsgebiete heute v. a. Westsachsen und Thüringen; die Gemeinschaft hat den Status einer Körperschaft des öffentl. Rechts.

Lit.: Obst 487–516; Gasper 156f. SUSANNE STÜBINGER

Hamann, Johann Georg, Religionsphilosoph, * 27. 8. 1730 (Königsberg), † 21. 6. 1788 (Münster). H. studierte in Königsberg Rechts- und Staatswissenschaften, Philosophie, Sprachen und Literatur, verließ die Univ. jedoch ohne Abschluß und arbeitete als Hauslehrer. Als er später als Kaufmann nach London ging, scheiterte er berufl. und persönlich. Eine intensive Bibellektüre führte bei H. 1758 zu einer Lebenswende. Später verfaßte er im Stil einer pietist. Generalbeichte Tagebuchaufzeichnungen (*Biblische Betrachtungen eines Christen; Gedanken über meinen Lebenslauf*). Er interpretierte seine eigene Lebensgeschichte im Licht der Geschichte Gottes mit Israel. → Kant schätzte den mit ihm befreundeten H. nun als Schwärmer ein. H.s *Sokratische Denkwürdigkeiten* (1759) thematisieren den Grundkonflikt zw. Christentum und Aufklärung. Leben und Werk sind bei H., der kein Zunfttheologe, sondern Philologe und ein homme des lettres war, eng verflochten. Durch seine Schriften übte er auf → Herder, Goethe, den „Sturm und Drang" und die Romantik einen starken Einfluß aus. Auch Kierkegaard empfing von ihm entscheidende Anstöße. Wie Kierkegaard verstand H. seine schriftsteller. Tätigkeit als Dienst am göttl. Wort. Kirchengeschichtl. im engeren Sinne ist H. v. a. durch seine Rezeption in Kreisen der Erweckungsbewegung des 19. Jh.s und in der Erlanger Theologie wirksam geworden.

Lit.: [4]RGG 3 (2000), 1396f.; J. G. H., Sokratische Denkwürdigkeiten/Aestetica in nuce (1998); O. Bayer (Hg.), J. G. H. (1998); [3]LThK 4 (1995), 1163f.; BBKL 2 (1990), 496–500; I. Piske, Offenbarung, Sprache, Vernunft (1989); TRE 14 (1985), 395–403; R. Wild (Hg.), J. G. H. (1978) JOSEF KREIML

Harding, Stephan, hl. (Fest bis 1683 17. 4., dann 16. 7., jetzt 26. 1.), OCist, dritter Abt von Cîteaux (1109–1133), * 1059/60 (Merriott, England), † 28. 3. 1134 (Cîteaux). H. war urspr. Benediktiner in Sherborne und erfuhr seine Ausbildung in Lismore, Paris und Rom; daraufhin Eintritt in die Abtei Molesme, Übersiedelung mit Abt Robert von Molesme nach Cîteaux; dort kam es 1098 zur Gründung des Stammklosters der Zisterzienser. H. war Vorkämpfer der Zisterzienserreform und entwickelte eine strenge, einheitl. Rechtsgrundlage für das Ordensrecht (*Charta caritatis,* 1119). Er ist Verfasser des *Exordium Cisterciensis coenobii* (älteste Quelle der Ordensgeschichte) und fertigte 1109 eine Revision des Vulgatatextes im Bibelexemplar des Ordensgebrauchs.

Lit.: [3]LThK 9 (2000), 964; BBKL 2 (1990), 532f. SUSANNE STÜBINGER

Harnack, Adolf von, ev. Dogmen- und Kirchenhistoriker, * 7. 5. 1851 (Dorpat, Livland), † 10. 6. 1930 (Heidelberg). Nach dem Studium in Dorpat und Leipzig lehrte H., der immense Erudition, universale Bildung und ein herausragendes Organisationstalent in seiner Person verband, zunächst als Prof. in Gießen (1876) und Marburg (1886) und war 1888–1921 Ordinarius für Kirchengeschichte an der Univ. Berlin. Früh in die Auseinandersetzung zw. orth. und hist. Betrachtungsweise des Christentums involviert, entschied er sich für letztere und machte unter konsequent quellenkrit. Methode die Dogmengeschichte zu seiner eigentl. Disziplin (Hauptwerke: *Lehrbuch der Dogmengeschichte*, 3 Bde., 1886/90; *Geschichte der altchristlichen Literatur bis Eusebius*, 4 Bde., 1893/1904), obschon er auch als Profanhistoriker mit seiner *Geschichte der Königlich-preußischen Akademie der Wissenschaften zu Berlin* (3 Bde., 1900) eine Meisterleistung der Institutionengeschichtsschreibung vorlegte. Hinter H.s. zahlr., weithin bis heute nicht überholten Studien zur Theologie-, Missions-, Dogmen- und Verfassungsgeschichte der Alten Kirche steht das Grundanliegen, durch die dogmat. Verkrustungen des christl. Glaubens hindurch und hinter sie zurück nach dem urspr. „Evangelium Jesu“ zu fragen und zum Kern der christl. Botschaft vorzustoßen, damit *Das Wesen des Christentums*, so der Titel seines aus einer Vorlesung für Hörer aller Fakultäten hervorgegangenen Bestsellers (1900, [14]1927, in 14 Sprachen übers.), in zeitgemäßer Gestalt wirksam werden könne. Über sein Fachgebiet hinaus entwickelte sich der von A. → Ritschl beeinflußte Gelehrte zum maßgebl. Repräsentanten des Kulturprotestantismus der spätwilhelmin. Zeit und besaß als Wissenschaftsorganisator und -politiker ein geradezu beispielloses Gewicht: Von 1905 bis zur Emeritierung 1921 war H. Generaldirektor der Kgl. (nachmals Preuß. Staats-) Bibliothek in Berlin, von 1911 bis zu seinem Tode bekleidete er das Amt des Präsidenten der von ihm mitkonzipierten *Kaiser-Wilhelm-Gesellschaft zur Förderung der Wissenschaften* (heute *Max-Planck-Gesellschaft*) und 1903–1911 stand er als namhafter Sozialreformer dem unter seiner Mitwirkung 1890 gegründeten Ev.-Soz.-Kongreß vor.

Lit.: K. Nowak (Hg.), A. v. H. als Zeitgenosse, 2 Teile (1996); GKG 10/1 (1985), 70–87; TRE 14 (1985), 450–458.

KARL HAUSBERGER

Heckel, Theodor, luth. Theologe, * 14. 4. 1894 (Kammerstein bei Schwabach), † 24. 6. 1967 (München). Pfarrerssohn, Bruder des Staats- und Kirchenrechtslehrers Johannes H. 1913–1920 Theologiestudium in Erlangen (1915–1918 Kriegsteilnahme), 1922 Pfarrer in München-Solln, 1925 Studienrat in Erlangen. 1928 Promotion und Beginn der Tätigkeit als Oberkonsistorialrat im Kirchenbundesamt (Berlin), u. a. für die Auslandsdiaspora. 1934–1945 von Reichsbf. L. → Müller zum Bf. des Kirchl. Außenamtes ernannt (Gegenspieler D. → Bonhoeffers); 1939 Gründung des Ev. Hilfswerks für Internierte und Kriegsgefangene. 1950–1964 Tätigkeit als Dekan in München (1964 Dr. jur. h.c.). H. ist auch aufgrund seiner längere Zeit währenden Loyalität gegenüber dem NS-Regime eine umstrittene Gestalt.

Lit.: [4]RGG 3 (2000), 1499 f.; R.-U. Kunze, Th. H. (1997); BBKL 2 (1990), 630.

SUSANNE STÜBINGER

Hedwig von Schlesien, hl. (Fest 16. 10.), Herzogin, Schutzpatronin Schlesiens und aller Heimatvertriebenen, Brückenheilige zw. Deutschland und Polen, * 1174/78 (Andechs), † 14. 10. 1243 (Trebnitz). Tochter Hzg. Bertholds VI. von Andechs-Meranien; Erziehung bei den Benediktinerinnen in Kitzingen; um 1188 Ehe mit Hzg. Heinrich I. von Schlesien. 1201 Gründung des OCist-Klosters Trebnitz durch das Herzogspaar, 1222 Gründung der Abtei Heinrichau bei Münsterberg; in der Folge entstehen zahlr. weitere Gründungen. Nach dem Tod des Gemahls Rückzug ins Klr. Trebnitz (ohne Gelübde). H.s Verdienste liegen in der Besiedelung, Germanisierung und Kultivierung Schlesiens. Ab 1209 führte sie ein Leben in Gebet und strenger Askese und zeigte großes karitatives Engagement für ihre Landsleute, weswegen sie 1267 durch Clemens IV. heiliggesprochen wurde; der Kult verbreitete sich, ausgehend von den Zisterzienserinnen und der Piastendynastie, im 14. Jh. rasch; Darstellung als Matrone mit Herzogshut.

Lit.: [4]RGG 3 (2000), 1502; E. Grunewald (Hg.), Das Bild der hl. H. in MA und Neuzeit (1996); [3]LThK 4 (1995), 1237 f.; LMA 4 (1989), 1985 f.; BBKL 2 (1990), 636–638.

SUSANNE STÜBINGER

Hefele, Carl Joseph, Kirchenhistoriker, Bf. von Rottenburg, * 15. 3. 1809 (Hochmühle bei Unterkochen, Württemberg), † 5. 6. 1893 (Rottenburg). Während des Studiums der Theologie in Tübingen (1827–1832) stark von J. A. → Möhler beeinflußt, war H. nach der Priesterweihe (1833) kurzzeitig in der Seelsorge, als Repetent und im höheren Schuldienst tätig und wurde 1835 Privatdozent, 1838 Extraordinarius und 1840 Ordinarius für Kirchengeschichte in Tübingen. Im württemberg. Kirchenkampf der vierziger Jahre gehörte er als Landtagsabgeordneter (1842–1845) zu den Vorkämpfern der ultramontanen Gruppierung, nach deren Spaltung in den fünfziger Jahren in eine radikale und gemäßigte Fraktion jedoch zur letzteren, die nicht das Wohlwollen Roms hatte. Seine überraschende Ernennung zum Konsultor (1868) für die Vorbereitung des I. Vatikanums stellte daher nur einen taktischen Schachzug der kurial-jesuit. Partei dar, um dem Vorwurf einseitiger Besetzung der Kommissionen zu wehren. Bei der Beratung der päpstl. Unfehlbarkeit auf dem Konzil war der im Juni 1869 zum Bf. von Rottenburg gewählte H. einer der Wortführer der antiinfallibilist. Minorität; danach ließ er die Beschlüsse des Konzils als letzter im dt. Episkopat erst am 10. 4. 1871 in seiner Diözese verkünden. Als Wissenschaftler war H. ungemein produktiv, doch mangelt es seinen auffallend breit angelegten, weithin nur auf Sekundärliteratur und gedruckten Quellen fußenden kirchenhistor. Studien an Sorgfalt und Kritik. Auch sein vielbändiges Hauptwerk *Conciliengeschichte* (ab 1855), fortgesetzt von J. → Hergenröther, weist unverkennbar eine apologet., gegen den Konziliarismus gerichtete Tendenz auf.

Lit.: H. Wolf (Hg.), Zwischen Wahrheit und Gehorsam (1994); TRE 14 (1985), 526–529. KARL HAUSBERGER

Hegel, Georg Wilhelm Friedrich, Philosoph, * 27. 8. 1770 (Stuttgart), † 14. 11. 1831 (Berlin). H. studierte 1788–1793, gemeinsam mit Friedrich Hölderlin und Friedrich Wilhelm Joseph von Schelling, in Tübingen Philosophie und Theologie. Anschließend arbeitete er als Hauslehrer in Bern und Frankfurt a. M. 1801 habilitierte sich H. in Jena; nach der Besetzung durch die Franzosen (1806) verließ er die Stadt. Später war er Redakteur der *Bamberger Zeitung* und Rektor eines Gymnasiums in Nürnberg. 1816 wurde er Prof. in Heidelberg, 1818 in Berlin Nachfolger Johann Gottlieb Fichtes. Durch seine Vorlesungen gewann H. immensen Einfluß; 1831 erlag er einer Choleraepidemie. Bereits in seiner Abhandlung *Glauben und Wissen* (1802) entwarf er den Grundriß seines Systems der Selbstexplikation des Absoluten. H. dachte das Unbedingte nicht als Ausgangspunkt einer Deduktion des philos. Systems, sondern als ein Ganzes, das sich in einem durch innere Notwendigkeit bestimmten Gang – von der Logik durch die Natur zum Geist – entfaltet. Neben Logik, Metaphysik und Naturrecht sind in H.s System auch die Philosophie der Natur, der Geschichte, der Kunst und der Religion integriert. Seine Philosophie des Geistes umfaßt den „subjektiven Geist" (Seele, Bewußtsein, Vernunft, Wille), den „objektiven Geist" (Recht, Moralität, Familie, Gesellschaft, Staat, Weltgeschichte) und den „absoluten Geist" (Kunst, Religion, Philosophie). H.s Denken ist in gewisser Weise als Antwort auf die Metaphysikkritik → Kants zu verstehen. Während die Romantik als Reaktion auf Kant, der nur das Gottespostulat der prakt. Vernunft gelten lassen wollte, die Gotteserkenntnis aus dem Denken ins „Gefühl" verlegte, suchte H. den Inhalt der Religion für das begreifende Denken zu bewahren. Den christl. Glauben deutete er als die „vollendete" Religion, weil diese im trinitar. Gottesgedanken das Selbstverhältnis des Geistes zum Ausdruck bringt. H. gilt als Vollender des dt. Idealismus. Er suchte die ges. Wirklichkeit aus dem einen Urgrund des Weltgeistes zu begreifen. Ernstzunehmende Kritiker haben H. vorgeworfen, in seiner Philosophie würden die Weltunabhängigkeit Gottes und die Freiheit des Menschen nicht hinreichend gewahrt.

Lit.: [4]RGG 3 (2000), 1504–1508; F. Wiedmann, G. W. F. H. mit Selbstzeugnissen und Bilddokumenten ([19]1999); M. Gessmann, H. (1999); M. Schulz, Sein und Trinität (1997); BBKL 2 (1990), 643–649; W. Jaeschke, Die Vernunft in der Religion (1986); TRE 14 (1985), 530–560; O. Höffe (Hg.), Klassiker der Philosophie, Bd. 2 (1981), 62–92. JOSEF KREIML

Hegesipp, 2. Jh. Judenchrist, der sich unter Anicet (154–166) in Rom der unverfälschten apostol. Tradition vergewisserte. Zu diesem Zweck spürte er auch der ununterbrochenen Abfolge der röm. Bischöfe nach, die, im Unterschied zu den angebl. Geheimtraditionen der Gnostiker, Garant der zuverläss. Weitergabe des Glaubens ist. Von seinem um 180 verfaßten fünfbändigen Werk sind nur Fragmente erhalten (*Hypomnemata* = Aufzeichnungen), darin wertvolle, teilw. legendar. übermalte, aus unabh. Traditionen stammende Informationen über das Martyrium des Herrenbruders Jakobus (→ Apostel), die Wahl Symeons zum Bf. von Jerusalem, die Verwandten Jesu u. ä.

Lit.: [2]LACL 278.

RUDOLF VODERHOLZER

Heim, Karl, ev. Theologe, * 20. 1. 1874 (Frauenzimmern im Zabergäu, Württemberg), † 30. 8. 1958 (Tübingen). H. wurde 1914 in Münster und 1920 in Tübingen Prof. für Syst. Theologie. Er ist v. a. durch sein sechsbändiges Lebenswerk *Der evangelische Glaube und das Denken der Gegenwart* (1931–1952) bekannt geworden und bemühte sich um eine produktive Auseinandersetzung des christl. Glaubens mit dem naturwiss. Denken. In den Mittelpunkt seiner weithin geschätzten Predigten stellte H., der von → Kant und Kierkegaard beeinflußt war, die Entscheidung zw. Christus und der Verzweiflung.

Lit.: A. Benk, K. H. und die Relativitätstheorie, in: Philosophie und Theologie 76 (2001), 31–46; [4]RGG 3 (2000), 1592; V. Grüter, Begegnung mit dem göttl. Du (1992); BBKL 2 (1990), 661–664; TRE 14 (1985), 774–777. JOSEF KREIML

Heinrich I., dt. König (919–936), * um 876, † 2. 7. 936 (Memleben, beigesetzt in Quedlinburg, Stiftskirche). Aus der sächs. Familie der Liudolfinger; als Sohn Hzg. Ottos des Erlauchten 912 Hzg. der Sachsen; als Nachfolger des ostfränk. dt. Kg. Konrad I. 919 von Franken und Sachsen zum König erhoben; erlangte durch Huldigung der Herzöge von Schwaben und Bayern bis 921 allg. Anerkennung und konnte 925/26 Lothringen dauerhaft angliedern. Der Befriedung und Konsolidierung des Reiches dienten äußere Erfolge (gegen Dänen und Slawen; 933 Sieg an der Unstrut über die Ungarn) und Gebetsverbrüderungen, wobei die Kirchenhoheit weitgehend in karoling. Tradition geübt, auch Herzögen zugestanden wurde (ausgeprägt an Hzg. Arnulf von Bayern); Ansätze einer Missionspolitik im Norden und Osten. 929 gelang die Regelung der Thronfolge zugunsten des Erstgeborenen aus 2. Ehe (→ Otto I. d. Gr.), damit ein wesentl. Element zur Fundierung des werdenden *Imperium Romanum*.

Lit.: H. Keller, Die Ottonen (2001); ³LThK 4 (1995), 1374f.; LMA 4 (1989), 2036f. GEORG SCHWAIGER

Heinrich II., röm.-dt. Kaiser (1002–1024), hl. (Fest 13., früher 15. 7.), * 6. 5. 973 (978?) Bayern (oder Hildesheim), † 13. 7. 1024 (in der Pfalz Grone bei Göttingen), Grab mit seiner Gemahlin, der hl. Kaiserin Kunigunde, im Bamberger Dom. Urenkel Kg. → Heinrichs I., Sohn Hzg. Heinrichs des Zänkers von Bayern und Giselas (Tochter Kg. Konrads von Burgund). Als Nachfolger Ks. → Ottos III. 1002 König, 1014 Kaiserkrönung. In harten Kämpfen setzte er sich in Italien gegen den Gegenkg. Arduin von Ivrea durch; zwang den Polenkönig Boleslaw Chrobry zur Abtretung Böhmens und Meißens, mußte ihm aber die Lausitz belassen; auf päpstl. Hilferuf 1021/22 Feldzug gegen Byzanz in Unteritalien. H. war Vertreter der v.a. von Lothringen und Burgund ausgehenden Kirchenreform, bei gesteigertem Einsatz der Kirche und des Reichsepiskopats; förderte die Slawenmission und begründete 1007 das Bistum Bamberg, das nach seinem Tod seine Verehrung pflegte und die Kanonisation (1146) erwirkte.

Lit.: Kaiser H. II. und seine Zeit (Ausstellung Bamberg 2002); H. Keller, Die Ottonen (2001); St. Weinfurter, H. (1999); ³LThK 4 (1995), 1375f.; LMA 4 (1989), 2037–2039. GEORG SCHWAIGER

Heinrich III., röm.-dt. Kaiser (1039–1056) aus dem Haus der Salier, Sohn und Nachfolger Ks. → Konrads II., * 28. 10. 1017, † 5. 10. 1056 (Bodfeld, Harz), Grab im Dom zu Speyer, dessen Bau in der Nachfolge des Vaters er wesentl. vorangetrieben hatte. 1026 zum Thronfolger designiert, 1027 Hzg. von Bayern, 1038 von Schwaben, 1038 auch König im hinzugewonnenen Kgr. Burgund. H., geistl. gebildet, erwies sich als entschiedener Wahrer der herkömml. Königsrechte in der Verfügungsgewalt über die Herzogtümer und in der Investiturpraxis bei Besetzung hoher Kirchenämter. Geprägt von der sakralen Geltung der Königs- und Kaiserwürde und dem wachsenden Einfluß kirchl. Reformdenkens, setzte er sich für Frieden und Gerechtigkeit ein, auch im Einfluß der von Frankreich und Burgund ausgehenden Gottesfriedensbewegung. Geistl. Verantwortungsbewußtsein leitete auch sein (erbetenes) Eingreifen in die röm. Wirren um drei nicht eindeutig legitimierte Päpste: auf den Synoden von Sutri und Rom ließ er im Dezember 1046 diese Päpste ausschalten und Bf. Suidger von Bamberg wählen, der ihn als Clemens II. an Weihnachten 1046 in St. Peter zum Kaiser krönte. Mit diesem Eingreifen stellte sich H. in die Tradition der otton. Herrscher. Die Übertragung des röm. Patriziates bei der Krönung sicherte ihm auch künftig die entscheidende Mitwirkung bei der Papstwahl. So folgten durch ksl. Designation, die faktisch einer Ernennung gleichkam, die nächsten dt. Päpste Damasus II., → Leo IX. und Viktor II., denen er pol. Rückhalt in der gesamtkirchl.

Führung des neuen Reformpapsttums und im Kampf gegen Simonie, Klerikerehe und andere kanon. Mißstände bot. Dieses Eingreifen fand die weitgehende Zustimmung der Zeitgenossen. In den letzten Regierungsjahren mehrten sich Spannungen. Sein früher Tod hinterließ das Reich einem fünfjährigen, wenn auch 1054 zum König gekrönten Kind (Ks. → Heinrich IV.), zunächst der Regentschaft der Kaiserinwitwe Agnes, entzog aber der Kirchenreform in der bisher geübten Form die Grundlage und ermöglichte das Erstarken radikaler Kräfte.

Lit.: [3]LThK 4 (1995), 1376; LMA 4 (1989), 2039–2041. GEORG SCHWAIGER

Heinrich IV., röm.-dt. Kaiser (1056–1106), aus dem Haus der Salier, Sohn und Nachfolger Ks. → Heinrichs III., * 11. 11. 1050 (Goslar?), † 7. 8. 1106 (Lüttich), Grab im Dom zu Speyer, dessen Ausbau er wesentl. gefördert hatte. Bereits 1053 zum König gewählt und 1054 gekrönt. Nach dem frühen Tod des Vaters führte die Mutter, Kaiserin Agnes, die Regentschaft, die 1062 nach dem Raub des jungen Königs Ebf. → Anno II. von Köln beanspruchte, aber an Ebf. Adalbert von Hamburg-Bremen verlor. Mit Erlangung der Volljährigkeit übernahm H. selbst die Regierung im zerrütteten Reich. Die gefährliche sächs. Aufstandsbewegung konnte er 1075 besiegen. Wie sein Vater stützte er sich vornehmlich auf die Reichskirche, ließ aber bei Besetzung der Bischofsstühle nicht immer dessen Sorgfalt walten. Der Verfall der Reichsautorität in Italien ermöglichte dem erstarkenden Reformpapsttum stärkere Lösung vom ksl. Einfluß und Ausbau der eigenen Position. Das anfangs freundl. Verhältnis zum Papsttum wurde im Streit um die Besetzung des Erzbistums Mailand schwer gestört. Der junge, schlecht beratene H. verkannte das tatsächl. Ausmaß der gewachsenen Reformbewegung und die dadurch sich ergebende Verschiebung des Verhältnisses der weltl. zur geistl. Gewalt, an der Spitze repräsentiert durch Kaiser und Papst. Die sog. *Gregorianische Reform*, seit Jahrzehnten in der allg. Kirchenreform vorbereitet, seit den fünfziger Jahren in steigendem Maße röm. ausgerichtet (→ Petrus Damiani; → Humbert von Silva Candida; Archidiakon Hildebrand, der spätere P. → Gregor VII.), nun konzentriert in Person und Regierungsstil Gregors VII. (1073–1085), wurde die entscheidende Wende, die Umkehr im Verhältnis der „beiden Gewalten“. Sein radikales Programm sprach Gregor im *Dictatus papae* Anfang März 1075 aus (darunter der Satz, daß der Papst auch Kaiser absetzen könne). Unter dem Einfluß der im Reichsepiskopat verbreiteten Mißstimmung gegen den neuartigen päpstl. Führungsstil ließ H. am 24. 1. 1076 Gregor in Worms für abgesetzt erklären. Darauf verhängte Gregor auf der folgenden röm. Fastensynode den Bann über H. und verbot ihm alle Amtshandlungen. Mit seiner demütigenden Buße in Canossa (28. 1. 1077) erreichte H. die Lossprechung, konnte aber die Wahl eines Gegenkönigs nicht verhindern. H. blieb zwar siegreich, doch die sakrale Geltung der Herrscherwürde war schwer erschüttert, und bald brach der Investiturstreit erneut aus, begleitet von einem Reich und Kirche zerrüttenden Bürgerkrieg. Nach seiner erneuten Bannung (März 1080) wurde in Brixen Ebf. Wibert von Ravenna zum Papst nominiert, der als Clemens III. (1084–1100) Ostern 1084 H. in Rom zum Kaiser krönte. Die folgenden Jahre der Regierung H.s waren überschattet von der Auseinandersetzung mit seinen Söhnen, die sich mit der Fürstenopposition verbanden. In der Gefangenschaft seines Sohnes (als → Heinrich V. sein Nachfolger) mußte H. die Reichsinsignien ausliefern, in seine Abdankung einwilligen (31. 12. 1105), fand sich aber zu dem vom päpstl. Legaten geforderten öffentl. Sündenbekenntnis nicht bereit. Vor einer militär. Entscheidung starb er in Lüttich. H. war persönl. hochgebildet, durchaus religiös und schätzte wie sein Vater zeitlebens den Umgang mit Klerikern. In seiner langen Regierung suchte er stets die überkommenen ksl. Rechte gegen die Übergriffe des Reformpapsttums und der Fürstenopposition zu wahren und gleichzeitig aufstrebende soz. Schichten (Ministerialität, städt. Bürgertum) zu fördern und für das Königtum zu gewinnen.

Lit.: T. Struve, H. in der historiograph. Trad. des 19. und 20. Jh.s, in: HJb 119 (1999), 52–64; [3]LThK 4 (1995), 1377; LMA 4 (1989), 2041–2043.

Georg Schwaiger

Heinrich IV., König von Frankreich, * 13. 12. 1553 (Pau), † 14. 5. 1610 (Paris), Sohn des Antoine de Bourbon und der Calvinistin Jeanne d'Albret, 1572 Kg. von Navarra. Die Heirat des Protestanten H. mit Marguerite de Valois, der Schwester des frz. Kg. Karl IX., war Anlaß für die *Bartholomäusnacht* (Nacht zum 24. 8. 1572, auch *Pariser Bluthochzeit* genannt), in der auf Befehl der Königinmutter Katharina von Medici Tausende von Hugenotten in Paris und in der Provinz ermordet wurden (→ Coligny). H. übernahm die Führung der Hugenotten (u. a. gegen die Hl. Liga von Péronne), nach dem Tod des kinderlosen Heinrich III. die frz. Krone (1589). Die Anerkennung als König gewann er jedoch erst nach seinem Übertritt zum kath. Glauben am 25. 7. 1593 („Paris ist eine Messe wert"). Den Hugenotten, die Ende des 16. Jh.s etwa 8 % der Gesamtbevölkerung ausmachten, sicherte er mit dem am 13. 4. 1598 zur Beendigung der Hugenottenkriege erlassenen Edikt von Nantes die freie Religionsausübung und eine pol. Sonderstellung. Es gewährleistete die Rechtsstellung der Reformierten, Gewissens- und bedingte Religionsfreiheit sowie Zugang zu Staatsämtern. (Kg. → Ludwig XIV. hob mit dem am 18. 10. 1685 erlassenen Edikt von Fontainebleau das Edikt von Nantes auf. Erst Kg. → Ludwig XVI. gestand den Reformierten 1787 mit dem Toleranzedikt von Versailles wieder die freie Religionsausübung zu. Mit der Erklärung der Menschen- und Bürgerrechte am 26. 8. 1789 erlangten diese die unbeschränkte bürgerl. und rechtl. Freiheit, durch die Organ. Artikel zum Konkordat zwischen P. → Pius VII. und → Napoleon I. 1802 schließl. die volle Gleichberechtigung mit den Katholiken.) Mit der inneren und äußeren Konsolidierung des Landes schuf H. die Voraussetzungen für die Entwicklung des absolutist. Frankreich. Er wurde unter bis heute mysteriösen Umständen von dem Laienbruder Ravaillac erdolcht.

Lit.: P. C. Hartmann (Hg.), Frz. Könige und Kaiser der Neuzeit (1994), 143–170. MANFRED HEIM

Heinrich V., röm.-dt. Kaiser (1106–1125), * 11. 8. 1086, † 23. 5. 1125 (Utrecht), Grab im Dom zu Speyer. Sohn und Nachfolger Ks. → Heinrichs IV., auf dessen Wunsch anstelle des älteren Sohnes Konrad 1098 zum König gewählt; erhob sich 1104 gegen den Vater und setzte ihn gefangen; konnte nach dessen Tod endgültig die Herrschaft übernehmen. Obwohl ihm der Anschluß an die päpstl. Partei zur Anerkennung verholfen hatte, lehnte er – wie sein Vater – den Verzicht auf die Investitur der Bischöfe und Äbte ab. Der Einigungsversuch mit P. Paschalis II. in Sutri (1111) scheiterte am Widerstand der Reichsbischöfe und endete im Eklat: H. setzte den Papst gefangen und erzwang die Kaiserkrönung (13. 4. 1111). Der Streit um die Investitur brachte im Reich neue Verhärtung und Spaltung, während in England und Frankreich bereits eine Lösung gefunden wurde, ausgehend von der Unterscheidung zw. Kirchenamt und Kirchengut, geistl. und weltl. Rechten bei der Investitur. Für das Reich wurde der Kompromißfriede 1122 im Wormser Konkordat zwischen H. und P. Calixtus II. geschlossen. Damit wurden die (ältere) Phase des Reformpapsttums und der Investiturstreit im Reich beendet, keineswegs aber alle Spannungen gelöst. Da H.s Ehe kinderlos blieb, erlosch mit ihm das salische Haus im Mannesstamm.

Lit.: ³LThK 4 (1995), 1377f.; LMA 4 (1989), 2043–2045. GEORG SCHWAIGER

Heinrich VI., röm.-dt. Kaiser (1190–1197), aus dem Haus der Staufer, * Okt./Dez. 1165 (Nimwegen), † 28. 9. 1197 (Messina), Grab im Dom zu Palermo. Sohn und Nachfolger Ks. → Friedrichs I. (Barbarossa); 1169 zum König gewählt; heiratete 1186 Konstanze, die Erbin des normann. Königreiches Sizilien; 15. 4. 1191 von P. Cölestin III. zum Kaiser gekrönt; einer der begabtesten Herrscher des MA. Die vom Papst unterstützte rhein.-welf.-engl. Opposition konnte er niederwerfen (Gefangennahme des Kg. Richard Löwenherz von England; Freilassung gegen hohes Lösegeld). Nach dem Tod Kg. Tankreds von Sizilien gelang die friedl. Besitznahme Siziliens (Krönung zum Kg. von Sizilien). Verhandlungen mit Cölestin III. über einen Kreuzzug und den *Erbreichsplan* blieben erfolglos. H. erreichte bei den Fürsten die Wahl des zweijährigen Söhnleins → Friedrich (II.) aus der Ehe mit Konstanze zum dt. Kg. (Dezember 1196), starb aber in den Anfängen eines Kreuzzugs. Die Kaiserin ließ den Leichnam nach Palermo bringen, das Söhnlein Friedrich am 17. 5. 1198 zum Kg. von Sizilien krönen, bestimmte P. → Innocenz III. zu dessen Vormund für Sizilien, starb aber bereits am 27. 11. 1198 in Palermo. Es trat zutage, wie wenig gesichert die stauf. Herrschaft war. In Deutschland kam es zur Doppelwahl (1198: der Staufer Philipp von Schwaben; der Welfe Otto von Braunschweig).

Lit.: [3]LThK 4 (1995), 1378f.; LMA 4 (1989), 2045–2047. GEORG SCHWAIGER

Heinrich VIII., König von England, * 28. 6. 1491 (Greenwich), † 28. 1. 1547 (Westminster), aus dem Haus Tudor. Als junger König überließ er die Regierungsgeschäfte Kard. Th. → Wolsey. Theol. gebildet, verfaßte der überzeugte Katholik H. die gegen M. → Luther gerichtete lat. Schrift *Assertio Septem Sacramentorum* (*Bejahung der sieben Sakramente*), für die ihm P. → Leo X. 1521 den Ehrentitel *Defensor fidei* (*Verteidiger des Glaubens*) verlieh. Doch kam es 1533 zum Bruch mit dem Papsttum, als er durch Ebf. Th. → Cranmer seine 17jährige Ehe mit Katharina von Aragón (der → Maria I. die Kath. entstammte) annullieren und diejenige mit Anne Boleyn (der → Elisabeth I. entstammte) sanktionieren ließ. So entstand 1534 die Angl. Kirche (*Church of England*). Mit der Suprematsakte (*Act of supremacy*), einem Gesetz des engl. Parlaments von 1534, wurde H. und seinen Nachfolgern der Titel „einziges irdisches Oberhaupt der Kirche von England, genannt Anglikanische Kirche" („only supreme head in earth of the Church of England, called Ecclesia Anglicana"), damit der Supremat über die Angl. Kirche zuerkannt. Die Anerkennung der Suprematsakte wurde seit 1534 jedem engl. Staatsbeamten und Geistlichen im Suprematseid abverlangt; auf Eidverweigerung standen härteste Strafen, z.B. die Todesstrafe für Bf. J. → Fisher und Lordkanzler Th. → Morus 1536 (der Eid wurde 1829 teilweise, 1867 gänzl. abgeschafft). In der Folge wurden die Klöster zugunsten des Kronschatzes verkauft. H. wurde 1535 von P. → Paul III. gebannt. Mit seiner Schrift *A Necessary Doctrine* von 1543 versuchte er zw. kath. und prot. Lehre zu vermitteln. Von seinen insg. sechs Ehefrauen ließ H. zwei hinrichten.

Lit.: [3]LThK 4 (1995), 1383f.; U. Baumann, H. (1994). MANFRED HEIM

Helena, Flavia Iulia, hl. (Fest Westkirche 18. 8., Ostkirche 21. 5.), Kaiserin, * um 248/49 (Drepanum, Bithynien), † 328/29 (Rom oder Nikomedia). H. wurde als ehemalige Wirtin Konkubine Ks. Constantius' Chlorus; aus dieser Verbindung ging Ks. → Konstantin d.Gr. hervor, der 306 an die Herrschaft kam. H. wird durch ihren Sohn Christin und hat seit 326 eine bed. Stellung am Hof. 326/27 reist sie durch die Ostprovinzen und stiftet Kirchen in Bethlehem und auf dem Ölberg; um 350/60 entsteht wohl im Umfeld der Jerusalemer Grabeskirche die Legende von der Auffindung des hl. Kreuzes (erstmals 395 bei → Ambrosius, die bislang ihrem Sohn zugeschrieben wurde. H., die sich durch bed. Bautätigkeit wie auch durch ihr karitatives Wirken auszeichnet, gilt als Ideal einer christl. Herrscherin. Die Legende schreibt ihr die Gründung zahlr. Kirchen sowie die Überführung des Hl. Rokkes und der Kreuzesnägel nach Trier zu; rasch anwachsende Verehrung; Darstellung mit Krone, Kirchenmodell, Kreuz und Nägeln.

Lit.: [4]RGG 3 (2000), 1605; DNP 5 (1998), 278; [3]LThK 4 (1995), 1403f.; BBKL 2 (1990), 701; LMA 4 (1989), 2117f.; LCI 6 (1974), 485–490. SUSANNE STÜBINGER

Herder, Johann Gottfried von, ev. Theologe, Philosoph, Kunst- und Literaturtheoretiker, * 25. 8. 1744 (Mohrungen, Ostpreußen), † 18. 12. 1803 (Weimar). Aus pietist. Elternhaus stammend, ab 1762 Theologie- und Philosophiestudium in Königsberg (Auseinandersetzung v. a. mit → Kant, Rousseau; Bekanntschaft mit J. G. → Hamann; aus H.s Auseinandersetzung mit Kant entstehen 1799 die transzendentalphilos. Schriften *Verstand und Erfahrung. Eine Metakritik zur Kritik der reinen Vernunft*, sowie *Vernunft und Sprache* und 1800 *Kalligone*, gegen Kants Ästhetik); 1764 Kollaborator an der Domschule zu Riga, 1767 Ordination zum Prediger; Juni 1769 Frankreichaufenthalt (Kontakt zu Diderot und den Enzyklopädisten); erste größere Schriften *Über die neuere deutsche Litteratur. Fragmente* (3 Bde.), *Krit. Wälder* (3 Bde.), *Journal meiner Reise im Jahr 1769* (Grundriß der späteren Werke); 1770/71 Aufenthalt in Straßburg, Kontakt mit Goethe, dessen Naturphilosophie die 1787 entstandene Schrift *Gott. Einige Gespräche* beeinflußt; ab Mai 1771 Hofprediger und Konsistorialrat in Bückeburg, dann in Weimar Oberpfarrer, Hofprediger, Oberkonsistorialrat und Generalsuperintendent, 1801 Oberkonsistorialpräsident. H.s Wirksamkeit ist überaus differenziert, er begründet u. a. die neuere Geschichtsphilosophie (Geschichte als organ. Entwicklungsprozeß auf das Endziel der Humanität hin, *Ideen zur Philosophie der Geschichte der Menschheit*, 1784–91; *Briefe zur Beförderung der Humanität*, 1793–97), arbeitet an einer Theorie des Erkennens und des Handelns wie auch einer Theorie der Religion, die stark mit seiner Freiheitstheorie verwoben ist. H.s gesamtes theol. Schrifttum gründet sich auf die Bibelexegese; zum NT und seinem Traditionsprozeß entstehen u. a. *Erläuterungen zum NT* (1775), *Briefe, das Studium der Theologie betreffend* (1780/81, hl. Schrift als Urkunde der Historizität des Offenbarungshandelns Gottes); seine Offenbarungs- und Religionstheorie ist grundlegend behandelt in den *Christl. Schriften* (1794–98, 5 Sammlungen). Die Konfrontation der tradierten christl. Lehre mit der europ. Aufklärung sowie H.s „Synthesen aus Gnoseologie, Ästhetik und Gesch.-Philosophie“ (G. Sauder) lassen sein Œuvre als bed. aufklärungskrit. Korrektiv und Zeitanfrage erscheinen.

Lit.: [4]RGG 3 (2000), 1641–1645; Metzler 324–326; [3]LThK 4 (1995), 1436f.; BBKL 2 (1990), 738–745; TRE 15 (1986), 70–95. SUSANNE STÜBINGER

Hergenröther, Joseph, Kirchenhistoriker, Kardinal (1879), * 15. 9. 1824 (Würzburg), † 3. 10. 1890 (Mehrerau, Vorarlberg). Nach dem Studium in Würzburg und Rom 1848 zum Priester geweiht, wurde der Germaniker H. im Anschluß an seine Promotion (1850) und Habilitation (1851) in München 1852 Prof. für Kirchengeschichte und Kirchenrecht in Würzburg, und zwar im Zuge der Umbildung der dortigen Theol. Fakultät zu einer neuscholast. Hochburg als Nachfolger des auf bfl. Druck vorzeitig pensionierten Kirchenhistorikers J. B. Schwab (1811–1872). 1868 zum Konsultor bei der Vorbereitung des I. Vatikanums bestellt, machte sich H. in den folgenden Jahren mit seinen polem. Schriften gegen → Döllinger und die Gegner der Konzilsbeschlüsse weit über Deutschland hinaus einen Namen. 1879 wurde er von → Leo XIII. in das Kardinalskolleg berufen und zum Präfekten des 1881 unter seiner Leitung für die wiss. Benützung geöffneten Vat. Archivs ernannt. Als einer der führenden kath. Kirchenhistoriker des 19. Jh.s war H. in seinen wiss. Werken wie in seinen Stellungnahmen zu kirchenpol. Fragen stets den Prinzipien der *Römischen Schule* verpflichtet. Auch sein mehrfach aufgelegtes *Handbuch der allgemeinen Kirchengeschichte* (3 Bde., 1876–1880), das sich durch große Stoffülle von weithin kompilator. Charakter auszeichnet, ist im Sinne der ultramontanen Ekklesiologie konzipiert und stark apologet. geprägt.

Lit.: P. Baumgart (Hg.), Lebensbilder von Würzburger Professoren (1995), 90–111. KARL HAUSBERGER

Heribert von Köln, hl. (Fest seit 1971 30. 8.), Erzbischof, * um 970, wohl aus dem Geschlecht der Konradiner, † 16. 3. 1021 (Köln). Ausbildung an der Wormser Domschule und im Klr. Gorze; durch Bf. Hildibald Dompropst und kgl. Kaplan. Von → Otto III., zu dem er in freundschaftl. Verhältnis stand, 994 (als ksl. Archilogothet) zum it., 998 auch zum dt. Kanzler erhoben, eine Verbindung, die die Konzeption eines die einzelnen Regna umfassenden, christl.-karoling. erneuerten Imperium Romanum aufscheinen läßt; H. war bezügl. der *Restitutio rei publicae/Renovatio Imperii Romanorum* v.a. im Gebiet von Ravenna Ottos wichtigster Helfer. Nach dessen Tod 1002 war er am Hof → Heinrichs II. ohne Bedeutung; 999 wurde er durch Einflußnahme der mit Otto III. verwandten Ezzonen zum Ebf. von Köln gewählt; sein Episkopat ist neben klarer Organisation und Verwaltung geprägt von großem karitativem Engagement und geist. Verbundenheit mit den Idealen der Mönchsreform (Gorze, St. Maximin), vor deren Hintergrund er 1002/03 das Klr. Deutz gründete, in dem er auch seine Grablege fand.

Lit.: [3]LThK 4 (1995), 1438f.; LMA 4 (1989), 2155f. SUSANNE STÜBINGER

Hermes, Georg, kath. Philosoph und Theologe, * 22. 4. 1775 (Dreierwalde bei Rheine, Westfalen), † 26. 5. 1831 (Bonn). Während des Studiums der Philosophie und Theologie in Münster (1792–1798) bes. von dem Kantianer Ferdinand Überwasser († 1812) beeinflußt, 1799 zum Priester geweiht, war H. zunächst Gymnasiallehrer in Münster, erhielt 1807 aufgrund seiner *Untersuchung über die innere Wahrheit des Christentums* den Lehrstuhl für Dogmatik an der dortigen Univ. und folgte 1820 einem Ruf nach Bonn, wo er wie zuvor schon in Münster bis zu seinem Lebensende als begeisternder und tieffrommer akadem. Lehrer (seit 1825 auch Domherr in Köln) für das nördl. Deutschland eine ähnlich einflußreiche Wirksamkeit entfaltete wie J. M. → Sailer im Süden, aber gleich diesem mancherlei Widerstand erfuhr (in Münster aus dem Kreis um die Fürstin von → Gallitzin, in Bonn von den Kollegen K. J. H. Windischmann und H. Klee). H.' zentrales Anliegen war es, die kath. Glaubenslehre gegenüber einem weitverbreiteten Skeptizismus vernunftmäßig zu begründen und zu verteidigen. Dementsprechend stellte er dem übl. theol. Fächerkanon eine von ihm „Einleitungs-" bzw. „Begründungswissenschaft" genannte Disziplin (heute Fundamentaltheologie) voraus, die seinem Programm der wiss. Vereinbarkeit von Vernunft und Glaube Rechnung tragen wollte. Von den Gegnern postum als Rationalist in Rom angezeigt, erließ P. → Gregor XVI. 1835 im Breve *Dum acerbissimas* ein feierl. Verbot seiner Schriften ohne ausdrückl. Benennung einer beanstandeten Lehre. Dies war das Startsignal für den erbitterten Kampf der Ultramontanen gegen die zahlr., nun unkirchl. Haltung verdächtigten Schüler und Anhänger des Gelehrten im Klerus wie im kath. Bürgertum – eine Kampagne, die sich seit 1837 mit dem Mischehenstreit (*Kölner Wirren*) verflocht und zur Folge hatte, daß eine bed. Richtung des dt. Katholizismus „liberaler" Spielart unter der mit dem Makel der Häresie behafteten Sammelbezeichnung *Hermesianismus* erfolgreich verdrängt wurde. Seitens der Hierarchie exponierte sich dabei bes. der Kölner Ebf. Johannes Kard. Geissel, der ab 1850 sogar einen neuen oder verdeckten Hermesianismus beschwor, um damit auch die Anhänger von A. → Günther zu treffen.

Lit.: TRE 15 (1986), 156–158; H. H. Schwedt, Das röm. Urteil über G. H. (1980). KARL HAUSBERGER

Hertling, Georg Graf von, kath. Philosoph und Politiker, * 31. 8. 1843 (Darmstadt), † 4. 1. 1919 (Ruhpolding). Nach dem Studium der Philosophie in Münster, München und Berlin (hier Promotion 1864) habilitierte sich H. 1867 in Bonn und war von 1882–1911 o. Prof. in München. Er war 1876 Mitbegründer und bis 1919 erster Präsident der *Görres-Gesellschaft zur Pflege der Wissenschaft*, die anläßl. des 100. Geburtstages des kath. Publizisten J. → Görres, auf der Höhe des Kulturkampfes, als „Zusammenschluß aller wissenschaftlich Interessierten, deren Denken und Forschen die verpflichtende Bedeutung der christlichen Tradition anerkennt", entstand. H., der zu den bed. Förderern christl.-soz. Bewegungen und des kath. Verbindungswesens zu zählen ist, gehörte als Mitglied der Zentrumsfraktion 1875–1890 und 1896–1912 dem Reichstag an. Er war 1891 Reichsrat der Krone Bayerns, 1912 kgl. Staatsminister und Vorsitzender des Ministerrates, 1917/18 Reichskanzler und preuß. Ministerpräsident.

Lit.: DBE 4 (1996), 650; [3]LThK 5 (1996), 46f. MANFRED HEIM

Herwegen, Ildefons (Taufname Peter), OSB, Liturgie- und Ordenshistoriker, Abt, * 27. 11. 1874 (Junkersdorf), † 2. 9. 1946 (Maria Laach). H. studierte Theologie, Philosophie, Geschichte und Kirchenrecht in Maria Laach (dort 1895 Eintritt, 1896 Profeß), Beuron, Rom und Bonn, wurde 1901 zum Priester geweiht und war 1913–1946 Abt von Maria Laach. Die Abtei entwickelte sich unter H., der seit 1935 schweren

Repressalien durch das NS-Regime ausgesetzt war, zur renommiertesten liturgiewiss. Forschungseinrichtung im dt. Sprachraum. Das 1948 gegründete *Abt-Herwegen-Institut* weiß sich der Fortsetzung seines Werkes verpflichtet.

Lit.: DBE 4 (1996), 656; [3]LThK 5 (1996), 48. MANFRED HEIM

Hieronymus, Sophronius Eusebius, hl. (Fest 30. 9.), Kirchenvater, * um 347 (Stridon/Dalmatien), † 30. 9. 419 (Bethlehem). In Rom erhielt er seine Ausbildung u.a. bei dem Grammatiker Aelius Donatus, und in dieser Stadt war er, nach Aufenthalten in Trier, Aquileja, Antiochien und Konstantinopel, 382–385 Sekretär des P. Damasus I. sowie geistiger Führer des *Aventinkreises*, zu dem aristokrat. Asketinnen wie Marcella, Paula und Eustochium gehörten. 385 übersiedelte H. in den Orient; in Bethlehem gründete er 386 zus. mit Paula und Eustochium ein Männer- und Frauenkloster und leitete es bis zu seinem Tode. H. beherrschte (außer dem Lateinischen) Griechisch und Hebräisch; auf der Grundlage einer ungewöhnl. Gelehrsamkeit entfaltete er ein reiches lit. Schaffen. Um 380 übersetzte er die Zeittafeln in → Eusebius' Chronik ins Lateinische und führte sie bis zum Jahre 378 fort. Von Damasus beauftragt, begann er, die lat. Bibel nach den Urtexten zu revidieren, zunächst die Evangelien; eine Neuübersetzung des AT erfolgte dann während des Aufenthalts in Palästina, vermutl. zw. 390 und 405. Zu H.' asket. Schriften gehört *De Mariae virginitate perpetua* (*Über Marias ewige Jungfräulichkeit*) aus dem Jahre 383. Romanhafte Züge tragen die vor 393 verfaßten Lebensbeschreibungen der Mönche Hilarion, Malchus und Paulus; diese Biographien sind für die Entfaltung der Hagiographie wichtig geworden. H.' exeget. Hauptwerke sind die zw. 393 und 416 geschriebenen Kommentare zu den Propheten des AT; der philolog. Erschließung des Texts kommt hier neben der theol. Ausdeutung großes Gewicht zu. Ferner hat H. ein umfangr. Briefcorpus hinterlassen, das ihn als energ., zuweilen polem. Verteidiger seiner Anschauungen zeigt; bes. wichtig ist die mit → Augustinus geführte Korrespondenz über die Auslegung von Gal 2,11–14.

Lit.: [2]LACL 286–290. SIEGMAR DÖPP

Hilarius von Poitiers, hl. (Fest 14. 1.), Bischof und Kirchenlehrer (seit 1851), * um 315 (Poitiers), † 1. 9. 367 (ebd.). H. war von vornehmer Herkunft, wurde Christ und um 350 zum Bf. von Poitiers gewählt. Er verteidigte das Nicaenum gegen Ks. Konstantius II. und den Arianismus nach seiner Verbannung durch eine Synode in Béziers (356). Dazu war es nicht wegen seines (gerne postulierten) Widerstands gegen die Synode von Mailand (355) gekommen, sondern aufgrund von pol. Erwägungen. 359 nahm er mit ksl. Billigung an der Synode von Seleukia teil und reiste mit deren Legaten nach Konstantinopel, um (erfolgslos) die homöusian. Fraktion zu vertreten und die Spaltung der Kirche zu überwinden. 360/61 kehrte H. nach Poitiers zurück, vermittelte weiter zwischen homöusian. Abendländern und homöusian.

Orientalen und agierte fortwährend in Wort und Tat gegen die homöische Position. Gallien und der lat. Westen blieben mit H.' Hilfe nizänisch. Von H. stammt u.a. der erste erhaltene und vielzitierte Mt-Kommentar und ein Ps-Kommentar. Sein Hauptwerk *De Trinitate* setzt sich in 12 Büchern mit dem Arianismus auseinander und verteidigt die Gottheit und Konsubstantialität des Sohnes. Eine zweiteilige fragmentar. Aktensammlung zum Streit mit den Arianern (342–367) stellen H.' *Excerpta ex opere historico* dar, eine polem. Stellungnahme zur ksl. Kirchenpolitik liegt mit *In Constantium* vor. H. gilt außerdem als der erste lat. Hymnendichter. Das MA würdigte ihn mit den Beinamen *confessor*, *doctor* und *sanctus*. Von den Theologen wird H. als *Athanasius des Westens* bezeichnet.

Lit.: P. F. Smulders, H. of P. preface to his Opus historicum. Translation and commentary (1995); L. F. Ladaria, La cristología de H. de P. (1989); M. Durst, Die Eschatologie des H. (1987); TRE 15 (1986), 315–322. MARIANNE SAMMER

Hildegard von Bingen, hl. (Fest 17. 9.), * 1098 (Bermersheim), † 17. 9. 1179 (Rupertsberg, Bingen). Die Benediktinerin H., Äbtissin vom Rupertsberg in Bingen, war schon zu Lebzeiten berühmt als Visionärin und geachtet als Verfasserin naturkundl., med. und spirit. Schriften sowie als Dichterin und Komponistin. Ihre visionäre Begabung ist der oft Kranken immer wieder eine Last und Ursache für tiefe Zweifel, welche erst durch das positive Votum → Bernhards von Clairvaux zerstreut werden. H.s Schriften speisen sich aus einer tiefen Vertrautheit mit benediktin. Gelehrsamkeit und Frömmigkeit, in welche sie von Kindheit an hineingewachsen ist. H.s Heilkunde basiert auf einem ganzheitl., die Leib-Seele-Einheit des Menschen berücksichtigenden Ansatz, der untrennbar verbunden ist mit ihren visionären Schriften und der darin entfalteten Sicht auf die Heilsgeschichte. Nach H. gründet jegliches Leiden des Menschen in einer psych. und physiolog. Unordnung, welche Folge der Erbsünde ist. Zeitlebens steht die Seele des Menschen im Spannungsfeld zw. Versuchung und Gnade, deshalb kann wirkliche Heilung nur geschehen, wenn der Mensch sich auf Christus ausrichtet und ein entsprechendes Leben führt. Diesen Heilungsweg beschreibt H. in Schriften wie der programmatisch *Scivias* (*Wisse die Wege*) benannten. Aus H.s Sorge um den Menschen erklärt sich auch ihr pol. Engagement. Sie mahnt in Briefen und Ansprachen die Mächtigen in Staat und Kirche, ein gottgefälliges Leben zu führen und so ihren Mitmenschen ein Vorbild zu sein. Ein Kanonisationsprozeß ist nie zum Abschluß gekommen. Weil H. aber seit dem 15. Jh. durchgängig als Heilige verehrt wird, konnte ihr Kult dennoch offiziell anerkannt werden.

Lit.: H.-J. Kotzur, W. Wilhelmy, H.v.B. 1098–1998 (1998); [3]LThK 5 (1996), 105–107; LMA 5 (1991), 13–15; TRE 15 (1986), 322–326. RUTH MEYER

Hinkmar von Reims, aus fränk. Adel, * 806, † 21/23. 12. 882. Ein Wissenschaftler von Rang, der in Kenntnissen und Methoden den Zeitgenossen weit voraus war, ein

Politiker, ohne den die Entstehung Frankreichs sicher anders verlaufen wäre; diese Seiten bündelt H. Im kgl. Klr. St-Denis erzogen, kommt H. 822 im Gefolge Hilduins an den ksl. Hof → Ludwigs d.Fr. und folgt ihm 830 in die Verbannung nach Corvey. Anschließend vervollkommnet er seine Studien wieder in St-Denis und wird 845 von Karl d. Kahlen – nach der Vertreibung von Gegnern – zum Ebf. von Reims eingesetzt, dem wohl wichtigsten Bistum des nunmehr entstehenden westfränk. Reichs. Trotz der aus den Umständen der Einsetzung resultierenden langwierigen Belastungen kann sich H. in den folgenden Jahren als eine der großen Stützen des westfränk. Königtums und westfränk. Staatswerdung zeigen. In allen Auseinandersetzungen von Belang, ergreift er Partei für seinen kgl. Herrn. Nicht nur als Politiker ist er eine Ausnahmegestalt, sondern ebenso als Theologe, was zahlr. Schriften belegen und gleichfalls sein wiederholtes Eingreifen in die Auseinandersetzung um die Lehren → Gottschalks des Sachsen. Hinzu kommen weitere Schriften von moral.-erbaul. Charakter und nicht zuletzt Annalen. Wie weit H. den geist. Horizont der Zeitgenossen überragt, läßt sich eigentl. erst deutlich an seinen Arbeiten in der Kanonistik ablesen: Eherechtl. Gutachten, die aber durch ihren Bezug auf Ks. Lothar II. zugleich elementare Wirkung im öffentl.-rechtl. Raum, in der Staatswerdung, entfalten; die administrative und seelsorger. Organisation der Diözese durch Kapitularien und Schriften zur Kirchenzucht; Gutachten im Rahmen der Auseinandersetzung mit den Gegnern seiner Promotion und Anhängern seines abgesetzten Vorgängers und v.a. ab ca. 860 in der Auseinandersetzung mit seinem gleichnamigen Neffen, Hinkmar, Bf. von Laon, die letztlich häufig Gutachten im Zusammenhang mit den → Pseudo-Isidorischen Fälschungen sind, wobei sich letztere v.a. gegen H. als Metropolit richten sollen. Auch wenn H. sich gerade in den zuletzt genannten Bereichen nur teilweise durchzusetzen vermag – obwohl er durchaus partiell den Charakter der Pseudo-Isidor-Fälschungen erkennt –, besticht die Präzision seiner Argumentation, die Breite und Tiefe des in Zitaten und Anspielungen aufblitzenden Wissens. In der Dichte der (jurist.) Argumente zeigt er ein Niveau, das eigentl. erst Jh.e später wieder als Standard erreicht wird. Bes. das kanonist. Œuvre kann eigentl. nur das Ergebnis einer gut eingespielten Schule sein: Wie stark diese dann aber von der Person H.s abhängig ist, zeigt sich daran, daß nach seinem Tode Technik und Kenntnisse vorerst wieder verschwinden.

Lit.: G. H. Tavard, Trina deitas (1996); [3]LThK 5 (1996), 142f.; Monumenta Germaniae Historica, Cap. Episc. 2 (1995); M. Stratmann, H.v.R. als Verwalter von Bistum und Kirchenprovinz (1991).

Jörg Müller

Hinschius, Paul, ev. Kirchenrechtslehrer, * 25. 12. 1835 (Berlin), † 13. 12. 1898 (ebd.). Nach Promotion (1855) und Habilitation (1859) wurde H. Prof. in Halle (1863), Berlin (1865), Kiel (1868) und Berlin (1872), ferner war er zeitweise Mitglied des Preuß. Herrenhauses und des Reichstages. Sein unvollendet gebliebenes Kirchenrecht der Protestanten und Katholiken in Deutschland (6 Bde., Berlin 1869–1897; Nachdr. Graz 1959) gilt als Höhepunkt der hist. Rechtsschule und leistet auch heute der kanonist. Quellenforschung wertvolle Dienste. Während des Kulturkampfs war H. jurist. Berater des preuß. Kultusministers.

Lit.: [3]LThK 5 (1996), 144; [4]Kleinheyer-Schröder 187–190. FRANZ KALDE

Hippolyt von Rom, hl. (Fest 13. 8. kath., 30. 1. gr.), Presbyter und Kirchenschriftsteller, * vor 170. Viell. im Osten des röm. Reichs geboren, wurde H. spätestens unter P. Zephyrinus (199–217) Presbyter in Rom. Ob er sich unter P. Calixtus I. (217–222) zum Gegenbf. einer schismat. röm. Gemeinde wählen ließ, steht nicht fest. H.s Werke sind wohl sämtl. zw. 200 und 235 in Rom entstanden. Das in Griechisch geschriebene Œuvre umfaßt antihäret., apologet., dogmat., exeget. und chronograph. Schriften; viele davon sind entweder zu einem großen Teil oder als ganze verloren. In einer der überlieferten Abhandlungen legt H. dar, daß der Antichrist noch nicht erschienen sei und seine Ankunft auch nicht unmittelbar bevorstehe. Die *Refutatio omnium haeresium* (*Widerlegung aller Häresien*) möchte die Lehren der Ketzer sämtl. auf gr. Philosophie zurückführen. Der zum größten Teil überlieferte Kommentar zu Daniel, wohl 202 in vier Büchern verfaßt, gilt als die älteste erhaltene exeget. Schrift der Kirche.

Lit.: RAC 15 (1991), 492–551.
SIEGMAR DÖPP

Hirscher, Johann Baptist, kath. Theologe, * 20. 1. 1788 (Altergarten bei Ravensburg), † 4. 9. 1865 (Freiburg i. Br.). 1810 in Konstanz zum Priester geweiht, wurde H. 1812 Repetent am Priesterseminar in Ellwangen und 1817 Prof. für Moral- und Pastoraltheologie an der Univ. Tübingen. 1837 folgte der Mitbegründer der *Theologischen Quartalschrift* und der kath. *Tübinger Schule* einem Ruf als Ordinarius für Moraltheologie und Allg. Religionswissenschaft nach Freiburg i. Br., wo er ab 1839 auch dem Metropolitankapitel (1850 Domdekan) angehörte; außerdem war er von 1847 bis zu seiner Emeritierung 1863 wiederholt Mitglied der Ersten Kammer der badischen Landstände. Wie schon der Titel seines Hauptwerks *Die christliche Moral als Lehre von der Verwirklichung des göttlichen Reiches in der Menschheit* (3 Bde., 1835/36) zum Ausdruck bringt, stand sein theol. Denken unter der Leitidee des sich in Geschichte und Gesellschaft verwirklichenden Reiches Gottes auf Erden, wobei es ihm nicht um eine systematisierte Lehre über den Glauben, sondern um ein ins Leben umgesetztes Christentum ging. Dementsprechend konzipierte er seine Moraltheologie als lebensnahe Darstellung der Sittlichkeit pädagogisch, und seine Vorschläge zur Reform der Kirche (Erneuerung der Liturgie, Verbesserung der Klerusbildung, Abhaltung von Diözesansynoden usw.) zielten auf eine ursprungs- und zeitgemäße Fortentwicklung ihrer Sozialgestalt. H. wurde seitens der restaurativ-ultramontanen Bewegung heftig angefeindet, 1849 wegen seiner Schrift *Die kirchlichen Zustände der Ge-*

genwart indiziert und von Rom wiederholt als Bischofskandidat für Rottenburg und Freiburg zurückgewiesen, gilt jedoch seit dem II. Vatikanum als „Wegbereiter heutiger Theologie".

Lit.: [3]LThK 5 (1996), 153f.; TRE 15 (1986), 396–398. KARL HAUSBERGER

Hitze, Franz, kath. Sozialreformer, * 16. 3. 1851 Hanemike (Kreis Olpe), † 20. 7. 1921 (Bad Nauheim). H. studierte in Würzburg und Paderborn Philosophie und Theologie, 1878 Priesterweihe, 1878–1880 Kaplan am Collegio Teutonico in Rom. 1880 übernahm er das Amt des Generalsekretärs des Verbandes *Arbeiterwohl*, 1882–1893 und 1898–1912 gehörte er dem Preuß. Abgeordnetenhaus an. Gleichzeitig war H. 1884–1921 Mitglied des Dt. Reichstags bzw. der Dt. Nationalversammlung und beeinflußte die Sozialgesetzgebung im Dt. Reich. Er war Mitbegründer und erster Generalsekretär des Volksvereins für das kath. Deutschland und an der Gründung des Caritasverbands beteiligt. An der Univ. Münster dozierte er seit 1893 christl. Gesellschaftslehre. H. gilt als Altmeister der Sozialpolitik und maßgebl. Wegbereiter des Sozialstaates.

Lit.: W. Pfeifer, Der Sozialreformer F. H. (1998). WOLFGANG ROTZSCHE

Hobbes, Thomas, engl. Philosoph, * 5. 4. 1588 (Westpoint bei Malmesbury), † 4. 12. 1679 (Hardwicke). Nach Studien in Oxford erhielt H. die Stelle eines Tutors, die ihm vielseitige Bildungs- und Wirkmöglichkeiten verschaffte. Er gilt als der bedeutendste Staatsphilosoph der frühen Neuzeit. Bei Reisen nach Frankreich und Italien begegnete er Descartes und → Galilei, den wichtigsten Vertretern des naturwiss. geprägten neuzeitl. Weltbildes. H. übersetzte auch Werke von Thukydides (1628) und Homer (1677). Sein staatstheoret. Entwurf *Leviathan* (1651) erwies sich als seine bedeutendste Schrift. Pol. Philosophie verstand H. als wiss. Friedenspolitik, die die Ursachen von Krieg und Bürgerkrieg zu erforschen sucht, um geeignete Friedensinstrumente zu finden und zivilisator. Fortschritte zu ermöglichen. H. setzte sich vom trad. pol. Aristotelismus und von einer Naturrechtskonzeption ab und vertrat eine reduktionist. Auffassung der Wirklichkeit. Sein dreiteiliges System verbindet die Lehre von den physikal. Körpern und ihren Bewegungen (*De corpore*, 1655) mit der Lehre vom natürl. Menschen (*De homine*, 1658) und der Lehre vom Bürger (*De cive*, 1642). Im Systemaufbau H.' kommt der Körperlehre, in der die grundlegenden Naturgesetze entwickelt werden, der Status einer Fundamentalwissenschaft zu. Diese Naturgesetze legte H. auch der Anthropologie und der Staatslehre zugrunde. Ein determinist. und materialist. Menschenbild war die notwendige Folge. H.' monist. Naturalismus, der in seinem berühmten Wort *homo homini lupus* zum Ausdruck kommt, läßt die eigenständige Dimension des Geistigen (und damit des Normativen) nicht zu. Seine pol. Vernunft lehrt keine moral. Regeln, sondern stabilitätspol. Verfügungswissen. Höchst problemat. ist H.' Staatstheorie insofern, als der radikale, mechanist. verstandene Individualismus, der den anthropolog. Ausgangspunkt seiner Philosophie bildet, in einen radikalen Absolutismus des Staates umschlägt.

Lit.: [4]RGG 3 (2000), 1797f.; R. Tuck, H. (1999); [3]LThK 5 (1996), 173f.; BBKL 2 (1990), 907–911; TRE 15 (1986), 404–412; O. Höffe (Hg.), Klassiker der Philosophie, Bd. 1 ([2]1985), 280–300.

Josef Kreiml

Hofbauer, Clemens Maria (Taufname Johannes), hl. (Fest 15. 3.), österr. Redemptorist, * 26. 12. 1751 (Taßwitz, Südmähren), † 15. 3. 1820 (Wien). 1785 Priester, 1787 in Warschau; 1788 Generalvikar des jungen, wegen der Methoden der Volksmission vielfach umstrittenen CSsR für die Gebiete nördl. der Alpen. H. gründete Niederlassungen in Polen, Süddeutschland und in der Schweiz; seit 1808 in Wien, wo er als Seelsorger und Prediger großen Einfluß gewann, bes. auf Romantiker (F. Schlegel, A. H. Müller, C. Brentano, J. von Eichendorff, Z. Werner, J. E. Veith, A. → Günther; *Hofbauerkreis*). 1888 selig-, 1909 heiliggesprochen; Grab in der Kirche Maria Stiegen, Wien; in der Nachwirkung lange umstritten.

Lit.: [3]LThK 5 (1996), 196.

Georg Schwaiger

Hoffman, Melchior, Laienprediger, * um 1500 (Schwäbisch Hall), † im Kerker 1543 (Straßburg). Der gelernte Kürschner und charismat. Laienprediger wirkte seit Anfang der 1520er Jahre in dem stark antiklerikal gestimmten, 1524–1526 von Bilderstürmen erschütterten Livland. Seine apokalypt. Predigt vom nahenden Anbrechen des Jüngsten Tages (datiert auf das Jahr 1533) und die radikalreformator. Umsetzung des luth. „Priestertums aller Gläubigen" fanden v. a. unter Handwerkern Anklang. Konflikte führten 1526 zur Verbannung H.s aus Livland. In Stockholm, Lübeck, Schleswig-Holstein, Ostfriesland und den Niederlanden setzte er seine Tätigkeit fort, jeweils kurzzeitig von den Obrigkeiten mit pol. Zielsetzung unterstützt. Sein Kampf gegen die luth. Abendmahlslehre, die er als klerikales Machtinstrument deutete, führte zur Verurteilung H.s als Irrlehrer durch namhafte luth. Theologen (Flensburger Disputation 1529). Seine letzten Jahre verbrachte H. in Straßburg, wo er – über seine bisherigen Anschauungen hinaus – den apokalypt. Endkampf, die Vernichtung der in Kaiser- und Papsttum und Reformation wirkenden antichristl. Kräfte durch die Freien Reichsstädte und das Erstehen eines 1000jährigen theokrat. Friedensreiches vor dem Endgericht propagierte (Straßburg als Neues Jerusalem). Aus Sorge vor pol. Aufruhr verurteilte man H., der durch sein Eintreten für die Täuferbewegung hervorgetreten war, wegen falscher Lehre (monophysit. Christologie, zweifache Rechtfertigung, als Gnadengeschenk *und* Heiligungsaufgabe, Glaubenstaufe) und inhaftierte ihn. H.s spannungsreiches Denken beeinflußte die gewaltbereiten Münsteraner Täufer („Gottesreich" von Münster 1534/35) ebenso wie die pazifist. Mennoniten (Christologie, Inkarnationslehre).

Lit.: TRE 15 (1986), 470–473; K. Deppermann, M. H. (1979).

Hans-Martin Kirn

Hofmann, Johann Christian Konrad von, prot. Theologe, * 21. 12. 1810 (Nürnberg), † 20. 12. 1877 (Erlangen). 1845 Prof. an der Ev.-theol. Fakultät Erlangen, darf H. als einer der originellsten prot. Theologen im 19. Jh. gelten, der maßgebl. zum Ruhm der „Erlanger Schule“ beitrug (K. → Barth, *Die protestantische Theologie im 19. Jahrhundert*, 553–561). Christentum ist ihm nicht zuerst Lehre oder Moral, sondern „Tatbestand“, Realität des durch Christus versöhnten Verhältnisses zw. Gott und Mensch. Theologie hat diesen Tatbestand reflektierend in seinen Voraussetzungen zu entfalten. H.s Hauptanliegen ist in diesem Zusammenhang die Durchführung des Schriftbeweises. Hauptwerke sind *Weissagung und Erfüllung im Alten und im Neuen Testamente. Ein theologischer Versuch,* 2 Bde., 1841–1844, und *Der Schriftbeweis,* 1852–1855. H. ging es um die Begründung des *Lehrganzen* aus dem *Schriftganzen*. Allein durch die Wahrnehmung der geschichtl. Dynamik könne die Bibel als geschichtl. Zeugnis der geschichtl. Offenbarung Gottes verständlich gemacht werden.

Lit.: [3]LThK 5 (1996), 209; TRE 15 (1986), 477–479. RUDOLF VODERHOLZER

Holl, Karl, ev. Kirchenhistoriker, * 15. 5. 1866 (Tübingen), † 23. 5. 1926 (Berlin). H., der urspr. der Liberalen Theologie nahestand und wichtige Studien zur Patristik vorlegte, wurde 1900 in Tübingen und 1906 in Berlin Prof. Nach seiner Abwendung von der Liberalen Theologie veröffentlichte er 1921 eine Aufsatzsammlung über M. → Luther, die durch ihre Quellennähe die mod. Lutherforschung beeinflußte und entscheidend zur sog. Luther-Renaissance beitrug.

Lit.: [4]RGG 3 (2000), 1843; BBKL 2 (1990), 1001–1003; TRE 15 (1986), 514–518. JOSEF KREIML

Holzhauser, Bartholomäus, kath. Theologe, Reformator, Gründer der Bartholomäer, * 24. 8. 1613 (Laugna, Schwaben), † 20. 5. 1658 (Bingen). Nach dem Studium in Ingolstadt 1639 Priesterweihe. 1640–1642 als Kanoniker in Tittmoning, dort Gründung des *Institutum clericorum saecularium in commune viventium* (Gemeinschaft von Weltpriestern in ignatian. Geist, erste Niederlassung der Bartholomäer); 1647 Anerkennung der Gemeinschaft durch P. Innocenz X. Neben der Priestertätigkeit steht H.s Einsatz für Lateinschulen und seine rege lit. Tätigkeit: von ihm stammen asket. und visionär-prophet. Schriften, u.a. die *Commentarii in Apocalypsin plane admirabiles* (1784) und die *Visiones venerabilis servi Dei* (1793). Der Seligsprechungsprozeß wurde 1927 angeregt.

Lit.: [3]LThK 5 (1995), 242; BBKL 2 (1990), 1014. SUSANNE STÜBINGER

Honorius Augustodunensis, (H. von Autun), † 1157 (?). Anders als sein Name vermuten läßt, war H. wohl ein von den brit. Inseln stammender Benediktiner, der etwa 1110 nach Deutschland kam und die letzten Jahre seines Lebens als Inkluse zu Regensburg verbrachte (viell. 1130–1157). Beziehungen nach England wie auch die Kenntnis des bayr. Raumes, die sich in seinen Werken spiegeln, weisen darauf hin. H., der sich für die gregorian. Reform einsetzte, wollte mit seinem umfangreichen Werk, das aus → Augustinus, → Hieronymus, → Gregor I. d. Gr., Amalar von Metz, → Johannes Scotus Eriugena und → Anselm von Canterbury schöpft, breiteren Kreisen insbes. im Klerus ein Grundwissen in Philosophie, Naturwissenschaften, Theologie, geistl. Leben und Liturgie vermitteln. Diesem päd.-pastoralen Ziel sollte v.a. das enzyklopäd. *Elucidarium* in drei Büchern dienen (um 1100 verfaßt), das weite Verbreitung, auch in volkssprachl. Übersetzungen, fand.

Lit.: LMA 5 (1991), 122f.; [2]VerfLex 4 (1983), 122–132. MARIANNE SCHLOSSER

Honorius I., Papst (625–638), aus hohem Adel Kampaniens, Schüler → Gregors I., der ihm Vorbild blieb. Als Papst tüchtig in weltl. und geistl. Verwaltung. An ihm haftet der Makel des Versagens in den christolog. Kämpfen seiner Zeit, näherhin im Streit, ob der aus zwei Naturen bestehende Gottmensch Christus alles mit einer gottmenschl. „Energie" (Monenergismus) bzw. einem Willen (Monotheletismus) gewirkt habe. H. sprach sich in zwei Briefen für den einen Willen in Christus aus und wurde deshalb auf dem 6. Ökum. Konzil (Konstantinopel 681) als Urheber der monothelet. Häresie verurteilt. P. Leo II. (682/83) schloß sich der Verurteilung an. Bis ins 11. Jh. wurde H. in Rom unter den Häretikern aufgeführt. Aus diesem Sachverhalt erwuchs die *Honoriusfrage* (*Causa Honorii*), ob ein Papst in einer wichtigen Glaubensfrage irren könne. Die Frage wurde in der Unfehlbarkeitsdiskussion des I. Vat. Konzils 1869/70 erneut aufgegriffen.

Lit.: [3]LThK 5 (1996), 266–268; TRE 15 (1986), 566–568; G. Kreuzer, Die Honoriusfrage im MA und in der Neuzeit (1975). GEORG SCHWAIGER

Hontheim, Johannes Nikolaus von, Weihbf. in Trier, * 21. 1. 1701 (Trier), † 2. 9. 1790 (Montquintin, Luxemburg). Nach jurist. und theol. Studien wurde H. 1728 Priester. Zunächst in versch. anderen akadem. und kirchl. Aufgaben verwendet, stieg H. 1748 zum Weihbischof und Prokanzler der Univ. Trier auf. Unter dem Pseudonym Justinus Febronius publizierte er 1763 das Werk *De statu ecclesiae et legitima potestate Romani Pontificis*, in dem er die volle Anerkennung der bfl. Vollmacht forderte, welcher die päpstl. Gewalt nur subsidiär und die staatl. hütend zur Seite stehen sollen. Das Werk wurde 1764 auf den Index der verbotenen Bücher gesetzt, H. zögerte seinen (später wieder modifizierten) Widerruf aber bis 1778 hinaus. H. hat eine breite episkopalist. Diskussion ausgelöst.

Lit.: [4]RGG 3 (2000), 1897f.; [3]LThK 5 (1996), 270f.; Gatz B 1648, 192–195.
STEPHAN HAERING

Hooker, Richard, angl. Theologe, * 1554 (Heavitree bei Exter), † 2. 11. 1600 (Bishopsbourne bei Canterbury). Der in Oxford ausgebildete und lehrende H. gilt als einer der bedeutendsten Theologen der Kirche von England. 1585 wurde er Hauptpfarrer an der Temple-Kirche in London, 1591 Pfarrer in Boscombe/Wiltshire, 1595 in Bishopsbourne.

Sein Lebenswerk war die Ausarbeitung der *Laws of Ecclesiastical Polity* (1.–5. Buch 1593–1597; 6.–8. Buch 1648–1662). Das einflußreiche Werk befaßte sich zur Abwehr des Puritanismus in der angl. Kirche (Forderung nach Abschaffung der hierarch. Amtsstrukturen) ausführlich mit den Grundfragen kirchl. Ordnung und Autorität. Es rechtfertigte die kgl. Oberhoheit über die Kirche von England, die Konzeption der Einheit von Kirche und Staat und stellte gegen biblizist. Ansprüche die bleibende Bedeutung der Vernunft neben Hl. Schrift und Tradition für die Realisierung des christl. Lebens und der kirchl. Ordnung heraus. H.s Werk gibt der Stellung der angl. Kirche zw. Puritanismus („zweite Reformation") und dem Katholizismus markanten Ausdruck.

Lit.: A. S. McGrade (Hg.), R. H. and the Construction of Christian Community (1997); TRE 15 (1986), 581–583.

HANS-MARTIN KIRN

[H]ostiensis, He[i]nricus de Segusia, Enrico Bartolomei di Susa, * um 1194, † 29. 10. 1271. H. gehört als Dekretalist, d.h. als Rechtsgelehrter, der Justizbriefe des Papstes analysiert und systematisiert, mit zu den bedeutendsten Kanonisten aus der Hochphase dieser Wissenschaft, dessen Ansichten Jh.e hindurch zitiert und tradiert werden. Aus adeligem Hause (möglicherweise ein Bartolomei) in Susa stammend, studiert H. beide Rechte, Kanonistik und Legistik in Bologna; wird anschließend für das Haus Savoyen und v.a. die Plantagenêts in der Provence, in England und an der Kurie in „Staatsgeschäften" tätig, bis es 1243 zum Zerwürfnis kommt; zwischenzeitl., ca. 1238, Lehrtätigkeit im Fach Kanonistik in Paris. Seine Ämterlaufbahn: Prior in Antibes, weitere Pfründe, 1244 Propst in Grasse, Bf. von Sisteron, 1250 Ebf. von Embrun, mehrfacher Legat und Mai 1262 Kard.-Bf. von Ostia/Velletri. H. hat stets den Kontakt zu den Mächtigen seiner Zeit halten können. Den Höhepunkt bildet dabei das viell. auf gemeinsame Studienzeit in Bologna gegründete enge Verhältnis zu P. → Innocenz IV. während dessen langjährigem Aufenthalt in Lyon. Schnell zum engeren Kreis um den Genueser Papst vorstoßend, wird H. noch 1244 Capellanus; seinen jurist. Sachverstand bringt er in vielfältiger Weise als Berater, u.a. im Konsistorium, ein. So einflußreich, so „Machtmensch" er zeitweise gewesen sein mag, sein Ruhm gründet sich auf anderes: Neben zahlr. kleineren Werken v.a. auf seine beiden jurist. Großkommentare, die *Summa* und die *Lectura*. Die *Summa*, eine Titelsumme mit dem Beinamen *copiosa* oder *aurea*, entstand in einer ersten Fassung unter Aufnahme der *Summa* des Godofredus von Trani und kleinerer Summen wohl während seiner Lehrtätigkeit in Paris, die zweite Fassung wurde vor dem 9. 9. 1253, viell. gar noch Ende 1252 abgeschlossen und später nicht mehr überarbeitet. Als eine der wenigen Quellen zum ma. Studium enthält sie u.a. sogar einen Studienverlaufsplan. Die *Lectura* ist, unter Einbeziehung der Novellen Innocenz' IV., wohl in einer ersten Fassung vermutl. zw. 1254 und 1265 (Pennington) entstanden, in einer zweiten bis 1270. Im Gegensatz zur *Summa* hat H. unermüdlich an diesem, den Texten des *Liber Extra* folgenden Kommentar gearbeitet, der nicht nur der umfangreichste kanonist. Kommentar des MA bleibt, sondern auch einer der einflußreichsten. Selbst seinen alters- und krankheitsbedingten Verzicht auf das kardinalizische Wahlrecht hat er noch eingearbeitet, um der Wissenschaft einen aktuellen und authent. Kommentar zur Verfügung zu stellen; demselben Ziel galt sein Testament. *Quelle des Rechts*, *hellstes Licht des Kirchenrechts* sind nur einige Ehrentitel, die bereits die nächste Generation aufgrund der intellektuellen Leistung H.' vergibt. Im Gegensatz zu vielen anderen wird H.' Leistung auch kontinuierlich durch die Jh.e wahrgenommen und von folgenden Generationen rezipiert.

Lit.: F. Soetermeer, Summa archiepiscopi alias Summa copiosa, in: Ius Commune 26 (1999), 1–36; [3]LthK 4 (1995), 1397f. Jörg Müller

Hrabanus Maurus, OSB, hl. bzw. sel. (Fest 4. 2.), Lehrer und Kompilator, * 780/83 (Mainz), † 4. 2. 856 (Winkel, Rheingau). H., von fränk. Adel, wurde seit 788 im Klr. Fulda ausgebildet und dort 801 zum Diakon geweiht, 814 zum Priester. 801–804 studierte er bei → Alkuin in Tours und kehrte nach Fulda zurück. Seine Lehrtätigkeit dort setzte er auch als Abt (822–842) fort und brachte das Kloster in den Ruf einer ausgezeichneten Bildungsstätte, für deren Wachstum und Wirtschaftlichkeit H. durch eine mod. Ausstattung und Verwaltung zu sorgen wußte. Zu H.' Schülern zählten → Walahfrid Strabo, → Otfrid von Weißenburg und Lupus von Ferrières. 847 wurde H. nach der Aussöhnung mit Kg. Ludwig d. Dt. Ebf. von Mainz. H.' umfangreiches Werk ist v. a. aus Schriften der Kirchenväter kompiliert und besteht aus Exegesen fast aller bibl. Bücher. H. schrieb außerdem für die kirchl. Praxis (Martyrologium, Predigten, Hymnen, Bußbücher usw.), zur Ausbildung und Disziplin des Klerus (*De institutione clericorum*) und zu versch. dogmat. Fragen. Er verfaßte Gelegenheitsschriften und eine Enzyklopädie (*De rerum naturis*). Seine vorbildhaften Kompilate sind seit dem 9. Jh. in ganz Europa verbreitet, wurden bereits im 15. Jh. gedruckt und erfuhren 1626/27 ihre erste Gesamtausgabe.

Lit.: [2]RGA 15 (2000), 139–146; H. Maier, Der hl. H. M., in: Säulen der Mainzer Kirche im ersten Jahrtausend (1998), 45–60; H. Spelsberg, H. – Bibliographie (1984); O. Berggötz, H. und seine Bedeutung für das Bibliothekswesen der Karolingerzeit, in: Bibliothek und Wissenschaft 27 (1994), 1–48. Marianne Sammer

Hrotsvit von Gandersheim, * um 935, † 975. Kanonisse im Stift Gandersheim, erste dt. Dichterin und zugleich erste lat. schreibende Autorin seit der Antike. H. kannte die Dichtungen Vergils und Terenz', → Prudentius', → Boethius' und → Alkuins sowie patr. Autoren. Es sind von ihr acht Verslegenden (in Hexametern oder Distichen) überliefert, die wohl als Tischlesung im Konvent Verwendung fanden; Themen sind die Geburt Mariens, die Himmelfahrt Christi und Märtyrer-Leben. In sechs Dramen, gewissermaßen als Konkurrenz zu Terenz' Komödien verstanden, wird die Bewährung christl. Tugend gefeiert.

Zwei hist. Epen sind den *Gesta Ottonis I.* und der Geschichte des Klr. Gandersheim gewidmet. Die für die Überlieferung wichtigste Handschrift (um 1000) wurde von Konrad Celtis 1493/94 im Klr. St. Emmeram in Regensburg entdeckt, bereits 1501 in Nürnberg gedruckt.

Lit.: H. v. G., Opera omnia, ed. W. Berschin (2001); [2]VerfLex 4 (1983), 196–210. MARIANNE SCHLOSSER

Hubmaier, Balthasar (auch Hiebmair, Friedberger, Pacimontanus), Theologe und Täufer, * um 1480/85 (Friedberg bei Augsburg), † 10. 3. 1528 (Erdberg bei Wien). Nach theol. Studium bei J. → Eck in Freiburg i. Br. 1503–1512, Priesterweihe und Promotion in Ingolstadt (1512) wirkte H. dort als Prof. und Prorektor sowie Pfarrer am Münster zur Schönen Unserer Lieben Frau (1515/16). Seit 1516 Domprediger in Regensburg, trug er wesentl. zur Vertreibung der Juden aus der Reichsstadt (1519) bei. Das Judenghetto und die Synagoge wurden zerstört und stattdessen ein Marienbild auf einer Säule aufgestellt. Diese Regensburger Wallfahrt mit der Wallfahrtskirche zur Schönen Maria (sie wurde kurz darauf „die neue Pfarr", die erste ev. Pfarrkirche der Stadt) wurde rasch zu einem Anziehungspunkt, bei der es zu rel. Exzessen kam, die nicht zuletzt durch H. geschürt wurden. 1521 wurde er Pfarrer im hochrhein. Waldshut, wo er seit 1523 wortgewaltig für die Reformation eintrat. Der zunächst enge, dann wieder zerbrochene Kontakt zu → Zwingli, dann die Begegnung mit Zürcher Täufern ließen H. zum Anhänger des Täufertums werden. Ostern 1525 ließ er sich taufen und taufte seinerseits einen Großteil des Rates und der Einwohner der Stadt (Täuferreformation). Als im Dezember desselben Jahres Waldshut von Ferdinand I. von Österreich erobert und wieder kath. wurde, floh H. mit seiner Anfang 1525 geehelichten Frau nach Zürich, geriet dort in Kerkerhaft und sagte sich nach Folterung öffentl. vom Täufertum los. 1526 gelangte er nach Nikolsburg in Mähren, wo er eine Täufergemeinde aufrichtete und die Täuferreformation durchführte. Als mit der Erhebung Ferdinands I. zum König von Böhmen (1526) auch Mähren in die Gewalt des Habsburgers kam, wurde H. im Juli 1527 gefangengenommen, zum Tod verurteilt und als Ketzer und Aufrührer in Wien auf dem Scheiterhaufen verbrannt; seine Frau wurde drei Tage später in der Donau ertränkt. H. hinterließ zahlr. theol. Schriften.

Lit.: Boehm 192 f.; [3]LThK 5 (1996), 296 f. MANFRED HEIM

Hug, Johann Leonhard, kath. Exeget, * 1. 6. 1765 (Konstanz), † 11. 3. 1846 (Freiburg i. Br.). Geistig nachhaltig von der Aufklärung geprägt und 1789 zum Priester geweiht, war H., der mehrere Rufe an andere Univ. ablehnte, von 1791 bis zu seinem Tode Prof. für oriental. Sprachen und bibl. Exegese in Freiburg i. Br. (1827 auch Domkapitular, 1843 Domdekan). Seine wissenschaftsgeschichtl. Bedeutung liegt in der konsequenten Anwendung der damals in der kath. Bibelwissenschaft trotz Ansätzen bei R. → Simon noch nicht rezipierten hist.-krit. Methode, von der sein mehrmals aufgelegtes Hauptwerk *Einleitung in die Schriften des Neuen Testaments* (2 Bde., 1808) eindrucksvoll Zeugnis ablegt. H. erkannte auf seinen ausgedehnten Bibliotheksreisen auch als erster den hohen textkrit. Wert des *Codex Vaticanus*. Wiewohl ihm selbst der Vorwurf des Rationalismus nicht erspart blieb, hat er die rationalist. Evangeliendeutung von H. E. G. Paulus (1761–1851) und die Mythentheorie von D. F. → Strauß scharfsinnig bekämpft.

Lit.: G. Müller, J. L. H. (1990).

KARL HAUSBERGER

Hügel, Friedrich Freiherr von, kath. Laientheologe und Privatgelehrter, * 5. 5. 1852 (Florenz), † 27. 1. 1925 (London). Als Sohn eines österr., dem rhein. Adel entstammenden Diplomaten und einer zum Katholizismus konvertierten Schottin erhielt der durch gelehrte Privatstudien sich bildende und mehr und mehr für die Theologie sich begeisternde Autodidakt H. durch die Heirat (1873) mit einer engl. Adligen Zugang zu den führenden kath.-aristokrat. Kreisen in England, Frankreich, Belgien und Italien. Sein theol. Interesse, das sich an der Geschichte der christl. Spiritualität und Mystik entzündet hatte, verband sich zunehmend stärker mit dem Anliegen, den überlieferten Glauben in die je neue Zeit zu übersetzen und mit der fortschreitenden wiss. Erkenntnis in Einklang zu bringen. Diese Intention führte ihn in den neunziger Jahren mit namhaften Vertretern eines dialog- und reformbereiten Katholizismus zusammen, allen voran mit A. → Loisy und G. Tyrrell, für die er dank seiner vielfältigen Kontakte bis hinein in die Röm. Kurie eine wichtige Mittlerfunktion übernahm, namentlich was den Austausch von Informationen betraf. Doch noch vor der päpstl. Verurteilung solcher Bestrebungen als verderbl. Modernismus zog sich H. von der „Bewegung“ zurück und entging daher einer kirchl. Zensur. Nach dem Erscheinen seines Hauptwerks *The Mystical Element of Religion* (2 Bde., 1908), einer profunden Biographie der Mystikerin Katharina von Genua (1447–1510), wuchs er in seinem Londoner Domizil mehr und mehr in die Rolle eines geschätzten und verehrten geistl. Beraters hinein.

Lit.: TRE 15 (1986), 614–618.

KARL HAUSBERGER

Hugo I. von Cluny, hl. (Fest 29. 4.), OSB, 6. Abt von Cluny, * 1024 (Semur-en-Brionnais), † 29. 4. 1109 (Cluny). Aus burgund. Hochadel stammend, trat H. um 1038 in die zw. 908 und 910 gegründete OSB-Abtei Cluny in Burgund ein und legte 1039 seine Profeß ab. Unter Abt → Odilo, dessen Nachfolger H. am 20. 2. 1049 wurde, wirkte er als Großprior. Die enge Verbindung zu Ks. → Heinrich III. zeigte sich darin, daß er Taufpate von dessen Sohn und Nachfolger → Heinrich IV. war. Vielfach als Berater angerufen, konnte er, stets der Neutralität verpflichtet, u. a. 1077 zw. Heinrich IV. und P. → Gregor VII. in Canossa vermitteln. In den sechs Jahrzehnten seines Abbatiates erreichte der cluniazens. Klosterverband seine größte räuml. und zahlenmäßige Ausdehnung, wurde Cluny zunehmend auch zu einer bed. Wirtschaftsmacht. 1088 veranlaßte H. den (aus Platzgründen nötig gewordenen) grandiosen Neubau der Basilika Cluny III, der auch Symbol für die gewaltige Bedeutung Clunys im Zeitalter der Kirchenreform und des Reformpapsttums war. Schon 1120 wurde H. heiliggesprochen.

Lit.: [3]LThK 5 (1996), 306f.; LMA 5 (1991), 165f. MANFRED HEIM

Hugo von St. Viktor, Theologe und Universalgelehrter, * Ende 11. Jh., † 11. 2. 1141 (St. Viktor, Paris). H.s Biographie ist nur lückenhaft bekannt. Um 1125 wirkte er als Lehrer an der offenen Schule in St. Viktor, spätestens 1133 als deren Leiter. Eine Reise zu P. Innocenz II. ist bezeugt, nicht aber wann und ob nach Rom oder nach Frankreich. Vor 1125 verfaßte H. seine dreistufigen Exegesen zum AT und propädeut. Texte zu den Sieben Freien Künsten (*Didascalion de studio legendi*), bis 1130/31 Abhandlungen zur syst. Theologie. H.s Hauptwerk, *De sacramentis*, war 1137 abgeschlossen. Danach entstanden kleinere Abhandlungen, ein Geschichtswerk (*Chronicon*) und myst.-syst. Schriften, deren Nachwirken für die gesamte europ. Mystik des MA zu belegen ist. Für H. ist die Welt ein entzifferbares Zeichensystem, in dem sich Gott mitteilt und auf die jenseitige Welt verweist. Mittels der exeget. Methoden und der Schriftsinne könne auch die Weltgeschichte als Botschaft Gottes gedeutet werden. Für die Historiographie und die Geschichtstheologie des MA war H.s Denken von großem Einfluß (→ Otto von Freising, → Petrus Lombardus, → Bonaventura, → Albertus Magnus u.a.). H.s berühmtester Schüler war → Richard von St. Viktor. Aufgrund seines richtungweisenden theol. Argumentierens wurde H. als *neuer* [→] *Augustinus* bezeichnet.

Lit.: R. Berndt, Überlegungen zum Verhältnis von Exegese und Theologie ..., in: R. E. Lerner (Hg.), Neue Richtungen in der hoch- und spät-ma. Bibelexegese (1996), 65–78; P. J. van Zwieten, The place and significance of literal exegeses in Hugh of St Victor (1992); TRE 15 (1986), 629–635. MARIANNE SAMMER

Huguccio (Ugo von Pisa), * 1140/50, † 30. 4. 1210. H. ist nach heutiger Einschätzung einer der wichtigsten Dekretisten, d.h., die erste Phase einer am *Decretum Gratiani* sich ausbildenden Wissenschaft vom kirchl. Recht erreicht in seinen Werken einen Gipfel. Über sein Leben ist sehr wenig bekannt: In Bologna studiert er Kanonistik; vermutl. erhält er auch eine theol. Ausbildung. Ab ca. 1180 lehrt er selbst über → Gratians Dekret; → Innocenz III. gilt als sein Schüler. 1190 promoviert H. zum Bf. von Ferrara. Neben kleineren theol. Traktaten, Glossen und viell. Mitarbeit an Glossenapparaten schrieb H. v.a. seine *Summa Decretorum*, eine Kommentierung zum *Decretum Gratiani*, deren wesentl. Teile 1188 bereits vorgelegen haben dürften (Gillmann), und die später noch Weiterungen von fremder Hand erhält. Dabei stützt er sich ebenso auf die Werke seiner Vorgänger, u.a. → Rufin, Stephan von Tournai, wie auch auf die in Bologna natürlich bes. gut bekannte Legistik; weiterhin auf das Dekretalenrecht (noch ohne Kenntnis des Breviars des → Bernhard von Pavia) sowie vorgratian. und theol. Lehrmeinungen. Daher ist sein Werk heute noch eine Quelle ersten Ranges für die hist. Kanonistik und Dogmengeschichte, auch wenn sein Einfluß durch die aufkommende Dekretalistik zurückging. Bemerkenswert ist die Stetigkeit, mit der er – auch gegenüber einem Papst – an einmal getroffenen Wertungen festhält, der sprichwörtl. *rigor huguccionis*. Trotzdem entfernt er sich nie aus den Bindungen, die ihm sein kirchl. Amt auferlegt.

Lit.: ³LThK 5 (1996), 314; W. P. Müller, H. (1994). JÖRG MÜLLER

Humbert von Silva Candida, Ebf. von Sizilien, Kard.-Bf. von Silva Candida, * um 1000 (Burgunder?), † 5. 5. 1062. H. ist zus. mit → Petrus Damiani und → Leo IX. in Rom die treibende Kraft der beginnenden Kirchenreform vor dem Pontifikat → Gregors VII. H. ist um 1015 im Klr. Moyenmoûtier nachweisbar, erlebt dort 1026 die Durchführung einer Reform durch Wilhelm von Volpiano, die ihn wohl für den Rest des Lebens prägt. So tritt H. mit einem Haupt der lothring. Reformbewegung, Ebf. Brun von Toul, in Kontakt. Dieser nimmt ihn als Vertrauten mit nach Rom, als er dort die Ideale der Reform als Leo IX. durchzusetzen trachtet. Wohl um der Würde willen wird H. sofort 1049/50 zum Ebf. des damals noch arab. Sizilien ordiniert, noch 1050 zum Kard.-Bf. von S. Rufina/Silva Candida; die häufig mit diesem Amt verbundene Bibliothekarsstelle am päpstl. Hof tritt H. allerdings erst unter Stephan IX. an. Wichtiger sind wohl zahlr. Legationsreisen, die er in päpstl. Auftrag unternimmt; Höhepunkt ist jene des Jahres 1054 nach Konstantinopel, die u.a. durch schroffes Auftreten der Gesandten und durch die Exkommunikation des Patriarchen das bis 1965 dauernde Schisma zw. der kath. und orth. Kirche provoziert. In Vorbereitung dieser Reise legt H. auch Gedanken nieder, die den absoluten Vorrang der röm. Kirche, u.a. gestützt auf den Satz, diese könne in Glaubensfragen nicht irren, wohl könne der Papst abweichen, betonen. Auch nach dem Tod seines Gönners Leo IX. blieb H. eine Hauptstütze des radikaler werdenden Reformpapsttums, nicht zuletzt in den theol. Auseinandersetzungen mit → Berengar von Tours. Gutachten, Briefwechsel, kleinere Schriften sind die Frucht all dieser Tätigkeit. Hervorzuheben aus seinem Œuvre bleiben aber die *Libri tres adversus Simoniacos*, 1057/58 entstanden, wobei er jedoch bei der Reordination, d.h. der erneuten Weihe nach einer durch Simonisten erfolgten Weihe, deutlich andere Positionen als Petrus Damiani vertritt, ebenso übrigens bei seiner Ekklesiologie in bezug auf die Stellung des Kaisers. Gedanklich scharf arbeitet H. dabei jene Simoniekriterien heraus, die erst in Zukunft für die Auseinandersetzungen zwischen Reformgegnern und dem Kaiser Bedeutung erlangen werden. Als Simonie gilt ihm bereits jede Form der Vorteilsannahme bei Besetzung eines geistl. Amtes, nicht nur der unmittelbare Verkauf von Sakramenten. H.s Wirkung bleibt aber zu seinen Lebzeiten wohl eher auf einen kleineren Kreis beschränkt.

Lit: M. Dischner, H. von S. C. (1996); [3]LThK 5 (1996), 329f. JÖRG MÜLLER

Hus, Jan, tschech. Reformprediger, * um 1370 (Husinec), † als Ketzer verbrannt 6. 7. 1415 (Konstanz). H. begann um 1390 in Prag mit dem artist. Grundstudium, um 1398 mit dem Studium der Theologie und wirkte dort, 1400 zum Priester geweiht, als theol. Lehrer. Wegweisend wurde die Begegnung mit den Lehren J. → Wyclifs, die zur Parteienbildung an der Prager Univ. führten. H. teilte in der Universalienfrage Wyclifs Realismus, blieb aber in der schon zuvor in London als häret. verurteilten Abendmahlslehre auf Distanz. Weiteren Kreisen bekannt wurde H. seit 1401 als Reformprediger, der Wyclifs Kirchenkritik auf Böhmen übertrug und sich für eine bibelorientierte Frömmigkeit und den Gebrauch der tschech. Volkssprache in Predigt und Kirchenlied einsetzte. Der seit 1407/08 von der Röm. Kurie und dem Erzbischof vorangetriebene Kampf gegen die Wyclifiten führte zu Predigtverbot, Bücherverbrennung und Exkommunikation (1410/11). 1412 mußte H., von Kg. Wenzel IV. aufgegeben, Prag verlassen. Im Exil entstand sein Wyclifs gleichnamige Schrift aufnehmendes Hauptwerk *Über die Kirche* (*De ecclesia*, 1413). H. argumentiert hier unter Berufung auf die unbedingte Autorität Christi und des Evangeliums gegen Verweltlichung und unbibl. Machtansprüche von Klerus und Papsttum. 1414 erklärte sich H. in der Hoffnung auf eine freie Verteidigungsmöglichkeit zur Verantwortung vor dem Konstanzer Konzil bereit. Man verhaftete H. jedoch und unterwarf ihn unter Einsatz der Folter harten Inquisitionsverhören. Der zum Widerruf nicht bereite H. wurde 1415 als Ketzer zum Tod verurteilt und verbrannt. Sein Märtyrertod trug entscheidend zur Stärkung der Hussitenbewegung und ihres Kampfes gegen die Abhängigkeit von Rom bei (Kennzeichen: Spendung des Laienkelchs).

Lit.: P. Hilsch, J. H. (1999); F. Seibt (u. a. Hgg.), J. H. (1997); TRE 15 (1986), 710–735; E. Werner, J. H. (1991). HANS-MARTIN KIRN

Hut, Hans, Täufer, * 1490 (Haina bei Römhild, Franken), † 6. 12. 1527 (Augsburg). H., der als wandernder Händler mit reformator. Flugschriften übers Land zog, bezweifelte, ob die Kindertaufe bibl. begründet sei. Während der großen Bauernbewegung in Sachsen und Thüringen verbreitete er die radikalen Ideen des pol. Agitators Th. → Müntzer. Der Nürnberger J. → Denck gewann H., der sich als Prophet der Endzeit verstand, für die täufer. Bewegung. In Bayern und Österreich wirkte H. als Prediger des Täufertums, in Augsburg wurde er zum Tode verurteilt.

Lit.: [4]RGG 3 (2000), 1964f.; BBKL 2 (1990), 1213–1217; TRE 15 (1986), 741–747. JOSEF KREIML

Hutten, Ulrich von, Reichsritter, Humanist und Schriftsteller, * 21. 4. 1488 (Burg Steckelberg, Hessen), † 29. 8. 1523 (Insel Ufenau, Zürichsee). Der aus fränk. Rittergeschlecht stammende H. besuchte die Klosterschule in Fulda und begann nach Studien in Erfurt und Mainz 1505 ein zwölfjähriges ruheloses Wanderleben, das ihn an versch. dt. und (zum Rechtsstudium) an it. Univ. führte. Seit 1514 trat er in Kontakt mit Wiener Humanisten, mit dem Hebraisten J. → Reuchlin und mit → Erasmus von Rotterdam. Während des zweiten Italienaufenthalts 1515–1517 festigte sich H.s kämpfer. Abneigung gegen die röm. Kirche und das Papsttum. Sein Antiklerikalismus schlug sich auch in den berühmten, zur Verteidigung Reuchlins verfaßten *Dunkelmännerbriefen* (1515–1517) gegen die Kölner Dominikaner nieder, deren zweiter Teil wesentl. von H. stammte. Nach der Rückkehr aus Italien wurde H. von Ks. → Maximilian I. zum Dichter gekrönt. 1519 begann er mit der Veröffentlichung einer Reihe zunehmend schärfer werdender pol.-agitator. Schriften gegen Rom und den von ihm abhängigen Klerus. Sein Ziel war die Aktivierung und Sammlung nationalpol. Kräfte zum Zwecke einer Reichsreform, für die er auch M. → Luther und die reformator. Bewegung zu gewinnen suchte. Von kirchl. Strafverfolgung bedroht, begab sich H. 1520/21 unter den Schutz des Franz von Sickingen auf die Ebernburg, wo er seine Agitation fortsetzte. Als Anhänger Luthers traf ihn die Reichsacht von 1521. In einer Reihe von Fehden (fälschl. als „Pfaffenkrieg" bezeichnet) versuchte H. gewaltsam gegen die „römische Tyrannei" vorzugehen. Mit dem Scheitern von Sickingens Feldzug gegen Kurtrier 1522 waren jedoch alle seine Hoffnungen verloren. Er floh über Basel, von Erasmus abgewiesen, nach Zürich, wo ihm H. → Zwingli Asyl gewährte. Nach wenigen Monaten erlag H., innerlich ungebrochen, im Alter von 35 Jahren seiner ihn schon länger quälenden Syphiliserkrankung. Der poet. begabte, doch umstrittene H. erlebte im 19. Jh. als Vorbild freiheitl. Gesinnung und nat. Einheit nochmals eine liberal-prot. Renaissance und wurde Gegenstand dichter. Lebensbeschreibungen (D. F. → Strauß, 1858).

Lit.: E. Bernstein, U.v.H. mit Selbstzeugnissen und Bilddokumenten dargestellt (1988); C. Gräter, U.v.H. (1988); TRE 15 (1986), 747–752. HANS-MARTIN KIRN

Hut(t)er, Jakob, Täufer, * (in Moos bei St. Lorenzen, Pustertal), † 25. 2. 1536 (Innsbruck). Nach dem Tod Jörg Blaurocks wurde H. Anführer und Organisator der Tiroler Täufer. 1529 stand er der kleinen Täufergemeinde im Pustertal vor. Für seine Anhänger fand er eine Zuflucht in Mähren, um der Verfolgung zu entkommen. Dort schuf H. zw. 1533 und 1535 die Bruderhöfe als Gütergemeinschaften. Am 30. 11. 1535 wurde er zus. mit seiner Frau in Klausen gefangengenommen, in Innsbruck 1536 auf dem Scheiterhaufen verbrannt. Sein Werk lebt bis heute nach. Die Blütezeit der Täufergruppe war zw. 1565 und 1592 in Mähren. Die Hutterer oder Hutterischen Brüder mußten Mähren verlassen, kamen wegen der Gegenreformation nach Ungarn, Siebenbürgern und Rußland. 1874 zogen die Hutterer auf den amerik. Kontinent. Auch in Paraguay sind Gemeinschaften nachgewiesen.

Lit.: W. O. Packull, Die Hutterer in Tirol (2000). WOLFGANG ROTZSCHE

I

Ignatius von Antiochien, hl. (Fest 17. 10.), 69–108 dritter Bf. von Antiochien (Eusebius, H.e. III, 22,1), † vor 117. Unter Ks. Trajan (98–117) wurde I. dazu verurteilt, in Rom den wilden Tieren vorgeworfen zu werden. Er sehnte sich danach, von ihren Zähnen zu einem *Weizen Gottes* gemahlen zu werden (Röm. 4,1). Sein Drängen nach dem Martyrium, um endlich bei Gott in Christus *wahrer Mensch* zu sein (Röm. 6,2), ließ I. nicht die Sorge für die einzelnen Kirchen vergessen. Als Gefangener unterwegs nach Rom, schrieb er sieben Briefe. Vier gingen von Smyrna aus (an die Epheser, Magnesier, Trallianer und Römer), die drei letzten wurden von Troas abgesandt (an die Philadelphier, Smyrnäer sowie an deren Bf. → Polycarp). In Troas erfuhr I., daß seine eigene Kirche in Antiochien wieder Frieden hatte, was ihn froh und zuversichtl. stimmte. Zwei Grundanliegen durchziehen die Briefe: Die Einigkeit der Ortskirchen, die sich in der Verbundenheit mit dem jeweiligen Bischof, seinem Presbyterium und den Diakonen zeigt. Zweitens die dringende Warnung vor judaist. und gnost. Irrlehren, die die wahre Menschwerdung, das wahre Leiden und die wahre Auferstehung Christi leugnen. Neben dem *dreigestuften kirchlichen Dienstamt*, dessen Existenz in allen Kirchen bis an die Grenzen der Erde I. bezeugt (Eph. 2,1), enthalten die Briefe eine Reihe weiterer gewichtiger theol. Aussagen: Eph. 7,2 formuliert die Zwei-Naturen-Lehre; I. spricht von den *drei laut widerhallenden Geheimnissen*, die sich in der Stille Gottes ereigneten und dem Fürsten dieser Welt verborgen blieben: die Jungfrauschaft → Mariens, die Geburt und der Tod des Herrn (Eph. 19,1); Eph. 20,2 nennt die Eucharistie die *Arznei der Unsterblichkeit*; die Kirche Roms ist *Vorsitzende der Liebe* (Rom. praef.); Smyrn. 8,2 spricht theologiegeschichtl. zum erstenmal von der *katholischen Kirche*, d.h. der univ. Kirche (im Unterschied zur Ortskirche), deren Haupt Christus ist; Polyc. 5,2 ist die erste Erwähnung einer christl. Eheschließung vor dem Bischof. Die Versuche, die I.-Briefe als pseudepigraph. Schriften in die 2. Hälfte des 2. Jh.s zu datieren, werfen mehr Fragen auf als sie lösen und werden von den Historikern mehrheitl. abgelehnt.

Lit.: ²LACL 306–308.

RUDOLF VODERHOLZER

Ignatius von Loyola (Iñigo López de Oñaz y Loyola), hl. (seit 1622, Fest 31. 7.), Gründer der SJ, * 1491 (bei Azpeitia, Guipúzcoa), † 31. 7. 1556 (Rom). Höfisch erzogen, trat I. 1517 in den Dienst des Vizekönigs von Navarra. Nach einer Kriegsverwundung (10. 5. 1521) erfuhr er auf dem Krankenlager, u.a. bei der Lektüre der *Imitatio Christi* des → Thomas von Kempen und der *Legenda Aurea* des → Jacobus a Voragine, seine Bekehrung. Im Februar 1522 legte I. in Montserrat eine Lebensbeichte ab, bis Februar 1523 führte er in Manresa ein Büßerleben und erfuhr myst. Einsichten, auf denen sein Exerzitienbuch (*Exercitia spiri-*

tualia) und damit die Spiritualität der SJ fußt. I. unternahm eine Pilgerreise ins Hl. Land (1524) und begann dann in Spanien mit dem Studium des Lateinischen (1524/25 Barcelona) und der Philosophie (1526/27 Alcalá, Salamanca), das er in Paris (1528–1535) abschloß, weil er in Spanien mit der Inquisition in Berührung gekommen war. Am 15. 8. 1534 legte I. mit sechs Gefährten (darunter P. → Canisius), denen er seine Exerzitien erteilt hatte, auf dem Montmartre das Gelübde der Armut, Keuschheit und der Missionsarbeit ab. Am 24. 6. 1537 wurden sie zu Priestern geweiht. Der Orden wurde am 27. 9. 1540 von → Paul III. bestätigt, I. 1541 zum Generaloberen gewählt. Er schuf die *Konstitutionen* der SJ und hielt den 1556 bereits in 12 Provinzen organisierten Orden mit etwa 1000 Mitgliedern durch eine umfangreiche Korrespondenz (ca. 7000 Briefe) zusammen. Außerdem hat I. ein Geistliches Tagebuch (*Ephemeris S. P. N. Ignatii*) und eine Autobiographie (*Acta Patris Ignatii*) hinterlassen. Als Regularkleriker führen Jesuiten ein priesterliches Leben ohne Klosterbindung, Ordenstracht und gemeinsames Chorgebet. Neben den üblichen Mönchsgelübden sind sie nach dem Willen I.' zum bes. Gehorsam gegenüber dem Papst bezüglich der apostol. Sendungen und zu apostol. Diensten verpflichtet. Aufgrund des Apostolats und des spirituellen Ziels, Gott in allen Dingen zu finden und sich selbst als Werkzeug Gottes zu erkennen, um zur individuellen Vollkommenheit in der Christusnachfolge zu gelangen, entwickelte sich die SJ rasch zum Werkzeug der Gegenreformation und der Kath. Reform: Sie erarbeitete sich eine Art Bildungsmonopol für den Schulunterricht (*Ratio studiorum*) und den Wissenschaftsbetrieb an den Hochschulen, gründete Gymnasien, Lyceen, Kollegien, Universitäten. Der kath. Erziehung dienten seit dem 16. und 17. Jh. die Predigt und die Verbreitung propagandist. Schriften oder neuer Frömmigkeitsformen ebenso wie die Einrichtung von Marian. Kongregationen und Exerzitienhäusern für alle Bevölkerungsschichten. Der Orden wirkte in allen künstler. und gesellschaftl. Bereichen kulturschaffend. Auch auf die Politik nahm er bis zur Aufklärung beträchtl. Einfluß. Seine Missionen erstreckten sich seit dem 16. Jh. über Asien, Afrika, Mittel- und Südamerika. 1773 wurde der Orden von P. → Clemens XIV. aufgelöst, 1814 wiederhergestellt.

Lit.: G. Maron, I. (2001); I. Dt. Werkausgabe, übers. und hg. von P. Knauer, Bd. 1 (1993), Bd. 2 (1998); TRE 16 (1987), 45–55. MARIANNE SAMMER

Innitzer, Theodor, Ebf. von Wien und Kardinal, * 25. 12. 1875 (Neugeschrei, Böhmen), † 9. 10. 1955 (Wien). 1902 zum Priester geweiht, wurde I. 1913 Prof. für NT an der Univ. Wien und 1928/29 deren Rektor. 1929/30 war er österr. Sozialminister. 1932 wurde I. Ebf. von Wien, 1933 Kardinal. Nach dem Anschluß Österreichs an Deutschland 1938 versuchte I. zunächst, sich zum Nutzen der Kirche mit den nationalsozialist. Machthabern zu arrangieren, mußte aber bald die Vergeblichkeit seines auch in kirchl. Kreisen abgelehnten Bemühens erkennen. Den im 2. Weltkrieg weithin zerstörten Wiener Stephansdom konnte I. 1952 wieder eröffnen. Bedeutung hatte I. v. a. als Seelsorger.

Lit.: [3]LThK 5 (1996), 513 f.; Gatz B 1803, 339–343. STEPHAN HAERING

Innocenz III., Papst (8. 1. 1198–16. 7. 1216), vorher Lothar Graf von Segni, * 1160/61 (bei Segni), † 16. 7. 1216 (Perugia, im Dom bestattet, 1891 in die Lateranbasilika, Rom, transferiert). Studien in Paris und Bologna; 1190 Kard.-Diakon. Erfüllt von der Vorstellung des Christusvikariats, erstrebte I. Unabhängigkeit der päpstl. Hauptstadt Rom und des (unter ihm beträchtl. erweiterten) Kirchenstaates, Oberhoheit über das normann.-stauf. Kgr. Sizilien, Sicherung der Christenheit gegen Ketzer (Katharer und Albigenser; Waldenser) und Heiden; im umgeleiteten 4. Kreuzzug (anfängl. scharf verurteilt), sah er in der Eroberung Konstantinopels und der Errichtung des Lat. Kaiserreiches (1204) irrtümlich eine Möglichkeit der Union mit dem christl. Osten. Im dt. Thronstreit zw. Staufern und Welfen (Doppelwahl 1198) handelte er zugunsten des Welfen Otto IV. von Braunschweig, mußte aber 1208 mit dem Staufer Philipp von Schwaben Frieden schließen; nach dessen Ermordung krönte er Otto zum Kaiser, bannte ihn jedoch beim Angriff auf Sizilien und bemühte sich um die Wahl des jungen Staufers → Friedrich II., der versprach, Sizilien als päpstl. Lehen zu respektieren. Auch Kg. Johann I. ohne Land stellte sein engl.-ir. Reich unter päpstl. Lehenshoheit. Innerkirchl. zeigte sich die päpstl. Führerstellung durch häufige, berühmte Rechtsentscheide, durch Reform der Kurie, des Welt- und Ordensklerus, Einführung der Inquisition, durch Förderung der innerkirchl. Armutsbewegung, Förderung neuer Orden, bes. der Anfänge der beiden großen Bettelorden (OFM; OP). Höhepunkt und Ausklang seines Pontifikates wurde das glanzvolle IV. Laterankonzil (1215).

Lit.: J. C. Moore, Pope I. III. and his World (1999); Th. Frenz (Hg.), Papst I. III. Weichensteller der Geschichte Europas (1999); [3]LThK 5 (1996), 516–518; LMA 5 (1991), 434–437; TRE 16 (1987), 175–182. GEORG SCHWAIGER

Innocenz IV., Papst (25.6.1243–7. 12. 1254), vorher Sinibald Fieschi, aus genues. Adel, * um 1195 (Genua), † 7.12.1254 (Neapel). Studium der Rechte und Lehrer des Kirchenrechts an der Univ. Bologna; hervorragender Jurist; 1227 Kardinal. Die Pontifikate nach dem Tod → Innocenz' III. – Honorius III. (1216–1227), → Gregor IX. (1227–1241) – waren überschattet von der Auseinandersetzung mit Ks. → Friedrich II. und allen Staufern. Hauptziel der päpstl. Politik war es, den stark ausgebauten Kirchenstaat zu sichern und seine Umklammerung zu verhindern oder zu sprengen: deshalb Kampf gegen die stauf. Verbindung Siziliens mit dem dt. Königtum, gegen Wiederherstellung der Reichsrechte in Oberitalien, deshalb Verbindung der päpstl. Politik mit dem Lombard. Bund. 1239 hatte Gregor IX. Ks. Friedrich II. erneut gebannt und ihn als Vorläufer des Antichrist geschmäht. Nun begann der Endkampf des Papsttums mit den Staufern, der sich bald zum erbarmungslosen Vernichtungskampf gegen das ges. stauf. Haus steigerte. Der Pontifikat I.' war völlig von diesem harten, rücksichtslosen Kampf geprägt. Mit seinem kanonist. Hauptwerk (*Apparatus in quinque libros decretalium*) bahnte I. dem Papsttum den Weg zur freien Verfügung über das ganze positive Kirchenrecht. Die Ketzerinquisition wurde durch Einführung der Folter ausgebaut (1252). I. förderte die Ostmission durch Dominikaner und Franziskaner, suchte den Mongolenherrscher zu bekehren und dann gemeinsam gegen den Islam vorzugehen, scheiterte aber wie seine gesamte byz. und Orient-Politik. I. floh im Sommer 1244 nach Lyon, wo 1245 unter seinem Vorsitz das 13. Allg. Konzil stattfand; das eigentl. Thema war das Gericht über Friedrich II., dessen Absetzung I. am 17. 7. unter maßlosen Beschuldigungen aussprach. Damit war das altdt. Kaisertum ins Mark getroffen. Aber bald sollte sich zeigen, daß dem Untergang des stauf. Hauses der Niedergang der abendländ. Geltung des Papsttums auf dem Fuß folgte: Kaisertum und Papsttum hatten entscheidend an Ansehen eingebüßt.

Lit.: [3]LThK 5 (1996), 518f.; LMA 5 (1991), 437f.; TRE 16 (1987), 182–186.
GEORG SCHWAIGER

Innocenz VIII., Papst (29. 8. 1484 – 25. 7. 1492), vorher Giovanni Battista Cibo, * 1432 (Genua), † 25. 7. 1492 (Rom). 1467 Bischof; 1473 Kardinal. I. war weder moral. noch pol. seinem Amt gewachsen. Die Dringlichkeit der Reform in Kirchenstaat und Gesamtkirche wurde verkannt; an der Kurie herrschte Korruption. Die unheilvolle Hexenbulle *Summis desiderantes* vom 5. 12. 1484 förderte Hexenwahn und Hexenprozesse.

Lit.: [3]LThK 5 (1996), 521f.; LMA 5 (1991), 439f.
GEORG SCHWAIGER

Innocenz XI., Papst (21. 9. 1676–12. 8. 1689), sel. (Fest 12. 8.), vorher Benedetto Odescalchi, * 19. 5. 1611 (Como), † 12. 8. 1689 (Rom). 1645 Kardinal, 1646 Legat in Ferrara, 1650–1654 Bf. von Novara. Der hochgebildete, sittenstrenge I. verurteilte den Laxismus versch. Jesuiten und den Quietismus des M. de → Molinos. Erfolgreich bemühte er sich um ein Bündnis zur Türkenabwehr, so daß 1683 die Entsetzung Wiens und der Sieg am Kahlenberg gelang. Schwerste Kämpfe hatte er mit dem rücksichtslosen Absolutismus → Ludwigs XIV. von Frankreich (Gallikan. Artikel; Streit um „Quartierfreiheit" in Rom u.a.) zu bestehen; I. mißbilligte u.a. die Hugenottenverfolgung nach Aufhebung des Ediktes von Nantes 1685. Er war der hervorragendste Papst seines Jh.s, vorbildl. in seinem Bemühen, die christl. Völker friedlich zu einigen. Reinheit der Absicht und des Charakters verschafften ihm auch bei Nichtkatholiken hohes Ansehen. Durch Widerstand Frankreichs und der Jesuiten wurde die Seligsprechung bis 1956 verzögert.

Lit.: [3]LThK 5 (1996), 523f.
GEORG SCHWAIGER

Institoris, Heinrich, OP, Inquisitor, * um 1430 (Schlettstadt), † 1505 (Brünn oder Ölmütz). P. → Sixtus IV. bestellte I., der im selben Jahr auch zum Dr. theol. promoviert wurde, 1479 zum Inquisitor für Süddeutschland; P. → Innocenz VIII. ernannte ihn 1484 zus. mit J. → Sprenger zum Generalinquisitor für die Diözesen Mainz, Köln, Trier, Salzburg und Bremen; später wirkte I. u. a. in Augsburg, Salzburg, Venedig sowie in Böhmen und Mähren. Er betrieb fanatisch die Hexen- und Ketzerverfolgung und verfaßte ein Handbuch der Hexeninquisition, den *Malleus maleficarum* (*Hexenhammer*; EA: Speyer 1487; die Mitautorschaft von J. Sprenger ist umstritten), der in drei Teile gegliedert ist (Elemente der Hexerei, Maßnahmen gegen die Hexerei, Prozeßführung). Eine Vielzahl von Drucken weist auf die große Wirksamkeit dieses Werkes hin.

Lit.: [3]LThK 5 (1996), 543 f.; BBKL 2 (1990), 1307–1310; [2]VerfLex (1983), 408–415. Franz Kalde

Irenäus von Lyon, hl. (Fest 28. 6.), Bischof und bed. Theologe des 2. Jh.s, * um 130 (Kleinasien), † 202 (Lyon). Hat nach eigenen Angaben in seiner Jugend noch → Polykarp von Smyrna gehört. 177 als Nachfolger des Märtyrers Pothinus Bf. von Lyon. → Eusebius berichtet, daß I. noch als angesehener Presbyter im Namen seiner gall. Kirche nach Rom gereist war, um sich für die Beibehaltung der Kirchengemeinschaft mit den Montanisten einzusetzen (H.e. V, 3, 3–5). Als Bischof versuchte er im Streit um den Ostertermin zw. Quartodezimanern und P. Victor I. um der Einheit willen zu vermitteln und machte damit seinem Namen Irenäus (Mann des Friedens) alle Ehre. I. starb 202 in Lyon, wo er als Märtyrer verehrt wird (vgl. Hieronymus, In Is. 17, 64). Von I. sind zwei Werke erhalten (beide dt. in FC 8/1–5): 1. Die erst 1904 in einer armen. Handschrift wieder entdeckte „*Darlegung*" *der apostolischen Verkündigung* (*Epideixis* oder *Demonstratio*), eine Kurzfassung von: 2. Fünf Bücher *Überführung und Widerlegung der fälschlich sogenannten Gnosis* (*Adversus Haereses*). Die beiden ersten Bücher referieren detailliert die Positionen der Gnostiker und führen sie ad absurdum. Die Bücher 3–5 entwickeln positiv eine heilsgeschichtl. Theologie. Der Berufung der Gnostiker auf Geheimtraditionen stellt I. die öffentl. bekannte apostol. Tradition gegenüber. In der nachweisbaren Aufeinanderfolge der Bischöfe von den → Aposteln her (Sukzession) ist die Verwurzelung der *Regula fidei* (I, 10, 1) im Ursprungsgeschehen des Glaubens garantiert. Gegen die gnost. Ablehnung des AT zeigt I., daß der Gott des AT und des NT *ein und derselbe* ist und im AT in göttl. Pädagogik das Herz der Menschen vorbereitet auf die Menschwerdung (*Sarkosis* = Inkarnation, erstmals Haer. III, 19, 1; vgl. Joh 1, 14) des Gottessohnes, der „alle Neuheit brachte, indem er sich selbst brachte" (IV, 34, 1). Gottheit und Menschheit Christi sind in *ein und demselben* vereinigt: „Der Gottesmann wurde Menschensohn, damit wir durch ihn die Annahme an Kindes Statt empfangen" (III, 16, 3). Das Verhältnis von AT und NT wird weitgehend typolog. bestimmt. Der Adam-Christus-Typologie (Röm 5) entspricht nach I. das Gegenüber von Eva und → Maria. War Eva durch ihren Ungehorsam zur Ursache des Verderbens für alle geworden, so wurde die Mutter Jesu durch ihren Glauben zur Ursache des Heils (*causa salutis*: III, 22,4) für alle.

Lit.: [2]LACL 311–315; TRE 16 (1987), 258–268. RUDOLF VODERHOLZER

Irving, Edward, schott. Erweckungsprediger, frühes Mitglied der *Kath.-Apostol. Gemeinde* (Irvingianer), * 4. 8. 1792 (Annan, Dumfriesshire), † 7. 12. 1834 (Glasgow). Studium an der Univ. Edinburgh bis 1809, Arbeit als Lehrer, seit 1812 als Schuldirektor (Kirkaldy). 1815 Predigterlaubnis, 1819 Annahme einer Predigthelferstelle in Glasgow, 1822 Pfarrer in Hatton Garden/London (schott. Nationalgemeinde) mit großem Zulauf. Ermöglichte zus. mit dem Bankier Henry Drummond (1786–1860) in London eine erste unabhängige, endzeitl. orientierte Apostelgemeinde (Erscheinungen von Zungenreden, Prophetie und ekstat. Formen des Gottesdienstes); seit dem 16. 1. 1831 ließ I. die auftretenden Geistesgaben der Gemeinde auch im Sonntagsgottesdienst zu, was zu seiner Amtsenthebung (1832) führte. In der Folge Bildung eines kleinen Kreises um I., bereits am 14. 7. 1835 (gilt als Gründungsdatum der Gemeinschaft) waren 12 Apostel und sieben Propheten bestimmt (1836 Weltreise aller Missionare zum Zweck der Sammlung einer Gemeinde der Endzeit). Die *Catholic Apostolic Church* gehört zu den ersten separatist. Bewegungen der neueren Kirchengeschichte und intendierte u. a. eine Wiederherstellung des vierfachen geistl. Amtes (Apostel, Propheten, Evangelisten, Hirten/Lehrer, nach Eph 4, 11).

Lit.: [3]LThK 1 (1993), 85 f.; BBKL 2 (1990), 1337 f.; TRE 18 (1989), 40–43. SUSANNE STÜBINGER

Isabella die Katholische, Königin von Kastilien, * 22. 4. 1451 (Madrigal de las Altas Torres), † 26. 11. 1504 (Medina del Campo). Nach Jahrzehnten bürgerkriegsähnl. Wirren seit 1474 Königin von Kastilien-León und Aragón (1479). Ihre Heirat mit → Ferdinand II. von Aragón (1469) verband die wichtigsten span. Reiche in *Matrimonialunion* und schuf dadurch die Voraussetzung für die Entstehung des Kgr. Spanien. Das *Kath. Königspaar* regierte aber noch keinen Einheitsstaat. Der Konsolidierung Kastiliens folgten der Aufbau eines zentralist. Verwaltungsapparates (hier Einordnung der Errichtung der Inquisition 1478 und Vertreibung der nicht bekehrungswilligen Juden und Mauren), energ. kirchl. Reformen (Episkopat, Weltpriester und Ordensleute). Die Eroberung des maurischen Kgr. Granada 1492 schloß die Reconquista ab. Mit Unterstützung I.s begann 1492 Kolumbus seine Entdekkungsfahrt.

Lit.: [3]LThK 5 (1995), 610; LMA 5 (1991), 669–671. GEORG SCHWAIGER

Isidor von Sevilla, hl. (Fest 4. 4.), einer der wichtigsten Vermittler antiken Wissens, antiker Wissenschaftsmethodik in das nunmehr christl. gewordene MA, * um 560, † 4. 4. 636. Aus ibero-roman. Adel stammend, in der Baetica beheimatet, wird er von seinem älteren Bruder Leander, Bf. von Sevilla und treibende Kraft beim Übertritt der arian. Goten zum Katholizismus, erzogen. Viell. zunächst Mönch, folgt I. 596/600 seinem Bruder auf dem Bischofssitz von Sevilla nach und ebenso als Ratgeber der westgot. Könige. Zweimal führt er auf den Nationalkonzilien den Vorsitz, 619 in Sevilla, 633 in Toledo. 17 Werke sind ihm sicher zuzuschreiben, meist bildenden Charakters, darunter aber auch die der Hebung der Kirchenzucht dienende *regula monachorum* und, die judenfeindl. Politik des Gotenstaates fortsetzend, ein Werk *contra Iudaeos.* Von prägender Kraft bis weit ins hohe MA hinein, was Inhalt und Methode betrifft – selbst → Gratian schreibt sie noch aus –, sind seine *Ethymologiae*. In 20 Büchern themat. gegliedert, bei der Namenserklärung ansetzend, präsentiert I. darin jenes Wissen seiner Zeit, das Christen brauchen (sollten). Diese Technik der bei dem Namen ansetzenden Welterklärung entfaltet auch im pol. Raum große Wirkung: So wird z.B. beim Dynastiewechsel von den Merowingern zu den Karolingern damit argumentiert, daß Benennung und tatsächl. Bedeutung auseinandergefallen seien und wieder zusammengefügt werden müßten, wobei man Definitionen I.s folgt. In wesentl. Bereichen lebt für Jh.e vorwiegend nur das durch ihn vermittelte Wissen der Antike fort. Darüber hinaus gilt I. (Martínez Diez) – oder sein Bruder Leander (Diaz y Diaz) – als Initiator der ersten Fassung der *Collectio Hispana*, einer auf Vorarbeiten fußenden und über weitere Bearbeitungs- und Rezeptionsschritte für Jh.e im Abendland zentralen Kirchenrechtssammlung und -quelle.

Lit: Kéry 61–67; B. Ferme, Introduzione alla storia del diritto canonico (1998), 97; [3]LThK 5 (1996), 618–620; J. Fontaine, Tradition et actualité chez I. de S. (1988).

Jörg Müller

Ivo von Chartres, * um 1040, † 23. 12. 1115. I. hat eine Methode der Harmonisierung widersprüchl. Aussagen entwickelt, deren prakt. Anwendung Voraussetzung für den großen Aufschwung der Kirchenrechtswissenschaft sowie in weiterer Folge einer Erneuerung des abendländ. Denkens war. Vermutl. als Kind begüterter Eltern in oder um Chartres geboren, studiert I., wohl vor 1066, in Bec – sein Lehrer ist → Lanfranc, → Anselm von Canterbury sein Kommilitone – und viell. auch in Paris. 1078 wird I. Propst von St-Quentin in Beauvais, 1090 von Philipp I. als Bf. von Chartres investiert und wegen des Widerstands des Metropoliten durch P. → Urban II. selbst geweiht. Dieser schützt ihn nicht nur weiterhin gegen die Anhänger seines abgesetzten Vorgängers, sondern ebenso gegen den König in dessen 1092–1104 dauernden bekannten Eheaffäre. I. gilt bereits 1081 als einer der berühmtesten Lehrer Frankreichs, und dies zu recht, wie die von ihm propagierte, viell. sogar erdachte Unterscheidung zw. den Temporalia und Spiritualia des bfl. Amtes zeigt. Sie ermöglicht jeweils über versch. argumentative Zwischenstufen letztlich die Lösung der Investiturproblematik überall in Europa. I. führt die Domschule von Chartres zu höchstem Ansehen und schafft in kurzer Zeit drei, zum Teil aufeinander aufbauende Kanonessammlungen: 1093/94 die ersten beiden Teile der *Tripartita*, gegen 1094 das *Dekret*, 1094/95 die *Panormie* und anschl. den dritten Teil der *Tripartita*. Hauptquelle für den frühen Teil der *Tripartita* sind die gefälschten Dekretalen → Pseudo-Isidors sowie eine Sammlung, die in bes. Maße weiteres, bislang nicht in der kirchenrechtl. Überlieferungstradition vorhandenes röm. Recht benutzt, so daß durch I.s Arbeiten das röm. Recht erneut Einzug ins Kirchenrecht hält. Seinen Sammlungen ist ein ungeheurer Erfolg beschieden: Sie werden im ganzen Abendland fast zeitgleich rezipiert und wirken darum vom Atlantik bis hin nach Polen in Europa kulturell einigend, gehen in zahlr. spätere Sammlungen über. Auch → Gratian fügt bereits in der ersten Redaktion seines Dekrets bes. intensiv Texte, auch römischrechtliche, aus I.s *Tripartita* ein. Noch wichtiger aber ist der Erfolg von I.s method. Prolog, heute mit dem Dekret zus. überliefert, der die Entstehung der Kanonistik als Wissenschaft überhaupt erst mit ermöglicht; von der Sache her bei → Abaelard mit seinem wegweisenden ‚sic et non' angewandt, der letztl. auch Gratian in der Methode seines epochalen Dekrets inspiriert. Nunmehr ist es möglich, vermeintl. widersprüchl. Texte ohne Eingriffe in den Text als solchen zu harmonisieren und damit z.B. im Kirchenrecht trotz aller hist. gegebenen partikularen Rechtsentwicklung nun wieder die Rechtseinheit, das Ius Commune, zu fördern. Die Folgen bestimmen bis heute europ. Denken und Recht.

Lit.: Kéry 244–260; B. Ferme, Introduzione alla storia del diritto canonico (1998), 183–192; TRE 16 (1987), 422–427. JÖRG MÜLLER

J

Jacobus a Voragine (Varagine, Varazze), sel. (Fest 13. 7.), OP, Ebf. von Genua und Hagiograph, * 1228/30 (Varazze, Genua), † 14. 7. 1298 (Genua), Seligsprechung 1816. Auf J.' Studien in Bologna und Paris folgten 1244 der Eintritt in den OP, um 1252 das Lektorat der Theologie und 1260 das Priorat in Genua. 1267–1278 und 1281–1286 war J. Provinzial der Lombardei, 1286 wurde ihm das Bischofsamt von Genua zugesprochen, das er erst 1292 unfreiwillig antrat. Seine Arbeit galt der Reform des städt. Klerus und der Friedensstiftung zw. Guelfen und Ghibellinen. In diesen Rahmen fällt J.' *Chronica de civitate Ianuae*, eine heilsgeschichtl. ausgerichtete Stadtgeschichte Genuas (1297). Die Bedeutung der vier Predigtzyklen und der Briefe wird von J.' *Legenda aurea* (1263–1267), einer dem Kirchenjahr folgenden Sammlung von ca. 150 Heiligenlegenden, weit übertroffen: sie ist in über 1000 Handschriften überliefert, wurde in die Volkssprachen übersetzt und im Spät-MA erweitert. Noch Geoffrey Chaucer, Gustave Flaubert oder Selma Lagerlöf rezipieren sie in ihrem Werk.

Lit.: Iacopo da Varazze, Legenda aurea, ed. G. P. Maggioni (1998); B. Dunn-Lardeau (Hg.), Legenda aurea – la légende dorée (1993); B. Fleith, Studien zur Überlieferungsgeschichte der lat. Legenda Aurea (1991); BBKL 2 (1990), 1414–1416; G. Airaldi, J. tra santi e mercanti (1988). MARIANNE SAMMER

Jakobus d. Ä., Apostel → Apostel (Zwölf) und Evangelisten

Jakobus d. J., Apostel → Apostel (Zwölf) und Evangelisten

Jansen, Cornelius, Theologe und Bischof, * 3. 11. 1585 (Leerdam), † 6. 5. 1638 (Ypern). J. studierte 1602–1609 in Löwen, wo er das augustin. geprägte Denken des M. → Bajus kennenlernte, und wurde 1618 Theologieprof., 1636 Bf. von Ypern. Er verfaßte Kommentare zum AT und zu den Evangelien. In seinem erst postum (1640) veröffentl. Hauptwerk → *Augustinus* unternahm er den Versuch, die Gnadenlehre des Kirchenvaters zu systematisieren. Dabei formulierte J. dem Molinismus entgegenstehende Positionen. Die Auseinandersetzungen um sein Augustinusbuch markieren den Beginn des Jansenismus.

Lit.: [3]LThK 5 (1996), 744f.; BBKL 2 (1990), 1551f; TRE 16 (1987), 502–509. JOSEF KREIML

Janssen, Johannes, kath. Geschichtsschreiber, * 10. 4. 1829 (Xanten), † 24. 12. 1891 (Frankfurt a. M.). Studium der Theologie und Geschichte in Münster und Löwen, ab 1851 Geschichte in Bonn. 1853 Promotion, 1854 Habilitation in Geschichte. 1855 Anstellung am Frankfurter Gymnasium als Geschichtslehrer. 1860 Priesterweihe. 1863/64 Studienreise nach Rom. 1875/76 wurde J. Mitglied des Preuß. Abgeordnetenhauses (Zentrum). In seinem Hauptwerk, *Geschichte des dt. Volkes seit dem Ausgang des MA* (seit 1876, 8 Bde.), vertrat J. die vor dem Hintergrund des Kulturkampfes zu verstehende Auffassung, daß der Untergang des alten Reiches durch die Reformation verursacht sei, was zu heftiger Kritik auf ev. Seite führte. Das stark ambivalent beurteilte Werk erlebte bis zu 20 Aufl. und prägte das kath. Geschichtsbild der Reformation bis Anfang des 20. Jh.s, gilt jedoch als überholt.

Lit.: [3]LThK 5 (1996), 746f.; BBKL 2 (1990), 1552f.; TRE 16 (1987), 509f. SUSANNE STÜBINGER

Jeanne d'Arc (auch Johanna/Jungfrau von Orléans, la Pucelle), hl. (Fest 30. 5.), * um 1411/12 (Domremy [Domrémy-la-Pucelle]), † 30. 5. 1431 (Rouen). Einer begüterten Bauernfamilie entstammend, wußte sich J. als *Tochter Gottes* und *Schwester Jesu Christi* durch Stimmen berufen, Orléans von den Engländern zu befreien, den Dauphin (Karl VII.) zur Krönung nach Reims zu führen und so den Thronstreit zw. diesem und Heinrich VI. von England zu entscheiden. J. konnte Karl, von diesem empfangen, von ihrer Sendung überzeugen und nahm bewaffnet in Männerkleidung am erfolgreichen Feldzug der frz. Truppen teil. Die Befreiung Orléans' bedeutete die Wende im Hundertjähr. Krieg (1337/39–1453) zugunsten Frankreichs. Nach der

Krönung Karls VII. am 17. 7. 1429 in Reims schwand J.s Einfluß auf den König, der sie und ihre Familie in den Adelsstand erhob. Am 23. 5. 1430 geriet J. bei Compiègne in Gefangenschaft der Burgunder, die sie gegen Zahlung einer hohen Geldsumme den Engländern auslieferten. J. wurde dem Inquisitionstribunal des Bf. von Beauvais, Petrus Cauchon, überstellt und nach Rouen gebracht. Nach einem vom 21.2.–30.5. 1431 dauernden Prozeß, für den Theologen und Kanonisten der Univ. Paris ein Gutachten zur Anklageschrift vorlegten, wurde J. nach Widerruf (24. 5.) zu lebenslanger Haft, nach Aufgabe dieses Widerrufes als Hexe und Ketzerin verurteilt und auf dem Marktplatz von Rouen öffentl. verbrannt. Ein von Karl VII. wohl aus Gründen pol. und persönl. Reputation angestrengtes, 1450–1456 aufwendig durchgeführtes Rehabilitationsverfahren, in dem erhebl. Irregularitäten des ersten Inquisitionsprozesses festgestellt wurden, führte zur Aufhebung des Urteils. J. wurde 1909 selig-, 1920 heiliggesprochen und (neben der hl. → Theresia von Lisieux) zur Patronin Frankreichs erhoben.

Lit.: H. Thomas, J. (2000).

Manfred Heim

Jesus. Das Christentum gründet in dem hist. Ereignis von Leben, Wirken, Verkündigung, Leiden, Tod und Auferstehung Jesu von Nazaret. Dieses Ereignis wird, abgesehen von vereinzelten Spuren in der Profanliteratur, ausschließl. bezeugt in den Schriften des NT. In ihnen ist geschichtl. Aussage (hist. Jesus) und Glaubenszeugnis (verkündigter Christus des Glaubens) so eng miteinander verquickt, daß sich die Rekonstruktion eines „Leben Jesu" als unmöglich erwies. Gleichwohl ist die Rückfrage nach dem hist. Jesus legitim. Die mod. Exegese hat Kriterien entwickelt, die im Kerygma eine hist. Jesus-Überlieferung erkennen lassen, und ist nach Überwindung einer skept. Ära (→ Bultmann) wesentl. zuversichtlicher: Zentral ist die Reich-Gottes-Verkündigung Jesu, als deren Ausdruck und Entfaltung seine Wunder und Zeichen, seine Hinwendung zu den Leidenden und Kranken, zu den Sündern und Ausgestoßenen, auch seine Lebensform (in Armut, Ehelosigkeit, Gehorsam zum Vater) gelten können. Tragender Grund seiner Sendungsautorität ist die Beziehung zu Gott, den er in exklusiver Weise Abba, Vater, nennt (Abba-Relation), und als dessen „Sohn" er sich weiß. Von daher kommt ihm auch die Vollmacht zur Sündenvergebung zu, ein göttl. Privileg. Ohne daß er ausdrückl. einen Hoheitstitel für sich beanspruchte, wurde in seinem Verhalten und Auftreten der göttl. Anspruch hinreichend deutlich (implizite Christologie). Gegen alle Widerstände bleibt Jesus seiner Sendung treu. Der Passions-Bericht, ältestes Überlieferungsmaterial, bezeugt Jesu im Sinne des Gottesknechtes (Jes 53) stellvertretend für die Sünder bewußt und frei angenommenes Todesschicksal. Nach dem Abendmahl wird er verraten, als Messiasprätendent und Gotteslästerer verurteilt, den Römern (P. → Pilatus) ausgeliefert und wohl am Rüsttag des Paschafestes im Jahr 28 am Kreuz hingerichtet. Seine Jünger bezeugen, daß Gott sich zu ihm bekannt und damit alle ins Unrecht gesetzt hat, die ihn meinten verurteilen zu müssen. Die Erscheinungen des Auferstandenen vor ausgewählten Jüngern sind der Grund der Osterbotschaft (1 Kor 15). Sie wird begleitet durch das Auffinden des leeren Grabes, das auch von den Gegnern nicht bestritten wird. Im Licht des Ostersieges können nun die Hoheitstitel Messias, Kyrios, Sohn Gottes u. ä. auf Jesus angewendet werden, ohne in einem nur pol. Sinne mißverstanden zu werden. Erleuchtet durch den Hl. Geist, verstehen die → Apostel die Heilsbedeutsamkeit von Tod und Auferstehung Jesu: „Einer ist Gott, Einer auch Mittler zwischen Gott und den Menschen, der Mensch Christus Jesus" (1 Tim 2,5). In der Identität des vorösterl. ird. Jesus mit dem als auferstanden verkündigten Christus besteht der Ansatzpunkt jeder Christologie. *Jesus ist der Christus* lautet das Grundbekenntnis christl. Glaubens, so daß Jesus Christus gleichsam zum Eigennamen des Herrn wurde: „Gott in Christus – das Heil der Welt" (J. M. → Sailer). Das I. Konzil von Nizäa 325 definierte im Widerspruch zum Arianismus die *Gleichwesentlichkeit* von Vater und ewig gezeugtem Sohn, das Konzil von Chalcedon 451, vorbereitet durch das Konzil von Ephesus 431, stellte, gegen „Einigungs-" wie „Trennungschristologie" die Einheit von göttl. und menschl. Natur in der Person des göttl. Logos als christl. Glauben fest (*hypostat. Union*). Mit dem 3. Konzil von Konstantinopel 680/81 und seiner Zurückweisung des Monotheletismus kommt die Dogmenentwicklung in der Christologie, deren wesentl. Elemente bereits in den beiden ersten Jahrzehnten nach Tod und Auferstehung Jesu gegeben waren, weitgehend zu ihrem Abschluß.

Lit.: J. Roloff, J. (2000); G. L. Müller, Christologie, in: W. Beinert (Hg.), Glaubenszugänge (1995), 1–297; J. Gnilka, J. von Nazaret ([2]1993).

RUDOLF VODERHOLZER

Joachim von Fiore, sel. (Fest 29. 5.), Theologe, Ordensgründer, * 1135 (Calabrien), † 1202. J.s Vater war Verwaltungsbeamter im Dienst der normann. Herrscher Siziliens. Nach einer mehrjährigen Tätigkeit in einer Kanzlei in Palermo (der Vater wollte ihn zur Übernahme einer Position als Notar am normann. Königshof vorbereiten) brach J. zu einer Reise in den Orient auf, die die große Wende in seinem Leben mit sich bringen sollte. Im Hl. Land besuchte er oriental. Klöster am Toten Meer und Jerusalem. V.a. aber erlebte er auf dem Berg Tabor, nach der Tradition dem Berg der Verklärung (Mk 9,2 ff.), eine Offenbarung über die Bedeutung der Schrift, näherhin über die Entsprechung von AT und NT. Nach diesen Erlebnissen wandte er sich von der weltl. Laufbahn ab und entschied sich für das monast. Leben. In seine Heimat zurückgekehrt, trat er 1177 in die OCist-Abtei Sambucina bei Luzzi ein. Nach einer Wanderschaft durch mehrere OCist-Abteien gründete er schließl. 1190 in der Einsamkeit des Sillagebirges in Calabrien sein eigenes Klr. San Giovanni di Fiore, um sich in noch größerer Strenge ganz dem kontemplativen Leben widmen zu können. Der von ihm gegründete Orden breitete sich durch Tochtergründungen aus, wurde von P. Clemens III. bestätigt, starb allerdings im 15. Jh. wieder aus, wodurch die Klöster an den OCist zurückfielen. Das IV. Laterankonzil (1215) verurteilte J.s tritheist. Trinitätslehre. Sie steht in engem Zusammenhang mit seiner Geschichtstheologie, die eine enorme Wirkungsgeschichte entfaltet hat. Die Weltalterlehre → Augustins umformend, sprach J. von drei Zeitaltern, die er jeweils einer der göttl. Personen zuordnete: die Zeit des Alten Bundes dem Vater, die Zeit der Kirche dem Sohn. Den Anbruch der Zeit des Geistes, des *Mönchszeitalters*, einer Zeit des Friedens und des vollendeten geistigen Schriftverständnisses, erwartete J. für das Jahr 1260. Diese Konzeption sollte nicht nur im 13. Jh. die Bildung sektierer. Gruppen begünstigen, sondern hat spätere Geschichtstheorien (Lessing, → Hegel, Schelling) beeinflußt und steht am Ursprung aller Theorien von einem innerweltl. erhofften „Dritten Reich".

Lit.: ³LThK 5 (1996), 853 f.

RUDOLF VODERHOLZER

Johanna, angebliche Päpstin. Nach einer im einzelnen stark divergierenden Legende des 13. Jh.s habe ein Mädchen aus Mainz (engl. Herkunft) in Athen studiert, in Rom wegen seiner Gelehrsamkeit unter Verheimlichung des Geschlechts 855 die Papstwürde erlangt, sei nach zweijähriger Regierung während einer Prozession niedergekommen, an Ort und Stelle gestorben und begraben worden. Die Fabel wurde vom 13. Jh. bis Mitte des 16. Jh.s meist geglaubt, gelegentl. bis ins 20. Jh. gegen das Papsttum verwendet. Den Kern der Legende bildeten wohl eine röm. Volkssage, anknüpfend an eine verstümmelte antike Statue, eine mißdeutete Inschrift und die Vermeidung einer für Prozessionen zu engen Gasse u.a. Obwohl die Ungeschichtlichkeit längst erwiesen ist, wird die Fabel heute gelegentl. vom Feminismus benützt.

Lit.: ³LThK 5 (1996), 860; DHP (1994), 953–955; LMA 5 (1991), 527.

GEORG SCHWAIGER

Johanna von Orléans → Jeanne d'Arc

Johannes, Apostel, Evangelist → Apostel (Zwölf) und Evangelisten

Johannes XXII., Papst (7. 8. 1316 – 4. 12. 1334), vorher Jacques Duèse; * um 1244 (Cahors) aus reicher Bürgerfamilie, † 4. 12. 1334 (Avignon). Nach guter jurist.-kanonist. Ausbildung 1300 Bf. von Fréjus; 1308–1310 Kanzler Kg. Karls II. von Neapel; 1310 Bf. von Avignon; 1312 Kardinal; nach dem Tod Clemens' V., des ersten Avignon-Papstes, nach langer Sedisvakanz in Lyon gewählt, ging nach Avignon und baute hier den päpstl. Verwaltungsprimat in der Kirche voll aus. Die Verknüpfung der päpstl. Politik mit dem pol. Ziel der frz. Vormachtstellung führte zum letzten großen Kampf zw. Papsttum und Kaisertum im MA. Er entzündete sich im dt. Thronstreit zw. → Ludwig IV. dem Bayern und Friedrich dem Schönen von Österreich an der Frage der Approbation der Königswahl und der Reichsrechte in Italien. 1324 sprach J. Exkommunikation und Absetzung über Ludwig aus. Dieser verteidigte die Reichsrechte, erhob gegen J. den

Vorwurf der Ketzerei und appellierte 1324 an ein Allg. Konzil. Als J. 1327 Ludwig auch alle Reichslehen, selbst sein bayr. Stammland absprach, zog dieser nach Rom, empfing im Januar 1328 von Sciarra Colonna die Kaiserkrone und stellte Nikolaus (V.) als Gegenpapst auf, der ihn nochmals krönte, aber sich 1330 dem Papst in Avignon unterwarf. J. verurteilte den *Defensor pacis* des → Marsilius von Padua (in dem sich bereits die Revolutionen der Neuzeit spiegelten), Petrus Johannis Olivi und → Meister Eckhart. J., zunehmend hart und starrsinnig, grausam in der Bekämpfung der minorit. Gegner, vertrat einen extremen Kurialismus, der in Verbindung mit einem radikalen Fiskalismus das Spät-MA im *avignonesischen Stellenbesetzungs- und Finanzsystem* prägte und wesentl. Hintergrund der rel. Revolution des 16. Jh.s bildete. Zudem geriet J. seit 1331 wegen seiner Meinung von der Anschauung Gottes nach dem Tod in theol. Konflikt und Ketzereiverdacht.

Lit.: [3]LThK 5 (1996), 950f.; H. Thomas, Ludwig der Bayer (1993); LMA 5 (1991), 544–546. GEORG SCHWAIGER

Johannes XXIII., Papst (28. 10. 1958 – 3. 6. 1963), vorher Angelo Giuseppe Roncalli, seliggesprochen durch Johannes Paul II. 2000, * 25. 11. 1881 (Sotto il Monte bei Bergamo), † 3. 6. 1963 (Rom). 1925 Titular-Erzbischof, seitdem im päpstl. diplomat. Dienst (Bulgarien, Türkei, Griechenland; 1944 Nuntius in Paris); 1953 Kardinal und Patriarch von Venedig. Sein Ziel war die zeitgerechte Verkündigung des Evangeliums (*aggiornamento*), seine wichtigste Tat die Ankündigung (25. 1. 1959), Berufung und Eröffnung (11. 10. 1962) des II. Vat. Konzils (1962–1965). Nach langer Periode einseitig zentralist. Ausrichtung der kath. Kirche begann J. ein neues Verständnis des Papstamtes gegen vielfache Widerstände zu verwirklichen: menschl. Auflockerung der vorhandenen Erstarrung, kollegiale Wertschätzung des Episkopats, Begegnung mit den getrennten christl. Kirchen und den anderen großen Religionen, Sorge um den Weltfrieden aus Verantwortungsbewußtsein für die ges. Menschheit. Dieser „Öffnung" und Begegnung des bald sehr volkstüml. Papstes dienten neben dem Konzil v. a. die Enzykliken *Mater et Magistra* (15. 5. 1961, mit der Forderung nach soz. Gerechtigkeit und Ausgleich zw. Nationen versch. Wirtschaftskraft) und *Pacem in terris* (11. 4. 1963, über die Grundlagen eines friedl. Zusammenlebens der Völker) sowie die Einleitung einer neuen vatikan. „Ostpolitik" durch Kontakte mit führenden Persönlichkeiten auch sozialist.-kommunist. Staaten.

Lit.: G. Alberigo, K. Wittstadt (Hgg.), Geschichte des Zweiten Vat. Konzils I/II (1997/2000); Schwaiger (1999), 310–343, 506–516. GEORG SCHWAIGER

Johannes Andreae, * um 1270 (bei Florenz), † an der Pest 7. 7. 1348 (Bologna), wo er zeitlebens (mit Ausnahme einer kurzen Phase in Padua 1307–1309) als Kirchenrechtslehrer tätig war. Als Bologneser Bürger (Bononiensis) engagierte er sich des öfteren politisch, was ihm als Guelfen verschiedentl. die bes., auch finanzielle Wertschätzung der Päpste eintrug, ihn aber auch einmal in eine achtmonatige Haft bei den

Gegnern brachte. Er war befreundet mit Petrarca und dem Kg. von Jerusalem und Zypern, Hugo IV. von Antiochia-Lusignan. Verläßlich ist die Anekdote durch Christine de Pisan überliefert, daß er, wenn er selbst krank war, seine Tochter Novella seine Vorlesung halten ließ – jedoch hinter einem Vorhang verborgen, um die Studenten durch ihre Schönheit nicht zu verwirren. Nach ihr nannte er auch eines seiner wichtigsten Werke zum Kirchenrecht (*Novella in Decretales Gregorii IX.*, um oder bald nach 1338 beendet), bei dem er v.a. die späteren Gesetzbücher des *Corpus Iuris Canonici* kommentierte, worauf sich seine Grabinschrift bezieht: *„Hier liegt der weltberühmte Johannes Andreae, der als erster den Liber Sextus, die Novellen des Clemens [...] behandelt hat, der Rabbi der Doktoren, das Licht, der Beurteiler und der Maßstab der Sitten [...]“.* In wiss. Hinsicht galt J. in der Forschung lange als zwar wenig originell, dafür aber souverän in der Beherrschung und Zusammenschau der Quellen und Literatur zum Kirchenrecht. J., dessen Kommentare rasch den Rang einer *glossa ordinaria* erlangten und den man als *fons et tuba iuris* titulierte, markiert den Endpunkt der klass. Kanonistik.

Lit.: [3]LThK 5 (1996), 879; [2]Stolleis 337–339; BBKL 3 (1992), 255–258; LMA 5 (1991), 555; [2]VerfLex 1 (1978), 336f.; J. F. von Schulte, Geschichte der Quellen und Literatur des Canonischen Rechts, Bd. 2 (1877), 205–229.

Hans-Georg Hermann

Johannes Cassian, hl. (Fest 23. 7. in Marseille), * 360/65 (Dobrudscha oder in der Provence), † 432/35. J., dessen Leben nur lückenhaft bekannt ist, stammte aus einer wohlhabenden christl. Familie und trat nach dem Studium lat. und gr. Literatur 380/85 in ein Kloster in Betlehem ein. In den folgenden Jahren besuchte er versch. Mönchsniederlassungen in Ägypten. 399 weihte ihn → Johannes Chrysostomus in Konstantinopel zum Diakon. 405/06 befand er sich in Rom zur Verteidigung des bedrängten Chrysostomus. 415/16 gründete er in Marseille das Männerklr. St. Victor und das Frauenklr. St. Salvator. J. machte die gesammelten Erfahrungen mit dem oriental. Mönchtum für das auflebende Mönchtum in Südgallien fruchtbar. In *De institutis coenobiorum et octo principalium vitiorum remediis* (*Von den Regeln des gemeinschaftl. Lebens und den Heilmitteln gegen die acht Hauptlaster*) behandelt er in Anlehnung an Evagrius Pontikus Einzelthemen zum monast. Leben. Die *Conlationes* (dt. *Unterredungen*: [1]BKV) stellen in der lit. Form des Dialogs mit ägypt. Einsiedlern J.' Theologie des Mönchtums dar. → Benedikt von Nursia empfahl dringend die Lektüre von dessen Schriften. *Unterredung* 14,8 bezeugt die schon entwickelte Lehre vom vierfachen Schriftsinn. Sein Versuch, zwischen → Pelagius und der Gnadenlehre → Augustins zu vermitteln (*Unterredung* 13) war Anlaß für ein erneutes Aufflammen des Gnadenstreits. Mit → Vinzenz von Lérins und Faustus von Reji gehörte er zu den „Resten der Pelagianer“ oder „Massilienser“ (seit dem 16. Jh. spricht man polem. von „Semipelagianismus“).

Lit.: [2]LACL 335f.

Rudolf Voderholzer

Johannes Chrysostomus, hl. (Fest 14. 9.), Bf. von Konstantinopel, * 349 (Antiochien), † 407 (Comana Pontica). Nach dem frühen Tod seines Vaters sorgte sich die fromme Mutter um die bestmögl. Ausbildung des Sohnes, die er in der Schule des berühmten Rhetors Libanius († 393) in Antiochien erhielt. 367 wandte sich J. von seinen heidn. Lehrern ab und Bf. Meletius zu, der ihn an Ostern 368 taufte und zum Lektor bestellte. Bis 372 studierte J., zus. auch mit → Theodor von Mopsuestia, im Asketerion des → Diodor von Tarsus die Hl. Schrift. Das anschl. Leben als Asket in den Bergen um Antiochien mußte J. aufgrund der ernsthaften Schädigung seiner Gesundheit nach vier Jahren aufgeben. Bf. Meletius weihte ihn 381 zum Diakon, sein Nachfolger Bf. Flavian 386 zum Presbyter. Um diese Zeit entstand *De sacerdotio* (*Über das Priestertum*: [2]BKV 27), die erste spirituell-theol. Abhandlung über das geistl. Amt. Die erste Predigt des J. ist programmatisch (*Sermo cum presbyter fuit ordinatus*): er will den Dienst am Wort als „Erstlingsgabe und heiliges Loblied" darbringen. In Antiochien erwarb sich J. den Ruf eines außergewöhnl. Predigers (seit dem 5./6. Jh. nennt man ihn *Chrysostomus*: Goldmund). Beispielhaft sind seine *Säulenpredigten*: In Antiochien war es zu einem Aufruhr gegen die als erdrückend empfundene Steuerlast gekommen, in dessen Verlauf Standbilder der ksl. Familie verwüstet wurden. Während Bf. Flavius nach Konstantinopel reiste, um den Kaiser um Gnade für die Stadt zu bitten, gelang es der Redekunst des J., das Volk zu beruhigen. Eine Reihe seiner Predigten sind in der [2]BKV enthalten, *Taufkatechesen* in FC 6/1 und 2. Der Ruhm des J. war bis nach Konstantinopel gedrungen, so daß Ks. Arkadius (395–408) ihn nach dem Tod von Bf. Nektarius von Konstantinopel (397) als dessen Nachfolger auserkoren hatte. Er ließ ihn regelrecht in die Hauptstadt am Bosporus entführen und am 26. 2. 398 von Bf. Theophilus von Alexandrien, seinem späteren Gegner, zum Bf. weihen. Damit begannen dornenreiche Jahre für J. Der v. a. an der Seelsorge interessierte Bf. setzte sich für eine einfache Lebensform der Priester ein, kritisierte Verschwendungssucht der Reichen und gründete Krankenhäuser und Unterkünfte für Fremde. Dem Intrigenspiel des nahen Hofes war er nicht gewachsen. Nachdem J. 402 die vier „Langen Brüder" (Mönche aus Alexandrien), die Bf. Theophilus des Origenismus bezichtigt und exkommuniziert hatte, bei sich aufnahm, betrieb der Bf. von Alexandrien die Absetzung des J. Er schreckte dabei auch vor Verleumdungen nicht zurück. Eine erste Verbannung 403 durch die „Eichensynode", deren Beschlüssen der Kaiser zugestimmt hatte, wurde rückgängig gemacht, nachdem Kaiserin Eudoxia ein persönl. Unglück als Zeichen der Strafe für die ungerechte Verbannung empfand. J. war kaum nach Konstantinopel zurückgekehrt, als der Kaiser am 9. 6. 404 das endgültige Verbannungsdekret unterzeichnete. Noch der Einfluß, den J. durch Briefe an seine Getreuen ausübte, erregte Mißtrauen, so daß er 407 von seinem ersten Verbannungsort im kappadoz. Kukusus an die Schwarzmeerküste verbracht werden sollte. Auf dem Weg dorthin starb J. Er wurde bald nach seinem Tod rehabilitiert, seine Gebeine 438 triumphal nach Konstantinopel überführt. Nach der Plünderung Konstantinopels 1204 durch die Kreuzfahrer kamen die Gebeine nach Rom, wo sie seit 1626 in der Chorkapelle von St. Peter ruhen. J., der in der Ost- und Westkirche gleichermaßen höchste Verehrung genießt, gilt den Byzantinern auch als Schöpfer der *göttlichen Liturgie* (Chrysostomus-Liturgie).

Lit.: R. Brändle, J. Ch. (1999).
RUDOLF VODERHOLZER

Johannes der Priesterkönig (J. Presbyter). Nach einem im 12. Jh. in Palästina verbreiteten legendären Bericht war J. ein nestorian. Christ, Priester und König eines mächtigen Reiches im Innern Asiens. Sieger über die Perser und Meder, würde er die Christenheit vor dem Islam retten. Ein um 1165 an den byz. Kaiser gerichteter angebl. Brief des J., der einen bewaffneten Pilgerzug zur Befreiung Jerusalems ankündigte, veranlaßte sogar P. → Alexander III. 1177 zu einem Antwortschreiben (nach Äthiopien?) und war im Abendland Auslöser für reiche Lit., welche die Hoffnung auf einen Retter in den Unternehmungen der Kreuzzüge thematisierten. In der Forschung ist der J.-Mythos Gegenstand für die Frage nach der Entwicklung der Beziehung zw. röm., byz. und oriental. Kirche.

Lit.: W. Baum, Die Verwandlungen des Mythos vom Reich des Priesterkönigs J. (1999).
MANFRED HEIM

Johannes Duns Scotus → Duns Scotus, Johannes

Johannes Gualbertus, hl. (Fest 12. 7.), Gründer des CVUOSB, * um 1000 (Petrojo bei Florenz), † 12. 7. 1073 (Klr. Passignano). Zunächst Benediktiner in S. Miniato bei Florenz, verließ J. wegen simonist. Abtseinsetzung dieses Kloster. Auch später bezog er kompromißlos Stellung gegen simonist. Amtseinsetzungen (im bes. gegen den Florentiner Bf. Mezzabarba). Nach einem kurzen Aufenthalt in Camaldoli zog sich J. in die Einsamkeit von Vallombrosa zurück. Bald entwickelte sich dort eine monast. Kommunität (seit 1036), welche die strenge Befolgung der Benediktsregel mit Elementen eremit. Spiritualität verband. J. wurde 1193 heiliggesprochen.

Lit.: DIP 4 (1977), 1273–1276.
MARIANNE SCHLOSSER

Johannes Scotus Eriugena, aus Irland stammender Gelehrter der Karolingerzeit, * ca. 810, † ca. 877. Als Vorsteher der Hofschule unter Karl dem Kahlen förderte J. auf lange Zeit die Ausbildung in den *Artes liberales* durch seinen Kommentar zum Lehrbuch des → Martianus Capella. In der Auseinandersetzung um die Prädestinationslehre des → Gottschalk von Orbais nahm J. in einem Gutachten gegen diesen Stellung (851). Von bes. Bedeutung sind die Übersetzungen gr. Kirchenväter, v. a. des Werkes von → Dionysius Areopagita, das J. auch teilweise kommentierte. Von neuplaton. Denken geprägt ist auch J.' Hauptwerk *Peri physeon (De divisione na-*

turae): eine philos.-theol. Darstellung der gesamten von Gott erschaffenen Wirklichkeit, ausgehend vom bibl. Schöpfungsbericht (Gen 1–3). Da später von pantheist. Denkern als Autorität für sich reklamiert, wurde dieses Werk zusammen mit den Thesen des → Amalrich von Bena verurteilt (1210, 1225).

Lit.: LMA 5 (1991), 602–605.

Marianne Schlosser

Johannes Teutonicus Zemeke, Verfasser der *Glossa ordinaria* zum *Decretum Gratiani*, * vermutl. in oder um Halberstadt, † 25. 4. 1245 (Halberstadt). J. studierte und lehrte röm. und kanon. Recht in Bologna bis gegen 1220. Er glossierte u. a. die Konstitutionen des IV. Laterankonzils (1215), sein Hauptwerk ist aber der Apparat zum Dekret → Gratians, der später wegen seiner großen Bedeutung die Bezeichnung *Glossa ordinaria* erhielt und mit einigen Zusätzen in die Druckausgaben des *Decretum Gratiani* bis ins 17. Jh. aufgenommen wurde; dieses Werk des J. ist noch heute eine der Hauptquellen für die Zeit der sog. Klass. Kanonistik. Vermutl. ist er identisch mit jenem J., der seit 1220 in Halberstadt als Domscholasticus begegnet und 1241 vom Domkapitel zum Dompropst gewählt wird.

Lit.: BBKL 3 (1992), 596–599; [2]VerfLex 4 (1983), 777–783.

Franz Kalde

Johannes vom Kreuz (Juan de la Cruz), hl. (Fest 14. 12.), OCarm, span. Mystiker, Dichter und Kirchenlehrer, * 1542 (Fontiveros, Ávila), † 14. 12. 1591 (Úbeda). J. wuchs unter schwierigen Umständen auf und arbeitete nach dem frühen Tod des Vaters in Medina del Campo als Krankenpfleger. Dort trat er als Juan de Santo Matía bei den Karmeliten ein und studierte 1564–1568 in Salamanca. Stärkste Einflüsse empfing er von → Theresia (Teresa) von Ávila, der er 1567 begegnete. Mit ihr wurde J. zum Reformer und Erneuerer des Karmels im Sinne der Regel von 1247. Als Juan de la Cruz gründete er 1568 das erste Männer-Kloster der Unbeschuhten Karmeliten (Diskalzeaten) in Duruelo (1593 entstand der Orden der Unbeschuhten Karmeliten durch Abtrennung vom bish. Beschuhten Karmelitenorden). Der lange Konflikt zw. den beiden Ordenszweigen brachte J. vielfach in schwere Bedrängnis, zuletzt in harte, neun Monate währende Kerkerhaft im Klr. von Toledo. Seine in dieser Zeit durchlittenen seel. und körperl. Qualen führten ihn zu myst. Erfahrung und Dichtung. Nach seiner Flucht (1578) leitete J. seit 1579 die Karmeliten-Klr. in Baeza, Granada und Segovia. Im Streit um die spirituelle Richtung des Ordens kam es zu Intrigen gegen J. 1588 wurde er nach Úbeda verbannt, wo er unter unwürdigen Verhältnissen starb. 1726 heiliggesprochen und 1926 zum Kirchenlehrer erhoben, stellt J.' in poet. Form gekleidete Mystik eines der bedeutendsten Systeme myst. Theologie der Neuzeit dar, seine Gedichte gelten in ihrer Form als vollkommen. Erst im 20. Jh. wurden seine Werke ediert und einer vertieften wiss. Würdigung zugeführt.

Lit.: M. Behrens, Analogie und Mystik (2000); Metzler 379f.; [3]LThK 5 (1996), 927–929; TRE 17 (1988), 134–140.

Manfred Heim

Johannes von Capestrano, hl. (Fest 23. 10.), OFM, Wanderprediger, Ordensreformer und Kirchenpolitiker, * 24. 6. 1386 (Capestrano, Abruzzen), † 23. 10. 1456 (Ilok [Ujlak] an der Donau), Heiligsprechung 1690. Der Adlige wurde nach dem Studium des röm. und kanon. Rechts in Perugia Richter. 1415 geriet er während einer Fehde in Gefangenschaft und erfuhr dort seine Bekehrung, woraufhin er in den Observantenkonvent seiner Stadt eintrat. 1418 Priesterweihe. J.' intensive Prediger-, Vermittler- und Inquisitorentätigkeit beschränkte sich, abgesehen von zwei Visitationsreisen (1439/40), bis 1451 auf Italien und verschaffte ihm den Zustrom des Volkes und das Vertrauen der Päpste. Er kämpfte für die Stärkung des durch Schisma und Konziliarismus geschwächten Papsttums, als Vikar der Observanten für deren Unabhängigkeit von den Konventualen unter Aufrechterhaltung der formellen Ordenseinheit (1446), für die Ausbreitung des Ordens diesseits der Alpen und für eine fundiertere Ausbildung von dessen Mitgliedern. 1451–1454 wirkte er auf seinen Predigtreisen durch Österreich, Böhmen, Mähren, Bayern, Thüringen, Sachsen, Polen und Schlesien u.a. für die Hussitenmission, 1456–1458 für die Türkenkriege; an der Rettung Belgrads (1456) war J. maßgebl. beteiligt. Neben Ab- und Mitschriften seiner Predigten sind zahlr. Briefe und theol. Schriften erhalten, die bislang nur zum Teil ediert wurden.

Lit: P. Petrecca, San Giovanni da Capestrano (1992); LMA 5 (1991), 560f.; L. Pasztor (Hg.), S. Giovanni da Capestrano nella Chiesa e nella società del suo tempo (1990). MARIANNE SAMMER

Johannes von Damaskus, hl. (Fest 4. 12.), byz. Theologe und Kirchenlehrer, * um 650 (Damaskus), † 4. 12. vor 754. J. stammte aus einer hochgestellten christl. Familie und war zunächst wie sein Vater am Kalifenhof tätig. Als um 700 die Christen aus allen Staatsämtern ausgeschlossen wurden, zog er sich in das Mar-Sabas-Kloster in der judäischen Wüste zw. Betlehem und dem Toten Meer zurück. Mit seinem Werk *Darstellung des orthodoxen Glaubens* (*De fide orthodoxa*: ²BKV 44) faßte er die östl. Patristik zusammen und vermittelte sie so auch an das lat. MA. → Thomas von Aquin wird sich oft auf ihn beziehen. Im Bilderstreit verteidigte J. die Bilderverehrung und begründete sie inkarnationstheologisch (dt. *Drei Verteidigungsschriften gegen diejenigen, welche die Bilder verwerfen*, 1994). Die Ikonoklastensynode von Hiereia 754 verurteilte ihn, das II. Konzil von Nizäa (787), dessen definitive Entscheidung für die Bilderverehrung sich maßgebl. auf die Argumente des Damaszeners stützte, rehabilitierte auch J. und bezeichnete ihn als verehrungswürdig.

Lit.: ²LACL 344–347.
RUDOLF VODERHOLZER

Johannes von Gott (Juan de Dios), hl. (Fest 8. 3.), Krankenhauspionier, * 1495 (Montemar-o-Novo, Portugal), † 8. 3. 1550 (Granada). Nach abenteuerl. Leben als Hirte, Soldat und Tagelöhner wurde J. durch die Predigt des hl. Johannes von Ávila (1499–1569, *Apostel von Andalusien*) 1539 in Granada bekehrt. Dort gründete er 1540 ein Krankenhaus, das sich bes. der Pflege von Geisteskranken, Armen, Straßenkindern und Prostituierten verpflichtet wußte. Der selbstlose Einsatz J.' und seiner Gefährten, die neuartige (ganzheitl.) Heil-, Pflege- und Resozialisierungsmethoden praktizierten und als Bettler für ihre Kranken sammelten, fanden großen Anklang und vielfache Unterstützung. Aus dieser Gemeinschaft erwuchs der spätere Orden der Barmherzigen Brüder. J. gilt als Pionier des modernen Krankenhauses.

Lit.: Misericordia. Zs. der Barmh. Brüder in Bayern 52 (Sonderausg. März 2000); [3]LThK 5 (1996), 912. MANFRED HEIM

Johannes von Matha, hl. (Fest 8. 2.), Ordensgründer (OSST), * 23. 6. 1154/60 (Faucon, Provence), † 17. 12. 1213 (Rom). Studium in Paris und ab 1194 in Cerfroid; zus. mit Felix von Valois Gründung des *Ordens der heiligsten Dreifaltigkeit zum Loskauf Gefangener/Sklaven* (*O. Sanctissimae Trinitatis*, *Trinitarier*), der rasche Ausbreitung in Frankreich fand (angebl. Loskauf 900 000 Gefangener) und dessen Tätigkeit sich über Marokko, Südfrankreich, Spanien und Italien erstreckte; 1198 Bestätigung des Ordens durch P. → Innocenz III., der J. 1209 das Klr. S. Tommaso in Formis bei Rom übertrug. Der Orden (in Österreich wg. des weißen Habits auch *Weißspanier* genannt) ist heute in der Mission, der Pfarr- und Strafgefangenenseelsorge tätig.

Lit.: [3]LThK 5 (1996), 935. SUSANNE STÜBINGER

Johannes von Nepomuk (Johannes Welflin von Pomuk), hl. (Fest 16. 5.), Landespatron Böhmens, * um 1345/50 (Pomuk, heute Nepomuk, Südwestböhmen), † 20. 3. 1393 (Prag). 1369 begegnet J. als ksl. Notar des Ebf. von Prag, 1380 als Altarpfründner am Veitsdom und Pfarrer von St. Gallus in Prag, später u. a. als Kanoniker von St. Aegidius und Archidiakon von Saaz. Nach dem Studium der Rechte in Prag und Bologna sowie Promotion zum Dr. iur. can. (1387) wurde J. 1389 Generalvikar des Erzbistums Prag. In der Konfrontation zwischen Ebf. Johannes von Jenstein und Kg. Wenzel IV., die aus dessen Eingriff in kirchl. Belange resultierte, ließ der König neben dem Erzbischof u. a. auch J. 1393 verhaften (nach der Legende wegen J.' Weigerung, die Beichte der Königin zu verraten). Nach Folterung wurde er sterbend von der Karlsbrücke in Prag, wo 1693 sein berühmtes Standbild errichtet wurde, in die Moldau geworfen. Um 1400 wurde J.' Leichnam in den Veitsdom überführt, die Grablege zu einem Anziehungspunkt rasch einsetzender Verehrung. Der 1729 heiliggesprochene J. wurde zu einem der beliebtesten Heiligen im europ. Raum, zum Patron der Brücken und des Beichtgeheimnisses.

Lit.: DBE 5 (1997), 353; [3]LThK 5 (1996), 939; LMA 5 (1991), 595.
MANFRED HEIM

Johannes von Paris (Quidort, Parisiensis), OP, Philosoph und Theologe, * um 1255, † 22. 9. 1306 (Bordeaux). Seit 1303 als Angehöriger des OP-Konvents von St-Jacques in Paris belegt, trat J. mit einer Reihe philos. und theol. Schriften hervor, u.a. mit dem Traktat *De potestate*

regia et papali (*Über kgl. und päpstl. Gewalt*, 1302/03) und der *Quaestio de potestate papae* (*Über die päpstl. Gewalt*, 1302). J.' darin vertretene Auffassungen, die ihm 1305 den Entzug der Lehrbefugnis einbrachten, waren von Bedeutung für die Entwicklung der konziliaren Idee (Konziliarismus), d. h. für die theol.-kanonist. Doktrin, wonach das Allg. Konzil als Repräsentation der ganzen Christenheit die höchste Autorität in der Kirche besitze, über dem Papst stehe und diesen nötigenfalls absetzen könne.

Lit.: ³LThK 5 (1996), 955; LMA 5 (1991), 592. MANFRED HEIM

Johannes von Salisbury (Saresberiensis), engl. Philosoph, Theologe und Geschichtsschreiber, Bf. von Chartres, * um 1115/20 (Old Sarum bei Salisbury), † 25. 10. 1180 (Chartres). Nach Studien in Paris (wohl auch in Chartres) bei berühmten Lehrern (u. a. → Abaelard) empfing J. 1147 die Priesterweihe und war seit 1148 Mitarbeiter, dann Sekretär der Ebf. von Canterbury Theobald († 1161) und Th. → Becket, dessen Vita er verfaßte. Im Konflikt zw. diesem und Kg. Heinrich II. floh auch J. 1163/64 nach Frankreich und kehrte erst 1170 nach Canterbury zurück, bevor er 1176 Bf. von Chartres wurde. J., der Verbindung zu vielen namhaften Persönlichkeiten pflegte, nahm zu wichtigen Fragen seiner Zeit Stellung und verfaßte höchstbedeutsame Schriften. Im berühmtesten und (v. a. im Humanismus) meistbeachteten seiner Hauptwerke, dem *Policraticus* (1156–1159), konzipierte er auf aristotel. Grundlage die erste große Staatslehre des MA.

Lit.: ³LThK 5 (1996), 964 f.; LMA 5 (1991), 599 f.; TRE 17 (1988), 153–155. MANFRED HEIM

Johannes von Torquemada (Juan de T., auch Turrecremata), OP, span. Theologe und Kardinal, * 1388 (Valladolid), † 26. 9. 1468 (Rom). J., Onkel des → Thomas von Torquemada, trat 1403 in den OP ein, studierte in Paris, war Teilnehmer an den Konzilien von Konstanz und Basel-Ferrara-Florenz-Rom sowie an versch. päpstl. Gesandtschaften, Prior in Valladolid und Toledo. 1439 zum Kardinal erhoben, verfaßte er als Verteidiger des päpstl. Primates die *Summa de ecclesia*, eine bis in die Neuzeit hineinreichende sehr bed. Ekklesiologie thomist. Prägung.

Lit.: ³LThK 5 (1996), 973 f. MANFRED HEIM

Jonas, Justus, Reformator, * 5. 6. 1493 (Nordhausen), † 9. 10. 1555 (Eisfeld). Jodocus Koch, so sein eigentl. Name, schloß sich während seiner Studien in Erfurt und Wittenberg dem Humanistenkreis von Eobanus und Mutianus Hessus an. Seit 1518 hielt der Kanoniker von St. Severi in Erfurt jurist. Vorlesungen. 1521 begleitete er M. → Luther zum Wormser Reichstag. Im gleichen Jahr wurde er in Wittenberg Propst und Dr. theol. 1523–1533 war er Dekan der Theol. Fakultät. Als Übersetzer versch. Schriften der Reformatoren war der Freund und Mitarbeiter Luthers hochgeschätzt. An der Einführung der Reformation im Fürstentum Anhalt und im Herzogtum Sachsen war er maßgebl.

beteiligt. Er setzte sich lit. für die Priesterehe ein. Seit 1544 war er Superintendent in Halle und verfaßte dort die Kirchenordnung. J. stand Luther in seiner Sterbestunde bei und hielt ihm an seinem Grab die Totenpredigt. Im Zuge des Schmalkald. Krieges wurde J. ausgewiesen und hielt sich in Hildesheim, Coburg und Regensburg, zuletzt als Pfarrer in Eisfeld auf.

Lit.: Stadtarchiv Nordhausen, J. J. (1993). WOLFGANG ROTZSCHE

Jone, Heribert (Taufname: Joseph), Kanonist und Moraltheologe, * 30. 1. 1885 (Schelklingen, Württemberg), † 26. 12. 1967 (Stühlingen, Baden). J. trat 1904 in den OFMCap ein und empfing 1910 die Priesterweihe. Nach einer Missionstätigkeit auf den Karolinen 1913–1919, Studium in Rom und Promotion zum Dr. iur. can. (1922) dozierte er 1923–1949 kanon. Recht und Moraltheologie an der Ordenshochschule in Münster und war darüber hinaus im kirchl. Gerichtswesen tätig. Seine beiden Hauptwerke, *Katholische Moraltheologie* (Paderborn 1930, 18. Aufl. 1961; Übers. in versch. Sprachen), gekennzeichnet durch eine prägnante und kasuist. Darbietung des Stoffes, und *Gesetzbuch der lateinischen Kirche* (3 Bde., Paderborn 1939/40; 2. Aufl. Paderborn 1950/52/53; lat. Ausg. Paderborn 1950/54/55) fanden weite Verbreitung. Da der *Codex Iuris Canonici* von 1917 nicht übersetzt werden durfte, war J.s Kommentar, der auch eine paraphrasierende Wiedergabe des Gesetzestextes enthält, ein gefragtes Arbeitsmittel.

Lit.: ³LThK 5 (1996), 989f.; BBKL 3 (1992), 639f. FRANZ KALDE

Jordan von Sachsen, sel. (Fest 13. 2.), OP, * ca. 1185 (Borgberge), † 13. 2. 1237 (vor Akko). Bereits kurz nach seinem Eintritt in den OP (1220) wird J. mit Leitungsaufgaben betraut und 1222 zum Generalmagister des Ordens gewählt. Unter seinem Generalat, das er bis zu seinem Tode 1237 innehatte, entfalten sich die äußere Organisation und ebenso die Wirksamkeit der jungen Prediger-Gemeinschaft in Seelsorge und Wissenschaft. J.s mitreißende Predigten gewannen zahlreiche Studenten und Professoren für den Ordenseintritt, darunter → Albertus Magnus. Bes. Bedeutung kommt seinem *Büchlein von den Anfängen des Predigerordens* zu (dt. Übertragung von M. D. Kunst, Kevelaer 1949), der ersten Ordensgeschichte, beginnend mit dem Leben und Wirken des hl. → Dominikus. Ein kostbares Zeugnis für seelsorgerl. Verantwortung und geistl. Freundschaft sind die *Briefe* an Diana d'Andalo, Priorin des OP-Klr. zu Bologna (dt. Übertragung von J. Mumbauer, Vechta 1927).

Lit.: ²VerfLex 4 (1983), 861–864; DSp 8 (1974), 1420–1423.
MARIANNE SCHLOSSER

Joseph II., Kaiser, * 13. 3. 1741 (Wien), † 20. 2. 1790 (ebd.). Sohn und Nachfolger Ks. Franz' I. und der Kaiserin → Maria Theresia; 1764 röm.-dt. Kg.; 1765 Kaiser und Mitregent Maria Theresias in den Habsburger Erblanden, 1780 Alleinherrscher. J. war ein aufgeklärter Monarch, der auf der Grundlage und in Weiterführung der – jetzt teilweise überstürzten – Reformen Maria Theresias einen gut organisierten, zentralist. geleiteten modernen Beamtenstaat schuf; die Kirche war in dienender Funktion einbezogen. In der Außenpolitik vertrat J., gestützt von Staatskanzler Fürst Kaunitz, mehrfach in schroffem Gegensatz zu Maria Theresia (z. B. in der Beteiligung an der 1. poln. Teilung 1772), eine nur teilweise erfolgreiche Expansionspolitik. Wegen der scharfen Eingriffe J.s in das Kirchenwesen erhielt das österr. Staatskirchentum später die Bezeichnung *Josephinismus.* Doch wurzelt die österr. Form dieses Staatskirchentums in der engen Verbindung des geistl. und weltl. Bereichs schon im MA, päpstl. privilegiert und ausgebaut im Spät-MA, in der Gegenreformation und neuerdings in den Reformen der Kaiserin Maria Theresia, jansenist. beeinflußt, aber keineswegs kirchenfeindl., im Geist kath. Aufklärung vollzogen (Rückgriff auf Kirchenvermögen, Durchführung von Visitationen, Anfänge der Pfarregulierung, Anhebung des Profeßalters von Ordensleuten auf 24 Jahre, Einschränkung von Feiertagen und Wallfahrten, Kampf gegen Aberglauben, grundlegende Reform der Ausbildung von künftigen Priestern, Studienreformen). Im Jahrzehnt der Alleinherrschaft J.s wurden diese Reformen erhebl. gefördert (Schul-, Bildungs- und Gesundheitswesen; Rechtspflege mit Abschaffung der Folter; Fortsetzung der Bauernbefreiung). Das Toleranzpatent 1781 brachte Lutheranern, Calvinisten und Orthodoxen die bürgerl. Gleichberechtigung und eine beschränkte Freiheit der Religionsausübung. Die Reduktion von Ordensniederlassungen betraf zunächst v. a. beschauliche und Bettel-Orden, seit 1782 aber auch sehr aktive Klöster (Benediktiner, Augustiner-Chorherren und andere Prälatenklöster). Etwa ein Drittel der Ordenshäuser in den Habsburger Erblanden wurde, vielfach überstürzt, aufgehoben (über 700), weiterbestehende Gemeinschaften betraf staatl. Einschränkung. Doch wurde das dadurch anfallende Kirchenvermögen grundsätzl. nicht vom Staat eingezogen, sondern dem „Religionsfonds“ zugeführt und vorwiegend zur Verbesserung der Seelsorgestruktur verwendet. Die einheitl., durchaus strenge Ausbildung der Kleriker sollte in *Generalseminarien* erfolgen, die aber nur kurzen Bestand hatten. Seit 1783 wurde zur besseren organisator. Gliederung der Landeskirche eine Bistumsregulierung durchgeführt, die nach einigem Zögern päpstl. Bestätigung erhielt: Neuumschreibung der Bistümer Wien, Gurk, Seckau, Lavant; Transferierungen (Wiener Neustadt nach St. Pölten); Neugründungen (Linz, Budweis, Tarnow). Ein Besuch P. → Pius' VI. beim Kaiser in Wien (Frühjahr 1782) konnte wenig ändern. Gegen die oft jähen, überstürzten Reformen des persönl. durchaus rel. Kaisers erhob sich wachsender Widerstand. Schon im Umkreis der von Frankreich ausgehenden Revolution kam es in den Österr. Niederlanden (Belgien) 1787, in Ungarn 1788–1790 zu Aufständen, so daß nach dem plötzl. Tod J.s sein jüngerer Bruder und Nachfolger, Ks. Leopold II. (1790–1792), viele Reformen zurücknehmen oder wesentl. mildern mußte.

Lit.: [3]LThK 5 (1996), 1008–1010; G. Gutkas, Kaiser J. II. (1989).
GEORG SCHWAIGER

Judas Iskariot, Apostel → Apostel (Zwölf) und Evangelisten

Judas Thaddäus, Apostel → Apostel (Zwölf) und Evangelisten

Julian Apostata (Flavius Claudius Iulianus Augustus), röm. Kaiser (360–363), * um 331 (Konstantinopel), † 26. 6. 363 (bei Maraga, Persien). Der Sohn des Iulius Constantius und Neffe → Konstantins d. Gr. wurde arian. erzogen. Unter dem Einfluß des Rhetors Libanios und des Philosophen Maximos von Tyrus wandte er sich 351/52 einem neuplaton. geprägten Heidentum zu; nach außen blieb er aber weiterhin Christ. Etwa im Februar 360 von den Truppen in Paris zum Augustus ausgerufen, war er seit dem Tode Constantius' II. (3. 11. 361) Alleinherrscher. J.s Politik zielte darauf, die pagane Tradition unter Schwächung des Christentums wiederaufleben zu lassen. So erließ er noch 361 ein Edikt, das den Neubau heidn. Tempel erlaubte (*Codex Theodosianus* 15,1,3). Auch förderte er den Kult des Sonnengottes (Helios). Die Christen hingegen wurden durch ein Edikt vom 17. 6. 362 benachteiligt, das sie faktisch hinderte, in öffentl. Schulen als Lehrer tätig zu sein (*Codex Theodosianus* 13,3,5). J.s Restaurationspolitik hat bei den Christen zwar tiefe Spuren hinterlassen, blieb aber Episode, weil die unmittelbaren Nachfolger die Entwicklung des Christentums zur Staatsreligion förderten. J. hat ein umfangreiches lit. Werk in gr. Sprache geschaffen. Dazu gehören Lobreden auf Constantius II. und auf dessen Ehefrau Eusebia (ca. 356/57), eine Geleitrede für den Neuplatoniker Saloustios (ca. 358/59), eine Rede *An die Göttermutter* (361) und eine *Auf König Helios* (362). Eine romanhafte Satire stellen die *Caesares* dar, die Schilderung eines Symposions der röm. Herrscher von Caesar bis Konstantin d. Gr. (362); in den Prosatext sind ein paar Gedichte eingefügt. In der Schrift *Misopogon* antwortet J. auf Verspottung durch die Antiochener und stellt sich selbstiron. als Hasser des Philosophenbarts dar. Die 362/63 geschriebenen drei Bücher *Gegen die Galiläer* (*Contra Galilaeos*) sind bis auf geringe Reste verloren; auf J.s Polemik antwortete später → Cyrill von Alexandrien mit einer Schrift *Gegen die Bücher des gottlosen J.* (um 435). Schließlich hat J. ein umfangreiches Briefcorpus hinterlassen. Der Beiname *Apostata* (der Abtrünnige) wird bereits durch → Augustinus bezeugt.

Lit.: F. L. Müller, Die beiden Satiren des Kaisers J. A. (1998), 9–73. SIEGMAR DÖPP

Juliana von Lüttich, hl. (Fest 5. 4.), * 1193 (Rettinne bei Lüttich), † 5. 4. 1258 (Fosses). J. trat in sehr jungen Jahren der (Beginen-?)Gemeinschaft von Mont Cornillon bei (daher auch: J. von Cornillon) und wurde 1222 Vorsteherin der nach der Augustinusregel lebenden Gemeinschaft. Wegen ihrer Strenge stieß sie später auf nicht geringen Widerstand, sie starb 1258 als Reklusin. J. und die mit ihr befreundete Reklusin Eva von Lüttich repräsentieren in bes. Weise die eucharist. Frömmigkeit zu Beginn des 13. Jh.s in Flandern. Mehrere Visionen veranlaßten J., sich für die Einführung eines bes. eucharist. Festes einzusetzen. Das Anliegen fand die Unterstützung des Bf. von Lüttich, Robert, und des Kard.-Legaten Hugo von St-Cher. Das „Fronleichnamsfest" wurde zunächst lokal begangen (1246 für Lüttich), 1264 durch P. Urban IV., der Archidiakon in Lüttich gewesen war, für die Gesamtkirche angeordnet.

Lit.: Fête-Dieu (1246–1996). Vie de sainte J. de Cornillon, Edition du texte latin, traduction française et commentaires par J.-P. Delville (1999).

MARIANNE SCHLOSSER

Juliana von Norwich, Mystikerin, * etwa 1342, † 1416 (Norwich). Schrieb in mittelengl. Sprache *Offenbarungen von göttlicher Liebe* nieder. Der Kern des Werkes, das in einer längeren und einer kürzeren Fassung überliefert ist, sind 16 Schauungen, die J. im Alter von 30 1/2 Jahren (1373) schwer erkrankt im Grenzzustand zw. Leben und Tod beim Blick auf ein Kruzifix empfing. Etwa 15 Jahre später – sie lebte nach ihrer Genesung als Reklusin – zeichnete sie diese auf, im Bewußtsein, sie seien nicht ihr allein geschenkt. Obwohl die Passion Christi den Ausgangspunkt bildet, dominieren Freude an Gott und unbefangenes Vertrauen zu Christus, in dem ihr die mütterl. Liebe Gottes begegnet.

Lit.: P. Dinzelbacher, D. R. Bauer (Hgg.), Frauenmystik im MA (²1990), 314–326; Lady J. of N., Offenbarungen von göttl. Liebe, übers. und eingel. von E. Strakosch (²1988); DSp 8 (1974), 1605–1611.

MARIANNE SCHLOSSER

Julius II., Papst (1. 11. 1503 – 21. 2. 1513), vorher Giuliano della Rovere, * 5. 12. 1443 (Albissola bei Savona), † 21. 2. 1513 (Rom), aus dürftigen Verhältnissen. Begünstigt von seinem Onkel → Sixtus IV.; 1471 Kardinal; einflußreich unter → Innocenz VIII., aber erbitterter Gegner → Alexanders VI. (daher Flucht zu Kg. Karl VIII. von Frankreich). Als Papst (nicht ohne Simonie gewählt) sicherte er den durch die Borgia zerrütteten Kirchenstaat als äußere Machtgrundlage des neuzeitl. Papsttums (u. a. Wiedergewinnung von Perugia und Bologna 1506, der Romagna, durch Teilnahme an der Liga von Cambrai, 1509). Die Auseinandersetzungen mit Frankreich führten dort zur Erneuerung der (gallikan. inspirierten) Pragmat. Sanktion von Bourges (1510) und – gegen ein drohendes Schisma – 1511 zur Einberufung des V. Allg. Laterankonzils (1512–1517). J. war eine überragende Persönlichkeit, groß als Politiker, Feldherr und Kunstmäzen; er nahm Bramante, Michelangelo, Raffael in seine Dienste und machte Rom zum Mittelpunkt der it. Hochrenaissance (1506 Grundsteinlegung zum Neubau der Peterskirche; Michelangelos Mose zu seinem Grabmal; Deckenfresken der Sixtin. Kapelle), war aber auch jäh und hart (*il Terrible*). Reformmaßnahmen fehlte die Durchführung, so daß die innerkirchl. Tätigkeit dürftig blieb.

Lit.: ³LThK 5 (1996), 1083 f.; LMA 5 (1991), 805.

GEORG SCHWAIGER

Jungfrau von Orléans → Jeanne d'Arc

Justin der Märtyrer, hl. (Fest 1.6.), bedeutendster der frühchristl. Apologeten, * um 100 (Samaria), † 165 (Rom). Über seinen Lebensweg berichtet er selbst (in stilisierter Form) in *Dial.* 2–8: Eine lange Suche nach Antwort auf die Lebensfragen bei Stoikern, Peripatetikern und Pythagoreern ließ ihn vorübergehend in der mittelplaton. Philosophie „Ruhe" finden. Ein Gespräch mit einem alten Mann, der ihn auf die Propheten verwies, erschütterte ihn erneut. Schließl. fand er im Glauben die Wahrheit. Seinen Philosophenmantel trug er fortan als Zeichen eines christl. Wanderpredigers. Die letzten Jahre seines Lebens verbrachte J. in Rom, wo er unter dem Präfekten Rusticus hingerichtet wurde. Von J. sind drei Schriften erhalten: Zwei *Apologien* (dt.: ²BKV 12) und der *Dialog mit dem Juden Tryphon* (dt.: ²BKV 33). In *1 Apol.* begegnet J. dem Vorwurf an die Christen, *Atheisten* zu sein, weil sie die röm. Götter nicht anbeten. J. setzte eine Darlegung des christl. Glaubens an den wahren Gott dagegen, der in Jesus Christus, dem menschgewordenen Gottessohn, alle Menschen zur wahren Gottesverehrung führen will. Kap. 61–68 enthalten eine wertvolle Beschreibung des Taufgottesdienstes und der sonntägl. Eucharistie. J. versuchte als erster der Apologeten, bei den heidn. Philosophen Anknüpfungspunkte für die christl. Wahrheit zu finden (*Logoi spermatikoi*) und sie in die Geistigkeit des Mittelmeerraumes hineinzuvermitteln. Mit J. dürfte das Christentum erstmals vor der heidn. Bildungselite Beachtung gefunden haben. *Dial.* entfaltet nach dem lit. Vorbild der platon. Dialoge den christl. Weissagungsbeweis und begründet gegen → Markion die Anerkennung des AT als Hl. Schrift auch der Christen.

Lit.: ²LACL 365–369.

RUDOLF VODERHOLZER

Justinian I., Flavius Petrus Sabbatius (Iustinianus), oström. Kaiser (527–565), * 482 (Bederiana bei Tauresium, heutiges Serbien), † 14. 11. 565 (Konstantinopel). Noch vor der Thronbesteigung heiratete er Theodora (* um 497, † 548); die ehemalige Artistin aus dem Hippodrom wurde seine wichtigste Beraterin, bewies großes pol. Geschick und tat sich als Schirmherrin soz. Einrichtungen hervor. J.s wichtigstes Bestreben war es, die Einheit des Reiches zu sichern, die in pol. Hinsicht durch den Einbruch fremder Völker und in rel. Hinsicht durch häret. Spaltungen des Christentums gefährdet war. In verlustreichen Kriegen gelang es J., das Westreich wenigstens zu einem Teil von den Ostgoten zurückzuerobern: Sein Feldherr Belisar drang 540 über Rom bis Ravenna vor, und 552 schaffte es Narses, den Widerstand der Ostgoten in Italien zu brechen, so daß Italien und Nordafrika fortan von Byzanz aus verwaltet wurden. Die Einheit des Imperiums hatte J. auch im Blick, als er die Sammlung des geltenden Rechts im *Codex Iustinianus* (erschienen 529) und in den *Digesten* (erschienen 533) veranlaßte. Massiv griff er in die rel. Auseinandersetzungen seiner Zeit ein. Gegen die fortbestehende pagane Tradition richtete sich die Aufhebung der Philosophenschule in Athen (529). Zur Sicherung der Orthodoxie bekämpfte J. Manichäer, Nestorianer und Monophysiten. 553 berief er das (fünfte) Konzil nach Konstantinopel ein, doch gelang es nicht, die Monophysiten zur Annahme des Glaubensbekenntnisses von Chalkedon zu bewegen. Auch als theol. Schriftsteller trat J. hervor: Er verfaßte eine gegen die Monophysiten gerichtete dogmat. Schrift (542/43) und verurteilte in einem weiteren Werk die Lehren des → Origenes (543). Ferner entfaltete J. eine rege Bautätigkeit: So werden ihm die Hagia Sophia in Konstantinopel sowie San Vitale und San Apollinare in Classe in Ravenna verdankt.

Lit.: R. Browning, J. und Theodora (1988 und 1992). SIEGMAR DÖPP

K

Kaas, Ludwig, Kanonist, Zentrumspolitiker, * 23. 5. 1881 (Trier), † 15. 4. 1952 (Rom). K. studierte in Rom und wurde 1906 Priester. Nach einigen Jahren der Seelsorgstätigkeit und weiterer Studien wurde er 1918 Prof. für Kirchenrecht am Priesterseminar Trier. Er gehörte der Verfassunggebenden Nationalversammlung und 1920–1933 dem Reichstag an; 1928 wurde er Vorsitzender der Zentrumspartei. K. hatte den Nuntius E. Pacelli (→ Pius XII.) seit 1920 in kanonist. und staatskirchenrechtl. Fragen beraten und war 1933 am Abschluß des Reichskonkordats beteiligt. Das Wesen des Nationalsozialismus verkennend, führte K. 1933 die Zustimmung des Zentrums zu Hitlers Ermächtigungsgesetz herbei. K. lebte ab 1933 in Rom und wurde Domherr von St. Peter. Unter seiner Verantwortung wurden die Ausgrabungen unter der Petersbasilika durchgeführt.

Lit.: BBKL 3 (1992), 907–915; G. May, L. K., 3 Bde. (1981/82). STEPHAN HAERING

Kant, Immanuel, Philosoph, * 22. 4. 1724 (Königsberg), † 12. 2. 1804 (ebd.). Ab 1740 studierte K. in Königsberg Theologie, Philosophie und Naturwissenschaften. Anschließend betätigte er sich als Hauslehrer. 1755 wurde er promoviert, später Prof. für Logik und Metaphysik. Das zentrale Anliegen der Philosophie K.s bestand in der Frage nach der Möglichkeit von Erkenntnis aus reiner Vernunft. Diese Fragestellung führte K. zu einer Selbstreflexion der Vernunft und zur Neubegründung einer Metaphysik, die als Metaphysik der Natur und als Metaphysik der Freiheit (Metaphysik der Sitten) ihre Gestalt gewann. K.s Grundlegung der krit. Philosophie vollzog sich als Selbstkritik der Vernunft, die Quellen, Umfang, Grenzen und Geltung ihrer Erkenntnisse bestimmt. Als Transzendentalphilosophie ist sie eine Theorie der Erkenntnisbedingungen der menschl. Vernunft. K.s *Kritik der reinen Vernunft* enthält u.a. eine Analyse der reinen Anschauungen Raum und Zeit, der Kategorien, aber auch der Vernunftideen Seele, Welt und Gott. In seiner *Kritik der praktischen Vernunft* entfaltet K. eine Theorie der Sittlichkeit, in der das Sittengesetz als kategor. Imperativ formuliert wird. Der Ursprung der Moral liegt demnach weder in der Ordnung der Gesellschaft noch im göttl. Willen, sondern im Gesetzescharakter der Vernunft selbst. Neben K.s Geschichtsphilosophie (*Zum ewigen Frieden*) ist auch seine Religionsphilosophie (*Die Religion innerhalb der Grenzen der bloßen Vernunft*) sehr bedeutsam. Die Religionsschrift enthält eine krit. Theorie des natürl. Hangs des Menschen zum Bösen (Erbsünde) und seiner Überwindung, die in der Idee des von der Menschheit herbeigeführten Reiches Gottes auf Erden kulminiert. K.s Philosophie gilt als Höhepunkt der neuzeitl. Aufklärung.

Lit.: U. Schulz, I. K. mit Selbstzeugnissen und Bilddokumenten ([24]1999); W. Schlüter, I. K. (1999); R. Scruton, K. (1999); [3]LThK 5 (1996), 1198–1203; O. Höffe, I. K. ([4]1996); BBKL 3 (1992), 1020–1095; O. Höffe (Hg.), Klassiker der Philosophie, Bd. 2 (1981), 7–39. Josef Kreiml

Karl der Große, König der Franken (seit 768) und Langobarden (seit 774), röm. Kaiser (seit 800), Sohn → Pippins III. (des Jüngeren) aus dem fränk. Geschlecht der Arnulfinger (nach K. *Karolinger* genannt), * 2. 4. 747 (748?), † 28. 1. 814 (Aachen, Grab in der Pfalzkapelle). K. und sein jüngerer Bruder Karlmann wurden von P. → Stephan II. 754 in St-Denis zu Königen gesalbt und erhielten mit ihrem Vater Pippin die Würde des *Patricius Romanorum*. Nach dem Tod des Vaters (768) übernahmen beide die zugewiesenen Reichsteile. Das gespannte Verhältnis der Brüder dauerte bis zum plötzl. Tod Karlmanns Ende 771. Unter Mißachtung des Nachfolgerechtes der Söhne seines Bruders stellte K. die Einheit des Fränk. Reiches wieder her. Als Alleinherrscher verhalf er dem Reich in gewaltigen militär.-pol. Aktionen zur größten Ausdehnung. 772 begann er den Krieg gegen die Sachsen, die nach schweren Kämpfen unterworfen und christianisiert wurden (804); 773/74 eroberte er das Reich des Langobardenkg. Desiderius; mit der Absetzung Hzg. Tassilos III. von Bayern (788) beseitigte er das letzte eigenmächtige Stammesherzogtum; K. unterwarf in mehreren Feldzügen seit 791 die Awaren und machte Böhmen tributpflichtig; gegen die Araber (Mauren) drang er über die Pyrenäen 801 bis zum Ebro vor. Das gewaltige Reich, durch Marken gesichert, dehnte sich vom Atlantik bis zur mittleren Donau, ins Awaren- und Slawenland im Osten, von der Dänengrenze bis im Süden über Rom hinaus und die Span. Mark aus. Die Vielfalt der Völker und Reiche suchte K. durch organisator.-gesetzgeber. Maßnahmen zu vereinheitlichen. Das stärkste einigende Band war die Kirche. K.s Krönung zum Kaiser am 25. 12. 800 in der röm. Peterskirche durch P. → Leo III. bedeutete die Erneuerung des Imperiums im Westen unter Verbindung von Germanentum und christl.-röm. Tradition. Die Initiative dazu war eher vom Papst ausgegangen, der Schutz gegen seine röm. Gegner suchte. Die Hoheit über die Kirche war K. eine Selbstverständlichkeit. Bischöfe und Äbte wurden gut ausgestattet, aber auch in den Dienst des sakral verstandenen und geübten Herrscheramtes genommen. Mit der Expansion des Reiches waren die rasche Missionierung (in Sachsen zeitweilig mit harter Gewalt) und der Aufbau der kirchl. Organisation mit der pol. Unterwerfung verbunden. Die Bemühungen um Bildungserneuerung, liturg. und monast. Reformen sollten mit starker Tendenz zur Vereinheitlichung der tieferen Verchristlichung dienen (*Karolingische Reform*; *Karolingische Renaissance*). In allen kirchl., kirchenpol., organisator. und gesetzgeber., auch wirtschaftl. Maßnahmen wurde K. zeitlebens von einer hochgebildeten, verantwortungsbewußten Gruppe von Bischöfen, Äbten und anderen Klerikern, auch Laien, an seinem Aachener Hof, aber auch in anderen geistigen Zentren, v. a. in Großklöstern, hervorragend unterstützt (→ Alkuin, → Hrabanus Maurus, → Paulus Diaconus, → Einhard u. a.). K. stand auch in Gesandten-Verbindung mit dem byz. Kaiserhof und dem Kalifen von Bagdad. Er betonte nach der Kaiserkrönung stärker die fränk.-german. als die röm. Komponente seiner Würde und seine unmittelbare Verantwortung vor Gott. 813 gab er das Kaisertum in Aachen ohne päpstl. Beteiligung an seinen Sohn → Ludwig den Frommen weiter. K. gelang zum erstenmal die geistig-pol. Einheit der abendländ. Völker. Ungeachtet der bald nach seinem Tod einsetzenden Auflösung des karoling. Imperiums und der Minderung der Kaiserwürde blieb seine christl. Grundlegung für das Abendland für tausend Jahre bestimmend. Die Nachwelt verklärte K. – neben dem ersten christl. Kaiser, → Konstantin den Großen, – zum Idealbild des christl. Herrschers. Ks. → Friedrich I. (Barbarossa) veranlaßte K.s Heiligsprechung durch den Gegen-P. Paschalis III. (1165). Der Kult (Fest 28. 1.), lokal begrenzt (Aachen, Metten u. a.), besteht bis heute.

Lit.: ³LThK 5 (1996), 1240f.; LMA 5 (1991), 956–966. GEORG SCHWAIGER

Karl III., König von Spanien, * 20. 1. 1716 (Madrid) als Sohn Philipps V. aus dem Haus Bourbon, † 13. 12. 1788 (ebd.). Er übte schon vor seinem Regierungsantritt in Spanien großen außenpol. Einfluß; tauschte 1735 (endgültig 1738) Parma und Piacenza gegen Neapel-Sizilien ein: hier als Karl IV. Kg. 1735–1759. K. regierte im Sinn des aufgeklärten Absolutismus, wobei Kirche und kirchl. Belange weitgehend der staatl. Aufsicht unterstellt wurden (Bildungs-, Verwaltungs- und Militärreformen; Einschränkung der Inquisition und der Rechte der Nuntiatur; Bücherzensur; kgl. Genehmigung kirchl. Erlasse; Druck auf Papstwahlen; 1767 im wachsenden internat. Druck Ausweisung der Jesuiten, mit schwerwiegenden Folgen in den Überseekolonien). Beträchtl. Einfluß hatten seine Berater und Minister (u. a. B. Tanucci).

Lit.: ³LThK 5 (1996), 1246f.
GEORG SCHWAIGER

Karl IV., röm.-dt. König (1346) und Kaiser (1355), Kg. von Böhmen (1347), von Italien (1355), von Burgund (1365), aus dem Haus Luxemburg, Sohn Kg. Johannes' von Böhmen und der Přemyslidin Elisabeth, * 14. 5. 1316 (Prag) (Taufname Wenzel, Firmname Karl), † 29. 11. 1378 (Prag, Grab im Veitsdom). K. erhielt gute Bildung am frz. Königshof und gewann Erfahrung in der Verwaltung luxemburg. Teilherrschaften. Nach schwierigen Anfängen (Gegenkönig gegen Ks. → Ludwig IV. den Bayern) wurde er in langer Regierung zum bedeutendsten dt. Herrscher des Spät-MA. Grundlage bot eine erfolgreiche luxemburg. Hausmachtpolitik im Kräftespiel zw. Böhmen, Österreich (1364 Erbvertrag mit den Habsburgern), Polen und Ungarn (u. a. Erwerb Schlesiens, der Niederlausitz, der Mark Brandenburg, der Oberpfalz). Das kräftig geförderte und vorbildl. verwaltete Kgr. Böhmen mit der Residenzstadt Prag (1348 Gründung der Univ. Prag als erster Univ. im Reich nördl. der Alpen; Prag 1344 Erzbistum) wurde wirtschaftl. und geistig-kulturell Mittelpunkt des Reiches. In der Goldenen Bulle (1356) stabilisierte K. die Wahl des röm.-dt. Königs und Kaisers durch die Kurfürsten, wobei auch den Päpsten (damals in Avignon) die Grenzen aufgezeigt wurden. Der älteste Sohn, Wenzel, wurde 1376 zum dt. König gewählt, der zweite Sohn, → Sigismund, gewann Ungarn. K. war auch schriftsteller. tätig. Im ausbrechenden Abendländ. Schisma entschied er sich für den Papst in Rom.

Lit.: F. Kavka, Karel IV. (1998); [3]LThK 5 (1996), 1243; LMA 5 (1991), 971–974.

GEORG SCHWAIGER

Karl V., Kaiser, * 24. 2. 1500 (Gent) als Sohn Philipps des Schönen und Johannas der Wahnsinnigen, Enkel Ks. → Maximilians I. aus dem Haus Habsburg, älterer Bruder Ks. → Ferdinands I., als Kg. von Spanien Karl I. (1516–1556); nach Abdankung † 21. 9. 1558 (beim Kloster San Jerónimo de Yuste, Spanien). Zeitlebens streng kath. und verantwortungsbewußt, sah K. in der universalen Kirche die Ergänzung seiner Universalmonarchie. Nach der Wahl zum röm.-dt. Kaiser 1519, schon in den Anfängen der prot. Reformation M. → Luthers, beherrschte K. ein Reich, in dem „die Sonne nicht unterging" (Hl. Röm. Reich, habsburg. Lande, Burgund, Spanien mit den Kolonien in Übersee). Er konnte die Ausbreitung der prot. Reformation nicht verhindern (Reichstage von Worms 1521, Speyer 1526 und 1529, Augsburg 1530), da ihn Kämpfe gegen Frankreich (Kg. Franz I.) und die Türken (1529 Türken vor Wien) zu starker Zurückhaltung zwangen. Von den Päpsten (1530 letzte päpstl. Kaiserkrönung, Bologna) wurde er, ausgenommen → Hadrian VI., eher gehindert als unterstützt. Bis an die äußerste Grenze bemühte er sich um friedl. Erhaltung und Wiedergewinnung der Glaubenseinheit. Nach dem Sieg über die prot. Schmalkaldener 1547 unterlag er der mit Frankreich verbündeten Fürstenopposition, geführt vom Kf. → Moritz von Sachsen. Die Flucht des Kaisers und der erfolglose Krieg gegen Frankreich führten zum stufenweisen Rücktritt, über den Passauer Vertrag 1552 zum Augsburger Religionsfrieden 1555, der die reichsrechtl. Anerkennung der (luth.) *Augsburger Konfession* neben der alten kath. Konfession brachte. Die dt. Erblande hatte K. schon 1521 an seinen Bruder Ferdinand übertragen, der jetzt sein Nachfolger als Kaiser wurde; Spanien mit den burgund. Erblanden fiel an Karls Sohn → Philipp II., als K. 1556 abdankte und sich in eine Villa bei Yuste zurückzog. Die in vielem tragische Regierung bedeutete eine entscheidende Anbahnung der pol. Gestalt Europas in der Neuzeit.

Lit.: A. Kohler, K. V. ([3]2001); E. Schulin, Kaiser K. V. (1999); [3]LThK 5 (1996), 1243–1245. GEORG SCHWAIGER

Karl Martell, fränk. Hausmeier, * um 688/89, † 22. 10. 741. K. hat durch unablässige Feldzüge gegen äußere und innere Gegner die Einheit des späten Merowingerreiches bewahrt, sein Einflußgebiet ausgeweitet, den weiteren Aufstieg der Karolinger ermöglicht. Als unehel. Sohn (Friedelsohn) ausdrückl. von der Erbfolge ausgeschlossen, mußte er sich gegen andere Anspruchsberechtigte sowie gegen den Neustrischen Adel erst 715–718 das Hausmeieramt seines Vaters Pippin II. erkämpfen. Es schlossen sich, z.T. mehrfach, Feldzüge in Sachsen, Westfriesland, Aquitanien, Alemannien, Bayern und Nordfriesland an. Die Auseinandersetzungen konzentrierten sich dann auf den Südwesten des merowing. Reiches, wo er 732 in der Doppelschlacht von Tours und Poitiers das weitere Vordringen der Araber stoppte und sie letztlich bis auf die Narbonnensis wieder aus Gallien vertrieb. Dies alles war nur möglich aufgrund einer Reorganisation des fränk. Heeres, dessen Kern jetzt zunehmend von vassalit. Reiterkriegern gestellt wurde. Zu deren Ausstattung verwendete K. in großem Maße kirchl. Institutionen gehörenden Landbesitz, der einen erhebl. Teil des überhaupt noch disponiblen Bodens ausmachte. Er wurde *pro verbo regis*, auf Geheiß des Königs, in der Weise an die Krieger vergeben, daß das Eigentum bei der Kirche blieb, die Nutzungsrechte und somit die Einnahmen aber über den König durch den Krieger wahrgenommen wurden, der eine Gegenleistung, den Kriegsdienst als gepanzerter Reiter, dafür dem König – in Wirklichkeit seinem Hausmeier K. – geben mußte. Später wurde dann u. a. wegen dieser Entfremdung kirchl. Einnahmen der allg. Zehnt eingeführt, wobei die Kirchengüter in der Regel, quasi als Leiheentgelt, zusätzlich noch mit dem Neunt belegt wurden. Im Zuge der Konsolidierung des Merowingerreiches unterstützte K. auch die (Re-)Missionierung durch → Bonifatius und v. a. Willibrord, wobei ersterer allerdings auch zusätzl. noch unabhängig von K. tätig war (bayr. Bistums-Organisation). → Hinkmar von Reims versucht mehr als 100 Jahre später kirchl. Besitz durch Verbreitung einer Legende, der *Visio Eucherii*, zu schützen, nach der K. für seinen „Raub" kirchl. Besitzes, gemeint ist die *Prekarie pro verbo regis*, schwer im Fegefeuer büßen muß. Von Reims aus verbreitet sich so die negative Charakterisierung, „Dämonisierung" (Nonn) K.s und prägt sein Bild in der Geschichte. Im endenden 9. Jh. taucht dann in den Quellen auch erst K.s Beinamen *Martell/der Hammer* auf, wobei der Prozeß der Latinisierung Rückschlüsse auf einen volkssprachl. Ursprung zuläßt, das lat. Äquivalent letztlich wohl aus → Isidors Ethymologien übernommen wurde (Nonn).

Lit: [3]LThk 5 (1996), 1245f.; NDB 11 (1977), 156f. JÖRG MÜLLER

Karlstadt, Andreas Bodenstein von, Reformator, * 1486 (Karlstadt a.M.), † 24. 12. 1541 (Basel). Nach Studien in Erfurt, Köln und Wittenberg wurde K. 1510 Priester und Dr. theol. Er wirkte als Prof. in Wittenberg und erwarb nach jurist. Studien anläßl. eines Aufenthaltes in Rom (1515/16) an der Kurie auch den Grad eines Dr. beider Rechte. Von → Luther zu einer vertieften Auseinandersetzung mit → Augustinus veranlaßt, unterstützte K. die reformator. Bestrebungen und brach 1520 mit der kath. Kirche. 1523 verließ er die Univ. und wirkte als Seelsorger in Orlamünde. 1524 mußte K., dessen Auffassungen bes. hinsichtlich des Abendmahls zunehmend radikaler geworden waren, Sachsen verlassen. An versch. Orten kam er in Kontakt mit Täuferkreisen. Ab 1530 war K. Pastor in Zürich und ab 1534 Theologieprof. in Basel. Er trat entschieden ein für die Heilsbedeutung des Opfertodes Christi und verfocht sein Konzept einer theol. Laienkompetenz. K. gilt als einer der bedeutendsten reformator. Theologen.

Lit.: Kaufmann 59f.; [3]LThK 5 (1996), 1249f. STEPHAN HAERING

Karrer, Otto, Theologe und Ökumeniker, * 30. 11. 1888 (Ballrechten, Baden), † 8. 12. 1976 (Luzern). K., der als Mitglied der SJ 1920 die Priesterweihe empfing, veröffentlichte 1921 eine hist. Studie über Franz von Borja. 1923 trat er zur Ev.-Luth. Landeskirche in Bayern über, kehrte aber nach einigen Monaten wieder zur kath. Kirche zurück. 1925 ließ sich K. als geistl. Schriftsteller im Kanton Zürich nieder und veröffentlichte einige pastoral orientierte Werke zum Themenbereich der rel. Erfahrung. Er gilt als führender kath. Ökumeniker im dt. Sprachraum.

Lit.: [3]LThK 5 (1996), 1265; M. Schoch, O. K. (1992); BBKL 3 (1992), 1184–1188; O.-K.-Gesellschaft (Hg.), O. K. Theologe des Aggiornamento (1989); L. Höfer, O. K. 1888–1976 (1985). JOSEF KREIML

Katharina von Alexandrien, hl. (Fest 25. 11.), Jungfrau und Märtyrerin. Obwohl über K.s Leben und Sterben keine hist. gesicherten Kenntnisse vorliegen, gehört sie doch zu den bekanntesten Heiligen. Frühe Zeugnisse ihrer Verehrung reichen bis ins 8. Jh. zurück, die romanhafte Passio stammt aus dem 6./7. Jh. Der Legende nach war K. eine hochgebildete christl. Jungfrau (häufig dargestellt: die myst. Vermählung mit Christus) aus kgl. Geschlecht. Vor Ks. Maxentius bekennt sie offen ihren Glauben und besiegt im Streitgespräch 50 gegen sie aufgebotene Philosophen. K. wird zunächst zum Tod durch das Rad verurteilt, da dieses aber zerbricht, wird sie enthauptet. Ihr Grab wird im Katharinenklr. am Berg Sinai verehrt. K. zählt zu den 14 Nothelfern, sie ist Schutzpatronin v.a. der Philosophen und der Studenten, Patronin u.a. der Univ. Paris. Ihre Attribute sind Rad, Schwert, Buch, Krone.

Lit.: LCI 7 (1974), 289–297. MARIANNE SCHLOSSER

Katharina von Siena, hl. (Fest 29. 4.), * 1347 (Siena), † 29. 4. 1380 (Rom). K. (Caterina) Benincasa wird 1347 als 24. Kind des Färbers Jacopo Benincasa in Siena geboren. Temperamentvoll, intelligent und willensstark, zugleich tief religiös, faßt sie bereits im Kindesalter den Entschluß zu einem jungfräul. Leben in der Nachfolge Christi und setzt ihn gegen den Widerstand der Familie durch. Nach einer Zeit schweigender Arbeit, Askese und Gebet im elterl. Haus schließt sie sich 1364/65 den OP-Tertiarinnen (Mantellate) an. Zum Gebetsleben treten karitative Werke, v. a. Krankenpflege. Angezogen von K.s menschl. und geistl. Persönlichkeit, sammelt sich ein Kreis von Männern und Frauen unterschiedl. Lebensstände um sie, ihre *familia*. Diese Kontakte, die Unterstützung durch OP-Seelsorger (Raimund von Capua), v. a. aber ihre intensive Verbundenheit mit Christus, die sich in häufigen myst. Erfahrungen auswirkt (K. empfängt unsichtbar bleibende Stigmata), öffnen K. die Augen für die Mißstände im pol. und kirchl. Leben. Im Bewußtsein, in Christi Sinn und Auftrag zu handeln, setzt sie sich mit ganzer Kraft für die Erneuerung der Kirche, insbes. des Klerus ein. 1376 reist K. nach Avignon; es gelingt ihr, P. Gregor XI. zur Rückkehr nach Rom zu bewegen. K. unterstützt auch dessen Nachfolger Urban VI. Ihre zahlr. Briefe an Päpste, Kardinäle und pol. Persönlichkeiten sind eindringl. Mahnungen zu christl. Hochherzigkeit, Frieden und Seelsorgseifer. K.s Handeln erwächst aus ihrer Sicht der Kirche: diese ist Braut Christi, durch sein Blut erlöst. Die Hirten der Kirche, in erster Linie der Papst, vertreten die Stelle des Bräutigams und müssen dieser geistl. Aufgabe nachkommen. K. stirbt 1380 in Rom, ihr Grab befindet sich in S. Maria sopra Minerva, das Haupt in Siena. 1461 wird sie heiliggesprochen, 1939 zusammen mit → Franz von Assisi zur Patronin Italiens erklärt. Durch → Paul VI. wird sie zur Kirchenlehrerin erhoben, durch Johannes Paul II. (1999) zus. mit → Birgitta von Schweden und E. → Stein zur Mitpatronin Europas erklärt. K. wird häufig zus. mit dem hl. → Dominikus dargestellt (Überreichung des Rosenkranzes durch die Gottesmutter).

Lit.: K.v.S., Ich will mich einmischen in diese Welt, hg. von M. Baumotte, eingel. und übers. von F. Strobel (1997); TRE 18 (1989), 30–34; Gottes Vorsehung, hg., eingel. und übers. von L. Gnädinger (1989); C.v.S., Meditative Gebete, hg. und übers. von H. M. Barth ([2]1981); Das Leben der hl. K.v.S. (Legenda maior des Raimund von Capua), hg., eingel. und übers. von A. Schenker (1965).

MARIANNE SCHLOSSER

Ketteler, Wilhelm Emmanuel Freiherr von, kath. Theologe, Bf. von Mainz, * 25. 12. 1811 (Münster), † 13. 7. 1877 (Burghausen). Einer westfäl. Adelsfamilie entstammend, trat K. nach dem Studium der Rechte 1835 zunächst als Referendar am Stadtgericht Münster in den Staatsdienst, quittierte diesen aber 1838 aus Protest gegen das Vorgehen der preuß. Regierung im Mischehenstreit (*Kölner Wirren*) und studierte ab 1841 Theologie in Eichstätt und München. 1844 in Münster zum Priester geweiht, sah er sich anschließend als „Bauernpastor" in Hopsten mit der Not der Landbevölkerung konfrontiert, ehe er 1848 als Abgeordneter im Paulskirchenparlament, durch sein Auftreten auf dem ersten dt. „Katholikentag" in Mainz und seine Adventspredigten zur brennenden „Sozialen Frage" im Mainzer Dom breiteren Kreisen bekannt wurde. 1850 zum Bf. von Mainz bestellt, avancierte K. rasch zur beherrschenden Persönlichkeit im oberrhein. Episkopat und nahm seit Anfang der sechziger Jahre eine Führungsrolle im gesamten dt. Katholizismus ein, v.a. wegen seines bahnbrechenden sozialpol. Konzepts (Forderung einer staatl. Sozialgesetzgebung und Befürwortung gewerkschaftl. Organisation der Arbeiter), das ihm den Ehrentitel *Arbeiterbischof* eintrug. Darüber hinaus hat er sich in Distanzierung von den Prinzipien des *Syllabus* (1864; → Pius IX.) durch sein Bekenntnis zur pol. Toleranz und Religionsfreiheit beträchtl. Verdienste um das Hineinwachsen des dt. Katholizismus in freiheitl.-konstitutionelle und parlamentar. Bahnen erworben. Auf dem I. Vatikanum nahm K. eine Schlüsselposition innerhalb der antiinfallibilist. Minorität ein, im anschließenden Kulturkampf bemühte er sich als unerschrockener Verteidiger der kirchl. Position, auf eine Entschärfung der staatl. Maßnahmen hinzuwirken und Wege zur Entspannung zu bahnen.

Lit.: BBKL 3 (1992), 1417–1425; TRE 18 (1989), 109–113. KARL HAUSBERGER

Kilwardby, Robert, Theologe, Bischof, † 10. 9. 1279 (Viterbo). Vermutl. aus Nordengland stammend, studierte K. Philosophie in Paris, wo er v.a. an der Rezeption der log. Schriften des Aristoteles beteiligt war. Gegen 1250 Eintritt in den OP, Abfassung des wissenschaftstheoret. Werks *De ortu scientiarum*. Das vertiefte Studium patrist. Quellen führte K., der kurz vor 1260 Magister der Theologie in Oxford geworden war, in zunehmende Gegnerschaft zur Aristoteles-Rezeption zeitgenöss. Theologen, darunter auch des → Thomas von Aquin. Als Provinzial (1261) und als Ebf. von Canterbury (1272) verbot K., die Thesen des Thomas an der Univ. Oxford als gültige Lehre zu vertreten. 1276 zum Kard. von Porto ernannt, starb er kurz nach seiner Ankunft an der Kurie in Viterbo. In seinem Kommentar zu den Sentenzen des → Petrus Lombardus hinterließ K. einen der längsten Traktate des MA zur Theologie nichtchristl. Religionen.

Lit.: LMA 7 (1995), 907 f.; J. Schneider (u. a. Hgg.), Quaestiones in IV libros sententiarum (1982–1993).

MARIANNE SCHLOSSER

Kimbangu, Simon, charismat. Katechet und Prediger baptist. Herkunft im Niederen Kongo, * um 1889, † um 1951. Durch Verkündigung und Wunderheilungen gewann K. seit der Notzeit 1921 viele Anhänger. Wegen öffentl. Ruhestörung wurde er von der belg. Kolonialverwaltung zu lebenslanger Haft verurteilt. Trotz staatl. Verfolgung konnten seine Gefolgsleute das geistl. Erbe K.s verbreiten. Im Zusammenhang der pol. Autonomiebestrebungen des Landes wurde die *Kimbanguistische Kirche* 1959 offiziell anerkannt. Seit 1969 ist sie mit mehr als 300000 Anhängern Mitglied des ÖRK.

Lit.: [3]LThK 5 (1996), 1431; [3]EKL 2 (1989), 1032–1035. JOSEF KREIML

King, Martin Luther, jr., schwarzer amerik. Bürgerrechtler, Baptistenpfarrer, Vorbereiter der Befreiungstheologien, Träger des Friedensnobelpreises (1964), * 15.1. 1929 (Atlanta), † ermordet 4. 4. 1968 (Memphis). Studium der Theologie, 1951 Dr. phil. und Dr. theol. Unter dem Einfluß von M. Gandhi wird K. Sprecher, Führer und Organisator der amerik. Bürgerrechtsbewegung im Kampf gegen Rassendiskriminierung mit den Mitteln des gewaltlosen Widerstandes, des kollektiven zivilen Ungehorsams und führt die schwarze Minderheit aus der pol. Apathie. Hintergrund ist sein Verständnis des christl. Glaubens als Auflehnung der Gemeinschaft, der *Beloved Community*, gegen soz. Ungerechtigkeit und Unterdrükkung; seinen Traum einer brüderl. Gesellschaft bringt er anläßl. des *Marsches auf Washington* (Vereinigung schwarzer und weißer Bürgerrechtler) im August 1963 zum Ausdruck (*I have a dream*). 1967 war K. führender Sprecher der Bewegung gegen den Vietnamkrieg (*The Trumpet of Conscience*); 1968 plante er eine *Kampagne der Armen*, wurde jedoch, wohl im Auftrag rassist. Gruppen, am 4. 4. 1968 erschossen. Seit 1986 ist der auf den 15. 1. folgende Montag in den USA ein Nationalfeiertag (*M. L. K. Day*).

Lit.: [3]LThK 5 (1996), 1452; BBKL 3 (1992), 1490–1494; TRE 18 (1989), 195–198. SUSANNE STÜBINGER

Kircher, Athanasius, SJ, Universalgelehrter, * 2. 5. 1601 (Geisa, Fulda), † 27. 11. 1680 (Rom). Noch vor seinem Eintritt in die SJ (1618) mit dem Griechischen und Hebräischen vertraut, studierte K. in Paderborn und Köln Philosophie und Naturkunde. 1625 lehrte er am Mainzer Kolleg Griechisch, 1619, ein Jahr nach der Priesterweihe, Ethik, Mathematik, Hebräisch und Syrisch in Würzburg, von wo aus er 1631 vor den Schweden nach Lyon und Avignon floh, um dort dieselben Fächer zu vertreten. Seine Berufung zum Hofmathematiker → Ferdinands II. nach Wien wurde von Urban VII. zugunsten einer Professur in Rom für Mathematik, Physik und Orientalistik am Collegium Romanum aufgehoben. Acht Jahre später wurde K. von allen Lehrverpflichtungen entbunden. Er verfaßte orientalist., mathemat., physikal. Werke, Studien zur Optik, zum Magnetismus, zum Vulkanismus, zur Musiktheorie, Kosmologie, Medizin sowie zu diversen Philologien und erlangte Weltruhm. K.s Tätigkeit basierte auf der Grundüberzeugung, daß alle Wissenschaften auf ein Universalprinzip zurückführbar seien und miteinander zusammenhingen, weil auch die Schöpfung auf einem Universalprinzip beruhe.

Lit.: K. Wittstadt, Der Enzyklopädist und Polyhistor als neuzeitlicher Gelehrtentypus: K. (1602–1680) (1996); Th. Leinkauf, Mundus combinatus (1993); NDB 11 (1977), 641–645. MARIANNE SAMMER

Klara von Assisi, hl. (Fest 11.8.), Ordensgründerin, * 1193/94 (Assisi), † 11. 8. 1253 (San Damiano). K. stammte aus der adligen Familie der

Favarone in Assisi. Wie Zeitgenossen berichten, zeigte sie sich bereits als junges Mädchen vom „evangeliengemäßen Leben“ (in Armut und Keuschheit), wie viele Frauen dieser Zeit, angezogen. Das Ideal fand seine konkrete Gestalt durch die Begegnung mit → Franz von Assisi und der sich um ihn sammelnden Brüderschar. Am Palmsonntag 1212 verließ K. bei Nacht das elterl. Haus – wohl wissend, daß sie für ihr Vorhaben wenig Verständnis finden würde – und empfing von Franziskus in der Portiuncula-Kapelle den Schleier als Zeichen ihrer Hingabe an Gott. Nach einem kurzen Aufenthalt bei Benediktinerinnen sowie in einer weiteren Gemeinschaft bezog K. zusammen mit einigen Gefährtinnen (darunter ihre leibl. Schwester Agnes) das Klr. San Damiano, wo sie bis zu ihrem Tod (1253) blieb. Ein zentrales Anliegen war für sie die Nachfolge Christi auf dem Weg der Bettel-Armut, also ohne feste Einkünfte für die Klostergemeinschaft. Dies wurde ihr durch päpstl. Privileg bereits in den Anfangsjahren zugestanden; in der von K. verfaßten Ordensregel (bestätigt durch P. → Innocenz IV., 1253) ist die Armut nochmals verankert. K. stand mit bedeutenden Persönlichkeiten in Kontakt: P. → Gregor IX., Innocenz IV. und Kard. Rainald, dem späteren Alexander IV. K.s Spiritualität spiegelt sich v. a. in den vier *Briefen* an Agnes von Prag (1205–1282, 1989 heiliggesprochen), die als Tochter des böhm. Kg. Ottokar I. einen ähnl. Lebensweg einschlug: 1234 trat sie in das von ihr selbst gegr. OSCl-Klr. zu Prag ein. Die poet.-kraftvolle Sprache K.s ist geprägt von der Hl. Schrift und der Liturgie; thematisiert wird die Verbindung von Armut und Christusbrautschaft, Kreuzesnachfolge und Kontemplation. Bereits kurz nach K.s Tod wurde der Heiligsprechungsprozeß eröffnet; die Zeugenaussagen sind in umbrischer Fassung erhalten und bilden eine herausragende Quelle für K.s Leben. Auch die von Thomas von Celano verfaßte Lebensbeschreibung beruht darauf. K.s Grab befindet sich in S. Chiara zu Assisi. Ihr hagiograph. Attribut ist (bereits seit dem frühen 14. Jh.) die Monstranz: Durch K.s Vertrauen auf den im Altarsakrament gegenwärtigen Christus wurde das Kloster vor der Plünderung durch die Sarazenen wunderbar bewahrt.

Lit.: E. Grau, M. Schlosser (Hgg.), Leben und Schriften der heiligen K. ([8]2001) (enthält auch den Heiligsprechungsprozeß); M.Bartoli, K.v.A. Die Geschichte ihres Lebens (1993).

Marianne Schlosser

Klaus von Flüe, gen. *Bruder Klaus,* hl. (Fest 25.9.), Einsiedler, Mystiker, Friedensstifter, * 1417 (auf dem Flüeli bei Sachseln, Obwalden), † 21. 3. 1487 (im Ranft, ebd.). Der mit Dorothea Wyss verheiratete Bauer K. war Vater von zehn Kindern. Als Ratsherr und Richter stand er bei seinen Mitbürgern in hohem Ansehen. Nach 20jähriger glücklicher Ehe verließ er am 16. 10. 1467 mit Zustimmung seiner Frau Hof und Familie, um in der Fremde die Einsamkeit zu suchen. Durch eine Vision bei Liesthal wurde K. zur Heimkehr bestimmt und ließ sich als Einsiedler im Ranft bei Flüeli nieder. Während fast 20 Jahren war die hl. Eucharistie seine einzige Nahrung. Als geistl. und pol. Ratgeber trug er viel zur Befriedung des Landes bei. Als Fürbitter wurde Bruder K. von einfachen Menschen wie von in- und ausländ. Gesandten aufgesucht. Auf der Tagsatzung in Stans (22. 12. 1481) rettete er durch seine Vermittlung die Eidgenossenschaft vor dauernder Spaltung. Schon früh wurde K. in der Schweiz als *Pater Patriae* verehrt. Im Mittelpunkt seines Betens standen das Leiden Jesu, die Eucharistie und die Dreifaltigkeit. Sein Meditationsbild, das das gekrönte Haupt Christi und sechs Medaillons mit Szenen aus der Heilsgeschichte zeigt, fand große Verbreitung. 1947 wurde K., einer der letzten Mystiker des Spät-MA, heiliggesprochen. Der Reliquienschrein des Heiligen befindet sich in der Pfarrkirche zu Sachseln.

Lit.: [3]LThK 7 (1998), 850f.; P. Meier, Ich Bruder K. von F. (1997); BBKL 6 (1993), 882–884. JOSEF KREIML

Klemens → Clemens

Kneipp, Sebastian, kath. Priester und Naturheilkundiger, Wegbereiter mod. Physiotherapie, * 17. 5. 1821 (Stephansried bei Ottobeuren), † 17. 6. 1897 (Wörishofen). Studium der Theologie in München, 1852 Priesterweihe, 1855 Spiritual im OP-Klr. in Wörishofen, ab 1881 Priester von St. Justina. Heilte sich selbst als Student von Lungentuberkulose durch Wasseranwendungen (K. erkannte das Ganzheitsprinzip); allmähl. kam es zur Entwicklung eines Systems der Hydrotherapie (Wirkprinzipien: Wassertherapie, Phytotherapie, Bewegung, Ernährung, Ordnungstherapie); 1889 Errichtung einer ersten Badeanstalt in Wörishofen. 1893 Audienz bei P. → Leo XIII. 1890 Gründung des K.-Vereins, 1894 des Int. Vereins Kneippscher Ärzte.

Lit.: [3]LThK 6 (1997), 157; J. H. Kaiser, Das große K.-Buch (1996); BBKL 4 (1992), 132–135. SUSANNE STÜBINGER

Knox, John, schott. Reformator, * um 1514, † 24. 11. 1572 (Edinburgh). K., über dessen Kindheit und Jugend nichts bekannt ist, hat wahrscheinl. an der Univ. von St. Andrews studiert. Nach der Priesterweihe arbeitete er als apostol. Notar und Hauslehrer. 1547 übernahm er als Mitstreiter des 1546 durch den Ebf. Beaton als Ketzer verurteilten und hingerichteten reformator. Predigers George Wishart in St. Andrews das Predigtamt auf der Seite der prot. Aufständischen. Durch die Franzosen verhaftet, verbrachte K. 19 Monate als Galeerensträfling. Nach seiner Freilassung war er als Geistlicher in England tätig (1549–1554), mußte aber nach dem Regierungsantritt von → Maria I. Tudor auf das Festland fliehen und wirkte hier v. a. bei engl. Flüchtlingsgemeinden in Frankfurt a. M. und in Genf, wo ihn J. → Calvin und dessen Realisierung theol. Kirchenordnungsvorstellungen tief beeindruckte. 1559 kehrte er nach Schottland zurück und setzte sich – seit 1560 Prediger in Edinburgh – in zahlreichen Konflikten mit dem Königtum kämpfer. für die Reformation des Landes nach Genfer Vorbild ein. Seine wichtigsten Anliegen waren die Beseitigung der verbliebenen kath. Elemente im kirchl. Leben wie der Meßfeier und die Sicherung der Unabhängigkeit der Kirche. Bis zur Abdankung Maria Stuarts 1567 vollzog sich der Kampf unter schwierigen Bedingungen, doch gelang die Einrichtung eines nat. reformierten Kirchenwesens. K. leistete wichtige Beiträge zur reformierten Bekenntnisbildung (*Confessio Scotica/The Scots Confession*, 1560), zur Kirchenverfassung (*The First Book of Discipline*, 1560/61) und zur liturg. Ordnung (*Book of Common Order*, 1564), in denen er seine Auslandserfahrungen verarbeitete und sich als bed. Schüler Calvins erwies. Historiograph. bedeutsam ist seine *Geschichte der Reformation in Schottland* (1559–1564).

Lit.: R. Mason (Hg.), J. K. and the British Reformations (1998); Th. F. Torrance, Scottish Theology (1996); TRE 19 (1990), 281–287. HANS-MARTIN KIRN

Kolbe, Maximilian Maria (Taufname Rajmund), hl. (Fest 14. 8.), OFMConv (1910), * 8. 1. 1894 (Zduñska Wola, Polen), † 14. 8. 1941 (Auschwitz). Studium in Rom (Dr. phil., Dr. theol.), am 16. 10. 1917 Gründung der *Militia Immaculatae*, 1918 Priesterweihe. 1919 Rückkehr nach Polen und Übernahme einer Professur für Philosophie und Kirchengeschichte; zunehmend publizist. Arbeit (Herausgabe der Monats-Zs. *Rycerz Niepolanej*, *Ritter der unbefleckten Jungfrau*). 1927 Gründung von *Niepokalanów* (*Stadt der Unbefleckten*) als Kloster, Pressezentrum und Missionsseminar. 1930 Aufbruch nach Japan und Gründung von *Mugenzai no Sono* (*Garten der Unbefleckten*). 1936 Rückkehr nach Polen; weiterer Ausbau von *Niepokalanów,* das am 13. 9. 1939 besetzt wurde. Verhaftung K.s (Sept.–Dez.); erneute Haft ab 17. 2. 1941 und Einlieferung in das Warschauer Gefängnis Pawiak, am 28. 5. 1941 Verlegung nach Auschwitz. K. ging am 31. 7. 1941 anstelle des Familienvaters Franz Gajowniczek († 13. 3. 1995) freiwillig in den Hungerbunker. 17. 10. 1971 Selig-, 10. 10. 1982 Heiligsprechung.

Lit.: [3]LthK 6 (1997), 174. SUSANNE STÜBINGER

Kolping, Adolph, Bahnbrecher des kath.-soz. Vereinswesens, * 8. 12. 1813 (Kerpen bei Köln), † 4. 12. 1865 (Köln). Aus einer kinderreichen Tagelöhnerfamilie stammend, erlernte K. das Schuhmacherhandwerk, das er elf Jahre ausübte, ehe er nach Vorbereitung im Selbststudium 1837–1841 das Kölner Marzellengymnasium absolvierte und anschließend in München und Bonn Theologie studierte. Nach seiner Priesterweihe (1845) wurde ihm als Kaplan in Elberfeld die Begegnung mit dem dort 1846 vom Lehrer Johann Gregor Breuer (1820–1897) gegründeten kath. Gesellenverein (*Jünglingsverein*) zum Schlüsselerlebnis. 1847 zu dessen Präses gewählt, arbeitete er fortan werbend weiter an der Idee der soz. Betreuung von Handwerksgesellen und erwirkte 1849 seine Versetzung als Domvikar nach Köln, wo er gleichfalls einen Verein ins Leben rief, der Gesellen auf Wanderschaft eine Zufluchtsstätte für die fehlende Haus- und Familiengemeinschaft anbot. Von Köln aus fand das Elberfelder Modell rasche Verbreitung weit über Deutschland hinaus; im Todesjahr K.s gab es in Mitteleuropa bereits an die 400 örtl. Gesellenvereine, einige auch schon in den USA. Der am 27. 10. 1991 seliggesprochene „Gesellenvater“ war kein Sozialtheoretiker, sondern ein im Religiösen verankerter Volkserzieher, der die christl. Familie als tragendes Fundament der Gesellschaft erachtete und in Wort und Schrift für ihre sittl. Erneuerung eintrat.

Lit.: H. J. Kracht, A. K. (1993).

KARL HAUSBERGER

Kolumban → Columba(n)

Konrad II., röm.-dt. Kaiser, Urenkel Konrads des Roten von Lothringen aus dem Geschlecht der Salier, * 12. 7. 990, † 4. 6. 1039 (Utrecht, bestattet im Dom von Speyer). Nach dem Tod des kinderlosen Ks. → Heinrich II. wurde K. am 4. 9. 1024 zum König gewählt. Von den Fürsten bald anerkannt, wurde der tüchtige K. 1026 zum Kg. der Langobarden, 1027 zum Kaiser gekrönt; in der Rechtsnachfolge Ks. Heinrichs II. ließ er sich 1033 zum Kg. von Burgund wählen und krönen. Durch kluge, energ. Politik begründete er die Zusammengehörigkeit der drei Reiche Deutschland, Italien und Burgund. Wie Heinrich II. stützte er seine Herrschaft vornehml. auf die Reichskirche, vermied aber, wie dieser, ein direktes Eingreifen in die röm. Verhältnisse. Im Osten betrieb er eine erfolgreiche Grenzpolitik gegen Ungarn und Polen. Mit der Wahl seines Sohnes → Heinrich (III.) zum röm. König 1028 sicherte er die Nachfolge. Durch erfolgreiche Wahrung und Sicherung der Reichsrechte, durch Förderung der Ministerialen und durch verantwortungsbewußte Verfügung über die einigende Macht der Kirche (Besetzung der Bistümer und Großabteien) wurde K. einer der bedeutendsten Kaiser im Übergang vom Früh- zum Hoch-MA, vor der mit *Kirchenreform* und *Reformpapsttum* verbunden Krise im überkommenen Verhältnis der weltl. zur geistl. Gewalt. Sein Selbstbewußtsein und dynast. Interesse fanden auch Ausdruck im gewaltigen Dombau zu Speyer (seit 1025) mit Grablege der Salier.

Lit.: H. Wolfram, K. II. (2000); [3]LThK 6 (1997), 278f.; LMA 5 (1991), 1338f.

GEORG SCHWAIGER

Konrad von Gelnhausen, Gelehrter, * 1320/22 (Gelnhausen), † 13. 4. 1390 (Heidelberg). In Paris erwarb K. das Lizentiat der Artes, studierte dort und in Bologna später Jurisprudenz, später auch in Paris. 1663 wurde er Offizial von Mariengreden in Mainz. Der Wormser Dompropst verfaßte die *Epistula brevis* (1379) und die *Epistula concordiae* (1380). Ziel war die Überwindung des Abendländ. Schismas (1378–1417) Um 1382 verließ K. Paris. Sein Ruf nach einem Generalkonzil blieb ungehört. K. gehört u. a. zu den Wegbereitern des Konziliarismus. Spätestens ab 1387 war K. am Aufbau der 1385 gegründeten Univ. Heidelberg beteiligt. Bis zu seinem Tod übte er dort das Kanzleramt aus.

Lit.: [3]LThK 6 (1997), 276.

WOLFGANG ROTZSCHE

Konrad von Megenberg, * 1309 (Mäbenberg), † 14. 4. 1374 (Regensburg). K. wirkt in Paris, Avignon,

Wien und v. a. Regensburg als Theologe, Kirchenrechtler, Staatstheoretiker, Moralphilosoph, pol. Schriftsteller, Hagiograph, Naturwissenschaftler und Dichter. In seinen philos. Schriften setzt K. sich krit. mit dem Werk → Wilhelms von Ockham auseinander. In seinem staatstheoret. Werk, das v. a. im Umkreis des Wiener Hofs entsteht, geht es ihm um das rechte Verhalten eines Herrschers. Das im MA meistgelesene Werk K.s ist eine umfangreiche naturkundl. Enzyklopädie mit dem Titel *Das Buch der Natur.* K. benützt dabei die Darstellung der Eigenschaften von Tieren, um dem Leser standestyp. Tugenden und Laster vor Augen zu stellen. Er steht damit in der ma. Tradition der Allegorese, welche die Lektüre von Sachdarstellungen immer auch mit geistl. Nutzen zu verbinden weiß.

Lit.: LMA 5 (1991), 1361 f.; [2]VerfLex 5 (1985), 221–236. RUTH MEYER

Konstantin I. der Große, Flavius Valerius (Constantinus), röm. Kaiser (306–337), * um 280 (Naissus, Nisch), † 22. 5. 337 (bei Nicomedia). Der Sohn des Constantius I. und der → Helena lebte in der Jugend am Hofe des → Galerius, begab sich 305 zu seinem Vater in den Westen und wurde 306 in York durch das Heer zum Augustus ausgerufen. Im Zuge heftiger Thronwirren errang er über Maxentius, der sich ebenfalls 306 in Rom zum Augustus hatte erheben lassen, an der Milvischen Brücke vor den Stadtmauern Roms den Sieg (312). Diesen Erfolg führte K. auf göttl. Macht zurück; ob er dabei schon den christl. Gott meinte, ist nicht sicher. Wie es scheint, wandte sich K. damals mehr und mehr dem Christentum zu; die Taufe ließ er allerdings erst auf dem Totenbett vollziehen. Nach Nordafrika sandte er ein Reskript, das die Rückgabe konfiszierten Eigentums an die Kirche anordnete. Bei einem Treffen mit Licinius, dem im Osten residierenden Kaiser, schloß K. 313 in Mailand ein Abkommen über die Christen, das sog. Toleranzedikt (313): Licinius verpflichtete sich, den Christen freie Religionsausübung zu gewähren und zu Lasten der Staatskasse Kircheneigentum zurückzugeben. Bald wurde K. in den Streit um die Donatisten (→ Donatus) in Nordafrika hineingezogen (die Donatisten betrachteten die von einem unwürdigen Amtsträger gespendeten Sakramente als ungültig). Als der nunmehr im Osten allein regierende Licinius die Christen bedrängte, griff K. zu den Waffen; die Standarte der Soldaten wurde vom Christogramm geschmückt. Nach seinem Sieg bei Chrysopolis (18. 9. 324) ließ K. Licinius hinrichten und war fortan Alleinherrscher. Für die Reichsreform, welche → Diocletian unter Ausschluß der Christen begonnen hatte, suchte K. nun deren Unterstützung. In den Streit, den der Presbyter → Arius über das Wesen des Logos entfacht hatte, griff er ein, indem er 325 ein Konzil nach Nizäa einberief; auf diesem ersten Konzil der Kirche wurde Arius verurteilt. K. pflegte Freundschaft mit Bf. → Eusebius von Caesarea. Die Stadt Byzantion baute er 330 unter dem Namen Konstantinopel zum Neuen Rom aus und erhob sie zur ksl. Residenz. In Jerusalem, Konstantinopel und Rom ließ er Kirchen errichten. Auch als Schriftsteller ist

K. hervorgetreten: mit Briefen und Reden. Von der Rede *An die Versammlung der Heiligen* (*Oratio ad sanctorum coetum*) – gemeint sind K.s Lehrer und Freunde – steht nicht fest, in welchem Jahr und an welchem Ort sie gehalten wurde; die früher üblichen Zweifel an ihrer Echtheit sind inzwischen nahezu verstummt. Das lat. Original der Rede ist verloren, erhalten hat sich jedoch eine gr. Übersetzung; ausführlich befaßt sich K. mit der Weissagung der Sibyllen und mit Vergils viertem Hirtengedicht (ca. 40 v. Chr.), dessen Aussagen über die Geburt eines Knaben er als Ankündigung von Christi Geburt versteht.

Lit.: B. Bleckmann, K. d. Gr. (1996); M. Clauss, K. d. Gr. und seine Zeit (1996). SIEGMAR DÖPP

Konstantin II., Flavius Claudius (Constantinus), röm. Kaiser (337–340), * um 316 (Arelate/Arles), † 340 (bei Aquileia). Der älteste Sohn → Konstantins I., seit 317 Caesar, verwaltete von 335 an, in Trier residierend, Gallien, Britannien und Spanien. 337 wurde er gemeinsam mit seinen Brüdern Constantius II. und Constans zum Augustus erhoben. Mit Constans kam es zu einem Zerwürfnis, weil K. eine Art Vormundschaft über den Bruder beanspruchte; K. fiel im Kampf gegen ihn. Allem Anschein nach war K. rechtgläubiger Christ. Auf dem Kaisertreffen in Viminacium (338) setzte er sich nachdrückl. für die Rückkehr des verbannten Bf. → Athanasius ein. Trotz seiner christl. Gesinnung respektierte K. die Verpflichtung des Kaisers gegenüber der überkommenen Staatsreligion. Eine unter ihm geprägte Münze zeigt das Bild des Sonnengottes (Helios).

Lit.: J. Moreau, in: Jahrbuch für Antike und Christentum 2 (1959), 160f. SIEGMAR DÖPP

Kopernikus, Nikolaus, poln. Renaissance-Gelehrter und Astronom, * 19. 12. 1473 (Thorn), † 24. 5. 1543 (Frauenburg). Nach Studium der Jurisprudenz (Promotion 1503 in Ferrara), Medizin, Mathematik und Astronomie in Krakau und Bologna war K. zunächst als Leibarzt seines Onkels, des Bf. von Frauenburg (Ostpreußen), tätig. 1510 wurde er dort Domkapitular. Seine stets privat betriebenen astronom. Beobachtungen führten ihn früh zu der Überzeugung, daß nicht die Erde, sondern die Sonne im Mittelpunkt des Weltalls stehe (heliozentr. Weltbild, das das geozentr. ablösen sollte) und daß die Planeten um die Sonne kreisten. Sein Hauptwerk *De revolutionibus orbium coelestium* (Nürnberg 1543) wurde erst auf den Index gesetzt, als → Galilei sich darauf berief. Die mit K. eingeleitete Wende in der Astronomie und Naturphilosophie wird *Kopernikan. Wende* (KW) genannt. Seit der Philosoph I. → Kant in der Vorrede zur 2. Aufl. seiner *Kritik der reinen Vernunft* (1787) seine eigene Wende weg von der Betrachtung der Gegenstände hin zur Reflexion auf die Bedingungen der Möglichkeit der Erkenntnis von Gegenständen als KW bezeichnete („nicht wir richten uns nach den Gegenständen, die Gegenstände richten sich nach uns“), wird der Ausdruck sprichwörtl. verwendet zur Benennung außerordentl. Neuansätze in der Wissenschaft.

Lit.: B. M. Rosenberg, N. K. 1473–1543 (1973). RUDOLF VODERHOLZER

Korbinian, hl. (Fest 8. 9./20. 11.), Missionar, erster Bischof in Freising, * um 675 (wahrscheinl. bei Melun, Dép. Seine-et-Marne), † 8. 9. 728/30 (Freising). Zur Vita des Heiligen existiert allein die nicht immer zuverlässige Lebensbeschreibung des Bf. Arbeo von Freising (um 770 verfaßt); danach zog K. nach längerer Zurückgezogenheit als Einsiedler um 710 erstmals nach Rom (Priester- und Bf.-Weihe, Predigtauftrag); auf die Legende, ein Bär habe ihn während dieser Reise angefallen, sein Maultier gerissen und daraufhin als Strafe das gesamte Gepäck bis nach Rom getragen, gründet sich die verbreitete Darstellung K.s mit einem Bär. Auf der Rückkehr von einer zweiten Romreise (um 715/17) kam K. über Mais in Tirol nach Bayern in die Herzogspfalz Freising, wo im Zuge seiner apostol. Arbeit um 719/20 Vorformen des Klr. Weihenstephan entstanden. Mit Hzg. Grimoald aufgrund dessen unrechtmäßiger Ehe mit Pilitrud in Konflikt geraten, mußte K. um 724/25 fliehen, kehrte unter Hzg. Hucbert, Grimoalds Nachfolger, nach Freising zurück, verstarb jedoch bald und wurde in Kains bei Meran bestattet; unter Hzg. Tassilo III. wurden seine Gebeine auf den Domberg in Freising überführt. K. zählt mit dem hl. Emmeram von Regensburg (Fest 22.9.) und dem hl. Rupert von Salzburg (Fest 24. 9.) zu den drei *Aposteln der Bayern*, mit deren Wirken das Christentum, dessen Entfaltung im bayr. Raum schon vor Beginn des 7. Jh.s festzumachen ist (z.B. um 680 in Mainfranken mit dem Frankenapostel, dem hl. Kilian, Fest 8. 7.), breiten Durchbruch erfuhr. 739 kam es im Zug der Neuordnung des Kirchenwesens durch den hl. → Bonifatius zur kanon. Errichtung u. a. des Bistums Freising.

Lit.: [3]LThK 6 (1997), 372.
SUSANNE STÜBINGER

Kraus, Franz Xaver, kath. Kirchen- und Kunsthistoriker, * 18. 9. 1840 (Trier), † 28. 12. 1901 (San Remo). Im Anschluß an seine theol. Ausbildung am konservativen Trierer Priesterseminar kam K. als Hauslehrer in Paris (1860–1862) mit dem liberalen frz. Katholizismus in Berührung und erlebte einen völligen Sinneswandel, ehe er 1862 ohne Univ.-Studium in Freiburg i. Br. zum Dr. phil. promovierte und sich dort 1865 mit einer vom Kirchenhistoriker Johann Baptist Alzog (1808–1878) betreuten Dissertation auch den Dr. theol. erwarb. Seit 1864 Priester des Bistums Trier, erhielt er trotz seiner herausragenden Begabung und Bildung wegen einer krit. Schrift über den in Trier verehrten *Hl. Nagel* nur eine Anstellung als Frühmesser. Die erhoffte akadem. Wirksamkeit eröffnete sich ihm erst 1872 mit der Berufung auf die a.o. Professur für Christl. Archäologie in Straßburg, die er 1878 als Nachfolger Alzogs mit dem Lehrstuhl für Kirchengeschichte in Freiburg i. Br. vertauschte, wo er bis an sein Lebensende wirkte und rasch „die beherrschende Persönlichkeit der Theologischen Fakultät“ wurde (H. Schiel). Während er Rufe nach Breslau, Bonn, Würzburg und München ablehnte, scheiterten seine mehrfachen Bischofskandidaturen für Trier, Freiburg, Straßburg und Bamberg stets am Widerstand Roms, obschon man dort 1882 dem Antrag seiner Gegner auf Indizierung der zweiten Aufl. des *Lehrbuchs der Kirchengeschichte für Studierende* (4 Teile, 1872–1875, [4]1896) nicht stattgab. In den lit. ungemein fruchtbaren Freiburger Jahren erwarb sich K. zuvorderst als Archäologe und Kunsthistoriker Verdienste, einerseits dadurch, daß seine Werke *Kunst und Alterthum in Elsaß-Lothringen* (4 Bde., 1877–1892), *Kunstdenkmäler des Großherzogtums Baden* (6 Bde., 1887–1904) und *Christliche Inschriften der Rheinlande* (2 Bde., 1890/94) richtungweisend für die Kunsttopographie und Denkmälerinventarisation in Deutschland wurden, andererseits, indem er die schöpfer. Gestaltungskraft der christl. Gedankenwelt, insbes. die zentrale Funktion der Liturgie für die Interpretation von Kunstwerken, herausarbeitete und solchermaßen namentlich mit dem Standardwerk *Geschichte der christlichen Kunst* (2 Bde. in 4 Teilen, vollendet durch seinen Schüler Joseph Sauer [1872–1949], 1896/1908) entscheidend zur Begründung der „Monumentalen Theologie" beitrug. Kirchenpol. spielte K. dank enger Beziehungen zum Großhzg. von Baden und zum Kaiserhof in Berlin bei der Beilegung des Kulturkampfs eine nicht unbedeutende Vermittlerrolle. Aber auch in späteren Jahren stellte er seine genaue Kenntnis der Verhältnisse an der röm. Kurie wiederholt in den Dienst der Reichsregierung, die ihn beispielsweise 1895 als Geheimbeauftragten zur Lageerkundung im Hinblick auf das erwartete Ableben von → Leo XIII. nach Rom entsandte und noch kurz vor seinem Tod mit einer ähnl. Mission betraute. Darüber hinaus gewann für K. die journalist. Einflußnahme auf das Zeitgeschehen zunehmend an Bedeutung, war er doch ein Meister des essayist. Genres von immenser Literatur- und Sachkenntnis. So veröffentlichte er ab Sommer 1895 unter dem Pseudonym *Spectator* in der *Allgemeinen Zeitung* seine aufsehenerregenden *Kirchenpolitischen Briefe*, in denen er sich scharf von jedem pol. Katholizismus, zumal dem der Zentrumspartei, sowie von allen auf pol. Macht setzenden Bestrebungen der Kirche abgrenzte und den damals dominierenden Strömungen das Ideal eines von → Rosmini inspirierten „religiösen Katholizismus" entgegenstellte. Als man seine Anonymität durchschaute, verbot ihm der Ebf. von Freiburg auf Weisung Roms im Frühjahr 1899 die weitere Publikation von *Spectator-Briefen*, was den von einem ausgesprochenen Sendungsbewußtsein und ungeheuchelter Liebe zur Kirche geleiteten Gelehrten jedoch nicht hinderte, seine journalist. Tätigkeit unter wechselnden Pseudonymen fortzusetzen.

Lit.: BBKL 4 (1992), 616–620; Ch. Weber (Hg.), Liberaler Katholizismus (1983); NDB 12 (1980), 684f.

Karl Hausberger

Krüdener, Barbara Juliane Freifrau von, tätig im Dienst der Erweckungsbewegungen Süddeutschlands und der Schweiz, * 11. 11. 1764 (Riga), † 25. 12. 1824 (Karassubasar, Krim). 1782 verheiratet mit dem russ. Diplomaten Konstantin von Krüdener. K. ließ sich verwitwet in Paris nieder und verfaßte dort die autobiograph. Liebesgeschichte *Valérie ou lettres de Gustave de Linar à Ernest* (1803). Nach flüchtigen Begegnungen mit der Herrnhuter Brüdergemeine kam es 1804 zu einer Bekehrung zu grundsätzl. rel. Leben, das durch Einfluß von J. H. Jung-Stilling in Karlsruhe (1808) prophet.-ekstat. Züge bekam. K. verband Gedanken der *Devotio moderna* und des frz. Quietismus mit eigenen Erfahrungen und der Botschaft des nahen Weltendes. Seit 1814 hatte K. großen Einfluß auf Zar → Alexander I. und die rel.-pol. Erneuerung Europas in der Hl. Allianz vom 26. 9. 1815. Im Hungerjahr 1816/17 verschenkte sie ihr ges. Vermögen an die Armen.

Lit.: P. Hieber, Auf der Suche nach dem Glück (1995); BBKL 4 (1992), 697–699; TRE 20 (1990), 122f.

SUSANNE STÜBINGER

Kuhlen, Peter, Gründer der *Apostolischen Gemeinde*, * 30. 9. 1899 (Rheydt), † 1986 (?). Mitglied der *Neuapostolischen Kirche* (Leitung des Apostelbezirks Düsseldorf); nach dem Ausschluß K.s am 23. 1. 1955 kam es einen Tag später zur Gründung der *Apostol. Gemeinde* mit Sitz in Düsseldorf zus. mit den gleichfalls ausgeschlossenen Aposteln S. Dehmel und E. Dunkmann; über 20000 neuapostol. Gemeindemitglieder schlossen sich an; Hauptverbreitungsgebiet ist Nordrh.-Westf. Die neue apostol. Gruppierung rückt zentrale bibl. Aussagen wieder stärker in den Mittelpunkt und betont die Prinzipien christl. Freiheit und Toleranz.

Lit.: Obst 208–228; Gasper 308–312.

SUSANNE STÜBINGER

Kuhn, Johannes Evangelist, kath. Theologe, * 20. 2. 1806 (Wäschenbeuren bei Schwäbisch Gmünd), † 18. 5. 1887 (Tübingen). Nach dem Studium der Theologie in Tübingen (1825–1830) und der Priesterweihe in Rottenburg (1831) lehrte K. zunächst ntl. Exegese in Gießen (1832–1836), dann von 1837 bis zu seiner Emeritierung 1882 Exegese (bis 1855) und Dogmatik in Tübingen, wo er sich zu einem der bedeutendsten Theologen der kath. *Tübinger Schule* entwickelte. Daneben war er auch stark pol. engagiert, im Vormärz als württemberg. Landtagsabgeordneter zus. mit dem Kollegen C. J. → Hefele gegen das Staatskirchenregiment kämpfend, dann nach 1848 die Monarchie stützend, u.a. in seiner Eigenschaft als ständiges Mitglied des Staatsgerichtshofs (ab 1856). K.s. Theologie ist entsprechend seiner akadem. Laufbahn von unterschiedl. Phasen geprägt. Als Exeget setzte er sich eingehend mit D. F. → Strauß auseinander und verteidigte gegenüber dessen Mythentheorie die hist. Glaubwürdigkeit der ntl. Schriften. Als Dogmatiker wehrte er zunächst dem Versuch, den Glauben in reines Wissen aufzulösen, und entwarf anschließend in einer großartigen Synthese von spekulativer und hist. Theologie ein heilsgeschichtl. System, das aufgrund der Geschichtlichkeit menschl. Existenz trotz abgeschlossener Offenbarung der Entwicklung des Glaubensverständnisses (Dogmenentwicklung) Raum ließ. Von neuscholast. Seite hauptsächl. wegen seiner Theorie vom natürl. Wissen des Glaubens und seiner Gnadenlehre als „liberaler" Theologe heftig befehdet und vor dem Sanctum Officium angeklagt, verstummte K. nach 1869 im theol. Zeitgespräch, obschon der röm. Prozeß gegen ihn im Sande verlief. Sein Hauptwerk *Katholische Dogmatik* (3 Bde., 1846–1868) blieb infolge der innerkirchl. Kritik unvollendet.

Lit.: H. Wolf, Ketzer oder Kirchenlehrer? (1992); KThD 2 (1975), 129–162.

KARL HAUSBERGER

Kyrillos und Methodios, hll. (Fest 14. 2.), Mitpatrone Europas. Die beiden Heiligen werden als Lehrer und Erleuchter der Slawen angesehen. Größtes Verdienst war die Übersetzung der östl. Liturgie in die altslaw. Sprache. Methodios, * um 815 (Thessalonike), † 6. 4. 885, wurde 840 Mönch. Kyrillos, * 826/27 (Thessalonike), † 14. 2. 869 (Rom), lehrte nach Studien in Byzanz. Die beiden Brüder wurden 860 auf die Krim gesandt, 863 gingen sie nach Mähren. Fürst Rastislav bat um slaw. sprechende Geistliche. K. und M. normierten den südslaw. Dialekt, schufen ein eigenes Alphabet und übersetzten damit bibl. und liturg. Texte. 866 wurde das Tätigkeitsgebiet nach Pannonien verlegt. Es kam zu Diskussionen über die Liturgiesprache und zu Spannungen mit fränk. Missionaren. K. ging 867 über Venedig nach Rom, verstarb kurz danach und wurde in S. Clemente beigesetzt. M. wurde 870 verbannt, 873 freigelassen. Am 31. 12. 1980 erhob P. Johannes Paul II. die Slawenapostel zu Mitpatronen Europas.

Lit.: [3]LThK 6 (1997), 556f.; E. Konstantinou (Hg.), Leben und Werke der byz. Slawenapostel M. und K. (1991).

WOLFGANG ROTZSCHE

L

La Salle, Jean-Baptiste de, hl. (Fest 7. 4.), Ordensgründer, * 30. 4. 1651 (Reims), † 7. 4. 1719 (Rouen). 1678 zum Priester geweiht, 1680 zum Dr. theol. promoviert, wurde L. als Domherr in Reims früh des soz. Elends v. a. der Kinder und Jugendlichen gewahr. Schon 1679 gründete er in Reims (1688 in Paris) für arme Kinder die ersten *Freischulen*, in denen er neue Wege des Unterrichts ging und auf die Bedürfnisse v. a. der unteren soz. Schichten Rücksicht nahm. Mit dieser Zielsetzung, auch zur prakt. und geistigen Lehrerausbildung, gründete er 1683 mit Gleichgesinnten die Kongregation der christl. Schulbrüder (Institut der Brüder christl. Schulen), die kirchlicherseits anfangs erhebl. Widerstand ausgesetzt war. Die Statuten der heute größten und weltweit tätigen kath. Laienkongregation für Erziehung und Unterricht wurden 1724/25 bestätigt, L. 1900 heiliggesprochen und 1950 zum Schutzpatron der Lehrer und Erzieher erhoben.

Lit.: [3]LThK 6 (1997), 573f.

MANFRED HEIM

Labadie, Jean de, separatist. Pietist, * 13. 2. 1610 (Bourg bei Bordeaux), † 13. 2. 1674 (Altona). L. trat mit 15 Jahren als Novize in die SJ ein, wo er Philosophie und Theologie studierte und die Priesterweihe erhielt. 1639 verließ er den Orden und begann eine Tätigkeit als Weltpriester an versch. Orten in Frankreich, schon früh um die Sammlung der Gläubigen zum Bibelstudium nach urchristl. Vorbild (1 Kor 14) bemüht. Die Beschäftigung mit J. → Calvin führte ihn 1650 zum Übertritt in die reformierte Kirche, der er ab 1652, zuletzt in Genf, als Pfarrer diente. Seine Anhänger trafen sich zu bes. Erbauungsversammlungen in seinem Haus. In Genf hörte ihn auch Ph. J. → Spener, der „Vater" des luth. Pietismus, der von L. wichtige Impulse erhielt. 1666 wurde L. nach Middelburg (Friesland) berufen, wo er seine Arbeit zur Sammlung der Gläubigen innerhalb der volkskirchl. Strukturen (Konventikel) mit zahlr. Berührungspunkten zur Frömmigkeitsbewegung der *Nadere Reformatie* (G. → Voetius) fortsetzte. Nach Verurteilung seiner Lehre durch die Dordrechter Synode von 1669, u.a. wegen chiliast. Anschauungen, schlug L. den Weg der Separation von der Amtskirche ein. Er gründete in Amsterdam eine Hausgemeinde, die Vorbild ähnl. Gemeindebildungen am Niederrhein wurde und L. zum „Vater" des separatist. Pietismus in der reformierten Kirche machte. Neue Konflikte mit der Obrigkeit erzwangen 1670 die Übersiedlung mit etwa 50 Anhängern nach Herford, 1672 nach Altona. Die nach L.s Tod in die Niederlande zurückgekehrte Gemeinde bestand noch bis ins 18. Jh. Charakterist. für L. ist eine von persönl. Sendungsbewußtsein, subjektiv-myst. Verinnerlichung und Endzeitbewußtsein (allg. Judenbekehrung) geprägte Theologie und Frömmigkeit. Die Ideale einer Gemeinde der Wiedergeborenen wirkten insbes. im Konventikelwesen des Pietismus weiter.

Lit.: Brecht 1 (1993), 99–107; TRE 20 (1990), 362–365; T. J. Saxby, The Quest for the New Jerusalem (1987).

HANS-MARTIN KIRN

Laktanz, Lucius Caelius Firmianus (Lactantius), Kirchenvater, * um 250 (Afrika), † wahrscheinl. 325 (Trier). In seiner Heimat als Rhetoriklehrer erfolgreich, kam er wohl schon früh mit christl. Literatur in Berührung. Zw. 290 und 300 wurde er von → Diocletian als Lehrer der lat. Beredsamkeit nach Nicomedia (Bithynien) berufen. Wann L. den förml. Eintritt in die Kirche vollzog, steht nicht fest. Unter dem Eindruck der im Jahre 303 einsetzenden Christenverfolgung entschloß er sich, fortan als Schriftsteller für die Verteidigung des Christentums tätig zu sein. Um 313 wurde er von → Konstantin d. Gr. als Lehrer von dessen ältestem Sohn Crispus nach Trier berufen. In dieser Stadt blieb L. bis zu seinem Tode. Von L.' Schriften haben sich nur solche erhalten, die nach der Aufgabe der Lehrtätigkeit im Jahre 303 entstanden sind. Einige davon lassen im Blick auf die Verfolgungssituation den christl. Gehalt nicht unmittelbar in Formulierungen hervortreten, sind also kryptochristlich. Das gilt etwa für den Traktat *De opificio Dei* (*Über das Schöpfungswerk Got-*

tes); hier legt L. das Wirken der göttl. Vorsehung an der vollkommenen Beschaffenheit des menschl. Körpers dar; als Geschöpf Gottes sei der Mensch zu dessen Verehrung verpflichtet. L.' Hauptwerk, die sieben Bücher *Divinae institutiones* (*Göttliche Unterweisungen*), eine Verteidigung der christl. Lehre gegenüber den Heiden, ist zw. 304 und 311 in einem an Cicero geschulten Stil entstanden und wurde von 324 an um Anreden an den Kaiser und Zusätze dualist. Natur erweitert. Buch 1 und 2 suchen den Monotheismus als wahr zu erweisen; die Götter seien (im Sinne des Euhemeros [4./3. Jh. v. Chr.]) nichts als verstorbene Menschen. Buch 3 enthüllt die Widersprüche heidn. Philosopheme; das höchste Gut sei nicht die Tugend, sondern die Unsterblichkeit. Das 4. Buch handelt von Christus; die Erlösung der Welt durch ihn sei im AT vorausgesagt. Im 5. Buch führt L. aus, daß Gerechtigkeit und Frömmigkeit durch das Heidentum abhanden gekommen sind und erst mit der Erkenntnis des wahren Gottes wiederaufleben werden. Buch 5 und 6 stellen die angemessene Art der Gottesverehrung dar, im 7. schließlich wird als letztes Ziel die nach dem 1000jährigen Reich eintretende Unsterblichkeit verkündet. Die *Epitome divinarum institutionum* (nach 314) stellt eine gekürzte und überarbeitete Fassung des Hauptwerks dar. In der Schrift *De ira Dei* (*Vom Zorne Gottes*) verteidigt L. die bibl. Vorstellung des zürnenden Gottes gegen heidn.-philos. Kritik. *De mortibus persecutorum* (*Von den Todesarten der Verfolger*), zw. 313 und 316 geschrieben, will zeigen, daß das schreckliche Ende derjenigen Kaiser, die das Christentum bekämpft haben, Folge der gerechten Rache Gottes ist. Auch ein kryptochristl. Gedicht (in 85 eleg. Distichen) hat L. verfaßt: *De ave Phoenice* (*Vom Vogel Phönix*); der Wundervogel, der bei paganen Autoren eine beträchtl. Rolle spielt, war auf christl. Seite zum ersten Mal im *Ersten Clemensbrief* erwähnt worden. Für L.' Denken ist die Endzeithoffnung charakteristisch; Ausführungen zur Trinität fehlen.

Lit.: HLL 5 (1989), 375–404.

Siegmar Döpp

Lamennais, Hugo-Félicité-Robert de, theol. und pol. Schriftsteller, * 19. 6. 1782 (St-Malo), † 27. 2. 1854 (Paris). 1816 zum Priester geweiht, zeigte L. in seiner royalist.-ultramontanen Lebensphase als Verteidiger des Autoritätsprinzips in Kirche und Staat eine große Affinität zum Denken von J. de → Maistre, ehe er ab 1826 mehr und mehr liberalist. Forderungen (Gewissens-, Religions- und Pressefreiheit) das Wort redete, den Bruch mit der Monarchie vollzog und für eine Öffnung der Kirche gegenüber demokrat. Ideen plädierte, so v. a. in der 1830 mit Gesinnungsfreunden unter dem Motto *Dieu et la liberté* gegründeten Zeitung *L'Avenir*, die das Mißtrauen der internat. Diplomatie wie der kirchl. Hierarchie wachrief. Eine 1832 zur Erläuterung seiner liberal-kath. Position unternommene Romreise vermochte die scharfe Verurteilung seines Programms durch die Enzyklika *Mirari vos* nicht zu verhindern. L. unterwarf sich zwar dem päpstl. Spruch, doch führte seine 1834 in *Paroles d'un* *croyant* veröffentl. Kritik an den kirchl. Zuständen zur erneuten Verurteilung durch die Enzyklika *Singulari nos*. In *Affaires de Rome* wies L. 1836 die röm. Vorwürfe zurück, brach mit der Kirche und vertrat fortan in seinen pol. Schriften, die regelmäßig indiziert wurden, einen auf die christl. Nächstenliebe und Solidarität sich berufenden Sozialismus.

Lit.: BBKL 4 (1992), 1036–1045; A. Verhülsdonk, Religion und Geschichte (1991). KARL HAUSBERGER

Lanfranc von Bec, Abt, Bischof, Theologe, * ca. 1010 (Pavia), † 28. 5. 1089 (Canterbury). Nach einem Studium der Freien Künste und Lehrtätigkeit trat L. in die Abtei Le Bec ein. Auf Veranlassung Wilhelms des Eroberers wird L. zunächst Abt in Caen (1063) und nach der Eroberung Englands Ebf. von Canterbury, wo er sich dem Aufbau des monast. Lebens widmet. Trotz Wilhelms staatskirchl. Ambitionen scheint L. weiterhin ein gutes Verhältnis zu ihm aufrecht erhalten zu haben. Erst unter seinem Nachfolger → Anselm, der in Bec Schüler L.s gewesen war, kam es zu heftigen Auseinandersetzungen um die Freiheit der Kirche (Investiturstreit). Als Theologe wurde L. bekannt durch seinen Eucharistie-Traktat, in dem er gegen die Lehre → Berengars Stellung nimmt.

Lit.: LMA 5 (1991), 1684–1686; M. Gibson, L. of B. (1978). MARIANNE SCHLOSSER

Lang, Matthäus (von Wellenburg), * 1468 (Augsburg), † 30. 3. 1540 (Salzburg), Ebf. von Salzburg, Kardinal. Aus schon im 13. Jh. nachweisbarem Augsburger Patriziat, angesichts des ausgedehnten Studiums (Ingolstadt 1486, Tübingen 1490, Wien 1493) kaum aus ärml. Familienumständen stammend, avanciert L. als studierter Jurist nach kurzer Zeit in der Kanzlei des Mainzer Ebf. Berthold von Henneberg seit 1494 vom Sekretär zum Diplomaten → Maximilians I. (v.a. bei wichtigen Missionen in den oberit. Auseinandersetzungen des Reichs mit Frankreich bzw. Venedig sowie den erfolgreichen habsburg.-jagellion. Heiratsverhandlungen, die 1526 zur Verbindung von Böhmen und Ungarn mit Österreich führten). Von diesem wurde 1507 sein Vater mit dem gekauften Sitz Wellenburg (südwestl. von Augsburg) belehnt. L.s ehrgeizige und äußerst erfolgreiche Ämter- und Pfründenhäufung ist signifikant: Er kumuliert u.a. die Dompropsteien von Augsburg (1500) und Konstanz (1511), wird erst Koadjutor (1501), dann 1505–1522 Bf. von Gurk, 1512 folgt die päpstl. Anerkennung auch als Bf. für das span. Bistum Cartagena (und Orihuela), 1511/13 als Kardinal, seit 1512 Koadjutor für den Salzburger Ebf. Leonhard von Keutschach, dem er im Amt nach dessen Tod 1519 folgt; zu nennen schließlich noch die Ernennung zum Kard.-Bf. von Albano (1535) und zeitgleich bis 1536 die Administration für das Suffraganbistum Chiemsee. Dieser Karriere gegenüber fallen die extrem späte Weihe von 1513 zum Subdiakon und 1519 die Priester- und Bf.-Weihe auf. Auf Reichsebene steht er mit an den Hebeln der Macht: Als „Kaisermacher" mit der Leitung der habsburg. Kommission bei der Wahl

→ Karls V. 1519 oder in hervorgehobener Stellung auf den Reichstagen, so in Worms 1521, wo die Reichsacht über → Luther verhängt wurde. L.s Position gegenüber der prot. Reformbewegung war bestimmt von realpol. Kalkül, offen für das grundsätzl. Reformpostulat, mit diesem Impetus schuf er aber die Grundlagen durch die Synode von Mühldorf 1522 und der Bündelung der kath. Kräfte im Regenburger Reformkonvent 1524 für die Gegenreformation im Südosten des Reiches. Nach einer abwartenden Phase – in sie fällt die Inhaftierung → Agricolas in der erzstift. Enklave Mühldorf 1523/24 – wird seine Gangart härter, kompromißlos ist sie gegen die Wiedertäufer. Als Landesherr übersteht er zwei Salzburger Aufstände (1523, 1526) und die fast dreimonatige Belagerung auf Hohensalzburg durch ein Bauern- und Bergknappenheer (1525). Er festigt seine Herrschaft v. a. durch Verbesserungen im Beamtenapparat und intensive Gesetzgebung: Stadt- und Polizeiordnungen für Mühldorf (1522), Salzburg (1524) und Laufen (1531), die Waldordnung von 1524, einer Bergrechtsnovelle 1527, die Bergwerksordnung von 1532, die Hauptmannschaftsordnung 1533, eine Fürkaufordnung im gleichen Jahr und zuletzt eine Zehntordnung 1539. L. repräsentiert einen geistl. Reichsfürsten (seine zwölf Geschwister versorgte er in bester nepotist. Manier) par excellence in der Umbruchphase von Renaissance, Reichsreform, Reformation und Bauernkriegen, als Landesherr mit protoabsolutist. Zügen. Aus prot. Sicht ein „Monstrum“, „Tyrann“ und „Hauptteufel“, was auch in der Forschung lange einer objektiven Würdigung L.s im Wege stand.

Lit.: J. Sallaberger, Kard. M. L. (1997); [3]LThk 6 (1997), 638f.

HANS-GEORG HERMANN

Las Casas, Bartolomé de, OP (1522), Missionar, *Apostel der Indianer*, Bf. von Chiapas, * 1484 (Sevilla), † 18. 7. 1566 (Madrid). 1502 als Encomendero auf den Inseln von Hispaniola an den span. Eroberungen beteiligt, 1511 an der Conquista Kubas, als Laienkatechist zur Missionierung eingesetzt. Priesterweihe in Rom wohl 1507. Abwendung von der Encomienda und Einsatz für die Rechte der Indianer ab 1514, Kontakt zu den Dominikanern in Santo Domingo auf Hispaniola; 1516 zum *protector de indios* ernannt; der Versuch der friedl. Kolonisation von Cumaná (1521) scheiterte; 1536 in Guatemala und Mexiko Mission bei den Indios von Tezulutlán (Vera Paz). 1544 zum Bf. von Ciudad Real de los Llanos de Chiapa ernannt. 1547 Rückkehr nach Spanien; Fürsprecher für die Indianer (u. a. vor → Karl V.); es kam zum Streit mit Juan Ginés de Sepúlveda, dessen Thesen (Inferiorität der Indianer, Legitimierung der Gewaltanwendung) er widerlegte. Werke u. a.: *Bревíssima relación e la destrucción de las Indias*, *Historia general de Las Indias* (Kolonial- und Missionsgeschichte Lateinamerikas), *De unico vocationis modo* (Missionstheologie).

Lit.: [3]LthK 6 (1997), 653f.; M. Delgado (Hg.), B. de L. C. Dt. Werkauswahl in 4 Bd. (1994–1997); M. Gillner, B. de L. C. und die Eroberung des indian. Kontinents (1997); M. Mahn-Lot, B. de L. C. (1991); TRE 20 (1990), 445–448.

SUSANNE STÜBINGER

Laski, Jan (Johannes a Lasco), poln. Reformator, * 1499 (Lask), † 8. 1. 1560 (Pinczow bei Krakau). Der aus poln. Adelsfamilie stammende L. studierte in Bologna und Padua kanon. Recht und die lat. Klassiker (1515–1518/19). 1524 setzte er seine Studien in Basel und Paris fort. In Basel, wo L. auch Griechisch und Hebräisch lernte, kam er in engen Kontakt mit → Erasmus von Rotterdam und begegnete namhaften humanist. geprägten Reformatoren wie H. → Zwingli und J. → Oekolampad. Nach Polen zurückgekehrt, wirkte L. 1526–1539 in versch. kirchl. und pol.-diplomat. Funktionen. Seine Bemühungen um einen Bischofssitz scheiterten aus pol. Gründen, 1539 verließ er Polen. Nach Studien in Mainz und Löwen, wo L. sich den *Brüdern vom gemeinsamen Leben* (*Devotio moderna*) anschloß, und seiner Heirat 1540 siedelte er als Privatmann nach Emden über. 1542/43 brach er mit der kath. Kirche und wurde zum Ketzer erklärt. 1543 trat er das Amt des Superintendenten von Gesamtostfriesland an und nahm die reformator., mit vielfachen Konflikten belastete Neuordnung des Landes in Angriff. Sein Amt als Superintendent mußte L. auf ksl. Druck hin 1549 aufgeben. Von nun an war er für einige Jahre zu einem unsteten Leben gezwungen. 1550 wurde er Superintendent der frz., it. und dt.-niederländ. Fremdengemeinde in London. 1553 vertrieben, kehrte er nach Emden zurück. 1555 wechselte er nach Frankfurt a.M. und siedelte 1556 wieder nach Polen über. In den letzten Lebensjahren galt seine Hauptanstrengung der Einigung von Reformierten, Lutheranern und Böhm. Brüdern zu einer poln. ev. Nationalkirche. Die konfessionsüberschreitende Einigung gelang jedoch nicht, so daß L. faktisch zum Begründer der reformierten Kirche in Polen wurde. Zur reformierten Kirchenordnung (*Kirchenrat* aus Predigern und Ältesten mit der Aufgabe der Kirchenzucht; *Coetus* als Predigerversammlung für Lehrfragen), Bekenntnisbildung (Heidelberger Katechismus) und Gottesdienstordnung leistete der bes. von J. → Calvin und M. → Bucer beeinflußte L. wichtige Beiträge.

Lit.: Kaufmann 88f.; TRE 20 (1990), 448–451; NDB 13 (1982), 657f.; O. Bartel, J. L. Aus dem Poln. übers. von A. Starke (1981). HANS-MARTIN KIRN

Laurentius, hl. (Fest 10. 8.), Diakon, Märtyrer, † 10. 8. 258 (?) (Rom). L. erlitt als Diakon in Rom unter Ks. → Valerian zus. mit vier anderen Klerikern das Martyrium und wurde an der Via Tiburtina beigesetzt. Dort entstand im 4. Jh. die Kirche San Lorenzo fuori le mura, eine der sieben Hauptkirchen Roms, die auch die Reliquien des rasch im ganzen Abendland Verehrten birgt. Nach den schon im 4. Jh. belegten Legenden sei L. auf einem glühenden Rost zu Tode gemartert worden. Er ist Patron u.a. der Armen und wird nicht selten zus. mit dem hl. → Stephanus dargestellt.

Lit.: ³LThK 6 (1997), 688f.

MANFRED HEIM

Laurentius von Brindisi (Giulio Cesare Rossi), hl. (Fest 21. 7.), OFMCap (1575), Kirchenlehrer, * 22. 7. 1559 (Brindisi), † 22. 7. 1619 (Lissabon). In Venedig begegnete L.

den Kapuzinern. Mit 22 Jahren wurde er Lektor in der Lagunenstadt, 1583 zum Priester geweiht. L. beherrschte mehrere Sprachen und lernte die Bibel in Griechisch und Hebräisch auswendig. Durch seine Predigten erlangte er große Berühmtheit. Er predigte in Italien, aber auch in München und Prag. Nach seiner Tätigkeit als Provinzial wurde er 1596 Generaldefinitor, 1602 Generalminister. Zahlr. Klostergründungen gehen auf ihn zurück. L., der sich in den Dienst der Gegenreformation stellte und gefragter Friedensvermittler war, hinterließ ein gewaltiges Predigtwerk. Die Heiligsprechung erfolgte 1881.

Lit.: [3]LThK 6 (1997), 684f.; J. Haas, The Theological Significane of Some Biblical Symbols in the Mariale of St. L. of B. (1994). WOLFGANG ROTZSCHE

Laurentius von der Auferstehung (Bruder Lorenz), OCarm, * 1614 (Heriménil, Lothringen), † 12. 2. 1691 (Paris). 1640 trat L. (Nicolas Herman) als Laienbruder in Paris in den Karmel ein. Er hinterließ ein aus 16 Briefen, geistl. Weisungen und vier Gesprächsnotizen bestehendes Vermächtnis, das zu den klass. Schriften christl. Spiritualität gehört. Es hat u.a. G. → Arnold, G. → Tersteegen und J. M. → Sailer tief bewegt und beeindruckt.

Lit.: [3]LThK 6 (1997), 684.
MANFRED HEIM

Lavater, Johann Caspar, Schweizer Theologe und Philosoph; * 15. 11. 1741 (Zürich), † 2. 1. 1801 (ebd.). Nach Studium in Zürich dort seit 1786 Pfarrer; Vertreter eines weniger dogmat., gefühlsbetonten prot. Christentums; Anhänger des Sturm und Drang; Freundschaft (und Briefwechsel) mit → Herder, Goethe, → Sailer u.a. L. vertrat gegen Rationalismus und Aufklärung pietist. Anschauungen und die Meinung, das seel. Leben spiegle sich in der menschl. Physiognomie; in seinem Einfluß vielfach anregend.

Lit.: [3]LThK 6 (1997), 692; H. Weigelt, L. (1991). GEORG SCHWAIGER

Lavigerie, Charles Martial Allemand, frz. Theologe, Bischof und Kardinal, Missionar und Ordensgründer, * 31. 10. 1825 (Huire bei Bayonne), † 25. 11. 1892 (Algier). Nach dem Theologiestudium in St-Sulpice wurde L. 1849 zum Priester geweiht, 1850 an der Sorbonne zum Dr. in Literatur, 1853 in Theologie, 1861 in Rom in Zivil- und Kirchenrecht promoviert und war 1854–1861 Prof. für Kirchengeschichte an der Sorbonne. 1863 wurde er Bf. von Nancy, 1867 Ebf. von Algier, 1884 auch von Karthago (Tunesien) mit dem Titel *Primas von Afrika*, 1882 Kardinal. L. bemühte sich, anders als Generalgouverneur Mac Mahon, im Rahmen der Afrika-Mission um Hilfsmaßnahmen, Unterricht und Bau von Dörfern, seit 1879 bes. auch um mehr pol. Rechte und Freiheiten für die Eingeborenen, indem er die Sklaverei bekämpfte. 1868 gründete er die nach ihrem weißen Ordensgewand benannte kath. Missionskongregation der Weißen Väter (Gesellschaft der Missionare von Afrika, Patres Albi, Pères Blancs), 1869 die der Weißen Schwestern zur Unterstützung einer zielgerichteten europ.-arab. Assimilation. L. suchte seit 1890 verstärkt die frz. Katholiken der Republik anzunähern.

Lit.: [3]LThK 6 (1997), 693 f.
MANFRED HEIM

Lefebvre, Marcel, (schismat.) Erzbischof, * 29. 11. 1905 (Tourcoing), † 25. 3. 1991 (Martigny). Nach der Promotion zum Dr. phil. (1925) und Dr. theol. (1929) wurde L. 1929 zum Priester geweiht und 1931 Mitglied der Kongregation vom Hl. Geist. 1932 ging er als Missionar nach Afrika und wurde 1955 Ebf. von Dakar. 1962 kehrte er nach Frankreich zurück, wurde für einige Monate Bf. von Tulle und nahm 1962–1965 als Generaloberer seiner Kongregation am II. Vat. Konzil teil. L. intervenierte gegen Konzilsaussagen, v. a. zur Kollegialität der Bischöfe und zur Religionsfreiheit, und befürwortete vorkonziliare Formen der Liturgie. Daher trat er 1968 als Generaloberer zurück, gründete 1970 in Fribourg die Priesterbruderschaft St. → Pius X. und errichtete im selben Jahr ein Priesterseminar in Ecône. Wiederholt weihte er trotz Verboten durch den Hl. Stuhl Diakone und Priester, auch nach der 1976 über ihn verhängten Beugestrafe der Suspension. Nachdem L. am 30. 6. 1988 vier Bischöfe geweiht hatte, stellte die Kongregation für die Bischöfe durch Dekret fest, daß er sich die Exkommunikation als Tatstrafe wegen Bf.-Weihe ohne päpstl. Auftrag und wegen eines schismat. Aktes zugezogen habe.

Lit.: [3]LThK 6 (1997), 738; A. Schifferle, Das Ärgernis L. (1989). FRANZ KALDE

Leibniz, Gottfried Wilhelm, Universalgelehrter, * 1. 7. 1646 (Leipzig), † 14. 11. 1716 (Hannover). Ab 1661 studierte L. in Leipzig und Jena Theologie, Philosophie und Jura. Als Rat am kurmainz. Revisionsgericht bemühte er sich ab 1670 um eine Reunion von Katholiken und Protestanten. Sein später philos. untermauertes Streben nach Harmonie wurde an diesen kirchenpol. Aktivitäten exemplar. deutlich. Seit 1676 war L. Bibliothekar und Hofrat in Hannover und stand in Verbindung mit den namhaftesten Gelehrten seiner Zeit. Wegen seiner umfassenden wiss. Kenntnisse auf den Gebieten der Mathematik, Jurisprudenz, Geschichte, Physik, Geologie, Technik, Theologie und Philosophie wurde L. als *lebendige Enzyklopädie* bezeichnet. Zu den wichtigsten Werken L.' gehören die *Theodizee* (1710) und die *Monadologie* (1714). Die Monadenlehre besagt, daß das eigentl. Seiende die Individuen (Monaden) sind. Diese haben eine innere Dynamik, spiegeln das Universum und enthalten in sich ihren ganzen Lebenslauf als Entwicklungsgesetz. Alle Monaden (von der göttl. Monade über Menschen, Tiere, Pflanzen bis zu den einfachsten Lebewesen) befinden sich untereinander in prästabilierter Harmonie. Individuen mit Bewußtsein können sich selbst als Ich, die Welt in ihrer Gesetzmäßigkeit und Gott als deren vollkommenen Urheber erkennen. Gott hat diese Welt unter allen logisch möglichen Welten als die bestmögliche geschaffen. In seiner *Theodizee* als Rechtfertigung Gottes angesichts der Übel in der Welt argumentierte L. mit → Augustinus: Gott hat das Böse nicht gewollt, aber als Bedingung der Möglichkeit menschl. Freiheit zugelassen. L. verknüpfte den Gedanken einer vernünftigen Welt mit dem ihrer Gottgeschaffenheit und ermöglichte damit eine neuzeitl. Synthese zw. Vernunft und Glaube.

Lit.: R. Finster u. a., G. W. L. mit Selbstzeugnissen und Bilddokumenten ([3]1997); [3]LThK 6 (1997), 777–779; BBKL 4 (1992), 1383–1388; TRE 20 (1990), 649–665; O. Höffe (Hg.), Klassiker der Philosophie, Bd. 1 ([2]1985), 378–404.

JOSEF KREIML

Leo I. der Große, Papst (440–461), hl. (Fest 10. 11.), * (Tuszien), † 10. 11. 461 (Rom). Papst seit 29. 9. 440. Von Ks. Valentinian III. erreichte L. die Bestätigung, daß der Primatsanspruch des röm. Bischofs von staatl. Zustimmung unabhängig sei. Mit seinem dogmat. Sendschreiben 449 griff er in den christolog. Streit ein und beeinflußte damit die Entscheidung des 4. Ökum. Konzils von Chalkedon 451. Durch Verhandlungen bewog er 552 den Hunnenkg. Attila zum Abzug aus Italien, 555 den Vandalenkg. Geiserich zur Schonung Roms. Gegen abweichende Lehren der Zeit (Pelagianismus, Manichäismus, Priscillianismus, Monophysitismus) ging er entschieden vor. Erhalten sind Briefe und fast 100 Predigten. In L. erreichte das altkirchl. Primatsbewußtsein, das für die westl. (lat.) Kirche bestimmend blieb, seinen ersten Höhepunkt.

Lit.: [3]LThK 6 (1997), 820–822; K. S. Frank, Lehrbuch der Geschichte der Alten Kirche ([2]1997); LMA 5 (1991), 1876f.

GEORG SCHWAIGER

Leo III., Papst (795–816), hl. (Fest 12. 6.), Römer, † 12. 6. 816 (Rom). Papst seit 27. 12. 795. L. zeigte seine Wahl sofort dem Frankenkg. → Karl d. Gr. an und erkannte dessen Oberhoheit in Rom wegen der eigenen unsicheren Stellung an. Er wurde im April 799 überfallen, mißhandelt, fand aber nach seiner Flucht in Paderborn die Unterstützung Karls, der ihn sicher nach Rom geleiten und dort eine Untersuchung durchführen ließ (mit mildem Gericht über die Verschwörer). Am Weihnachtsfest 800 krönte L. Karl in der Peterskirche zum röm. Kaiser (Hintergründe nicht völlig geklärt) und erneuerte damit das röm. Kaisertum, was für das ma. Verhältnis von Papst und Kaiser entscheidende Bedeutung gewann.

Lit.: [3]LThK 6 (1997), 822f.; LMA 5 (1991), 1877f.

GEORG SCHWAIGER

Leo IX., Papst (12. 2. 1049 – 19. 4. 1054), hl. (Fest 19. 4.), vorher Bruno, * 21. 6. 1002 aus elsäss. Grafengeschlecht (Egisheim, Dagsburg), † 19. 4. 1054 (Rom). Domschüler und -kanoniker in Toul; Hofkaplan Ks. → Konrads II.; 1026–1051 Bf. von Toul, der die monast. Reformen förderte und den sal. Herrschern (seinen Verwandten) treu verbunden war. L. wurde im Dezember 1048 von Ks. → Heinrich III. zum Papst nominiert, am 12. 2. 1049 in Rom inthronisiert. Er war der bedeutendste der fünf dt. Päpste 1046–1058, machte das Papsttum zum Mittelpunkt der Kirchenreform (*Reformpapsttum*; *Gregorianische Reform*) und die primatiale Geltung v.a. durch seine Reisen und auf 12 Synoden in Italien, Deutschland und

Frankreich dem Abendland erfahrbar. Unterstützt von Ks. Heinrich III. und tüchtigen (nichtröm.) Mitarbeitern, bemühte sich L. erfolgreich um tiefere Verchristlichung der Kirche in allen Rängen (gegen Simonie und Priesterehe). Er leitete die Bildung des Kardinalskollegiums neuen Stils und der Röm. Kurie ein – beides künftig Hilfsorgane zur Regierung der Gesamtkirche. Nach der Niederlage bei Civitate (Juni 1053) war L. acht Monate Gefangener der Normannen in Benevent, wurde aber ehrenvoll behandelt. Kurz nach seinem Tod vollzog sich 1054, den Zeitgenossen noch nicht bewußt, die lange durch Entfremdung vorbereitete Trennung der gr. Kirche des Ostens (Konstantinopel) von der lat. des Westens (Rom): das bis heute nicht behobene Schisma.

Lit.: ³LThK 6 (1997), 824f.; DHP (1994), 1025–1027; LMA 5 (1991), 1880f.

Georg Schwaiger

Leo X., Papst (1513–1521), vorher Giovanni de' Medici, * 11. 12. 1475 (Florenz), † 1. 12. 1521 (Rom). Papst seit 11. 3. 1513 (Wahl). Sohn Lorenzos de' Medici; als Renaissancepapst Freund der Humanisten und Mäzen der Künste, ohne geistl. Verantwortungsbewußtsein. Der Ablaßhandel zur Finanzierung des Neubaus der Peterskirche gab Anlaß zum Hervortreten M. → Luthers im Spätjahr 1517. Papst und Kurie erkannten das rel. Anliegen Luthers nicht und unterschätzten das Ausmaß der romfeindl. Stimmung. In nepotist. Händel verstrickt, strebte L. nach Vergrößerung des Kirchenstaates, stand im Kampf zw. Frankreich und dem Haus Österreich auf frz. Seite. 1516 schloß er mit Kg. Franz I. von Frankreich ein Konkordat. L. suchte die Kaiserwahl → Karls V. zu verhindern, ließ deshalb den Lutherprozeß drei Jahre ruhen, was die reformator. Bewegung entscheidend förderte. L. verhängte am 3. 1. 1521 über Luther den Kirchenbann und verband sich Ende Mai mit Karl V. gegen Franz I.

Lit.: ³LThK 6 (1997), 825–827; TRE 20 (1990), 744–748; LMA 5 (1991), 1881.

Georg Schwaiger

Leo XIII., Papst (1878–1903), vorher Vincenzo Gioacchino Pecci, * 2. 3. 1810 (Carpineto), † 20. 7. 1903 (Rom). Papst seit 20. 2. 1878; 1843–1846 Nuntius in Belgien, 1846 Bf. von Perugia, 1853 Kardinal. Nach der pol. und geist. Stagnation unter → Pius IX. bemühte sich L. um zeitgerechte Verbindung der kath. Kirche mit der mod. Welt. Es gelangen ihm die Beendigung des *Kulturkampfes* im Dt. Reich, die Beilegung der Streitigkeiten mit der Schweiz und den meisten Republiken Lateinamerikas sowie die Verbesserung der Beziehungen zu anderen Staaten; jedoch scheiterten die Versöhnung mit Italien und die auf das *Ralliement* gestützte Frankreichpolitik. In zahlr. Rundschreiben behandelte er kirchl., wiss., pol. und soz. Fragen (am bedeutendsten *Rerum novarum* 1891, die erste päpstl. Sozialenzyklika). L. förderte die missionar. Ausbreitung, die neuthomist. Scholastik und öffnete seit 1881 das Vat. Archiv der Forschung. Andererseits setzte er reaktionäre Tendenzen Pius' IX. fort (röm. Zentralismus, Bibelkommission, Verurteilung des *Amerikanismus* und der Anfänge des *Modernismus*).

Lit.: Schwaiger (1999), 45–104, 431–447. Georg Schwaiger

Liguori, Alfons Maria de, hl. (Fest 1. 8.), Kirchenlehrer, * 27. 9. 1696 (Marianella bei Neapel), † 1. 8. 1787 (Pagani). Schon mit 16 Jahren war L. Dr. beider Rechte und als Rechtsanwalt tätig. Eine Intrige ließ ihn sein Leben überdenken. In Neapel wurde er 1726 zum Priester geweiht und erlebte hautnah die Verwahrlosung der Armen in Stadt und Land. L. stellte sich in den Dienst der Ärmsten, wollte keine Ämter und Titel und gründete 1732 in Scala (Salerno) die Kongregation vom Allerheiligsten Erlöser (Redemptoristen). Er legte die *Theologia moralis* für Beichtväter vor, die unzählige Auflagen erlebte. In den Augen L.s sind die Menschen allg. zur Heiligkeit berufen. Etwa 50 geistl. Lieder, zahlr. geistl. Schriften und Predigten sollten den Menschen die Freude an Gott näherbringen. Dabei machte er die Verbindung zw. Seelsorge und Marienverehrung (111 Titel) sehr deutlich. Auf Geheiß des Papstes wurde L. 1762 Bf. von Sant'Agata dei Goti in Neapel. Das Amt übte er bis 1775 aus.

Lit.: O. Weiß, A. v. L. und seine Biographen (1990), 151–284.
Wolfgang Rotzsche

Lilje, Hanns, ev. Theologe, Landesbischof, Ökumeniker, Publizist, * 20. 8. 1899 (Hannover), † 6. 1. 1977 (ebd.). Nach Studium der ev. Theologie in Göttingen und der Kunstgeschichte in Leipzig seit 1919 (1932 Promotion zum Dr. theol. in Zürich) wurde L. 1924 ordiniert, war bis 1926 Studenten-Pfarrer in Hannover, 1927–1935 Generalsekretär der Dt. Christl. Studentenvereinigung, 1935–1945 Generalsekretär des Luth. Weltkonvents. Sein Mitwirken in der Bekennenden Kirche führte am 19. 8. 1944 zu seiner Verhaftung durch das NS-Regime, am 18. 1. 1945 zu seiner Verurteilung zu vier Jahren Gefängnis (bis April 1945 in Nürnberg). 1945 Oberlandeskirchenrat in Hannover, Gründungs- und Ratsmitglied der EKD, war L. u.a. 1947–1971 Landesbischof der Ev.-Luth. Landeskirche Hannovers, 1952–1957 Präsident des Luth. Weltbundes, an dessen Gründung 1947 in Lund er beteiligt war, 1955–1969 Leitender Bischof der VELKD. Er war 1947 Gründer und bis 1977 Herausgeber des *Sonntagsblatts* (Dt. Allg. Sonntagsblatt) und erhielt zahlr. Ehrungen und Auszeichnungen. L. kann zu den herausragendsten Persönlichkeiten des dt. Protestantismus und Vertretern des Weltluthertums im 20. Jh. gezählt werden.

Lit.: H. Oelke, H. L. (1999).
Manfred Heim

Linsenmann, Franz Xaver, kath. Theologe, * 28. 11. 1835 (Rottweil), † 21. 9. 1898 (Lauterbach, Württemberg). Nach kurzer seelsorgerl. Tätigkeit wurde L. 1861 Repetent für Dogmatik am Tübinger Wilhelmsstift und war von 1867 bis zum Eintritt ins Rottenburger Domkapitel 1889 Prof. für Moral- und Pastoraltheologie in Tübingen. 1898 zum Oberhirten von Rottenburg gewählt, starb er noch vor der Bf.-

Weihe. Auf seinem theol. Fachgebiet wandte sich L. im Anschluß an → Sailer und → Hirscher gegen puren Moralpositivismus und einseitige Kasuistik, maß vielmehr in Abweisung jegl. Form des Legalismus der personalen Entscheidung der sittl. Persönlichkeit eine zentrale Bedeutung bei und betonte gegenüber einer einseitigen Pflichtenlehre die ethosbildende Kraft der Evangelischen Räte (Armut, Ehelosigkeit, Gehorsam). Doch blieb seinem anthropolog. akzentuierten moraltheol. System angesichts der übermächtigen neuscholast.-kasuist. Tradition ein durchschlagender Erfolg versagt. Aus heutiger Sicht ist L., der sich auch eingehend mit soz.- und wirtschaftseth. Fragestellungen befaßte, zu den bedeutendsten Moraltheologen des 19. Jh.s zu zählen.

Lit.: BBKL 5 (1993), 95–98; R. Reinhardt (Hg.), F. X. L. (1987).

KARL HAUSBERGER

Lipsius, Justus (Joost Lips), * 18. 10. 1547 (bei Brüssel), † 23./25. 3. 1606 (Löwen). Univ.-Laufbahn nach Studium der Rechtswissenschaften in Löwen, wo sich L. aber stärker für die humanist. Philologie als für Jura interessiert und entsprechend sich als begnadete Begabung rasch einen Namen macht: 1568–1570 ist er vorübergehend Sekretär des Kard. Granvella, Ebf. von Mecheln, und geht mit ihm nach Rom, nachdem er ihm sein Erstlingswerk gewidmet hatte; 1572/73 Prof. für Geschichte und Rhetorik an der luth. Univ. Jena, 1576–1577 im kath. Löwen, danach im calvinist. Leiden (1578) und von 1592 an als Prof. für Latein und Alte Geschichte wieder in Löwen; L. assimilierte sich auf gewisse Weise mit der konfessionellen Umgebung, in der er sich befand. Wissenschaftlich erwarb er sich durch seine philolog., militärwiss. (u.a. *De militia Romana libri V*, 1596), hist. und neostoizist. (u.a. *De constantia*, 1594; *Manuductionis ad Stoicam philosophiam libri III*, 1604) Abhandlungen solches internat. Ansehen, daß die Höfe u.a. von Venedig, Rom, Paris, Salzburg, Würzburg und München sich um ihn – erfolglos – ebenso bemühten wie die Univ. von Bologna und Pisa. Seine Vita spiegelt deutlich die konfessionellen Wirren der Zeit wider – den Unruhen der Zeit setzt er eine neo-stoizist. Orientierung an den Klassikern entgegen, die etwa gerade durch eine erkannte Verwandtschaft von Gedanken bei Tacitus und Machiavelli hochaktuell waren. An diesem Diskurs beteiligte sich L. durch eine wegweisende, krit. Edition und Kommentierung der taciteischen *Annalen* (1574, 1581). Was L. von Machiavelli aber unterscheidet, ist eine Lehre, die die Diskrepanzen zw. Staatsräson und Tugend zu überwinden sucht durch vermittelnde Positionen: beispielsweise im Sinne der Staatsräson zweckmäßige, aber unerlaubte Mittel verboten sich danach nicht per se, sondern er unterschied zw. kleinem, mittlerem und großem Betrug, stellte dafür aber mit zunehmender Unerlaubtheit entsprechend steigende Anforderungen an ihre Rechtfertigung. Ein solcher Ansatz flexibel kombinierter Prinzipientreue erklärt den Erfolg und die weitreichende Rezeption seiner *Politicorum sive Ci-*

vilis doctrinae libri VI (1589) und der *Monita et exempla politica libri II* (1605) als humanist. extrem elaborierte Handreichung zur prakt. Konkordanz von Utilitarismus machiavellist. Prägung und Tugend (*prudentia mixta*). Die Wirkung dieses Werkes ist kaum zu überschätzen, zum einen für die Ausbildung eines ganzen jurist. Fachgebietes (*ius publicum*) als eigenständige Disziplin, als prägend aber auch für pol. Grundeinstellungen einzelner Herrscherpersönlichkeiten wie beispielsweise des bayr. Kf. → Maximilian I.

Lit.: M. Laureys (Hg.), The World of J. L. (1998); ³LThK 6 (1997), 950; M. Stolleis, Geschichte des öffentl. Rechts in Deutschland, Bd. 1 (1988), 93 ff.; NDB 14 (1985), 676–680.

Hans-Georg Hermann

Liutprand von Cremona, Bischof, Geschichtsschreiber und Diplomat, * um 920, † um 970/72. Einer langobard. Familie entstammend, erhielt L. seine Ausbildung in Pavia, wo er zum Diakon geweiht wurde. 949 führte ihn eine erste von drei Gesandtschaften nach Konstantinopel. Seit 950 in Diensten → Ottos I. des Großen, wurde L. 961 vom König zum Bf. von Cremona erhoben und nahm 962 an dessen Kaiserkrönung in Rom teil. Der hochgelehrte, mit der antiken Literatur und gr. Sprache bestens vertraute L. verfaßte bed. Schriften, die zugleich wichtige Quellen für die Geschichte Italiens im 10. Jh. darstellen, so die *Relatio de legatione Constantinopolitana* (*Bericht über die konstantinopolitan. Gesandtschaft*, 969), den *Liber Antapodosis* (*Buch der Vergeltung*, eine Geschichte der Jahre 888–949, 959/60) und eine *Historia Ottonis* (seit 963), mit der er die Papstpolitik Ottos I. rechtfertigte und die stadtröm. Ereignisse der Jahre 960–964 beschreibt.

Lit.: DNP 7 (1999), 365 f.; ³LThK 6 (1997), 1008.

Manfred Heim

Livingstone, David, Missionar und Entdecker, * 19. 3. 1813 (Blantyre bei Glasgow), † 1. 5. 1873 (Ilala, Sambia). Nach dem Studium der Theologie und Medizin (Dr. med. 1840) brach der aus ärml. Verhältnissen stammende, streng calvinist. erzogene L., seit 1838 Mitglied der London Missionary Society, 1841 als Missionar nach Kuruman (Südafrika) auf, gründete 1843 eine neue Missionsstation in Mabotsa und durchquerte vor seiner Rückkehr nach London 1856 in mehrjähriger Expedition den afrikan. Kontinent von Ost nach West. Die dabei gewonnenen geograph. und ethn. Erkenntnisse, 1857 in London veröffentlicht, weckten das Interesse breiter Bevölkerungsschichten. 1858–1863 unternahm L. im Auftrag der engl. Regierung eine weitere Expedition durch Zentralafrika und ab 1865 im Auftrag der Royal Geographical Society seine letzte Reise zur Erkundung der Quellen des Nils, Kongos und Sambesis sowie zur Vorbereitung missionar. Aktivitäten. Die Erfolge L.s als Missionar waren zwar bescheiden, doch haben seine detaillierten Reisebeschreibungen das Wissen über einen bis dahin nahezu unbekannten Erdteil ungemein erweitert und so der bald nach seinem Tod einsetzenden Erschließung Afrikas durch die Europäer vermittels der von ihm angeregten Siedlungskolonien den Weg geebnet.

Lit.: BBKL 5 (1993), 144–148; H. S. Ruppert, D. L. (1987). KARL HAUSBERGER

Löhe, Johann Konrad Wilhelm, ev. Pfarrer, * 21. 2. 1808 (Fürth), † 2. 1. 1872 (Neuendettelsau). L. war geprägt von der ev. Erweckungsbewegung. Als Dorfpfarrer von Neuendettelsau in Mittelfranken gründete er dort 1854 eine Diakonissenanstalt. Auf fast allen geistl.-theol. Gebieten wirkte er prakt. und publizistisch; insbes. lagen ihm die luth. Mission und die Diakonie am Herzen. Er begleitete fränk. Auswanderer bis in die USA. Im Vordergrund standen für L. die Menschen und ihre Nöte. Auf seine Anregung begründete J. H. → Wichern 1848/49 den *Centralausschuß für die Innere Mission der Deutschen Evangelischen Kirche*.

Lit.: A. Stempel-de Fallois, Das diakon. Wirken W. L.s (2000); C. Weber, Missionstheologie bei W. L. (1996). WOLFGANG ROTZSCHE

Loisy, Alfred, kath. Exeget und Religionswissenschaftler, * 28. 2. 1857 (Ambrières, Mayenne), † 1. 6. 1940 (Ceffonds, Haute-Marne). 1879 zum Priester geweiht, setzte L. nach kurzer pastoraler Tätigkeit 1881 seine Studien am Institut Catholique in Paris fort und widmete sich gleichzeitig der Orientalistik an der École des Hautes-Études und am Collège de France, wo die Bibelkritik von Ernest Renan (1823–1892) entscheidenden Einfluß auf ihn ausübte. Im Anschluß an die Promotion zum Dr. theol. erhielt er 1890 eine bibelwiss. Professur am Institut Catholique, wurde jedoch bereits 1893 wegen seiner Thesen über die Inspiration und Irrtumslosigkeit der Hl. Schrift zu deren Niederlegung gezwungen. Die folgenden Jahre als Hausgeistlicher und Religionslehrer in Neuilly und Paris nutzte L. zu reger Forschungstätigkeit, fortan in seinen Veröffentlichungen die Anwendung der hist.-krit. Methode auf die bibl. Schriften und die Dogmeninterpretation mit voller Konsequenz durchführend. 1902 erschien mit *L'Évangile et l'Église* sein berühmtestes Werk, das in formaler Hinsicht als Apologie der kath. Auffassung von der Entstehung der Kirche und der Entwicklung ihrer Lehre gegen → Harnacks *Wesen des Christentums* angelegt ist, sich tatsächlich aber gegen die ungeschichtl. denkende Neuscholastik richtet. Die Studie, die weit über Frankreich hinaus hohe Wellen schlug, stieß bei den offiziellen Stellen auf entschiedene Ablehnung, und nachdem L. mit seiner Verteidigungsschrift *Autour d'un petit livre* (1903) die Situation noch verschärft hatte, wurden am 16. 12. 1903 fünf seiner Werke indiziert. Zwar unterwarf sich der Gelehrte auf wiederholtes Drängen der Zensur, distanzierte sich aber mehr und mehr von der Kirche in ihrer verfaßten Gestalt. Die weitere Zuspitzung der Modernismuskampagne führte 1907 zur Verurteilung einzelner Sätze aus seinen Schriften im Dekret *Lamentabili*, gefolgt von der feierl. Exkommunikation am 14. 3. 1908. 1909 erhielt L., der sich nachmals mit der Verabschiedung auch vom christl. Glauben zu einer von der Immanenzphilosophie → Blondels beeinflußten Humanitätsreligion durchrang, einen Lehrstuhl für Religionsgeschichte am Collège de France, auf dem er bis 1926 wirkte. Sein „Fall" ist nicht zuletzt deshalb als tragisches Ereignis der neueren Kirchengeschichte anzusprechen, weil das von ihm vertretene theol. Programm aus heutiger Sicht den fundierten Versuch einer Neubegründung der kath. Theologie unter konsequenter Berücksichtigung der Geschichtswissenschaft und ihrer Methode darstellt.

Lit.: BBKL 5 (1993), 190–196; TRE 21 (1991), 453–456; GKG 10/1 (1985), 100–112. KARL HAUSBERGER

Lorber, Jakob, steir. Musiklehrer und Komponist, der *Schreibknecht Gottes*, * 22. 7. 1800 (Kanischa, heute Slowenien), † 24. 8. 1864 (Graz). Seit dem 15. 3. 1840 hörte er den Ruf der *inneren Stimme*, beugte sich dem Offenbarungsanspruch und schrieb das innerlich Vernommene nieder (göttl. *Neuoffenbarung*, die von den Anhängern auf eine Ebene neben der Hl. Schrift gestellt wird); es entstehen umfangreiche Schriften (*Die Haushaltung Gottes*, 3 Bde., *Die geistige Sonne*, 2 Bde., *Schrifttexterklärungen*, *Das große Evangelium Johannes*, 10 Bde., unvollendet, u.a.). Nach L.s Tod widmeten sich J. Busch und dessen Sohn Moritz (der Pressechef → Bismarcks) sowie G. Mayerhofer dem Druck der Werke; in alle wichtigen europ. Sprachen übersetzt, hatten L.s Schriften bereits 1960 in allen Auflagen die Millionengrenze überschritten. 1987 wurde das *J.-L.-Förderwerk e. V.* gegründet.

Lit.: Obst 233–265; Gasper 610–612. SUSANNE STÜBINGER

Lorenz, Emil Hermann, Gründer der *Gemeinschaft in Christo Jesu*, * 11. 6. 1864 (Oberlochmühle bei Deutschneudorf), † 17. 7. 1929 (Pockau-Lengefeld). Nach den Prophezeiungen der *Vorboten der Vollendung*, Gottlieb Reichelt (1832–1878) und Ferdinand Schneider (1835–1908), kam es am 13. 6. 1922 durch den *größten Propheten der Endzeit*, den *göttlichen Vollendungsboten* L. in Lengefeld (Erzgebirge) zur Gründung der *Gemeinschaft in Christo Jesu* (*Lorenzianer*). Die in den *Pergamenten* aufgezeichneten Offenbarungen zeigen stark eschatolog.-apokalypt. Züge (Sammlung der Auserwählten, Wiederkunft Christi) und ein streng dualist. Weltbild. Die Gemeinschaft ist v.a. in Sachsen verbreitet (eine gleichzeitige Zugehörigkeit zur Ev.-luth. Landeskirche ist üblich), in den neuen Bundesländern hat sie den Status einer Körperschaft des öffentl. Rechts. Die Satzung wurde 1993 und 1997 ergänzt.

Lit.: Obst 455–486; Gasper 367f. SUSANNE STÜBINGER

Löscher, Valentin Ernst, luth. Theologe, * 8. 1. 1674 (Sondershausen), † 12. 2. 1749 (Dresden). Nach dem 1690 in Wittenberg aufgenommenen Studium, das ihn für kurze Zeit nach Jena und 1695/96 zu einer ausgedehnten Bildungsreise bis in die Niederlande führte, wurde L. 1699 Superintendent in Jüterbog und 1701 in Delitzsch, 1707 Theologieprof. in Wittenberg und 1709 Superintendent und Oberkonsistorialrat in Dresden. L. gilt als einer der letzten bed. Vertreter der luth. (Spät-)Orthodoxie. Seine wiss. und prakt. Tätigkeit war von zahlr. konfessionellen Auseinandersetzungen mit Vertretern des Katholizismus, des reformierten Protestantismus, des Pietismus und der Aufklärung (L. als entschiedener Gegner der → Leibniz-Wolffschen Schulphilosophie) sowie vom Bemühen um Bildungs- und Kirchenreformen (u.a. Verbesserung der Kirchenzucht) bestimmt. Unionsbestrebungen im Protestantismus hat er aus Sorge um das luth.-reformator. Erbe abgelehnt. Bereits 1701 gründete L. die erste länger bestehende dt. theol. Zs. *Altes und Neues aus dem Schatz Theologischer Wissenschaften* (seit 1702: *Unschuldige Nachrichten von Alten und Neuen Theologischen Sachen*, seit 1720 *Fortgesetzte Sammlung von Alten und Neuen Theologischen Sachen*). Auch als Dichter von rund 120 Kirchenliedern trat L. hervor (Ev. Gesangbuch Nr. 90).

Lit.: TRE 21 (1991), 415–419; NDB 15 (1987), 63 f.; M. Greschat, Zwischen Tradition und neuem Anfang (1971).
HANS-MARTIN KIRN

Lothar I., fränk. König und Kaiser, * 795, † 29. 9. 855 (Prüm). Ältester Sohn → Ludwigs d. Fr., wurde L. 814 Unterkönig in Bayern, mit der *Ordinatio imperii* von 817 Mitkaiser und zum Nachfolger im fränk. Kaisertum erhoben. 823 von P. Paschalis I. in Rom zum Kaiser gekrönt, erließ er 824 die *Constitutio Romana* (*Röm. Verordnung*), mit der die Neuregelung der Beziehungen zw. dem Fränk. Reich und Rom, insbes. der Papstwahl durch stadtröm. Klerus und Adel, erfolgte; der gewählte Papst mußte vor seiner Weihe dem ksl. Vertreter den Eid leisten. Durch die in Rom von ksl. und päpstl. Gesandten gemeinsam wahrgenommene Kontrolle der Verwaltung des Kirchenstaates sicherte sich der Kaiser weitreichende Hoheitsrechte. Durch die 844 durch L. ausgeweitete, von → Otto I. 962 im *Pactum Ottonianum* bestätigte Bestimmung (auch *Constitutio Lotharii* genannt) wirkte der dt.-röm. Kaiser bis zur Gregorian. Reform maßgebl. an den Papstwahlen mit. Nach dem Tod des Vaters (840) suchte L. die Oberhoheit über seine Brüder Ludwig und Karl, damit die fränk. Reichseinheit unter seiner Führung durchzusetzen, mußte sich durch die Niederlage bei Fontenoy 841 aber geschlagen geben. Es kam 843 zum Teilungsvertrag von Verdun, mit dem das Fränk. Reich in drei Teile zerfiel. Als Kaiser fiel L. das mittlere Reichsdrittel mit Aachen und Rom zu.

Lit.: DBE 6 (1997), 480; ³LThK 6 (1997), 1063 f.; LMA 5 (1991), 2123 f.; NDB 15 (1987), 210–216. MANFRED HEIM

Lubac, Henri de, SJ-Theologe, Kardinal, * 20.2. 1896 (Cambrai), † 4.9. 1991 (Paris). Nach Teilnahme am 1. Weltkrieg und den ordensübl. Studien in Jersey, Ore Place (maßgebl. Einfluß von M. → Blondel) und Lyon 1929 zum Dozent für Fundamentaltheologie, bald darauf auch für Religionsgeschichte an der Kath. Univ. in Lyon (Facultés catholiques) ernannt. Seit 1934 wohnte er im SJ-Kolleg von Lyon-Fourvière, an dessen Hochschule er zwar nicht unterrichtete, wo er jedoch inspirierender Mittelpunkt eines Kreises begabter SJ-Studenten (u.a. J. Daniélou, H.U. von → Balthasar, X. Tilliette) war. Sein Erstlingswerk *Catholicisme*

1938 (dt. *Glauben aus der Liebe*, [2]1970) zielt, aus der Fülle patrist. und ma. Theologie schöpfend, auf ein Verständnis von Kirche als wirksames Zeichen der Gemeinschaft der Menschen mit Gott und untereinander. 1940–1944 war L. im geistigen Widerstand gegen die nationalsozialist. Fremdherrschaft aktiv. Eine Frucht der Auseinandersetzungen mit den Totalitarismen ist *Le drame de l'humanisme athée* (1945). *Corpus mysticum* (1944) öffnete neu den Blick für den Zusammenhang von Kirche und Eucharistie, die sich gegenseitig konstituieren. Noch während des Krieges war L. maßgebl. beteiligt an der Gründung der *Sources chrétiennes* und der Reihe *Théologie*. In *Surnaturel* (1946) faßte er erstmals seine Studien zum Begriff des *Übernatürlichen* zusammen, entlarvte die Theorie von der *natura pura* als neuzeitl. Konstrukt und unterstrich das eine, übernatürl. Endziel der menschl. Geistnatur. Wegen des Verdachts, damit die Ungeschuldetheit der Gnade preisgegeben zu haben, wurde L. 1950 im Zusammenhang mit der Enzyklika *Humani generis* von der Ordensleitung bis 1958 vom Lehrstuhl entfernt. In dieser Zeit entstanden Studien über den Buddhismus (1951–1955) und, eingeleitet durch *Histoire et Esprit* (1950), über das Schriftverständnis des → Origenes, das vierbändige Werk zur Geschichte der Hermeneutik *Exégèse médiévale*, 1959–1964. Die Berufung zum Peritus des II. Vat. Konzils besiegelte L.s Rehabilitierung. Ab 1962 verteidigte L. im Auftrag des Ordens → Teilhard de Chardin in mehreren Monographien sowie durch die Herausgabe großer Teile seiner Korrespondenz. Nach dem Konzil verfaßte L. Kommentare zu den wichtigsten Konzilsdokumenten (*Dei Verbum*, *Lumen gentium*, *Gaudium et spes*). Eindringl. warnte er vor Traditionsverlust und Auslieferung der Theologie an die Soziologie. Das Spätwerk befaßt sich mit → Pico della Mirandola (1974) und der Wirkungsgeschichte des → Joachim von Fiore (1979/81). Neben seinen eigenen Werken gab L., ein „Genie der Freundschaft“ (G. Haeffner), fast ebenso viele Werke von Freunden heraus, kommentierte Briefwechsel etc. H. U. von Balthasar übersetzte umgekehrt die meisten Werke L.s ins Deutsche und gab sie im Johannes Verlag Einsiedeln heraus. L. gehört zu den maßgebl. Erneuerern der Theologie aus den bibl. und patrist. Quellen. 1983 ernannte ihn Johannes Paul II. in Anerkennung seiner Verdienste um die Theologie zum Kardinal. Seit 1974 in Paris lebend, konnte L. als letztes Buch noch eine Einführung in sein Werk vollenden: Dt. *Meine Schriften im Rückblick* (1996).

Lit.: R. Voderholzer, H. de L. begegnen (1999). RUDOLF VODERHOLZER

Ludwig I. der Fromme, fränk. Kaiser, * Juni/August 778, † 20. 6. 840. L. hat sich um eine umfassende Konsolidierung des fränk. Großreiches bemüht, dafür zunächst auch weiterhin einer kirchl. Reform Vorschub geleistet und die Kirche als Garant der Reichseinheit gefördert. Bereits 781 wird L., dritter Sohn → Karls d. Gr., als Unterkönig in Aquitanien eingesetzt, nach dem Tod der Brüder 813 durch Karl zum Mitkaiser erhoben und ist nach dessen Tod ab 28. 1. 814 alleiniger Kaiser. L.s Versuche, seine eigene Nachfolgefrage bereits ab 817 zu regeln, führen durch seine zweite Ehe und spätere Nachkommenschaft, die er auch erbrechtl. berücksichtigt wissen will, zu einem Fiasko – einer Serie von Bürgerkriegen in unterschiedl. Konstellationen. Bereits in Aquitanien hatte sich L. um die Reform der Kirche gekümmert. Diese Tendenz setzt sich fort, erst recht nach 814, als die Bestimmungen der großen Reformkonzilien von 813 ihre Wirkung entfalten. 816 kommt es zum Erlaß der Aachener Kanonikerregel, und auch zahlr. ksl. Gesetze, Verordnungen und Durchführungsbestimmungen – Kapitulare – sollen letztlich höheren als nur weltl. Zwecken dienen, wie überhaupt vielfach zunächst die kirchl., dann erst die weltl. Themen darin Berücksichtigung finden. Im Verhältnis zum Papsttum bestätigt das sog. *Pactum Hludowicianum* von 817 diese ordnenden Reformtendenzen, wobei es vor dem zeitgenöss. Kontext kein Widerspruch zum Reformansatz ist, wenn 824 die eigentl. Papstwahl erneut ksl. Bestätigung unterworfen wird. In den bereits jetzt aufkommenden Auseinandersetzungen um sein Erbe versucht L. durch Förderung kirchl. Institutionen die zentripetalen gegenüber den zentrifugalen Kräften zu stärken. So zeigt gerade L.s Herrschaft quantitativ gesteigerte Immunitätsverleihungen an Kirchen und Klöster, Förderung der Mission im Norden und der Bistumsorganisation im Osten des Reiches. Dabei nimmt der Einfluß der Bischöfe weiter zu, z.B. werden 829 deren Antwortschreiben auf eine ksl. Erhebung des Reformbedarfs, Enquête, wiederum als ksl. Erlaß begeben. L.s Biographen betonen darüber hinaus seinen christl. Lebenswandel; u.a. belegt in einem Kapitular von 820, das die Entfernung „unsittlicher Personen" aus Palast und persönl. Umgebung anordnet. Jedoch hat L. mit diesen Handlungen gar nicht den an bibl. Vorbild ausgerichteten Erwartungshorizont karoling. Fürstenspiegel verlassen. Sein Beiname, *der Fromme*, wird ihm als allein kennzeichnender Titel erst von späteren Jh.n verliehen (Schieffer): Viell. aufgrund seines öffentl. Sündenbekenntnisses 833 in Soissons, zu dem ihn allerdings seine Söhne zwingen und das tatsächl. durch die ganzen Begleitumstände ein Novum darstellt; viell. auch, um so im nachhinein durch die Betonung des „frommen Herrschers" eine Erklärung für das fakt. Zerbrechen des fränk. Großreichs geben zu können.

Lit: [3]LThk 6 (1997), 1092–1094; E. Boshof, L.d.Fr. (1996); P. Godman, R. Collins (Hgg.), Charlesmagne's Heir (1990). Jörg Müller

Ludwig I., König von Bayern, * 25. 8. 1786 (Straßburg), † 29. 2. 1868 (Nizza, beigesetzt in St. Bonifaz, München), Sohn und Nachfolger Kg. Maximilians I. Joseph von Bayern (aus der Pfälzer Linie der Wittelsbacher). Bewußt christl. erzogen und ausgebildet (Einfluß von J. A. Sambuga, J. M. → Sailer u.a.). Dt. Nationalempfinden und Politik wurzelten in tiefer Abneigung gegen das revolutionäre Frankreich und → Napoleon I. Stets auf Erhaltung der Souveränität Bayerns (im Rahmen des Dt. Bundes) bedacht, verbunden mit betonter Förderung der Wirtschaft, der Künste und Wissenschaften; 1826 Verlegung und Neuorganisation der Univ. von Landshut nach München, das er zur Kunststadt ausbaute (Residenzausbau, Anlage der Ludwigstraße mit Prachtbauten, Pinakotheken, Propyläen, Ruhmeshalle u.a.). Als bewußt christl. Monarch förderte er, auch in romant. Rückschau auf das MA, die kirchl. Einrichtungen, bes. die kath. Kirche (Wiedererrichtung zahlr. Klöster; Domausbauten in Speyer, Köln u.a.). Als Philhellene unterstützte er den gr. Freiheitskampf (sein Sohn Otto wurde 1832 Kg. von Griechenland). Die anfängl. liberale Politik zeigte später fortschreitend reaktionäre Tendenzen. Die wachsende Opposition, verstärkt um das Fehlverhalten in der Lola-Montez-Affäre, führte im Revolutionsjahr 1848 zum Rücktritt zugunsten seines Sohnes Maximilian II. (1848–1864). L. ist in der ersten Hälfte des 19. Jh.s eine der markantesten Herrscherpersönlichkeiten Europas.

Lit.: Lebendige Steine. St. Bonifaz in München (Ausstellungskatalog 2000); [3]LThK 6 (1997), 1090; H. Gollwitzer, L. I. Kg von Bayern ([2]1987); Schwaiger (1987), Bd. 1, 52–67. GEORG SCHWAIGER

Ludwig IV. der Bayer, Kaiser, * 1282, † 11. 10. 1347 (Puch bei Fürstenfeldbruck). Als jüngerer Sohn des Wittelsbacher-Hzg. Ludwig II. von Oberbayern (des Strengen) besteht er zunächst eine Phase der innerfamiliären Durchsetzung gegen seinen älteren Bruder Rudolf, die bis zu dessen Tod 1319 dauert. Seinen Werdegang bestimmte allerdings stärker als das bayr. Herzogtum (wichtig hier bes. das Oberbayr. Landrecht von 1346) die Krone des Reiches: (Doppel-)Wahl gegen Friedrich den Schönen von Habsburg zum König 1314, eine Situation, die erst in der Schlacht bei Mühldorf 1322 zugunsten L.s entschieden wurde. Die Kaiserkrönung erfolgte am 17. 1. 1328 in Rom. Zu diesem Zeitpunkt dauerte die Konfrontation mit dem Papst jedoch schon fünf Jahre. Als der „letzte große Kampf“ zw. Papsttum und Kaisertum im MA gilt die Regierungszeit L.s nicht zu unrecht, denn nacheinander mit allen drei Päpsten seiner Zeit (→ Johannes XXII., Benedikt XII., Clemens VI.) zog sich die Auseinandersetzung hin, geführt mit unterschiedlich fintenreichen rechtl., diplomat., bündnispol. und sogar militär. Elementen. Grundsätzlich fehlende Frömmigkeit wird man L. nicht unterstellen dürfen, wie die nachhaltigen privilegialen Förderungen bayr. Klöster und die Gründung von Ettal zeigen. Dennoch gab keine Seite letztlich nach. Dem – durch Ernennung von kgl. Vikaren und militär. Unterstützung papstfeindlicher Kräfte geltend gemachten – Recht des Königs auf Oberitalien setzte Johannes XXII. die fehlende päpstl. Approbation (Anerkennung) L.s entgegen, betrachtete damit den Thron – trotz der Wahl L.s – als vakant, brandmarkte L. somit als Rechtsbrecher und eröffnete ein Verfahren gegen L., weil dieser die Visconti (und damit Ketzer) unterstützte. L. reagierte mit zwei Appellationen (Nürnberg 18. 12. 1323, Frankfurt 7. 1. 1324), worauf der Papst mit dem Bann gegen L. antwortete (23. 3.

1324), L. wiederum mit der Sachsenhausener Appellation (24. 5. 1324) konterte. Bei seinem Italienzug erklärte L. den Papst für abgesetzt und erhob einen Gegenpapst (Nikolaus V.), mittlerweile allerdings päpstlicherseits aller Ämter und Würden enthoben, so daß die päpstl. Kanzlei ihn – mangels Titel – nur noch *Bavarus (der Bayer)* nannte. Rekonziliationsverhandlungen in dieser inzwischen beiderseits prekären Situation blieben erfolglos, weil der Konflikt durch die Einschaltung des frz. und des engl. Königs aus dem Ruder zu laufen begann. 1338 stellten die Kurfürsten (*Rhenser Weistum*) und L. mit *Licet iuris* im Gesetzgebungsweg noch einmal klar, daß die Grundlage des ganzen Streites, nämlich der Approbationsanspruch des Papstes, reichsrechtlich nicht gegeben sei. Eine letzte Wendung, die allerdings wegen des Todes L.s nicht mehr zum Tragen kam, war dann die vom Papst – nach Erneuerung des (nie aufgehobenen) Bannes (13. 4. 1346) – energ. betriebene Wahl des Luxemburgers → Karl IV. zum Gegenkönig. In der dt. Herrschergeschichte bildet das wittelsbach. Kaisertum dynastisch ein nur kurzes Intermezzo und wurde deshalb häufig in – negativem – Kontrast zu dem der Luxemburger gezeichnet. L. wurde indessen, überblickt man die Forschungsgeschichte, offenbar von der späteren wiss. Literatur mehr unterschätzt als von seinen zeitgenöss. Gegnern.

Lit.: H. Nehlsen, H.-G. Hermann (Hgg.), L.d.Bay. – Symposium zum 750. Todestag am 11. 10. 1997 (2001); H. Schlosser, I. Schwab, Das Oberbayr. Landrecht Ks. L.d.Bay. (2000); [3]LThK 6 (1997), 1096f.; A. Kraus, K. Ackermann (Hgg.), L.d.Bay. als bayr. Landesherr. FS W. Ziegler (Zs. für bayr. Landesgeschichte 60) (1997); H. Thomas, L.d.Bay. (1282–1347)(1993); LMA 5 (1991), 2178–2181; NDB 15 (1987), 334–347.

Hans-Georg Hermann

Ludwig IX. der Heilige, hl. (Fest 25. 8.), frz. König, * 25. 4. 1214 (Poissy), † 25. 8. 1270 (bei Tunis). L.s lange Lebens- und Regierungsspanne ist ein Glück für das frz. Königtum, da sie ihm Gelegenheit gibt, langfristig zu planen und zu handeln. Von der Frömmigkeit der Mutter geprägt, erwirbt er selbst bald den Ruf herausragender Frömmigkeit, führt im Namen Gottes seine Kriege. Gekrönt bereits 1226, bis 1235 unter Regentschaft seiner Mutter, der später heiliggesprochenen Bianca von Kastilien, stehend, gelingt es L. zunächst, seine Geschwister von der Herrschaft fernzuhalten und die aufständ. Barone zu befrieden. Damit einher geht in Fortsetzung der Politik seines Vaters die Ausweitung der Krondomäne und eine gewaltige Expansion des kgl. Frankreichs nach Süden, die zugleich für den Süden große personelle, materielle und kulturelle Verluste bedeutet. Planvoller Ausbau der Städte, der Verwaltung und ihrer Institutionen bedeuten ebenso erste Schritte des frz. Königtums auf dem Wege zu einem zentralisierten Nationalstaat wie die vorsichtigen Versuche, die Rechtsprechung allmähl. stärker auf den König auszurichten. Dabei wird von kgl. Seite das röm. Recht schöpferisch eingesetzt, indem z.B. zunächst situations- bzw. fallbezogene Präjudize bzgl. des Gerichtsstandes geschaffen und unter Verweis auf das röm. Recht nach

Ablauf von mögl. Einspruchsfristen zum Regelfall erhoben werden. Hierbei kommt L.s lange Regierungszeit positiv zum Tragen. Diese Tendenzen werden durch Anordnungen bestärkt, die gelegentlich erst nach syst. Befragung der Betroffenen (Enquête) erlassen werden, somit zumindest teilweise auf eine ganz andere Zustimmung stoßen. Der Einfluß der Parlamente als Gerichtsinstanz wird durch L. gefördert, gerichtl. Beweiserhebung rationalisiert, Fehdeverbote erlassen, jedoch auch das mit einer Benachteiligung des Angeklagten verbundene Inquisitionsverfahren im Rahmen der Ketzerverfolgung in Südfrankreich deutlich ausgedehnt, zudem bereits 1242 der Talmud verbrannt. In die Auseinandersetzungen → Innocenz' IV. mit den Staufern greift L. vermittelnd ein, schützt andererseits den Papst, ohne daß er wiederum gegenüber „seinem" Klerus kgl. Prärogativen aufgibt. 1248–1254 und 1270 führt er Kreuzzüge – militär. mit katastrophalem Ausgang, der ihn die äußeren Zeichen seiner Frömmigkeit steigern läßt, was wiederum zur Mehrung seines Ansehens beiträgt. Heiligsprechung 1297 durch → Bonifaz VIII.

Lit.: J. Le Goff, L. d.Hl. (2000); [3]LThK 6 (1997), 1098f.; L. Buisson, Kg. L. IX., d.H., und das Recht (1954).

Jörg Müller

Ludwig XIV., König von Frankreich (*Sonnenkönig*), * 5. 9. 1638 (Saint-Germain-en-Laye), † 1. 9. 1715 (Versailles). Seit 1643 Nachfolger seines Vaters Ludwig XIII., stand der minderjährige L. unter Vormundschaft seiner Mutter Anna von Österreich. Nach dem Tod des Premierministers und Kard. → Mazarin (1661) übernahm er die Regentschaft über das Land, in dem er den Absolutismus vollendete („L'État, c'est moi" – „*Ich* bin der Staat") und das er durch rücksichtslose Eroberungskriege seit 1667/68 nach Osten und Norden erweiterte. Diese Unternehmungen und eine exzessive Hofhaltung in Versailles zehrten die mittels merkantilist. Wirtschaftspolitik des Ministers Jean-Baptiste Colbert erzielten Staatseinkünfte auf und trieben Frankreich, das unter L. pol. und kulturell zur bedeutendsten europ. Macht wurde, letztlich in den Staatsbankrott und mittelbar in die Frz. Revolution (1789). Nach absolutist. Maxime lenkte L. auch seine Religionspolitik, erstrebte eine von Rom unabhängige, ihm absolut willfährige und untertänige kath. Staatskirche (Ecclesia Gallicana, Gallikanismus; Erklärung der vier Gallikan. Artikel 1682) und bekämpfte konsequent alles, was die rel. Einheit des Landes zu gefährden schien. So hob er mit dem am 18. 10. 1685 erlassenen Edikt von Fontainebleau das (Toleranz-) Edikt von Nantes Kg. → Heinrichs IV. von 1598 auf, was Zehntausende von Hugenotten zwang, Frankreich zu verlassen. In gleicher Weise suchte L. Quietisten (J. M. → Guyon, F. → Fénelon) und Jansenisten auszuschalten. 1710 ließ L. ihr Zentrum im Klr. Port-Royal bei Versailles zerstören und durch P. Clemens XI. 101 Thesen P. → Quesnels mit der Bulle *Unigenitus* von 1713 verurteilen. Damit war der allmähl. Niedergang des Jansenismus eingeleitet. Im

Quartierstreit kam es zum schweren Konflikt zw. dem Hl. Stuhl und L. (→ Innocenz XI.).

Lit.: D. J. Sturdy, L. XIV (1998); , O. Bernier, L. (1998); [3]LThK 6 (1997), 1101 f.; P. C. Hartmann (Hg.), Frz. Könige und Kaiser der Neuzeit (1994), 188–236.

MANFRED HEIM

Ludwig XVI., König von Frankreich, * 23. 8. 1754 (Versailles), † 21. 1. 1793 (Paris), Enkel und Nachfolger Kg. Ludwigs XV. (1715–1774). L.s Regierungsantritt war von hohen Erwartungen begleitet. Trotz seiner anfängl. Reformbereitschaft war er den Problemen, die sich in erster Linie aus einem unter → Ludwig XIV. herbeigeführten Staatsbankrott speisten, nicht gewachsen und griff auf die Mittel absolutist. Staatsführung zurück, bes. in seinem Bemühen, Reformen der pol. Verfassung zu verhindern. Dies und eine akuter werdende Unterversorgung der Bevölkerung mit Lebensmitteln führten zum Ausbruch der Frz. Revolution mit dem Sturm auf die Bastille am 14. 7. 1789. Nach der Ausrufung Frankreichs zur Republik (10. 8. 1792) wurde die kgl. Familie gefangengesetzt, L. am 21. 1. 1793, seine Gemahlin, die österr. Kaisertochter Marie Antoinette, am 16. 10. 1793 in Paris enthauptet. L. gestand den Hugenotten mit dem Toleranzedikt von Versailles 1787 wieder die freie Religionsausübung zu, die ihnen unter Ludwig XIV. 1685 mit dem Edikt von Fontainebleau genommen worden war. Der Zivilkonstitution des Klerus (*Constitution civile du clergé*), der am 12. 7. 1790 von der Konstituierenden Versammlung in Paris beschlossenen Neuorganisation der kath. Kirche in Frankreich, mußte L. zustimmen: die 134 Bistümer wurden entsprechend der neuen Département-Einteilung auf 83 reduziert, die Besetzung der Bischofsstühle und Pfarreien durch pol. Wahlkörper angeordnet, die kanon. Institution der Bischöfe den Metropoliten, die Einsetzung der Pfarrer den Bischöfen übertragen, alle Kirchenstellen ohne Seelsorge aufgehoben. In Tradition des Gallikanismus sollte die kath. Kirche Frankreichs zur Nationalkirche und die Verbindung des Klerus mit dem Papsttum weitgehend gelöst werden. Die Verpflichtung aller Kleriker zur Eidleistung auf diese Konstitution führte zur Spaltung in eine eidleistende (konstitutionelle) Kirche und Eidverweigerer, die hart verfolgt wurden. Nach schwerster Verstörung brachte erst das Napoleonische Konkordat von 1801 eine kanon. Neuordnung (→ Napoleon I.).

Lit.: [3]LThK 6 (1997), 1102; P. C. Hartmann (Hg.), Frz. Könige und Kaiser der Neuzeit (1994), 272–307.

MANFRED HEIM

Lukas, Evangelist → Apostel (Zwölf) und Evangelisten

Lukian von Antiochien, theol. Schriftsteller, Märtyrer, * 240/50, † 7. 1. 312 (Nicomedia, Bithynien). In Edessa theol. ausgebildet, ließ er sich in Antiochien nieder. In der Antike galt er als Stammvater der arian. Häresie, kaum zu Recht. Er scheint wenig geschrieben zu haben; erhalten haben sich nur zwei Fragmente, das eine aus einem Brief, das andere aus einem Hiobkommentar.

Unter Maximinus Daia erlitt L. das Martyrium.

Lit.: ²LACL 405 f. SIEGMAR DÖPP

Lukian von Samosata, Wanderredner und Schriftsteller, * 115/25 (Samosata am Euphrat), † nach 180. Repräsentant der Zweiten Sophistik, hat L. zahlr. Schriften in gr. Sprache verfaßt, von denen sich rund 80 erhalten haben; sie zeigen ihn durchweg in krit. und iron. Distanz zu seinen Gegenständen. In einem seiner Werke, in *De morte Peregrini* (*Vom Ende des Peregrinus* [Nr. 55]), erwähnt er die Christen; sie werden als wunderl. und abergläub. Leute dargestellt, die sich als Brüder betrachten, für ihre Gemeinschaft keine Kosten und Mühen scheuen, fest auf ein ewiges Leben hoffen und um seinetwillen den Tod nicht bloß verachten, sondern aus freien Stücken auf sich ziehen (cap. 11–16).

Lit.: DNP 7 (1999), 493–501; B. Altaner, A. Stuiber, Patrologie (⁸1978), 59.
SIEGMAR DÖPP

Luther, Martin, Reformator, * 10. 11. 1483 (Eisleben), † 18. 2. 1546 (ebd.). Der als Sohn eines Hüttenmeisters im Kupferbergbau geborene L. studierte seit 1501 an der Univ. Erfurt (*via moderna*). Nach dem Magisterexamen begann er 1505 auf Wunsch des Vaters mit dem Rechtsstudium, geriet jedoch in eine tiefe rel. Krise. Ein bei einem schweren Gewitter in Todesgefahr abgelegtes Gelübde, Mönch zu werden, ließ ihn dem Erfurter Konvent der observanten Augustinereremiten beitreten, wo er ein streng asket., von Sündenbewußtsein und Bußgesinnung geprägtes Leben führte. An Profeß und Priesterweihe schloß sich das Studium der Theologie an. Nach einer im Auftrag des Ordens unternommenen Romreise 1510/11 kam L. nach Wittenberg, wo er, 1512 zum Dr. theol. promoviert, in der Nachfolge seines Lehrers und Beichtvaters J. von → Staupitz die bibl. Professur übernahm. Seit 1514 nahm er auch das Amt des Predigers an der Stadtkirche St. Marien wahr. Bibelauslegung und Predigt bestimmten fortan L.s Wirken. Die frühen Vorlesungen zu bibl. Büchern (Ps, Röm, Gal, Hebr) zeigen, wie seine von → Paulus und dem antipelagian. → Augustinus inspirierte Theologie, entscheidend vorangetrieben durch die krit. Auseinandersetzung mit der Buß- und Ablaßpraxis 1517/18, das Profil einer fundamentalen Neuorientierung gegenüber den ma.-scholast. Traditionen gewann. Als exeget. Kern von L.s reformator. Erkenntnis gilt die Entdeckung der Gottesgerechtigkeit Röm 1,17 als Glaubensgerechtigkeit. Die als Angriff auf den Papst und Infragestellung seiner Autorität interpretierte Ablaßkritik L.s (*95 Thesen*, 1517) führte zum röm. Prozeß, zu L.s Exkommunikation und mit dem Wormser Edikt (1521) zur Verhängung der Reichsacht über L. und seine Anhänger. 1520 erschienen mehrere programmat. Schriften L.s, die seinem neuen Verständnis von Kirche und Sakrament Ausdruck gaben: Die Adelsschrift (*An den christlichen Adel deutscher Nation*) forderte angesichts des Versagens der geistl. Stände die weltl. Obrigkeit zur Kirchenreform auf und erneuerte die Hoffnung auf ein Konzil; die Streitschrift *Von der ba-*

bylonischen Gefangenschaft der Kirche (*De captivitate Babylonica ecclesiae praeludium*) bot eine am bibl. Verheißungswort orientierte Neufassung der Sakramentenlehre (Reduzierung der Siebenzahl auf zwei bzw. drei: Taufe, Abendmahl und evtl. Buße, Ablehnung von Kelchentzug, Transsubstantiationslehre und Opfercharakter der Messe); die Freiheitsschrift (*Von der Freiheit eines Christenmenschen*) verstand sich als *Summa* eines christl. Lebens in der rechten Unterscheidung von Rechtfertigung und Heiligung. Von grundlegender Bedeutung wurde L.s Gedanke vom Allg. Priestertum aller Gläubigen, der den trad. Unterschied zw. Klerikern und Laien aufhob und zu einer Neubegründung des ordinierten Amtes führte. Den 14monatigen Zwangsaufenthalt auf der Wartburg 1521/22 in der Schutzhaft seines Landesherrn nutzte L. zur Anfertigung einer Übersetzung des NT, während in Wittenberg erste Schritte zur gottesdienstl., soz. und wirtschaftl. Reorganisation unternommen wurden. Die Radikalisierung der Wittenberger Bewegung, von A. → Karlstadt durch Einführung des Laienkelches bei der Abendmahlsfeier und den Kampf gegen die Bilderverehrung in den Kirchen vorangetrieben, veranlaßte L. zum Eingreifen. Mit den sog. *Invokavitpredigten* gelang ihm eine obrigkeitskonforme Mäßigung, doch die reformator. Bewegung spaltete sich. Zur Trennung von Karlstadt trat in der Folgezeit die von anderen radikalreformator. Richtungen (Th. → Müntzer, aufständ. Bauern, Täufer), aber auch von den Schweizer und oberdt. Reformatoren, die L.s Auffassung von der Realpräsenz Christi im Abendmahl nicht teilten. Vom Reformhumanismus des → Erasmus und seiner optimist. Anthropologie distanzierte sich L. mit seiner Schrift *Vom geknechteten Willen* (*De servo arbitrio*, 1525). Zur demonstrativen Absage an den Zölibat der Geistlichen und zum Lob des gottgestifteten Ehestands wurde die Heirat L.s mit der ehem. Nonne K. von → Bora 1525. An der kirchl. Neuordnung war L. maßgebl. durch das Verfassen von Gottesdienstordnungen (Dt. Messe 1525), Kirchenliedern, Katechismen (1528/29) und Vorschlägen zur Verbesserung des Schul- und Bildungswesens beteiligt. Den Fortgang und die Sicherung der Reformation hielt er nur unter dem Schutz des Kurfürsten für möglich (Typus der Territorialreformation). So nahm er auch den Landesherrn als „Notbischof" in Anspruch (Visitationen) und stärkte das landesherrl. Kirchenregiment. Skeptischer als Ph. → Melanchthon beurteilte L. die Verständigungsmöglichkeiten mit der kath. Kirche. Die ablehnende Haltung Roms und L.s apokalypt. Gegenwartsdeutung bestärkten ihn in seinem Kampf gegen den Papst als Antichristen. Auch L.s schroff antijüd. Schriften der Jahre 1542/43 mit ihren Versklavungs- und Vertreibungsforderungen sind von der Vorstellung einer endzeitl. Gefährdung der Reformation und der Zusammenschau von Juden, Türken, Papstanhängern und radikalreformator. „Schwarmgeistern" bestimmt. In Spannung zu diesen charakteristischen, spät-ma. Ängste in neuem Kontext aktualisierenden Sicherungsstrategien rel. Identität stehen die von L.s reformator. Botschaft ermöglichten gesamtgesellschaftl. wirksam gewordenen Freiheitserfahrungen. Die epochale Bedeutung der Reformation, die Ausbildung der Konfessionen in der Spaltung der abendländ. Christenheit und die Besinnung auf die Möglichkeiten ihrer Überwindung bleiben eng mit L.s Person und Werk verbunden.

Lit.: R. Schwarz, L. ([2]1998); B. Lohse, M. L. ([3]1997); ders., L.s Theologie in ihrer hist. Entwicklung und in ihrem syst. Zusammenhang (1995); M. Brecht, M. L., 3 Bde. ([2]1994); TRE 21 (1991), 513–599. HANS-MARTIN KIRN

M

Mabillon, Jean, OSB, Historiker, * 23. 11. 1632 (St-Pierremont), † 27. 12. 1707 (St-Germain-des-Prés). M. trat 1653 in die OSB-Maurinerkongregation ein und wurde 1660 Priester. Ab 1664 lebte er in St-Germain-des-Prés und übernahm bald die Herausgabe der chronolog. gegliederten *Acta Sanctorum Ordinis S. Benedicti.* Auf Bibliotheksreisen nach Flandern, Deutschland und Italien, aber auch innerhalb Frankreichs sammelte M. viel Quellenmaterial für seine hist. Studien. Durch seine Werke *De re diplomatica* (1681) und *Traité des études monastiques* (1691) übte M. großen Einfluß auf hist. Forschungsmethoden aus und förderte die Studien in den Klöstern erheblich.

Lit.: [3]LThK 6 (1997), 1160f.; BBKL 5 (1993), 511–514; B. Barret-Kriegel, J. M. (1988). STEPHAN HAERING

Maimonides, Moses, jüd. Religionsphilosoph, * 30. 3. 1138 (Cordoba), † 12. 12. 1204 (Fustat, Kairo). M. verbrachte nach der Auswanderung seiner Familie sein Leben in Marokko und Alt-Kairo, wo er zum Ratgeber des Kalifen und zum geist. Führer des ägypt. Judentums aufstieg. Begraben ist M. in Tiberias am See Genesareth. Seinen Ruhm begründeten v. a. zwei Werke: *Mishneh-Tora*, eine Zusammenfassung des Talmud, und der ursprüngl. arab. geschriebene (etwa 1190), ins Hebräische übersetzte *Führer der Unschlüssigen.* Hier versuchte M., der Aristoteles und seine arab. Kommentatoren hochschätzte, für gebildete Leser philos. Erkenntnis und rel. Tradition in Einklang zu bringen. Seine innerjüd. Gegner freilich beschuldigten ihn der rationalist.-spiritualisierenden Auflösung des geoffenbarten Glaubens. Anfang des 13. Jh.s wurde dieses Werk des M. ins Lateinische übersetzt; seine Gedanken – bes. über das Wesen und die Formen der Prophetie und des Kultes, über die Gotteserkenntnis oder die Gottesbeweise – beeinflußten die theol. Reflexion dieser Themen bei den Scholastikern von → Wilhelm von Auvergne bis → Thomas von Aquin.

Lit.: J. Maier, Einleitung und Bibliographie zu: Mose Ben Maimon, Führer der Unschlüssigen. Übers. und Komm. von A. Weiss, 2 Bde. (1995). MARIANNE SCHLOSSER

Maistre, Joseph Marie de, traditionalist. Staatstheoretiker, * 1. 4. 1753 (Chambéry, Savoyen), † 26. 2. 1821 (Turin). Kath. erzogen, wurde der zunächst stark von der Aufklärung geprägte M. nach dem Jura-Studium (1769–1772) Beamter der Staatsanwaltschaft in Chambéry und Mitglied der dortigen Freimaurerloge, wandelte sich aber seit dem Einmarsch der frz. Truppen in Savoyen (1792) zu einem entschiedenen Gegner der Revolution, vor der er wiederholt auf der Flucht war. 1802–1817 weilte er in offizieller Mission des Kgr. Sardinien am Zarenhof in St. Petersburg, wo seine sprachl. brillanten und auf enzyklopäd. Wissen basierenden Hauptwerke entstanden, in denen er leidenschaftl. Kritik an Aufklärung, Volkssouveränität und Autonomiedenken übte. Die Revolution als Strafe der Vorsehung für den moral. Verfall des überzivilisierten Ancien Régime deutend, erblickte M. in der Rückkehr unter die Autorität der Kirche und der Monarchie das einzige Heilmittel für die Regeneration der europ. Völker. Die Staatsgewalt ist seiner Auffassung nach nicht durch menschl. Vertrag, sondern durch göttl. Intervention entstanden, und als die ideale Staatsform galt ihm die Theokratie. In der kath. Kirche sah er den Hort auch aller weltl. Autorität und im Papst, dem Unfehlbarkeit eigne und der unübertreffbar in der Auslegung der Vorsehung sei, den besten Garanten gegen einen Mißbrauch der Souveränität seitens der weltl. Herrscher, wobei er zur hist.-pol. Begründung von Primat und Infallibilität den geschichtl. Stoff im einschlägigen Werk *Du Pape* (1819) nicht selten gewaltsam handhabte, um Apologet um jeden Preis sein zu können. Der Einfluß des Traditionalisten M. auf den Ultramontanismus des 19. Jh.s und namentlich auf die Infallibilitätsbewegung im Vorfeld des I. Vatikanums war erheblich. Aber auch in Krisenzeiten der europ. Geschichte (1830, 1848, 1918, 1945) blieb der reaktionäre Staatstheoretiker mit seinem pessimist. Menschenbild und einem nachgerade fatalist. Vorsehungsdenken aktuell.

Lit.: J. Alibert, J.de M. (1990); H. de Maistre, J.de M. (1990); [7]StL 3 (1987), 981–983. KARL HAUSBERGER

Major, Georg (Maier), luth. Theologe, * 25. 4. 1502 (Nürnberg), † 28. 11. 1574 (Wittenberg). M. war 1529–1537 Rektor der Johannisschule in Magdeburg, wurde 1537 von M. → Luther ordiniert, 1544 von diesem zum Dr. theol. promoviert, 1545 Prof. der Theologie in Wittenberg, 1547/48 Superintendent in Merseburg, war seit 1558 Dekan der Theol. Fakultät der Univ. Wittenberg, 1561 und 1567 auch Rektor. Er übernahm von Georg Rörer 1551 die Herausgabe der Wittenberger Lutherausgabe. In seiner in zahlr. Schriften dargestellten theol. Lehre, der die *Majoristen* anhingen, betonte M. die Bedeutung der guten Werke („niemand wird durch böse Werke selig, und niemand ohne gute Werke") und war so in den Verdacht geraten, einer Werkgerechtigkeit das Wort zu reden. In dem sich entzündenden *Majoristischen Streit* war N. von → Amsdorff M.s Hauptgegner.

Lit.: Metzler 451 f.; TRE 21 (1991), 725–730. MANFRED HEIM

Malachias, hl. (Fest 3. 11.), Ebf. von Armagh, bed. ir. Kirchenmann des Hoch-MA, * 1094/95 als Sohn des Lektors der Klosterschule von Armagh, † 1./2. 11. 1148 (Clairvaux, hier bestattet). Verdient um (röm.) Reform der Kirche Irlands (Einführung der röm. Liturgie; päpstl. Legat); 1124/25 Bf. von Connor; um 1132 Ebf. von Armagh (Verzicht 1136); seit 1137 Bf. von Down; zwei Romreisen; nach Begegnung mit → Bernhard von Clairvaux Gründung mehrerer OCist-Klöster in Irland. Die ihm zugeschriebene Weissagung über die Päpste bis zum Weltende entstand erst um 1590.

Lit.: [3]LThK 6 (1997), 1232f.; LMA 6 (1993), 159f. GEORG SCHWAIGER

Manegold von Lautenbach, Wanderlehrer, gesicherte Daten nur zw. 1085 und 1103. Richard von Cluny kannte um 1160 einen Wanderlehrer M. Dieser soll mit seiner Familie durch Frankreich gezogen sein. M. wurde aus dem elsäss. Stift Lautenbach vertrieben und ging 1085 in das Stift Rottenbuch. Später war er Prior des Stifts Marbach im Elsaß. 1103 wird er zuletzt als lebend bezeugt, er soll an einem 24. 1. gestorben sein. Zwei Streitschriften sind von M. überliefert, die vermutl. 1085 entstanden, nämlich der *Liber contra Wolfelmum* und der *Liber ad Geberhardum.* Er setzte sich dabei mit Problemen des Investiturstreits auseinander. Möglich ist auch, daß M. einen Ps-Kommentar verfaßt hat.

Lit.: [3]LThK 6 (1997), 1264; L. Sturlese, Die dt. Philosophie im MA (1993), 77–86. WOLFGANG ROTZSCHE

Mani, babylon. Religionsstifter pers. Abstammung, * 216, † 274 oder 277. M. verstand sich als Abgesandter Gottes und trat seit 242 am pers. Hof auf, um die Religion Zarathustras zu verdrängen. Die von ihm begründete Religion des *Manichäismus* ist ein gnost.-dualist. System, das vorderasiat., buddhist., jüd. und christl. Einflüsse zu einer komplexen Heilslehre kombiniert. Prominentester Anhänger des *Manichäismus* war der junge → Augustinus, der ihn in Nordafrika kennengelernt hatte, wo er sich im 4. Jh. stark ausgebreitet hatte. Erst die Predigt des → Ambrosius in Mailand und seine geistige (*allegorische*) Auslegung des AT ließen Augustinus die manichäischen Vorbehalte gegen das AT überwinden (Conf. V,14,24) und ebneten ihm den Weg in die Kirche. In China war der Manichäismus bis ins 16. Jh. lebendig.

Lit.: [3]LThK 6 (1997), 1265–1269. RUDOLF VODERHOLZER

Manning, Henry Edward, Ebf. von Westminster, Kardinal (1875), * 15 7. 1808 (Totteridge, Hertfordshire), † 14. 1. 1892 (London). Aus einer der evangelikalen Richtung angehörenden Familie der engl. Oberschicht stammend, wandte sich M. während seines Studiums am Balliol College in Oxford (1827–1830) der hochkirchl. Oxfordbewegung zu, trat in Korrespondenz mit deren Führer J. H. → Newman und wurde nach seiner Priesterweihe (1833) als Vikar in Lavington (Sussex) und Archidiakon von Chichester (1840–1851) eine Säule der *Nationalen Gesellschaft zur Förderung der Bildung der Armen.* Im Gefolge der Konversion Newmans (1845) und anderer Freunde wuchs auch bei ihm die Sympathie für den Katholizismus, und nach einer Audienz beim Papst (1848) und zunehmender Distanzierung von der Hochkirche ließ sich M. 1851 in die kath. Kirche aufnehmen und von Nicholas Wiseman, dem ersten Kard.-Ebf. der von Rom 1850 in England wiedererrichteten Hierarchie, zum Priester weihen, um anschließend an der Accademia Ecclesiastica in Rom einen Theologiekursus zu absolvieren. 1854 als Dr. theol. nach England zurückgekehrt, entfaltete M. ein reiches pastorales Wirken, führte insbes. als *Apostel des Adels* zahlr. Aristokraten zur Konversion und stand der Priestergemeinschaft der Oblaten des hl. K. → Borromäus im Londoner Stadtteil Bayswater als Superior vor. Seit 1857 auch Propst des Domkapitels von Westminster, unterstützte er Ebf. Wiseman, zu dessen Nachfolger ihn → Pius IX. 1865 ernannte, tatkräftig gegen die liberalen Katholiken Englands. Als zweiter Ebf. von Westminster wurde M. einerseits weiteren Kreisen als mutiger, wenn auch antirevolutionärer Sozialreformer bekannt (Sorge für irische Immigranten, Liga gegen den Alkoholismus, Unterstützung der Landarbeiter-Gewerkschaft etc.), andererseits als kompromißloser, in der Wahl seiner Mittel keineswegs zimperlicher Gegner liberal-kath. Bestrebungen. So erwirkte er ein päpstl. Verbot gegen Newmans Absicht, in Oxford ein Oratorium zu gründen, und nachdem er 1875 selbst zum Kardinal kreiert worden war, versuchte er vergeblich, dessen Aufnahme in das Kardinalskolleg zu verhindern. Auf dem I. Vatikanum übernahm M., der seit seiner Konversion einer der profiliertesten Förderer des Ultramontanismus war und die Überzeugung hegte, daß man der gegenwärtigen Krise des rel. Ungehorsams und Abfalls nur durch einen infalliblen Papst wehren könne, die Führung jener Fraktion, die das Unfehlbarkeitsdogma durchsetzte. Zwar hat eine vorurteilsfreie, die bizarre Darstellung des Erstbiographen Edmund Sheridan Purcell (2 Bde., 1896) überwindende Beurteilung von M.s Leben und Wirken erst begonnen, doch steht sein enormes soz. Engagement ebenso außer Frage wie sein missionar. Impetus und sein kämpferischer Ultramontanismus.

Lit.: TRE 22 (1992), 60–63; GKG 9/2 (1984), 7–19. KARL HAUSBERGER

Mansi, Giovanni Domenico, kath. Theologe, Kirchenhistoriker, * 16. 2. 1692 (Lucca), † 27. 9. 1769 (ebd.). Prof. der Moraltheologie in Neapel, seit 1764 Ebf. von Lucca, wo er eine Akademie für Kirchengeschichte gründete. Er publizierte etwa 90 Bde.; sein Hauptwerk ist die Ausgabe der 31 Bde. der *Sacrorum conciliorum nova et amplissima collectio* (Sammlung von Konzilsakten, erschienen 1759–1798); reichte urspr. nur bis zum Konzil von Florenz (Basel-Ferrara-Florenz-Rom 1431–1445); durch einen erweiterten Neudruck (55 Bde., 1899–1927) weitergeführt bis zum I. Vat. Konzil (1869/70). Bei seiner Edition handelt es sich um den häufig nachlässigen Wiederabdruck oft besserer älterer Ausgaben.

Lit.: [3]LThK 6 (1997), 1284f.
GEORG SCHWAIGER

Marcell von Ancyra, Bf. von Ancyra (noch vor 314), * ca. 280, † 374. Auf dem Konzil von Nizäa (325) trat M. als Gegner des → Arius und des → Eusebius von Nikomedien auf und galt als Vorkämpfer des nizän. Glaubens. Doch sein Gottesbegriff ist unitarisch-monopersonal. Es gibt für M. keine innergöttl. Trinität von Ewigkeit her, sondern Vater, Sohn und Geist erlangen erst durch die Heilswerke Schöpfung, Menschwerdung und Geistsendung eigene Subsistenz, die mit der Vollendung des Heilswerkes und der Rückkehr des Sohnes und des Geistes zum Vater dementsprechend auch endet. Photinus von Sirmium, ein Schüler M.s, leugnete konsequent auch eine wirkl. Menschwerdung des Sohnes Gottes. M., Photinus und ihre Anhänger wurden mehrfach als Häretiker verurteilt. Zur Sicherung des Glaubens, daß die Einheit von menschl. Natur und göttl. Logos, die in der Inkarnation ihren Anfang nahm, in Ewigkeit bestehen bleibt, fügte das Konzil von Konstantinopel (381) zum Symbol von Nizäa den Satz hinzu: „Seines Reiches wird kein Ende sein“ (vgl. Lk 1,33).

Lit.: [2]LACL 420f.
RUDOLF VODERHOLZER

Marheineke, Philipp Conrad, prot. Theologe, * 1. 5. 1780 (Hildesheim), † 31. 5. 1846 (Berlin). M. war ab 1807 Prof. für Kirchengeschichte, Prakt. Theologie und Dogmatik in Heidelberg, ab 1811 in Berlin. Er stand unter dem Einfluß der Philosophie Schellings und war mit → Hegel befreundet. Neben Karl Daub war M. der bedeutendste Vertreter der „spekulativen Theologie“ des frühen 19. Jh.s. Der Lutheraner, der 1817 die preuß. Union unterstützte, betonte die Bedeutung des „priesterlichen Amtes“, das das Selbstopfer Christi durch Ehelosigkeit und eine reine Bibelfrömmigkeit darstellt. In den Auseinandersetzungen um die Christlichkeit der Philosophie Hegels verband M. seine theol. Positionen zunehmend mit einem pol. Konservativismus. Die „Linkshegelianer“ beschuldigten ihn des Kryptokatholizismus.

Lit.: [3]LThK 6 (1997), 1317; BBKL 5 (1993), 805–812; TRE 22 (1992), 109–115.
JOSEF KREIML

Maria, Gottesmutter. Die wichtigsten Nachrichten über die Mutter Jesu finden sich im NT: Ihr Name wird in den vier Evangelien erwähnt, v.a. anläßl. der Ereignisse vor (Verkündigung der jungfräul. Empfängnis) und bei der Geburt Jesu (Anbetung des Kindes durch die Magier), aber auch außerhalb der sog. Kindheitsgeschichten. In Joh begegnet M. zu Beginn des öffentl. Wirkens Jesu (Wein-Wunder zu Kana, Joh 2) und am Ende unter dem Kreuz. Apg 1,14 zeigt M. im Kreis der ersten Jüngergemeinde, betend um das Kommen des Hl. Geistes. In der geheimnisvollen Gestalt der apokalypt. Frau (Offb 12) darf man sowohl M. als die Mutter des Messias wie auch als Repräsentantin Israels und der Kirche sehen. – Ihrer Herkunft nach dürfte M. aus priesterl. Geschlecht stammen; die Namen ihrer Eltern, Joachim und Anna, Einzelheiten über die Jugendzeit M.s und ihre Verlobung mit Josef verdankt die christl. Tradition v.a. dem *Protoevangelium des Jakobus* (2. Jh.), das zwar nicht zum Kanon der Hl. Schrift zählt, aber durchaus Glaubwürdiges über das jüd. Umfeld überliefert. Über den Tod M.s finden sich bis zum 4. Jh. keine sicheren Quellen. Der Tradition nach hat M. die letzten Jahre ihres Lebens in Ephesus verbracht, ist in Jerusalem gestorben (die Abtei Dormitio auf dem Berg Zion bewahrt dieses Gedenken) und auf dem Ölberg begraben worden. Liturg. und theol. Quellen ab dem 7. Jh. sprechen die Überzeugung von einer Entrückung ihres Leibes aus. – Als Mutter des Herrn gehört M. von Anfang an zum Christus-Glauben der Kirche. Festgehalten wird ihre jungfräul. Mutterschaft (so auch der Koran), durch die der Sohn Gottes die menschl. Natur annimmt. Schon früh wird M. als *neue Eva* dem *neuen Adam* Christus zur Seite gestellt (2. Jh.) und um mütterl. Hilfe angerufen (im ältesten M.-Gebet aus dem 3./4. Jh.). Durch das Konzil von Ephesus (431) wird der schon länger gebrauchte Titel *Gottesgebärerin* bestätigt. Eine der ältesten Marienkirchen, S. M. Maggiore in Rom, geht auf diese Zeit zurück. Die theol. Reflexion der folgenden Jh.e widmete sich M. als Fürsprecherin, Urbild der Kirche, Schwester, Mutter und Vorbild aller Glaubenden. Die letzten beiden M.-Dogmen, die formal nur von der kath. Kirche anerkannt sind, brachten bis in die Patristik zurückreichende Traditionen und theol. Erwägungen zum Abschluß: Daß M. „ohne Erbsünde empfangen“ wurde (Dogma der *Unbefleckten Empfängnis*), besagt, daß die Mutter des Erlösers vom ersten Augenblick ihres Daseins an selber Erlöste war (1854). Das Dogma von der *leiblichen Aufnahme Mariens in den Himmel* besagt, daß sie aufgrund ihrer bes. Nähe zu ihrem Sohn als erste der Erlösten mit Seele und Leib in die Vollendung bei Gott aufgenommen ist. – Während in den kirchl. Gemeinschaften der Reformation aufgrund der Sorge um die Zentralstellung Christi die Bedeutung M.s wie auch der Heiligen insgesamt zurücktritt, kommt M. als Mutter Christi und als Urbild des erlösten Menschen im Glaubensleben der röm. wie der östl. Kirchen ein wichtiger Platz zu. Die ihr erwiesene Verehrung ist aber nicht mit der Anbetung zu verwechseln, die nur Gott gebührt. An den versch. liturg. M.-Festen wird M.s Rolle im Heilsgeschehen gedacht; das Abendgebet der Kirche, die Komplet, schließt stets mit einer Bitte an M. (marian. Antiphon), in der Hoffnung, die gleiche Vollendung zu erlangen; im kirchl. Brauchtum, z.B. dem seit dem 13. Jh. üblichen Angelus-Läuten, wird an die Verkündigung des Engels erinnert, in Gebetsformen wie dem Rosenkranz werden die bibl. Ereignisse meditiert. Zahllos sind die Wallfahrtsorte in aller Welt, reich die Ikonographie (von den frühesten Darstellungen aus dem 4. Jh. über die verschiedenen Ikonen-Typen, die gotische Pietà, die Schutzmantelmadonna usw.) und die (oft atl.) Symbolik (Lilie, Aarons Stab, Einhorn etc.). Unerschöpfliche Anregungen bot die Gestalt M.s auch der Dichtung (von den lat. Hymnen über die mhd. M.-Klagen bis zu Rilke) und deren Vertonung.

Lit.: K.-H. Menke, Fleisch geworden aus Maria (1999); R. Bäumer, L. Scheffczyk (Hgg.), Marienlexikon, 6 Bde. (1988–1994); F. Courth, Mariologie (1991); J. Ratzinger, Die Tochter Zion ([4]1990).

MARIANNE SCHLOSSER

Maria I. Tudor, genannt die Katholische oder die Blutige *(Bloody Mary),* Königin von England, * 18. 2. 1516 (Greenwich), † 17. 11. 1558 (London), Tochter → Heinrichs VIII. und Katharinas von Aragón. Nach der Geburt → Elisabeths (I.), die aus Heinrichs zweiter Ehe mit Anne Boleyn hervorging, wurde M. durch den *Act of Succession* (1534) zunächst von der Thronfolge ausgeschlossen, konnte 1553 jedoch ihrem prot. Halbbruder Eduard VI. auf den Thron nachfolgen. Mit Antritt ihrer Regentschaft betrieb sie energ. die Rekatholisierung Englands, führte die Feier der hl. Messe wieder ein, hob die Religionsgesetze Eduards (1553), dann ihres Vaters Heinrich (1555) auf und ließ einige Klöster wiedererrichten. Entscheidend unterstützt wurde sie dabei vom hochgebildeten und tieffrommen Kard. Reginald Pole (1500–1558), der am 30. 11. 1554 den Wiederanschluß der engl. Kirche an Rom vollzog, 1555 zum Ebf. von Canterbury erhoben wurde und 1557 die Priester- und Bf.-Weihe empfing; Pole war seit 1536 Kardinal an der Röm. Kurie und später einflußreicher Legat des Konzils von Trient (1545–1563). In ihrem gegenreformator. Bemühen scheute M., die innen- und außenpol. wenig Glück hatte, vor der Anwendung auch härtester Maßnahmen nicht zurück. So wurden etwa 300 Protestanten als Verräter und Ketzer verbrannt, unter ihnen Th. → Cranmer. M., die seit 1554 mit → Philipp II. von Spanien vermählt war, starb kinderlos. Ihre Halbschwester und Nachfolgerin Elisabeth I. setzte der Rekatholisierung Englands ein Ende und führte den rel. Umschwung herbei.

Lit.: [3]LThK 8 (1999), 374f. (zu Pole); [3]LThK 6 (1997), 1344f. MANFRED HEIM

Maria Theresia, Erzherzogin von Österreich, Königin von Ungarn und Böhmen, als Gemahlin Ks. Franz' I. (1745–1765) Kaiserin, * 13. 5. 1717 (Wien), † 29. 11. 1780 (ebd). Nach dem Tod ihres Vaters, Ks. Karls VI. (des letzten männl. Habsburgers), übernahm sie 1740 gemäß der Pragmat. Sanktion (1713) die Gesamtherrschaft des Hauses Österreich, mußte diese aber gegen den Widerstand des vom bourbon. Frankreich und Spanien gestützten Wittelsbacher Ks. Karl VII. und die schles. Machtinteressen Kg. Friedrichs II. von Preußen behaupten. Ihrer Ehe mit Franz Stephan von Lothringen (Großhzg. von Toscana) 1736 entsprossen 16 Kinder, darunter die späteren Ks. → Joseph II. (seit 1765 Mitregent in den Erblanden) und Leopold II. sowie Marie Antoinette (Königin von Frankreich). Die Kaiserwahl ihres Gemahls 1745 konnte den österr.-preuß. Dualismus im Hl. Röm. Reich nicht mehr überwinden. In den von Preußen initiierten drei Schles. Kriegen gingen Schlesien und Glatz verloren. Den Erschütterungen der Habsburgermonarchie 1740 begegnete sie mit einer Heeresreform (durchgeführt von L. Graf Daun und F. M. Graf Lacy) und einer umfassenden Staats- und Verwaltungsreform (1749–1761), unterstützt von hervorragenden Männern (F. W. Graf Haugwitz u.a.). Gegen den Widerstand der Stände, dic ihre Steuerfreiheit verloren, setzte sie den aufgeklärten absolutist. Staat mit landesherrl. Bürokratie und Zentralverwaltung (Hofkanzlei; Geheime Haus-, Hof- und Staatskanzlei in Wien) durch. Im Zusammenwirken mit dem Mitregenten (seit 1765 Kaiser) Joseph II. gewann Staatskanzler W. A. Kaunitz – gegen den Widerstand der rechtl. denkenden Kaiserin – 1772 durch die 1. Poln. Teilung Galizien, 1775 die Bukowina und im Bayr. Erbfolgekrieg 1778/79 das Innviertel. Die Kaiserin war tief religiös, im Grunde von der Frömmigkeit des süddt. Barockzeitalters geprägt. Unter dem Einfluß hervorragender Berater (I. Müller, Gerard van Swieten, F. S. Rautenstrauch, P. J. Riegger, J. Ch. Bartenstein, F. J. von Heinke, den Wiener Ebf. Ch. A. von Migazzi u.a.) öffnete sich M. den umfassenden *Theresianischen Reformen* im Geist kath. Aufklärung, die weiten Kreisen der Reichskirche als Vorbild dienten: Neuorganisation der Priesterbildung und Seelsorge, Pläne zur Pfarregulierung, Richtlinien zur Errichtung neuer Pfarreien und Vikariate, Einrichtung von Religionsfonds zu Lasten der Stifte und Klöster, Administration kirchl. Güter, Reform des Ordenswesens (Eintritts- und Profeßalter), Besteuerung und staatl. Aufsicht, Verminderung der kirchl. Feiertage, Verbot päpstl. Visitationen, Einschränkung des Wallfahrtswesens; Reform des gesamten Schulwesens (Volksschulen, Gymnasien, Universitäten, Akademien); erste Reform des theol. Studienplanes mit Einführung der neuen Fächer Kirchengeschichte, Pastoral und Katechese (1774). Hier wurde bereits grundgelegt, was im Jahrzehnt der Alleinherrschaft Josephs II. (1780–1790) als *Josephinismus*, vielfach überstürzt und radikal, ausgeführt wurde (z.B. Einrichtung von Generalseminaren zur Priesterbildung). Die v.a. von den Bourbonenstaaten betriebene Aufhebung der SJ durch P. → Clemens XIV. (1773) nahm M. hin. Im Kampf gegen den Kryptoprotestantismus wurde ab 1752 das Mittel der Transmigration (Umsiedlung) nach Siebenbürgen u.a. eingesetzt. In der Justiz (Ende der Hexenverfolgung), der beginnenden Bauernbefreiung und der merkantilist. Wirtschaftsförderung traten ebenfalls Tendenzen der Aufklärung zutage. Die Kaiserin wurde sehr volkstümlich, schon von Zeitgenossen in ihren staatsmänn. Leistungen bewundert, und gilt bis heute als eine der hervorragendsten Herrscherpersönlichkeiten Deutschlands.

Lit.: [3]LThK 6 (1997), 1348f.; W. Koschatzky, M. Th. und ihre Zeit ([2]1980); A. Wandruszka, M. Th. (1980).

GEORG SCHWAIGER

Markion von Sinope, Gnostiker, * um 85 (Sinope am Schwarzen Meer), † um 160. Von Beruf Schiffseigner, war M. einer der großen, der Gnosis nahestehenden Theologen des 2. Jh.s. 139 tauchte er in Rom auf, wurde in die dortige Christengemeinde aufgenommen und baute, wohl unter dem Einfluß des syr. Gnostikers Cerdo, seine Lehre aus.

So entstand das Werk *Antithesen*, worin M. nachzuweisen suchte, daß der eifernde Gott des AT, der die Welt geschaffen hat, und der gütige Gott der Botschaft Christi voneinander versch. seien. Die Schrift ist untergegangen, läßt sich jedoch aus den Repliken christl. Autoren, die M. als Ketzer betrachteten, in den Grundzügen rekonstruieren. Seiner Haltung dem atl. Schöpfergott entsprechend, verlangte M. von seinen Anhängern, sich möglichst weit von allem Kreatürlichen zu lösen, d.h. strenge Askese zu üben, zu der sogar der Verzicht auf die Ehe gehörte. Da M. das AT nicht als Glaubensquelle gelten ließ, stellte er ein eigenes Corpus zusammen; es bestand aus zwei Teilen: aus Lk und aus zehn Briefen des → Paulus, von denen M. Gal bes. schätzte. In beiden Teilen hatte M. diejenigen Stellen gestrichen, die er für nachträgl. Einfügungen judaist. gesinnter Christen hielt. Nachdem M. mit dem Versuch, seine Lehre auf einer röm. Synode durchzusetzen, gescheitert war, wurde er im Jahre 144 aus der Christengemeinde ausgeschlossen. Davon unbeeindruckt, bemühte er sich nach Kräften, seine Lehre zu verbreiten, und baute eine eigene kirchl. Organisation auf, die sich lange Zeit neben der kath. Großkirche behaupten sollte, in Syrien bis ins 5. Jh.

Lit.: K. Rudolph, Die Gnosis (^{2}1980), 337–341. SIEGMAR DÖPP

Markus, Evangelist → Apostel (Zwölf) und Evangelisten

Maro(n), Asket, † vor 423 (410?). → Theodoret beschrieb das Leben M.s. Der Asket muß einen erhebl. Einfluß auf die Missionierung der Bewohner der Berge Phöniziens gehabt haben. M. war Patron eines Klosters am Orontes nahe Apameia. Die Klostergründung erfolgte 451, um das chalkedon. Mönchtum in Syrien zu stärken. Die Mönche des Klosters waren entschiedene Gegner des Monophysitismus. Diese Grundhaltung resultiert aus dem Konzil von Chalkedon (451). Die Kirche der Maroniten ist seit dem 7. Jh. eine autonome, mit Rom unierte Patriarchalkirche und folgt der syr.-antiochen. Tradition.

Lit.: ^{3}LThK 6 (1997), 1410f.; M. Breydy, Geschichte der syro-arab. Literatur der Maroniten vom 7. bis 16. Jh. (1985). WOLFGNG ROTZSCHE

Marozia („Mariechen"), röm. Senatrix und Patricia, * um 890, † vor 936. Tochter des röm. Stadtherrn Theophylakt und der Theodora d. Ä., mit der sie schon in zeitnahen Quellen (→ Liutprand von Cremona u. a.) als Repräsentantin des *Hurenregimentes* gilt; verheiratet wohl 905 mit Hzg. Alberich I. von Spoleto, wohl 925 mit Markgraf Guido von Tuszien, 932 mit Kg. Hugo von Italien. Mit ihrer Sippe beherrschte sie Rom und den Papststuhl, ließ 928 P. Johannes X. in die Engelsburg werfen, wo er bald umkam. Anfang 931 erhob sie ihren Sohn als Johannes XI. zum Papst. Bald nach ihrer dritten Heirat wurde sie 932 durch Alberich II., ihren Sohn aus erster Ehe, entmachtet und mit Johannes XI. gefangengesetzt; starb zw. 932 und 936 wohl in einem Kloster. Neuerdings wird die

Herrschaft ihrer Sippe in den wirren Zeiten günstiger gesehen.

Lit.: [3]LThK 6 (1997), 1412; LMA 6 (1993), 321. GEORG SCHWAIGER

Marsilius von Padua, * um 1275/80 (Padua), † vor dem 10. 4. 1343 (München, am Hofe → Ludwigs IV. d.Bay.). Kurzzeitig (Winter 1312/13) Rektor an der Pariser Univ. (Artistenfakultät), Antipapalist. Schrieb sein Hauptwerk, den *Verteidiger des Friedens* (*Defensor pacis*, Anteil von Johannes von Jandun unklar, Hauptautor sicher M., 1324 vollendet), unter dem Eindruck der Auseinandersetzung zw. avignones. Papsttum und röm.-dt. Kaisertum. Vom *Defensor pacis* sagte P. Clemens VI., es sei das ketzerischste Buch, das er je gelesen habe. Es wurde offiziell wegen fünf (letztlich aber nicht weniger als 240) unorthodoxer Thesen verworfen, so daß M. 1327 wegen häret. Irrlehren in Abwesenheit verurteilt wurde; im Vorfeld der Inquisition war er nämlich schon im Sommer 1326 zus. mit Johannes von Jandun aus Paris geflüchtet. Jetzt, im Gefolge Ludwigs auf dessen Italienzug, wird er von ihm zu seinem *vicarius in spiritualibus* ernannt, fungiert – als studierter Mediziner – auch als sein Leibarzt, steht aber schließlich mit schwindendem Einfluß in Konkurrenzsituation zu → Wilhelm von Ockham und dem franziskan. Umfeld des Kaisers. Am Ende seines Lebens bezieht er noch einmal dezidiert Stellung im Tiroler Ehestreit um Margarete Maultasch auf Seiten Ludwigs, deren Wirksamkeit allerdings streitig ist. Auf der Grundlage des erst um 1260 ins Lateinische übersetzten Aristoteles und Nutzbarmachung zeitgenöss. Versatzstücke aus der kirchl. wie weltl. Rechtslehre entwarf M. im *Defensor pacis* eine Staatstheorie, wegen der er lange als Vordenker der Idee der Volkssouveränität galt; heute begreift man seine Staatstheorie stärker vor dem realen pol. Hintergrund des 14. Jh.s. Dabei vertrat er als Vorläufer eines säkularen, aber keineswegs atheist. Staatsverständnisses der *civitas* den Vorrang der weltl. Macht, indem er den weltl. Einflußbereich der Kirche mittels einer geforderten ausschließl. Spiritualisierung ihres Amtes eliminierte, ihre aus falschem Selbstverständnis angemaßten pol.-weltl. Aufgaben und Rechte (insbes. den universalen päpstl. Herrschaftsanspruch) als Wurzel allen Übels (*pestifera radix*) für den Frieden geißelte und die damit freiwerdenden Bereiche dem Staat zuwies. Mangels entsprechender Kompetenz erscheint danach etwa die gesamte kirchl. Gesetzgebung als gegenstandslos, ebenso wie die ganze Diskussion um die „richtige“ Zwei-Schwerter-Lehre des MA.

Lit.: [3]LThK 6 (1997), 1416–1419; LMA 6 (1993), 332–334; NDB 16 (1990), 261–266; [7]StL 1 (1985), 1024–1026.
HANS-GEORG HERMANN

Martianus Capella (Felix Capella), lat. Enzyklopädist, 5. Jh. M. war wahrsch. als Anwalt in Karthago tätig, wo er mit etwa 50 Jahren zw. 410 und 439 oder nach 470 für seinen Sohn das Werk *De nuptiis Philologiae et Mercurii* über die Sieben Freien Künste (Grammatik, Dialektik, Rhetorik; Geometrie, Arithmetik, Astronomie, Harmonie/Musik) abfaßte. Zw. Prosa- und Verseinlagen abwechselnd (Satura Menippea), fungieren die beiden ersten Bücher über die Hochzeit von Merkur und dem gelehrten, ird. Mädchen Philologia als allegor. Rahmenerzählung für die Bücher 3–9, die jeweils eine der artes liberales, die Brautgaben der Philologia, abhandeln. Diese Texte sind aus antiken Vorlagen kompiliert. M. gilt als Vermittler der antiken Wissenschaft und Begründer des ma. Bildungskanons. Das Werk wurde über Fulgentius, Securus Melior Felix und → Gregor von Tours tradiert und als Schulbuch benutzt. Seit dem 9. Jh. erfuhr es mehrere Kommentierungen (z. B. → Johannes Scotus Eriugena, Alexander von Neckham, Remigius von Auxerre). → Notker Labeo übersetzte die Bücher 1 und 2 ins Althochdeutsche.

Lit: S. Grebe, M. C., „De nuptiis ...“ (1999); LMA 6 (1993), 338f.; D. Shanzer: A philosophical and literary commentary on M.' „De nuptiis ...“, Book 1 (1986); H. W. Pauli, Studien zur Dialektik M.', 5 Microfiches (1984); J. Willis, Ausgabe (1983). MARIANNE SAMMER

Martin V., Papst (11.11.1417–20.2.1431), vorher Oddo Colonna; * 1368 (Genazzano bei Rom) aus der bekannten röm. Adelsfamilie, † 20. 2. 1431 (Rom). 1405 Kardinal, beteiligt an Unionsverhandlungen, zuletzt für die Pisaner Obedienz tätig. M. wurde auf dem Allg. Konzil von Konstanz gewählt und (bis auf unbed. Reste) allg. anerkannt; damit Ende des seit 1378 dauernden Abendländ. Schismas. M. übernahm sofort die Leitung der Versammlung, beendete rasch das Konzil (Konkordate mit einzelnen Nationen) und ging energ. an den Wiederaufbau des zerrütteten Kirchenstaates, restaurierte in Rom Basiliken und Vatikan und betrieb kirchl. Reformen. Nach der Weisung des Konzils (Dekret *Frequens*) berief er Konzilien nach Pavia-Siena (1423/24) und Basel (1431). Das Papsttum gewann neues Ansehen, doch kam die notwendige durchgreifende Reform nicht zustande.

Lit.: ³LThK 6 (1997), 1426f.; DHP (1994), 1096–1100; LMA 6 (1993), 342f. GEORG SCHWAIGER

Martin von Tours, hl. (Fest 11. 11.), Bischof, Mönch und Klostergründer, * um 316/17 (Sabaria, heute Szombathely, Ungarn), † 8. 11. 397 (Candes-Saint-Martin, Loire). Sohn eines röm. Tribuns. In Pavia erzogen, wurde M. 331 Soldat des röm. Heeres. In seiner Militärzeit begab sich die berühmte, in der Kunst immer wieder dargestellte Szene der Mantelteilung: Vor dem Stadttor von Amiens begegnet M., hoch zu Roß, einem frierenden Bettler und schenkt ihm die Hälfte seines Mantels, den er zuvor mit seinem Schwert geteilt hat. 18jährig ließ sich M. taufen, schied 356/57 bei Worms aus der röm. Armee aus und wurde Schüler des → Hilarius von Poitiers. Nach einem Missionsversuch in seiner pannon. Heimat lebte er als Einsiedler auf der Insel Gallinaria bei Genua, bevor er 361 in Ligugé das erste Kloster in Gallien und das älteste des Abendlandes überhaupt gründete. 371 vom Volk zum Bf. von Tours erhoben, wirkte M. als Missionar und Wundertäter, gründete 375 das Klr. Marmoutier und trat für → Priscillian vor dessen

Hinrichtung bei Ks. Maximus in Trier ein. Um sein Leben entstand ein reiches Schrifttum. Wichtigste Quelle ist die 396/97 veröffentlichte, in klass. Tradition stehende Vita des aquitan. Aristokraten Sulpicius Severus. Das Grab des als Hl. verehrten M. in Tours wurde zu einer Stätte rasch aufblühender Wallfahrt, sein Name für unzählige Kirchen und Klöster zum Patrozinium, M. selbst unter → Chlodwig zum fränk. Nationalheiligen, der M.s-Tag vom MA bis ins 19. Jh. ein wichtiger Rechts- und Zinstermin, die an diesem Tag aufgetischte Gans zur M.s-Gans (nach der Legende habe sich M. in einem Gänsestall versteckt, um der Erhebung zum Bischof zu entgehen, wurde von diesen aber durch ihr Geschnatter verraten), sein Festtag zum M.s-Umzug mit Laternen, ein Teil seines Mantels (lat. cappa) zur Reichsreliquie, die im Betraum der fränk. Könige aufbewahrt wurde; der Vorsteher und Aufseher dieser *capella Sancti Martini* war der capellanus, der Kaplan. Noch im Früh-MA ging das Wort Kapelle auf die Hofkapelle und die Beträume der Burgen und Pfalzen (Pfalzkapelle), dann auf die übrigen kleineren Kirchenräume über.

Lit.: DNP 7 (1999), 964; Rottenburger Jahrbuch für Kirchengeschichte 18 (1999); F. Prinz, Der hl. M. v. T., in: Säulen der Mainzer Kirche im ersten Jahrtausend (1998), 7–23; ³LThK 6 (1997), 1427f.; LMA 6 (1993), 344f. MANFRED HEIM

Martin von Troppau, OP, Historiograph, * vor 1239 (Troppau), † 12. 6. 1278 (Bologna). Seit 1261 wirkte M. als päpstl. Kaplan und Pönitentiar in Rom. Der Prager verfaßte Modellpredigten und eine viel benutzte Realkonkordanz, war Verfasser oder zumindest Überarbeiter der Papst-Kaiser-Chronik. M. machte diese Chronik durch seine Textblockzuordnung zu dem bedeutendsten Nachschlagewerk in dieser Zeit: genial löste er die Problematik im *Chronicon pontificum et imperatorum*, indem er den Päpsten auf der einen Seite entsprechend auf der anderen die Kaiser zuordnete. Das Werk wurde in viele Sprachen übersetzt. 1277 nahm M. eine Erweiterung vor und fügte Predigtmärlein hinzu. 1278 wurde er zum Ebf. von Gnesen ernannt, starb jedoch auf dem Weg dorthin.

Lit.: ³LThK 6 (1997), 1429. WOLFGANG ROTZSCHE

Mathilde von Tuszien, Markgräfin, * 1046, † 24. 5. 1115 (Bondeno bei Mantua, Grab seit 1634 in St. Peter, Rom). Einziges überlebendes Kind des Markgrafen Bonifaz von Tuszien und der Beatrix, der Tochter Friedrichs II. von Oberlothringen. Nach unglückl. Vermählung (1069 mit Gottfried dem Buckligen von Oberlothringen, † 1076) ging M. 1071 nach Italien zurück, wo sie gleichberechtigt mit ihrer Mutter ein straffes Regiment führte, der Kirchenreform und dem Reformpapsttum fortschreitend zugeneigt, bes. P. → Gregor VII. zeitlebens eng verbunden. Nach anfängl. Vermittlung im anbrechenden Investiturstreit, was zur Absolution Kg. → Heinrichs IV. in ihrer Stammburg Canossa führte (Jan. 1077), unterstützte M. fortan rückhaltlos das Reformpapsttum unter Einsatz ihrer reichen Besitzungen (v.a. in

Norditalien) und ihres pol. Einflusses (Verbindung mit den kaiserfeindl. Welfen; auf Wunsch P. → Urbans II. 1089 Ehe der 42jährigen mit dem 17jährigen Welf V., die 1095 fakt. beendet war). Der röm. Kirche vermachte M. um 1079/80 ihr gesamtes Eigengut (unter Vorbehalt der vollen Verfügungsgewalt). Ab 1081 stand sie in Reichsacht und war auch ihrer Lehen für verlustig erklärt. Sie fand Rückhalt bei Ks. → Heinrich V., dem die erbliche Nachfolge ihres Eigengutes zufallen sollte. Um diesen umfangreichen Komplex der *Mathildischen Güter* in Ober- und Mittelitalien wurde später zw. Papst und Kaiser gestritten, bis Ks. → Friedrich II. in der Goldbulle von Eger 1213/14 den Verzicht des Reiches zugunsten der Kurie erklärte.

Lit.: [3]LThK 6 (1997), 1473 f.; LMA 6 (1993), 393–395. GEORG SCHWAIGER

Matthäus, Evangelist → Apostel (Zwölf) und Evangelisten

Matthäus von Bascio (Serafini), OFM-Observant, Ordensreformer, * um 1495 (Bascio), † 6. 8. 1552 (Venedig). Nach seiner Flucht aus dem Kloster in Montefalcone (1525) erhielt M. die päpstl. Erlaubnis, als wandernder Bußprediger einen rauheren Habit mit spitzer Kapuze (den „originalen Habit" des hl. → Franz von Assisi) tragen zu dürfen. Ihm schloß sich u.a. Ludwig (Tenaglia) von Fossombrone (um 1490 – um 1552) an, der am 3. 7. 1528 von P. → Clemens VII. die Bestätigung der Reformgruppe, der Kapuziner, erhielt. Damit war neben Franziskanern und Minoriten einer der drei selbständigen Zweige des Ersten franziskan. Ordens entstanden. Die Ordenserneuerer M. und Ludwig wollten den Orden zum urspr. Ideal eines strengen franziskan. Lebens in Armut zurückführen; sie verließen 1536/37 den Reformzweig wieder.

Lit.: [3]LThK 6 (1997), 1092; 1483. MANFRED HEIM

Matthias, Apostel → Apostel (Zwölf) und Evangelisten

Mauritius, hl. (Fest 22. 9.), Märtyrer, † Ende 3. Jh. (Agaunum, heute Saint-Maurice, Wallis). Nach der *Passio Acaunensium martyrum* des Bf. Eucherius von Lyon († 449/50) war M. Primicerius (Befehlshaber) der Thebaischen Legion, die fast ausschließl. aus Christen bestand und wegen ihrer Weigerung, den Göttern zu opfern, zuerst dezimiert, dann vollständig liquidiert worden ist. Bf. Theodor von Octodurus (Martigny) ließ um 380 über dem Grab des M. eine Basilika erbauen, die zum Zentrum einer Wallfahrt mit der 515 gegründeten Abtei St-Maurice am Fuß des Passes über den Großen St. Bernhard wurde. Durch Pilger fand der M.-Kult große Verbreitung und frühe Beliebtheit. M. wurde 888 Patron des Kgr. Burgund, unter → Otto I. Reichspatron: Der König führte seinen Sieg über die Ungarn auf dem Lechfeld (955) auf die Hilfe des M. zurück, ließ im Jahr seiner Kaiserkrönung (962) das Fest des Heiligen päpstl. bestätigen und bestimmte M. zum Patron des 967 errichteten Bistums Magdeburg. Seit → Otto III. galt die Hl. Lanze, die zu den Reichskleinodien gehört, zeitweilig auch als Lanze (Speer) des M. Seit dem MA wurde M., Patron u.a. der Soldaten und des Ordens vom Goldenen Vlies, häufig als Schwarzer (Mohr) dargestellt.

Lit.: [3]LThK 6 (1997), 1500f.; LMA 6 (1993), 412. MANFRED HEIM

Maurus, hl. (Fest 15. 1.), † 584. Der Schüler → Benedikts von Nursia ist erst durch die Kongregation von St-Maur (Mauriner) berühmt geworden. Vermutlich hat Odo von Glanfeuil im 9. Jh. die Vita aufgezeichnet. Der röm. Patrizier Aequitius soll seinen Sohn M. Benedikt als Oblate zur Seite gestellt haben. Möglicherweise hat M. die Regel des hl. Benedikt im Frankenreich verbreitet. Die Klostergründung von Glanfeuil wird M. zugeschrieben. Zumindest soll er in Frankreich den Märtyrertod erlitten haben. Seit dem 11. Jh. ist die Verehrung M.' als Heiliger in Montecassino nachgewiesen.

Lit.: [3]LThK 6 (1997), 1503; S. M. Avanzo, San Mauro abate discepolo di San Benedetto (1991). WOLFGANG ROTZSCHE

Maximilian I., Kaiser, * 22. 3. 1459 (Wiener Neustadt), Sohn des Habsburger Ks. → Friedrich III., † 12. 1. 1519 (Wels, beigesetzt Wiener Neustadt, St. Georgskirche). Seine Heirat mit der Erbtochter Maria von Burgund 1477 brachte die Vereinigung der Häuser Österreich und Burgund, gefolgt vom Erwerb des span. Erbes (Heirat Philipps des Schönen, des Sohnes dieser Ehe, mit Johanna der Wahnsinnigen 1496); dies führte auch zu engerer Verbindung mit England, zum Aufstieg des habsburg. Österreich-Spanien zur Großmacht, aber auch zur jahrhundertelangen Feindschaft mit Frankreich. M. vertrieb die Ungarn aus Österreich, erwarb 1490 Tirol und die Vorlande und sicherte die habsburg. Erbfolge in Ungarn-Böhmen (Doppelhochzeit in Wien 1515; ewiges Bündnis der Ostmächte gegen die Türken; Grundlegung der *Donaumonarchie*). Seine zweite Heirat, mit Bianca Maria Sforza (1494), sollte der Wiederherstellung der Reichsrechte in Italien dienen, verschärfte aber den Gegensatz zu Frankreich, das in Italien vorrückte. Die in mehreren Ansätzen versuchte Reichsreform gelang nur in bescheidenem Umfang (Wormser Reichstag 1495; Augsburger Reichstag 1500). Die Schweizer Eidgenossen schieden 1499 fakt. aus dem Reich aus. 1508 nahm M. mit päpstl. Zustimmung den Titel *Erwählter Röm. Kaiser* an. Gewisse nationalkirchl. Tendenzen richteten sich gegen die Benachteiligung der Reichskirche durch Rom. Ständige Geldnot und Widerstand der Reichsstände behinderten vielfach die aufwendigen pol. Pläne. Der *letzte Ritter* wurde zugleich *Vater der Landsknechte* und Förderer der mod. Artillerie. Als Feldherr bedeutend, aufgeschlossen für Kunst und Wissenschaft, brachte seine Regierungszeit eine Blüte des Kulturlebens. M. war persönl. religiös, bes. Verehrer des Leidens Christi, aber ein entschiedener Verfechter der ksl. Kirchenhoheit und Gegner pol. Päpste. Im anbrechenden reformator. Streit unterstützte er P. → Leo X. gegen → Luther.

Lit.: [3]LThK 7 (1998), 4f.; LMA 6 (1993), 420–424; H. Wiesflecker, Kaiser M. I., 5 Bde. (1971–1986). GEORG SCHWAIGER

Maximilian I. von Bayern, Kurfürst, * 17. 4. 1573 (München), † 27. 9. 1651 (Ingolstadt). M. übernahm 1598 von seinem Vater Wilhelm V. die Regierung des Herzogtums Bayern und reorganisierte Staatsverwaltung und Finanzwesen. Er verstand sich als Führer der kath. Reichsstände, die er 1609 mit Gründung der Liga zusammenfaßte. Im 30jährigen Krieg war M. einer der profilierten Führer der kath. Seite. Nach dem Sieg am Weißen Berg erhielt er 1623 vom Kaiser die Kurwürde der pfälz. Wittelsbacher und die Oberpfalz. Als sich das Kriegsglück gewendet hatte, war M. im Interesse des Friedens zu konfessionspol. Zugeständnissen bereit. In seinem Territorium förderte er die kath. Reform, baute aber zugleich das staatskirchl. System aus. Der persönl. sehr fromme, glühende Marienverehrer M. (seinem Land gab er die Gottesmutter zur *Patrona Bavariae,* seinem Sohn und Nachfolger den Namen Ferdinand Maria) war ein führender Exponent des konfessionellen Absolutismus.

Lit.: BBKL 16 (1999), 1007–1015; D. Albrecht, M. I. von Bayern 1573–1651 (1998). STEPHAN HAERING

Maximus Confessor, hl. (Fest 13. 8.), Theologe, * ca. 580, † 13. 8. 662 (Kastell Schemarion am Schwarzen Meer). Das hohe Amt eines ksl. Sekretärs gab M. auf, um als Mönch zu leben. 626 floh er vor den heranrückenden Persern nach Nordafrika. Hier wirkte er als engagierter Kämpfer u.a. gegen die Monotheleten, denen zufolge Christus zwar eine menschl. Natur, aber keinen menschl. Willen gehabt hat, da in der einen göttl. Person nur ein Wille bestehe. Später begab sich M. nach Italien, wo er in Rom an der von P. Martin I. (649–655) einberufenen Lateran-Synode teilnahm. 653 ließ Ks. Constans II. M. zus. mit dem Papst verhaften und des Hochverrats anklagen; M. wurde nach Byzanz gebracht und im Anschluß an den Prozeß 655 nach Bizya (Thrakien) verbannt. Doch er stand weiterhin unbeirrbar zu seinem Bekenntnis; auf diese Haltung bezieht sich der Beiname Confessor (Bekenner), den er später erhielt. 622 wurde M. nach Kazika am Schwarzen Meer verbannt, wo er an den Verstümmelungen, die man ihm zugefügt hatte, starb. M.' lit. Hinterlassenschaft ist außerordentl. groß. So hat er zahlr. Schriften gegen den Monotheletismus und gegen andere Häresien verfaßt. Gewichtig sind ferner die eth. Traktate; dazu zählen z.B. die *Capita de caritate* (*Sprüche über die Liebe*), eine Sammlung von rund 400 den Kirchenväterschriften entnommenen Sentenzen, sowie die *Capita gnostica* (*Gnostische Sprüche*), 200 Sentenzen origenist. Provenienz. Zu M.' liturg. Abhandlungen gehört beispielsweise die *Mystagogia* (*Einweihung ins Geheimnis*). Als Exeget erklärte M. v.a. schwierige Einzelstellen der Bibel; die *Quaestiones ad Thalassium* bestehen aus 65 Fragen und Antworten zu versch. Themen.

Lit.: ²LACL 433–435; H. U. von Balthasar, Kosmische Liturgie (²1961). SIEGMAR DÖPP

Mayer, Rupert, sel. (Fest 3. 11.), Widerstandskämpfer gegen den Nationalsozialismus, * 23. 1. 1876

(Stuttgart), † 1. 11. 1945 (München). M. wurde 1899 zum Priester geweiht, trat 1900 in die SJ ein, war seit 1912 Zuwandererseelsorger in München, im 1. Weltkrieg Feldgeistlicher und wurde 1921 Präses der Marian. Männerkongregation in München. Wegen seiner scharfen Kritik am Nationalsozialismus wurde er 1937, 1938 und 1939 zu Haftstrafen verurteilt, 1940–1945 im Klr. Ettal unter Hausarrest gestellt. Nach Kriegsende wirkte M. bis zu seinem Tod als Seelsorger in München. Er wird in der Münchener Bürgersaal-Kirche verehrt, wo sein Grab täglich von vielen Menschen besucht wird. P. → Johannes Paul II. sprach M. am 3. 5. 1987 selig.

Lit.: [3]LThK 7 (1998), 15; NDB 16 (1990), 553f. Franz Kalde

Mazarin, Jules (Giulio Raimondo Mazzarini), frz. Kardinal und Staatsmann, * 14. 7. 1602 (Pescina, Abruzzen), † 9. 3. 1661 (Vincennes). Nach dem Studium der Rechte in Rom stand M., der 1632 die Tonsur, nie jedoch die Priesterweihe empfing, in Diensten des Papstes, seit 1640 → Richelieus und wurde wegen seiner Verdienste 1641 zum Kardinal ernannt. Nach dem Tod Richelieus wurde er 1643 unter Ludwig XIII. ltd. Minister. Seine Politik zielte ab auf Schwächung des röm.-dt. Kaisers und Stärkung der frz. Position auf allen Gebieten. Wegen Erhöhung der Abgaben sah er sich 1648–1653 einer Fronde der Parlamente und des Hochadels sowie Verunglimpfungen durch gegen ihn gerichtete Schriften (*Mazarinaden*) ausgesetzt. Im Westfäl. Frieden (1648) und im Pyrenäenfrieden (1659) konnte er durch sein Geschick für Frankreich große Gebiete gewinnen und begründete nicht zuletzt damit die staats- und wirtschaftspol. Vormachtstellung des Landes in Europa. Kirchenpol. hielt er am Edikt von Nantes (Kg. → Heinrich IV.) fest und förderte, zum Ärger kath. Kreise, verdiente Hugenotten, so etwa den berühmten Marschall Henri Turenne (1611–1675). M., seit 1659 Hzg. von Nevers, gilt als einer der Wegbereiter des kgl. Absolutismus frz. Prägung. Er bereicherte sich durch wenig zurückhaltende Beteiligung an Staatsgeschäften und Pfründenhäufung: 1653–1658 war er Bf. von Metz und hielt 27 Abteien in seiner Hand.

Lit.: → Ludwig XIV.; [3]LThK 7 (1998), 16f.; G. Treasure, M. (1997). Manfred Heim

Mechthild von Magdeburg, Mystikerin, * ca. 1207, † 1282/94 (Klr. Helfta). Über M.s Herkunft ist wenig bekannt. Nach ihrer eigenen Aussage begann sie seit ihrem 12. Lebensjahr die innige Zuwendung Gottes zu erfahren. Ab 1250 zeichnet sie diese myst. Erfahrungen, veranlaßt durch einen göttl. Auftrag, unter dem Titel *Das fließende Licht der Gottheit* auf. In bilderreicher Sprache von dichter. Kraft beschreibt M. die Liebe des dreifaltigen Gottes zur Seele und deren Beglückung, so daß der menschl. Sehnsucht nichts anderes mehr genügen kann. M. lebte zunächst 40 Jahre als Begine, bevor sie mit über 60 Jahren in das Klr. Helfta eintrat, eine Blütestätte der Bildung und Frömmigkeit, in dem etwa zeitgleich Persönlichkeiten wie die

Äbtissin Gertrud und Mechthild von Hackeborn (1241–1299) und → Gertrud d. Gr. wirkten. Viel verdankt sie ihren dominikan. Seelsorgern. M. schrieb ihr Buch, das einen Höhepunkt der dt. Mystik darstellt, mittelniederländisch; erhalten ist eine oberdt. Übertragung durch Heinrich von Nördlingen, durch dessen Empfehlung es Nonnen des schwäb. und schweizer. Raumes bekannt wurde.

Lit.: M.v.M., Das fließende Licht der Gottheit, 2. neubearb. Übers. mit Einf. und Komm. von M. Schmidt (1995); Auswahl: M. v. M., Ich tanze, wenn du mich führst, ausgewählt und übers. von M. Schmidt (1988).

Marianne Schlosser

Meister Eckhart, * um 1260 (Hochheim), † 1328 (Avignon). Studium in Erfurt und Köln, 1302 und 1311–13 Theologieprof. in Paris, ab 1314 zuständig für die Seelsorge der oberdt. Dominikanerinnen. 1326 wird in Köln ein Inquisitionsprozeß eingeleitet, der sich bes. auf seine nur in Hörernachschriften erhaltenen dt. Predigten bezieht, die wegen ihrer Fülle an Wortneuschöpfungen für sehr bedenklich und mißverständlich formuliert gehalten wurden. Noch vor der Verkündung der Verurteilung stirbt M. E. 1328 in Avignon. M. E.s lat. Schriften sind zwar der Schlüssel für seine deutschen, erweisen sich aber gleichermaßen als hochspekulativ und komplex. In seiner Lehre trennt M. E. scharf zw. Ewigem und Zeitlichem. Für ihn ist Gott namenlos und bloß aller Formen, alles Geschaffene hingegen nur ein Spiegel, der ein Bild empfängt. Dennoch ist Beziehung möglich, die im Menschen durch das von Gott stammende Seelenfünklein bewirkt wird. Gelingt dem Menschen die völlige Loslösung von allem Irdischen, welche mit Gelassenheit und Entblößung umschrieben wird, kann es nach M. E. zur Gottesgeburt in der Seele kommen, eine für ihn typ. Formulierung für die myst. Einung. M. E.s Lehre wirkte bes. auf die der Mystik zugeneigten Dominikanerinnen, ihre Umstrittenheit ruft zu deren Verteidigung Schüler wie H. → Seuse und J. → Tauler auf den Plan.

Lit.: [3]LThK 3 (1995), 443–446; N. Largier, Bibliographie zu M. E. (1989); LMA 3 (1986), 1547–1551; TRE 9 (1982), 258–264; [2]VerfLex 2 (1980), 327–347.

Ruth Meyer

Melanchthon, Philipp, Reformator und Humanist, * 16. 2. 1497 (Bretten), † 19. 4. 1560 (Wittenberg). Der aus gutbürgerl. Familie stammende M. besuchte nach dem frühen Tod des Vaters 1508 die Lateinschule in Pforzheim. Sein maßgebl. Förderer wurde J. → Reuchlin. Schon 1509 begann M. in Heidelberg mit dem Studium. 1512 wechselte er, v. a. wegen Reuchlin, nach Tübingen, wo er seine humanist. Studien fortsetzte und neben den klass. Sprachen (einschließl. des Hebräischen) auch beachtl. Kenntnisse in Astronomie, Mathematik und Geschichte erwarb. Durch Vermittlung Reuchlins wurde M. 1518 nach Wittenberg als Griechischprof. berufen. Bald hielt er auch bibl. Vorlesungen, aus denen Kommentare und Lehrbücher entstanden. Mit M. → Luther verband ihn eine lebenslange Freundschaft; M.s Schwierigkeiten mit den polem. Härten v. a. des alternden Luther stellten die gegenseitige Solidarität nicht in Frage. Als humanist. gebildeter Theologe und diplomat. begabter Organisator entwickelte M. ein eigenständiges Profil im Rahmen der Wittenberger Reformation, deren wichtigster Wortführer neben Luther er wurde. 1521 legte er sein theol. Hauptwerk, die erste syst. Zusammenfassung reformator. Theologie, die *Loci communes* vor, die er ständig überarbeitete und dreimal neu schrieb (zuletzt *Loci praecipui theologici*, 1559); überdies legte er, unzufrieden mit den Übersetzungen anderer, eine dt. Fassung vor. Eine wichtige Rolle spielte er für die Festigung der Reformation durch Planung und Durchführung der Kirchenvisitationen nach dem Bauernkrieg. Zunehmend gewann M. als Schul-, Studien- und Univ.-Reformer über Kursachsen hinaus an Bedeutung. Mit seinem *Unterricht der Visitatoren*, 1528 gedruckt, beeinflußte er künftige Schul- und Kirchenordnungen. Von 1529 an trat M. als theol. Berater seines Kurfürsten bei Reichstagen auf. Grundlegende reformator. Lehrdokumente wie das *Augsburger Bekenntnis* (*Confessio Augustana*, 1530) und seine *Apologie* tragen M.s Handschrift. Seine diplomat. Fähigkeiten beförderten die innerprot. Einigungsbemühungen (Schmalkald. Bund; Wittenberger Abendmahlskonkordie 1536) und die (schließl. gescheiterten) Versuche zur Überwindung der Kirchenspaltung mittels Religionsgesprächen. Die nach Luthers Tod aufbrechenden innerprot. Lehrstreitigkeiten hielten auch M. in Atem. Zunehmend geriet er in Gegensatz zu den strengen Lutheranern (Gnesiolutheraner), die M. und seine Anhänger, die sog. Philippisten, wegen Annäherung an calvinist. Lehren des Kryptocalvinismus bezichtigten. Direkt gegen M. richtete sich der sog. Adiaphorist. Streit: Die nach dem verlorenen Schmalkald. Krieg eingeführten Rekatholisierungsmaßnahmen des Augsburger Interims lehnte M. zwar ab, sah aber Spielräume in der Akzeptanz eth. indifferenter „Mitteldinge" (Adiaphora, Beispiel: Chorrock). Dies betrachteten die Gegner, allen voran sein ehemaliger Schüler M. → Flacius, als Preisgabe des luth. Bekenntnisses und Rückkehr zum Papsttum. M. erlangte über einzelne Schüler Einfluß auf die Entwicklung reformierter Kirchen, blieb aber auch für das Luthertum von grundlegender bekenntnis- und bildungsgeschichtl. Bedeutung (*Praeceptor Germaniae*).

Lit.: H. Scheible, M. (1997); R. Stupperich, P. M. (1996); TRE 22 (1992), 371–410. HANS-MARTIN KIRN

Meliton, Bf. von Sardes in Lydien, Apologet, Quartodezimaner, † vor 190. Gehört nach dem Zeugnis des → Eusebius (H.e. IV,26,1) zu den herausragenden Gestalten der Kirche des 2. Jh.s. Von seinem umfangr. Schrifttum waren lange Zeit nur Fragmente bekannt: z. B. das älteste Verzeichnis der Bücher des AT. Erst 1940 konnte aufgrund der Entdekkung zweier Papyri die Homilie *Vom Passa* als einziges vollständig erhaltenes Werk M.s ediert werden. Es handelt sich um die älteste bekannte christl. Osterpredigt, gehalten nach der Rückkehr M.s von einer Jerusalemreise (zw. 160 und 170). In Anwendung von 1 Kor

10, 11, daß die Ereignisse des Exodus vorausbildhaft (*typikoos*) geschehen seien, bezieht M. Ex 12 und weitere atl. Themen typolog. auf Christus, in dessen Tod und Auferstehung sich die Verheißungen und Vorausbilder des AT erfüllt haben.

Lit.: [2]LACL 436f.; M.v.S., Vom Passa. Die älteste christl. Osterpredigt, übers., eingel. und komm. von J. Blank (1963).
RUDOLF VODERHOLZER

Menno Simons, Priester, * Januar 1496 (Witmarsum), † 1561 (Wüstenfelde bei Oldesloe). Der niederländ. Priester stieß nach der Lektüre der Schriften M. → Luthers 1536 zu den Täufern. Er hinterfragte die Rechtmäßigkeit der Kindstaufe, ließ sich wiedertaufen und wurde 1537 Ältester (Bischof) der Gemeinschaft. Er wirkte v.a. im niederländ. und norddt. Raum und trat als Lehrer, Seelsorger und Organisator der stillen und leidwilligen Taufgesinnten auf. M. verfaßte erbaul. und polem. Schriften. Mit seinem Hauptwerk *Fundament der christlichen Lehre* rief M. zur Umkehr und zum bußfertigen Leben auf. Auf M. als Gründer berufen sich die Mennoniten, die 1541 erstmals als Meniten erwähnt wurden.

Lit.: [3]LThK 7 (1998), 102f.; H. J. Goertz, Die Täufer. Geschichte und Deutung ([2]1988), 60–68. WOLFGANG ROTZSCHE

Mercier, Désiré-Joseph, Philosoph, Ebf. von Mecheln, Kardinal (1907), * 21. 11. 1851 (Braine-l'Alleut, Brabant), † 23. 1. 1926 (Brüssel). Nach dem Studium in Mecheln, Löwen und Paris 1874 zum Priester geweiht, war M. zunächst ab 1877 Philosophieprof. am Priesterseminar in Mecheln, ehe er 1882 auf Wunsch → Leos XIII. den neuerrichteten Lehrstuhl für thomist. Philosophie an der Univ. Löwen erhielt, wo er 1889 das *Institut supérieur de Philosophie* begründete, welches seit 1894 mit der *Revue néoscolastique de philosophie* eine Zs. herausgab, die wie ihr Initiator eine offene, auf die konstruktive Auseinandersetzung mit der mod. Philosophie und den empir. Wissenschaften angelegte Neuscholastik vertrat. 1906 wurde M. zum Ebf. von Mecheln und damit zugleich zum Primas von Belgien erhoben. In diesen Positionen und mit der Kardinalswürde ausgezeichnet, vertrat er während des 1. Weltkriegs die Belange seines Volkes mutig gegenüber der dt. Besatzungsmacht. Danach leistete er mit den in seinem Palais geführten angl.-kath. *Mechelner Gesprächen* (1921–1925) ökum. Pionierarbeit, die freilich durch die päpstl. Enzyklika *Mortalium animos* vom 6. 1. 1928 weitgehend um ihre Früchte gebracht wurde.

Lit.: BBKL 5 (1993), 1291–1293.
KARL HAUSBERGER

Merici, Angela → Angela Merici

Methodios → Kyrillos und Methodios

Metternich, Clemens Wenzel Graf, seit 1813 **Fürst von,** österr. Staatsmann, * 15. 5. 1773 (Koblenz) † 11. 6. 1859 (Wien). Aus altem rhein. Adel; seit 1801 im diplomat. ksl. Dienst (in Dresden, Berlin, 1806–1809 in Paris); nach der österr. Niederlage von Ks. Franz I. mit der

Leitung der Außenpolitik betraut, 1809 österr. Außenminister. Nach einem gewissen takt. Lavieren gegenüber der Übermacht → Napoleons I., wozu auch die Heirat der Kaisertochter Marie Louise mit Napoleon gehörte, vollzog er, stets in Kontakt mit Rußland, in den beginnenden Befreiungskriegen den Anschluß Österreichs an die Koalition gegen Frankreich, wirkte aber auf dessen Schonung und – im Interesse des europ. Gleichgewichts – dessen Erhaltung als Großmacht hin. Auf dem unter seinem Vorsitz tagenden Wiener Kongreß (1814/15) betrieb er erfolgreich die weitgehende Wiederherstellung (*Restauration*) der pol. und soz. Ordnung in Europa nach den Grundsätzen der monarch. Legitimität. Diesem Ziel sollte auch die vom russ. Ks. → Alexander I. vorgeschlagene Hl. Allianz (als Bund der Fürsten gegen nat., liberale und überhaupt „revolutionäre" Regungen) und die urspr. Struktur des *Dt. Bundes* dienen. In diesen Jahren der Kongreßdiplomatie wurde M. zum führenden (konservativen) Staatsmann Europas, seit 1821 zum Haus-, Hof- und Staatskanzler ernannt. Nach dem Tod Ks. Franz' I. (1835) übernahm M. zunächst den Vorsitz der österr. Staatskonferenz, die die Regierungsgeschäfte für den debilen Ks. Ferdinand I. führte; doch wurde sein Einfluß durch die Ernennung seines Rivalen F. A. Graf von Kolowrat-Liebsteinsky zum Staats- und Konferenzminister (1826) fortschreitend geschwächt. M., persönl. hochgebildet und dem aufgeklärten Absolutismus verbunden, erschien in den wachsenden liberalen Bewegungen als verhaßter Vertreter der mit Zensur und Polizei regierenden Reaktion (*System Metternich*). Bei Ausbruch der Revolution ließ ihn der Hof sofort fallen. M. mußte am 13. 3. 1848 zurücktreten und über die Niederlande nach England fliehen, seit Oktober 1849 war er in Brüssel. Im September 1851 kehrte er nach Wien zurück, konnte aber als Berater des jungen Ks. → Franz Joseph I. nur geringen Einfluß üben. Liberalismus und Nationalismus des 19. Jh.s brachten für M., dessen Politik eine lange Friedensepoche für Europa maßgebl. sichern half, kein Verständnis auf. Erst die Arbeiten des Historikers Heinrich von Srbiks (Metternich, 3 Bde., 1925–1954) brachten eine gerechte Anerkennung M.s als eines bed. (konservativen) Staatsmannes des 19. Jh.s.

Lit.: [3]LThK 7 (1998), 207f.; NDB 17 (1994), 236–243. GEORG SCHWAIGER

Michael I. Kerullarios, Patriarch von Konstantinopel, * um 1005/10 (Konstantinopel), † 21. 1. 1059 (Abydos). Unter M., seit 1040 Mönch und 1043 Patriarch von Konstantinopel, vollzog sich das Morgenländ. Schisma, d.h. die Spaltung der Christenheit in die gr.-byz. (gr.-orth.) geprägte Ostkirche und die lat. geprägte Westkirche, als die röm. Kardinallegaten → Humbert von Silva Candida und Friedrich von Lothringen am 16. 7. 1054 die Bannbulle gegen M. und seine Anhänger auf dem Altar der Hagia Sophia in Byzanz (Konstantinopel) niederlegten. Im Gegenzug verurteilte eine byz. Synode wenig später die Legaten Roms. Vorausgegangen waren, nach langer wechselseitiger Entfremdung, schwere Differenzen über die Stellung des Papsttums, das Filioque (→ Photios) und die Verwendung von gesäuertem oder ungesäuertem Brot bei der Eucharistie: Den als Azymiten bezeichneten Angehörigen der lat. Kirche war die Verwendung von ungesäuertem (gr. azyma) Brot zum schweren Vorwurf gemacht worden. Die weiteren pol. Ereignisse, v.a. seit den Kreuzzügen, verfestigten die gegenseitige Verurteilung zum Schisma, das erst unter → Athenagoras I. und → Paul VI. beendet werden konnte. M. wurde von Ks. Isaak I. 1058 als Hochverräter abgesetzt und gefangengesetzt, starb jedoch noch vor Beginn des gegen ihn eingeleiteten Prozesses.

Lit.: ³LThK 7 (1998), 235f.

Manfred Heim

Michael VIII. Palaiologos, byz. Kaiser, * um 1224, † 11. 12. 1282 (bei Selymbria), Gründer des letzten byz. Herrscherhauses (Palaiologen). Mit der Rückeroberung Konstantinopels 1261 führte M. das Ende des Lat. Kaiserreiches herbei. Mit Rom schloß er auf dem 2. Konzil von Lyon (1274) eine Kirchenunion und widersetzte sich erfolgreich Eroberungsplänen Kg. Karls I. von Anjou, indem er die *Sizilianische Vesper* unterstützte (die in Palermo während der Ostermontagsvesper am 30. 3. 1282 ausgebrochene Volkserhebung gegen die frz. Besatzung unter Karl von Anjou breitete sich rasch über die ganze Insel aus). Dadurch bewahrte er das Byz. Reich vorerst vor dem Untergang, das unter seinen Nachfolgern jedoch wieder zu zerbrechen begann.

Lit.: ³LThK 7 (1998), 237.

Manfred Heim

Migne, Jacques-Paul, größter frz. Verleger theol. Schrifttums im 19. Jh., * 25. 10. 1800 (St-Flour), † 24. 10. 1875 (Paris). M. war nach seinem Studium ab 1824 als Priester tätig, nach seiner Amtsniederlegung wegen einer pol. Publikation arbeitete er ab 1833 als Journalist und Gründer mehrerer Zeitungen in Paris. 1836 gründete er eine eigene Verlagsanstalt (*Ateliers Catholiques*), die 1868 niederbrannte. Da M. deren Wiederaufbau u.a. mit Meßstipendien finanzierte, wurde er 1874 durch den Ebf. von Paris suspendiert, seine Geschäfte führten fortan Garnier Frères. M.s bedeutendstes theol. Reihenwerk ist der *Patrologiae cursus completus*, unterteilt in eine *Series latina* (217 Text- und 4 Registerbde.; auf CD-ROM: *Patrologia Latina Database*) und eine *Series graeca* (162 Bde.).

Lit.: ³LThK 7 (1998), 247f.; R. H. Bloch, God's plagiarist (1994); Cl. Langlois, La science catholique (1992); A. Mandouze (Hg.), M. et le renouveau des études patristiques (1985).

Marianne Sammer

Miller, William, Gründer der Adventisten, * 15. 2. 1782 (Pittsfield, Massachusetts), † 20. 12. 1849 (Low Hampton, New York). Auf der elterl. Farm verbrachte M. seine Jugend. Die rel. Erziehung erfuhr er durch seine Mutter. Zus. mit seiner Frau Lucy zog er nach Poultney, wo er mit dem Deismus konfrontiert wurde. Im Zweifel am christl. Glauben nahm er an der Schlacht von Plattsburg teil. Den Sieg sah er als göttl. Führung an. Er bekehrte sich, nahm ein intensives Bibelstudium auf und bekannte sich in seinen Glaubensartikeln (1822) zu den großen Prinzipien der Reformation. Er setzte die Wiederkunft Christi für das Jahr 1843/44 an. M. wanderte als Erweckungsprediger umher und fand viele Anhänger. Die Parusie, zuletzt für den 22. 10. 1844 angesetzt, trat nicht ein. Die Bewegung zerfiel, M. mußte zugeben, sich verrechnet bzw. getäuscht zu haben. Das Ansinnen M.s blieb jedoch erhalten. 1863 entstand die Kirche der Siebenten-Tages-Adventisten (*Seventh-Day-Adventists*).

Lit.: C. M. Maxwell, Sagt es der ganzen Welt (1997). WOLFGANG ROTZSCHE

Milton, John, Dichter und Schriftsteller, * 9. 12. 1608 (London), 8. 11. 1674 (Chalfont St. Giles). Nach Schule und Studium bereitete sich M. auf seine dichter. Laufbahn vor. 1641 konvertierte er von den Anglikanern zu den Puritanern. Unter Oliver Cromwell war er 1649 Lateinsekretär des Staatsrates. Bereits 1652 erblindete er, was ihn nicht abhielt, sein schriftsteller. Wirken fortzuführen und seine Schriften zu diktieren. Er befaßte sich z.B. mit der Ehescheidung (M. war dreimal verheiratet), verteidigte die Pressefreiheit und nahm hart die Kirchenpolitik im Vereinigten Königreich unter Beschuß. Als Christ verfaßte er *Paradise Lost*, ein Versepos, in das die Theologie M.s. stark verwoben ist. 1671 folgte *Paradise Regained.* Beide Bücher hatten bis in das 20. Jh. hinein großen Einfluß auf die dt.-sprachige Literatur, namentlich auf Alfred Döblin.

Lit.: [3]LThK 7 (1998), 262 f.; D. Danielson (Hg.), The Cambridge Companion to Milton (1989). WOLFGANG ROTZSCHE

Mindszenty, Joseph (Joseph Pehm), Ebf. von Esztergom (Gran), Kardinal, letzter Fürstprimas von Ungarn, * 29. 3. 1892 (Csehimindszent), † 6. 5. 1975 (Wien). 1915 Priester, 1919–1944 Pfarrer in Zalaegerszeg, 1944 Bf. von Veszprem, 1945 Ebf. von Esztergom, 1946 Kardinal; pastoral und schriftsteller. äußerst tätig. Als Gegner des Kommunismus (1919, 1945–1948) und des Nationalsozialismus (1944) – jedesmal in Haft – wurde M. 1948 erneut verhaftet, gefoltert und 1949 in einem Schauprozeß wegen Hochverrates zu lebenslängl. Haft verurteilt. M. galt den Kommunisten als Symbolgestalt des kirchl. und nat. Widerstandes in Ungarn. Nach seiner Befreiung im Volksaufstand 1956 lebte er bis 1971 im Asyl in der US-amerik. Botschaft in Budapest, dann im ungar. Priesterseminar in Wien. Diese letztere Exilierung erfolgte auf Grund einer Vereinbarung zw. dem Hl. Stuhl und der ungar. Regierung, deren Auflagen M. nicht bekannt waren. Als die Regierung die vom Hl. Stuhl gegebenen Garantien einforderte und M. zur Abdankung nicht bereit war, enthob ihn P. → Paul VI. 1974 notgedrungen seines Amtes als Erzbischof und Primas. In seinen *Erinnerungen* (dt. 1974) sieht sich M. als nutzloses Opfer der vat. Ostpolitik. M. wurde 1975 in der Wallfahrtsbasilika Mariazell beigesetzt, 1990 in Ungarn in aller Form rehabilitiert, der Leichnam 1991 nach Esztergom überführt. Seligsprechung durch P. Johannes Paul II.

Lit.: [3]LThK 7 (1998), 269 f. GEORG SCHWAIGER

Minucius Felix, Marcus, christl. Schriftsteller, 2./3. Jh. Er stammte wahrsch. aus Nordafrika, wuchs als Heide auf und war nach einer rhet. Ausbildung Rechtsanwalt in Rom. Nach seiner Hinwendung zum Christentum schrieb er zw. 210 und 245 den Dialog *Octavius*, eine Apologie. Der Autor läßt das Gespräch einige Zeit vor der Abfassung in dem Küstenort Ostia (nahe Rom) stattfinden; beteiligt sind neben ihm der Heide Caecilius und der Christ Octavius. Dem Eingangsgespräch folgt eine Rede des Caecilius, der sich gegen die Gottesvorstellung der Christen wendet und ihnen u.a. Inzest sowie Kannibalismus vorwirft. Auf Caecilius antwortet – nach einem Wortwechsel zw. M. und Caecilius – Octavius in einer wesentl. längeren Rede Punkt für Punkt. In der Schlußpartie des Dialogs bekennt sich Caecilius als bekehrt. Das Werk, in dem v.a. Cicero und → Tertullian rezipiert werden, will den Leser zum Christentum hinführen.

Lit.: HLL 4 (1997), 512–519.

SIEGMAR DÖPP

Moffat, Robert, brit. Missionar, * 21. 12. 1795 (Ormiston, East Lothian/Schottland), † 8. 8. 1883 (Leigh, Kent). 1816 Anschluß an die kongregationalist. Londoner Missionsgesellschaft (LMS), in deren Auftrag er nach Namibia kam; ab März 1820 Ausbau der 1816 begründeten Missionsstation Kuruman in Dithakong (Hauptstadt der BaTlhaping) zum wichtigsten Zentrum im südl. Afrika. Im Zuge der sog. Difaqane, einer völkerwanderungsähnl., ab 1818 durch die Mthethwa/Zulu erzwungenen Bevölkerungsverschiebung, gewann M. an pol. Einfluß, der der Mission den Boden sicherte. M. übersetzte die Bibel in die indigene Sprache Setswana; der Druck erfolgte in Kuruman. Durch seine Beteiligung an der Gründung der sog. *Straße in den Norden* wurde M. Wegbereiter des brit. Imperialismus (Kolonisierung in der späteren Kolonie Rhodesien).

Lit.: BBKL 6 (1993), 15–18.

SUSANNE STÜBINGER

Möhler, Johann Adam, kath. Theologe, * 6. 5. 1796 (Igersheim bei Bad Mergentheim), † 12. 4. 1838 (München). Nach dem Studium in Ellwangen und Tübingen 1819 zum Priester geweiht, erhielt M. im Jahr darauf eine Repetentenstelle am Wilhelmsstift in Tübingen und wurde 1823 Privatdozent, 1826 a.o., 1828 o. Prof. für Kirchengeschichte an der Theol. Fakultät, nachdem er zuvor versch. Rufe nach Freiburg, Breslau und Münster abgelehnt hatte. Stand er anfänglich noch unter dem Einfluß der Aufklärung, so ist sein Erstlingswerk *Die Einheit in der Kirche oder das Prinzip des Katholizismus, dargestellt im Geiste der Kirchenväter der drei ersten Jahrhunderte* (1825) bereits vom Organismusgedanken der Romantik inspiriert. M. entwarf darin eine pneumatozentr. Ekklesiologie, die vom statischen Kirchenbegriff der nachtridentin. Theologie Abschied nahm und die Kirche als ganzheitl. geistgewirktes Lebensgefüge begriff. Das Werk fand große Resonanz, v.a. unter den jungen Theologen, erfuhr aber auch Widerspruch bis zum Vorwurf der Häresie. Nach weiteren Studien über → Athanasius von Alexandrien (1827), → Anselm von Canterbury (1827/28) und die kirchl. Zustände am Vorabend der Reformation (1831) veröffentlichte er 1832 als reifste Frucht der ihn seit Jahren beschäftigenden kontrovers-theol. Frage des Verhältnisses von Katholizismus und Protestantismus sein Hauptwerk *Symbolik oder Darstellung der dogmatischen Gegensätze der Katholiken und Protestanten nach ihren öffentlichen Bekenntnisschriften*. Das oftmals aufgelegte und in mehrere Sprachen übersetzte Opus, ein Standardwerk der Konfessionskunde und eines der meistgelesenen theol. Bücher des 19. Jh.s, verglich in Abkehr von der herkömml. konfessionalist. Apologetik die im 16. Jh. entstandenen christl. Religionsparteien der Katholiken, Lutheraner und Reformierten miteinander und stellte die Lehrunterschiede anhand ihrer Bekenntnisschriften pointiert heraus, wobei in der Sicht des Autors der auf den Subjektivismus gegründete Protestantismus ein negatives, von vornherein den Keim der Auflösung in sich tragendes Prinzip verkörpert, während der Katholizismus das positive Prinzip repräsentiert. Aufgrund dieser Deutung, nach der die Wahrheitsfrage katholischerseits a priori entschieden ist, kann M. wohl nur mit Einschränkung als Wegbereiter der Ökumene bezeichnet werden, wennschon ihm die ökum. Theologie wichtige Impulse verdankt, v. a. die Einbeziehung der geschichtl. Komponente ins interkonfessionelle Gespräch. Wie nicht anders zu erwarten, provozierte das Erscheinen der *Symbolik* heftige Kontroversen, namentlich den entschiedenen Widerspruch des prot. Tübinger Fachkollegen F. Ch. → Baur, so daß sich der gesundheitl. schon sehr geschwächte M. 1835 entschloß, einem von → Döllinger vermittelten Ruf nach München zu folgen, wo ihm nur noch eine kurze Wirksamkeit beschieden war. Hingegen zeitigte sein dem hist. wie dem spekulativen Auge der Theologie verpflichtetes lit. Lebenswerk eine langdauernde Wirkungsgeschichte. M.s theol. Grundoptionen haben selbst noch das II. Vatikanum beeinflußt.

Lit.: H. Wagner (Hg.), J. A. M. (1796–1838) – Kirchenvater der Moderne (1996); NDB 17 (1994), 616–620; TRE 23 (1994), 140–143. KARL HAUSBERGER

Molay, Jacques de, letzter Großmeister der Templer, † 19. 3. 1314 (Paris). M. trat 1265 in den Templerorden (den ältesten der drei großen geistl. Ritterorden) ein und wurde 1293 auf Zypern zum Nachfolger für den beim Fall Akkóns (1291) gefallenen Großmeister Guillaume de Beaujeu gewählt. Er begab sich 1307 nach Frankreich, wo die Templer unter Kg. → Philipp IV. dem Schönen von Frankreich und seinen Beratern, darunter Kanzler W. von → Nogaret, schwerster Bedrückung und Verfolgung ausgesetzt waren. (Die Ordensschatzmeister der Templer-Niederlassung in Paris, der zugleich ein Mittelpunkt internat. Geldverkehrs war, waren auch die Verwalter des Staatsschatzes.) Der König ließ 1307 eigenmächtig die etwa 2000 Templer in Frankreich mit M. gefangensetzen und ihre Güter einziehen. Die Folter stand im Mittelpunkt der Prozesse und wurde auf das härteste eingesetzt; ihr entsprachen die „Geständnisse“. So „gestand“ auch M. am 24. 10.

1307, widerrief seine „Geständnisse“ wenig später aber wieder. Auch nach der unter massivem Druck durch P. Clemens V. am 22. 3. 1312 auf dem Konzil von Vienne erfolgten Aufhebung des Ordens, der sich der Häresie schuldig gemacht habe und nutzlos geworden sei, hielt M. am Widerruf seines erzwungenen Geständnisses fest, zuletzt am 18. 3. 1314 zus. mit dem Ordensmeister der Normandie Geoffroy de Charney. Beide wurden am nächsten Morgen auf einer Seineinsel verbrannt.

Lit.: [3]Schwaiger 421–428; LMA 6 (1993), 721 f.. MANFRED HEIM

Molinos, Miguel de, angebl. häret. span. Quietist und Autor, * 29. 6. 1628 (Munesia), † 28. 12. 1696 (Rom). M. studierte am SJ-Kolleg in Valencia, dort am 21. 12. 1652 Priesterweihe. 1663 reiste er in kirchl. Angelegenheiten nach Rom, wo er sich der Scuòla di Cristo anschloß, im Ruf eines bed. Seelenführers stand und seine fünf geistl. Schriften verfaßte, deren verbreitetste die *Guía espiritual* (Rom 1675) ist. Auf Betreiben einiger Jesuiten und Dominikaner geriet M. unter Häresieverdacht. Trotz zahlr. Verteidigungsversuche wurde er am 18. 7. 1685 von der Inquisition inhaftiert. Das Verfahren, in das etwa 200 Personen verwickelt waren, endete am 3. 9. 1687 mit der Verurteilung M.’ zum Häretiker, zu lebenslanger Haft und mit der öffentl. Abschwörung von seinen Schriften. Aus M.’ Briefen und Aussagen wurden 68 Sätze durch → Innocenz XI. in der Bulle *Caelestis Pastor* verurteilt. M.’ Prozeß wurde 1798 aufgehoben, die Indizierung seiner Schriften, die inzwischen krit. ediert sind, nach dem II. Vatikanum. Im Mittelpunkt seiner Mystik steht die vollkommene Selbstentäußerung in Gott durch Kontemplation. Da M. moral.-sittl. Fehlverhalten auf teufl. Nötigungen zurückführte und für nicht-sündig erklärte, erwies sich die prakt. Umsetzung entsprechender Überzeugungen mitunter als problemat. oder anstoßerregend.

Lit.: TRE 23 (1994), 203–205; P. Moreno Rodriguez, El pensamiento de M. (1992); J. I. Tellechea Idígoras, Lexico de la „Guia espiritual“ de M. (1991); ders., Molinosiana (1987). MARIANNE SAMMER

Moltke, Helmuth James Graf von, Widerstandskämpfer, * 11. 3. 1907 (Kreisau, Schlesien), hingerichtet 23. 1. 1945 (Berlin-Plötzensee). Nach dem 1929 abgeschlossenen Jura-Studium in Berlin, Wien und Breslau kümmerte sich M. zunächst um die wirtschaftl. Sanierung des elterl. Gutes Kreisau und ließ sich anschließend als Anwalt in Berlin nieder, da sich mit der Machtergreifung Hitlers seine urspr. Absicht, eine Beamtenlaufbahn einzuschlagen, aus weltanschaul. Gründen zerschlagen hatte. Spezialisiert auf Völkerrecht und internat. Privatrecht, versuchte er in den folgenden Jahren, mit dem freien Ausland in Verbindung zu bleiben, und hielt sich wiederholt in London auf, wo er aufgrund der dort abgelegten Examina als *Barrister* auftreten konnte, während er sich in Berlin nach dem Erlaß der Judengesetze v. a. für die hiervon Betroffenen einsetzte. Mit Kriegsbeginn wurde er, weil nur „büroverwendungsfähig“, als

Kriegsverwaltungsrat der Abteilung „Ausland-Abwehr" im Oberkommando der Wehrmacht zugeordnet. Während er in dieser Position gutachterlich unerschrocken gegen die inhumane Behandlung von Kriegsgefangenen Stellung bezog, war er bis 1944 gleichzeitig der Motor des *Kreisauer Kreises*, in dem er Menschen unterschiedl. soz. Herkunft und pol. Einstellung zusammenführte, um die Grundsätze für eine neue rechtsstaatl., auf christl. Ethik basierende Ordnung Deutschlands nach Hitler zu erarbeiten. Als die Gestapo im Zuge der Aufklärung des mißlungenen Attentats vom 20. 7. 1944 hiervon Kenntnis erhielt, wurde M. mit anderen Gesinnungsgenossen verhaftet und vom Volksgerichtshof zum Tode verurteilt.

Lit.: F. Graf von Schwerin, H. J. Graf v. M. (1999); K. Finker, Graf M. und der Kreisauer Kreis (1993). KARL HAUSBERGER

Montanus, 2. Jh. Aus Phrygien stammender, ehemaliger Kybele-Priester (?), trat bald nach seiner Hinwendung zum Christentum als Prophet auf (wohl zw. 160 und 170). Er verstand sich als Instrument des Hl. Geistes und fand rasch Anhänger, unter ihnen auch die beiden Prophetinnen Maximilla und Priscilla (Prisca). Die Bewegung nannte sich *Prophetie* oder *Neue Prophetie*; Gegner bezeichneten die Sekte als *Phrygier* oder *Kataphrygier*, seit dem 4. Jh. auch *Montanisten*. Als Kennzeichen der ersten Generation gelten eine drängende Naherwartung, verbunden mit Weltverneinung und Weltflucht (z. B. Auflösung von Ehen; Wunsch nach dem Martyrium). → Tertullian, der sich etwa ab 206/07 dem Montanismus zuwandte, gab in seinen späteren Schriften Einblick in Praxis und Lehre der zweiten Generation (Ablehnung der Zweitehe nach dem Tod des Partners; Ablehnung der Flucht vor Verfolgung). Montanist. Gemeinden hielten sich als eigenständige Kirche in ihrem Ursprungsland bis ins 6. Jh.

Lit.: ²LACL 444 f.

RUDOLF VODERHOLZER

Moritz von Sachsen, Kurfürst, * 21. 3. 1521 (Freiberg), † 11. 7. 1553 (bei Sievershausen). Seit 1541 regierte M. das albertin. Sachsen als Herzog, seit 1547 als Kurfürst. Er trieb den Ausbau der luth. Landeskirche voran und gründete Fürstenschulen. M. blieb dem Schmalkald. Krieg fern, erklärte sich als pol. neutral und war bis 1548 kaisertreu. Dies sicherte ihm die Kurwürde, aber auch den unlöbl. Titel eines *Judas von Meißen*. Danach wandte er sich vom Kaiser ab. Grund allein für das wechselvolle Wirken war der Machtanspruch M.' Dem Kurfürst war die *Confessio Saxonica* (1551) zu verdanken. An der Spitze der antiksl. Fürstenopposition unterzeichnete er am 15. 1. 1552 den Vertrag von Chambord mit dem frz. Kg. Heinrich II. Mit dem Passauer Vertrag sicherte M. den prot. Besitzstand. Er erlag seinen in der Schlacht bei Sievershausen gegen den Landfriedensbrecher Albrecht Alcibiades von Kulmbach erlittenen Verwundungen.

Lit.: K. Blaschke, M. v. S. (1984).

WOLFGANG ROTZSCHE

Mörsdorf, Klaus, Kanonist, * 3. 4. 1909 (Muhl), † 17. 8. 1989 (Planegg). Nach Promotion zum Dr. iur. (1931), Priesterweihe (1936), Promotion zum Dr. theol. (1938) und Habilitation (1939) war M. seit dem 1. 1. 1946 als Prof. des Kirchenrechts an der Univ. Münster und seit dem 1. 5. 1946 bis zu seiner Emeritierung 1977 an der Univ. München tätig. Auf sein Betreiben wurde das Kanonist. Institut an der Univ. München – eine fakultätsähnl. Einrichtung mit dem Recht der Verleihung akadem. Grade im kanon. Recht – 1947 staatl. und 1954 kirchl. errichtet. Das durch M. von Eduard Eichmann übernommene *Lehrbuch des Kirchenrechts* fand breite Anerkennung und wurde ein Standardwerk zum *Codex Iuris Canonici* von 1917 (3 Bde.; in 11./12. Aufl.: 1964/1967/1979). M. prägte die (heute umstrittene) Formel von der Kanonistik als einer theol. Disziplin mit jurist. Methode.

Lit.: NDB 17 (1994), 683 f.; BBKL 6 (1993), 11–13. Franz Kalde

Morus, Thomas (Sir Th. More), hl. (Fest 22. 6.), Staatsmann, Humanist und Kontroverstheologe, * 1477/78 (London), † enthauptet 6. 7. 1535 (ebd.). M. studierte an New Inn (ca. 1494) und Lincoln's Inn (seit 1496) die Rechte (bis 1501) und erwarb sich eine humanist. Bildung. 1503 wurde er Mitglied des Parlaments, 1518 des Geheimen Rates → Heinrichs VIII., 1521 Unterschatzmeister, 1523 Sprecher des Unterhauses, 1525 Kanzler des Herzogtums Lancaster, 1529 Lordkanzler. M. widerlegte im Auftrag des Königs die luth. Schriften und verteidigte die kath. Sakramentenlehre, lehnte es aber ab, die Rechtmäßigkeit der Ehe des Königs in Zweifel zu ziehen und dessen staatskirchl. Pläne zu unterstützen. 1532 legte M. seine Ämter nieder. 1534 verweigerte er den geforderten Suprematseid, der die kgl. Oberhoheit über die engl. Kirche an- und die päpstl. aberkannte, woraufhin M. des Hochverrats angeklagt wurde. Er unterhielt enge Kontakte zu den kontinentaleurop. Humanisten, bes. zu → Erasmus, und zu Luthergegnern. Seine Schriften werden in humanist., kontroverstheol. und erbaul. unterschieden. M.' Hauptwerk, *Utopia*, ein idealer Staatsentwurf, ist Plato und → Pico della Mirandola verpflichtet. Da M. darin kein Privateigentum vorsieht, wurde er als Wegbereiter des Kommunismus und Sozialismus mißdeutet. M.' Staatsdenken wurzelt ebenso im Christentum wie sein Menschenbild. Heiliggesprochen 1935.

Lit.: D. Herz, M. zur Einführung (1999); P. Ackroyd: The life of M. (1998); H. P. Heinrich, M. mit Selbstzeugnissen und Bilddokumenten ([4]1998); M. Wentworth, The essential Sir Th. M.: an annotated bibliography of major modern studies (1995); TRE 23 (1994), 325–330.
Marianne Sammer

Mosheim, Johann Lorenz von, luth. Theologe, * 9. 10. 1693 (Lübeck), † 9. 9. 1755 (Göttingen). Nach Studien in Kiel wurde M. 1723 Prof. für Kontroverstheologie in Helmstedt, 1725 ebd. Prof. für Kirchengeschichte sowie daneben Abt von Mariental und Michelstein (1727), Generalschulinspektor des Herzogtums Braunschweig-Wolfenbüttel (1729) und Präsident der *Deutschen*

Gesellschaft (1732). 1747 nahm er eine Berufung als Theologieprof. und Kanzler an die Univ. Göttingen an. M. ist der Begründer der sog. Pragmat. Kirchengeschichtsschreibung, die mit einem anthropolog. Ansatz die Ereignisse innerweltl. erklärt und die Bindung an die hist. Quellen betont. Er befaßte sich auch mit der Homiletik und entfaltete als Prediger eine weitreichende Wirksamkeit.

Lit.: NDB 18 (1997), 210f.; M. Mulsow (u. a. Hgg.), J. L. M. (1693–1755) (1997); E. P. Meijering, Die Geschichte der christl. Theologie im Urteil J. L.v.M.s (1995); TRE 23 (1994), 365–367.
Stephan Haering

Mühlenberg, Heinrich Melchior, Begründer des dt. Luthertums in Nordamerika, * 6. 9. 1711 (Einbeck, Hannover), † 7. 10. 1787 (Trappe, Montgomery County/Pennsylvania). Nach Theol.-Studium in Göttingen (1735–1738), danach bei G. A. → Francke in Halle und Ordination (1739 in Leipzig) wanderte M., seit seiner Jugend Anhänger des Pietismus P. J. → Speners, 1741 nach Amerika aus (Ankunft 1742), um in Pennsylvania Pastor der *United Lutheran Congregation* zu werden. Dort und in New Jersey gründete er Kirchen und Einrichtungen der Mission und wurde so zur bedeutendsten Führungsgestalt der luth. Kirchen in Nordamerika in der Kolonialzeit. 1786 veröffentlichte M. die erste amerik. luth. Liturgie.

Lit.: H. Wellenreuther (Hg.), Die Korrespondenz H. M. M.s aus der Anfangszeit des dt. Luthertums in Nordamerika, Bd. V: 1777–1787 (2000); TRE 23 (1994), 388–393; T. J. Müller, Kirche zw. zwei Welten (1994).
Manfred Heim

Müller, Ludwig, ev. Theologe, Reichsbischof, * 23. 6. 1883 (Gütersloh), † 31. 7. 1945 (Berlin). Nach Theol.-Studium in Halle und Bonn (1902–1905) und Ordination (1908) war M. im 1. Weltkrieg Marinepfarrer in der Türkei und in Flandern, seit 1920 Stationspfarrer in Wilhelmshaven, seit 1926 Wehrkreispfarrer in Königsberg. Von nationalist.-antisemit. Grundeinstellung, trat er 1931 der NSDAP, 1932 den *Deutschen Christen* bei und wurde im April 1933 von Adolf Hitler zum Bevollmächtigten für Angelegenheiten der ev. Kirche bestellt. Seine Erhebung zum Reichsbischof am 27. 9. 1933 durch die Nationalsynode und die vom NS-Regime unterstützten Bemühungen der dt.-christl. Bewegungen, in den einzelnen Landeskirchen das Kirchenregiment, damit die „Gleichschaltung" zu erlangen, riefen vehemente Reaktionen hervor, die auch zur Bildung der Bekennenden Kirche führten (D. → Bonhoeffer, M. → Niemöller). 1935 wurde M. wegen seiner diktator. Willkürpolitik durch den Reichskirchenausschuß wieder entmachtet (und Hanns Kerrl zum Reichskirchenminister ernannt). Schon seit Herbst 1934 war M. für Hitler nicht mehr tragbar, nachdem er die süddt. Landeskirchen eigenmächtig in die Reichskirche eingliedern wollte und die Landesbf. Theophil Wurm und Hans Meiser in Polizeigewahrsam nehmen ließ. Bei Kriegsende verhaftet, beging M. später Selbstmord.

Lit.: NDB 18 (1997), 454f.; Th. M. Schneider, Reichsbf. L. M. (1993).
Manfred Heim

Müntzer, Thomas, ev. Prediger, * wohl 20./21. 12. 1490 (Stolberg/

Harz), † hingerichtet 27. 5. 1525 (bei Mühlhausen, Thüringen). M.s Herkunft, vermutl. aus dem städt. Bürgertum, und seine Jugend bleiben weithin im Dunkeln. Er besuchte die Lateinschule in Quedlinburg und studierte in Leipzig und Frankfurt/Oder. Nach der Priesterweihe war er in Braunschweig tätig. 1517 begab er sich nach Wittenberg, 1519 zu Vertretungsdiensten nach Jüterbog, wo er wegen seiner antiklerikalen und antihierarch., vom Konziliarismus inspirierten Kirchenkritik mit den Franziskanern in einen Kanzelstreit geriet. Eine Zeit intensiver Studien der Kirchenväter (→ Hieronymus, → Augustinus), myst. und hist. Werke folgte. Wohl durch M. → Luther vermittelt, übernahm M. einen Predigtdienst in Zwickau, geriet aber auch dort bald in Konflikte mit den Franziskanern. M. wurde aus Sorge vor Aufruhr 1521 vom Rat entlassen. In Prag veröffentlichte er einen für seine myst.-spiritualist. und apokalypt. geprägte Theologie charakterist. Aufruf zum Kampf gegen die das urspr. Christentum und den lebendigen Glauben verfälschenden „Pfaffen und Affen" (sog. *Prager Manifest*, 1521). 1523 trat er, vom Bewußtsein einer endzeitl. göttl. Sendung durchdrungen, seine erste Pfarrstelle in Allstedt an, wo er heiratete und im Zuge vorbildlich wirkender liturg. Reformen noch vor Luther eine Dt. Messe schuf (1523/24). Spätestens seit 1522 distanzierte er sich vom „erdichteten Glauben" der Wittenberger, die er als heuchlerische und ausbeuterische Pfaffen ohne wahren Schriftverstand und ohne Bereitschaft zum Leiden in der Christusnachfolge brandmarkte. In seiner *Fürstenpredigt* von 1524 suchte M. erfolglos die reformator. Obrigkeit von ihrer Aufgabe zur Vertilgung der Gottlosen zu überzeugen. Konflikte mit den Obrigkeiten erzwangen die Flucht aus Allstedt. M. gelangte ins sächs. Mühlhausen, wo er seine Abrechnung mit Luther drukken ließ (*Hochverursachte Schutzrede …*, 1524). Auf einer Reise durch Oberdeutschland kam M. mit aufständ. Bauern in Kontakt, deren Zielsetzungen im Kampf gegen die gottlosen Fürsten ihm im Kontext der Endzeit wahrhaft christl. schienen. Nach Mühlhausen zurückgekehrt, forderte er zur Unterstützung der bedrängten Frankenhäuser Bauern auf und predigte ihnen göttl. Rettung. Nach dem Sieg der fürstl. Truppen wurde M. verhaftet und nach scharfen Verhören enthauptet. Mehrheitlich wurde M. in der Folgezeit – zu Unrecht – als treibende Kraft des Bauernkriegs verurteilt. Wichtige Elemente seiner Theologie wirkten über seinen Schüler H. → Hut weiter in der Täuferbewegung und bei Spiritualisten wie S. → Franck und J. → Denck.

Lit.: NDB 18 (1997), 547–550; TRE 23 (1994), 414–436; H.-J. Goertz, T. M. (1989); G. Vogler, T. M. (1989).

HANS-MARTIN KIRN

Murner, Thomas, *poeta laureatus* (1505) und Kontroverstheologe, OFMConv, * 24. 12. 1475 (?) (Oberehnheim, Elsaß), † 1537 (ebd.). M. trat 1490 in den OFM ein, 1494 Priesterweihe. Sein Studium an mehreren Univ. schloß er 1506 mit dem theol. Dr.-Grad ab. 1515 las er in Trier in dt. Sprache (!) über röm. Recht, 1519 wurde M. Dr. beider

Rechte und wirkte jahrelang als Lektor in mehreren Konventen. Seit 1520 betätigte er sich als Kontroverstheologe: 1520 erschienen vier Schriften gegen → Luther, in denen er das Papsttum, den Ordo und die Schriftauslegung verteidigte. 1522 folgte die Verssatire *Von dem grossen Lutherischen Narren.* 1524 stritt er mit M. → Bucer um das Abendmahl. Als kath. Propagandist mußte M. 1524 wegen der Reformation aus Straßburg fliehen. Er predigte 1525–1529 in Luzern und polemisierte gegen → Zwingli und die Schweizer Reformation. 1530 zog sich M. als Pfarrer nach Oberehnheim zurück. M.s agitator. Schriften waren ebenso verbreitet wie seine jurist. und satirischen (z. B. *Der schelmen zunfft*, *Mühle von Schwyndelsheym*, *Geuchmat*). Letztere wurden literaturwiss. gewürdigt. M. übersetzte als erster die *Aeneis* Vergils und die *Institutionen* → Justinians ins Deutsche.

Lit.: NDB 18 (1997), 616–618; J. M. Miskuly: M. and the Eucharist (1990); Ph. Dollinger (u. a. Hgg.), M. (1987).

MARIANNE SAMMER

Murri, Romolo, Priester, * 27. 8. 1870 (Montesanpietrangeli bei Ancona), † 12. 3. 1944 (Rom). M. gehörte einer Bewegung an, die eine Verbesserung des Verhältnisses zw. Kirche und Staat forcierte. Der Geistliche forderte eine innere demokrat. Erneuerung der Kirche und kam damit in Konflikt mit der Kirche selbst. Katholizismus und Sozialismus sollten durchdrungen werden. Aus diesem Grund zielte M. darauf ab, daß eine Aktion der Laien geschaffen werden soll, die von der kirchl. Hierarchie unabhängig ist. Die Christliche Demokratie wurde in den von M. gegründeten Zeitschriften *Vita Nuova* und *Cultura Sociale* propagiert. Er gründete 1905 die *lega democratica nazionale.* P. → Pius X. verwarf 1906 in seiner Enzyklika den Modernismus und verurteilte damit auch das Wirken M.s. Er wurde 1907 suspendiert, 1909 exkommuniziert; im gleichen Jahr wurde er Abgeordneter. 1912 heiratete M. und lebte 30 Jahre als freier Publizist. 1943 nahm P. → Pius XII. M. wieder in die Kirche auf. Von seinen Anschauungen wollte M. jedoch nie ganz abrücken.

Lit.: GKG 10,1 (1986), 150–162.

WOLFGANG ROTZSCHE

Muth, Carl, Publizist und Literaturkritiker, * 31. 1. 1867 (Worms), † 15. 11. 1944 (Reichenhall). Nach dem Studium in Berlin (Volkswirtschaft, Staats- und Verfassungsrecht, Philosophie, Geschichte, Literatur) und publizist. Tätigkeiten in Paris und Rom wurde M. 1894 Redakteur der Tageszeitung *Der Elsässer* in Straßburg. 1895–1902 war er Chefredakteur der vom Benziger-Verlag herausgegebenen Monatsschrift *Alte und Neue Welt.* 1898 veröffentlichte er im Zusammenhang mit der von G. von → Hertling ausgelösten Debatte über die Inferiorität der dt. Katholiken eine krit. Schrift über die kath. Belletristik. Beeinflußt von der Kunsttheorie und Anthropologie des Philosophen und Theologen Martin Deutinger (1815–1864), betonte M. die innere Beziehung zw. Religion und Kunst. 1903 gründete er die Zs. *Hochland*, die er bis zu deren Verbot durch die Nationalsozialisten im Jahr 1941 herausgab. Im kath. Geistesleben errang das *Hochland* rasch eine führende Stellung. Während der Zeit des Nationalsozialismus arbeitete M. für P. → Pius XII. eine Denkschrift über die Zustände in Deutschland aus. Den Widerstandskämpfer Hans Scholl beschäftigte er in seiner Bibliothek.

Lit.: [3]LThK 7 (1998), 555f.; BBKL 6 (1993), 396–402; Schwaiger (1987), Bd. 2, 247–264. JOSEF KREIML

Mutter Teresa (Gonxha Agnes Bojaxhiu), Ordensgründerin, * 26. 8. 1910 (Skopje, Eltern albanisch), † 5. 9. 1997 (Kalkutta). Nach Postulat (1928) bei den Loretoschwestern in Rathfarnham (Dublin) als Schwester Maria Teresa vom Kinde Jesu und Noviziat (seit 1929) in Darjeeling (Indien), wo sie die Ewigen Gelübde am 24. 5. 1937 ablegte, unterrichtete M. seit 1931 an der Loreto-Ordensschule in Darjeeling und Entali (Kalkutta). 1946 entschloß sie sich zum Ordensaustritt; diesen vollzog sie am 16. 8. 1948 mit dem Ziel, unter den Ärmsten der Armen zu wirken. Dazu erwarb M. bei den Missionsärztl. Schwestern in Patna gründl. medizin. Kenntnisse, bevor sie am 7. 10. 1950 (päpstl. Approbation) die Kongregation der *Missionaries of Charity* (*Missionarinnen der Nächstenliebe*) mit Sitz in Kalkutta zur Sorge für einsame Sterbende, (Lepra-)Kranke, Waisenkinder und Arme gründete. Ihr Einsatz als *Mutter der Armen* und *Engel von Kalkutta* machte M. und ihre in allen Teilen der Erde tätige Ordensgemeinschaft weltberühmt. Neben zahlr. hohen Auszeichnungen erhielt sie 1979 den Friedensnobelpreis.

Lit.: K. Spink, M. T. (1997); N. Chawla, M. T. (1993). MANFRED HEIM

N

Napoleon I. (frz. Napoléon), Kaiser der Franzosen, * 15. 8. 1769 (Ajaccio, Korsika), † 5. 5. 1821 (Longwood, St. Helena), aus der kors. Familie Buonaparte (Bonaparte). Nach glänzender militär. Laufbahn (1793 General) stürzte N. am 9./10. 11. 1799 das Direktorium und wurde Erster Konsul, 1802 Konsul auf Lebenszeit, am 18. 5. 1804 Kaiser der Franzosen (Selbstkrönung und päpstl. Salbung am 2. 12. 1804 in Paris), 1805 Kg. von Italien. Sein Hegemonialstreben, das mit engl. Interessen unvereinbar war, führte u. a. seit 1803 zu den Napoleon. Kriegen. Seit 1807 erhoben sich die europ. Völker gegen N., der zu diesem Zeitpunkt den Zenit seiner Macht überschritten hatte. Die Niederlage gegen Rußland (1812) und die folgenden Befreiungskriege leiteten das Ende seiner Ära ein. Nach der Besetzung der Hauptstadt am 31. 3. 1814 mußte N. abdanken, konnte ein Jahr später die Macht wieder an sich reißen (1. 3. 1815 Landung in Cannes). Die *Hundert Tage* gingen mit der Niederlage bei Waterloo am 18. 6. 1815 zu Ende.

Der Leichnam des in der Verbannung auf der brit. Insel St. Helena verstorbenen N. wurde 1840 nach Paris in den Invalidendom überführt. Genialer Feldherr, Stratege und Politiker, führte N. das Ende des Ancien Régime herbei. Der frz. Verwaltungs-, Finanz- und Rechtsstruktur (1804 *Code civile*) gab er das bis heute bestimmende Gepräge. In kirchenpol. Hinsicht erstrebte N., der in der Religion zwar „nicht das Mysterium der Fleischwerdung, wohl aber das Mysterium der sozialen Ordnung" sah, die Verfügungsgewalt über rel. Belange, zugleich aber auch die Einbindung der Kirche in sein staatspol. Kalkül (→ Pius VI.). So sicherte er mit dem Edikt vom 18. 12. 1799 der kath. Kirche volle Kultusfreiheit zu (1800 konnte erstmals wieder eine hl. Messe in Notre Dame zu Paris gefeiert werden). Um den Widerstand der eidverweigernden Priester (Zivilkonstitution des Klerus, → Ludwig XVI.) und der mit diesen sympathisierenden Kreise aus Adel und Bürgertum zu brechen, nahm er Verhandlungen mit P. → Pius VII. auf, die am 15. 7. 1801 zum Konkordat führten. In diesem Kompromiß wurde der kath. Glaube als Religion der Mehrheit der Franzosen, ebenso Papsttum und Klerus anerkannt; gleichzeitig reservierte sich N. das Nominationsrecht für die Besetzung der Bischofsstühle. Die Zahl der Diözesen wurde auf 60 reduziert. Auf Vorschlag → Talleyrands wurden am 8. 4. 1802 – eigenmächtig und ohne Einvernehmung des Papstes – die *Organischen Artikel* (des kath. Kultus und der prot. Kulte) erlassen, welche die staatl. Aufsicht über die Kirche verdeutlichten; zugleich erlangten die Reformierten damit die volle Gleichstellung mit den Katholiken. Das Konkordat von 1801 bildete zus. mit den Organ. Artikeln die Grundlage für das Verhältnis von Kirche und Staat in Frankreich bis zur Trennung im Jahr 1905. Der Reichsdeputations-Hauptschluß vom 25. 2. 1803, formell eine Ausführungsbestimmung des Friedens von Lunéville (1801), der die frz. Revolutionskriege beendete, legte die Gebietsentschädigungen an die dt. Fürsten für Verluste links des Rheins (an Frankreich) fest (die wesentl. Teile stellen materiell ein frz. Diktat dar). Er führte mit der Säkularisation die größte territoriale Umwälzung herbei, die sich bis dahin in Deutschland vollzogen hatte. Der in der Folge unter N. gebildete Rheinbund führte zum Ende des Hl. Röm. Reiches am 6. 8. 1806. Weil P. Pius VII. sich in versch. Fragen N. gegenüber nicht willfährig zeigte, kam es 1808 zur frz. Besetzung, 1809 zur Vereinigung des Kirchenstaates mit Frankreich. Die Exkommunikationsbulle vom 10. 6. 1809 beantwortete N. mit der Gefangensetzung des Papstes, den er nach Paris verbringen ließ; erst 1814 konnte Pius VII. nach Rom zurückkehren. 1811 berief N. ein Nationalkonzil nach Paris ein, nachdem er zuvor die Gallikan. Artikel von 1682 (→ Ludwig XIV.) zum Reichsgesetz erhoben hatte.

Lit.: [3]LThK 7 (1998), 635 f.; P. C. Hartmann (Hg.), Frz. Könige und Kaiser der Neuzeit (1994), 308–366.

Manfred Heim

Naumann, Friedrich, soz.-liberaler Pfarrer, Publizist und Politiker,

* 25. 3. 1860 (Störmthal bei Leipzig), 24. 8. 1919 (Travemünde). Nach dem Theol.-Studium in Leipzig und Erlangen (1879–1883) arbeitete N. seit 1883 als „Oberhelfer" im *Rauhen Haus* J. H. → Wicherns in Hamburg, bevor er 1886 Pfarrer in Langenberg im sächs. Erzgebirge wurde. 1890 erhielt er das Amt eines „Vereinsgeistlichen" der Inneren Mission in Frankfurt a. M. und gründete im selben Jahr zus. mit A. → Harnack, Adolf Stoecker u. a. den *Evangelisch-sozialen Kongreß*, eine aus der christl.-soz. Bewegung hervorgegangene (1933 verbotene) Arbeitsgemeinschaft zur Lösung soz. Mißstände und Probleme, 1896 den (1903 wieder aufgelösten) *National-sozialen Verein*, der im „sozialen Kaisertum" die Arbeiterschaft für Staat und Nation zu gewinnen suchte. 1907–1912 und 1913–1918 war N. Mitglied des Reichstags, 1919 der Weimarer Nationalversammlung, 1918 Mitbegründer und ein Jahr später Vorsitzender der Dt. Demokr. Partei. Die FDP übernahm nach dem 2. Weltkrieg sein Vermächtnis und benannte nach N. die ihr nahestehende Stiftung.

Lit.: R. vom Bruch (Hg.), F. N. in seiner Zeit (2000). MANFRED HEIM

Nell-Breuning, Oswald von, SJ (1910), Wegbereiter der kath. Soziallehre, * 8. 3. 1890 (Trier), † 21. 8. 1991 (Frankfurt a. M.). Als junger Prof. in Frankfurt/St. Georgen wurde N. zus. mit dem *Königswinterer Kreis* von P. → Pius XI. mit dem Entwurf einer Sozialenzyklika beauftragt, die 1931 als *Quadragesimo anno* zum 40. Jahrestag von *Rerum novarum* erschien. N. gab das *Wörterbuch für Politik* (1947–1950, 5 Bde.) mit heraus. Im Rahmen der gemeinsamen Würzburger Synode der dt. Bistümer (1974/75) war N. am Dokument *Kirche und Arbeiterschaft* beteiligt. Bis ins hohe Alter wurde er als Ratgeber von Gewerkschaftsführern sowie hohen und höchsten Regierungsvertretern gesucht.

Lit.: TRE 24 (1994), 254–256.
RUDOLF VODERHOLZER

Neri, Philipp, (Filippo), hl. (Fest 26. 5.), Ordensgründer, * 21. 7. 1515 (Florenz), † 26. 5. 1595 (Rom). Nach Kontakten zu den Dominikanern besuchte N. Vorlesungen an der Sapienza und bei den Augustinern in Rom. Er nahm sich der verwahrlosten Kinder und Jugendlichen an, suchte das rel. Gespräch mit den Laien, hielt Straßenpredigten und pflegte Kranke. Mit seinem Beichtvater Persiano Rosa gründete N. 1548 eine Bruderschaft für die Kranken und arme Rompilger. Im Heiligen Jahr 1550 bewährte sich der Einsatz der Laiengemeinschaft. 1551 zum Priester geweiht, schloß sich N. den Kaplänen der Kirche S. Girolamo della Carità an. Sie sollten Ursprung für die Oratorianer sein, einer Gemeinschaft, die nach wenigen Regeln ohne Gelübde lebt (benannt nach den Zusammenkünften der Geistlichen im Oratorium [Betsaal] des Priesterhauses N.s). Päpstl. anerkannt wurde die Kongregation des Oratoriums 1575. V. a. seine katechet. und pastoralen Reformen fanden in den folgenden Jahrzehnten, neben Kritikern, Nachahmer. N. gilt als Apostel

Roms, seine Seligsprechung erfolgte 1615, seine Heiligsprechung 1622.

Lit.: [3]LThK 7 (1998), 740f.; A. Gallionio, Vita di San Filippo N. (1995).

WOLFGANG ROTZSCHE

Nero (L. Domitius Ahenobarbus N. Claudius), röm. Kaiser 13. 10. 54 – 9. 6. 68, * 15. 12. 37 (Antium), † 9. 6. 68 (Rom); durch Adoption Mitglied des jul.-claud. Hauses. Das erste Quinquennium seiner Regierung unter dem Einfluß Senecas kann als ideale Phase bezeichnet werden; zunehmend kristallisiert sich jedoch N.s selbstherrl. Willkürherrschaft heraus. Den Brand Roms 18./19. 7. 64 lastete er nach Tac. Ann. 15,38–44 den Christen an, die daraufhin verfolgt wurden. N. endete durch Selbstmord. Er gilt als erster Christenverfolger, vereinzelt auch als Antichrist (Lact. mort. pers. 2,8f.).

Lit.: DNP 8 (2000), 850–855; G. Kranz, Acht Despoten (2000), 51–91.

SUSANNE STÜBINGER

Nestorius von Konstantinopel, * nach 381, † um 451. N. leitete als Mönch und Presbyter in der Nähe von Antiochien ein Kloster, bis er 428 zum Bischof der Reichshauptstadt bestellt wurde. Ausgangspunkt des sog. *Nestorianischen Streites* war seine Ablehnung des in der Frömmigkeit seit dem 3. Jh. in Alexandrien gebräuchl., sinngemäß schon im NT selbst (Lk 1,43: Mutter des Kyrios) verankerten Titels *Theotokos* (Gottesmutter) für → Maria. Dabei ging es N. um die Unterscheidung von göttl. und menschl. Natur Jesu. Er hatte vorgeschlagen, Maria, weniger mißverständl., *Christotokos* (Christusgebärerin, vgl. Mt 1,1.16) zu nennen. Hauptgegner des N. war → Cyrill von Alexandrien, der ihm die Trennung von göttl. und menschl. Natur in Jesus Christus im Sinne einer nur moral. verstandenen Personeinheit Christi (Bewährungschristologie) vorwarf. Auf einer alexandrin. Synode 430 verteidigte Cyrill in zwölf Anathematismen die Personeinheit Christi, geriet dabei allerdings mit seiner Rede von der nicht nur wesenhaften, sondern auch naturhaften Einheit Christi in gefährliche Nähe zur apollinarist. Formel von der *mia physis*. Um die Personeinheit Christi zu wahren, bekannte sich das Konzil von Ephesus (431) zum trad. Titel *Theotokos*. N. wurde abgesetzt, kehrte in sein antiochen. Kloster zurück und starb vermutl. 451 im oberägypt. Exil. 433 einigten sich Cyrill von Alexandrien und Johannes von Antiochien auf die Formel von Ephesus. Erst das Konzil von Chalcedon 451, vorbereitet durch den *Tomus Leonis* 449 (→ Leo I.), brachte mit der Formulierung der *hypostatischen Union* definitive Klarheit. Die Bischöfe, die die Formel von Ephesus nicht akzeptierten, schlossen sich mit ihrem Klerus zur *Nestorian. Kirche* (Synode von Seleukia 486) zusammen.

Lit.: [3]LThK 7 (1998), 745–749.

RUDOLF VODERHOLZER

Newman, John Henry, angl., später kath. Theologe, Kardinal (1879), * 21. 2. 1801 (London), † 11. 8. 1890 (Birmingham). Sohn eines Bankiers, erlebte N. als 15jähriger eine Bekehrung zum evangelikalen Calvinismus, studierte ab 1816 am Trinity

College in Oxford, wurde 1822 Fellow des Oriel College, empfing 1825 die Priesterweihe und vollzog danach durch das Studium der Kirchenväter eine rel. Wende hin zur Hochkirche. Seit 1828 Vikar an der Univ.-Kirche St. Mary the Virgin in Oxford, gewann er als Prediger wachsendes Ansehen und wurde 1833 mit den von ihm initiierten *Tracts for the Times* (1833–1841) zum eigentl. Begründer der Oxfordbewegung, die sich von der hochkirchl. Bewegung durch den rel. Ernst ihrer Praxis und v. a. durch die Kritik am staatskirchl. Establishment unterschied. Sein 1841 im *Tract* 90 unternommener Versuch, die 39 Angl. Artikel kath. zu interpretieren, stieß zwar auf Ablehnung, eröffnete ihm aber persönl. den Zugang zur kath. Position. 1843 legte N. das Pfarramt nieder, zog sich zur Klärung seines Standpunkts mit einigen Freunden in die klösterl. Einsamkeit nach Littlemore bei Oxford zurück, ließ sich am 9. 10. 1845 in die kath. Kirche aufnehmen und ging anschließend zu weiteren theol. Studien nach Rom, wo er 1847 die Priesterweihe empfing und dem Oratorium des hl. Ph. → Neri beitrat. Nach der Rückkehr in die Heimat wurde er rasch eine führende Persönlichkeit der kath. Erneuerung in England, rief dort mehrere Oratorien ins Leben und war auch maßgebl. an der Gründung einer kath. Univ. im ir. Dublin beteiligt, geriet jedoch zunehmend zw. die unversöhnl. Fronten der liberalen und ultramontanen Katholiken und erfuhr vielfache Anfeindung, namentlich seitens der ultramontanen Führungsgruppe um den Mitkonvertiten → Manning, die ihn 1859 in Rom sogar als Häretiker denunzierte und auch nach seiner persönl. Rechtfertigung in der Bekenntnisschrift *Apologia pro Vita Sua* (1864) stets aufs neue gegen ihn intrigierte. Erst mit der von Manning vergeblich hintertriebenen Erhebung zum Kardinal durch → Leo XIII. im Jahr 1879 wurde seine Person kirchlicherseits definitiv rehabilitiert. Die hervorstechendsten Charakteristika von N.s reichem schriftsteller. Werk, das aufs engste mit seinem Leben und den jeweiligen Forderungen des Tages verbunden ist, sind eine bibl. orientierte Spiritualität, ein existentiell verstandener Glaube und der Primat des Gewissens, den er auch gegenüber den Definitionen des I. Vatikanums aufrechterhielt mit der bekannten Parole: „Zuerst das Gewissen, dann der Papst". Der Schwerpunkt seiner theol. Arbeiten lag im Bereich der frühen Kirchen- und Dogmengeschichte, die er immer wieder in Relation zur Gegenwart brachte und in sein kirchl. Reformprogramm einbezog, wobei ihn die Auffassung leitete, daß die Offenbarungswahrheit erst in der geschichtl. Überlieferung zur vollen Entfaltung komme. Das prophet. Denken N.s, den P. Johannes Paul II. am 22. 1. 1991 zum „ehrwürdigen Diener Gottes" erklärte und dessen Heiligsprechungsverfahren eingeleitet ist, gewann entscheidende Bedeutung für einen Erneuerungsprozeß nicht nur in der kath. Kirche und hat den theol. Grundoptionen der Gegenwart maßgeblich den Weg bereitet. „Sein Versuch einer Neubestimmung der anglikanischen *Via Media*, seine Überzeugung von der Geschichtlichkeit des Dogmas, sein Personalismus, sein Eintreten für die Aufgabe des Theologen und die Stellung des gläubigen Laien in der Kirche, seine Ablehnung von Rationalismus, Liberalismus und extremem römischen Zentralismus haben andauernde Bedeutung für das christliche und katholische Denken gewonnen, und weithin gilt sein theologisches Erbe als ausschlaggebender Gestaltungsfaktor für das Zweite Vatikanische Konzil." (S. Gilley).

Lit.: G. L. Müller, J. H. N. begegnen (2000); TRE 24 (1994), 416–422; GKG 9/1 (1985), 308–324. KARL HAUSBERGER

Niehaus, Hermann, erster berufener Stammapostel der *Neuapostolischen Kirche*, * 28. 7. 1848 (Steinhagen bei Bielefeld), † 23. 8. 1932 (Holland). Ende Januar 1905 wurde N. als erster in das von Fritz Krebs (1832–1905) geschaffene Stammapostelamt berufen und führte die *Neuapostol. Gemeinschaft* (seit 1907 offizielle Bezeichnung) mit persönl.-patriarchal. Stil; Ausbreitung bis in fernste Erdteile. Zur institutionellen Absicherung gab N. 1908 *Allg. interne Hausregeln für die Ämter und Mitglieder der Neuapostol. Gemeinden* und eine Neufassung des *Neuapostol. Glaubensbekenntnisses* heraus. Während sich die Neuapostol. Kirche in den ersten Jahren unter N. als innerl. gefestigte rel. Bewegung präsentierte, kam es ab 1918/19 v.a. durch Infragestellung der Autorität des Stammapostelamtes zur Krise innerhalb des Apostelkollegiums und zu Abspaltungen (C. A. → Brückner).

Lit.: Obst 91–104; Gasper 727–730. SUSANNE STÜBINGER

Niemöller, Martin, ev. Theologe, * 14. 1. 1892 (Lippstadt), † 6. 3. 1984 (Wiesbaden). N., der das Kriegsende und die Revolution von 1918 als Zusammenbruch der trad. pol. und sittl. Ordnung verstand, studierte 1919–1923 in Münster Theologie. Als Vereinsgeistlicher im Dienst der westfäl. Inneren Mission entwickelte er weitgefächerte Konzeptionen zur Evangelisation der Gesellschaft. N., der sich in den zwanziger Jahren vom Nationalsozialismus die Wiederherstellung der kulturellen Identität der dt. Gesellschaft auf christl. Grundlage erhoffte, wurde 1931 Pfarrer in Berlin-Dahlem. Ab 1933 war er einer der Initiatoren der innerkirchl. Opposition gegen die von den Dt. Christen ausgeübten Maßnahmen zur ideolog. Anpassung der ev. Kirche an den Nationalsozialismus. N. rief zur Gründung eines reichsweiten Pfarrernotbundes auf. Aus diesem von ihm geführten Notbund ging 1934 die Bekennende Kirche hervor. 1938 wurde N., der inzwischen zur Symbolfigur des kirchl. Widerstandes gegen Hitler aufgestiegen war, in den Konzentrationslagern Sachsenhausen und Dachau inhaftiert. Nach dem Krieg hatte er hohe kirchl. Ämter inne. Er war stellvertretender Vorsitzender des Rates der EKD und wurde 1961 in Neu-Delhi zu einem der sechs Präsidenten des ÖRK gewählt.

Lit.: ^{3}LThK 7 (1998), 827f.; BBKL 6 (1993), 735–748; J. Bentley, M. N. (1985). JOSEF KREIML

Nikolaus I., Papst (24. 4. 858 – 13. 11. 867), Sohn eines röm. Beamten, gewählt in Anwesenheit Ks. Ludwigs II. N. wußte die röm. Tradition vom päpstl. Primat zu akzentuieren, u.a. in der Unterwerfung des Ebf. Johannes von Ravenna, in der Auseinandersetzung mit Ebf. → Hinkmar von Reims, dem Patriarchen → Photios von Konstantinopel (Absetzungsspruch 863; Streit um die Bulgarenmission) und in der Wahrung der strengen Eheauffassung gegen Kg. Lothar II. Gegen die östl. Kirche konnte N. den röm. Anspruch nicht dauerhaft durchsetzen; sein Kampf um die kirchl. Kompetenz im Eherecht, die Vorstellung von der konstitutiven Wertung der päpstl. Kaiserkrönung und andere ausgeprägte Primatsansprüche gewannen jedoch im Westen für die Zukunft grundsätzl. Bedeutung, auch für das Reformpapsttum des 11./12. Jh.s.

Lit.: [3]LThK 7 (1998), 861f.; LMA 6 (1993), 1168–1170. GEORG SCHWAIGER

Nikolaus V., Papst (6. 3. 1447–24. 3. 1445), vorher Tommaso Parentucelli, * 15. 11. 1397 (Sarzana), † 24. 3. 1455 (Rom). Sohn eines Arztes; 1444 Bf. von Bologna; 1446 Kardinal. Seinem diplomat. Geschick gelang die Beilegung der unter P. Eugen IV. (1431–1447) entstandenen Wirren um das Konzil von Basel und die neue Festigung der schwer erschütterten päpstl. Autorität in Kirchenstaat und Gesamtkirche; 1448 Abschluß des Wiener Konkordats für das Hl. Röm. Reich mit → Friedrich III., den er 1452 zum Kaiser krönte (letzte Kaiserkrönung in Rom); 1449 Unterwerfung des Gegen-P. Felix (V.) und Auflösung des Basler Restkonzils. Sein Kreuzzugsaufruf gegen die vordringenden Türken (Fall Konstantinopels, 29. 5. 1453) und andere Bemühungen blieben im pol. zersplitterten Abendland fast erfolglos. In der Lebensführung untadelig, humanist. gebildet (Begründer der Vat. Bibliothek), wollte N. Papsttum und Kirche als führende christl. Kulturmacht in der aufstrebenden Renaissance zu neuem Ansehen bringen; aber das drängende Problem der Kirchenreform blieb ungelöst.

Lit.: [3]LThK 7 (1998), 865f.; LMA 6 (1993), 1171f. GEORG SCHWAIGER

Nikolaus de Tudeschis, (Panormitanus), * 1386 (Catania), † an der Pest 1445 (Palermo; hier Erzbischof seit 1434/35). 1425 Abt von Maniaco (Diözese Messina; OSB seit 1400), 1440 Kardinal. Nach dem Studium des Kirchenrechts in Bologna und Promotion durch → Zabarella, seit 1412 erst dort, dann in Parma und Siena als Rechtslehrer tätig. Aus der Zeit stammen seine *Commentaria in quinque decretalium libros* (1420/30). Dieser Kommentar zum *Liber extra* → Gregors IX. von 1234, der mit seinem erschöpfend kompilator.-enzyklopäd. Ansatz noch einmal das ganze Kirchenrecht wie J. → Andreae, „auf dessen Schultern er steht" (Schulte), erfassen will, gilt als bedeutendste kanonist. Leistung des 15. Jh.s. N. ist Mitglied der Gesandtschaft P. Eugens IV. beim Konzil von Basel 1432/33. In Abkehr von der päpstl. Position und verstärkter Hinwendung zu einem gemäßigten, allerdings im wesentl. jurist. und nicht theol. oder staatsphilos. argumentierenden Konziliarismus nimmt er dann erneut, nun aber im Auftrag Kg. Alfons' V., 1436–1439 am Basler

Konzil teil; 1442 Teilnahme am Frankfurter Reichstag, wo er mit → Nikolaus von Kues disputierte.

Lit.: [3]LThK 7 (1998), 869; [2]Stolleis 470f.; LMA 6 (1993), 1135; A. Vagedes, Das Konzil über dem Papst? (1981); K. W. Nörr, Kirche und Konzil bei N.de T.(1964); J. F. v. Schulte, Geschichte der Quellen und Literatur des Canon. Rechts, Bd. 2 (1877), 312f.
HANS-GEORG HERMANN

Nikolaus von Kues (Cusanus), * 1401 (Kues), † 11. 8. 1464 (Todi). Studium in Padua, Teilnehmer am Basler Konzil, Bf. von Brixen, Kardinal, hochgebildeter, vom Humanismus geprägter, spekulativer Denker und Mathematiker, bed. Philosoph und Theologe, 1464 auf Reisen in Todi verstorben, begraben in Rom. Entscheidend vom Basler Konzil geprägt, setzt sich N. zeitlebens für die Kirchenreform ein, welche ihm allerdings in seinem eigenen Bistum Brixen wegen massiver Widerstände nicht gelingt. Kirchenpol. bedeutend ist sein Bemühen um die Einigung mit der Ostkirche. N. erweist sich in seinen Schriften als sehr origineller und universeller Denker, stets darum bemüht, die uns oftmals so belastende Gegensätzlichkeit aller Dinge letztlich im Unendlichen zu einen (*coincidentia oppositorum*). Sein Nachlaß, darunter seine umfangreiche Bibliothek, bildet den Grundstock des St.-Nikolaus-Spitals in Kues.

Lit.: K. Flasch, N.v.K. (1998); TRE 24 (1994), 554–564; LMA 6 (1993), 1181–1184.
RUTH MEYER

Nikolaus von Lyra, OFM, Exeget, * um 1270/75 (Lyre bei Évreux), † Okt. 1349 (Paris). Möglicherweise jüd. Abstammung. Seine Lehrtätigkeit in Paris ab 1308 wurde unterbrochen durch sein Amt als Ordensprovinzial von Frankreich (1319–1324) und von Burgund (1324–1326). Die Schriftauslegung in seinem Hauptwerk *Postilla litteralis super totam Bibliam* (1322–1331; seit der Venediger Ausg. 1495 lange Zeit zus. mit der *Glossa ordinaria,* einem exeget. Standardwerk aus dem 12. Jh., gedruckt) stützt sich vornehml. auf den Literalsinn (ohne daß N. den geistigen Sinn ablehnte). N. war des Hebräischen einigermaßen mächtig. Seine Anleihen beim jüd. Theologen Raschi (1040–1105) verfolgten das Ziel, den Juden besser nachweisen zu können, daß die atl. Verheißungen schon im Literalsinn auf Christus verweisen. Die Bedeutung des N. als Exeget, der den Literalsinn gegenüber *allegorischer* Spekulation wieder zum Ausgangspunkt der Erklärungen machte, kommt zum Ausdruck in dem Vers: „Si Lyra non lyrasset, totus mundus delirasset“ (Hätte Lyra nicht aufgespielt, wäre die ganze Welt übergeschnappt). Den Einfluß des N. auf → Luther, der sich bei seiner Bevorzugung des Literalsinnes in seinen Vorreden ausdrückl. auf ihn berief, benennt ein daran angelehnter Vers: „Si Lyra non lyrasset, Lutherus non saltasset“ (Hätte Lyra nicht aufgespielt, hätte Luther nicht getanzt).

Lit.: TRE 24 (1994), 564–566.
RUDOLF VODERHOLZER

Nikolaus von Myra, hl. (Fest 6. 12., Translatio 9. 5.), Bischof, 1. Hälfte des 4. Jh.s. Mehr als die Existenz eines Bischofs mit Namen N. in der kleinasiat. Stadt Myra scheint nicht gesichert. Eine zeitgenöss. Lebensbeschreibung fehlt, auch seine Teilnahme am Konzil von Nizäa ist legendär. Das älteste Textzeugnis stammt aus dem 6. Jh.: die Legende der wunderbaren Rettung von drei unschuldig zum Tode verurteilten Feldherren durch das Eingreifen des Bischofs. In dieser Geschichte, die zu Lebzeiten des N. spielt, erscheint N. → Konstantin d. Gr., um ihm ins Gewissen zu reden. Diese Gabe, schon zu Lebzeiten an versch. Orten erscheinen zu können, trug erhebl. zur Verehrung des N. bei und beförderte seinen Ruf als Wundertäter und Nothelfer. Durch die fälschl. Gleichsetzung des Bischofs von Myra mit einem gleichnamigen Abt des Sionsklosters in Lykien wurde das N.-Bild um zahlr. Legenden erweitert, so daß man bei der legendären N.-Gestalt von einem „Konstrukt aus zwei historischen Personen" sprechen kann. Im Osten als *Hyperhagios* verehrt, verbreitete sich sein Kult im 10./11. Jh. auch im Westen, begünstigt durch Kaiserin Theophanu, v.a. durch die Übertragung seiner Gebeine von Myra in die it. Hafenstadt Bari 1087. N.' Seefahrerpatronat hat in der Legende von der Rettung Schiffbrüchiger seinen Ursprung. Die häufige Darstellung mit drei goldenen Kugeln greift eine ebenfalls zum ältesten Legendenbestand gehörende Beschenkung dreier Jungfrauen auf, denen N. somit die Heirat ermöglichte. In Frankreich und den Niederlanden wird N. meist mit drei Knaben im Faß dargestellt, weil eine nordfrz. Legende des 12. Jh.s von der Entdeckung und Rettung dreier ermordeter und bereits zu Pökelfleisch zerstückelter Schüler berichtet. Diese Schülerlegende scheint der Ursprung für ein ausgedehntes N.-Brauchtum zu sein: Seit dem 14. Jh. durften Klosterschüler am Tag ihres Patrons mit der Wahl eines Kinder-Bischofs für einen Tag die Rollen tauschen. In Anknüpfung an die Tageslesung Mt 25,14–23 (Gleichnis von den Talenten) entstand im Umfeld der Klöster der Brauch, am N.-Tag das gelernte Glaubenswissen zu examinieren und entsprechend zu belohnen. Daraus entwickelte sich im Westen schließl. die Instrumentalisierung des N. zu pädagog. Zwecken. Seine gegebenenfalls strafende Begleitfigur (Krampus, Knecht Ruprecht, Perchten) verselbständigte sich (von heidn.-german. Ursprüngen kann keine Rede sein). Die Reformation versuchte die Bescherung durch den hl. N. zurückzudrängen und favorisierte das Christkind. Aus der Verschmelzung von Knecht Ruprecht und N. entstand zunächst im 19. Jh. die Figur des *Herrn Winter*, aus der sich zw. 1840 und 1850 der *Weihnachtsmann* entwickelte.

Lit.: D.-R. Moser, Bräuche und Feste im christl. Jahreslauf (1993); W. Mezger, St. N. (1993). RUDOLF VODERHOLZER

Nikon (Nikita Mini), Patriarch von Moskau, * 24. 5. 1605 (Weldemanowo), † 17. 8. 1681 (Jaroslawl). N. trat 1635 in ein Kloster ein, wurde 1646 Archimandrit des Nowospasskij-Klr. in Moskau, 1649 Metropolit von Nowgorod. Unter Heranziehung gr. Quellen reformierte er die Liturgie, was 1654 zur Spaltung (russ. = raskol) der russ.-orth. Staatskirche führte; Angehörige der

Gruppe, die sich den Reformen N.s für eine liturg. Einheit mit den anderen orth. Kirchen widersetzte, werden seither *Altgläubige* (russ. Starowerzen, Raskolniken) genannt. 1666/67 vom Moskauer Konzil seines Amtes enthoben und in das Ferapont-Klr. verbannt, wurde N. von Zar Feodor 1681 zurückberufen, starb jedoch auf dem Weg nach Moskau.

Lit.: [3]LThK 7 (1998), 871 f.

MANFRED HEIM

Noëtus von Smyrna, 2.Jh. Um 170 Bf. in Kleinasien. Begründer des monarch. Modalismus, der in Gott Vater und Sohn nur versch. Erscheinungsweisen des einen Gottes sieht. Demgemäß habe sich Gott der Vater in der Menschwerdung selbst gezeugt, er habe selbst gelitten (daher *Patripassianismus*), er sei selbst am Kreuz gestorben und habe sich selbst auferweckt (so → Hippolyt in dem Fragment *Contra Noetum*). Obwohl N. 190 in Smyrna verurteilt wurde, verbreitete sich seine Lehre in Rom, wo → Sabellius Wortführer der Modalisten war. Mit ihm setzte sich v.a. Hippolyt auseinander, der die kompromißbereite Haltung von P. Calixtus I. (217–222) kritisierte. In Nordafrika vertrat Praxeas den modalist. Monarchianismus, was → Tertullian zur ersten syst. Darstellung der Trinitätslehre in *Adversus Praxean* (213) veranlaßte.

Lit.: K. S. Frank, Lehrbuch der Geschichte der Alten Kirche ([2]1997), 160.

RUDOLF VODERHOLZER

Nogaret, Guillaume de (Wilhelm von N.), † 11. 4. 1313. Das erste Jahrzehnt des 14. Jh.s „was represented in France by a nightmare of scandalous affairs of state“ (Pegues). Daran trug N. bis zu seinem Tod als „Kronjurist“ Kg. → Philipps IV. des Schönen nicht unmaßgebl. Anteil. Nach jurist. Studium, Promotion zum doctor legum 1287, Prof. legum 1292 und anschließender Justizlaufbahn gehört er seit ca. 1296 dem Hof, im gleichen Jahr dem Parlament, 1299 dem Rat Kg. Philipps IV. an, seit 1299 auch *miles regis*. In dessen Diensten ist er Chef der Kanzlei (seit 1307 durchgängig, soweit nicht in kgl. Missionen unterwegs, Großsiegelbewahrer), seit 1310 auch *maître* der *Chambre des comptes* (kgl. Rechnungsprüfung), insgesamt also schon in administrativer Hinsicht eine Zentralgestalt. Einer der wichtigsten Protagonisten ist er aber auch im wachsenden Konflikt zw. P. → Bonifaz VIII. und frz. Königtum, auf dessen Seite N. agierte, wenn es der Krone nützlich war. Nützlich war der Krone die Beseitigung des Templerordens (1307–1312; J. de → Molay), die Strategie seiner Auslöschung trägt N.s Handschrift, nützlich war hinsichtlich der damit verbundenen Konfiskationen die Vertreibung der Juden 1306 und 1311 die der Lombard. Kaufleute aus Frankreich. „His hand can be seen in every one of the legal assaults Philip made against his enemies“ (Pegues), was v.a. für die Feindschaft zu Bonifaz VIII. gilt, bei der er – wie in vielem anderen – in die Fußstapfen des Kanzlers Pierre Flote († 1302) trat. Er initiierte und formulierte im Frühjahr 1303 gegen Bonifaz wegen versch. vorgeworfener Verbrechen die Anklage vor einem zu dessen Aburteilung noch einzuberufenden künftigen Konzil.

V.a. verbindet sich mit seinem Namen das Attentat von Anagni (7. 9. 1303), wo man sich des Papstes bemächtigen wollte und das lediglich am plötzl. Widerstand der dortigen Bürger scheiterte. N.s Exkommunikation dafür aufzuheben, konnte sich P. Clemens V. trotz seines insgesamt schwächl. Verhaltens gegenüber der frz. Krone – etwa im Templerprozeß – nur unter Vorbehalt (*ad cautelam*) entschließen (27. 4. 1311). Selbst den von N. angestrengten Prozeß noch gegen das Andenken Bonifaz' wies man nicht ausdrücklich ab, sondern stellte die Kurie unter der Hand ein. Eine Würdigung N.s ist schwierig, weil sie wesentlich auch von der Würdigung Philipps IV. abhängt, dessen „Kronjurist" er war. N., dem seine ehrgeizige Treue auch entsprechend honoriert wurde, kann aber sicher als (problematischer) Prototyp eines spät-ma. „*Beamten*"-Juristen und gelehrten Rates in einer Phase gelten, in der erste „modern" wirkende Strukturen von Staatlichkeit mit betont rechtl. Instrumentarium effizienten Einsatz fanden.

Lit.: [3]LThK 7 (1998), 891; LMA 6 (1993), 1214f.; F. J. Pegues, The lawyers of the last Capetians (1962).

Hans-Georg Hermann

Norbert von Xanten (auch von Gennep, von Magdeburg), hl. (Fest 6. 6.), Ordensgründer, Ebf. von Magdeburg, * 1080/85, † 6. 6. 1134 (Magdeburg). Dem Adelsgeschlecht der Herren von Gennep entstammend, wurde N. Kanoniker im reichen Chorherrenstift St. Victor in Xanten. In einem Augenblick höchster Lebensgefahr entschloß er sich im Jahr 1115 zur radikalen Umkehr, zog sich in das Klr. Siegburg zurück und wurde zum Priester geweiht. 1121 gründete N. in Prémontré, einem unwegsamen Felsental bei Laon, eine Eremitengemeinschaft, die den Grundstein für den OPraem bildete (1126 päpstl. bestätigt). N. zog auch weiterhin als Wanderprediger durch die Lande und wurde vielfach als Friedensvermittler angerufen. 1126 zum Ebf. von Magdeburg erhoben, nahm er in der Folge vermehrt Aufgaben im Reich wahr. Lothar III. von Süpplingenburg (seit 1133 Kaiser) begleitete er mehrfach, 1132/33 auch auf dessen Reise nach Rom. Von dort kehrte N. todkrank nach Magdeburg zurück, wo er am 6. 6. 1134 starb. 1582 heiliggesprochen, ruhen seine Gebeine seit 1627 in der Abtei Strahov. N. wird meist mit der Monstranz in der Hand dargestellt, ihm zu Füßen der bekehrte und reumütige Häretiker Tanchelm von Antwerpen, der gemäß Legende die Gegenwart Christi im Altarsakrament geleugnet hatte.

Lit.: [3]LThK 7 (1998), 903–905; [3]Schwaiger 355–366; W. M. Grauwen, N. ([2]1986); K. Elm (Hg.), N. (1984).

Manfred Heim

Notker Balbulus (N. der Stammler, N. von St. Gallen, N. Poeta, N. der Dichter), OSB, Dichter, * ca. 840 (bei Jonschwil, Toggenburg), † 6. 4. 912 (St. Gallen). Seligsprechung 1513, Bestätigung des Kults 1624. Der früh verwaiste N. erhielt in St. Gallen seine Ausbildung und war dort als Bibliothekar (890), Hospitar (892–904), Lehrer, Geschichts- und Urkundenschreiber (bis 909) tätig. N.s Ruhm beruht auf seiner

Sammlung von Sequenzen für das Kirchenjahr (*Liber Ymnorum*, um 884), die schon zu seinen Lebzeiten als vorbildlich galt und einen Höhepunkt dieser Gattung darstellt. Er verfaßte außerdem ein sog. *Formelbuch*, bestehend aus einem theol. Lehrbrief (*Notatio de viris illustribus*, auch separat überliefert), Musterformularen für Urkunden sowie einer privaten Briefsammlung. Hinter N.s (unvollendeten?) Karlsanekdoten (*Gesta Caroli Magni*; → Karl d. Gr.), die auf Anregung Karls III. nach 883 entstanden, verbirgt sich ein Tugend- und Fürstenspiegel. Zu seinen weiteren Werken zählen u. a. ein Martyrologium (um 896), eine Schrift über die Neumennotation (*Epistola ad Lantbertum*) und die Fortsetzung der fränk. Königsgeschichte (*Continuatio breviarii Erchamberti*).

Lit: LMA 1 (1993), 1289f.; P. Ochsenbein, N. deutsch, in: H. Burger (Hg.), Verborum amor. Festschrift S. Sonderegger (1992), 214–237; J. MacCulloch, Das Martyrologium N.s als geistesgeschichtl. Dokument (1981). MARIANNE SAMMER

Notker Labeo (N. der Deutsche, N. Teutonicus, N. III.), OSB, Lehrer, Übersetzer, * um 950, † 29. 6. 1022 (Klr. St. Gallen). N., von thurgauischem Adel und möglicherweise Neffe Ekkeharts I. von St. Gallen, wirkte dort als Lehrer der Sieben Freien Künste und der Theologie. Seine Schriften stellen lat.-ahd. Bearbeitungen und Kommentare von Bibeltexten oder von Texten v. a. lat. Autoren wie Cato, → Augustinus, → Boethius, Vergil, Terenz, → Martianus Capella, → Gregor d. Gr. dar, die breite Wissensfelder aus allen Bereichen der *septem artes* und der Theologie abdecken, aber zum Teil verloren sind. N. übersetzte nicht, um die lat. Originale zu ersetzen, sondern um seinen Schülern das Verständnis der Schriften zu sichern. Nie zuvor waren vergleichbare wiss. und sprachl. Ansprüche an das Deutsche gestellt und erfüllt worden. N.s Werk ist so gut wie unrezipiert geblieben, da sich die Überlieferung auf St. Gallen beschränkte. Lediglich der Psalter wurde noch im 14. Jh., allerdings zum Erbauungsbuch umgeformt, in Frauenklöstern gelesen.

Lit.: E. S. Firchow, N. d. Dt. von St. Gallen (= Bibliographie) (2000); R. Gaberell, Der Psalter N.s III. von St. Gallen und seine Textualität (2000); LLex 8 (1990), 466–471. MARIANNE SAMMER

Novatian(us), Presbyter und Schriftsteller, * um 200. Vom röm. Bf. (P.) Fabianus (236–250) zum Priester geweiht, wurde N. nach Fabianus' Märtyrertod während der Sedisvakanz, die bis März 251 währte, Sprecher des röm. Presbyterkollegiums. In dieser Eigenschaft schrieb er z. B. zwei Briefe an Bf. → Cyprian von Karthago, die sich erhalten haben. Dem neugewählten Bf. Cornelius verweigerte N. den Gehorsam: Im Unterschied zu Cornelius vertrat N. die Ansicht, diejenigen, die während der Christenverfolgungen ihren Glauben verleugnet hätten (*lapsi*), müßten harte Buße üben. N. verließ Rom und schuf eine eigene kirchl. Organisation, die sich bis ins 5. Jh. behaupten sollte. Ob er als Märtyrer gestorben ist, steht nicht fest. N. war der erste Kleriker, der in Italien als lat. Schriftsteller hervortrat. Zu den Folgen des von ihm ausgelösten Schismas gehört es, daß manche seiner Werke in der Überlieferung unter andere Namen, nämlich die → Tertullians und Cyprians, gerieten. N.s Hauptwerk ist die Schrift *De trinitate* (*Von der Dreifaltigkeit*), der erste Versuch eines lat. Autors, den zentralen Glaubensinhalt des Christentums in syst. Form zu erschließen. Zunächst geht es in diesem Werk um Gottvater als den Schöpfer der Welt, dann wird Christus dargestellt als Sohn des Schöpfers, wahrer Mensch, wahrer Gott und vom Vater verschieden. Die Schrift *De cibis Iudaicis* (*Über die jüdischen Speisen*) sucht die Frage zu beantworten, warum das AT bestimmte Tiere unrein nenne: Damit verurteile es die Hingabe des Menschen an den sinnl. Genuß. Mit der Abhandlung *De spectaculis* (*Von den öffentlichen Schaustellungen*) warnt N. den Leser vor dem Besuch heidn. Spiele: Sie seien nichts anderes als Götzendienst. *De bono pudicitiae* (*Vom Gut der Keuschheit*) legt den Gemeindemitgliedern nachdrücklich sexuelle Enthaltsamkeit nahe.

Lit.: HLL 4 (1997), 519–528.

SIEGMAR DÖPP

O

Ockham, Wilhelm von →Wilhelm von Ockham

Odilo von Cluny, hl. (Fest 2. 1.), OSB, 5. Abt von Cluny, * 961/62 als Sproß der Adelsfam. von Mercœur (Auvergne), † 1. 1. 1049 (Souvigny). O. trat 990/91 in Cluny ein, wurde im Mai 993 Koadjutor von Abt Majolus und am 11. 5. 994 zu dessen Nachfolger gewählt. Wie sein Vorgänger hielt er enge Verbindung zu den sächs. Herrschern (Adelheid, → Otto III., → Heinrich II., → Heinrich III.), zu den Königen von Frankreich, Ungarn und Spanien, unternahm seit 997 insges. neun Italien-Reisen zur Sicherung und Verbreitung der cluniazens. Reform, erreichte 998 die Exemtion Clunys vom Bistum Mâcon und veranlaßte den Bau von Cluny II. In seinem über 55jährigen Abbatiat stieg Cluny zum zentralist. Großverband von rund 70 Klöstern auf. O., der für das Totengedenken erstmals Nekrologien anlegen ließ und den Allerseelentag (2. 11.) einführte, war für seine Zeit eine dem hl. → Bernhard von Clairvaux vergleichbare herausragende geistl. und (kirchen-)pol. Autorität. Sein Nachfolger wurde → Hugo I. von Cluny.

Lit.: G. Constable, Cluny from the tenth to the twelfth centuries (2000); [3]LThK 7 (1998), 975 f.; J. Wollasch, Cluny – „Licht der Welt“ (1996); LMA 6 (1993), 1351 f.

MANFRED HEIM

Odo von Cluny, hl. (Fest 18. 11.), OSB, Abt und Klosterreformer, * 878/79 (Le Mans oder Aquitanien), † 18. 11. 942 (Tours). O. wurde am Hof Wilhelms von Aquitanien erzogen und mit 19 Jahren

Kanoniker. Nach seinen Studien in Paris bei Remigius von Auxerre trat O. als 30jähriger unter Abt Berno in die OSB-Abtei Baume-les-Messieurs ein und ließ sich zum Priester weihen. Berno bestimmte 927 O. zu seinem Amtsnachfolger in Cluny, Massay und Délos. 931 erhielt O. das päpstl. Privileg, u. a. Eigenklöster übernehmen zu dürfen, die er seinem von → Benedikt von Aniane inspirierten Reformmönchtum anschloß. O. gilt deshalb als Begründer des Reformklosters Cluny, das unter ihm zahlr. Reformaufträge erhielt, auch für Klöster, die Cluny nicht zugehörten (in Burgund, Frankreich, Italien). O. verfaßte die Vita des hl. Grafen Gerhard von Aurillac. In seinen *Collationes* und der *Occupatio* entwickelte er seine Vorstellungen von einem erneuerten Mönchtum und dessen Aufgaben bei der geistl. Führung der Christenheit.

Lit.: G. Constable, Cluny from the tenth to the twelfth centuries (2000); J. Wollasch, Cluny – „Licht der Welt" (1996), 26–66; LMA 6 (1993), 1357f.

MARIANNE SAMMER

Oekolampad, Johannes, Reformator, * 1492 (Weinsberg bei Heilbronn), † 24. 11. 1531 (Basel). Der wohl aus bürgerl.-kaufmänn. Familie stammende O. studierte 1499–1506 an der Univ. Heidelberg, wirkte als Prinzenerzieher in Mainz und übernahm 1510 eine Prädikantenstelle in Weinsberg. 1512 setzte der vom südwestdt. Humanismus geprägte O. seine Studien in Tübingen fort (Griechisch bei Ph. → Melanchthon; Begegnung mit J. → Reuchlin). 1513 kehrte er nach Heidelberg zurück und widmete sich dem Hebräischen. Hier schloß er mit W. → Capito, dem späteren Straßburger Reformator, Freundschaft. 1515 kam O. nach Basel, wo er in engen Kontakt mit → Erasmus von Rotterdam kam und diesem als Sprachkenner bei der Herausgabe seines gr. NT zur Hand ging. Auch als O. 1516 wieder nach Weinsberg ins Pfarramt zurückgekehrt war, setzte er seine wiss. Arbeit fort (Bearbeitung des Index zur → Hieronymus-Ausgabe des Erasmus). 1518 erfolgte die Berufung ans Basler Münster, danach an den Augsburger Dom. Von M. → Luthers Anliegen angesprochen, doch von den öffentl. Auseinandersetzungen überfordert, zog sich O. als Mönch in das OSSalv-Kloster Altomünster zurück. In den hier entstandenen Schriften übte er deutliche Kritik an Buß- und Beichtpraxis und nahm nun klar für Luther Stellung. 1522 verließ er das Kloster. In Basel fand O. seine Lebensaufgabe als maßgebl. Förderer der reformator. Bewegung der Stadt. Seit 1523 hielt er, zum Prof. berufen, Vorlesungen über zahlreiche bibl. Bücher. Die editor. Arbeiten, v. a. die Übersetzung gr. Kirchenväter ins Lateinische, fanden ihren Fortgang. Aufsehen erregten seine Vorlesungen in dt. Sprache für Laien. Auch als Prediger war O. tätig. Als 1529 die Reformation in Basel eingeführt wurde, übertrug man O. das Amt des Münsterpredigers. Ein bes. Anliegen O.s war die reformator. Erneuerung der öffentl. Bußdisziplin (Kirchenzucht). Über Basel hinaus wirkte O., neben H. → Zwingli eine zentrale Gestalt der frühen Schweizer Reformation, in maßgebl. Funktionen an der Schweizer und oberdt. reformator. Neuordnung mit. Neben Zwingli gehörte er zu den wichtigsten Gegnern Luthers in der Abendmahlsfrage (Marburger Religionsgespräch 1529). O. zählt zu den herausragenden Gelehrten seiner Zeit.

Lit.: NDB 19 (1999), 435 f.; O. Kuhr, „Die Macht des Bannes und der Buße" (1999); TRE 25 (1995), 29–36.

HANS-MARTIN KIRN

Oetinger, Friedrich Christoph, luth.-pietist. Theologe und Theosoph, * 2. 5. 1702 (Göppingen), † 10. 2. 1782 (Murrhardt). Nach dem Besuch der ev. Klosterschulen Blaubeuren und Bebenhausen studierte O. von 1722–1727 Theologie in Tübingen. Neben der Philosophie von Christian Wolff und G. W. → Leibniz lernte er das Denken J. → Böhmes und die Kabbala kennen, die seinen spekulativen Gottesbegriff und seine Naturdeutung beeinflußten. Prägend für seine Geschichtsauffassung wurde Johann Albrecht Bengel, mit dem er intensiven Kontakt pflegte. Längere Bildungsreisen führten O. 1729–1737, unterbrochen durch seine Tätigkeit als Repetent am Tübinger Stift, an Zentren des kirchl. und separatist. Pietismus (Besuche u. a. in Berleburg, Halle und Herrnhut). Von → Zinzendorf distanzierte sich O. nach längeren Auseinandersetzungen. 1738 wagte er trotz eines spannungsreichen Verhältnisses zur kirchl. Praxis und Lehre den Dienst in der württemberg. Kirche und versah versch. Pfarrstellen, zuletzt als Dekan in Herrenberg (1759) und Prälat in Murrhardt (1765). Sein Werk über den schwed. Seher E. → Swedenborg mit Auszügen aus dessen Schriften führte zu Problemen mit der Zensur, die auch in der Folgezeit anhielten. O.s Hauptbemühen galt einer bibl.-heilsgeschichtl. begründeten „heiligen Philosophie" (*philosophia sacra*), die göttl. und menschl. Wirklichkeit in einer Einheitswissenschaft mit prakt. Zielsetzung zusammenführen und den einseitigen Herrschaftsanspruch der aufklärer. Vernunft, wie sie für O. die Leibniz-Wolffsche Schulphilosophie verkörperte, überwinden sollte. Charakterist. für O.s Wirklichkeitsauffassung ist seine emblemat. Theologie, die Bibel, Natur und Geschichte in einem engen gegenseitigen Verweiszusammenhang sah und dem von der Leiblichkeit bestimmten Lebensbegriff eine zentrale Stellung zuwies. Eines seiner wichtigsten Werke war das *Biblische und emblematische Wörterbuch* (1776; Neuausg. 1999). O.s tiefgründiges Denken beeinflußte auf unterschiedliche, noch nicht hinreichend erforschte Weise Pietismus, Dichtung und Philosophie (u. a. Mittler J. Böhmes an F. W. Schelling).

Lit.: NDB 19 (1999), 466–468; TRE 25 (1995), 103–109; Brecht 2 (1995), 269–278; M. Weyer-Menkhoff, Christus, das Heil der Natur (1990).

HANS-MARTIN KIRN

Oncken, Johann Gerhard, Gründer des europ.-kontinentalen Baptismus, * 26. 1. 1800 (Varel, Oldenburg), † 2. 1. 1884 (Zürich). Der calvinist. geprägte Kaufmann O. hatte 1819 in England bei den Methodisten ein Erweckungserlebnis und ließ sich 1834 mit sechs weiteren Erweckten vom amerik. Baptisten Barnas Sears (1802–1880) in Hamburg taufen. Damit entstand die erste dt. Baptistengemeinde. Bei seinen Missionsreisen durch Europa gründete O. weitere Gemeinden. Zur Unterstützung seiner Missionstätigkeit verlegte er auch rel. Schriften täufer. Inhalts.

Lit.: ³LThK 7 (1998), 1053 f.; G. Balders, Theurer Bruder O. (1978).

JOSEF KREIML

Optatus von Mileve, hl. (Fest 4. 6.), Bischof im 4. Jh. Der Bf. von Mileve (Numidien) trat in der Auseinandersetzung der Kirche mit den Donatisten (→ Donatus) hervor. Sie erklärten die von einem unwürdigen Amtsträger gespendeten Sakramente für ungültig und bestanden auf Wiedertaufe. Gegen den karthag. Donatistenbf. Parmenianus, der die kath. Kirche mit einer nicht mehr erhaltenen Schrift angegriffen hatte, richtete O. um das Jahr 365 ein Werk in sechs Büchern; um 385 bearbeitete er es und fügte ein siebtes Buch hinzu, das eine nicht von O. verfertigte Urkundensammlung enthält. Wie der moderate Ton der Darlegung erkennen läßt, war O. bemüht, den Streit mit den Donatisten nicht weiter eskalieren zu lassen. U.a. weist O. den donatist. Vorwurf zurück, es seien die Katholiken gewesen, die während der Verfolgung unter → Diocletian die Bibel den röm. Behörden ausgehändigt hätten. Des weiteren legt O. dar, daß die kath. Kirche, durch den Stuhl Petri (*cathedra Petri*) geeint, die wahre Kirche Christi sei; die Sakramente blieben unabhängig von ihrem Spender wirksam, Wiedertaufe sei nicht erlaubt. Für die Rekonstruktion von Geschichte und Intention des Donatismus ist O.' Werk von hohem Wert.

Lit.: ²LACL 458–459. SIEGMAR DÖPP

Origenes, bedeutendster und, schon zu seinen Lebzeiten, umstrittenster Theologe der vornizän. Patristik, * ca. 185 (Alexandrien), † um 254. O. entstammte einer christl. Familie, in der er früh zu einer umfassenden Bibelkenntnis geführt wurde. Noch nicht 17jährig, erlebte er den Märtyrertod seines Vaters Leonidas. Bf. Demetrius von Alexandrien vertraute dem jungen O. die Leitung der Katechetenschule an. Angesichts der großen Schülerzahl übertrug O. die Einführungsstufe bald an Heraklas, er selbst unterrichtete die Fortgeschrittenen. Um den Einwänden der philos. Gegner der Kirche besser begegnen zu können, vertiefte er sich auch in die Gedankenwelt des Neuplatonismus, in dem er manche Parallele zur Lehre der Schrift entdeckte. So ist denn auch das Frühwerk *Peri archon* (lat. *De Principiis*, dt. *Vier Bücher von den Prinzipien*, Görgemanns/Karpp), eine systemat. Gesamtdarstellung der christl. Glaubenslehre, das am meisten neuplaton. gefärbte Werk des O. Ambrosius, ein begüterter Alexandriner, den O. vom Valentinianismus zur Kirche zurückgeführt hatte, regte O. nicht nur zur Kommentierung vieler bibl. Schriften und Bearbeitung theol. Fragestellungen an, sondern stellte ihm auch ein Schreibbüro zur Verfügung. Vortragstätigkeit in Caesarea und schließlich sogar die Presbyterweihe durch den dortigen Bischof führten zum Zerwürfnis mit Bf. Demetrius, der O. 230 aus der Kirche von Alexandrien ausschloß. Demetrius führte in diesem Zusammenhang die vermeintl. Selbstentmannung des O. ins Feld. Obwohl auch von → Eusebius berichtet, spricht die immense Schaffenskraft des O. bis ins hohe Alter dafür, daß es sich um ein böswilliges Gerücht handelt. Ab 232 lebte O. ganz in Caesarea, wo ihn der Bischof zur regelmäßigen Predigt beauftragte. Ein Werk des Übergangs ist der *Kommentar zum Johannesevangelium* (dt. in Auswahl Gögler, 1959), der in Alexandrien begonnen und in Caesarea abgeschlossen wurde. 239–242 hat O. täglich das Wort Gottes ausgelegt und dabei einen gesamten Lesezyklus kommentiert. Erst um 245 gab er die Erlaubnis, seine Worte mitzustenographieren. Bedeutendste Spätwerke sind der *Kommentar zum Römerbrief* (dt. FC 8/1–5, Th. Heither), der *Kommentar zum Matthäusevangelium* (dt., Bibliothek der gr. Lit., 3 Bde., H. J. Vogt) sowie die Apologie *Contra Celsum* (dt. [2]BKV 52/53). Durch ein asket. Leben gestählt, überstand O. Folterungen während der Christenverfolgung durch Ks. → Decius und starb um 254. Die Unklarheit über die genauen Umstände seines Todes machten es später → Epiphanius möglich, die (schon in sich selbst widersprüchliche) Legende vom „Fall" des O. in Umlauf zu bringen, das Andenken des O. mit dem Makel mangelnder Standfestigkeit im Glauben zu belasten und so die vermeintl. theol. Irrtümer des O. zu erklären. – O. muß über 1000 Werke hinterlassen haben, wenngleich schon zu seinen Lebzeiten nicht zu allen bibl. Büchern Kommentare oder Predigten bekannt waren. Es ist heute weitgehend anerkannt, daß er nicht nur ein „Mann der Kirche" sein wollte, sondern tatsächlich ein leidenschaftl. Prediger und Seelsorger war, der auch in den wesentl. Fragen auf dem Boden der kirchl. Lehre stand. Er gilt als der erste Trinitätstheologe der Kirche. Sein heilsgeschichtl. Subordinatianismus widerspricht nicht der späteren nizän. Aussage von der Gleichwesentlichkeit von Vater und Sohn. Mitte der Theologie des O. ist die Auslegung der Schrift. Am Schriftverständnis des → Paulus und der übrigen ntl. Autoren orientiert, systematisierte er die Bibelhermeneutik und steht mit zwei miteinander konkurrierenden Konzepten vom dreifachen Schriftsinn am Ursprung der Lehre vom vierfachen Schriftsinn (H. de → Lubac). O. verband akribische Arbeit am Text (in der *Hexapla* stellte er sechs bekannte Übersetzungen des AT nebeneinander) mit oft sehr weitgehender geistiger Deutung. Nicht mit der Lehre der Kirche überein stimmt die (neuplaton.) Auffassung des O. von einer Präexistenz der Seelen. Ob er die Apokatastasis, d. h. die Wiederherstellung aller Dinge, damit auch die endzeitliche Bekehrung aller, auch des Satans und der Dämonen, wirklich gelehrt hat, ist umstritten. Ein erster Origenismusstreit an der Wende vom 4. zum 5. Jh. und dann v. a. die Verurteilung des O. im Vorfeld des Konzils von Konstantinopel 553 führten zur systemat. Vernichtung seiner Werke. Viele Schriften, v. a. fast sein gesamtes Briefcorpus, sind daher verloren, zahlr. seiner Homilien sind nur (in allerdings recht zuverlässigen) Übersetzungen des → Rufinus, → Hieronymus u. a. erhalten. Mehr noch als im Osten hat O. die ma. Theologie im Westen beeinflußt (bes. → Bernhard von Clairvaux), als man schwankte zwischen Abscheu vor dem vermeintl. Glaubensabfall und Bewunderung der geistl. Tiefe seiner Schriften. Erst hist. Forschung im 20. Jh. konnte O. weitgehend rehabilitieren.

Lit.: H. J. Vogt, O. als Exeget (1999).
RUDOLF VODERHOLZER

Orosius, Presbyter und Schriftsteller, * Ende des 4. Jh.s (wahrscheinl. Bracara, Braga, Portugal), † nach 418; der Vorname Paulus ist erst seit Jordanes bezeugt. Als junger Presbyter verließ O. seine Heimat und gelangte im Jahre 414 nach Nordafrika. In Hippo Regius gewann er das Vertrauen des dortigen Bf. → Augustinus; der sandte ihn 415 als Überbringer von Schriften zu → Hieronymus in Bethlehem. Im selben Jahr nahm O. an der Jerusalemer Synode teil und trat gegen → Pelagius auf. 415 kehrte O. nach Afrika zurück; über das Jahr 418 führt kein Zeugnis hinaus. Neben einer *Denkschrift über den Irrtum der Priscillianisten und Origenisten* (*Commonitorium de errore Priscillianistarum et Origenistarum*) sowie einer Verteidigungsrede, die mit dem pelagian. Streit zusammenhängt (*Liber apologeticus contra Pelagianos*), verfaßte O. sieben Bücher *Historiae adversum paganos* (*Geschichte wider die Heiden*), die erste Universalgeschichte aus christl. Sicht, 417/18 abgeschlossen; die Darstellung reicht von Adam über die einander ablösenden Weltreiche der Assyrer, Makedonen, Karthager und Römer bis zum Jahre 417. Wie O. selbst bezeugt, geht die Abfassung des Werks auf eine Anregung des Augustinus zurück. Dieser war in Buch 4 von *De civitate Dei* (*Vom Gottesstaat*) der Behauptung der Heiden, es seien die Götter gewesen, denen Rom einst seine Wohlfahrt verdankt habe, dadurch entgegengetreten, daß er Ereignisse der röm. Geschichte anführte, die dieser These widersprechen, z.B. die schwere Niederlage der Römer im 2. Punischen Krieg. In den *Historiae* nimmt O. solche Überlegungen auf und sucht sie durch eine große Zahl zusätzl. Belege zu ergänzen und zu stützen; aus den Denkmälern der Geschichte möchte er den Nachweis erbringen, daß die Menschheit in vorchristl. Zeit weit mehr von Kriegen und von Elend jedweder Art heimgesucht worden ist als in der Epoche des Christentums. In der christl. Zeit sei vielmehr ein allmähl. Wandel der Verhältnisse zum Besseren eingetreten. Bes. Gewicht legt O. dabei auf den Umstand, daß Christus unter der Regierungszeit des Augustus geboren wurde: Die von Augustus geschaffene *Pax Romana* habe die äußere und innere Voraussetzung für die Ausbreitung des Christentums geschaffen (z.B. 6,22,5–6). Im Gang der Weltgeschichte wird dem röm. Reich damit die wichtige Funktion zugesprochen, zur Gewinnung des Heils beizutragen. Die *Historiae* wurden im MA oft als Leitfaden herangezogen.

Lit.: H.-W. Goetz, Die Geschichtstheologie des O. (1970). SIEGMAR DÖPP

Osiander, Andreas, luth. Reformator, * 19. 12. 1496/98 (Gunzenhausen), † 17. 10. 1552 (Königsberg). Der aus angesehener Familie stammende O. kam 1515 zum Studium nach Ingolstadt. Vom Humanismus (→ Erasmus von Rotterdam; J. → Reuchlin) beeinflußt, lernte er

Griechisch und Hebräisch und befaßte sich mit der Kabbala. 1520 erhielt O. die Priesterweihe und trat eine Stelle als Hebräischlehrer im OSA-Kloster in Nürnberg an. Hier lernte er die Schriften M. → Luthers kennen und schätzen. 1522 zum Prediger an St. Lorenz berufen, wurde O. bald der einflußreichste Reformator der Reichsstadt. Gegen schweizer.-oberdt. und täufer. Einflüsse setzte er sich für die luth. Neuordnung des Kirchenwesens ein. Zusammen mit J. → Brenz verfaßte er die Brandenburg.-Nürnberg. Kirchenordnung von 1533. In den 1530er Jahren ging O.s Einfluß in Nürnberg zurück. Zu den Wittenbergern stellte sich ein distanziertes Verhältnis ein. Aufmerksamkeit erregte O. mit seiner anonym erschienenen Schrift gegen die verheerende antijüd. Ritualmordbeschuldigung (1540), die eine heftige Antwort des Ingolstädter Theologen J. → Eck gegen den „Judenschützer" O. provozierte. 1543 schrieb O. die empfehlende Vorrede zu N. → Kopernikus' Hauptwerk *De revolutionibus orbium coelestium.* Im selben Jahr wurde O. nochmals als Gestalter einer Kirchenordnung tätig (Reformation im Fürstentum Pfalz-Neuburg). Seine kompromißlose Ablehnung des Augsburger Interims 1548 erzwang den Abschied von Nürnberg. Die letzten Jahre in Königsberg waren überschattet von den heftigen theol. Streitigkeiten um O.s Rechtfertigungslehre. Diese betonte im Interesse einer engen Verbindung von Rechtfertigung und Heiligung eine „effektive" Gerechtmachung kraft der im Menschen zur Wirkung kommenden göttl. Natur Christi. Eine breite Mehrheit der Theologen verurteilte O.s Theologie, seine wenigen Anhänger wurden unnachgiebig verfolgt.

Lit.: NDB 19 (1999), 608f.; G. Zimmermann, Prediger der Freiheit (1999); TRE 25 (1995), 507–515.

Hans-Martin Kirn

Ossius von Cordoba (Hosius), Bischof, * ca. 256, † 357/58 (Cordoba). Etwa 300 wurde O. Bf. von Cordoba; während der Verfolgung unter Maximianus (303–305) war er Bekenner (Confessor). 312–326 diente O. → Konstantin d. Gr. als Berater in kirchenpol. Angelegenheiten; 324 ließ der Kaiser ihn einen Brief an → Arius und Alexander von Alexandrien überbringen. Im Sommer 325 führte O. beim 1. Ökum. Konzil in Nizäa den Vorsitz; wieweit er an der Ausarbeitung des Glaubensbekenntnisses mitgewirkt hat, bleibt unklar. 343 stand er der Synode von Serdika vor; auch hier ist nicht geklärt, in welchem Maße er an der Erstellung der Glaubensformel beteiligt war. Später wandte sich O. gegen die Versuche des Ks. Constantius II. (337–361), von den westl. Bischöfen die Verurteilung des → Athanasius zu erwirken; in einem Brief an den Kaiser betonte O. die Notwendigkeit der Trennung von staatl. und kirchl. Gewalt. Im Jahr 357 unterschrieb O. die arianische (homoiische) Formel von Sirmium. Danach kehrte er in seine Diözese zurück. Bislang ist es noch nicht gelungen, ein geschlossenes Bild von O.' theol. Anschauungen zu gewinnen.

Lit.: ²LACL 469f.; R. Klein, Constantius II. und die christl. Kirche (1977).

Siegmar Döpp

Ostiensis → H[ostiensis]

Otfrid von Weißenburg, OSB, * um 800 (bei Weißenburg, Elsaß), † um 870 (ebd). Nach Klostereintritt und Studium (in Fulda bei → Hrabanus Maurus) war O. seit 845/47 wieder in Weißenburg. Dort leitete er das Skriptorium. Unzählige bibl.-lat. und 152 ahd. Glossen trug er als Grammatiklehrer zu Priscianus in Handschriften ein. Die Hl. Schrift wollte O. allegorisch kommentieren. Fünf Autographe sind überliefert. Bedeutung erworben hat sich O. mit dem *Liber Evangeliorum* (zw. 863 und 871 entstanden). Es handelt sich bei der *Evangelienharmonie* um eine chronolog. Lebensgeschichte Jesu, zusammengestellt aus den vier Evangelien. Nach der kirchl. Perikopenordnung sind die 140 Kapitel in fünf Büchern ausgewählt. O. wurde durch die 7104 binnengereimten Langzeilen zum Begründer der europ. Endreimdichtung. Letztere wurde dem Ambrosian. Hymnus entlehnt. Verfaßt ist das Werk in Südrheinfränkisch.

Lit.: [3]LThK 7 (1998), 1215 f.; M. Wehrli, Geschichte der dt. Literatur vom frühen MA bis zum Ende des 16. Jh.s ([3]1997), 76–86. WOLFGANG ROTZSCHE

Otto I. der Große, röm.-dt. Kaiser, * 23. 11. 912 als Sohn des späteren Kg. → Heinrich I. aus sächs. Haus, † 7. 5. 973 (Memleben, bestattet im Magdeburger Dom). Nach Unterwerfung der mächtigen Stammesherzogtümer und dem Scheitern seiner Politik, diese Herzogtümer seinen Verwandten zu übertragen, wurden die Bischöfe und Äbte der Großabteien die wichtigsten Stützen seiner Königsmacht (Anfänge eines *Reichskirchensystems*, das bis zum revolutionären Konflikt der weltl. und geistl. Gewalt im Investiturstreit bestimmend blieb). 951 zog O. nach Italien, heiratete (nach dem Tod der ersten Gemahlin, Edgitha von England) Adelheid, die Witwe Kg. Lothars II. von Italien, und nannte sich Kg. der Franken und Langobarden. Mit dem Sieg über die Ungarn 955 auf dem Lechfeld bei Augsburg stieg O. zur Vormacht im lat. Abendland auf. Dieser Aufstieg wurde vollendet in der Kaiserkrönung in Rom (2. 2. 962); damit war das Röm. Kaisertum → Karls d. Gr. erneuert – es blieb fortan mit dem dt. Königtum verbunden; Salbung und Krönung waren dem Papst vorbehalten. Im *Ottonianum* bestätigte der Kaiser der Röm. Kirche ihren Besitz, legte aber auch die ksl. Rechte bei der Papstwahl fest. Daraus erwuchs ihm und den Nachfolgern die Schirmvogtei über die Röm. Kirche. Wesentl. aus dem sakralen Verständnis der Königs- und v. a. der Kaiserwürde förderte O. die Mission im Osten (Slawen, Ungarn) und Norden (Dänen) durch Errichtung zahlr. Bistümer, darunter des Erzbistums Magdeburg als kirchl. Zentrum im dt. Osten mit den Suffraganbistümern Brandenburg, Havelberg, Merseburg, Meißen und Zeitz, wobei pol. und kirchl. Interessen sich eng verbanden. Die Grenzen wurden durch Einrichtung von Marken gegen Dänen und Slawen (unter Hermann Billung und Gero) und durch Wiedererrichtung der Ostmark im Südosten gesichert. O. erscheint als eine der kraftvollsten christl. Herrscherpersönlichkeiten des ganzen MA.

Lit.: H. Keller, Die Ottonen (2001); [3]LThK 7 (1998), 1221 f.; LMA 6 (1993), 1563–1567. GEORG SCHWAIGER

Otto III., röm.-dt. Kaiser, * Juni/Juli 980 (bei Kleve) als Sohn Ks. Ottos II. (973–983) und dessen Gemahlin Theophanu, Nichte des byz. Ks. Johannes I. Tzimiskes, † 24. (23.?) 1. 1002 (Paterno, Latium), bestattet in der Pfalzkapelle zu Aachen. O. wurde 983 in Verona von dt. und italischen Großen zum König gewählt und in Aachen gekrönt. Nach dem Tod des Vaters (7. 12. 983 in Rom) ging die Königswürde formell auf das Kind über; die Vormundschaft führte zunächst seine Mutter Theophanu (bis 991), dann bis 995 die Großmutter, Kaiserin Adelheid, beide beraten von Ebf. → Willigis von Mainz. Durch seine Erzieher gut vorbereitet, übernahm O. im Sept. 994 die Regierungsverantwortung. Tief rel. und von Verantwortung geprägt, zog er führende Persönlichkeiten des geistigen Lebens und der kirchl. Erneuerung in sein Vertrauen (Gerbert von Aurillac [→ Silvester II., 999–1003], → Adalbert von Prag, Romuald von Camaldoli), bestimmte nach dem Tod P. Johannes' XV. seinen Vetter Bruno von Kärnten zum Papst (Gregor V.), von dem er am 21. 5. 996 in St. Peter die Kaiserkrone empfing. Mit der Erhebung Gerberts zum Papst versuchte O. seine Vorstellung der Erneuerung des Röm. Reiches (*Renovatio imperii*), die aus röm., karoling. und otton. Tradition erwuchs und eine Erneuerung der Röm. Kirche einschloß, zu verwirklichen. Die östl. Völker und Herrscher sollten durch die Erhebung Gnesens zum Erzbistum 1000 (Pilgerfahrt zum Grab Adalberts von Prag) und durch Errichtung des Erzbistums Gran (Esztergom) 1001 enger angebunden werden. Von Zeitgenossen vielfach bewundert, scheiterten die hochgemuten Pläne an der Realität und dem frühen Tod des jugendl. Kaisers.

Lit.: H. Keller, Die Ottonen (2001); [3]LThK 7 (1998), 1223 f.; LMA 6 (1993), 1568–1570. GEORG SCHWAIGER

Otto von Bamberg, hl. (Fest 30. 6./30. 9.), Bischof, Klostergründer, Missionar, * um 1060/65, † 30. 6. 1139 (Grab in der OSB-Abtei Michelsberg, Bamberg). Einem edelfreien schwäb. Geschlecht entstammend, war O. 1088–1093/94 Kaplan am Hof des poln. Hzg. Wladislaw-Hermann, der mit Judith, Schwester Ks. → Heinrichs IV., vermählt war. Nach seiner Rückkehr beaufsichtigte er als Mitglied der Hofkapelle den Dombau zu Speyer, wurde Kanzler und 1102 Bf. von Bamberg (1106 Bf.-Weihe durch P. Paschalis II. in Anagni, 1111 Verleihung des Palliums). O. war durch seine auf Ausgleich bedachte Haltung an der Beilegung des Investiturstreits nicht unerheblich beteiligt; das Wormser Konkordat von 1122 trägt auch seine Unterschrift. Als energ. Förderer der monast. Reformbewegungen gründete, organisierte und erneuerte O. etwa 30 Stifte, Klöster und Spitäler. Seinen Ruhm begründete er auch als Missionar: der *Apostel Pommerns* (so der seit 1139/40 belegte Ehrentitel) christianisierte auf zwei Missionsreisen (1124/25 und 1128) Teile der westslaw. Pomoranen und Lutizen. 1189 wurde O. heiliggesprochen.

Lit.: NDB 19 (1999), 669f.; [3]LThK 7 (1998), 1219f.; Bf. O.v.B. Reformer – Apostel der Pommern – Heiliger (1989). MANFRED HEIM

Otto von Freising, OCist, Geschichtsschreiber, Bischof, * 1112, † 22. 9. 1158 (Morimund), aus dem Geschlecht der Babenberger. Nach mehrjährigen Studien in Paris und (seit 1132) einem sechsjährigen Aufenthalt im OCist-Klr. Morimund, wo er 1138 zum Abt gewählt wurde, war O. 1138–1158 Bf. von Freising. Seine *Chronik oder Geschichte der zwei Reiche* (*Chronica sive Historia de duabus civitatibus*, 8 Bücher), abgefaßt 1143–1146 und später seinem Neffen Ks. → Friedrich I. Barbarossa gewidmet, ist maßgebl. von der Geschichtstheologie des → Augustinus geleitet. Die Geschichte von der Erschaffung der Welt bis zu ihrem Untergang in der Herrschaft des Antichrist und zum Endgericht wird dargestellt als das Ringen zw. dem *Gottesstaat* (*civitas Dei*) und dem von Gewalt und Unglauben geprägten *Weltstaat* (*civitas terrena*). Das Auseinanderbrechen der Harmonie von weltl. und geistl. Gewalt im Investiturstreit ist für O. eine der großen, die fortschreitende Verwirklichung der *civitas Dei* hemmenden Erschütterungen. Die daraus wachsende pessimist. Grundstimmung wird überwunden in O.s *Gesta Friderici imperatoris* (1157, von seinem Sekretär Rahewin bis 1160 fortgesetzt). O.s Bemühung, größere Zusammenhänge im Ablauf geschichtl. Ereignisse zu erkennen und darzustellen, hebt ihn weit über die gewohnte annalist. Geschichtsschreibung seiner Zeit hinaus und kennzeichnet ihn als einen der größten Historiker und Geschichtstheologen des abendländ. MA.

Lit.: [3]LThK 7 (1998), 1220f.; D. Hagen, Herrschaftsbildung zw. Königtum und Adel (1995), 145–200; LMA 6 (1993), 1581–1583; J. Maß, Das Btm. Freising im MA (1986), 157–175. MANFRED HEIM

Otto, Rudolf, ev. Theologe, Religionsphilosoph, * 25. 9. 1869 (Peine), † 6. 3. 1937 (Marburg). O. wurde 1904 Prof. für Syst. Theologie in Göttingen, 1915 in Breslau und 1917 in Marburg. Bei ausgedehnten Reisen (1911/12 nach Asien, 1927/28 nach Indien und in den Vorderen Orient) studierte er versch. Weltreligionen. In seinem Hauptwerk *Das Heilige* (1917), das ihn weltberühmt machte, ging O. der Frage nach dem Wesen der rel. Erfahrung nach. Er hat die weithin rezipierte Formel vom Numinosen als dem *Mysterium tremendum et fascinosum* geprägt. O. betrachtete die Religionsphilosophie und die Religionswissenschaft als konstitutive Elemente der theol. Arbeit. Die Religionen ordnete er in Wertstufen ein, an deren Spitze das Christentum steht. In den dreißiger Jahren veröffentlichte O. weitere wichtige Werke (u.a. *Reich Gottes und Menschensohn*, 1934).

Lit.: [3]LThK 7 (1998), 1225; TRE 25 (1995), 559–563; BBKL 6 (1993), 1381–1383; C. Colpe (Hg.), Die Diskussion um das „Heilige" (1977). JOSEF KREIML

Overbeck, Franz Camille, Kirchenhistoriker, * 16. 11. 1837 (St. Petersburg), † 26. 6. 1905 (Basel). Nach dem Theologiestudium in Leipzig und Göttingen (1856–1860) habilitierte sich O. 1864 in Jena. 1870–1897 war er als Prof. für NT und ältere Kirchengeschichte in Basel tätig. O. stand in Verbindung mit Friedrich Nietzsche. Er sah sich als Schüler F. Ch. → Baurs, dessen Hegelianismus und Geschichtskonstruktion er krit. betrachtete, dessen Programm der Historisierung des Christentums und der Bibel er aber in dem Konzept einer „profanen", d.h. von der Religion freien Kirchengeschichte umsetzen wollte. Für O. bedeutet die Geschichte der Kirche seit der Patristik einen Bruch mit dem Urchristentum. Die Urchristen seien in Erwartung des Weltuntergangs „exzessiv asketisch" und daher kulturfeindlich gewesen, weshalb die liberale Theologie und die Assimilation des Christentums an die Moderne dessen Ende beweise. „Historisches, d.h. der Welt unterworfenes Christentum ist etwas Absurdes" und seit den Apologeten eine Selbsttäuschung. O. hat die Entstehung der dialekt. Theologie (K. → Barth) beeinflußt und den Nutzen der formgeschichtl. Betrachtung des NT und der altkirchl. Literatur erkannt.

Lit.: K. Meyer, B. v. Reibnitz, Briefwechsel Friedrich Nietzsche, F. und Ida O. (2000); NDB 19 (1999), 724f.; M. Henry, O. theologian? (1995).

MARIANNE SAMMER

Ozanam, Antoine Frédéric, sel. (Fest 9. 9.), Gründer der Vinzenzkonferenzen, * 23. 4. 1813 (Mailand), † 8. 9. 1853 (Marseille). Nach seinem Studium in Paris wurde O. 1837 Prof. für Handelsrecht in Lyon, 1841 für Vergleichende Literaturwissenschaft an der Sorbonne. Er beschäftigte sich v. a. mit → Dante, den franziskan. Quellen und dem dt. MA. Als Student regte er 1833 im Rahmen der Caritasbewegung die jährlichen *Conférences de Notre-Dame* an. Danach gründete er die Vinzenzkonferenzen, nach dem hl. → Vinzenz von Paul benannte Gruppen kath. Laien zur rel. und soz. Hilfe in Pfarreien und anderen Einrichtungen. O. setzte sich für eine Allianz des Katholizismus mit der Demokratie ein. Die Probleme des Industriezeitalters beschäftigten ihn zeit seines Lebens. Sein Sozialprogramm galt v. a. den unteren Klassen. Seine Seligsprechung erfolgte 1997.

Lit.: L. Mezzadri, F. O. (2000).

WOLFGANG ROTZSCHE

P

Pachomius, hl. (Fest 9., 14. 5.), *Vater des koinobitischen Mönchtums,* * ca. 290 (bei Latapolis), † 9. 5. 346/47 (Pbow). Als Sohn heidn. Eltern bäuerl. Herkunft in Oberägypten geboren, wurde P. etwa 20jährig zwangsweise zum röm. Militärdienst eingezogen. Beeindruckt von der gelebten Nächstenliebe der Christen in Theben, wandte sich P. dem Christentum zu. Bald nach seiner Taufe 313 wurde er Mönch in der Anachoretenschule des Palamon. Sieben Jahre später gründete er im verlassenen Dorf Tabennese das erste christl. Kloster, dessen Mitglieder sich auf eine von ihm verfaßte Regel für das gemeinsame

Leben verpflichteten. Ausdrückl. Vorbild der Gemeinschaft war die Jerusalemer Urkirche, von der es in Apg 4,32–37 heißt, „sie waren ein Herz und eine Seele und hatten alles gemeinsam". P. wurde so zum Begründer des gemeinschaftl. Mönchtums (im Unterschied zu seinem Zeitgenossen → Antonius d. Gr., dem Leitbild des Einsiedlertums). Unterstützt von → Athanasius, war P. zuletzt Abt eines Klosterverbandes von neun Männerklöstern (mit über 5000 Mönchen) und zwei Frauenklöstern. Eines von diesen leitete P.' Schwester. Eine *Vita Pachomii* (dt.: [2]BKV 31), nach dem Vorbild von Athanasius' *Vita Antonii* verfaßt von seinem Nachfolger Theodoros, wurde von → Dionysius Exiguus ins Lateinische übertragen. → Hieronymus übertrug Texte des P. und förderte so seinen Einfluß im Westen.

Lit.: [2]LACL 471 f.

RUDOLF VODERHOLZER

Pallotti, Vinzenz, (Vincenzo), hl. (Fest 22. 1.), Ordensgründer, * 21. 4. 1795 (Rom), † 22. 1. 1850 (ebd.). P. gründete 1835 eine Priestergemeinschaft zur Glaubensverbreitung, die *Societas Apostolatus Catholici* (SAC, Pallottiner). Ihm lag an der apostol. Gesinnung, nach der alle Christen zur Mitarbeit über die Grenzen aller Stände und Klassen aufgerufen sind. Der röm. Priester hatte ein „globales Netzwerk" im Sinn, jeweils mit kleinen Zentren, die evangelisieren sollten. 1843 begründete er den weibl. Zweig (Pallottinerinnen). P. → Pius XI. sah in P. den Vorläufer der Kath. Aktion. Das II. Vat. Konzil griff die Ideen P.s wieder auf.

Lit.: [3]LThK 7 (1998), 1300; M. Probst, H. Socha (Hgg.), Die Vereinigung des Kath. Apostolats V. P.s (1993).

WOLFGANG ROTZSCHE

Panormitanus → Nikolaus de Tudeschis

Papias, Bf. von Hierapolis (Phrygien), * um 60, † nach 120. Verfasser eines nur fragmentar. (v. a. bei → Eusebius) erhaltenen fünfbändigen Werkes *Darstellung der Herrenworte* (um 110). → Irenäus nennt ihn einen „Mann des Ursprungs" (Haer. V, 33, 4). Ob er wirklich Apostelschüler war, ist umstritten. Bedeutend, weil er frühe Nachrichten über die Entstehung von Joh, Mk und Mt überliefert und auch die Johannesbriefe sowie 1 Petr erwähnt. Mk sei der Dolmetscher des Petrus gewesen und habe alles aufgeschrieben, was er von ihm gehört habe. Mt habe sein Evangelium in hebr. Sprache verfaßt (vgl. Eusebius, H.e. III, 39). Joh wird mit Ephesus in Verbindung gebracht. Theol. vertrat P. den Chiliasmus (Lehre vom 1000jähr. Reich, in buchstäbl. Verständnis von Offb 20, 1–5).

Lit.: Das NT und frühchristl. Schriften. Übers. und komm. von K. Berger und Ch. Nord (1999), 1066–1078.

RUDOLF VODERHOLZER

Pascal, Blaise, Physiker, Mathematiker, Philosoph und Theologe, * 19. 6. 1623 (Clermont), † 19. 8. 1662 (Paris). P. war ein hochbegabtes Kind. Mit 16 Jahren verfaßte er eine aufsehenerregende Abhandlung über Kegelschnitte, als 19jähriger konstruierte er eine Rechenmaschine; 1646–1648 arbeitete er experimentell und theoretisch über Luftdruck und leeren Raum. Später setzte P. in Paris seine mathemat. Studien fort und erfand die Wahrscheinlichkeitsrechnung. Nach einem Unfall seines Vaters befaßte sich P.s Familie 1646 ernsthaft mit rel. Schriften. Im *Mémorial* vom 23. 11. 1654 beschrieb P. sein erschütterndes Bekehrungserlebnis, das sein weiteres Leben bestimmte. 1655 zog er sich nach Port-Royal, dem geistigen Zentrum des Jansenismus (C. → Jansen), zurück. In Flugschriften (*Lettres Provinciales*, 1656/57) verteidigte er jansenist. Ideen gegen die Angriffe der Jesuiten. 1656 begann P. mit der Arbeit an seiner *Apologie der christlichen Religion*, die er nicht vollenden konnte. In diesem Werk wollte er zeigen, daß jeder nicht von seinen Leidenschaften beherrschte Mensch die Wahrheit des christl. Glaubens bejahen müsse. Die Fragmente der *Apologie* sind in P.s berühmten *Pensées* (1670) veröffentlicht. Dieses Werk enthüllt die Zwiespältigkeit des Menschen und stellt der Vernunfttätigkeit die „Logik des Herzens" zur Seite. Im berühmten Argument der Wette zeigt P., daß sich der Mensch für oder gegen Gott entscheiden muß. P. gilt als wichtiger Denker der Moderne, der als Forscher und Christ versucht hat, Wissenschaft und Glauben in Einklang zu bringen. Seine nachgelassenen Aufzeichnungen bezeugen, daß die Liebe zu Jesus Christus immer mehr ins Zentrum seines Lebens gerückt ist.

Lit.: W. Schmidt-Biggemann, B. P. (1999); [3]LThK 7 (1998), 1405 f.; BBKL 6 (1993), 1563–1565; R. Guardini, Christliches Bewußtsein. Versuche über P. ([4]1991); O. Höffe (Hg.), Klassiker der Philosophie, Bd. 1 ([2]1985), 322–337.

Josef Kreiml

Paschasius Radbertus, hl. (Fest 26. 4.), OSB, Theologe, * um 790 (Raum Soissons), † 26. 4. um 859 (Klr. Corbie). Erzogen im Nonnenkloster zu Soissons, wurde P. Mönch im Klr. Corbie, Schüler Abt Adalhards und später Lehrer. 822 war er zus. mit Adalhard und Wala an der Gründung von Klr. Corvey beteiligt, seine Pflichten als Abt von Corbie wollte er nur 843/44–851 wahrnehmen. Unter P.' Schriften ragt v. a. *De corpore et sanguine Domini* (831, überarbeitet 844) heraus, eine Stellungnahme für die tatsächl. Anwesenheit des hist. Jesus im Altarsakrament, die P. allerdings zu einer tatsächl. Identität des eucharist. und des hist. Leibes Christi übersteigerte und deshalb Kritik auf sich zog. P.' Schrift fand Widerspruch bei → Hrabanus Maurus, → Johannes Scotus Eriugena, → Rathramnus u. a. und wurde in den ersten Abendmahlsstreit einbezogen. Neben *De fide, spe et caritate* und seinem Kommentar zu Mt, an dem P. jahrelang arbeitete, sei seine frühe Schrift *De nativitate Mariae* hervorgehoben, die die jungfräul. Geburt Christi als geschichtl. Tatsache, nicht als Glaubenssatz, behauptet.

Lit.: [3]LThK 7 (1998), 1411 f.; M. A. Navarro Girón, La Carne de Cristo (1989).

Marianne Sammer

Patricius (Patrick), hl. (Fest 17. 3.), Missionar, Apostel der Iren, * evtl. 390, sicher vor 410 (Bannavem Taburniae, Britannien, evtl. im Mündungsgebiet des Severn), † 17. 3. 461 oder 491 (Irland; soll in Downpatrick bestattet worden sein); Lebensdaten und Vita umstritten, greifbar sind einige autobiograph. Notizen aus der *Epistola ad Milites*

Corotici und der *Confessio* (beide P. sicher zuzuschreiben). P. geriet mit 15 Jahren in Gefangenschaft von Piraten, arbeitete sechs Jahre als Sklave in Irland. In einer Folge von sieben Träumen eröffnete sich ihm sein späterer Weg; so rief ihn im vierten Traum ein Mann namens Victoricius mit einem Brief mit der *Vox Hiberionacum* (*Stimme der Iren*) zur Missionierung Irlands auf, die vor der Bekehrung der Franken stattgefunden haben muß. Nach den *Annalen von Ulster* kam P. 432 (nach Flucht aus der Gefangenschaft) als Missionar nach Irland und gründete 444 die Kirche von Armagh (ir. Arel Macha) nahe von Emain Macha, dem pol. Zentrum der Ulaid. Berichte von einer Reise P.' auf das Festland sind unbewiesen. Zum Bischof geweiht, nahm er seine Missionstätigkeit auf und stand in Kontakt zu Stammeskönigen, deren Söhnen und Rechtskundigen. Die *Epistola* entstand aufgrund eines Überfalls auf ir. Christen durch Krieger des Coroticus, den P. unter Androhung der Exkommunikation zur Wiedergutmachung auffordert; die *Confessio* begründet und rechtfertigt P.' Missionstätigkeit gegenüber krit. Stimmen. Verehrung und Legendenbildung ab dem späten 6. Jh. in Irland, im 7. Jh. im Frankenreich. Wohl von Armagh ausgehend, sah man in P. den eigentl. Gründer der ir. Kirche. Gegen Ende des 7. Jh.s ist eine Vita P.' von Muirchú moccu Macthéni im *Book of Armagh* greifbar, bis zum beginnenden 12. Jh. entstehen vier zusätzl. Viten.

Lit.: Liber Epistolarum Sancti P. Episcopi: The Book of Letters of Saint P. the Bishop, ed., transl., comm. by D. R. Howlett (1994); D. Dumville, L. Abrams, Saint P. AD 493–1993 (1993).
SUSANNE STÜBINGER

Paucapalea. Die Lebensdaten P.s liegen noch im Dunkel: Sein Wirken jedoch läßt sich für die Mitte des 12. Jh.s nachweisen. Wahrscheinl. ist er Schüler und Mitarbeiter → Gratians, folgt ihm viell. in der Lehre in Bologna nach. Sicherer dagegen ist P. als Autor der frühesten Dekretsumme, ca. 1145/50, wobei er kommentierend den Inhalt des Dekrets auszugsweise zusammenfaßt, sowie einiger Glosseme. Traditionell gilt er als derjenige, der nach dem Ausscheiden des Meisters dem *Decretum Gratiani* für den ersten und dritten Teil die heutige Form mit der Einteilung in Distinktionen gegeben hat; ebenso soll ein bestimmter Typus von Nachträgen im Dekret, die *Paleae*, auf seinen Unterricht zurückgehen. Vermutl. hat er noch keine jurist. Ausbildung im engeren Sinn genossen, da in der frühen Form seiner Summe röm. Recht u. a. noch untechn. und über Zitate aus → Pseudo-Isidor rezipiert wird, erst in späteren Redaktionsstufen der mittlerweile wieder entwickelten legist. Terminologie entsprechend. So wenig von ihm sicher bekannt ist, so unverzichtbar ist P. als der erste bekannte, schulbildende Kommentator des Gratianischen Rechtsbuches, als früher Dekretist.

Lit: [3]LThK 7 (1998), 1486; J. T. Noonan, Canons and Canonists in Context (1997), 73*-102*, 384*.
JÖRG MÜLLER

Paul III., Papst (13. 10. 1534–10. 11. 1549), vorher Alessandro Farnese, * Febr. 1468 (Canino oder Rom),

† 10. 11. 1549 (Rom). Nach humanist. Ausbildung verdankte er seinen Aufstieg P. → Alexander VI., der ein Liebesverhältnis zu Alessandros Schwester Giulia gehabt hatte; 1493 Kardinal. Als Papst war P. eigentüml. zwiespältig: Zwar in den Traditionen des Renaissancepapsttums verhaftet, förderte er einleitende ernsthafte Reformen; so berief er reformeifrige Männer ins Kardinalskollegium (G. P. Carafa, G. Contarini, J. Sadoleto, R. Pole, M. Cervini, G. Morone u. a.), bildete 1536 eine Reformkommission, förderte Ordensreformen (1540 Bestätigung der SJ des → Ignatius von Loyola), organisierte die röm. Inquisition (1542) und eröffnete endlich das Konzil von Trient (1545), das P. in schwerem Konflikt mit dem Kaiser nach Bologna in den Kirchenstaat verlegte (1547/48). Zur Türkenabwehr schloß P. 1538 ein Bündnis mit Ks. → Karl V., Ferdinand I. von Österreich und mit Venedig. P. förderte Wissenschaft und Kunst (Michelangelo).

Lit.: [3]LThK 7 (1998), 1520–1522.

GEORG SCHWAIGER

Paul VI., Papst (1963–1978), vorher Giovanni Battista Montini, * 26. 9. 1897 (Concesio bei Brescia), † 6. 8. 1978 (Castelgandolfo). Papst seit 21. 6. 1963; 1922–1954 im päpstl. Staatssekretariat; mit D. Tardini enger Berater → Pius' XII.; 1954 Ebf. von Mailand, 1958 Kardinal. Wichtigste Aufgabe war die Weiterführung des von → Johannes XXIII. begonnenen II. Vat. Konzils (1962–1965). Sein Anliegen war: Reform und Dialog nach innen, ökum. Dialog mit den christl. Kirchen, Begegnung mit der mod. Kultur. Diesen Zielen dienten auch die erstmals von einem Papst unternommenen Reisen in alle Erdteile. P. hielt klar am röm. Verständnis des Primates fest. Als genauer Kenner der Kurie führte er einschneidende Reformen durch (starke Internationalisierung des Kardinalskollegiums; Beschränkung des Alters der zur Papstwahl berechtigten Kardinäle auf 80 Jahre u. a.). Er schärfte das Bewußtsein soz. Verantwortung, suchte im Konzilsauftrag dem Eigenleben der Völker besser gerecht zu werden (z. B. durch nat. Bischofskonferenzen und Liturgie in der Volkssprache), bekam aber die wachsende innerkirchl. Polarisierung (*Verrat an der Kirche* oder *Verrat am Konzil*?) hart zu spüren (Streit um Marxismus und päpstl. Ostpolitik, um *Befreiungstheologie*; Krise der kath. Kirche in den Niederlanden; 1976 Suspension von Ebf. M. → Lefebvre). Einen Höhepunkt erreichte die Auseinandersetzung im Streit um die Enzyklika *Humanae vitae* 1968 zur Geburtenregelung. Der hochgebildete, sensible Papst hat darunter schwer gelitten.

Lit.: Schwaiger (1999), 344–372, 516–523; [3]LThK 7 (1998), 1524–1526.

GEORG SCHWAIGER

Paul vom Kreuz, hl. (Fest 19. 10.), Ordensgründer und Mystiker, * 3. 1. 1694 (Ovada), † 18. 10. 1775 (Rom). Paolo Francesco Danei stammte aus einfacher, tiefgläubiger Familie in der Nähe von Genua. Mit 19 Jahren erfuhr er seine Berufung zu einem „Leben der Buße“ in Armut und Zurückgezogenheit. Zu dieser kontemplativen Ausrichtung, in deren Zentrum das Leiden und Sterben Christi als Werk der Erlösung stehen, traten ein starker apostol. Eifer und die Gewißheit, eine neue Gemeinschaft gründen zu sollen. Nach Jahren eremit. Lebens und Tätigkeit in der Krankenpflege wurde P. zus. mit seinem leibl. Bruder in Rom zum Priester geweiht (1727), die Regeln für die CP 1741 bestätigt. 1771 wurde das erste Passionistinnen-Kloster gegründet. P. war ein begabter Prediger und Volksmissionar, sein tiefes, myst. Gebetsleben ließen ihn zu einem gesuchten geistl. Ratgeber werden. Er ist begraben an seiner Hauptwirkungsstätte SS. Giovanni e Paolo in Rom.

Lit.: P. v. K., Im Kreuz ist Heil. Auswahl aus seinen Schriften, ausgew., übers., komm. und eingel. von M. Bialas (1979). MARIANNE SCHLOSSER

Paul von Theben, hl. (Fest 15. 1.), Eremit in der ägypt. Wüste, * 228, † 341. Nach der von → Hieronymus verfaßten Lebensbeschreibung (375) war P. dem Mönchsvater → Antonius d. Gr. geistesverwandt, der ihn im Alter aufsuchte und ihn schließl. mit Hilfe zweier Löwen begrub. Das Paulos-Kloster, wohl im 6. Jh. gegründet, ist über der Höhle des Einsiedlers erbaut. Von diesem Urbild des eremit. Lebens hat der OSPPE, in Ungarn Mitte des 13. Jh.s aus einer Eremitenvereinigung entstanden, seinen Namen.

Lit.: K. Elm (Hg.), Beiträge zur Geschichte des Paulinerordens (2000); M. Fuhrmann, Christen in der Wüste (1983) (mit Vita in dt. Übers.).
MARIANNE SCHLOSSER

Paulinus von Nola, hl. (Fest 22. 6.), Mönch, Bischof, Dichter, * um 355 (bei Bordeaux), † 22. 6. 431 (Nola). P. stammte aus einer vornehmen und wohlhabenden Familie, die zur Senatsaristokratie gehörte. In seiner Heimat war P. Schüler des berühmten Rhetors und Grammatiklehrers Ausonius, der P.' spätere Hinwendung zum christl.-asket. Lebensideal bedauerte und mit dem P. darüber einen bewegenden Briefwechsel austauschen sollte. Als Statthalter von Kampanien erlebte P. am 14. 1. 381 in Nola das Fest zu Ehren des Kirchenpatrons Felix, das ihn so tief beeindruckte, daß er sich dem Christentum zuwandte. 385 heiratete P. in Spanien seine Frau Therasia, getauft wurde er zw. 385 und 389 in Bordeaux. Ab 393 begann er, seine beträchtl. Güter zu verkaufen. An Weihnachten 394 wurde P. auf Drängen des Volkes in Barcelona zum Presbyter geweiht. Ab 395 führten P. und seine Frau ein monast. Leben am Grab des hl. Felix, dem er alljährl. zu seinem Fest ein *Carmen* widmete und dessen Verehrung er durch Renovierungs- und Ausbauarbeiten an der Kirche und im Wallfahrtsort förderte. Zw. 405 und 415 wurde P. schließl. Bf. von Nola. Neben einer Sammlung von Gedichten ist v. a. ein umfangreiches Briefcorpus erhalten (dt.: FC 25/1–3). P. besaß eine große Integrationskraft, die ihn auch mit untereinander verfeindeten Personen befreundet sein lassen konnte, wie z. B. mit → Augustinus und → Pelagius oder → Hieronymus und → Rufinus. Inhaltlich sind seine Schriften christozentr. geprägt. P. versteht sein lit. Schaffen als „Zurückerstattung“ der empfangenen

Redegabe, die er ganz in den Dienst der Verkündigung stellen wollte.

Lit.: [2]LACL 480–482.

RUDOLF VODERHOLZER

Paulus, Apostel, (Hochfest 29. 6.) Quellen für das Leben des Apostels sind die autobiograph. Notizen in seinen Briefen (bes. Gal 1–2) und die Apg. Im Zweifelsfall ist den eigenen Aussagen des P. der Vorzug zu geben. Als röm. Bürger jüd. Herkunft und Glaubens wurde P. etwa um das Jahr der Geburt Jesu im kleinasiat. Tarsus geboren und ist dort auch aufgewachsen. In Jerusalem erhielt er (nach Apg bei Gamaliel) eine hervorragende theol. Ausbildung zum Schriftgelehrten und wurde ein Pharisäer strenger Observanz. Dem ird. Jesus ist er vermutl. nicht begegnet, jedenfalls stehen für ihn die Heilsereignisse von Kreuz, Tod und Auferstehung und seine Berufung durch den erhöhten Herrn theol. im Mittelpunkt. P. ist nicht, wie gelegentl. behauptet, der eigtl. Gründer der Kirche, sondern er war aus Sorge um den wahren Jahweglauben (Mißachtung des mosaischen Gesetzes und Aufnahme von Heiden durch die Urkirche) zunächst einer ihrer ärgsten Feinde. Die Apg weiß um die Mitwirkung des P. bei der Steinigung des ersten Märtyrers → Stephanus. Auf dem Weg nach Damaskus, wo er die dortigen Christen bekämpfen wollte, erfuhr er seine Berufung durch Christus, die seinem Leben eine neue Ausrichtung gab, ihn um Christi willen alles bisherige als wertlos ansehen und ihn zum leidenschaftl. Missionar Christi werden ließ. Die „Bekehrung" wird gerne mit einer Namensänderung von Saulus zu P. zum Ausdruck gebracht, doch sind beide Namen gleichbedeutend, Saulus die hebr., P. die gr. Form. Nach seiner Taufe in Damaskus und einem zweijährigen Aufenthalt in der Araba (unterbrochen durch einen zweiten Damaskusbesuch, der mit einer spektakulären Flucht endete) ging P. nach Jerusalem, um Kephas (Petrus, → Apostel) zu sehen. Barnabas führte P. in die Kirche von Antiochien ein. Von dort aus unternahm P. in einem ersten, über zehn Jahre sich erstreckenden Missionsabschnitt die Verkündigung des Evangeliums in Syrien und Kilikien (u. a. Gründung der galatischen Gemeinden). Möglicherweise fällt in diesen Zeitraum bereits ein epochaler Schritt: die erste Reise in das (europ.) Griechenland (dies wäre eine Abweichung von der Chronologie der Apg, die das Wirken des P. schematisch in drei „Missionsreisen" einteilt) und die Gründung der Gemeinden von Philippi, Thessalonike und Korinth. Um sich die Rechtmäßigkeit seiner Heidenmission bestätigen zu lassen, reiste P., begleitet von Barnabas und Titus, um das Jahr 50 erneut nach Jerusalem. Der „Apostelkonvent" (Apg 15) erkannte die Heidenmission des P. mit seiner gesetzesfreien Verkündigung des Evangeliums an und forderte nicht die Beschneidung des Heidenchristen Titus. Damit war das mosaische Gesetz als Heilsweg fakt. entkräftet. Man vereinbarte eine Aufteilung der Missionsgebiete: Kephas als Verantwortlicher der Judenmission, P. sollte sich, schwerpunktmäßig, der bisher schon so erfolgreichen Heidenmission widmen. Der sog. Antiochenische Zwischenfall –

Kephas hatte in Antiochien auf Drängen der Judenchristen die bereits gepflegte Mahlgemeinschaft mit den Heidenchristen wieder aufgegeben – zeigt die Dramatik dieses für die frühe Kirche existentiellen Problems: P. stellt Kephas öffentl. zur Rede. Der nun folgende Missionsabschnitt (Mittelpunkt ist Ephesus) ist gekennzeichnet von der Sorge um die bereits bestehenden Gemeinden (siehe die von P. selbst stammenden Briefe: 1 Thess, Phil, 1/2 Kor, Gal, Phlm), die Organisation der Kollekte für Jerusalem (als Zeichen der Einheit beim Apostelkonvent vereinbart) sowie die Planung weiterer Missionstätigkeit in Rom (Röm) und Spanien. Die dritte Jerusalemreise, auf der P. die Kollekte überbringen wollte, endete mit seiner Gefangennahme durch die Römer anläßl. eines von jüd. Seite inszenierten Tumultes im Tempelbezirk. Nach seinem Appell an den Kaiser wurde er in einer abenteuerl. Seefahrt (Schiffbruch, vor Malta?) nach Rom gebracht, wo er im Jahr 67 enthauptet wurde (daher das Schwert als Attribut). In Rom werden in S. Paolo alle Tre Fontane der Ort seiner Hinrichtung, in San Paolo fuori le Mura sein Grab verehrt. – P. hat in seinen Briefen die theol. Reflexion der Kirche auf das Heilsgeschehen in Christus maßgebl. geprägt. Schon vorpaulin. sind das von ihm an entscheidender Stelle tradierte Zeugnis von der Auferstehung Jesu 1 Kor 15,3–5 sowie der Philipperhymnus (Phil 2,6–11), worin der gesamte Christusglaube (Inkarnation, Zweinaturenlehre, Heilsbedeutsamkeit des Kreuzestodes Jesu, seine Auferstehung als Grund der christl. Auferstehungshoffnung) enthalten ist, der in der dogmengeschichtl. Entwicklung Präzisierung und Absicherung erfuhr. Die Trinitätslehre ist in heilsgeschichtl. Aussagen (Gal 4,4–6) wie auch in trinitar. Formeln bei P. impliziert (2 Kor 13,13). Aus der Universalität der Erlösungstat Christi, durch die der Christ in der Taufe geheiligt wird, folgt die universale Erlösungsbedürftigkeit (Adam-Christus-Typologie in Röm 5 als Bezugspunkt der Lehre von der Erbsünde). Ekklesiolog. prägte P. die Rede vom *Leib Christi*, der in der Feier der Eucharistie (vgl. auch die Abendmahlsüberlieferung in 1 Kor 11) seinen Einheitsgrund hat. Indem P. das AT insges. als Christuszeugnis versteht, ist er auch normgebender Begründer der christolog. (später, nach Gal 4,24, „Allegorese" genannten) Schriftauslegung. Seine Lehre von der Rechtfertigung des Sünders aus Gnade (nicht aus Werken) ist umgesetzte Rechtfertigungserfahrung (darin werden ihm später die großen P.-Verehrer → Augustinus und → Luther ähneln) des ohne sein Verdienst von Christus berufenen Apostels.

Lit.: J. Gnilka, P. v. Tarsus (1996).

Rudolf Voderholzer

Paulus Diaconus, * wohl kurz vor 730, † 13. 4. 797/99. P. erweist sich als herausragender Gelehrter, v.a. aber als der Geschichtsschreiber der Langobarden, unmittelbar nach der Eroberung ihres Königreiches durch die Franken → Karls d.Gr. Aus traditonsreicher, um Cividale beheimateter Familie stammend, wird P. am Hofe Kg. Ratchis in Pavia als zukünftiger, gelehrter Literat erzogen

– ein Beleg seiner früh erkannten hohen Begabung –, daneben genießt er wohl theol. Unterricht. Auch dem Nachfolger Kg. Desiderius steht er nahe, da er dessen Tochter unterrichtet und ihr nach Benevent folgt. Dort entstehen 763 erste Werke; 776–771 eine röm. Geschichte, bei der er, wie bei anderen Arbeiten, eine antike Vorlage überarbeitet, indem er Stücke christl. Autoren ergänzend einarbeitet und damit eine im MA häufig gelesene Kompilation schafft; vieles folgt. Spätestens nach der endgültigen Unterwerfung der Langobarden durch die Franken ist er um 774 in ein Kloster eingetreten; in diesem Jahr findet er sich in Montecassino, für dessen Aufblühen als Zentrum der Gelehrsamkeit er mit verantwortlich ist. Jetzt entsteht wohl auch ein ausführl. Kommentar zur Benediktsregel. Ein Gnadengesuch für seinen in eine antifränk. Fronde verwickelten und daher verbannten Bruder führt ihn an den Hof Karls d. Gr., wo er u. a. den Auftrag erhält, eine „karolingische Familiengeschichte", nämlich die Geschichte der Metzer Bischöfe, zu schreiben. Zurückgekehrt nach Montecassino, verfaßt er die seinen heutigen Ruhm begründende Geschichte des langobard. Volkes bis zum Beginn der fränk. Eroberungen.

Lit.: [3]LThK 7 (1998), 516; demnächst: [2]VerfLex., Nachtragsbd. Jörg Müller

Paulus von Samosata, Bf. von Antiochien (260), * in Samosata, † nach 272. Aufgrund seiner Lehre und Amtsführung bald umstritten, wurde er 268 von einer Synode exkommuniziert, konnte aber seinen Bischofsstuhl bis zum Entscheid Ks. Aurelians 272 halten. Bald wurde P. zum Prototyp eines Häretikers stilisiert, ohne daß aber gesicherte Zeugnisse über das exakte Profil seiner Lehre vorliegen. Für → Eusebius von Caesarea ist P. ein Vorläufer des → Marcell von Ancyra, für Eusebius von Dorylaion ein Vorläufer des → Nestorius. Dem von Eusebius (H.e. VII,30) überlieferten polem. Synodalbrief von 268 zufolge lehrte P., Christus sei „von unten", „der Sohn Gottes nicht vom Himmel gekommen".

Lit.: [2]LACL 488 f.

Rudolf Voderholzer

Pechmann, Wilhelm Freiherr von, * 10. 6. 1859 (Memmingen), † 10. 2. 1948 (München). Erster Direktor der Bayr. Handelsbank (seit 1898) und Inhaber zahlr. hoher und höchster Ehrenämter der Ev.-Luth. Kirche in Deutschland (u. a. erster gewählter Präsident der Bayr. Landessynode 1919–1922; Präsident des verfassunggebenden Kirchentages in Stuttgart 1921; 1929–1933 Mitglied im Ev. Dt. Kirchenausschuß). „Stimme des Gewissens in unserer Kirche" (Martin Bogdahn). Trat aus Protest gegen die Umwandlung des Kirchenausschusses in die *Dt. Ev. Kirche* sowie die Zurückweisung seines Antrages zur Judenfrage im Mai 1933 aus dem Kirchenausschuß, ein Jahr später auch aus der „Reichskirche" aus. Seit 1936 Mitglied der Bekennenden Kirche. Seine Versuche, den bayr. Landesbf. Meiser zu deutlicherem Protest gegen Diskriminierung und Verfolgung der Juden zu bewegen, blieben erfolglos. Unter dem Eindruck der ihm angemessen und mutig erscheinenden Haltung des kath. dt. Episkopats und der

Päpste → Pius XI. und → Pius XII. trat P. 1946 zur kath. Kirche über.

Lit.: F. W. Kantzenbach, Widerstand und Solidarität der Christen in Deutschland 1933–1945 ([2]2000).

RUDOLF VODERHOLZER

Pelagius, aus Britannien stammender Laienchrist, der seit 380 in Rom wirkte, * 350/60, † 418/31. Seine stark praxisorientierte Lehre wurde ab 410 v. a. von → Augustinus heftig bekämpft. Der Streit führte zur Präzisierung der kirchl. Lehre von der Zuvorkommenheit der göttl. Gnade. Angesichts der voranschreitenden Christianisierung der spätantiken röm. Gesellschaft, die zugleich die Gefahr der Oberflächlichkeit und des bloßen Namenchristentums mit sich brachte, zielte P. auf die Vervollkommnung des christl. Lebens ab. Dabei betonte er stark die Willensfreiheit und Verantwortlichkeit des Menschen, wobei der monast. Bewegung die Aufgabe exemplar. Verwirklichung des Christseins zukommt als Vorbild und Ansporn für alle Getauften. Gnadentheol. falsch sind die Auffassungen, die Ursprungssünde Adams bestehe in einem schlechten Beispiel, Christi Erlösung dementsprechend in einem guten Beispiel, dem sich der erwachsene Täufling im Sinne einer bewußten Umkehr und entschiedenen Lebenswende verpflichtet. Nachdem P. und sein Anhänger Caelestius 410 vor den Vandalen nach Nordafrika geflohen waren und P. sich dann in Palästina niedergelassen hatte, kam es zur Auseinandersetzung. Schon 411 verurteilte eine Synode sechs Sätze des Caelestius über die Sünde Adams und die Kindertaufe. 411/12 eröffnete Augustinus die lit. Kontroverse. 413 schaltete sich auch → Hieronymus ein. Eine Synode von Diospolis 415 erklärte P. für rechtgläubig, zwei nordafrikan. Konzilien verurteilten ihn ein Jahr später. Den Schlußpunkt stellen die neun antipelagian. Canones des Konzils von Karthago 418 dar. Das Konzil von Ephesus 431 schloß sich der Verurteilung des Pelagianismus an. P. starb wahrscheinl. in Ägypten.

Lit.: S. Thier, Kirche bei P. (1999).

RUDOLF VODERHOLZER

Penn, William, * 14. 10. 1644 (London), † 29. 7. 1718 (Ruscomb). Während des Studiums Begegnung mit der Erweckungsbewegung *Kinder des Lichts*, später: *Gesellschaft der Freunde*, auch *Quäker* genannt (ev. Freikirche), in deren Kreis P. bald eine führende Rolle innehatte. Nach Gründung der Quäker 1681 (durch G. → Fox) wurden sie in England aufgrund von Konflikten mit der staatl. Obrigkeit (Ablehnung der Autorität staatl. und rel. Institutionen) bald verfolgt; es kam daher 1681 durch P. zur Gründung einer Kolonie in New Jersey (*Pennsylvania*), in der P. die Prinzipien der Quäkerbewegung (u. a. Einsatz für Freiheit und Gleichheit aller Menschen) prakt. umsetzte (*Heiliges Experiment*). Wichtige Schriften sind *No Cross No Crown* und *On the Present and Future Peace of Europe* (Idee eines europ. Völkerbundes).

Lit.: [3]LThK 8 (1999) 754f.; TRE 28 (1997), 35–41; BBKL 7 (1994), 186f.

SUSANNE STÜBINGER

Perkins, William, calvinist. Theologe und Prediger, * 1558 (Marston Jabbet, Warwickshire), † 22. 10.

1602 (Cambridge). P., der als führende Gestalt des Puritanismus gilt, war 1584–1595 Fellow am Christ's College in Cambridge. Er verfaßte neben exeget. und homilet. Schriften auch Werke zur Kontroverstheologie und Katechetik, durch die er zu einem einflußreichen Vertreter der engl. Form der reformierten Orthodoxie avancierte.

Lit.: [3]LThK 8 (1999), 35; BBKL 7 (1994), 192–196. JOSEF KREIML

Perpetua → Felicitas und Perpetua

Peter I. der Große (Pjotr I. Alexejewitsch Romanov), Zar von Rußland, seit 1721 Kaiser (*allruss. Imperator*), * 9. 6. 1672 (Moskau), † 8. 2. 1725 (St. Petersburg). Unter P. erfolgte eine weitreichende Öffnung des Landes nach Westeuropa. Energisch durchgeführte Reformen führten auf kirchenpol. Gebiet 1721 zum Ende des Patriarchates durch Einsetzung des *Heiligsten Regierenden Synod*, der 1917 aufgehobenen, 1924 wiedererrichteten obersten Behörde der russ.-orth. Kirche unter Vorsitz (seit 1722) des Oberprokurators oder Oberprokurors (eines Beamten im Laienstand). Das *Geistliche Regiment* war nach prot. Kirchenordnungen ausgerichtet und umfaßte auch die nicht-orth. Untertanen. Während Jesuiten, Kapuziner u. a. kath. Gemeinschaften verboten wurden, förderte P. die prot. Gemeinden und duldete gegen Zahlung einer doppelten Steuer die Altgläubigen (→ Nikon).

Lit.: [3]LThK 8 (1999), 138f.; R. K. Massie, P. (1992); E. Donnert, P. (1989).
MANFRED HEIM

Petersen, Johann Wilhelm, * 1. 6. 1649 (Osnabrück), † 31. 12. 1727, und **Johanna Eleonora, geb. von Merlau,** * 25. 4. 1644, † 19. 3. 1724 (Gut Thymer bei Zerbst). Vertreter des radikalen Pietismus. J. W. P. studierte in Gießen, Leipzig, Wittenberg und Jena. Wichtige Anregungen erhielt er bei einem Aufenthalt in Frankfurt a.M. durch Ph. J. → Spener und die Gruppe der sog. Saalhofpietisten. 1678–1688 wirkte J. W. P. als Superintendent in Eutin und als Hofprediger, wo er sich, unterstützt von pietist. Adligen, als kirchl. Reformer u.a. im Unterrichtswesen betätigte. 1680 heiratete er die Adlige J. E. von Merlau, die er schon in Frankfurt a.M. kennengelernt hatte. Spener hielt die Traurede. J. E. gehört zu den markantesten Frauengestalten des frühen Pietismus. 1688 wurde J. W. P. als Superintendent nach Lüneburg berufen. 1692 enthob man ihn wegen seiner endzeitl.-chiliast. Anschauungen des Amtes und verwies ihn und seine Frau des Landes. In der Folgezeit wirkten beide mittels intensiver lit. Arbeit, Korrespondenzen und Reisen für die Verbreitung ihrer Überzeugungen vom Nahen des 1000jährigen Reichs und der Allversöhnung (*Apokatastasis*) sowie der ältere theosoph. Spekulationen aufnehmenden Lehre von der himml. Gottmenschheit Christi. J. W. und J. E. P. nahmen dabei zentrale Gedanken der engl. Philadelphier auf. Ihr Gut Niedernodeleben bei Magdeburg wurde ein Zentrum des radikalen Pietismus. Als anerkannte Führergestalten der dt. philadelph. Bewegung beförderten sie nicht nur die Endzeitspekulation, sondern mittels des Ideals einer brüderl. Liebesgemeinschaft (gr. = *philadelphia*) aller wahren Christen auch das überkonfessionelle Denken. J. W. P. trat auch als (Lieder-) Dichter hervor.

Lit.: TRE 26 (1996), 248–254; Brecht 2 (1995), 112–115; S. Luft, Leben und Schreiben für den Pietismus (1994); M. Matthias, J. W. und J. E. P. (1993).
HANS-MARTIN KIRN

Petrus, Apostel → Apostel (Zwölf) und Evangelisten

Petrus Damiani, Wegbereiter und Begleiter der Kirchenreform des 11. Jh.s nach ihrem Überspringen von Lothringen nach Italien, * wahrsch. 1007 (Ravenna), † 22./23. 2. 1072 (Faënza). Geprägt hat P. das Klr. Fonte Avellana, in das er 1035 eintritt, wo er 1043 Prior wird und für dessen spirituelle (u. a. durch Regelwerke) und materielle Entwicklung er umgekehrt sorgt. Sein Ruf als Eremit und Reformer führt dazu, daß P. im Zusammenhang mit dem großen Revirement von 1046 durch Ks. → Heinrich III. mit den lothring. Reformkreisen, bes. Brun von Toul (→ Leo IX.), zus. gebracht wird. 1057 wird er Kard.-Bf. von Ostia, 1059 gehört er zu den Parteigängern Nikolaus' II. und redigiert anschließend mit das Papstwahldekret (Freund). Etliche Legationen in und auf den unterschiedlichsten Gebieten folgen. Ein erstaunlich umfangreiches Œuvre hat sich erhalten: Der aktuelle Verfall der Kirchenzucht, Nikolaïtismus, Simonie sind die Hauptthemen, gegen die er schreibt; bei der Reordination – viell. weil er möglicherweise selbst von einem Simonisten geweiht worden war – eine andere Position als → Deusdedit einnehmend; Heiligenviten, Schriften zum monast. Leben, aber auch *De parentelae gradibus* entstammen ebenso seiner Feder wie Hymnen, Gedichte, Gebete – vieles davon wird weiter rezipiert. Ebenfalls überliefert ist ein umfangreiches Briefcorpus. Dabei zeigt P. nicht nur Kenntnisse klass. Autoren, der Kirchenväter, sondern auch z. B. des fast zeitgenöss. *Decretum* → *Burchardi* und beherrscht zudem meisterhaft (Fornasari) Latein. In ca. 600 Handschriften sind heute noch von seinen Arbeiten Teile vorhanden und belegen die außergewöhnl. Verbreitung und die Achtung, die sein Werk erfuhr. Bemerkenswert bleibt, daß er zwar von den „Radikalreformern" um → Humbert von Silva Candida und Hildebrand (→ Gregor VII.) nach eigenem Zeugnis beauftragt wird, Belegmaterialien für die unbeschränkte Vorherrschaft des röm. Stuhls zu sammeln, daß er selbst aber eine Ekklesiologie vertritt, welche noch eine herausragende Stellung des Reformkaisertums betont.

Lit.: [3]LThK 8 (1999), 119 f.; N. D'Acunto, I laici nella chiesa e nella società secondo P. D. (1999); S. Freund, Studien zur lit. Wirksamkeit des P. D. (1995).
JÖRG MÜLLER

Petrus Lombardus, einflußreicher Theologe des 12. Jh.s, * um 1095 (Novara, Oberitalien), † 20. 7. 1160 (Paris). P. kam 1134 nach Paris, wo er bald an der Kathedralschule von Notre Dame einen hervorragenden Ruf genoß. Er starb als Bf. von Paris. Zu seinen großen Werken gehören die Kommentare zu den Psalmen und den Paulusbriefen; sein Ruhm als „der Magister" wurde aber v. a. durch die *Vier Bücher Sentenzen* begründet, eine syst. geordnete Zusammenstellung von Vätertexten – hauptsächl. des → Augustinus – unter Einbeziehung zeitgenöss. Autoren (→ Hugo von St. Victor u.a.), die schnell zum theol. Lehrbuch avancierte. Buch 1 behandelt die Gotteslehre, 2 Schöpfung und Anthropologie, 3 Christologie und Tugendlehre, 4 Sakramente und Eschatologie. Die *Sentenzen* des P. kommentiert zu haben, zählte im 13. Jh. zu den obligator. Voraussetzungen, Magister der Theologie werden zu können. Erst im 16. Jh. trat die Kommentierung der *Summa theologiae* des → Thomas von Aquin an ihre Stelle. Obwohl gelegentl. Schwächen nicht verkannt wurden, betrachtete man das Sentenzenwerk als solide Basis für weitere theol. Reflexion.

Lit.: Metzler 550–552; GKG 1 (1983), 205–223. MARIANNE SCHLOSSER

Pfarrer von Ars → Vianney, Jean-Baptiste Marie

Philipp I. der Großmütige, Landgraf von Hessen, * 13. 11. 1504 (Marburg), † 31. 3. 1567 (Kassel). Im Bund mit Kurtrier und Kurpfalz schlug Ph. die Bewegung der Ritterschaft unter Franz von Sickingen 1522/23 nieder und besiegte 1525 die aufständ. Bauern in Hessen und Thüringen. 1526 führte er in seinem Territorium die Reformation ein und gründete ein Jahr später die erste prot. Univ. Neben Johann von Sachsen exponierter Führer der ev. Landesfürsten, veranlaßte Ph. das Marburger Religionsgespräch von 1529 mit dem Ziel, eine Einigung unter den Protestanten herbeizuführen. Im Schmalkald. Krieg 1547 bei Mühlberg a.d. Elbe von Ks. → Karl V. geschlagen, wurde Ph. bis 1552 in Haft gehalten.

Lit.: ³LThK 8 (1999), 233–235; DBE 7 (1998), 654 f.; TRE 26 (1996), 492–497. MANFRED HEIM

Philipp II., König von Spanien, * 21. 5. 1527 (Valladolid) als Sohn Ks. → Karls V. und Isabellas von Portugal, † 13. 9. 1598 (Escorial bei Madrid). Nach gediegener Ausbildung wurde Ph. frühzeitig mit Regierungsaufgaben betraut, 1543 mit Maria Manuela von Portugal verheiratet, die 1545 bei der Geburt des einzigen Kindes dieser Ehe (Don Carlos, schwer degeneriert) starb; drei weitere Ehen: 1554 mit der Königin → Maria I. Tudor von England; 1559 mit Isabella von Valois; 1570 mit Anna von Österreich (aus dieser Ehe der einzige ihn überlebende männl. Nachkomme: Kg. Philipp III.). Nach der Abdankung Karls V. 1556 wurde Ph. Herrscher über den westl. Teil von dessen Reich: die span. Reiche; in Italien Mailand, Neapel, Sizilien und Sardinien; die Franche-Comté; die Niederlande (deren nördl. Teil im Aufstand 1581 verlorenging), die span. Lande in Amerika (Westindien) und seit 1565 die nach ihm benannten Philippinen. Er reorganisierte die Verwaltung. Die beiden großen Ziele waren: Ausbau der pol. Vormachtstellung Spaniens und Sicherung der kath. Kirche (Erneuerung und Gegenreformation), wobei er hartes Eingreifen nicht scheute (z.B. Papstwahlen,

Einsatz der Inquisition). Die gescheiterte Invasion in England (Untergang der Armada 1588; → Elisabeth I. von England) markierte das Ende der span. Seemacht und leitete den pol. Niedergang ein. Ph., in der Geschichtsschreibung lange verzeichnet, war ein liebevoller Vater, ein bed., hochgebildeter und auch kunstsinniger Monarch.

Lit.: [3]LThK 8 (1999), 238–240.
GEORG SCHWAIGER

Philipp IV. der Schöne, König von Frankreich, * 1268 (Fontainebleau), † 29. 11. 1314 (ebd.). Durch seine Heirat mit Johanna von Navarra (1284) brachte Ph. Navarra und die Champagne an Frankreich, führte Krieg gegen Aragón und England und geriet wegen Besteuerung des Klerus in schweren Konflikt mit P. → Bonifaz VIII. (Bannung durch die Bulle *Unam Sanctam*). Sein Kanzler Wilhelm von → Nogaret (mit Sciara Colonna) setzte den Papst 1303 in Anagni einige Tage gefangen. Das Papsttum kam unter frz. Einfluß (1309 Übersiedlung P. Clemens' V. nach Avignon). Ph. ist verantwortl. für den Untergang des Templerordens, dessen Vermögen er konfiszierte: der von ihm abhängige Clemens V. (1305–1314), ein Franzose, hob unter massivem Druck am 22. 3. 1312 auf dem Konzil von Vienne die Templer auf. Die Vorgänge, die zum Ende des Templerordens führten, gehören zu den ungeheuersten Justizmorden der Geschichte (J. de → Molay).

Lit.: [3]LThK 8 (1999), 230f.; J. Ehlers, H. Müller, B. Schneidmüller (Hgg.), Die frz. Kge. des MA (1996), 203–230; LMA 6 (1993), 2061–2063. MANFRED HEIM

Philippus, Apostel → Apostel (Zwölf) und Evangelisten

Phillips, George, Rechtshistoriker und Kirchenrechtler, * 6. 1. 1804 (Königsberg), † 6. 9. 1872 (Aigen bei Salzburg). Nach der Promotion zum Dr. iur. in Göttingen (1825) und Habilitation in Berlin (1826) wurde Ph. dort 1827 zum a.o. Prof. ernannt; 1828 konvertierte er zur kath. Kirche. Im Gefolge der Lola-Montez-Affäre wurde er seiner Münchener Professur, die er 1834 übernommen hatte, enthoben. 1848 war Ph. Abgeordneter der Frankfurter Nationalversammlung, 1850 wurde er Prof. in Innsbruck, 1851 in Wien. Aus seinem umfangreichen Schrifttum ragt das siebenbändige *Kirchenrecht* heraus (EA: 1845–1872; Nachdr.: 1959/60). Ph. gehört zu den bedeutendsten Kanonisten des 19. Jh.s, seine Thesen (u.a. über die drei Ämter Christi und der Kirche) wirkten bis ins 20. Jh.

Lit.: NDB 20 (im Druck); BBKL 7 (1994), 515–518. FRANZ KALDE

Philo von Alexandrien, jüd. Philosoph und Theologe, * ca. 30 v. Chr., † 45/50 n. Chr. Als einzig sicher datierbares Ereignis seines Lebens gilt 39/40 die Anführung einer Gesandtschaft alexandrin. Juden nach Rom, um deren Rechte gegenüber antijüd. Maßnahmen einzuklagen. Ph.s theol. Werk dient nicht zuletzt dem Ziel, die Gesetzespraxis im aufgeklärten Umfeld des Diasporajudentums zu aktualisieren. Seine „allegorische" Schriftauslegung versucht dementsprechend hinter dem Buchstaben des Gesetzes oder der bibl.

Geschichte einen tieferen, meist psycholog. oder kosmolog.-philos. Sinn aufzuspüren. Den christl. alexandrin. Theologen → Clemens und → Origenes galt Ph. nicht als profaner Autor, und sie sind in vielerlei Hinsicht von Ph. abhängig. Ein Vergleich der Auslegungen zu ein und derselben Perikope erweist jedoch die fundamentale Differenz zw. Ph.s philos. Allegoresen und der, mit → Paulus ebenso *Allegorien* genannten, christolog. Auslegungen etwa eines Origenes. Die *Gesammelten Werke* Ph.s liegen in dt. Übers. vor, hg. von L. Cohn, 1909ff., 2. Aufl. 1962ff.

Lit.: Chr. Blönnigen, Der gr. Ursprung der jüd.-hellenist. Allegorese und ihre Rezeption in der alexandrin. Patristik (1992). Rudolf Voderholzer

Photius (Photios), Patriarch von Konstantinopel, * um 810/20 (Konstantinopel), † 6. 2. (?) 898 (?). Ph. war Philosophielehrer in Konstantinopel und wurde 856 zum Leiter der ksl. Kanzlei und Senator ernannt. 858 wurde er als Nachfolger des abgesetzten Ignatius Patriarch von Konstantinopel. Als die Ignatianer jedoch gegen ihn bei P. → Nikolaus I. vorsprachen, wurde er von einer röm. Synode (863) exkommuniziert. Auch das 4. Konzil von Konstantinopel (869/70) verurteilte Ph. und setzte ihn ab. Nach dem Tod des Ignatius (877), der das *Photianische Schisma* beendete, bestieg Ph. noch einmal den Patriarchenstuhl. Ks. Leon VI. erzwang 886 seinen Rücktritt. Ph. war ein bed. Theologe. Er verfaßte Kommentare zu den vier Evangelien und den Paulusbriefen; auch seine Homilien und seine Sammlung moraltheol. Sentenzen verdienen Beachtung. Die Bibliothek des Ph. enthält Exzerpte aus den Schriften vieler altchristl. Autoren, über die wir zum Teil keine anderen Quellen besitzen.

Lit.: [2]LACL 507; [3]LThK 8 (1999), 267–273; TRE 26 (1996), 586–589; BBKL 7 (1994), 557–559; D. S. White, Patriarch Ph. (1981). Josef Kreiml

Pico della Mirandola, Giovanni, Universalgelehrter, Philosoph, * 24. 2. 1463 (Mirandola), † 7. 1. 1494 (Florenz). Der Grafensohn studierte seit 1477 in Bologna, Ferrara, Padua, Florenz und Paris kanon. Recht, die *artes liberales*, Griechisch, Hebräisch, Arabisch und Chaldäisch, die aristotel., platon. und scholast. Philosophie, später kabbalist., alchemist. und astrolog. Schrifttum. 1486 gehörte er in Florenz dem Kreis um Marsilio Ficino an. P. plante eine öffentl. Disputation von 900 Thesen in Rom, um die Vereinbarkeit aller Philosophien und Religionen nachzuweisen. → Innocenz VIII. verhinderte dies und erklärte zunächst 13 Thesen, später alle als häretisch. P. wurde auf seiner Flucht in Lyon verhaftet. Erst 1488 gewährte ihm Lorenzo de' Medici Schutz. P. schloß sich → Savonarola an. In der *Apologia* suchte er seine Rechtgläubigkeit zu zeigen, in *Heptaplus* die jüd. und die christl. Tradition in eine christl. Kabbala einzuformen, in den *Disputationes in astrologiam divinatricem* die Freiheit des Menschen gegen dessen Determiniertheit durch die Sterne zu verteidigen. P.s Synkretismus ist programmatisch in der als Eröffnungsrede für die Röm. Disputation gedachten Schrift *Über die Würde* *des Menschen* niedergelegt, von Jacob Burckhardt als Manifest des Renaissance-Menschen gedeutet. 1493 wurde durch → Alexander VI. der Bann über P. aufgehoben.

Lit.: W. A. Euler, „Pia philosophia" et „docta religio" (1998); TRE 26 (1996), 602–606; G. C. Garfagnini (Hg.), P. Convegno internazionale (1994).
Marianne Sammer

Pierre d'Ailly → Ailly, Pierre d'

Pilatus, Pontius, röm. Präfekt von Iudaea, 26–36 n. Chr. Nach jüd. Beurteilung unbeugsam, starrsinnig, grausam und bestechlich (→ Philo, Leg. 38); u. a. verantwortlich für die grausame Hinrichtung von Samaritanern, die sich 36 n. Chr. am Berg Garizim versammelten (Ios. Ant. Iud. 18,4,1). Unter seiner Amtszeit Prozeß Jesu (Tac. Ann. 15,44), in dem er den Entscheid des Synhedrions bestätigte und nach röm. Recht das Todesurteil fällte (Delikt des *crimen maiestatis populi Romani imminutae* bzw. der *perduellio*). Die apokryphen *Pilatusakten* (*Acta Pilati*, Briefe an die Ks. Tiberius und Claudius) über Tod und Verurteilung Jesu dürften unhist. sein. P. soll im Jahr 39 Selbstmord begangen haben (→ Eusebius, H. e. 2,7). In der christl. Tradition divergierende Darstellungen, oft rechtfertigend und unter heilsgeschichtl. Aspekt (Mk 15,15; Mt 27,19; Joh 19,16); P. soll nach Tert. Apol. 21,24 Christ geworden sein; bei Kopten und in Äthiopien begann im 6./7. Jh. die Verehrung des P. als Heiliger (Fest 25.6.).

Lit.: A. Demandt, Hände in Unschuld (1999); P. Egger, Crucifixus sub P. P. (1997).
Susanne Stübinger

Pippin III. (der Jüngere), fränk. König, * 714/15, † 24. 9. 768 (Paris). Sohn des Hausmeiers → Karl Martell. Nach dem Tod des Vaters (741) teilte er sich mit seinem Bruder Karlmann die Herrschaft, erhielt zunächst den Westen des Reiches, 747 auch den bisher von Karlmann regierten Osten. Mit Rückhalt an P. Zacharias konnte er 751 die machtlosen Merowinger (Childerich III.) ausschalten und durch Wahl der Großen sowie durch kirchl. Salbung das neue Königtum der Karolinger begründen. Von den Langobarden hart bedrängt, erschien P. → Stephan II. 754 hilfesuchend im Frankenreich und realisierte den (v. a. von → Bonifatius vorbereiteten) Bund des Papsttums mit den Franken: Begegnung mit Kg. P. in Ponthion und Quierzy (erneute Königssalbung P.s und Verleihung des Titels *Patricius Romanorum*). P. bemühte sich um kirchl. Festigung des Frankenreiches (Aufbau von Hofkapelle und Kanzlei; Zehntregelung; Einleitung der Liturgiereform nach röm. Vorbild) und begründete nach zwei siegreichen Feldzügen gegen die Langobarden die Anfänge des Kirchenstaates. Seine Regierung wurde grundlegend für die Herrschaft seines Sohnes und Nachfolgers → Karl d. Gr.

Lit.: [3]LThK 8 (1999), 310; LMA 6 (1993), 2168–2170.
Georg Schwaiger

Pirckheimer, Caritas, OSCl, * 21. 3. 1467 (Eichstätt), † 19. 8. 1532 (Nürnberg). Mit zwölf Jahren Aufnahme bei den Klarissen in Nürnberg und Erziehung im klösterl. Leben. Reger Gedankenaustausch mit OFM-Predigern und Weltgeistlichen (Sixtus Tucher). Am 20. 12. 1503 zur Äbtissin von St. Klara gewählt. Neben ihren vielfältigen Aufgaben stand sie durch ihren Bruder Willibald in briefl. Kontakt zu den Humanisten Christoph Scheurl, Konrad Celtis, → Erasmus von Rotterdam, G. → Spalatin und J. → Reuchlin. Schwierige Zeiten begannen für die Äbtissin mit dem Hervortreten M. → Luthers 1517. 1524 setzte ein syst. Vorgehen gegen die Klöster in Nürnberg ein (in dieser Zeit Beginn der Aufzeichnung der *Denkwürdigkeiten*, die den Kampf der P. um den alten Glauben aufzeigen); ab 20. 3. 1525 wird die luth. Lehre in St. Klara gepredigt. Trotz vielfacher Zwangsmaßnahmen und Demütigungen des städt. Rates gegen die Klarissen hielten die Schwestern das Ordensleben aufrecht; v. a. durch Vermittlung → Melanchthons kam es nicht zur Aufhebung des Konvents, der jedoch zum Aussterben verurteilt war.

Lit.: M. A. Schmoor, Denkwürdigkeiten aus dem Leben der gelehrten C. P. (1999); J. Pfanner (Hg.), C. P. – Quellensammlung, 4 Hefte (1961–1966).

SUSANNE STÜBINGER

Pirhing, Ehrenreich, Kanonist, * 12. 4. 1606 (Siegharting), † 15. 9. 1679 (Dillingen). P. trat 1628 in die SJ ein und lehrte als Prof. in Ingolstadt Philosophie und Moraltheologie und in Dillingen Kirchenrecht und Bibelexegese. Im 17. Jh. entwickelte er die nach ihm benannte *Pirhingsche Methode* der Kanonistik. P. behielt die klass. Anordnung des Stoffes in fünf Bücher, Titel und Kapitel grundsätzl. bei, wobei er das gesamte Quellenmaterial syst. durchdrang und einordnete, ohne sich zu eng an die Reihenfolge der Titel und Kapitel zu binden; dies kommt bes. in seinem Hauptwerk *Universum Ius Canonicum* (EA: 1674–1678, 1693) zum Ausdruck. Diese Methode prägte die Kanonistik der zwei folgenden Jh.e (A. → Reiffenstuel; F. → Schmalzgrueber).

Lit.: BBKL 7 (1994), 633f.; G. May, A. Egler, Einführung in die kirchenrechtl. Methode (1986), 66f. FRANZ KALDE

Pirmin(ius), hl. (Fest 3. 11.), Bischof, † um 750. Vermutl. stammte P. aus dem nördl. Gallien und war Bf. von Meaux. Die Klostergründungen von Pfungen und auf der Reichenau dürften wohl mit seiner Hilfe entstanden sein. Als gesicherte Klostergründung gilt Murbach (727). Hier setzte P. 728 die Peregrinatio als klösterl. Leben in der Weltabgeschiedenheit um. Nach frz. Vorbild sollte das Kloster einen eigenen Bischof haben und vom Diözesanbischof unabhängig sein. P. war selbst Bischof und Abt in einer Person. Auch Hornbach wurde von P. gegründet. Als Regel dürfte bei den Gründungen von klösterl. Gemeinschaften die *regula mixta* als gesichert gelten. Ob P. das Pastoralbüchlein *Scarapsus* tatsächlich verfaßt hat, ist nicht gesichert.

Lit.: ^{3}LThK 8 (1999), 312.

WOLFGANG ROTZSCHE

Pius II., Papst (1458–1464), vorher Enea Silvio Piccolomini, * 18. 10. 1405 (Corsignano [heute Pienza] bei Siena), † 15. 8. 1464 (Ancona). Papst seit 18. 8. 1458; im Dienst des Konzils von Basel, dann Ks. → Friedrichs III. und Übertritt zu P. Eugen IV.; beteiligt am Abschluß der dt. Fürstenkonkordate und des Wiener Konkordats 1448, zum Lohn 1447 Bf. von Triest, 1449 von Siena, 1456 Kardinal; seine Hauptaufgabe sah er jetzt und als Papst im Kreuzzug gegen die vordringenden Osmanen; ein gemeinsames abendländ. Unternehmen kam nicht mehr zustande. P. ist einer der bedeutendsten Humanisten seiner Zeit, hochbegabt als Dichter (1442 gekrönt), Geschichtsschreiber, Geograph und Ethnograph, Verfasser geistvoller Briefe, Reiseschilderungen und Memoiren.

Lit.: [3]LThK 8 (1999), 322–324; LMA 6 (1993), 2190–2192. GEORG SCHWAIGER

Pius V., Papst (1566–1572), hl. (Fest 30. 4.), vorher Michele Ghislieri, * 17. 1. 1504 (Bosco bei Alessandria), † 1. 5. 1572 (Rom). Papst seit 7. 1. 1566; Dominikaner streng mönchisch-asket. Gesinnung, 1557 Kardinal, 1558 Großinquisitor. P. betrachtete die Kirchenreform auf der Grundlage des Konzils von Trient als Hauptaufgabe, hierin von rigoroser Strenge (u.a. Ausbau der Inquisition). Er publizierte 1566 den *Catechismus Romanus*, 1568 das *Römische Brevier*, 1570 das – *Missale Romanum*. Pol. geriet er in Schwierigkeiten mit → Philipp II. von Spanien und mit England (erfolglose Absetzung der Königin → Elisabeth I. 1570), brachte aber ein Bündnis mit Spanien und Venedig zustande, das den Seesieg bei Lepanto 1571 über die Osmanen ermöglichte.

Lit.: [3]LThK 8 (1999), 325f.
GEORG SCHWAIGER

Pius VI., Papst (1775–1799), vorher Giovanni Angelo Braschi, * 25. 12. 1717 (Cesena), † 29. 8. 1799 (Valence). Nach guter Ausbildung 1773 Kardinal; gewählt als Kandidat der Zelanti (21. 2. 1775 Bf.-Weihe; 22. 2. Papstkrönung). Sein Pontifikat war anfangs noch mit der Jesuitenfrage belastet, stand aber vornehml. in der Auseinandersetzung mit dem im Zeitalter der Aufklärung überall vorherrschenden Staatskirchentum (Gallikanismus; Febronianismus; Episkopalismus; Josephinismus; dazu erhebliche Nachwirkung jansenist. Einflüsse), seit 1789 im Schatten der Frz. Revolution. Die aufgeklärten Reformen Ks. → Josephs II. konnte auch eine Reise nach Wien 1782 nicht ändern; freundl. Aufnahme fand P. bei der Rückreise in München (Kf. Karl Theodor) und Augsburg, doch brachten der Münchener Nuntiaturstreit und der Emser Kongreß (1786) bald neue Beschwer. Durch den Ausbruch der Revolution in Frankreich (1789) und durch das Vordringen → Napoleons I. Bonaparte in Italien geriet P. in wachsende Bedrängnis, verlor 1797 im Frieden von Tolentino große Teile des Kirchenstaates und wurde nach dessen Besetzung (1798) als Gefangener der Franzosen nach Oberitalien, dann nach Valence gebracht, wo er starb (Leichnam im Februar 1802 in die röm. Peterskirche gebracht). P. war hochgebildet und liebenswürdig, doch fehlten pol. Weitsicht und Willensstärke.

Lit.: [3]LThK 8 (1999), 326f.
GEORG SCHWAIGER

Pius VII., Papst (1800–1823), vorher Luigi Barnaba Chiaramonti,

OSB, * 14. 8. 1742 (Cesana), † 20. 8. 1823 (Rom). Papst seit 14. 3. 1800; 1782 Bf. von Tivoli und Kardinal. P. wurde in den Wirren der frz. Revolutionskriege (Tod → Pius' VI. 29. 8. 1799 als Gefangener der Franzosen in Valence, Drôme) in Venedig unter österr. Schutz gewählt, ging im Juli 1800 nach Rom. Unterstützt von Kard.-Staatssekretär Consalvi war er bereit, auf die Ergebnisse der Revolution bis an die Grenze des Annehmbaren einzugehen. P. reorganisierte den teilweise restituierten Kirchenstaat, schloß 1801 das Konkordat mit Frankreich und wirkte 1804 in Paris an der Kaiserkrönung (päpstl. Salbung) → Napoleons I. mit. Trotzdem wurde Rom 1808 durch frz. Truppen besetzt, der Kirchenstaat 1809 mit Frankreich vereinigt, P. gefangengesetzt. Erst 1814 konnte er nach Rom zurückkehren, bemüht (mit Consalvi) um Neuordnung des auf dem Wiener Kongreß wiederhergestellten Kirchenstaates und um kirchl. Neuorganisation in den durch die Revolutionsepoche erschütterten Ländern.

Lit.: ³LThK 8 (1999), 327–329.

GEORG SCHWAIGER

Pius IX., Papst (1846–1878), vorher Graf Giovanni Maria Mastai-Ferretti, seliggesprochen 2000, * 13. 5. 1792 (Sinigaglia), † 7. 2. 1878 (Rom). Papst seit 16. 6. 1846; 1827 Ebf. von Spoleto, 1832 Bf. von Imola, 1840 Kardinal. Wegen begrenzter Zugeständnisse, v.a. in der Verwaltung des Kirchenstaates, und Sympathie für die nat. Einigungsbewegung Italiens war P. zunächst sehr populär, doch der Mythos des angebl. liberalen Papstes verging rasch: P. weigerte sich, den Kirchenstaat in einen konstitutionellen Staat umzuwandeln und die it. Interessen im Krieg gegen Österreich zu unterstützen. Die wirtschaftl. Krise des Kirchenstaates und pol. Unfähigkeit zwangen P., in der Revolution November 1848 nach Gaëta zu fliehen; in Rom wurde die Republik ausgerufen. Unterstützt von europ. Mächten, kehrte P. mit Hilfe frz. Truppen im April 1850 wieder nach Rom zurück und stellte mit seinem Kard.-Staatssekretär G. Antonelli das verhaßte Polizeiregiment wieder her. Der it. Minister Graf Cavour konnte die allg. Erbitterung leicht für seine nat. Einigung nutzen. Nach Annexion der Romagna, der Marken und Umbriens (1860) konnte P. mit frz. Hilfe nur noch Rom mit Umgebung halten, bis der Dt.-Frz. Krieg die it. Besetzung Roms (20. 9. 1870) und damit das Ende des Kirchenstaates brachte. P. lehnte das it. Garantiegesetz ab und betrachtete sich als *Gefangener im Vatikan*. Innerkirchl. war die Regierung gekennzeichnet durch weiteren Ausbau der Hierarchie, steigende Zentralisierung, Bevorzugung der Neuscholastik in der Theologie und durch schroffe Abwehr mod. Ideen. Dadurch geriet die kath. Kirche in wachsende Isolierung (pauschale Verurteilung der bürgerl. Freiheiten im *Syllabus* 1864). Die kirchenpol. und innerkirchl. Spannungen erreichten ihren Höhepunkt anläßlich des I. Vat. Konzils 1869/70, das den Primat mit Einschluß der lehramtl. Unfehlbarkeit des Papstes in Glaubens- und Sittenlehren definierte. Unter P. entfalteten sich stark die Marienfrömmigkeit (Dogma der Freiheit → Mariens von der Erbsünde 1854),

Volksfrömmigkeit und Verherrlichung der Person des Papstes.

Lit.: ³LThK 8 (1999), 330–333; Schwaiger (1999), 36–48, 423–431; G. Martina, P. IX., 3 Bde. (1974–1990).

GEORG SCHWAIGER

Pius X., Papst (1903–1914), hl. (Fest 3. 9.), vorher Giuseppe Sarto, * 2. 6. 1835 (Riese, Treviso), † 20. 8. 1914 (Rom). Papst seit 4. 8. 1903; bäuerl. Herkunft, 1884 Bf. von Mantua, 1893 Patriarch von Venedig und Kardinal. Da P., der Politik abgeneigt, die diplomat. Bemühungen → Leos XIII. gescheitert glaubte, konzentrierte er seine Regierung auf kirchl. Probleme: rel. Erneuerung bei Klerus und Volk (u. a. Kommuniondekrete, liturg. Reformen, Reinigung des Gregorian. Gesangs, Studienreformen beim it. Klerus); Reinheit der Lehre, v. a. durch Abwehr des wirkl. oder vermeintl. *Modernismus* (Dekret *Lamentabili* und Enzyklika *Pascendi* 1907; Antimodernisteneid 1910, abgeschafft 1967); scharfe innerkirchl. Zentralisation und Ablehnung demokrat. Ideen in der Politik (u. a. Verurteilung R. → Murris in Italien; Verurteilung der *Action française*) zugunsten paternalist.-autoritärer Lösungen; Einleitung zur Neukodifikation des Kirchenrechts. Seine von Kard.-Staatssekretär R. Merry del Val unterstützte Haltung gegenüber jedem als Gefahr empfundenen Fortschritt brachte im Streit um Reformkatholizimus, Modernismus und kirchl. Integralismus Verdächtigungen und innerkirchl. Verstörung, auch schwere Behinderung der theol. und lit. Arbeit. Ähnlich unglücklich erwies sich die Kirchenpolitik: Maßnahmen gegen christl. Demokraten; Spannungen mit Deutschland (Borromäus-Enzyklika 1910), Spanien, Portugal und v. a. mit Frankreich, wo es 1905 zur schroff kirchenfeindl. Trennung von Kirche und Staat kam.

Lit.: ³LThK 8 (1999), 333–335; Schwaiger (1999), 105–160, 447–462.

GEORG SCHWAIGER

Pius XI., Papst (1922–1939), vorher Achille Ratti, * 31. 5. 1857 (Desio bei Monza), † 10. 2. 1939 (Rom). Papst seit 6. 2. 1922; Präfekt der Ambrosiana in Mailand und der Vat. Bibliothek, 1919/20 Nuntius in Polen, 1921 Ebf. von Mailand und Kardinal. Nach dem 1. Weltkrieg bemühte sich P. um *christlichen Frieden* und neue kirchl. Konsolidierung; deshalb (unterstützt von den Kard.-Staatssekretären P. Gasparri und E. Pacelli) Abschluß von Konkordaten mit Lettland 1922, Bayern 1924, Polen 1925, Rumänien, Italien und Preußen 1929, Baden 1932, Österreich 1933 und dem Dt. Reich (unter A. Hitler) 1933. Kirchenpol. bes. bedeutsam waren die Lösung der seit 1870 offenen *Römischen Frage* durch die Lateranverträge mit Italien 1929 und das Reichskonkordat. Während sich mit dem it. Faschismus (unter dem „Duce" B. Mussolini) seit 1929 ein Modus vivendi einspielte, kam es mit dem NS-Regime in Deutschland bald nach dem Reichskonkordat zu wachsenden Spannungen und zahlr. kirchl. und päpstl. Protesten, 1937 in der Enzyklika *Mit brennender Sorge* zur scharfen Anprangerung des Nationalsozialismus (gleichzeitig Verurteilung des Kommunismus in der Enzyklika *Divini Redempto-*

ris). P. erließ zahlr. programmat. Enzykliken, u.a. über christl. Erziehung, Ehe und Familie, christl. Gesellschaftsordnung (Sozialenzyklika *Quadragesimo anno* 1931), förderte die kath. Weltmission, Kunst und Wissenschaft, verhielt sich aber zur ökum. Bewegung der nichtkath. Christen ablehnend.

Lit.: ³LThK 8 (1999), 335–337; Schwaiger (1999), 193–270, 472–489.

Georg Schwaiger

Pius XII., Papst (1939–1958), vorher Eugenio Pacelli, * 2. 3. 1876 (Rom), † 9. 10. 1958 (Castel Gandolfo). Papst seit 2. 3. 1939; ab 1901 im Staatssekretariat; 1917 Titular-Ebf. und Nuntius in München (mit der Friedensvermittlung P. → Benedikts XV. betraut), 1920–1929 in Berlin, 1929 Kardinal, ab 1930 Kard.-Staatssekretär → Pius' XI. Nach intensiven, vergebl. Versuchen, den Kriegsausbruch zu verhindern, war P. im 2. Weltkrieg auf pol. Neutralität und die Wahrung von Chancen zur Friedensvermittlung bedacht und um humanitäre Hilfe bemüht für Kriegsgefangene, Flüchtlinge, Vertriebene, Deportierte und Juden. V.a. nach den schlimmen Erfahrungen mit der öffentl. Verurteilung der Judenverfolgungen durch den Episkopat in den Niederlanden (Aug. 1942) glaubte P. durch stille Hilfsmaßnahmen, ohne große Proteste, den gehetzten Juden mehr helfen zu können. In röm. Klöstern und im Vatikan fanden ungezählte Juden und andere Verfolgte schützendes Asyl. Den Weltkommunismus hielt P. für gefährlicher als den Nationalsozialismus. Die Kirchenregierung führte er streng zentralist. und autoritär. In Enzykliken und zahlr. Ansprachen äußerte sich P. autoritativ zu pol., soz., eth. und kirchl. Zeitfragen. Die Mariologie führte er durch die Dogmatisierung der leibl. Aufnahme Mariens in den Himmel (1950) weiter. Der kath. Bibelexegese eröffnete er bessere Arbeitsbedingungen. In der kath. Weltmission wurde das Programm seiner beiden Vorgänger zielstrebig fortgeführt; durch Bildung einheim. Priester und Bischöfe sowie durch Errichtung nat. kirchl. Hierarchien förderte P. in Asien und Afrika die beginnende Emanzipation von der europ. Kolonialherrschaft; allerdings brachte die Ausbreitung des Weltkommunismus schwere Rückschläge. Dem neuen Bild der Weltkirche sollte auch die stärkere Internationalisierung des Kardinalskollegiums dienen. Unter P. gewann das Papsttum hohes moral. Ansehen; doch wurden kath. Kirche und Kirchenpolitik in der fast 20jährigen Alleinherrschaft auch in die Teilung der Welt in Ost und West hineingezogen, zum Schaden der universalen Aufgaben in die weitgehende Identifizierung mit dem Westen. Nach dem Tod des Papstes wurde sein Bild v.a. durch Vorwürfe verdunkelt, er habe selbstherrlich regiert, sich zu bereitwillig mit faschist. Systemen arrangiert und zu den Judenverfolgungen des Nationalsozialismus „geschwiegen". Popularisiert wurde dieser Vorwurf bes. durch das Theaterstück *Der Stellvertreter. Ein christliches Trauerspiel* von R. Hochhuth (1963), seither häufig wiederholt.

Lit.: ³LThK 8 (1999), 337f.; Schwaiger (1999), 271–309, 489–506.

Georg Schwaiger

Polycarp von Smyrna, hl. (Fest 23. 2.), † nach 150. Nach dem Zeugnis des → Irenäus, der ihn selbst noch gehört hat, war P. Schüler der Apostel und wurde von diesen zum Bf. von Smyrna bestellt (Haer. III,3,3; → Eusebius). Unter der Amtszeit des Bf. Anicet von Rom reiste P. nach Rom, um die Differenzen in der Bestimmung des Ostertermins auszuräumen (um 150). P. war Quartodezimaner, feierte also Ostern am 14. Nisan, dem Termin des jüd. Pesachfestes, Anicet am Sonntag danach. Beide wußten sich ihren Ortstraditionen so sehr verpflichtet, daß es nicht zur Einigung kam, worüber allerdings der Kirchenfriede nicht zerbrach. Wenige Jahre später erlitt P. in Rom den Märtyrertod, nach eigener Aussage war er „86jährig". P. ist Adressat eines Ignatiusbriefes wie auch Autor eines Briefes an die Philipper, die ihn um die Zusendung von Ignatiusbriefen gebeten hatten. Der überlieferte Brief P.s ist nicht einheitl. und besteht vermutl. aus dem Begleitbrief P.s zu den Ignatiusbriefen sowie seinem eigenen Schreiben. Hauptthema ist die Gerechtigkeit, das vornehml. mit Argumenten aus dem NT durchgeführt wird.

Lit.: ²LACL 511f.

RUDOLF VODERHOLZER

Pombal, Sebastião José, Marqués de, Graf von Oeyras, portugies. Staatsmann, * 13. 5. 1699 (Lissabon) aus niederem Adel, † 8. 5. 1782 (Pombal bei Lissabon). Nach Anfängen im diplomat. Dienst wurde P. in der Regierung Kg. Josephs I. (1750–1777) sehr einflußreich als Außenminister (1750) und Premierminister (1756); bed. Reformen im Sinn des aufgeklärten Absolutismus auf dem Gebiet der Staatsverwaltung, des Bildungswesens, der Finanzen, der Wirtschaft (Merkantilismus), der Rechtspflege und des Heerwesens; nach dem Erdbeben 1755 planmäßiger Wiederaufbau Lissabons. Bes. den oberen Rängen in Adel und Klerus trat er scharf entgegen; er übte straffe Staatskirchenhoheit (beeinflußt vom habsburg. Josephinismus; → Joseph II.). P. wollte die Kolonien in Übersee fördern, fügte ihnen aber durch rigorose Vertreibung der Jesuiten 1759 auch schweren Schaden zu. In den letzten Jahren unter Joseph I. verminderte sich sein Einfluß; beim Tod des Königs wurde er 1777 gestürzt, in einem Prozeß 1779 verurteilt. Sein Werk wird bis heute zwiespältig beurteilt.

Lit.: ³LThK 8 (1999), 407f.

GEORG SCHWAIGER

Popieluszko, Jerzy, Arbeiterseelsorger, * 14. 9. 1947 (Okopy), † ermordet 19. 10. 1984 (bei Wloclawek). 1965–1972 Studium in Warschau, 1972 Priesterweihe. Aufgrund seiner Kritik an der kommunist. Führung Polens wurde P. von Funktionären des Sicherheitsdienstes ermordet. Seit 1996 läuft der Seligsprechungsprozeß.

Lit.: ³LThK 8 (1999), 420.

SUSANNE STÜBINGER

Porète, Marguerite (Porrette, Poirette), Begine, * um 1250/60 (nahe Valenciennes), † verbrannt 1. 6. 1310 (Paris). Verfasserin der dialogisch angelegten, zur Gattung der Spiegel-

Literatur gehörenden myst. Liebeslehre *Mirouer des simples Ames anienties et qui seulement demourent en Desir et Vouloir d'Amour* (*Spiegel der einfachen Seelen*), die in sechs Etappen den Weg des Menschen zur ewigen Seligkeit beschreibt; die altfrz. Originalfassung wurde mehrmals übersetzt (bis ins 17. Jh. sechs Versionen in vier Sprachen) und hatte eine große Wirkungsgeschichte. Das Buch wurde zw. 1296 und 1303 durch Gui II. von Colmieu zur öffentl. Verbrennung verurteilt; am 11. 4. 1310 wurden 15 Sätze daraus als häretisch erklärt; P., die sich nicht von ihrem Werk distanzierte, fand am 1. 6. auf der Place de Grève den Tod auf dem Scheiterhaufen.

Lit.: I. Leicht, M. P. (1999); BBKL 7 (1994), 837f.; LMA 6 (1993), 233f.; H. Fromm, (Hg.), Verbum et Signum, Bd. 2 (1975), 365–387.

SUSANNE STÜBINGER

Possevino, Antonio, SJ, Theologe und Diplomat, * 12. 7. 1533 (Mantua), † 26. 2. 1611 (Ferrara). Vor seinem Noviziat 1559 in Padua (Priesterweihe 1561) arbeitete P. als Sekretär für Kard. Ercole Gonzaga und Erzieher von dessen Neffen. Bereits 1560 predigte P. gegen die Waldenser. Er gab einen frz. Katechismus heraus, wirkte nach 1562 bei der Gründung mehrerer SJ-Niederlassungen mit und war 1565–1573 Rektor an den Kollegien in Avignon und Lyon. Er wurde Sekretär des Ordensgenerals Everard Mercurian in Rom und päpstl. Legat in Schweden (1577 und 1580) – ohne die kath. Restauration des Landes zu erreichen – sowie in Polen und Rußland, wo er einen zehnjährigen Waffenstillstand zw. Kg. Stephan Báthori und Zar Ivan IV. aushandelte, doch blieben die Gespräche über eine Kirchenunion mit der russ. Orthodoxie erfolglos. P. gründete seit 1578 mehrere Seminare in Nord- und Osteuropa, führte Volksmissionen und Visitationen durch und pflegte die Verständigung mit der Ostkirche. Seit 1586 weilte P. meist in Padua, wo er als Lehrer (→ Franz von Sales) wirkte und seine Schriften im Dienst der Kath. Reform abfaßte. Sein Hauptwerk, die *Bibliotheca selecta*, bildet eine Art theol. Summe und enthält eine rezensierende Bibliographie empfehlens- und verwerfenswerter Schriften.

Lit.: BBKL 7 (1994), 857–861; A. Serrai, Storia della bibliografia 4 (1993), 711–760; H. Zedelmaier, Bibliotheca universalis und bibliotheca selecta (1992), 125–224, 249–265.

MARIANNE SAMMER

Preysing, Konrad Graf von, Bf. von Eichstätt und Berlin, Kardinal (1945), * 30. 8. 1880 (Schloß Kronwinkl bei Landshut), † 21. 12. 1950 (Berlin). Einem alten Adelsgeschlecht entstammend, trat P. nach dem Studium der Rechtswissenschaften in München und Würzburg 1906 in den bayr. Staatsdienst, entschloß sich aber zwei Jahre später, den geistl. Beruf zu ergreifen, studierte Theologie in Innsbruck und empfing 1912 die Priesterweihe. Nach der Promotion zum Dr. theol. 1913 zunächst Sekretär des Münchener Ebf. Franziskus von Bettinger (1850–1917), wurde P. 1917 Stadtpfarrprediger bei St. Paul in München, 1921 Domprediger an der Münchener Frauenkirche und 1928

Mitglied des erzbfl. Domkapitels. 1932 erfolgte seine Ernennung zum Bf. von Eichstätt und im Sommer 1935 die Transferierung auf den exponierten Bischofsstuhl in der Reichshauptstadt Berlin, wo ihm die schwere Aufgabe zufiel, einerseits in dem erst 1930 errichteten weiträumigen Diasporasprengel die Voraussetzungen für eine geordnete Seelsorge zu schaffen, andererseits in seiner Eigenschaft als Pressereferent der Fuldaer Bischofskonferenz den flagranten Konkordatsverletzungen des NS-Regimes zu wehren. Dabei gewann P., der schon in Eichstätt seine bfl. Amtskollegen mit allem Nachdruck vor einer Kompromißbereitschaft gegenüber dem Totalitätsanspruch des NS-Staates gewarnt hatte, alsbald die Überzeugung, daß die vom Vorsitzenden des dt. Episkopats, dem Breslauer Ebf. Adolf Kard. Bertram (1859–1945), praktizierte interne Eingabenpolitik völlig ineffizient sei und deshalb einer publikumswirksamen Strategie nach der Devise „Angriff ist die beste Verteidigung“ weichen müsse. Doch lehnte Bertram bis zuletzt einen solchen Kurs ab, so daß P. nur die Möglichkeit verblieb, kraft eigener Autorität Gegenwehr zu leisten und wenigstens in seinem Sprengel durch Kanzelvermeldungen und öffentl. Eintreten für die Menschenrechte die kirchenfeindl. Aktionen des Regimes anzuprangern. Darüber hinaus rief er zur Linderung der konkreten Not schon bald nach dem Inkrafttreten der *Nürnberger Gesetze* am Berliner Ordinariat ein Hilfswerk ins Leben, das sich die Betreuung von verfolgten Juden und christl. „Nichtariern“ zur Aufgabe machte (u.a. durch Vermittlung von Auswanderungsmöglichkeiten, Versorgung mit Lebensmitteln und Beschaffung von Wohnraum). Nach dem Zusammenbruch nahm der an Weihnachten 1945 mit dem Kardinalspurpur ausgezeichnete Berliner Oberhirte den Wiederaufbau seines notleidenden Bistums tatkräftig in Angriff und wandte sich nun als Sprecher der mitteldt. Bischöfe (1950 Vorsitzender der Berliner Ordinarienkonferenz) genauso entschieden wie zuvor unter Hitler gegen die totalitäre Bedrohung der Kirche in der Sowjet. Besatzungszone beziehungsweise in dem sich etablierenden Sozialist. Einheitsstaat der DDR.

Lit.: W. Knauft, K.v.P. (1998); BBKL 7 (1994), 941–948; GKG 10/1 (1985), 318–332. KARL HAUSBERGER

Priestley, Joseph, engl. Philosoph, Theologe und Chemiker, * 13. 3. 1733 (Birstall Fieldhead), † 6. 2. 1804 (Northumberland). Nach dem Besuch der Dissenterakademie in Daventry (1751–1755) hatte P., der schon früh die Gottheit Jesu Christi verneinte, u.a. Pfarrämter kongregationalist. Gemeinden inne, bevor er, seit 1780 auch als freier Schriftsteller lebend, 1794 nach Nordamerika auswanderte. Zwei Jahre zuvor war er wegen seiner leidenschaftl. Parteinahme für die Frz. Revolution und ihre Prinzipien (*Letters to Burke*) zum Ehrenbürger Frankreichs ernannt worden. P. begründete die *Unitarier* genannten, aus dem Protestantismus hervorgegangenen Gruppierungen, die das Dogma der Trinität als vermeintl. Abkehr vom strengen Monotheismus ablehnen. In den USA bestehen heute noch mitgliedsstarke Unitariergemeinden. Als Chemiker entdeckte P. u. a. den Sauerstoff.

Lit.: BBKL 16 (1999), 1258–1260.
MANFRED HEIM

Priscillian, Führer einer rigorist.-asket. Bewegung in Spanien, * ca. 345, † Jan. 385 (Trier). Obwohl von den Bf. Hydatius von Emerita und Ithacius von Ossonoba seit 379 der Gnosis bezichtigt und bekämpft und von Hydatius (mit nachträgl. Zustimmung der Synode von Saragossa 380) exkommuniziert, wurde P. Ende 380 Bf. von Ávila. Hydatius erwirkte bei Ks. → Gratian ein Edikt gegen priscillianist. Bischöfe. P. Damasus I. und → Ambrosius von Mailand unterstützten P. nicht. Dieser appellierte schließlich an das ksl. Gericht des Usurpators Maximus und wurde, gegen den Widerstand Bf. → Martins von Tours, in einem staatl. Prozeß zum Tode verurteilt und im Januar 385 mit sechs seiner Gefährten in Trier hingerichtet. Inwieweit die auf P. zurückgeführte, nach ihm benannte Irrlehre des *Priscillianismus* (verurteilt auf der Synode von Braga 561), die gnost. und manichäische Elemente aufnahm und in den göttl. Personen ledigl. drei Erscheinungsweisen Gottes sah, der Lehre P.s entsprach, ist aufgrund der Quellenlage schwer zu entscheiden.

Lit.: ²LACL 516f.
RUDOLF VODERHOLZER

Prudentius, Aurelius P. Clemens, Dichter, * 348 (wohl Calagurris, Spanien), † nach 405. Wie P. selbst bezeugt, war er zunächst als Anwalt tätig, dann als Provinzverwalter und schließl. als hoher Beamter am Kaiserhof in Mailand. Während seines Italienaufenthalts, der mind. 384–404 dauerte, unternahm P. eine Reise nach Forum Cornelii (Imola) und besuchte mind. einmal für längere Zeit Rom. Ob P. nach dem Ende seiner pol. Tätigkeit in die Heimat zurückkehrte, steht nicht fest. Das poet. Œuvre, das wohl in den 380er Jahren einsetzt, umfaßt lyr. und epische Formen in großer Vielfalt sowie Epigramme; einer ganzen Reihe seiner Werke hat P. einen metrisch abgesetzten Vorspann (*Praefatio*) beigegeben. Am Anfang des Schaffens steht der *Cathemerinon liber* (*Tagesliederbuch*); die darin enthaltenen zwölf z.T. sehr langen, nicht für den Gottesdienst bestimmten Hymnen in verschiedenen lyr. Versmaßen sind wichtigen Abschnitten des Tages (z.B. dem Hahnenschrei am frühen Morgen oder dem Ende des Fastens in der neunten Stunde), aber auch Festtagen im Jahreslauf (z.B. der Weihnacht) gewidmet. Im gedankl. Zentrum der Hymnen steht Christus, der als das wahre Licht gepriesen wird. Die *Apotheosis* (*Gotteserweis*) stellt ein didakt. Gedicht in 1084 daktyl. Hexametern dar; sich gegen ketzer. Gottesvorstellungen wie die der Patripassianer, Sabellianer und Juden wendend, verficht P. die orth. Lehre der Trinität. Ein weiteres didakt. Gedicht ist die *Hamartigenia* (*Ursprung der Sünde*) in 966 daktyl. Hexametern; P. richtet sich gegen die marcionit. Häresie und erklärt das Aufkommen der Sünde damit, daß ein gefallener Engel den Menschen verführt habe. Für das Elend, das in der Welt herrsche, trage der

Mensch die alleinige Verantwortung, sei er doch von Gott mit freiem Willen ausgestattet worden. Das Epos *Psychomachia* beschreibt den Kampf der personifizierten Laster und Tugenden um die Seele (915 daktyl. Hexameter); es ist dies die erste rein allegor. Hexameterdichtung der Antike. Es treten gegeneinander an: der christl. Glaube und der Götzendienst, die Keuschheit und die Unzucht, die Geduld und der Zorn, die Demut und die Hoffart, die Mäßigkeit und die Genußsucht, die Habgier und die Mildtätigkeit, die Eintracht und die Zwietracht (das ist die Häresie). Den Sieg erringt schließlich die Eintracht. Auf ein zeitgeschichtl. Ereignis bezieht sich P. in den beiden Büchern *Contra Symmachum* (*Gegen Symmachus*). Der im Titel Genannte, ein einflußreicher röm. Senator, hatte im Jahre 384 Ks. Valentinian II. mit einer Eingabe, der dritten Relatio, gebeten, Altar und Statue der Göttin Victoria im Sitzungssaal des Senats, aus dem sie entfernt worden waren, wieder aufzustellen; P.' Gedicht schließt an die beiden Briefe an, mit denen seinerzeit Bf. → Ambrosius die Ablehnung der Petition erreicht hatte. Im ersten Buch (657 daktyl. Hexameter) behandelt P. die Entstehung des Götterkults im röm. Imperium; das zweite Buch (1132 daktyl. Hexameter) antwortet auf die Eingabe des Symmachus Punkt für Punkt. Der scharfen Polemik ungeachtet, welche die hist. Darstellung im ersten Buch durchzieht, wird der röm. Geschichte vor Christus doch ein Sinn zugeschrieben: Rom habe die durch Brauchtum, Sprache und Religion getrennten Völker unter seiner Herrschaft geeint und damit der Ausbreitung des Christentums den Boden bereitet. Wiederum lyr. Natur ist das Buch *Peristephanon* (*Über die Kränze*); es umfaßt vierzehn Gedichte in verschiedenen Versmaßen auf Märtyrer, z.B. auf → Laurentius und auf den Diakon Romanus. Zur Epigrammdichtung gehören schließl. die *Tituli historiarum*, auch *Dittochaeum* genannt, eine Sammlung von 48 hexametr. Vierzeilern, die zu gleichen Teilen Themen des AT und solche des NT behandeln. Als P. etwa 405/06 seine Gedichte in einer Sammlung vereinte, fügte er eine *Praefatio* und einen *Epilogus* hinzu, beide in Versen. In P.' Œuvre verbinden sich dichter. Kraft und theol. Kompetenz auf faszinierende Weise.

Lit.: RAC 18 (1998), 1306–1312 (Italia II, literaturgeschichtl.). SIEGMAR DÖPP

Pseudo-Isidor. Ps.-I. ist fiktiver Autor, Isidor-Mercator, eines kunstvoll miteinander verschränkten Corpus falscher und verfälschter Dekretalen, karoling. Kapitularien unter den Namen von Benedictus Levita und Angilramnus, sowie der veränderten *Collectio Hispana Augustodinensis*. Eine Verwechslung mit → Isidor von Sevilla und Marius Mercator ist beabsichtigt. Wahrscheinl. entsteht das Corpus im Westfrankenreich (Corbie) und in den Auseinandersetzungen um → Hinkmar von Reims. Als Entstehungszeitraum wird allg. 847–852 angenommen, als Urheber eine Gruppe um Hinkmars Vorgänger Ebo, vielleicht sogar der große Gelehrte → Rathramnus von Corbie (Zechiel-Eckes). Merkwürdig bleibt, daß gerade Ebos Anhänger sich 853 in Soissons nicht mit

Ps.-I. entnommenen Argumenten gegen ihre Verurteilung wehren. Dagegen erfolgt das erste kurze Zitat 852 durch Hinkmar selbst, gegen den das Corpus eigentl. gerichtet ist; die nächste Zitation ist dann 857 im Kapitular von Quierzy, dort aber ebenfalls im Zusammenhang mit Texten Hinkmars. Vehement von dem gefälschten Rechtscorpus macht jedoch erst Hinkmar von Laon, ab 858 Bischof, Gebrauch, ebenso der urspr. auf Hinkmars von Reims Seite stehende Rothard von Soissons. Ziel der Fälschungen ist, den Bischöfen Unabhängigkeit von ihren Metropoliten zu geben. Dies soll auf zwei Ebenen geschehen: Zum einen durch eine Häufung prozeßrechtl., z. T. auch dem röm. Recht entnommenen Normen, die eine Verurteilung eines Bischofs erhebl. erschweren; zum anderen durch Rückgriff auf das Papsttum als den Metropoliten übergeordnete Instanz, dem zu diesem Zweck bes. Vorrechte eingeräumt wurden; die Kirche zerfällt also in Papst und Einzelbischöfe. Ebenso wie die Fiktion der *Konstantin. Schenkung* entfalten diese Arbeiten erst deutlich später, dann aber gerade in bezug auf die kirchl. Hierarchie, v. a. das Papsttum, für Jh.e ihre prägende Wirkung. Das hist. Ziel, sich dem Arm Hinkmars von Reims zu entziehen, wird nicht erreicht. Mißtrauen und Einzelnachweise des Fälschungscharakters hat es stets gegeben, auch durch Hinkmar. Erst den Humanisten gelingt der vollständige Nachweis der Fälschung, dessen Anerkennung durch die kath. Seite noch lange ausbleibt, der dementsprechend die pol. Auseinandersetzung des 19. Jh.s um die Rolle des Papsttums zum Teil mitbestimmt. Die Fälschungen haben sehr befruchtend auf die allg. Rechtsentwicklung gewirkt, so lassen sich Besitzschutzregelungen des geltenden dt. Zivilrechts ebenso auf Ps.-I. zurückführen wie letztlich die Parömie „Not kennt kein Gebot" (Pennington).

Lit.: H. Fuhrmann Ps. und die Bibel, in: DA 55 (1999), 183–191; [3]LThK 8 (1999), 709 f.; Kéry 100–124. Jörg Müller

Pufendorf, Samuel, * 8. 1. 1632 (Dorfchemnitz, Sachsen), † 26. 10. 1694 (Berlin). 1650–1658 Studium in Leipzig und Jena; Berufung auf den ersten Lehrstuhl in Deutschland für Natur- und Völkerrecht in Heidelberg 1661; sein 1660 erschienenes Erstlingswerk (*Elementa Jurisprudentiae Universalis*) hatte der 26jährige dem pfälz. Kf. Karl Ludwig gewidmet. 1661–1677 Prof. in Lund; der schwed.-dän. Krieg beendete hier sein akadem. Wirken; P. trat als Historiograph in Fürstendienst. Erst 1677–1688 in Stockholm, danach in Berlin für den brandenburg. Kurfürsten tätig, eine Zeit, aus der u. a. jeweils zwei Werke zur schwed. und brandenburg. Geschichte stammen. Sein Hauptwerk erschien 1672: *De Jure Naturae et Gentium*, auch bald in dt. Übersetzung (1711) und mit Anmerkungen u. a. von Barbeyrac. Noch einflußreicher war allerdings *De officio hominis et civis* (1673). P. entwickelte 1667 unter dem Pseudonym „Severinus de Monzambano" in der Schrift *De statu imperii Germanici* seine berühmte Metapher, die Verfassung des Hl. Röm. Reiches dt. Nation sei ein monströses Gebilde (*monstrum* *simile*), weil es wegen der Dualität von Kaiser und Reich (bzw. Reichsständen) weder in die Kategorien der klass. Staatstheorie von Aristokratie, Oligarchie oder Demokratie passe noch mit dem Souveränitätsbegriff J. → Bodins zu erfassen sei. Seine Konzeption, die sich nur anfangs auf H. → Grotius und Th. → Hobbes stützte, und die enorme Wirksamkeit seines Schaffens sind bestimmt durch die Etablierung eines Naturrechts neuzeitl. Verständnisses. Hiernach besteht die Natur des Menschen sowohl aus einer nicht zur Disposition Dritter stehenden individualrechtl. Komponente als auch einer pflichtenerzeugenden Gemeinschaftsbindung. Als naturgegebene Ausgangspunkte für diese Ableitungen stehen die menschl. Eigenliebe, seine Schwäche (*imbecillitas*) und sein Geselligkeitstrieb (*socialitas*). Erstmals wird von P. der Begriff der Menschenwürde als (aus der Gleichheit in der Freiheit deduzierter) Rechtsbegriff formuliert. – Der Staat entsteht seiner Ansicht nach durch freiwilligen und autonomen Zusammenschluß der Individuen. Er differenziert zw. einem „Gründungsvertrag", dem nach der Entscheidung über die Regierungsform ein (Selbst-)Unterwerfungsvertrag der Beteiligten folgt. Einerseits wird hierdurch die uneingeschränkte (und v. a. ungeteilte) Souveränität möglich, andererseits aber je nach konkreter Ausgestaltung die Möglichkeit der Kontrolle. Sowohl die Entwicklung des aufgeklärten Absolutismus wie die eines Konstitutionalismus sind aus diesem Modell ableitbar. Der Staat ist danach aber nicht mehr gottgegeben und Vehikel der Heilsgeschichte, sondern Produkt menschl., notwendig an der Vernunft orientierter Entscheidung, weil nur durch sie legitimiert. Bei aller persönl. Religiosität (P. selbst war strenggläubiger Lutheraner) wird damit der im ma. Denken untrennbare Konnex zw. göttl. Seins- und weltl. Daseinsordnung durchtrennt und naturrechtlich „säkular".

Lit.: [3]LThK 8 (1999), 741; TRE 28 (1997), 3–6; [4]Kleinheyer-Schröder 335–340; [2]Stolleis 520–522.

Hans-Georg Hermann

Pürstinger, Berthold, Bf. von Chiemsee, * 1465 (Salzburg), † 16. 7. 1543 (Saalfelden, Pinzgau). Jurist. Studien in Perugia (Lizentiat beider Rechte), 1490 Priesterweihe; Tätigkeit im Fürstbistum Salzburg, 1508 Weihe zum Bf. von Chiemsee (zugleich Weihbf. in Salzburg); 11. 5. 1526 Verzicht auf das Bistum und Rückzug in das OCist-Klr. Raitenhaslach bei Burghausen, 1528 nach Saalfelden; dort Gründung einer Priesterbruderschaft (1532) und eines Spitals (1538). Als Bischof mehr als Vermittler zw. Erzbischof, Bürger- und Bauernschaft tätig, entwickelte P. ab 1526 eine rege lit. Tätigkeit. Werke u. a.: *Tewtsche Theologey* (volkssprachl. Glaubenslehre, erste kath. dt. Dogmatik), *Tewtsch Rational*, *Das Keligpuchel* (beide eine Auseinandersetzung mit der Reformation); auch die anonyme Flugschrift *Onus ecclesiae* (eine prophet. Kirchenkritik in geschichtstheol. Rahmen) stammt wohl aus seiner Feder.

Lit.: TRE 28 (1997), 1–3; [3]LThK 2 (1994), 290.

Susanne Stübinger

Q

Quenstedt, Johann Andreas, luth. Theologe, * 13. 8. 1617 (Quedlinburg), † 22. 5. 1688 (Wittenberg). Der Neffe von J. → Gerhard studierte in Helmstedt und Wittenberg. Dort war er seit 1660 Prof. für Theologie. Als sein Hauptwerk gilt die *Theologia didactico-polemica sive Systema theologicum* (1685). Sein Werk darf als Summe der klass. Theologie → Luthers angesehen werden. Es war das theol. Kompendium der luth. Hochorthodoxie.

Lit.: [3]LThK 8 (1999), 768; L. Poellot, The Nature and Character of Theology (1986). WOLFGANG ROTZSCHE

Quesnel, Pascal, theol. Schriftsteller, * 14. 7. 1634 (Paris), † 2. 12. 1719 (Amsterdam). Q., der nach Studien in Paris in das frz. Oratorium eintrat und 1659 zum Priester geweiht wurde, verfaßte verschiedene exeget. und patrolog. Werke. Neben A. → Arnauld ist er die zentrale Figur des Jansenismusstreits. Q. hat erstmals die Werke → Leos I. d. Gr. krit. ediert. Weil er in den Anmerkungen zu dieser Ausgabe die gallikan. Freiheiten verteidigte, verlor er die Gunst Roms. Q.s Kommentare zum NT gerieten unter Häresieverdacht und lösten heftige innerkirchl. Turbulenzen aus. Aufgrund seiner Weigerung, die antijansenist. Formel → Ludwigs XIV. zu unterschreiben, fühlte sich Q. in Frankreich nicht mehr sicher und floh deshalb nach Brüssel. Nachdem P. Clemens XI. in der Bulle *Unigenitus* (1713) 101 Sätze aus Q.s Werk als jansenist. verworfen hatte, kam es in Frankreich zu einer Spaltung zw. Verteidigern und Opponenten der röm. Verurteilung.

Lit.: [3]LThK 8 ([3]1999), 768f.; BBKL 7 (1994), 1106f.; TRE 16 (1987), 506f. JOSEF KREIML

R

Rahner, Karl, SJ (1922), kath. Theologe, * 5. 3. 1904 (Freiburg i. Br.), † 30. 3. 1984 (Innsbruck). Nach Noviziat (Feldkirch) und ordensübl. Studien der Philosophie (Feldkirch und Pullach) sowie der Theologie in Valkenburg (Holland) erfolgte 1932 die Priesterweihe. Das philos. Promotionsstudium 1934–1936 in Freiburg (dort auch im Oberseminar bei Martin Heidegger) endete nicht mit dem Doktorat, weil Doktorvater Honecker Bedenken gegen die Dissertation hatte. Die Arbeit wurde 1939 als *Geist in Welt* (1939) R.s erstes philos. Hauptwerk ([2]1957, bearb. von J. B. Metz; jetzt: K. R., Sämtl. Werke, Bd. 2). R. liefert darin nicht nur, über → Kant hinaus, eine Neubegründung der Metaphysik, sondern zeigt die Möglichkeit auf, daß Gott dem Menschen im Medium der Geschichte begegnen kann. Nach theol. Promotion 1936 (*E latere Christi*: K. R., Sämtl. Werke, Bd. 3) und Habilitation 1937 wurde R. Dozent der Dogmatik in Innsbruck. Nach Auflösung der SJ-Fakultät 1939 durch die Nationalsozialisten arbeitete R. bis 1944 im Seelsorgsamt der Erzdiözese Wien. 1941 erschien mit *Hörer des Wortes* (K.R., Sämtl. Werke, Bd. 4) eine weitere religionsphilos. Grundlagenschrift, die den Menschen beschreibt als das auf eine möglicherweise in der Geschichte ergehende Offenbarung Gottes ausgerichtete Wesen (*potentia oboedientialis activa*). 1945–1948 Dozent in Pullach, 1948 in Innsbruck, 1949 dort Prof. der Dogmatik. 1962 Konzilsperitus, beriet R. die Kardinäle König (Wien) und Döpfner (München). Mithg. der 2. Aufl. des Lexikons für Theologie und Kirche (1957–1968) sowie des *Handbuchs der Pastoraltheologie* (1964). 1964 Nachfolger R. → Guardinis auf dem Lehrstuhl für Religionsphilosophie und christl. Weltanschauung in München. 1967 bis zur Emeritierung 1971 Ordinarius für Dogmatik und Dogmengeschichte in Münster. Seit 1969 Mitglied der Internat. Theol. Kommission, zahlr. Ehrendoktorate und internat. angesehene Ehrungen. Bis zu seinem Tod unermüdl. Vortrags- und Publikationstätigkeit mit zahlr., zunehmend auch krit. Wortmeldungen zu aktuellen kirchenpol. Fragen. 1976 erschien der *Grundkurs des Glaubens* (K.R., Sämtl. Werke, Bd. 26), neben den 16 Bänden *Schriften zur Theologie* und einer Vielzahl kleinerer aktueller und spiritueller Schriften das theol. Hauptwerk R.s., das – einer Anregung des Konzils folgend – auf einer ersten Reflexionsstufe die großen Themen des christl. Glaubens in ihrer Bedeutung für den immer schon nach Gott fragenden Menschen bedenkt und erschließt. 1983 (zus. mit Heinrich Fries) als 100. Band der von ihm 1958 mitbegründeten Reihe *Quaestiones disputatae* das Plädoyer für unverdrossene Fortsetzung der Ökum. Arbeit *Einigung der Kirchen – reale Möglichkeit*. Mit dem Namen R.s verbindet sich in der Theologie die sog. „anthropologische Wende“ zum Subjekt. Damit ist nicht eine Reduktion der Theologie auf die Anthropologie gemeint, sondern der von frz. Philosophen und Theologen wie M. → Blondel, J. Maréchal und H. de → Lubac vorbereitete, von R. in krit. Auseinandersetzung mit der Philosophie des dt. Idealismus entwickelte Ansatz des theol. Denkens bei der Frage nach den Bedingungen der Möglichkeit menschl. Seins, göttl. Selbstmitteilung und deren Annahme von seiten des Menschen.

Lit.: M. Schulz, K. R. begegnen (1999).

Rudolf Voderholzer

Raimund von Peñafort, hl. (Fest 7. 1.), OP, Kanonist, * 1175/80 (Villafranca), † 6. 1. 1275 (Barcelona). Nach Studien in Barcelona und Bologna lehrte R. zunächst in Bologna und dann am Studium des OP in Barcelona, dem er 1222 beigetreten war. 1230 wurde er päpstl. Kaplan und Pönitentiar und redigierte im Auftrag P. → Gregors IX. das Dekretalenrecht, das der Papst 1234 in Kraft setzte (*Liber extra*); R. war damit der Schöpfer der ersten kirchl. Rechtskodifikation. 1238–1240 war R. Generaloberer des OP. Danach wirkte er v. a. als Seelsorger und Beichtvater.

Er war Verfasser mehrerer kirchenrechtl. Schriften. 1601 wurde R. von P. Clemens VIII. heiliggesprochen.

Lit.: [3]LThK 8 (1999), 813; BBKL 7 (1994), 1281–1285. STEPHAN HAERING

Raimundus Lullus, sel. (Fest 27.11.), * um 1235 (Palma de Mallorca), † 1316. Reich, verheiratet, zwei Kinder, vielseitig und vielschichtig begabt, führt R. zunächst ein ausgelassenes weltl. Leben. Ein Bekehrungserlebnis (ca. 1263) drängt ihn dazu, sein weiteres Leben rastlos drei Zielen zu widmen: bei der Bekehrung der Muslime sein Leben zu geben (R. wird 1307 in Bugia beinahe gesteinigt), die Mächtigen zur Gründung von Klöstern zu bewegen, in denen Missionare für den Orient ausgebildet werden (es entsteht nur für wenige Jahre eines in Mallorca), und ein Buch gegen die Irrtümer der Ungläubigen zu verfassen. Es entstehen rund 280 Werke, die, abgesehen von zwei Romanen, teils dem interrel. Disput selbst gewidmet sind, teils den dazu nötigen philos. Hintergrund erarbeiten. R. kommt zu der Überzeugung, daß selbst das trinitar. Sein Gottes und die Inkarnation mit Vernunftgründen einsichtig gemacht werden können, weil der Mensch über eine Schlüsselintention verfügt, mit der er Ursache, Werk und Wirken erfassen kann. Die schon im Zeitlichen mögliche Vollendung des Menschen sieht R. in der myst. Einung. Sie ist existentiell erfahrbare Ausformung des überaus differenzierten Einheitsdenkens, das R.' gesamtes denker. Werk prägt.

Lit.: LMA 7 (1995), 490–493; TRE 21 (1991), 500–506; W. Müller-Funk, Der gelehrte Narr (1991). RUTH MEYER

Rat(h)ramnus, OSB, Theologe, † nach 868. Seit etwa 825/30 Mönch in Corbie, verfaßte R. im Auftrag Kg. Karls des Kahlen und P. → Nikolaus' I. bed. theol. Schriften zu den wichtigsten Themen seiner Zeit, v. a. gegen die Abendmahlslehre des → Paschasius Radbertus, gegen die Prädestinationslehre des → Hinkmar von Reims und gegen die Angriffe des Patriarchen → Photius auf das *Filioque* (im Credo). R. ist einer der exponiertesten Theologen der *Karolingischen Renaissance.*

Lit.: Metzler 580f.; [3]LThK 8 (1999), 840f.; LMA 7 (1995), 462f.
MANFRED HEIM

Regino von Prüm, * um 840, † 915. R. zeichnet sich zunächst als Kirchenrechtler, dann als Verwaltungsfachmann, Musiktheoretiker und Geschichtsschreiber aus. In fast anachronist. Weise markiert er einen letzten Höhepunkt karoling. Reformgelehrsamkeit, während die Zeitläufe sich mit Normannen- und Ungarnstürmen bereits drastisch geändert haben. Aus begütertem Haus stammend, lebt er – vielleicht schon vor 886 – im Klr. Prüm, Eintritt und Ausbildung sind unbekannt. Nach der zweiten Plünderung des Klosters durch die Normannen wird er anstelle des resignierenden Farabert 892 zum Abt gewählt. Sieben Jahre bleiben ihm zur Reorganisation des Besitzes. Die erste Frucht dieser Jahre ist der berühmte *Liber Aureus*, ein Besitzstands- und Abgabenverzeichnis. Dann muß er dem Druck eines örtl. Adelsgeschlechts weichen und bekommt vom Ebf. die Abtei St. Martin in Trier, ebenfalls zum Wiederaufbau, übertragen. Auch hier bewährt er sich. In die Zeit des Wechsels fällt sein musiktheoret. Werk, geschaffen, um durch bessere Stimmführung die Würde des bfl. Gottesdienstes zu steigern. Daneben schreibt er: Bis 906 reicht R.s Chronik, die trotz zahlr. chronolog. Irrtümer sowie Auslassungen in den Jahren 892–906 als Abschluß und Höhepunkt der karoling. Weltchronik gilt (Löwe). In vielfacher Hinsicht von großer und bleibender Bedeutung ist aber seine ebenfalls wohl 906 angelegte Kirchenrechtssammlung, die der Reformer als Handbuch für die bfl. Visitationsgerichtsbarkeit (Sendgerichtsbarkeit) konzipiert, in zwei Bücher, Klerus und Laien, zerfallend. Neben Materiellem wird darin v.a. prozeßrechtl. eine wichtige Entwicklung speziell des fränk. Rechts dokumentiert, viell. durch die Dokumentation sogar mitgestaltet und konserviert: Die Rügegerichtsbarkeit in Form des Sendgerichts, die sich vereinzelt bis 1793 halten kann. Materiell wirkt diese Sammlung in den wichtigen Kompilationen der frühen Salierzeit letztlich bis hin zum *Corpus Iuris Canonici* nach.

Lit.: Kéry 128–133; LMA 7 (1995), 579f. JÖRG MÜLLER

Reiffenstuel, Anaklet (Taufname: Johann Georg), OFM, Kanonist und Moraltheologe, * 2. 7. 1642 (Kaltenbrunn bei Gmund am Tegernsee), † 5. 10. 1703 (Freising). Seit 1658 Mitglied des OFM, nahm R. an versch. Orten v.a. Lehraufgaben wahr, seit 1683 in Freising. Breite und lang anhaltende Wirkung erzielten seine großen Hand- und Lehrbücher für die Moraltheologie (*Theologia Moralis*, EA: 1692) und bes. für das Kirchenrecht (*Ius Canonicum universum*, EA: 5 Bde., 1700–1714), die immer wieder neu aufgelegt und nachgedruckt worden sind. Sein Verdienst ist es auch, zur deutlicheren Unterscheidung von Moraltheologie und Kirchenrecht beigetragen zu haben.

Lit.: BBKL 7 (1994), 1512–1514; B. Lins, Scriptores Provinciae Bavaricae Fratrum Minorum 1625–1803 (1954), 96–102. STEPHAN HAERING

Reimarus, Hermann Samuel, Orientalist, deist. Philosoph, Begründer der Leben-Jesu-Forschung, * 22. 12. 1694 (Hamburg), † 1. 3. 1768 (ebd.). R. war seit 1727 Prof. für oriental. Sprachen am Akad. Gymnasium in Hamburg. Sein erstes Hauptwerk *Die vornehmsten Wahrheiten der natürlichen Religion* (1754, Nachdr. 1985) entfaltet eine Vernunftreligion, die zwar den Atheismus der frz. Gottesleugner zurückweist, andererseits eine geschichtl. Offenbarung Gottes prinzipiell ausschließt. Daneben arbeitete R. seit 1735 an einer offenbarungskrit. Schrift, in der er auch die Bibelkritik der engl. Deisten verarbeitete. Um seinen Ruf und seine bürgerl. Existenz nicht zu gefährden, hielt er dieses Werk geheim. Erst 1814 wurde bekannt, daß die sog. *Wolfenbüttler Fragmente eines Ungenannten*, die G. E. Lessing 1774–1778 publizierte und die den Fragmentenstreit mit dem Hamburger Pastor Goeze auslösten, dieser Schrift des R. mit dem Titel *Apologie oder Schutzschrift für die vernünftigen Verehrer Gottes* entstammten. 1972 wurde sie erstmals vollständig ediert. R. hatte ihr noch kurz vor seinem Tod die endgültige Gestalt gegeben. Er stellte die folgenreiche Hypothese vom Apostelbetrug (vgl. schon Mt 28,13) auf: Jesus selbst habe am Kreuz resigniert. Die → Apostel hätten nach seinem Tod den Leichnam gestohlen, die Auferstehung erfunden und somit ihren weiteren Lebensunterhalt gesichert. Gegen R. ist festzuhalten, daß nicht nur seine Hypothese an innerer Widersprüchlichkeit leidet, sondern daß man der lit. Eigenheit der Evangelien als Einheit von Geschichte und Kerygma nicht mit einer Hermeneutik des Verdachts gerecht wird, die die Zeugnisse gegen sich selbst wendet. Mit der sachlich richtigen Beobachtung, daß die Reich-Gottes-Verkündigung im Mittelpunkt der Predigt des hist. Jesus gestanden hat, begründete R. die Leben-Jesu-Forschung des 19. Jh.s.

Lit.: Metzler 581f.

RUDOLF VODERHOLZER

Reuchlin, Johannes (Kapnion, Capnio), Humanist, * 29. 1. 1455 (Pforzheim), † 30. 6. 1522 (Stuttgart). Nach Studien (v.a. der Jurisprudenz) an versch. Univ. und Promotion zum Dr. der ksl. Rechte war R. seit 1482 Jurist und Richter am württ. Hof, zuletzt Prof. für Griechisch und Hebräisch an den Univ. Ingolstadt (1520/21) und Tübingen (1521/22). Überhaupt galt sein bes. Interesse den drei bibl. Sprachen, als deren hervorragender Kenner und Gelehrter er sich erwies; er gilt mit → Erasmus von Rotterdam nicht nur als einer der führenden Vertreter des dt. Humanismus, sondern auch als Wegbereiter der christl. Hebraistik und wiss. Kabbalistik. R. wandte sich 1510 in einem Gutachten vehement gegen die von Johannes Pfefferkorn und der Theol. Fakultät in Köln betriebene Vernichtung jüd. Schrifttums, was zu einer langjährigen erbitterten Kontroverse führte (Pfefferkorn-R.-Streit) und R. in einen Prozeß vor der röm. Inquisition verwickelte, die ihn 1520 zum Stillschweigen verurteilte. Als ein lit. Höhepunkt des Konflikts können die *Dunkelmännerbriefe* (*Epistolae obscurorum virorum*) betrachtet werden, eine in zwei Teilen 1515 und 1517 erschienene satir. Schmähschrift, die u.a. von Crotus Rubianus und U. von → Hutten in gewollt schlechtem Latein („Küchenlatein") verfaßt wurde und gegen die in Köln lehrenden theol. Gegner R.s gerichtet war, zugleich aber auch ma. Wissenschaft und Lehrmethode mit Spott und Hohn überzog. Mit den Komödien *Sergius* (um 1504) und *Henno* (um 1496/97) wurde R. auch zum Mitbegründer des dt. Schuldramas. Zahlr. sind die philolog. und theol. Schriften des trotz aller Angriffe kath. gebliebenen Humanisten und Marienverehrers R.

Lit.: [3]LThK 8 (1999), 1134f.; Boehm 338–341.

MANFRED HEIM

Rhegius (Rieger), Urbanus, luth. Theologe, * 1489 (Langenargen am Bodensee), † 23. 5. 1541 (Celle). R., wohl Sohn eines Priesters, studierte 1508–1512 in Freiburg i.Br. bei J. → Eck, dem er 1512 nach Ingolstadt folgte. Der humanist. gebildete R. wurde 1517 von Ks. → Maximilian I. zum Dichter gekrönt (*poeta laureatus*). 1519 erhielt er die Priesterweihe. Nach kurzen Predigttätigkeiten in Augsburg und Hall/Tirol wirkte R., der sich eher zögerlich der Reformation zugewandt hatte, seit 1524 als ev. Prediger in Augsburg. Als einer der ersten wandte er sich 1524 gegen A. → Karlstadts Abendmahlslehre, die eine leibliche Präsenz Christi leugnete und den Gemeinschaftscharakter des Mahles betonte, doch hat sich R. dem folgenden Abendmahlsstreit zw. M. → Luther, H. → Zwingli und den Oberdeutschen weitgehend entzogen. Zur Frage der Leibeigenschaft gab er gegen sozialrevolutionäre Forderungen 1525 im Sinne des luth. Freiheitsverständnisses Antwort: Das Evangelium fordere keine unmittelbaren soz. Konsequenzen, verlange aber von der christl. Obrigkeit verantwortl. Handeln nach Gottes Geboten. 1525 heiratete er eine gebildete Augsburger Bürgertochter. Mit der seit 1527 sichtbaren Annäherung an die Abendmahlsauffassung Luthers einher ging die Distanzierung von Zwingli. 1530 war R. an der Ausarbeitung des *Augsburger Bekenntnisses* (*Confessio Augustana*) beteiligt. Seit 1530 wirkte er als Landessuperintendent in Celle, wo er sich zur Festigung der Reformation v.a. um eine Verbesserung der Pfarrerausbildung kümmerte. Für Lüneburg und Hannover verfaßte er reformator. Kirchenordnungen (1531, 1536). Im Blick auf das Verhältnis von Juden und Christen vertrat R. anders als Luther ein friedl. Koexistenzmodell: 1540 sprach er sich ausdrückl. gegen die Ausweisung der Braunschweiger Juden aus. R. beteiligte sich auch an den Versuchen einer Verständigung mit der kath. Seite, doch war seine Hoffnung auf einen Ausgleich gering (Religionsgespräch in Hagenau 1540). Zu seinen Grundüberzeugungen gehörte, daß die reformator. Theologie in voller sachl. Übereinstimmung mit dem Glauben der Alten Kirche stehe. Auch als Erbauungsschriftsteller trat R. hervor (*Seelenarznei für Gesunde und Kranke*, 1529).

Lit.: TRE 29 (1998), 155–157; H. Zschoch, Reformator. Existenz und konfessionelle Identität (1995). HANS-MARTIN KIRN

Richard von St. Victor, Theologe und Mystiker, † 10.3.1173 (Paris). Der Herkunft nach Schotte, trat R. als junger Student in Paris bei den CRSA von St. Victor ein, wo gleichermaßen Wissenschaft und geistl. Leben blühten. Während → Hugo von St. Victor insbes. für Wissenschaftslehre (*Didascalicon*) und syst. Theologie (*De sacramentis christianae fidei*) einflußreich wurde, Andreas († 1175) ein bed. Exeget war, Adam († 1177/92) einen reichen Schatz an geistl. Dichtung hinterließ, wurde R. v.a. durch seine Schriften zur myst. Theologie berühmt (*Benjamin minor* und *maior; Über die vier Stufen der Liebe*). Von seiner Hand stammen zudem mehrere Schriftkommentare und das herausragende, auch im 13. Jh. (→ Bonaventura) einflußreiche Werk *Über die Dreifaltigkeit*. R. führt hier den aus augustin. Tradition stammenden Gedanken durch, daß vollkommene Liebe und Glückseligkeit – und dies ist Gottes Wesen – mehrere Personen erfordert: einen Liebenden, einen Geliebten und einen Mit-Geliebten. Von bes. Bedeutung ist R.s Bestimmung des Person-Begriffs.

Lit.: M.-A. Aris, Contemplatio (mit einer verb. Edition des Textes) (1996); R.v.S.-V., Die Dreieinigkeit, Übertragung und Anm. von H. U. von Balthasar (1980).

MARIANNE SCHLOSSER

Richelieu, Armand-Jean du Plessis, frz. Kardinal und Staatsmann, Hzg. von Richelieu (seit 1631), * 9. 9. 1585 (Paris), † 4. 12. 1642 (ebd.). R. wurde am 16. 4. 1607 in Rom zum Priester, tags darauf zum Bischof geweiht und 1622 zum Kardinal ernannt. 1616 erstmals in den Staatsrat berufen, war er seit 1624 ltd. Minister Kg. Ludwigs XIII. (seit 1629 mit dem Titel eines *principal ministre*). Er vertrat entschieden die rationalist. Politik der Staatsraison und setzte den kgl. Absolutismus gegen den frondierenden Adel. Bei Zusicherung rel. Duldung (Gnadenedikt von Alès 1629) brach R. die pol. und militär. Macht der Hugenotten (Eroberung der Hugenotten-Festung La Rochelle 1628) und legte durch seinen Kampf gegen Spanien-Habsburg (Mantuan. Erbfolgekrieg; 1635 auf Seiten Schwedens Eintritt in den 30jährigen Krieg und Kriegserklärung an Spanien) die Grundlagen für die pol. und (u.a. durch Gründung der Académie française 1635) kulturelle Vormachtstellung Frankreichs in Europa unter → Ludwig XIV. Nachfolger R.s wurde → Mazarin.

Lit.: ³LThK 8 (1999), 1176f.; P. C. Hartmann (Hg.), Frz. Könige und Kaiser der Neuzeit (1994), 171–188.

MANFRED HEIM

Richter, Aemilius Ludwig, ev. Jurist, * 15. 2. 1808 (Stolpen bei Dresden), † 8. 5. 1864 (Berlin). R. wurde Prof. in Leipzig (1836), Marburg (1838) und Berlin (1846) und hatte versch. Ämter im kirchl. (1850 Oberkonsistorialrat) und staatl. Bereich (1859 Geheimer Regierungsrat im Kultusministerium) inne. R. hat große Verdienste um die geschichtl. Behandlung des Kirchenrechts, auch durch verschiedene Quelleneditionen (z.B. des *Corpus Iuris Canonici*). Sein Lehrbuch des kath. und ev. Kirchenrechts (EA: 1842) wurde zu einem Standardwerk der dt. Kirchenrechtswissenschaft des 19. Jh.s (fünf Aufl. zu Lebzeiten, drei von seinen Schülern fortgeführte nach seinem Tod; Nachdruck 1975).

Lit.: P. Landau, Das Recht der frühen Kirche im Werk Ae. L. R.s, in: K.-H. Kästner (u.a. Hgg.), Festschrift Martin Heckel zum 70. Geburtstag (1999), 117–132; BBKL 4 (1994), 244–246.

FRANZ KALDE

Ritschl, Albrecht, ev. Theologe, * 25. 3. 1822 (Berlin), † 20. 3. 1889 (Göttingen). Nach dem Studium in Bonn, Halle, Heidelberg und Tübingen erhielt R. 1846 eine Professur in Bonn und lehrte sodann von 1864 bis zu seinem Tode Dogmatik, Ethik und Symbolik in Göttingen, wo er ab etwa 1875 eine später mit der Richtungsbezeichnung *Kulturprotestantismus* etikettierte Schule (*Ritschlianer*) begründete, die zwar aus dem orth. wie liberalen Lager heftig bekämpft wurde, doch in ihren bedeutendsten Vertretern, allen voran durch A. → Harnack, seinem theol. und kirchenpol. Programm zu breiter Durchsetzungskraft verhalf und deren lit. Sprachrohr neben der *Theologischen Literaturzeitung* die 1886 gegründete Zs. *Die Christliche Welt* war. R.s Theologie ist stark bibl. orientiert, der Ethik → Kants verpflichtet und durch das Bemühen geprägt, dem genuinen Anliegen der Reformation wieder Geltung zu verschaffen, welches nach ihm darin bestand, gegen das asket.-weltflüchtige kath. Lebensideal zugunsten rel. Weltbeherrschung durch den aktiven prot. Berufsmenschen anzukämpfen. Dementsprechend galt ihm auch der Pietismus, mit dessen Geschichte er sich intensivst beschäftigte, als Rückfall in katholisierende Weltflucht, den es durch die Erneuerung eines reformator. Christentums der Tat zu überwinden gelte. Wegen seiner scharf antikath., kulturkämpfer. Züge tragenden Grundorientierung wurde R. nachmals von dialekt. Theologen als *Bismarck der Theologie* karikiert. Sein Rückgriff auf → Luther stand jedoch zuvorderst im Dienst eines gegenwartsbezogenen christl. Realismus. Durch die in der konkreten Gemeinschaft der Gemeinde Jesu Christi erfahrene *Rechtfertigung und Versöhnung*, so der Titel seines Hauptwerks (3 Bde., 1870/74), sollte der einzelne die Kraft zu sittl. Weltgestaltung gewinnen und diese im Berufsleben mit bürgerl. Pflichtbewußtsein zur Geltung bringen.

Lit.: TRE 29 (1998), 220–238; F. W. Graf (Hg.), Profile des neuzeitl. Protestantismus, Bd. 2/1 (1992), 182–204.

KARL HAUSBERGER

Rittelmeyer, Friedrich, Gründer und erster Erzoberlenker der *Christengemeinschaft*, * 5. 10. 1872 (Dillingen), † 23. 3. 1938 (Hamburg). Durch den prägenden Einfluß der Anthroposophie R. → Steiners, der auf Bitten R.s Kurse zur rel. Erneuerung der Zeit hielt, kam es am 16. 9. 1922 in Dornach zur Gründung der *Christengemeinschaft*, die sich als überkonfessionelle rel. Erneuerungsbewegung versteht; Glaubensgrundlage ist die Bibel, jedoch in der esoter. Interpretation Steiners. 1923 gründete R. die Zs. *Tatchristentum* (seit 1924 *Die Christengemeinschaft*). Am 9. 6. 1941 wurde die Gemeinschaft verboten, 1945 nahm sie ihre Arbeit wieder auf. Hierarchisch aufgebaut und weltweit verbreitet, hat sie in fast allen dt. Bundesländern den Status einer Körperschaft des öffentl. Rechts.

Lit.: Obst 575–606; Gasper 146–149; G. Wehr, F. R. (1998).

SUSANNE STÜBINGER

Robert Grosseteste, engl. Philosoph, Theologe, Rechtskundiger, ab 1235 Bf. von Lincoln (daher auch R. Lincolniensis), * vor 1170 (Suffolk), † 1253 (Lincoln). R. stammte aus einer armen anglonormann. Familie in Suffolk. Nach einer Lehrtätigkeit in Hereford folgte vermutl. ein Aufenthalt in Frankreich. 1214 wurde R. als erster Kanzler der Univ. Oxford vorgeschlagen, 1229 lehrte er als Lektor bei den studierenden Franziskanern. R.s außergewöhnl. Beherrschung des Griechischen fand ihren Niederschlag in zahlr. Übersetzungen und Kommentaren (Aristoteles, → Johannes von Damaskus und v. a. → Dionysius Areopagita). Auch hatte er umfassende Kenntnisse in Medizin, Astronomie und Physik, wie seine naturphilos. Schriften zeigen. Als Bischof förderte er die Bettelorden – den Franziskanern von Oxford vermachte er seine hochberühmte Bibliothek –, setzte sich für die vom 4. Laterankonzil (1215) geforderten Reformen ein, insbes. für die Ausbildung und geistl. Formung des Klerus, verfaßte pastoraltheol. Schriften (auch in der Volkssprache). Sein Profil als Theologe ist gekennzeichnet durch eine christolog. zentrierte Lichtmetaphysik. In der Christologie ist R. ein Vertreter der sog. absoluten Prädestination Christi (daß der Sohn Gottes auch ohne den Sündenfall Adams Mensch geworden wäre) und der Auffassung, daß die Gottesmutter → Maria vom ersten Augenblick ihres Daseins von der Erbsünde frei war. Über die OFM-Schule wirkte seine Theologie auch außerhalb Englands nach.

Lit.: [3]LThK 8 (1999), 1219f.

MARIANNE SCHLOSSER

Robert von Arbrissel, Wanderprediger, * um 1045 (Arbrissel bei Rennes), † 1116 (Priorat Orsan, Berry). Nach Studien in Paris war R. als Kleriker für Bf. Sylvester von Rennes tätig. Nach dessen Tod mußte R. fliehen. Möglicherweise war er verheiratet. Er wandelte sein Leben, wurde Asket und Anhänger der *Gregorianischen Reform.* 1095 gründete R. ein Kollegiatstift in den Wäldern von Craon (Anjou). Als Wander- und Bußprediger war er auf Geheiß P. → Urbans II. unterwegs. Viele Frauen und Männer folgten ihm. 1098 erfolgte die Gründung von Fontevrault, wo die Benediktinerregel galt. Die Leitung des Doppelklosters lag in den Händen des Frauenzweiges. Weitere Klostergründungen gehen auf R. zurück. Der Prozeß zur Seligsprechung wurde nie abgeschlossen. Zwei Viten berichten über das asketische Leben R.s.

Lit.: [3]LThK 8 (1999), 1215f.

WOLFGANG ROTZSCHE

Romero y Galdámez, Oscar Arnulfo, Ebf. von San Salvador, Fürsprecher der Armen , * 15. 8. 1917 (Ciudad Barrios bei San Miguel, El Salvador), † erschossen 24. 3. 1980 (San Salvador). Studium in Rom, 1942 Priesterweihe. 1970 Weih-Bf. in San Salvador; seit 1971 Herausgabe der Wochenzeitung des Bistums, *Orientación.* 1974 Titular-Bf. von Santiago de María; seit dem 22. 2. 1977 Ebf. von San Salvador. Das urspr. konservative, der Befreiungstheologie eher skeptisch gegenüberstehende Profil R.s wandelte sich in den Jahren seiner Tätigkeit als Erzbischof unter dem Eindruck der soz. und pol. Realität erheblich. Nach dem Massaker auf der Plaza Libertad (Proteste wegen Wahlbetrugs bei den Präsidentschaftswahlen) und der Ermordung des befreundeten Befreiungstheologen Rutilio Grande SJ am 12. 3. 1977 wandte sich R. entschieden gegen Gewalt zur Durchsetzung pol. Ziele, ergriff Partei für die Armen und Entrechteten und geißelte Übergriffe und Ungerechtigkeiten des salvadorian. Terrorregimes in seinen Sonntagspredigten im Rundfunk; nach der Predigt vom 23. 3. 1980 wurde R. am folgenden Tag während der Meßfeier am Altar erschossen. Er gilt als Volksheiliger und progressive Symbolfigur der Kirche Lateinamerikas.

Lit.: G. Kruip, Realismus und klare Optionen, in: Herder Korrespondenz 54 (2000), 301–304; [3]LThK 8 (1999), 1285f.;

BBKL 8 (1994), 637–640; O. A. R., Die notwendige Revolution ([2]1992); J. R. Brockmann, O. R. (1990).

SUSANNE STÜBINGER

Romuald von Ravenna, hl. (Fest 19. Juni), OSB, Ordensreformer, * um 952 (Ravenna), † 19.6.1027 (Val di Castro). Geboren in Ravenna, trat R. in das dortige OSB-Kloster S. Apollinare in Classe ein, folgte aber nach einigen Jahren der Berufung zum eremit. Leben, zunächst in der Nähe von Venedig, dann in Cuxá (Pyrenäen). In den folgenden Jahren bemühte er sich, unterstützt von → Bruno von Querfurt, dem Hofkaplan → Ottos III., um die Reformierung it. Klöster, unter stärkerer Einbeziehung des eremit. Elements im Mönchtum. R. gründete mehrere Klöster und Einsiedeleien, so auch Camaldoli; er gilt daher als der Gründer der *Kamaldulenser,* welche die Benediktsregel mit dem eremit. Leben verbinden.

Lit.: G. Vedovato, Camaldoli e la sua Congregazione dalle origini al 1184 (1994); DIP 7 (1983), 2017–2020.

MARIANNE SCHLOSSER

Rosa von Lima, hl. (Fest 23. 8.), Mystikerin, * 20. 4. 1586 (Lima), † 24. 8. 1617 (ebd.). Bereits im Kindesalter war das Leben R.s von Frömmigkeit, Entsagung, Strenge und Askese geprägt. Trotz eigener Krankheiten pflegte sie Kranke und Sterbende. R. äußerte sich sehr kritisch zu den Folgen der span. Eroberung. Im Volk wurde sie wegen ihrer Kreuzesmystik als *Blume der Heiligkeit Südamerikas* verehrt. Sie starb im Ruf der Heiligkeit und wurde 1671 heiliggesprochen. Sie ist Patronin von Lima, Peru und Amerika.

Lit.: [3]LThK 8 (1999), 1297; G. Anodal, Una donna alla conquista dell' America: Santa R. da L. (1994); P. Letter, Die vergessene Rose aus Amerika (1994).

WOLFGANG ROTZSCHE

Rosencreutz, Christian („1378–1484“), legendär-fiktiver Gründer der nach ihm benannten Gemeinschaft der *Rosenkreuzer,* die wahrscheinl. aus Geheimbünden des 15.–18. Jh.s mit soz.-reformer., okkultist.-theosoph. Tendenzen hervorgegangen ist und erhebl. Einflüsse auf die Freimaurerei übt.

Lit.: [3]LThK 8 (1999), 1308 f.

MANFRED HEIM

Rosmini-Serbati, Antonio Conte di, kath. Philosoph, Theologe und pol. Denker, * 25. 3. 1797 (Rovereto, Trentino), † 1. 7. 1855 (Stresa). Nach Studien in Trient und Padua 1821 zum Priester geweiht, gründete R. 1828 das Istituto della Carità (IC, Rosminianer), eine 1838 päpstl. bestätigte Ordenskongregation, die sich bis heute v. a. pastoralen Aufgaben und der Jugenderziehung widmet. Sein geist. Profil, das sich in einem stupenden Schrifttum niederschlug (die 1975 in Angriff genommene krit. Gesamtausgabe seiner Werke ist auf 80 Bde. angelegt) und Intellektualität mit prakt. Gestaltungswillen verband, war das eines Universalgelehrten. Mit der Rechts- und Staatswissenschaft gleichermaßen vertraut wie mit der Philosophie und Theologie, ging sein Bestreben dahin, der Enzyklopädie der Aufklärung eine christl. Wissenssynthese entgegenzustellen. Als pol. Denker sympathisierte er mit der it. Nationalbewegung und versuchte, auch das widerstrebende Papsttum für den Risorgimento-Gedanken zu gewinnen. Ermutigt durch den Regierungsantritt → Pius' IX., veröffentlichte R. 1848 seine schon 15 Jahre zuvor verfaßte Reformschrift *Delle cinque piaghe della Santa Chiesa*, in der er als „Wunden der Kirche" u. a. die Spaltung von Klerus und Laien, die unzureichende Ausbildung der Priester und den mangelnden Kontakt zw. den Bischöfen erachtete. Da allerdings die päpstl. Politik im Gefolge der Revolution einen schroff-reaktionären Kurs einschlug, wurde diese Schrift zus. mit dem Entwurf einer Verfassung für den Kirchenstaat 1849 indiziert und damit der kirchenpol. Einfluß R.s, der sich der Zensur unterwarf, in sein Ordenshaus zu Stresa zurückzog und als Schriftsteller wie geistl. Berater weiterhin wirksam blieb, unterbunden. Das 1854 von der SJ neuerlich gegen ihn angestrengte Verfahren wegen Häresie blieb zwar erfolglos, doch führte der postum fortgesetzte Verketzerungsfeldzug Jahrzehnte später zur intendierten Verurteilung durch das päpstl. Dekret *Post obitum* vom 14. 12. 1887, welches 40 aus dem Zusammenhang gerissene Sätze von R.s philos.-theol. Schrifttum, das angebl. vom Ontologismus und Pantheismus infiziert sei, als der kirchl. Lehre widersprechend auflistete. Erst durch das II. Vatikanum wurde der tiefgläubige Gelehrte und kirchentreue Ordensmann, der mit seinen pol. Ideen wie kein anderer der Aussöhnung von Kirche und it. Nationalstaat den Weg geebnet hat, rehabilitiert.

Lit.: K.-H. Menke (Hg.), Brückenbauer zw. Kirche und Gesellschaft (1999); [3]LThK 8 (1999), 1311–1314; BBKL 8 (1994), 707–714. Karl Hausberger

Rufin von Aquileja (Tyrannius Rufinus), Kirchenschriftsteller, * um 345 (Concordia bei Aquileja), † 411 (Messina). Nachdem er in Rom beim Grammatiker und Rhetor ausgebildet worden war, kehrte R. etwa 368 nach Aquileja zurück und trat dort in ein Kloster ein; ca. 371/72 ließ er sich taufen. 373–380 lebte er in Ägypten; 381 begab er sich nach Jerusalem und gründete dort ein Männerkloster, in dem er bis 397 lebte. Als zw. → Epiphanius von Salamis und Johannes von Jerusalem der Streit um den Theologen → Origenes entbrannte, schlug sich R. auf die Seite des Johannes und lehnte es ab, sich von den Lehren des Origenes zu distanzieren. Diese Haltung führte zu einer Fehde mit → Hieronymus, dem einstigen Studienfreund. Der Konflikt der beiden wurde zwar 397 beigelegt, lebte aber wieder auf, als sich R. im selben Jahr nach Rom begab, und dauerte auch nach R.s Rückkehr in die Heimatstadt (399) viele Jahre fort. Vor dem Einbruch der Goten floh R. wohl 403 zuerst nach Rom, dann nach Terracina und schließlich nach Messina. R.s gesamte lit. Tätigkeit fällt in die letzten in Italien zugebrachten Jahre (397–411). Verfaßt hat R. neben zwei apologet. Schriften u. a. einen *Commentarius in symbolum apostolorum* (*Kommentar zum Glaubensbekenntnis der Apostel*) und eine Auslegung des Jakobssegens (Gen 49). Den größten Anteil an seinem Œuvre haben Übersetzungen, u. a. zu Origenes' Werk *Von den Prinzipien* und zu zahlreichen weiteren Schriften dieses Autors, zu den Pseudoclementin. *Recognitiones* (*Wiedererkennungen*), zu einer Reihe von Homilien des → Basilius und zu Reden des → Gregor von Nazianz. Ferner übertrug R. unter redaktionellen Eingriffen die Kirchengeschichte des → Eusebius von Caesarea und setzte sie fort.

Lit.: H. Marti, Übersetzer der Augustin-Zeit (1974). SIEGMAR DÖPP

Rupert von Deutz, OSB, bedeutendster Vertreter der monast. Theologie in Deutschland, * ca. 1076 (Lüttich), † 1129/30 (Deutz). Oblate und später Mönch im OSB-Kloster St. Laurentius, einem Zentrum des geist. und rel. Lebens, wo R. eine gute klass. Bildung erhielt und mit der Theologie der Kirchenväter vertraut wurde. Als Anhänger der gregorian. Reform übt R. heftige Kritik an der Simonie. 1120 Abt in St. Heribert, Deutz. Nach eigener Aussage bestärkten ihn (1108) mehrere myst. Erfahrungen in der Berufung zum Priestertum und zur Schriftauslegung. Seine wichtigsten Werke sind dem *Gottesdienst der Kirche* (1111/12) und dem Wirken des dreifaltigen Gottes in der Heilsgeschichte (*De sancta trinitate et operibus eius*) gewidmet. R. verfaßte Schriftkommentare zu Mt und Joh. Sein Kommentar zum Hohenlied bezieht den Text durchgehend auf die jungfräul. Gottesmutter → Maria.

Lit.: R.v.D., De divinis officiis – Der Gottesdienst der Kirche, auf der Textgrundlage der Edition von H. Haacke neu hg., übers. und eingel. von H. und I. Deutz, 4 Bde. (1999). MARIANNE SCHLOSSER

Russel, Charles Taze, Geschäftsmann und Gründer der *Wachtturm Bibel- und Traktat-Gesellschaft, Zeugen Jehovas*, * 16. 2. 1852 (Allegheny, heute Pittsburgh), † 31. 10. 1916 (Santa-Fe-Schnellzug nahe Pampa). R. gründete 1879 nach Kontakten zu einer adventist. Splittergruppe die Zs. *Zion's Watch Tower* (*Der Wachtturm*) und 1881 die *Wachtturm Bibel- und Traktat-Gesellschaft* in Pittsburgh (1884 als Geschäftsfirma eingetragen); es entstanden Gruppen in mehreren Ländern, 1913 kam es zur Gründung der *Int. Vereinigung Ernster Bibelforscher* mit R. an der Spitze. Die Vereinigung bekam 1931 unter J. F. → Rutherford den Namen *Zeugen Jehovas.* Die Lehraussagen der autoritär-zentralist. geleiteten, apokalypt. Gemeinschaft unterliegen starken Schwankungen; Ziel ist die Entschlüsselung des in der Bibel grundgelegten Weltenplans Jehovas, wobei Bibelverse ungeachtet ihres Zusammenhanges nach der Methode des „Rösselsprunges" zur Errichtung des Lehrgebäudes willkürl. gebraucht werden. Aufgabe der *Zeugen Jehovas* ist es, eine neue theokrat. Organisation als Keimzelle des kommenden messian. Königreiches zu errichten. Für die Praxis bedeutet dies meist den Bruch mit dem pol., gesellschaftl. und kulturellen Leben der Umwelt und einen streng reglementierten Predigtdienst. Datierungen hinsichtl. des Endes der Weltzeit (zuletzt auf 1975) werden nicht mehr unternommen.

Lit.: Obst 410–454; Gasper 1178–1186. SUSANNE STÜBINGER

Rutherford, Joseph Franklin, * 8. 11. 1869 (Morgan County, Missouri), † 8. 1. 1942 (Magdeburg?). Nach dem Tod Ch. T. → Russels Präsident der Wachtturmgesellschaft, der er entgegen der urspr. kongregationalist. eine straffe, zentralist. Organisation gab. R. entwickelte missionar. Aktivitäten; auf ihn geht die Predigertätigkeit der *Bibelforscher* zurück. Er brach in vielen Punkten mit Russel, dessen Schriften nach 1926 nicht mehr aufgelegt wurden, und ist für die theokrat. Struktur sowie die exklusive Absonderung der Organisation verantwortlich.

Lit.: Obst 410–454; Gasper 1178–1186.
SUSANNE STÜBINGER

Ruysbroek (Ruusbroec), Jan van, sel. (Fest 2. 12.), * 1293 (bei Brüssel), † 2. 12. 1381 (Groenendael). Der Mitbegründer des CRSA-Stiftes Groenendael ist ein bed. fläm. Autor, der v. a. für Leser des geistl. Standes arbeitete. Sein Hauptwerk steht unter dem Leitgedanken der *Geistl. Brautschaft*. R. formuliert in seinen Werken immer wieder drei Stadien des Hineinwachsens in eine persönl. Gottesbeziehung. Die Grundlage bildet das tätige Leben, das dem Tugenderwerb gewidmet ist. Das innere Leben macht dem Menschen bewußt, daß er nicht aus eigener Kraft zu Gott finden kann, sondern sich Gottes Wirken überlassen muß. Aus dieser Einsicht heraus erlangt er das gottschauende Leben, also vollkommene Kontemplation, die stets neu als Begegnung liebender Personen gelebt werden will.

Lit.: LMA 7 (1995), 1127; [2]VerfLex 8 (1992), 436–458; TRE 16 (1987), 497–502.
RUTH MEYER

S

Sabellius, 3.Jh. Lybier (?), wurde um 217 in Rom Schulhaupt der Anhänger → Noëts von Smyrna (→ Hippolyt, Ref. IX). P. Calixt (217–222) exkommunizierte ihn wegen seiner modalist.-monarchian. Irrlehre. Unter der nach ihm benannten Häresie des *Sabellianismus* konnten im dogmat. Ringen des 4. Jh.s verschiedene Ausprägungen des Modalismus (Leugnung der Dreifaltigkeit; die Dreiheit in Gott bestehe nur scheinbar) subsumiert werden.

Lit.: [3]LThK 8 (1999), 1407f.
RUDOLF VODERHOLZER

Sailer, Johann Michael von, kath. Theologe und Pädagoge, Bf. von Regensburg, * 17. 11. 1751 (Aresing), † 20. 5. 1832 (Regensburg, beigesetzt im Dom). S. kam aus bescheidenen Verhältnissen in Aresing bei Schrobenhausen und erhielt seine geistl. Bildung am Jesuitengymnasium in München und im SJ-Noviziat zu Landsberg am Lech; nach päpstl. Aufhebung des Ordens (1773) 1775 Weltpriester, 1780/81 Dogmatikprof. an der Univ. Ingolstadt, 1784–1794 Ethik- und Pastoralprof. an der Univ. Dillingen, hier unter ungerechten Beschuldigungen vom Augsburger Fürstbf. Clemens Wenzeslaus schroff entlassen; seit 1799 Prof. der Moral und Pastoral in Ingolstadt, 1800–1821 an der Univ. Landshut; seit der Neuorganisation der kath. Kirche im Kgr. Bayern (1821) im Bistum Regensburg als Domkapitular, Weihbf. und Generalvikar, die letzten Lebensjahre Bf. von Regensburg (1829–1832), zugleich rel. und kirchenpol. Berater Kg. → Ludwigs I. von Bayern. Neben dem mündl. Wort des begeisternden Univ.-Lehrers und Predigers steht ein gewaltiges lit. Werk, vom berühmten *Vollständigen Lese- und Betbuch* (1783) zur klass. Verdeutschung der *Nachfolge Christi* zu grundlegenden Werken zum rel. und theol. Neubau auf Grundlage der Hl. Schrift, bes. zur christl. Erziehung und Verkündigung, Priesterbildung, Pastoral- und Moraltheologie. S. stand in lebendiger Auseinandersetzung mit allem, was die Menschen seiner Zeit – zw. Aufklärung, revolutionärem Umbruch und Romantik – bewegt hat, aufgeschlossen, gütig, sprachgewaltig, ein Erwecker lebendiger Religiosität und ein Meister „gottseliger Innigkeit". Über einen weiten Freundes- und Schülerkreis, über sein gesprochenes und geschriebenes Wort ging sein Einfluß weit über Bayern hinaus (Rheinland, Niederdeutschland, Schweiz, Österreich), ins ev. Deutschland von → Lavater in Zürich bis zu Matthias Claudius in Hamburg. Mitte und Ausstrahlung seiner Persönlichkeit hat M. von → Diepenbrock, Sailers vertrauter Sekretär in Regensburg, der spätere Fürstbf. und Kard. von Breslau, treffend so umschrieben: „Das durchscheinende Geheimnis seines inneren Lebens war die stete Gegenwart Gottes".

Lit.: K. Baumgartner, P. Scheuchenpflug (Hgg.), Von Aresing bis Regensburg (Festschrift 2001); M. Heim (Hg.), J. M. S. und seine Zeit, in: Münchener Theol. Zs. 52 (2001), Heft 4; B. Meier, Die Kirche der wahren Christen (1990); G. Schwaiger, J. M. S. (1982); G. Schwaiger, P. Mai (Hgg.), J. M. S. und seine Zeit (1982); H. Schiel, J. M. S., 2 Bde. (1948/52). GEORG SCHWAIGER

Salimbene von Parma (de Adam), Chronist, * 9. 10. 1221 (Parma), † Ende 1288/89. Gegen den Willen seines Vaters trat S. in den OFM ein. Zw. 1239 und 1247 weilte er in der Toskana, anschließend in Lyon. Hier berichtete er P. → Innocenz IV. von der Belagerung Parmas durch Ks. → Friedrich II. Reisen führten ihn durch die Provence, Ostfrankreich und Ligurien. Er war Anhänger der Joachimiten (→ Joachim von Fiore). 1248 erfolgte in Genua die Priesterweihe, ein Jahr später war S. in der Ordensprovinz Bologna anzutreffen. Erhalten ist die in Latein verfaßte, nach 1280 entstandene Chronica. S. ergänzte den Kampfbericht zw. Kaiser und Papst mit Autobiographischem und Anekdoten. Das Werk ist vom Vanitas-Motiv durchdrungen und wird als bedeutungsvolle Quelle für die Ordensgeschichte, aber auch für die weltl. Geschichte dieser Zeit angesehen.

Lit.: ³LThK 8 (1999), 1486; O. Guyotjeannin, S. de A., un chroniqueur franciscain (1995). WOLFGANG ROTZSCHE

Salle, Jean-Baptiste de la → La Salle

Savigny, Friedrich Carl von, Rechtsgelehrter und Minister, * 21. 2. 1779 (Frankfurt a. M.), † 25. 10. 1861 (Berlin). S. lehrte u. a. 1808–1810 in Landshut, wo er Kontakte zum späteren Bf. J. M. → Sailer pflegte, 1810–1842 in Berlin, das er durch die Gründung der Hist. Rechtsschule zu einem Zentrum dt. Rechtswissenschaft machte. 1842–1848 war S., vom preuß. Kg. Friedrich Wilhelm IV. berufen, Minister für Gesetzgebung. In den letzten Lebensjahren wandte er sich wieder der ev. Kirche zu und trat für eine Wiedervereinigung mit der kath. Kirche ein. S. erwarb sich große Verdienste um die Erforschung des röm. Rechts und dessen Geschichte sowie um method. Grundlagenfragen; er hatte nachhaltigen Einfluß auf das europ. Rechtsleben.

Lit.: [4]Kleinheyer-Schröder 352–361; BBKL 8 (1994), 1447–1453.

Franz Kalde

Savonarola, Girolamo, OP, Volksprediger und Reformer, * 21. 9. 1452 (Ferrara), † 23. 5. 1498 (Florenz), laufendes Seligsprechungsverfahren. S. legte 1476 in Bologna Profeß ab und erhielt dort seine Ausbildung. 1479 wirkte er als Novizenmeister in Ferrara, 1482 als Lektor in Florenz, 1487 als Magister in Bologna und verschiedenenorts als Prediger. 1490 rief ihn Lorenzo de'Medici nach Florenz, wo er unablässig und vom Volk gefeiert zur Buße aufrief und verkündete, daß die Kirche erneuert werden müsse, zuvor aber – in naher Zukunft – eine schwere Züchtigung Italiens erfolgen werde. Seit 1491 Prior von S. Marco, gestattete ihm der Papst 1493, eine toskan. Reform-Kongregation zu gründen. Als 1494 Karl VIII. von Frankreich nach der Vertreibung Pieros de' Medici in Florenz einzog, sah man S.s Prophetien erfüllt. S. erreichte kraft seines Ansehens die Verabschiedung einer neuen Verfassung, die ihm als Werkzeug zur rel.-sittl. Erneuerung der Florentiner dienen sollte. Er legitimierte seine Politik als visionär empfangenen Auftrag Gottes. → Alexander VI., von S. heftig attackiert, exkommunizierte diesen im Mai 1497 und drohte Florenz mit dem Interdikt, weil die Stadt unter S.s Einfluß nicht seiner antifrz. Liga beitrat. S. verlor in der Regierung an Macht und beim Volk an Einfluß. Er wurde verhaftet, gefoltert und zus. mit zwei Mitbrüdern gehenkt. Neben rhetorisch bed. Predigtzyklen hat S. rel. Schriften hinterlassen (z. B. *De simplicitate christianae vitae,* 1496), Verteidigungen seiner Visionen, ein theol. Fundament seines Verfassungsmodells sowie die im Kerker entstandenen Meditationen über Ps 50 *Miserere* und Ps 30 *In te, Domine*.

Lit.: [3]LThK 9 (2000), 92–96; A. Drigani, S: eretico o „santo contestatore"? (1998); E. Piper, S. (1998).

Marianne Sammer

Schell, Herman, kath. Theologe, * 28. 2. 1850 (Freiburg i. Br.), † 31. 5. 1906 (Würzburg). Nach dem Studium der Philosophie und Theologie in Freiburg und Würzburg (1872 Dr. phil.) 1873 zum Priester geweiht, wurde Sch. nach Jahren pastoraler Tätigkeit 1879 zum Weiterstudium in Rom beurlaubt und im Anschluß an seine Promotion zum Dr. theol. (1883 in Tübingen) 1884 auf den Lehrstuhl für Apologetik, Vergleichende Religionswissenschaft und Christl. Kunstgeschichte an der Univ. Würzburg berufen. Als ebenso tiefschürfender wie origineller Denker legte er binnen kurzem ein umfangreiches wiss.

Werk vor, in dem er, von der Scholastik herkommend und ihr zeitlebens verpflichtet, den Versuch unternahm, das kath. Glaubensgut mit den Denkrichtungen der Moderne in Einklang zu bringen und in Kategorien zu vermitteln, die dem Interesse des Menschen der Gegenwart stärker Rechnung trugen als die trad. Apologetik. Ein ähnl. Anliegen stand auch hinter seinen durch die damalige Inferioritätsdebatte herausgeforderten kirchenpol. Programmschriften *Der Katholicismus als Princip des Fortschritts* ($^{1-6}$1897) und *Die neue Zeit und der alte Glaube* (1898), die in enger Anlehnung an die Autoritäten des sog. Amerikanismus für eine offene Katholizität unter Einbringung der nat. Besonderheiten plädierten und dabei zugleich an dem in der Gegenwartskirche dominierenden Romanismus und Jesuitismus harsche Kritik übten. Zuvorderst diese Reformbroschüren führten im Dezember 1898 zur Indizierung nahezu seines gesamten lit. Œuvres, wobei man die ungebetene Meinungsäußerung des Gelehrten kurzerhand zu einer Frage der Orthodoxie stilisierte und hierfür in den bislang unbeanstandet gebliebenen Hauptwerken *Katholische Dogmatik* (3 Bde., 1889/93) und *Die göttliche Wahrheit des Christentums* (2 Teile, 1895/96) suspekt anmutende Theologumena wie den Gottesbegriff der Selbstverursachung ausfindig machte. Da sich Sch. dem Indexdekret unterwarf, konnte er zwar sein öffentl. Wirken durch Wort und Schrift fortsetzen, sah sich aber mit jeder Publikation neuerl. und zuletzt ins Maßlose gesteigerten Angriffen seiner Gegner ausgesetzt, wobei man nicht nur seine Rechtgläubigkeit und Loyalität gegenüber dem Hl. Stuhl in Zweifel zog, sondern ihm sogar „eine planmäßige Revolutionierung des Klerus" unterstellte. Diese Hetzkampagne trug maßgeblich zu seinem frühem Tod bei, der wiederum einen jahrelangen Streit um sein Andenken auslöste, da man an der Röm. Kurie die von Freunden und Verehrern initiierte Errichtung eines Grabmals als papstfeindl. Affront erachtete. Die eigentl. Tragik Sch.s, der zweifellos der größte kath. Theologe im wilhelmin. Deutschland war, mit seinem Gedankengut insbes. der aufkeimenden Liturg. Bewegung sowie der Jugendbewegung Pate stand und zu den namhaftesten Wegbereitern des II. Vatikanums zu zählen ist, liegt darin, daß er, bildlich gesprochen, seinen Mandanten namens „Kirche" vor dem Ankläger „Neue Zeit" mit dem Einsatz seiner ganzen Schaffenskraft zu verteidigen suchte, hingegen der Angeklagte hartnäckig auf die Wahrung des Überkommenen pochte, sich schroff der angebotenen Hilfe verweigerte und sogar sein Lehramt von einer Handvoll kleiner Geister für deren wiss. und persönl. Polemik gegen Sch. mißbrauchen ließ – mit der schmerzl. Konsequenz, daß Sch. schließlich genötigt war, nicht nur die Kirche gegen ihre Gegner, sondern auch sich selbst gegen die Kirche zu verteidigen.

Lit.: K. Hausberger, H. Sch. (1850–1906) (1999). KARL HAUSBERGER

Schleiermacher, Friedrich Daniel Ernst, ev. Theologe, Philosoph, * 21. 11. 1768 (Breslau), † 12. 2. 1834 (Berlin). Während seines Studiums in Halle (1787–1789) entwickelte Sch. in der Auseinandersetzung mit der → Leibniz-Wolffschen Schulphilosophie und der krit. Philosophie → Kants die Grundlagen eines eigenständigen Ansatzes. Zw. 1794 und 1804 war er als reformierter Prediger tätig. Seine erste lit. Wirksamkeit war durch seine Verbindung zur Frühromantik bestimmt. Mit seinem Werk *Über die Religion. Reden an die Gebildeten unter ihren Verächtern* (1799) gab Sch. entscheidende Impulse für die Neuorientierung der Theologie im Zeitalter der Aufklärung. Ab 1804 war er Theologieprof. in Halle, ab 1810 in Berlin. Seine Übersetzung der Werke Platons (1804–1828) ist klass. geworden. Sch. setzte sich für eine von lebendiger Frömmigkeit getragene Kirchenerneuerung und für eine Vermittlung zw. Glaube und Kultur ein. In seiner stark philos. geprägten Theologie entwickelte er eine eigenständige Position zw. Aufklärung, Dt. Idealismus und Romantik.

Lit.: H. Fischer, F. S. (2001); K. Nowak, Sch. (2001); [3]LThK 9 (2000), 158 f.; F. W. Kantzenbach, F. D. E. Sch. mit Selbstzeugnissen und Bilddokumenten ([8]1999); TRE 30 (1999), 143–189; BBKL 9 (1995), 253–270; M. Eckert, Gott – Glauben und Wissen (1987). JOSEF KREIML

Schmalzgrueber, Franz, Kanonist, * 9. 10. 1663 (Griesbach), † 7. 11. 1735 (Dillingen). Sch. trat 1679 in die SJ ein und war nach seinen Studien zunächst Lehrer an verschiedenen Ordenskollegien. Später wirkte er als Prof. an den Univ. Ingolstadt, Dillingen und Innsbruck; zeitweise war Sch. auch Kanzler der Univ. Dillingen und Bücherzensor in Rom. Hervorgetreten ist er v. a. als Kirchenrechtler. Sein weit verbreitetes und mehrfach aufgelegtes Hauptwerk *Ius ecclesiasticum universum* (EA: 7 Bde., 1719–1727) bereitete durch die Einbeziehung des Reichsrechts ein spezielles dt. Kirchenrecht vor.

Lit.: Boehm 374 f. STEPHAN HAERING

Schmidt, Wilhelm, Ethnologe, Religionswissenschaftler, Seelsorger * 16. 2. 1868 (Dortmund-Hörde), † 10. 2. 1954 (Fribourg). Sch. trat 1890 in die von Arnold Janssen (1837–1909) gegründete Gesellschaft der *Steyler Missionare* (SVD) ein. Nach seinen theol. Studien in Steyl und der Priesterweihe (1892) widmete sich Sch. orientalist. Studien in Berlin (1893–1895). 1895–1948 übte er Lehrtätigkeiten in Mödling, Wien und Fribourg aus. 1906 gründete er die Zs. *Anthropos* und 1931 das Anthropos-Institut. Außerdem verfaßte Sch. das zwölfbändige Monumentalwerk *Der Ursprung der Gottesidee* (1912–1955). Er gilt als der Begründer der *Wiener Schule* der Ethnologie und als wichtigster Vertreter der Theorie eines urspr. Monotheismus bei den Naturvölkern.

Lit.: [3]LThK 9 (2000), 182; BBKL 17 (2000), 1231–1246. JOSEF KREIML

Schneider, Paul, ev. Pfarrer, * 29. 8. 1897 (Pferdsfeld, Hunsrück), † 18. 7. 1937 (KZ Buchenwald). Nach seiner Teilnahme am 1. Weltkrieg studierte Sch. in Gießen, Marburg und Tübingen Theologie. 1933 trat er in den von M. → Niemöller initiierten *Pfarrernotbund* ein. Aufgrund seiner mutigen Predigten geriet Sch.

zunehmend in Konflikt mit den NS-Machthabern. Ihm wurden Verstöße gegen den sog. Kanzelparagraphen (§ 130 RStGB) und das sog. Heimtückegesetz vorgeworfen. Nach versch. Inhaftierungen wurde Sch. 1937 ins KZ Buchenwald gebracht. Weil er bei Appellen den Hakenkreuz-Fahnengruß verweigerte, wurde er in Isolationshaft genommen und wahrscheinl. mit einer Überdosis Strophantin ermordet. Sch. wußte sich ausschließl. seinem bibl. Auftrag verpflichtet und leistete konsequenten Widerstand gegen die NS-Ideologie.

Lit.: BBKL 9 (1995), 563–568; A. Aichelin, P. Sch. (1994); R. Wentorf, Der Fall des Pfarrers P. Sch. (1989).

JOSEF KREIML

Schott, Anselm (Taufname Friedrich August), OSB (1868), Hauptträger der Liturg. Bewegung, * 5. 9. 1843 (Staufeneck bei Salach), † 23. 4. 1896 (Maria Laach). Übersetzer des *Missale Romanum* (bearbeitet für Laien), erstmals 1884 erschienen; in der Folge zahlr. Auflagen und Ausgaben unter der Betreuung der Erzabtei Beuron; 1928 kommt es zum warenzeichenrechtl. Schutz des Namens Sch.

Lit.: [3]LThK 9 (2000), 242f.; BBKL 9 (1995), 809–812. SUSANNE STÜBINGER

Schweitzer, Albert, ev. Theologe, Mediziner, * 14. 1. 1875 (Kaysersberg, Elsaß), † 4. 9. 1965 (Lambarene, Gabun). Nach Studien der Philosophie und Theologie wurde Sch. 1902 im Fach NT habilitiert. Als Exeget ist er v. a. durch seine Werke zur Leben-Jesu-Forschung und zur → Paulus-Forschung hervorgetreten. Als Musikwissenschaftler befaßte er sich v. a. mit dem Schaffen Johann Sebastian Bachs, in seinen kulturphilos. Schriften entwickelte er eine Metaphysik des Lebenwollens. In der Ehrfurcht vor dem Leben sah Sch. das universale eth. Prinzip. 1913 gründete er in Lambarene ein Tropen-Institut, später auch ein Krankenhaus. Seinen Dienst als Arzt in Zentralafrika verstand Sch. als konkrete Verwirklichung des Liebesgebotes Jesu. Neben zahlr. anderen hohen Auszeichnungen erhielt Sch. 1952 den Friedensnobelpreis.

Lit.: [3]LThK 9 (2000), 337f.; TRE 30 (1999), 675–682; C. Günzler, A. Sch. (1996); BBKL 9 (1995), 1195–1200.

JOSEF KREIML

Schwenckfeld, Caspar von, schles. Theologe, * Nov./Dez. 1489 (Ossig), † 10. 12. 1561 (Ulm). Der aus angesehener Familie stammende Sch. studierte in Köln und Frankfurt/Oder. 1518/19 wirkte er als Hofrat bei Hzg. Friedrich II. von Liegnitz. Diesen gewann er 1521 für die Einführung der Reformation, nachdem ihn wohl 1519 die Lektüre von → Luther-Schriften von der reformator. Botschaft überzeugt hatte. Für diese trat er nun als Schriftsteller und Laienprediger ein. Bei den Anhängern Luthers vermißte er bald eine konsequent christl. Lebensführung, was bei ihm Zweifel an der Richtigkeit der luth. Rechtfertigungslehre und des realpräsent. Abendmahlsverständnisses weckte. Im Zuge der Abendmahlsstreitigkeiten kam es zum Bruch mit Luther, der Sch. den Täufern und Sakramentsverächtern zurechnete, während die Oberdeutschen und Schweizer in Sch. noch einen Verbündeten sahen. 1529 verließ er aufgrund obrigkeitl. Drucks Schlesien und siedelte nach Straßburg über. Das Verhältnis zu M. → Bucer wurde zunehmend schlechter, da Sch. für eine strenge Trennung von kirchl. und weltl. Belangen und so auch für rel. Toleranz gegenüber den von Bucer bekämpften Täufern eintrat. 1534 legte man ihm nahe, Straßburg zu verlassen. Sch. wandte sich nach Süddeutschland. Der Versuch einer Einigung mit Bucer und anderen Reformatoren scheiterte (sog. Tübinger Religionsgespräch 1535). 1537 ließ sich Sch. in Ulm nieder. Seine Ablehnung der Wittenberger Konkordie und die Veröffentlichung abweichender theol. Lehrmeinungen, v.a. zur Christologie, machten Sch. für Männer wie Bucer und den Ulmer Reformator Martin Frecht zu einer wachsenden Gefahr für die reformator. Ordnung. Die Spannung eskalierte in Ulm bis zur Drohung Frechts und der anderen Prädikanten, ihr Amt niederzulegen. Sch. verließ notgedrungen Ulm. 1540 wurde seine Lehre von einem luth. Theologenkonvent in Schmalkalden verurteilt, was seinem Ansehen weiter schadete. Ernsthaft eingeschränkt wurden seine Bewegungsmöglichkeiten allerdings erst durch die obrigkeitl. Mandate gegen ihn und seine Anhänger. Verschiedene Gönner gewährten ihm trotz dieser Bedrängnis Unterschlupf. 1561 starb er in Ulm im Haus einer seiner treuesten Anhängerinnen. Wirkung zeigte sein Denken v.a. im sog. Spiritualismus (Valentin Weigel u.a.) und im radikalen Pietismus. Die Gemeinschaften seiner Anhänger, die sich insbes. in Niederschlesien und in Süddeutschland gebildet hatten, existierten zum Teil bis ins 19. Jh. Aus der Oberlausitz emigrierten Schwenckfelder 1734 nach Pennsylvania, wo 1909 die *Schwenckfelder Church* gegründet wurde.

Lit.: TRE 30 (1999), 712–719; R. Emmet McLaughlin, C. Sch. (1986).

HANS-MARTIN KIRN

Semler, Johann Salomo, ev. Theologe, * 18. 12. 1725 (Saalfeld), † 14. 3. 1791 (Halle, Saale). S. war ab 1753 Prof. in Halle. Unter dem Einfluß der Aufklärung stehend, verhalf er der hist.-krit. Theologie in Deutschland zum Durchbruch und überwand damit die altprot. Lehrtradition und deren dogmat. Schriftprinzip. S. gilt als der Begründer der hist.-krit. Bibelwissenschaft im Bereich der ev. Theologie. Bahnbrechend war dabei seine vierbändige *Abhandlung von freier Untersuchung des Kanon* (1771–1775). S. markiert den Übergang von der alt- zur neuprot. Theologie und kann als Vorläufer der Liberalen Theologie des 19. Jh.s angesehen werden. In seiner Kanonkritik unterschied er zw. der Hl. Schrift und dem Wort Gottes, das er als moral.-geist. Belehrung über das Heil verstand. S. bezog seine hist. Kritik auch auf die Kirchengeschichte und verwies auf die hist. Bedingtheit der Dogmen.

Lit.: [3]LThK 9 (2000), 454f.; TRE 31 (2000), 142–148; BBKL 14 (1998), 1444–1473; G. Hornig, J. S. S. (1996).

JOSEF KREIML

Senn, Franz, kath. Priester, *der Gletscherpfarrer*, * 31. 1. 1831 (Neustift im Stubaital), † 31. 1. 1884 (Fulpmes). Nach der Priesterweihe

(1856) folgte S.s Tätigkeit in mehreren Tiroler Bergdörfern, die wohl ausschlaggebend gewesen sein dürfte für sein Engagement, die wirtschaftl. desolate Lage der Bewohner der Bergtäler zu verbessern. Vor dem Hintergrund seiner persönl. Bergbegeisterung initiierte er Anlage und Ausbau von Wegen, Steigen und Schutzhütten (nach ihm wurde die bed. Hütte am Fuß des Alpeinerferners, Stubaital, benannt) und gilt als eigentl. Begründer des Tiroler Bergführer- und Bergrettungswesens sowie des örtl. Fremdenverkehrs. 1862 war Pfarrer S. einer der Mitbegründer des Österr. Alpenvereins.

Lit.: J. Musshauser, Der Gletscherpfarrer F. S., der Vater des Alpenvereins (1977). SUSANNE STÜBINGER

Servet, Mich(a)el, span. Humanist, * um 1511 (Villanueva de Sijena), † hingerichtet 27. 10. 1553 (Genf). Nach dem Beginn eines Rechtsstudiums in Toulouse nahm S. 1530/31 mit führenden Reformatoren in Basel (J. → Oekolampad) und Straßburg (M. → Bucer, W. → Capito) Kontakt auf. Seine Ablehnung der kirchl. Trinitätslehre zugunsten einer modalist. Konzeption (Jesus als eine der Erscheinungsweisen Gottes in der Geschichte, nicht als zweite Person der Gottheit) stieß jedoch bei Protestanten wie Katholiken auf entschiedenen Widerspruch und führte zu seiner Verfolgung als Häretiker. 1533–1538 studierte S. in Paris Anatomie und Medizin. Er gilt als (Neu-)Entdecker des kleinen Blutkreislaufs. 1540 praktizierte er unter einem Decknamen als Arzt in Vienne. Sein breites schriftsteller. Wirken umfaßte neben den antitrinitar. Schriften u.a. auch die Herausgabe einer mehrsprachigen Bibel sowie medizin. und geograph. Werke. Auf der Flucht vor der Inquisition hielt sich S. für kurze Zeit im prot. Genf auf, wo er erkannt und unter Mitwirkung J. → Calvins nach einem Gerichtsprozeß 1553 als Häretiker auf dem Scheiterhaufen verbrannt wurde. Seine antitrinitar. Haltung wurzelte in einem endzeitl. motivierten Drang nach Rückkehr zum Glauben der bibl.-apostol. Urzeit (Hauptwerk: *Christianismi Restitutio*, 1553), die ihn auf neue Weise den hist. Kontext bibl. Texte ernst nehmen ließ. Dogmenfixierung und Staatskirchentum galten ihm als Ausdruck dämon. Tyrannei. Auch missionar. Motive spielten eine Rolle (Trinitätslehre als Haupthindernis für die Bekehrung von Juden und Muslimen). Seine Ansichten untermauerte S. durch ausgiebige Quellenstudien zur Dogmenentwicklung in der Alten Kirche und den Rückgriff auf rabbin., (neu-)platon., hermet. und gnost. Texte. S.s Hinrichtung wurde Anlaß einer öffentl. Kontroverse um die Frage von Gewissensfreiheit und Toleranz (Sebastian Castellio). Sein Denken beeinflußte vor allem den Unitarismus.

Lit.: TRE 31 (2000), 173–176; M. Hillar, The Case of M. S. (1511–1553) (1997). HANS-MARTIN KIRN

Seuse, Heinrich, sel. (Fest 23. 1.), OP, * ca. 1295 (Konstanz), † 25. 1. 1366 (Ulm) . S. wird im Jahr 1324 als Dominikaner Schüler von → Meister Eckhart. Kann sein lat. Werk sowie sein *Büchlein der Wahrheit* als

Verteidigung der Lehren seines Lehrers gedeutet werden, so erwächst sein dt.-sprachiges Werk aus seiner Bestellung zum Seelsorger der elsäß. und oberrhein. Dominikanerinnen. Neben zahlr. Briefen verfaßte S. eine hochstilisierte und deshalb in ihrem autobiograph. Gehalt nur schwer einschätzbare *Vita*, welche auch das Leben der von ihm betreuten Tößer Dominikanerin Elsbeth Stagel beleuchtet. Weite Verbreitung unter Laien fanden S.s Passionsbetrachtungen und Texte zur Sterbevorbereitung aus dem *Büchlein der Weisheit.* S.s eigene Spiritualität ist geprägt von einer innigen Christusliebe und speist sich aus dem höf. Ideal der Minnesänger. Hochgeachtet für sein lit. Schaffen und sein vorbildl. Leben, bewahrten bes. die Menschen der Bodenseeregion ihm auch nach seinem Tod im Jahr 1366 ein ehrendes Andenken. Er wird daher nicht nur im Orden als Seliger verehrt.

Lit.: J. Kaffanke, M. Enders, H. S. (1998); LMA 7 (1995), 1801–1803; A. M. Haas, Kunst rechter Gelassenheit (1995); [2]Verf-Lex 8 (1992), 1109–1127. Ruth Meyer

Severin von Noricum, † (8./19. 1.?) 482 (Favianis, Mautern a. d. Donau). Über sein Wirken ist man gut unterrichtet durch das 511 geschriebene *Commemoratorium Vitae sancti Severini* (Gedenkschrift, besser bekannt als *Vita Severini*) des Eugippius (ca. 460–535), der S. noch selbst in den letzten Lebensjahren kannte. Die Vita besitzt bei allen hagiograph. Stilisierungen und Allgemeinplätzen hohen Quellenwert, der gerade in topograph. Hinsicht archäolog. verifiziert werden konnte (z.B. die spätantike Coemeterialkirche *extra muros* des Castellum Boiotro/Passau-Innstadt, Quintanis/Künzing, Lauriacum/Lorch-Enns). S. entfaltete eine intensive karitative und rel. Wirkung in der Not der leidenden Bevölkerung einer Krisenregion, die nach dem Zusammenbruch der organisierten röm. Macht zw. german. Rugiern, Alemannen und Ostgoten um ihr Überleben kämpfte. Dabei lebte er konfessionelle Toleranz gegenüber den arian. Germanen, hatte – sogar bei der Organisation militär. Verteidigung – diplomat. und prakt. Einfluß, offenbar ohne irgendein „offizielles" Mandat, Amt oder Stellung. Die angetragene Bischofswürde lehnte er für sich ab, gründete aber Mönchsgemeinschaften in Favianis und Boiotro. Über dieses Wirken S.s im späteren bayr. Raum am Donaulimes der röm. Provinzen Raetia II und Noricum ripense hinaus bleiben doch so zentrale Fragen offen wie die nach der Herkunft S.s, nach seiner Legitimation, seinem Programm. Entgegen älterer Forschungsansichten ist für S. eine frühere pol. Laufbahn am Hofe Attilas nicht, eher schon die Gleichsetzung mit dem Konsul von 461 (Flavius Severinus) anzunehmen, sicher ist aber, daß er vor seiner Ankunft zeitweise bei den Asketen des Ostens gelebt hatte und eher aus röm. Oberschicht kam als german. Herkunft war; alles Nähere kann nur vermutet werden. Sein Konvent jedenfalls blieb bestehen und verlegte unter Mitnahme der Gebeine S.s im Zuge der Evakuierung der Römer (unter ostgot. Initiative 488) nach Montefeltre (bei San Marino), dann nach Süditalien (Castellum

Lucullanum bei Neapel), wo Eugippius Abt war und seine Gedenkschrift konzipierte.

Lit.: [3]LThK 9 (2000), 500f.; LMA 7 (1995), 1805f.; [2]RGA 7 (1989), 620–622; R. Christlein, Das spätröm. Kastell Boiotro zu Passau-Innstadt, in: Vorträge und Forschungen 25 (1979), 91–123.
Hans-Georg Hermann

Siger von Brabant, Philosoph, markantester Vertreter des sog. heterodoxen Aristotelismus, * ca. 1240, † 1284? (Orvieto). 1266 ist S. als junger Prof. an der Artes-Fakultät von Paris erwähnt. Aristoteles' Auffassung über die menschl. Geistseele radikal auslegend, vertrat S., gestützt auf → Averroes, die These, die Seele bzw. der Intellekt sei (auch in seinem aufnehmenden Vermögen) nicht individuell, sondern ein einziger in allen Menschen. Diese These und weitere damit zusammenhängende, wie der Determinismus und die Leugnung individueller Unsterblichkeit, wurden 1270 durch den Bf. von Paris, Stephan Tempier, verurteilt; → Thomas von Aquin schrieb gegen S. und seine Anhänger das Werk *De unitate intellectus.* Unter dem Eindruck der Argumente des Thomas schwächte S. seinen Standpunkt ab. Nach 1277 – in diesem Jahr fand eine weitere bfl. Verurteilung statt – scheint S. an das päpstl. Gericht appelliert zu haben; er verbrachte die folgenden Jahre in Orvieto an der Kurie. Sein Tod war tragisch: er wurde von seinem Sekretär ermordet. → Dante gibt ihm einen Platz im „Paradiso", ging also davon aus, daß S. im Frieden mit der Kirche gestorben war. S. wollte zwar nicht die Möglichkeit einer „doppelten Wahrheit" (des Glaubens und der Philosophie) vertreten, hat jedoch im Bestreben, die Autonomie der Philosophie zu betonen, eine allzu scharfe Trennung zwischen Theologie und Philosophie gezogen.

Lit.: F. van Steenberghen, Die Philosophie im 13. Jh. (1977), 335–387.
Marianne Schlosser

Sigismund, röm.-dt. Kaiser, * 15. 2. 1368 (Nürnberg), als Sohn Ks. → Karls IV. aus dem Haus Luxemburg), † 9. 12. 1437 (Znaim). Durch seine Heirat mit Maria von Ungarn 1387 Kg. von Ungarn; 1410 zum röm.-dt. König gewählt (Doppelwahl: Jodok von Mähren, 1410/11); 1431 Krönung mit der „eisernen Krone" in Mailand; 31. 5. 1433 Kaiserkrönung durch P. Eugen IV. S., wohlgestaltet und sprachengewandt, für seine Zeit hochgebildet, blieb lange ohne eigentl. Hausmacht im Reich; erstrebte seit dem Erbvertrag von 1394/96 die Nachfolge seines Bruders Wenzel im Kgr. Böhmen (Krönung in Prag 1420; aber erst nach der Einigung 1436 Anerkennung im von den Hussitenkriegen zerrütteten Königreich). Seine in der Kirche bedeutendste Leistung waren Zustandekommen und Durchführung (trotz Sprengversuchen) des Allg. Konzils von Konstanz (1414–1418), das dem Großen Abendländ. Schisma (Spaltung im Papsttum seit 1378) ein Ende setzte, mit der Wahl → Martins V. 1417 wieder einen allg. anerkannten Papst erhob, allerdings mit der Verurteilung des J. → Wyclif und v. a. der Ketzerverbrennung des tschech. Priesters J. → Hus (1415) neue schwere Krisen (Hussitenstürme) heraufführte und auch das drängende Anliegen der Kirchenreform nur in Ansätzen aufgreifen konnte. Durch seine Haltung zum Konzil von Konstanz wurde das Ansehen S.s in der ganzen Kirche stark gehoben, auch wenn das Allg. Konzil von Basel (seit 1431), v.a. durch das Ungeschick Eugens IV., neue Krisen und sogar Spaltung brachte. S. war außer den Hussitenkriegen mehrfach in Türkenkriege verwickelt (1396 schwere Niederlage bei Nikopolis), gilt als Kirchen- und Reichsreformer (die *Reformatio Sigismundi* von 1439 trägt zu Unrecht seinen Namen). Zukunftsträchtig wurden seine Übertragung der Mark Brandenburg mit der Kurwürde an den Nürnberger Burggrafen Friedrich von Hohenzollern (1415, Belehnung 1417), die Übertragung Sachsen-Wittenbergs an den Markgrafen Friedrich von Meißen (1423) und die Verheiratung seiner Tochter Elisabeth mit dem Habsburger Albrecht II., dem späteren dt. König (1438/39), König von Ungarn und Böhmen (Vorbereitung der „Donaumonarchie").

Lit.: [3]LThK 9 (2000), 578–580; J. K. Hoensch, Kaiser S. (1996); LMA 7 (1995), 1868–1871. GEORG SCHWAIGER

Sigismund III. Vasa, König von Polen (1587–1632) und Schweden (1592–99), * 20. 6. 1566 (Schloß Gripsholm), Sohn Kg. Johanns III. von Schweden aus dem Hause Vasa und der Jagellonin Katharina, † 30. 4. 1632 (Warschau). S. wurde kath. erzogen und nach dem Tod Kg. Stephans IV. Báthory (1575–1586) zum Kg. von Polen gewählt. Die nach dem Tod des Vaters 1592 errichtete poln.-schwed. Union löste wegen seiner gegenreformator. Politik und mangelnder Vertretung schwed. Interessen wachsenden Widerstand in Schweden aus; 1598 wurde S. von seinem Oheim Karl von Södermanland, dem späteren Kg. Karl IX., besiegt, 1599 vom schwed. Reichstag als Kg. von Schweden abgesetzt; ein langer poln.-schwed. Krieg (1601–1629) folgte; dabei verlor S. Livland (1629). Er versuchte vergebens, die Herrschaft seines Sohnes Wladislaw in Moskau durchzusetzen, gewann aber 1618 die meisten früher an Rußland verlorenen poln.-litauischen Gebiete (u.a. Smolensk) zurück. Die von S. kräftig unterstützte SJ konnte die Rekatholisierung Polens weitgehend abschließen; in der Union von Brest (1595/96) unterstellten sich Bischöfe und ein Großteil der ukrain.-weißruss. Bevölkerung der geistl. Autorität des Papstes.

Lit.: J. Rogall (Hg.), Dt. Geschichte im Osten Europas (1996), 124–128.
GEORG SCHWAIGER

Silvester I., Papst (31. 1. 314 – 31. 12. 335), hl. (Fest 31. 12.). Bei den einschneidenden, durch Ks. → Konstantin I. d. Gr. ausgelösten religionspol. Entscheidungen für das Christentum (*Konstantinische Wende*) war S. ohne Bedeutung; erst die S.-Legende des 5. Jh.s erfand seinen maßgebl. Einfluß (Taufe Konstantins und Heilung vom Aussatz), der in dieser Tendenz in die *Konstantinische Schenkung* (Fälschung aus der Mitte des 8. Jh.s) einging.

Lit.: [3]LThK 9 (2000), 587; LMA 7 (1995), 1905–1908. GEORG SCHWAIGER

Silvester II., Papst (2./9. 4. 999 – 12. 5. 1003), vorher Gerbert von Aurillac, * um 950 (Aquitanien), † 12. 5. 1003 (Rom), beigesetzt in der Lateranbasilika. Domscholaster in Reims; 982/83 Abt von Bobbio; 991 Ebf. von Reims; hochgebildet, einer der gelehrtesten Päpste des MA; gefördert schon von Ks. Otto II., wurde seine Begegnung mit dem jugendl. Ks. → Otto III. in Rom entscheidend, der auch die Wahl zum Papst veranlaßte (2. 4. 999; Inthronisation 9. 4.). Im Vordergrund stand „ein kirchliches Reformprogramm, für das sich S. aufgrund seiner langjährigen Auseinandersetzungen mit einer reformunwilligen Amts- und Papstkirche dem Kaiser empfahl" (H.-H. Kortüm). Mit ksl. Unterstützung wurde die Kirche in Polen und Ungarn (Errichtung der Erzbistümer Gnesen und Gran) organisiert. S. galt als größter abendländ. Gelehrter seiner Zeit, geriet aber wegen seiner mathemat. und naturwiss. Kenntnisse (auch aus arab. Quellen) in den Ruf eines Zauberers.

Lit.: [3]LThK 9 (2000), 587f.; DHP (1994), 1580–1582; LMA 4 (1989), 1300–1303.

GEORG SCHWAIGER

Simon, Richard, Begründer der bibl. Einleitungswissenschaft, * 13. 5. 1638 (Dieppe, Normandie), † 11. 4. 1712 (ebd.). Nach dem Studium der Theologie an der Sorbonne trat S. 1662 bei den Oratorianern ein (Priester 1670) und lehrte bis 1678 Philosophie meist im Pariser Ordenshaus, dort zugleich den seinen bibl. und kirchengeschichtl. Interessen höchst förderl. Posten eines Hilfsbibliothekars bekleidend. Die Veröffentlichung des Erstlingswerks *Histoire critique du Vieux Testament* (1678), das auf Betreiben des bei Hofe einflußreichen Bf. J.-B. → Bossuet sofort konfisziert wurde, führte zum Ausschluß aus dem Oratorium, und auch dessen themat. Entsprechung *Histoire critique du Nouveau Testament* (3 Bde., 1689–1693) trug dem Autor zahlr. Kontroversen ein. Dabei war es S.s primäre Absicht, die Hl. Schrift gegen „falsche und verderbliche Folgerungen" der Rationalisten, bes. seitens Baruchs de Spinoza, zu verteidigen, indem er sie als geschichtl. bedingte Offenbarung begriff und seine Aufgabe in ihrer krit. Untersuchung als hist. Dokument sah. Das Herzstück seines Einleitungswerks zum AT bildet die Theorie von den „öffentlichen Schreibern", auch „Propheten" genannt, die als inspirierte Personen in Israel Verkündigungs- und Verschriftungsaufgaben übernommen hätten und die eigentl. Verfasser des Pentateuchs seien, wennschon die hinter ihm stehende Autorität des Mose zur Bezeichnung „Mosebücher" berechtige. R. wurde dadurch zu einem Vorreiter der Pentateuchkritik, wobei mit der 1776 von J. S. → Semler veranlaßten dt. Übers. im prot. Bereich eine breitere Rezeption dieses Opus begann, während sich das auf ihm lastende Verdikt für die kath. Exegese lange Zeit als nachteilig erwies.

Lit.: H. Fries, G. Kretschmar (Hgg.), Klassiker der Theologie, Bd. 2 (1983), 9–21; P. Auvray, R. S. (1638–1712) (1974).

KARL HAUSBERGER

Simon Kanaanäus (Zelotes), Apostel → Apostel (Zwölf) und Evangelisten

Sixtus IV., Papst (9. 8. 1471 – 12. 8. 1484), vorher Francesco della Rovere, * 21. 7. 1414 (Celle bei Savona) † 12. 8. 1484 (Rom, Grab in St. Peter). Minorit, 1464 Ordensgeneral; 1467 Kardinal. Als Papst überschüttete S. seinen Orden mit Privilegien, trieb syst. schrankenlosen Nepotismus, suchte die päpstl. Finanzen u.a. durch Ablässe, erhöhte Pfründenbesteuerung und Vermehrung käufl. Ämter aufzubessern. Seine Politik führte zu Adelskämpfen in Rom, Zerrüttung des Kirchenstaates, schweren Konflikten mit Staaten Italiens und zum bedrohlich wachsenden Ruf nach Kirchenreform. S. unterstützte die Inquisition (1478 staatl. geprägte Erneuerung in Spanien). Als bed. Mäzen förderte er Kunst und Wissenschaft (u.a. Bereicherung der Vat. Bibliothek, Bau des Hospitals S. Spirito und der Kirchen S. Maria del Popolo, S. Maria della Pace, der Sixtin. Kapelle im Vatikan), verkörperte aber im wesentl. das verweltl. Renaissancepapsttum.

Lit.: [3]LThK 9 (2000), 644–646; LMA 7 (1995), 1944. GEORG SCHWAIGER

Sixtus V., Papst (24. 4. 1585–27. 8. 1590), vorher Felice Peretti (als Kard. Montalto), * 13. 12. 1521 (Grottamare, Mark Ancona), † 27. 8. 1590 (Rom, Grab zunächst in St. Peter, dann S. Maria Maggiore). S. kam aus ärml. Verhältnissen, wurde schon als Kind dem OFMConv übergeben; 1564 Ordensgeneral; 1566 Bf. von Sant'Agata dei Goti, 1570 Kardinal, 1571–1577 auch Bf. von Fermo; unter → Gregor XIII. weitgehend ausgeschaltet. S. war eine überragende Persönlichkeit, vereinigte streng kirchl. Gesinnung im Geist der vom Konzil von Trient eingeleiteten Reform mit organisator. Talent und staatsmänn. Klugheit. Nach der Zerrüttung unter den Vorgängern schuf er mit eiserner Härte Sicherheit und Ordnung im Kirchenstaat. Die kath. Reform und Gegenreformation seiner Vorgänger → Pius V. und Gregor XIII. setzte er innerkirchl. und in der Kirchenpolitik Europas konsequent fort, reformierte und straffte die Kurie (Neuorganisation in 15 ständige Kardinalskongregationen, eine Art Fachministerien), begrenzte die Zahl der Kardinäle auf 70 (gültig bis 1958), förderte die röm. Zentralisation der kath. Kirche (u.a. durch Neuregelung der pflichtgemäßen Rombesuche der Bischöfe: Visitatio liminum mit Statusbericht über das Bistum). Seine übereilte, ungenügende Vulgataausgabe der Bibel mußte nach seinem Tod zurückgenommen werden. Als einer der gewaltigsten Bauherrn unter den Päpsten schuf er maßgebl. das barocke Rom.

Lit.: [3]LThK 9 (2000), 646. GEORG SCHWAIGER

Slipyi, Josyf, ukrain. Bischof und Bekenner, * 17. 2. 1892 (Zazdrist), † 7. 9. 1984 (Rom). Nach dem Theol.-Studium in Innsbruck wurde S. 1917 zum Priester geweiht, 1918 promoviert, 1923 (in Innsbruck) habilitiert, 1924 Priv.-Doz. in Rom, 1925 Rektor des Priesterseminars in Lemberg, wo er auch als Prof. für Dogmatik lehrte. Seit 1935 Domherr, wurde er 1939 Weih-Bf. mit dem Recht der Nachfolge in Lemberg (geheime Bf.-Weihe). Nach der Verhaftung des ukrain.-kath. Episkopates (1945) wurde S. 1946 zu acht Jahren Haft verurteilt, 1953–1958 nach Sibirien verbannt, 1959 erneut verhaftet und zu sieben Jahren Arbeitslager verurteilt. Auf Bitten P. → Johannes' XXIII. erfolgte 1963 seine Freilassung. Nach Rom übergesiedelt, war S. Teilnehmer am II. Vat. Konzil, Primas und seit 1965 Kardinal. 1991 rehabilitiert, wurden seine Gebeine 1992 in die Lemberger Georgskathedrale übertragen.

Lit.: [3]LThK 9 (2000), 668.

MANFRED HEIM

Smith, Joseph, Gründer, Prophet und erster Präsident der *Kirche Jesu Christi der Heiligen der Letzten Tage* (*Mormonen*), * 23. 12. 1805 (Sharon, Vermont), † erschossen 27. 6. 1844 (Nauvoo). Nach mehrmaligen Erscheinungen des *Engels Moroni*, der S. *Goldplatten* übergab, die dieser übersetzte (*Das Buch Mormon*), kam es am 6. 4. 1830 zur Gründung der Mormonen in Fayette (USA). Durch Kritik an Lehre und Praktiken der Mormonen waren diese zur ständigen Flucht Richtung Westen gezwungen; erst unter den Nachfahren S.s wurde ein Wüstengebiet in den Rocky Mountains mit dem Zentrum Salt Lake City urbar gemacht, das 1896 als Bundesstaat Utah in die USA aufgenommen wurde. Zu den hl. Schriften des Mormonismus zählen u.a. *Die köstliche Perle* (*Pearl of Great Price*) und *Lehre und Bündnisse* (*Doctrine and Convenants*), die der Bibel gleichgestellt werden.

Lit.: Obst 266–315; Gasper 696–703.

SUSANNE STÜBINGER

Söderblom, Nathan, ev. Theologe, Religionswissenschaftler, * 15. 1. 1866 (Trönö, Schweden), † 12. 7. 1931 (Uppsala). S. war ab 1901 Prof. in Uppsala, seit 1914 Ebf. von Uppsala. Er stand der Theologie A. → Ritschls und der rel.-geschichtl. Schule nahe. Während des 1. Weltkrieges gewann er die Kirchen der neutralen Staaten für Friedensbemühungen bei den Kirchen der Kriegsparteien. In ökum. Gesinnung gründete S. 1925 die *Bewegung für Praktisches Christentum.* 1927 nahm er an der Weltkonferenz von *Faith and Order* (Glaube und Kirchenverfassung) in Lausanne teil; 1930 wurde er mit dem Friedensnobelpreis ausgezeichnet. S. gilt als bed. Ökumeniker des 20. Jh.s.

Lit.: [3]LThK 9 (2000), 684; TRE 31 (2000), 423–427; BBKL 10 (1995), 729–741.

JOSEF KREIML

Sohm, Rudolph, ev. Jurist, * 29. 10. 1841 (Rostock), † 16. 5. 1917 (Leipzig). S. wurde Prof. in Freiburg (1870), in Straßburg (1872) und schließl. in Leipzig (1887). Neben der Rechtsgeschichte, dem röm. und dt. Recht widmete er sich bes. dem Kirchenrecht (*Kirchenrecht*, 2 Bde., 1892/1923, Nachdruck 1970) und seiner Geschichte, wobei er folgende Periodisierung vornimmt: Im 1. Jh. habe es kein Kirchenrecht gegeben, danach bis zum Dekret → Gratians herrschte das altkath. Sakramentsrecht, gefolgt von dem durch die päpstl. Gesetzgebung geprägten neukath. Körperschaftsrecht. Durch seine markante, in der strengen Unterscheidung zw. sichtbarer und unsichtbarer Kirche wurzelnden These, das Kirchenrecht stehe mit dem Wesen der Kirche in Widerspruch, belebte S. die Grundlagendiskussion unter ev. und kath. Kirchenrechtlern.

Lit.: [4]Kleinheyer-Schröder 374–377; BBKL 10 (1995), 743–745; [2]Stolleis 587–590. FRANZ KALDE

Sokrates Scholastikos, Kirchenhistoriker, * nach 380 (Konstantinopel), † nach 439 (ebd.). Novatianer. Verfasser der *Historia ecclesiastica*, die in 7 Bänden die Zeit von 305–439 unter krit. Verwendung zahlr. Quellen und im Bemühen um Einheit und Frieden in der Kirche behandelt. Das Werk erreichte bald hohe Beliebtheit, erfuhr mehrere Übersetzungen und diente v.a. → Sozomenos als Vorlage.

Lit.: [3]LThK 9 (2000), 699f.; M. Wallraff, Der Kirchenhistoriker S. (1997); BBKL 10 (1995), 756; G. Chr. Hansen (Hg.), S. Kirchengeschichte (1995); TRE 18 (1989), 537f. SUSANNE STÜBINGER

Solov'ev, Vladimir Sergeevic, Religionsphilosoph, Theologe, * 16./28. 1. 1853 (Moskau), † 31.7./13. 8. 1900 (Uskoe bei Moskau). S. entstammte einer Moskauer Gelehrtenfamilie. Er strebte eine Annäherung zw. östl. und westl. Geistigkeit an und gilt als der bedeutendste Philosoph Rußlands. S. war mit Dostojevskij befreundet und führte Auseinandersetzungen mit Tolstoj und den Vertretern des Slawophilismus. In seinen *Vorlesungen über das Gottmenschentum* (1879–1881) zeigte er, daß der Mensch, der unbedingte Bedeutung hat, auf die Vereinigung mit Gott im Gottmenschen angelegt ist. S. verfaßte auch eine Ethik und eine bed. Abhandlung über den *Sinn der Liebe*. Sein Denken steht im Übergang vom Spätidealismus zur Dialogphilosophie.

Lit.: [3]LThK 9 (2000), 714f.; BBKL 10 (1995), 763–768; H. Gleixner, Die eth. und rel. Sozialismuskritik des V. S. (1986). JOSEF KREIML

Soubirous, Marie-Bernarde, genannt Bernadette, hl. (Fest 16. 4.), Seherin von Lourdes, * 7. 1. 1844 (Lourdes), † 16. 4. 1879 (Nevers). Ab 1866 Arbeit bei den *Soeurs de la Charité* in Nevers. Hatte vom 11. 2. – 16. 7. 1858 18 Marienerscheinungen, die 1862 von Bf. Bertrand-Sévère Laurence von Tarbes als echt bestätigt wurden. Am 14. 6. 1925 Selig-, am 8. 12. 1933 Heiligsprechung.

Lit.: [3]LThK 9 (2000), 747; BBKL 10 (1995), 839–843; E. Guynot, Sainte B. d'après ses contemporains ([4]1978). SUSANNE STÜBINGER

Sozomenos, gr. Kirchenhistoriker, Lebensdaten unbek., wohl aus Bethelia bei Gaza stammend. Seine *Epitome* (2 Bde., Zeitraum von Christi Himmelfahrt bis 324) ist nicht erhalten; überliefert ist die in der historiograph. Tradition des → Eusebius von Caesarea stehende *Kirchengeschichte* (9 Bde.), die, anknüpfend an den Endpunkt der Darstellung des Eusebius (Tod des Licinius), den Zeitraum von 324–422 umfaßt; geplant war bis 439, das Werk wird daher wohl postum erschienen sein. S. verwendet als Vorlagen u.a. → Rufin, → Athanasius von Alexandrien, → Gregor von Nazianz und → Apollinaris von Laodizea; im Gegensatz zu seiner

Hauptquelle, → Sokrates, die er stilist. zweifellos übertrifft, ist S. unkritischer, weist jedoch einige Besonderheiten und Lokaltraditionen auf. Die hauptsächl. Bedeutung des Werkes liegt in der Überlieferung umfangreicher Informationen zum oriental. Mönchtum, zur pol. Zeitgeschichte sowie zur Konziliengeschichte des 4. Jh.s.

Lit.: [3]LThK 9 (2000), 801 f.; [2]LACL 565 f.; LMA 7 (1995), 2074 f.; BBKL 10 (1995), 860–863. SUSANNE STÜBINGER

Sozzini, Fausto (Socinus/Socini, Faustus, auch Turpilio), it. Theologe, * 5. 12. 1539 (Siena), † 3. 3. 1604 (Lucawice bei Krakau). S. entstammte wie sein Onkel L. → Sozzini einer Patrizierfamilie. 1562/63 wirkte er als Sekretär des Hzg. Francesco I. de' Medici in Florenz. Mit seinen an das (unveröffentl. gebliebene) Werk L. Sozzinis anknüpfenden und diese weiterentwickelnden zahlr. Schriften (v. a. sein Rakówer Katechismus) begründete er das nach ihm und seinem Oheim benannte theol. System (*Sozinianismus*), das die Dreifaltigkeit Gottes (Trinität) und die Gottheit Jesu Christi ablehnt. Fausto emigrierte nach Polen, wo er seit 1579 mit der Organisation und Einigung der (1658 ausgewiesenen, dann in Westeuropa wirkenden) poln. Antitrinitarier (Sozinianer oder Poln. Brüder) befaßt war. Raków (Rakau) in der Nähe von Sandomierz wurde dabei zum Zentrum sozinian. Gemeinden.

Lit.: TRE 31 (2000), 598–604; Metzler 639 f.; [3]LThK 9 (2000), 796–798.
MANFRED HEIM

Sozzini, Lelio (Socinus/Socini, Laelius), it. Jurist und Theologe, * 1525 (Siena), † 14. 5. 1562 (Zürich). Auf ausgedehnten Reisen durch Europa, wo er mit führenden Reformatoren zusammentraf, entwickelte S. eine syst. antitrinitar. Lehre, die sein Neffe F. → Sozzini übernahm und weiterentwickelte. S., der 1553 gegen die von J. → Calvin betriebene Hinrichtung M. → Servets protestierte, schwor 1555 der Häresie formell ab.

Lit.: → Sozzini, Fausto.
MANFRED HEIM

Spalatin, Georg (eigtl. Georg Burckhardt), luth. Theologe und Humanist, * 17. 1. 1484 (Spalt bei Nürnberg), † 16. 1. 1545 (Altenburg). Nach Studien in Erfurt und Wittenberg empfing S. 1508 die Priesterweihe, wirkte dann als Prinzenerzieher in Torgau und seit 1511 als Geheimsekretär, Berater und Kaplan am Hof des Kf. → Friedrich III. des Weisen, den er für die Reformation begeisterte. S. übersetzte die lat. Werke M. → Luthers und Ph. → Melanchthons, zw. denen er auch (vergebl.) zu vermitteln suchte, ins Deutsche. 1525 heiratete er und wurde Pfarrer in Altenburg, 1528 auch Superintendent. An der Organisation des landesherrl. Kirchenregiments in Sachsen (seit 1527) war S. maßgebl. beteiligt. In seinen letzten Lebensjahren widmete er sich v. a. biograph. und hist. Studien.

Lit.: TRE 31 (2000), 605–607; Metzler 640 f.; [3]LThK 9 (2000), 802 f.
MANFRED HEIM

Spalding, Johann Joachim, ev. Theologe, * 1. 11. 1714 (Tribsees, Vorpommern), † 22. 5. 1804 (Berlin). Nach Studien in Rostock und Greifswald (1736 Promotion) hatte S., der einer schott. Familie entstammte, verschiedene (Prediger-) Stellen in Pommern inne, bevor er von 1764 bis zu seinem Rücktritt 1788 als Propst und Oberkonsistorialrat in Berlin wirkte. In seinen Schriften trat S., der sich u. a. scharf gegen den Materialismus des J. O. de La Mettrie wandte, als prominenter Vertreter der Neologie (gr. = neue Lehre) hervor, einer Richtung in der prot. Theologie zw. 1740 und 1790, die in Absetzung von der luth. Barocktheologie sich der Aufklärung öffnete und das christl. Dogma mit deren Kritik zu versöhnen suchte.

Lit.: TRE 31 (2000), 607–610; Metzler 641; ³LThK 9 (2000), 803.

MANFRED HEIM

Spee, Friedrich von (S. von Langenfeld), SJ, Moraltheologe und Dichter, * 25. 2. 1591 (Kaiserswerth, Düsseldorf), † 9. 8. 1635 (Trier). Nach seinem Baccalaureat in Jura trat S. 1610 in die SJ ein. 1615 schloß er sein Philosophiestudium in Würzburg ab, 1623, ein Jahr nach der Priesterweihe, das Theologiestudium. S. wirkte als Philosophieprof. in Paderborn (1623–1626), Speyer und Köln (1627), 1629 als Missionar in Peine. Als Prof. für Moraltheologie wurde ihm 1631 die Lehrerlaubnis entzogen, woraufhin anonym und ohne Druckerlaubnis die *Cautio Criminalis*, eine von S.s Oberen als unklug empfundene, in 51 Fragen und Antworten gegliederte Kritik an den Hexenprozessen erschien. Trotz der 2. Aufl. 1632 wurde S. zu den letzten Gelübden zugelassen und in Köln als Prof. für Moraltheologie eingesetzt, anschließend in Trier, wo er seit 1634 auch Bibelexegese lehrte. S. trug zur Abschaffung der Hexenverfolgung wesentlich bei. Seine *Trutz Nachtigal*, eine Gedichtsammlung, die, unabh. von Opitz, die Silbenzählung verwirft und sich als Pendant zur prot. Lieddichtung versteht, erschien erst postum 1649, ebenso das *Güldene Tugend-Buch*. Dieses katechet. ausgerichtete Andachtsbuch richtet sich speziell an Frauen und ist im Rahmen von S.s Frauenseelsorge entstanden.

Lit.: S.-Jahrbuch, hg. von der Arbeitsgemeinschaft der F.-S.-Gesellschaft (1994, 1995, 1997, 1998); H. Weber, G. Franz, S. (1591–1635) (1996); LLex 11 (1991), 91–93; R. G. Dimler, S. Eine beschreibende Bibliographie (1984).

MARIANNE SAMMER

Spener, Philipp Jakob, Begründer des luth. Pietismus, * 13. 1. 1635 (Rappoltsweiler, Elsaß), † 5. 2. 1705 (Berlin). S. studierte Theologie in Straßburg und wurde dort 1663 Prediger am Münster. Ab 1666 wirkte er in Frankfurt a. M. und ab 1686 als Oberhofprediger in Dresden; 1691 wurde er Konsistorialrat und Propst an St. Nicolai in Berlin. Bedeutend ist S. durch die Begründung des luth. Pietismus, einer kirchl. Erneuerungsbewegung, deren zentrale Gedanken in der persönl. Neuwerdung des Menschen in Christus und einer daraus folgenden eth. Lebensführung zu sehen sind. S., der durch seinen großen Schülerkreis und sein reiches lit. Schaffen großen Einfluß erlangte, trat für eine Betonung der Praxis des Glaubens ein und förderte die soz., pastorale und missionar. Tätigkeit. Er befaßte sich auch mit Genealogie und gilt als Mitbegründer der wiss. Heraldik.

Lit.: TRE 31 (2000), 652–666; [3]LThK 9 (2000), 831; J. Wallmann (Hg.), P. J. S. Briefe aus der Frankfurter Zeit 1666–1686 (2000). STEPHAN HAERING

Spitta, Carl Johann Philipp, ev. Theologe und (Kirchenlied-)Dichter der Erweckung, * 1. 8. 1801 (Hannover), † 28. 9. 1859 (Burgdorf). Nach Uhrmacherlehre und Theol.-Studium (1821–1824) in Göttingen war S. seit 1824 Hauslehrer, seit 1828 Hilfsgeistlicher, seit 1830 Gefängnisseelsorger und Garnisonsprediger in Hameln, zuletzt Superintendent in Wittingen und Burgdorf. Er ist Verfasser sprachl. und inhaltl. vollendeter geistl. Lieder (u. a. *Psalter und Harfe*, 1833, 51. Aufl. 1885). Seine 1841 und 1852 geborenen Söhne Philipp und Friedrich sind bekannt als Musikforscher bzw. Theologe.

Lit.: D. Klahr, Glaubensheiterkeit (1999). MANFRED HEIM

Sprenger, Jakob, OP, Inquisitor, * um 1436/38 (Basel), † 6. 12. 1495 (Straßburg). S. trat 1452 in den Baseler OP-Konvent ein, wurde 1475 zum Dr. theol. promoviert, war Prior des Kölner Konvents und 1488–1495 Provinzial. 1481 wurde er zum Inquisitor für die Diözesen Mainz, Köln und Trier ernannt, 1484 zusätzl. für Salzburg und Bremen. Seine Mitautorschaft am *Malleus maleficarum* (*Hexenhammer*; H. → Institoris) ist umstritten.

Lit.: [3]LThK 9 (2000), 885; BBKL 10 (1995), 1072 f.; [2]VerfLex 9 (1995), 149–157. FRANZ KALDE

Stahl, Friedrich Julius, Staatsrechtler und Politiker, * 16. 1. 1802 (wohl in Heidingsfeld bei Würzburg), † 10. 8. 1861 (Bad Brückenau). Als Sohn der jüd. Kaufmannsfamilie Jolson (auch Golson) unter Annahme des Namens Stahl 1819 zum Luthertum konvertiert, wurde S. nach dem Jura-Studium in Würzburg, Heidelberg und Erlangen 1826 Privatdozent in München und war ab 1832 Prof. für Staatsrecht in Erlangen und Würzburg, ehe er 1840 einem Ruf nach Berlin folgte. In Preußen stieg er zu einem der gefeiertsten wie angefeindetsten Professoren und Politiker seiner Zeit auf. Er gehörte von 1849 bis zu seinem Tode der Ersten Kammer bzw. dem Herrenhaus an und entwickelte sich als Parteiführer der rechten Konservativen, der sog. *Fraktion Stahl*, zur Symbolfigur des preuß.-dt. Konservatismus, dessen Leitlinien lauteten: Tradition, nicht Revolution, Autorität, nicht Majorität, monarch. Prinzip, nicht Volkssouveränität, Verbindung von Thron und Altar, nicht Trennung von Kirche und Staat. In seiner theol. fundierten Staatsrechtslehre erachtete S. als beste Form des christl. Obrigkeitsstaates die im Gottesgnadentum verankerte konstitutionelle Monarchie. Kirchenpol. engagierte er sich in seinen Positionen als Präsident des Dt. Ev. Kirchentags (1848–1861), Oberkirchenrat (1852–1860) und Mitglied im Zentralausschuß der Inneren Mission intensiv für das Neuluthertum und plädierte für eine episkopalist.-hochkirchl., die synodalen Elemente zurückdrängende Kirchenverfassung.

Lit.: BBKL 10 (1995), 1130–1135; W. Füßl, Professor in der Politik: F. J. S. (1988). KARL HAUSBERGER

Staupitz, Johann von, OESA, OSB, kath. Theologe, Abt, * um 1465/68 (Motterwitz bei Grimma), † 28. 12. 1524 (Salzburg). Nach Studien in Köln und Leipzig trat der sächs. Adel entstammende S. um 1490 in München, wo er 1500 zum Dr. theol. promoviert wurde, in den OESA ein. In Wittenberg wirkte er seit 1502 als Prof. und erster Dekan der Theol. Fakultät für Bibelauslegung und organisierte nach den Wünschen des Kf. → Friedrich III. des Weisen nach Tübinger Vorbild die Univ. 1512 übergab er dem jungen M. → Luther, dessen Lehrer, Förderer und Vertrauter er war, seine Professur. Seit 1503 auch Generalvikar der Augustiner-Observanten, trat S. 1520 von diesem Amt zurück, verließ den Orden und wurde Hofprediger in Salzburg, dort 1522 Benediktiner und dann Abt von St. Peter. Zuletzt wandte er sich auch lit. dezidiert gegen die reformator. Lehre Luthers (*Von dem heiligen rechten christlichen Glauben*, 1525 [postum]).

Lit.: Metzler 649f.; [3]LThK 9 (2000), 940f.; DBE 9 (1998), 460.

Manfred Heim

Stein, Edith, hl. (Fest 9. 8.), OCD, Philosophin und Pädagogin, * 12. 10. 1891 (Breslau), † 9. 8. 1942 (Auschwitz). Nach dem Abitur (1911) studierte S., die einer jüd. Kaufmannsfamilie entstammte, von der Religiosität der Mutter stark geprägt war und sich seit 1906 als Agnostikerin bezeichnete, bis 1913 in Breslau Psychologie, Germanistik und Geschichte, 1913–1915 in Göttingen Philosophie, Geschichte und Germanistik. Hier kam es auch zur Begegnung mit Max Scheler und Edmund Husserl, dessen (Privat-) Assistentin sie nach Staatsexamen und Promotion in Philosophie (1916) an der Univ. Freiburg (Dissertation: *Zum Problem der Einfühlung*, 1917) wurde und bis 1918 blieb. 1915 leistete sie freiwilligen Lazarettdienst. Seit 1918 näherte sich S. auf der intensiven Suche nach dem Lebenssinn dem Christentum; tiefsten Eindruck hinterließ dabei die Selbstbiographie der hl. → Theresia von Ávila, die sie im Sommer 1921 las. Am Neujahrstag 1922 erfolgten ihre Taufe und Aufnahme in die kath. Kirche, 1922/23 begann sie ihre Lehrtätigkeit am Lyzeum und Lehrerinnenseminar St. Magdalena in Speyer. 1932/33 wirkte sie, bis zu ihrer Entlassung infolge der Hitlerschen Ariergesetzgebung, als Dozentin am Dt. Institut für Wissenschaftliche Pädagogik in Münster. Am 14. 10. 1933 trat sie in den Kölner Karmel ein, wo sie am 15. 4. 1934 als Schwester Teresia Benedicta a Cruce eingekleidet wurde (Ewige Gelübde am 21. 4. 1938). Am 31. 12. 1938 erfolgte ihre Übersiedelung in den Karmel von Echt (Niederlande), wo sie am 2. 8. 1942 zus. mit ihrer Schwester Rosa verhaftet und fünf Tage später nach Auschwitz deportiert wurde. Dort fand sie am 9. 8. 1942 in den Gaskammern den Tod. Ihre „Wahrheit“, die sie für sich fand, kleidete sie u.a. in das Gebet: „Laß' blind mich, Herr, die Wege geh'n, die deine sind. Will deine Führung nicht versteh'n, bin ja dein Kind. Bist, Vater der Weisheit, auch Vater mir, führst durch Nacht du auch, führst doch zu dir.“ Das 1962 eingeleitete Kanonisationsverfahren führte am 1. 5. 1987 in

Köln zur Selig-, am 11. 10. 1998 in Rom zur Heiligsprechung.

Lit.: [3]LThK 9 (2000), 946; Metzler 650–652; E.-S.-Gesellsch. Deutschland e.V. (Hg.), Wandle den Weg dem Glanze zu. (1999); H.-B. Gerl, Unerbittliches Licht ([2]1998); W. Herbstrith, E. S. ([2]1998).
MANFRED HEIM

Steiner, Rudolf, Begründer der Anthroposophie, * 25. oder 27. 2. 1861 (Kraljevec, heute Kroatien), † 30. 3. 1925 (Dornach bei Basel). Nach seinem Philosophiestudium in Wien gab S. die naturwiss. Schriften Goethes heraus und wurde 1902 Generalsekretär der dt. Sektion der *Theosophischen Gesellschaft*. Er konzipierte in seinen Schriften eine esoter. anthroposoph. Philosophie, die einer monist.-pantheist. Weltentwicklungslehre verpflichtet ist, und widmete sich auch Fragen der Pädagogik (Waldorfschulen). 1913 konstituierte sich die auf S.s Lehren basierende *Anthroposophische Gesellschaft*.

Lit.: Ch. Lindenberg, R. S. mit Selbstzeugnissen und Bilddokumenten ([7]2000); [3]LThK 9 (2000), 949; BBKL 10 (1995), 1294–1300; [3]LThK 1 (1993), 737–741; B. Grom, Anthroposophie und Christentum (1989); H. Waldenfels (Hg.), Lexikon der Religionen ([2]1988), 24–27; G. Wehr, R. S. (1982). JOSEF KREIML

Stensen, Niels, Bischof, sel., * 1./11. 1. 1638 (Kopenhagen), † 25. 11./5. 12. 1686 (Schwerin). S. studierte in Kopenhagen, Amsterdam und Leiden Anatomie und Medizin. Dem Gelehrten gelangen zahlr. Entdeckungen. Seit 1666 hielt er sich in Italien, meist in Florenz, auf und konvertierte 1667 zum Katholizismus. Nach einem Lehrauftrag am Theatrum anatomicum in Kopenhagen wurde S. 1675 Erzieher des Erbprinzen in Florenz. Auf die Priesterweihe folgte 1677 die Ernennung zum Apostol. Vikar der Nordischen Missionen. Als Titular-Bf. von Titiopolis erfolgte am 19. 9. die Konsekrierung in Rom. Die meiste Zeit war S. in Hannover anzutreffen. In seinen Religionsgesprächen wurde seine tolerante Grundhaltung deutlich. Als Weih-Bf. kam S. 1680 nach Münster, 1683 siedelte er nach Hamburg, 1685 nach Schwerin über. Dort gründete er eine vom Hof unabhängige Gemeinde. Die Schriften S.s sind größtenteils geprägt von der trad. Darstellung der kath. Glaubenslehre. Sein Vorbild als Christ und Priester war weit über die Konfessionsgrenzen geschätzt. Die Seligsprechung erfolgte 1988 durch P. Johannes Paul II.

Lit.: G. Scherz, N. S., 2 Bde. (1987/88).
WOLFGANG ROTZSCHE

Stephan I. von Ungarn (István), hl. (Fest 16. 8., in Ungarn 20. 8.), König von Ungarn, * um 969/70 als Vajk, † 15. 8. 1038 (Stuhlweißenburg). Sohn des Arpadenfürsten Géza und dessen Gattin Sarolt, wurde S. um 973/74 auf den Namen des Passauer Bistums-Patron getauft und heiratete Gisela, Schwester Ks. → Heinrichs II. Seit 997 Fürst der Ungarn, führte er in seinem Reich nach der (mit tatkräftiger bayr. Hilfe erfolgten) Christianisierung die kirchl. Organisation durch und erhielt mit Bewilligung Ks. → Ottos III. von P. → Silvester II. die Königskrone (Stephanskrone); die Krönung erfolgte in Gran am Weihnachtstag des Jahres 1000. Die S.-Verehrung ist bis heute fest verankerter Inbegriff der Identität Ungarns, dessen Schutzpatron der 1083 heiliggesprochene S. ist.

Lit.: Bayern – Ungarn. Tausend Jahre (Landesausstellung 2001); [3]LThK 9 (2000), 973 f.; LMA 8 (1997), 112–114.

MANFRED HEIM

Stephan II., Papst (26. 3. 752 – 26. 4. 757), vorher röm. Diakon. Im Zerwürfnis mit dem oström. Kaiser und in der schweren Bedrohung durch die Langobarden realisierte S. den (v. a. durch → Bonifatius) vorbereiteten Bund des Papsttums mit den Franken: 754 Begegnung mit dem Frankenkg. → Pippin III. d. J. in Ponthion und Quierzy; erneute Königssalbung Pippins und Verleihung des Titels *Patricius Romanorum.* Nach zwei siegreichen Feldzügen gegen die Langobarden begründete Pippin durch Schenkung an den hl. Petrus 756 den (späteren) Kirchenstaat.

Lit.: [3]LThK 9 (2000), 968; LMA 8 (1997), 116 f.

GEORG SCHWAIGER

Stephanus, hl. (Fest 26. 12.), Erzmärtyrer. Nach dem Bericht der Apg (6, 8–15; 7, 1–60) war S., hellenist. (gr.-sprechender) Jude aus der Diaspora, in der Urgemeinde einer der sieben Diakone, die zur Unterstützung der → Apostel ausgewählt wurden. Als begnadeter Prediger geriet er in Konflikt mit den orth. Juden und wurde nach seiner Verurteilung durch den Hohen Rat gesteinigt. Sterbend sah S., seinen Peinigern vergebend, den Himmel offen und Christus zur Rechten Gottes. Die Reliquien des ersten Märtyrers des Christentums (Erzmärtyrer) wurden 415 in Jerusalem aufgefunden. Noch im 5. Jh. entstanden in Rom die beiden S.-Kirchen an der Via Catina und auf dem Mons Caelius. Der Grund für das Datum seines Festtags ist nicht bekannt. Dargestellt wird S. als Diakon mit den Steinen in der Hand oder auf dem Buch, nicht selten zus. mit dem hl. → Laurentius.

Lit.: [3]LThK 9 (2000), 958 f.

MANFRED HEIM

Stepinac, Alojzije, sel., Ebf. von Zagreb, Kardinal, * 8. 5. 1898 (Brezari, Gemeinde Kraši, Kroatien), † 10. 2. 1960 (ebd.). Nach Studien in Zagreb und Rom wurde S. 1930 zum Priester geweiht, 1934 Bf.-Koadjutor, 1937 Ebf. von Agram (Zagreb) und Metropolit der kroat.-slowen. Kirchenprovinz. Im 2. Weltkrieg setzte er sich für Verfolgte des faschist. Ustascha-Regimes ein, dem er anfangs noch positiv gegenübergestanden hatte. Wegen seiner Weigerung, einer von Tito beabsichtigten romunabhängigen und gleichgeschalteten Nationalkirche in Jugoslawien zuzustimmen, wurde S. 1946 in einem Schauprozeß der Kollaboration mit dem Feind für schuldig befunden und zu 16 Jahren Zwangsarbeit verurteilt, fünf Jahre später aber aus der Haft entlassen und in sein Heimatdorf verbannt, wo er bis zu seinem Lebensende unter Hausarrest blieb. Seine Erhebung zum Kardinal 1953 führte durch die jugoslaw. Regierung zum Abbruch der diplomat. Beziehungen zum Hl. Stuhl. S. wurde 1998 seliggesprochen.

Lit.: [3]LThK 9 (2000), 974 f.

MANFRED HEIM

Stock, Franz, kath. Seelsorger, * 21. 9. 1904 (Neheim-Hüsten), † 24. 2. 1948 (Paris). Nach seiner Priesterweihe 1932 in Paderborn war S. Industriekaplan in Dortmund-Eving, 1934–1939 Rektor der dt. kath. Gemeinde in Paris, 1940/41–1944 Standortpfarrer und Seelsorger in Gefängnissen der dt. Wehrmacht, zu denen frz. Geistlichen der Zutritt verwehrt war. Er betreute und begleitete über 1000 zum Tode verurteilte Franzosen auf ihrem letzten Weg. Nach der Befreiung Frankreichs kümmerte sich S. um dt. Kriegsverwundete und -gefangene. 1945–1947 leitete er die Seminare für dt. kriegsgefangene Theologen in den Lagern in Orléans, dann in Chartres, in denen viele Hundert Priesteramtskandidaten ausgebildet wurden. S. gilt als Pionier der dt.-frz. Aussöhnung.

Lit.: [3]LThK 9 (2000), 1014f.; DBE 9 (1998), 537. MANFRED HEIM

Stolberg-Stolberg, Friedrich Leopold Graf zu, Schriftsteller und Staatsmann, * 7. 11. 1750 (Bramstedt, Holstein), † 5. 12. 1819 (Schloß Sondermühlen bei Osnabrück). Einem reichsadeligen Geschlecht und luth.-pietist. Elternhaus entstammend, erhielt S. eine liberale Erziehung in Dänemark und Schleswig-Holstein und widmete sich ab 1770 dem Studium der Rechte, zunächst in Halle, dann in Göttingen, wo er sich dem *Hainbund*, einem national-schwärmer. Dichterkreis, anschloß und nach F. G. Klopstocks Vorbild rel. Lyrik schrieb. In den folgenden Jahren unternahm er ausgedehnte Reisen, teils als „Kavalierstouren“, teils in diplomat. Mission des prot. Fürstbischofs und Herzogs von Oldenburg und Lübeck, in dessen Residenzstadt Eutin er 1793 als Kammerpräsident zum ltd. Minister avancierte. Diese amtl. Tätigkeit endete, als er unter dem Einfluß der Fürstin von → Gallitzin und deren Kreis am 1. 6. 1800 zur kath. Kirche konvertierte und damit einen für die restaurativ-romant. Erneuerungsbewegung des dt. Katholizismus ungeheuer bedeutungsvollen Schritt vollzog, der vielfache Nachahmung fand. Sechs Jahre später begann S. mit der Abfassung seines in Hamburg erschienenen Monumentalwerks *Geschichte der Religion Jesu Christi* (15 Bde., 1806–1818), das in erbaul.-apologet. Stil Geschichtsdarstellung mit rel. Erziehung verbindet und sich im zweiten Hauptteil darauf konzentriert, die durch göttl. Verheißung verbürgte Einheit und Unveränderlichkeit der kath. Kirche zu erweisen. Zwar hat sich S. in versch. lit. Genres betätigt (Lyrik, Dramen, Romane, Essays sowie Übersetzungen aus dem Griech. und Lat., u.a. erstmals der *Ilias* Homers in Hexametern), doch erzielte er schriftsteller. Ruhm v.a. mit dem genannten Hauptwerk, das die beabsichtigte missionar. Wirkung nicht verfehlt hat.

Lit.: D. Hempel, F. L. Graf zu S. (1750–1819) (1997); BBKL 10 (1995), 1527–1550. KARL HAUSBERGER

Strauß, David Friedrich, ev. Theologe, * 27. 1. 1808 (Ludwigsburg), † 8. 2. 1874 (ebd.). Ab 1821 Schüler von F. Ch. → Baur in Blaubeuren und Tübingen, promovierte S. 1831/32 in Berlin, wo er sich für die Philosophie → Hegels begeisterte und intensiv mit der Theologie → Schleiermachers auseinandersetzte, hielt anschließend als Repetent am Ev. Stift in Tübingen Vorlesungen an der dortigen Philos. Fakultät und veröffentlichte 1835/36 als 27jähriger sein erstes Hauptwerk *Das Leben Jesu, kritisch betrachtet*, aufgrund dessen er aus dem Stift und später dem Kirchendienst entlassen wurde. Nachdem 1839 auch eine Berufung ins Ausland, nämlich auf den Lehrstuhl für Dogmatik in Zürich, am kirchl. Einspruch gescheitert war, betätigte sich S. fortan als freier Schriftsteller und publizierte zunächst 1840/41 sein zweites Hauptwerk *Die christliche Glaubenslehre in ihrer geschichtlichen Entwicklung und im Kampf mit der modernen Wissenschaft dargestellt*. Im Revolutionsjahr 1848 kandidierte er vergebl. für das Paulskirchenparlament, engagierte sich aber kurzzeitig pol. als Abgeordneter des württemberg. Parlaments in eher konservativem Sinne. Danach erwarb er sich mit einer Reihe von biograph. Studien (Ch. F. D. Schubart, Ph. N. Frischlin, U. von → Hutten, H. S. → Reimarus und → Voltaire) lit. Ruhm und erzielte nicht minder Erfolg mit der Volksausgabe von *Das Leben Jesu* (1864) sowie mit seiner Spätschrift *Der alte und der neue Glaube* (1872), in der er sich unverblümt zu einer monist., von F. Nietzsche als bourgeoiser Philisterglaube verhöhnten Humanitätsreligion bekannte. Den Ausgangspunkt für diese weltanschaul. Entwicklung bildete die heftigst umstrittene Mythentheorie seines Erstlingswerkes, der gemäß die ntl. Jesus-Überlieferung keine hist. Ereignisse schildere, sondern den überzeitl. Vernunftgehalt der christl. Idee vollkommener Versöhnung von Absolutem und Endlichem in myth. Verkleidung darstelle. Als Konsequenz hieraus ergab sich für S. die radikale Destruktion der christl. Dogmen, denn die Idee der Einheit von Gott und Mensch, so seine spekulative Begründung, manifestiere sich nicht in einem einzelnen hist. Individuum, vielmehr sei die Menschheit als Gattung Trägersubjekt der christolog. Prädikate. S. hat solchermaßen der neueren prot. Theologie bis herauf zu R. → Bultmann die Auseinandersetzung mit dem Problem des Mythischen zur Schicksalsfrage gemacht und zudem auf christentumskrit. und -feindl. Bewegungen jedweder Art einen nachhaltigen Einfluß ausgeübt.

Lit.: TRE 32 (2001), 241–246; F. W. Graf, Kritik und Pseudospekulation (1982).

Karl Hausberger

Sturm, Jakob, ev. Politiker und Staatsmann, * 10. 8. 1489 (Straßburg), † 30. 10. 1553 (ebd.). Der aus einer Straßburger Patrizierfamilie stammende S. studierte, durch den Umgang mit Jakob Wimpfeling im Geist des oberrhein. Reformhumanismus gebildet und für die Theologie interessiert, 1501–1504 in Heidelberg und 1505–1509 in Freiburg. Seit 1524 wirkte er als Mitglied des städt. Rats in enger Zusammenarbeit mit M. → Bucer und den anderen Predigern zielstrebig und geschickt für die Durchsetzung und Festigung der Reformation in Straßburg, u. a. durch die Reorganisation des Schulwesens. Als einflußreicher Ratsherr und Stettmeister (Bürgermeister) gewann er auch in außenpol. Fragen an Bedeutung. Über knapp drei Jahrzehnte hat er die Geschicke seiner Vaterstadt und, als Gesandter auf zahlr. Reichstagen und Sprecher der ev. Städte, auch die der reformator. Bewegung insg. mitbestimmt, immer um eine Einigung der reformator. Parteien und die Stärkung der Rolle Straßburgs bemüht. Größe und Grenzen seiner diplomat. Aktivitäten zwischen Realpolitik und Glaubensgehorsam wurden nach der Niederlage der Protestanten im Schmalkald. Krieg und der Einführung des Interims augenfällig: Mit Rücksicht auf den Kaiser stimmte S. der Entlassung der Interimsgegner Bucer und Paul Fagius zu und setzte sich so dem Vorwurf des Verrats am Evangelium aus, sicherte aber zugleich der Stadt durch kluges Verhandeln gewisse prot. Freiheiten. In den letzten Lebensjahren traten städt.-regionale Probleme in den Vordergrund seiner Tätigkeiten. Zum Trienter Konzil schickte auch Straßburg 1552 eine Gesandtschaft. Konkrete Erwartungen verbanden sich für S. damit nicht mehr.

Lit.: Th. A. Brady, Zwischen Gott und Mammon (1996); ders., Protestant Politics (1995). HANS-MARTIN KIRN

Stutz, Ulrich, ev. Kirchenrechtslehrer, * 5. 5. 1868 (Zürich), † 6. 7. 1938 (Berlin). Nach der Promotion in Berlin (1892) erhielt S. ohne Habilitation die *venia legendi* in Basel (1894) und wurde Prof. in Basel (1895), Freiburg i. Br. (1896), Bonn (1904) und Berlin (1917). Schon früh verschrieb sich S. der kirchl. Rechtsgeschichte, der er durch seine Schule, aber auch durch seine Publikationen und Herausgeberschaften den Rang einer eigenständigen Disziplin gab. Grundlegend waren seine Forschungen zum Eigenkirchenwesen. 1911 gründete er die *Kanonist. Abteilung* der *Zs. der → Savigny-Stiftung für Rechtsgeschichte.*

Lit.: [3]LThK 9 (2000), 1063; HDRG 5 (1998), 66–68. FRANZ KALDE

Suarez, Francisco, führender Theologe der span. Scholastik, * 5.1.1548 (Granada), † 25.9.1617 (Lissabon). Geboren als Sohn eines Rechtsanwalts, nach der Ausbildung in Salamanca (Kanonistik) 1564 Eintritt in die SJ, Studium der Philosophie und Theologie bis 1570. S. lehrte Philosophie und nach der Priesterweihe Theologie in Segovia, Ávila und Valladolid, Rom (ab 1579) und Alcalá (ab 1585). Es folgten Jahre der Forschung und des lit. Schaffens (1592–1597) in Salamanca, bis S. 1597 den wichtigsten Lehrstuhl an der Univ. Coimbra übernahm, den er bis zwei Jahre vor seinem Tod innehatte. Unter seinen Werken ragen heraus: die Kommentierung der *Summa theologiae* des → Thomas von Aquin sowie Schriften zum Verhältnis von Gnade und Freiheit. S. zählt mit → Francisco de Vitoria, dessen Gedanken er weiterentwickelt, und H. → Grotius zu den einflußreichsten Theoretikern des Völkerrechts zu Beginn der Neuzeit und gilt als einer der bedeutendsten Theologen der SJ.

Lit.: [3]LThK 9 (2000), 1065–1068; TRE 32 (2000), 290–293. MARIANNE SCHLOSSER

Suger von Saint-Denis, OSB, Abt, Staatsmann, Autor, Baumeister der Gotik * 1081/82 (Saint-Denis oder Argenteuil), † 13. 1. 1151 (Saint-Denis). Als zehnjähriger Oblate erhielt S. in St-Denis (vor Paris) zus. mit dem künftigen König Ludwig VI. seine Ausbildung. 1122 wurde er zum Abt und Priester geweiht. Frühzeitig in diplomat. Angelegenheiten eingesetzt, konnte er Beziehungen nach Rom und zum frz. Hochadel knüpfen und Ludwig VI. als Berater dienen. S. trachtete danach, den König an St-Denis, die kgl. Grablege, zu binden und den Klosterpatron zum Nationalheiligen zu erklären. 1124 wurde dort erstmals das Banner des Hl. Dionysius, die spätere Oriflamme, zum Verteidigungsfeldzug gegen Heinrich V. erhoben. 1127 beendete S. die Reform seines Klosters, dessen wirtschaftl. Sanierung und finanzielle Gewinne dem Neubau der Klosterkirche zugute kamen. Seit 1130 erneuerte er den Westbau und den Chor der Abteikirche in so neuartiger Weise, daß man diesen Bau als den Ausgangspunkt der Gotik, als ihren „Gründungsbau", und S. als ihren Bauherrn, als Architekten und Bahnbrecher des neuen Stilgefühls zugleich betrachten kann. Nach dem Tod Ludwigs VI. wurde S. erstmals mit kgl. Regierungsaufgaben (1137–1140) betraut, 1147–1149 fungierte er während der Kreuzfahrt Ludwigs VII. sehr erfolgreich als Reichsverwalter. Ob er ein Karlsprivileg gefälscht hat, das St-Denis zur einzigen Krönungsstätte und zum symbol. Mittelpunkt Frankreichs erklärte, und dessen Abt zum ersten aller Prälaten, ist ungesichert. S. verfaßte u. a. zu Ehren Ludwigs VI. eine *Gesta Ludovici regis*, erläuterte sein Bauprojekt im *Libellus de consecratione ecclesiae sancti Dionysii* und berichtete über seine Verwaltungstätigkeit in *De rebus in administratione sua gestis*. Er ist der Begründer der bis ins 14. Jh. reichenden Historiographie von St-Denis.

Lit.: A. Speer, G. Binding (Hgg.), S.: Ausgewählte Schriften: Ordinatio, De consecratione, De administratione (2000); L. Grant, Abbot S. of St-Denis (1998); LMA 8 (1997), 292–295; Ch. Markschies, Gibt es eine „Theologie der gotischen Kathedrale"? (1995); M. Bur, S. (1991).

MARIANNE SAMMER

Swedenborg, Emanuel, Vorläufer neuzeitl. Propheten, * 1688 (Stockholm), † 1772 (London). Naturwissenschaftler von europ. Rang; zunächst beeinflußt vom Geist der Aufklärung, wandte sich S. bei der Frage des Verhältnisses von Vernunft und Offenbarung, Glaube und Wissen aufgrund eines persönl. Berufungserlebnisses (Christusvision, Berufungsvision) bald von naturwiss. Lösungsansätzen ab und wurde zum bedeutendsten europ. Visionär des 18. Jh.s; den Beginn seiner neuen Tätigkeit markiert die Schrift *De Cultu et Amore Dei* (1745); zentrales Anliegen ist die geist. Auslegung der Bibel und ihres inneren Sinnes. Der Einfluß seiner Schriften ist vielschichtig und reicht nachweislich in spiritualist. Lehrsysteme des 19./20. Jh.s (Spiritismus, mod. Okkultismus, New Age). S. selbst gründete keine Kirche, schon 1787 bildete sich jedoch in London eine Körperschaft der Neuen Kirche (*New Jerusalem Church*), 1817 in den USA (*General Convention of the New Jerusalem*).

Lit.: Obst 234–237; Gasper 733–736.
SUSANNE STÜBINGER

Symeon der Neue Theologe (Simeon), hl. (Fest 12. 3.), byz. Mystiker und geistl. Schriftsteller, * um 949 (Galate, Paphlagonien), † 1022 (im Exil). S. trat 977 in das Studios-Kloster des Mönches Eulabes (917–987) in Konstantinopel ein. Nach kurzer Zeit wechselte er ins Mamas-Kloster über, dessen Abt er nach seiner Priesterweihe 980 wurde (981–1005). Die kirchl. nicht autorisierte Verehrung seines geistl. Vaters Eulabes als Heiliger sowie seine Strenge führten ebenso zu Konflikten mit seinen Mönchen und der Kirchenleitung wie seine Lehren, christl. Existenz setze die sinnenhafte Erfahrung der Gnade voraus und auch charismat. Laien besäßen die göttl. Vollmacht zur Sündenvergebung. 1009 wurde S. ins Exil an die kleinasiat. Küste geschickt, wo er schließlich freiwillig blieb und verstarb. Er ist als geistl. Autor (ediert v. a. in den *Sources chrétiennes*) und Dichter nichtliturg. *Hymnen* geschätzt (dt. aus dem Lat.: K. Kirchhoff, *Licht vom Licht*, [2]1951).

Lit.: [3]LThK 9 (2000), 594.
RUDOLF VODERHOLZER

T

Talleyrand-Périgord, Charles-Maurice de, frz. Staatsmann, Bischof, * 13. 2. 1754 (Paris), † 17. 5. 1838 (ebd.). T. trat 1770 gegen seinen Willen in das Seminar von St-Sulpice ein, wurde 1775 Abt von St-Rémy in Reims, 1779 zum Priester geweiht, wirkte dann u. a. als Generalvikar in Reims und war 1788–1791 Bf. von Autun. Er schloß sich 1789 der Revolution an, leistete den Eid auf die *Zivilkonstitution des Klerus* (→ Ludwig XVI.) und wurde deshalb 1791 exkommuniziert (1802 laisiert). Der Konspiration mit dem entthronten König verdächtigt und ausgewiesen, hielt sich T. 1794–1796 in England und den USA auf. Seit 1797 Außenminister des Direktoriums, dann → Napoleons I., wirkte er maßgebl. am Konkordat von 1801 und den Organ. Artikeln mit. 1807 wegen seiner Ablehnung der napoleon. Eroberungspolitik entlassen, setzte er sich erfolgreich für die Rückkehr der Bourbonen ein und unterzeichnete als Präsident der Provisor. Regierung am 23. 4. 1814 den Waffenstillstand mit den Alliierten. Mit seiner strategisch durchschlagenden Politik auf dem Wiener Kongreß (1814/15) gelang T. als Außenminister die Reetablierung Frankreichs im Konzert der europ. Großmächte. 1815 entlassen, war er 1830–1834 Botschafter Ludwig Philipps in London. T. gilt als einer der fähigsten, in Zielsetzung und Vorgehensweise aber nicht unumstrittenen Staatsmänner Frankreichs.

Lit.: [3]LThK 9 (2000), 1245 f.; A. von Ilsemann, Die Politik Frankreichs auf dem Wiener Kongreß (1996). MANFRED HEIM

Tatian der Syrer, frühchristl. Apologet, * um 120 (Syrien), † nach 180. Nach langer Wahrheitssuche begegnete T. in Rom dem christl. Philosophen → Justin. T. überwand die Vorbehalte eines gebildeten Griechen der christl. Literatur gegenüber, schloß sich der Kirche an und gründete eine eigene Philosophenschule. Nach dem Märtyrertod Justins (165) brach T. 172 mit der Christengemeinde von Rom und kehrte in seine Heimat zurück. Dort wirkte er als Enkratit, der Ehe sowie Wein- und Fleischgenuß verwarf und nach → Eusebius sogar den Wein in der Eucharistiefeier durch Wasser ersetzte. Nur zwei seiner Werke sind erhalten. Zum einen das „brauchbarste" (Eusebius): Die *Rede gegen die Griechen* (dt. ²BKV 12), ein polem. Lehrvortrag gegen die gr.-röm. Kultur. Zum anderen das *Diatessaron* (wörtl. *Rundgang durch die vier Evangelien*), eine Evangelienharmonie, welche die synopt. Berichte in den zeitl. Rahmen des Joh einfügt und die durch zahlr. Übersetzungen weite Verbreitung fand. Die ahd. Übersetzung (830 in Fulda entstanden und heute in St. Gallen aufbewahrt) gehört zu den wichtigsten frühen dt. Sprachdenkmälern.

Lit.: ²LACL 581. RUDOLF VODERHOLZER

Tauler, Johannes, OP, * ca. 1300 (Straßburg), † 16. 6. 1361 (ebd.). T. hat als überwiegend in Straßburg ansässiger, volksnaher Prediger und Seelsorger der elsäß. Dominikanerinnen ein umfangreiches Predigtwerk in dt. Sprache hinterlassen. Seit der Lektüre der Schriften → Meister Eckharts bezeichnet er sich als dessen Schüler und übernimmt von ihm Gedanken wie den der Gelassenheit und Entblößung. T.s Predigten richten sich gegen eine überspannte myst. Frömmigkeit. Er betont, daß auf die anfängliche Freude über die Gottesbegegnung Anfechtung und Leid (*getrenge*) folgen müssen, damit der Durchbruch zur wirkl. myst. Einung erfolgen kann, und empfiehlt solide Übungen wie die eucharist. Andacht und Beichte. Letztere fördert jene Umkehr und Einkehr, welche zur Selbsterkenntnis führen. Deren Ziel ist es, zu erkennen, daß die Seele des Menschen ein kreatürl. Nichts ist, ein Abgrund, der dennoch gerufen ist, den Abgrund der Unermeßlichkeit Gottes zu erfassen.

Lit.: LMA 8 (1997), 506f.; ²VerfLex 9 (1995), 631–657; L. Gnädinger, J. T. (1993). RUTH MEYER

Teilhard de Chardin, Pierre, SJ (1899), * 1. 5. 1881 (Sarcenat), † 10. 4. 1955 (New York). 1905–1908 Physiklehrer an einem Ordenskolleg in Kairo, 1922 Prof. für Geologie in Paris. Nach Schwierigkeiten mit der Ordensleitung hielt sich T. über 20 Jahre zu Forschungszwecken in Fernasien auf. 1929 war er an der Entdeckung des Pekingmenschen, des ältesten damals bekannten Exemplars menschl. Vorfahren, beteiligt. 1948 kehrte er nach Paris zurück, wo ihm in Kirche und Orden wenig Verständnis begegnete. Nach seinem endgültigen Abschied aus Europa 1954 starb er am Ostersonntag 1955 in New York. Zu T.s Lebzeiten durfte keine seiner philos.-theol. Schriften im Druck erscheinen. Erst 1962 erkannte die Ordensleitung Größe und Bedeutung T.s und beauftragte H. de → Lubac, seinen mit Schrifttum wie privater Korrespondenz bestens vertrauten Freund, mit der Verteidigung T.s und dem Schutz vor falscher Vereinnahmung. T.s Bedeutung liegt darin, sich als ausgewiesener Naturwissenschaftler und Theologe den Herausforderungen der Evolutionstheorie für das Glaubensverständnis gestellt und Lösungen zu ihrer Vereinbarkeit vorgeschlagen zu haben. T. machte den Begriff der *Entwicklung* zum Zentralbegriff der Theologie selbst, indem er eine evolutive Christologie entwarf: Der gesamte Kosmos ist auf die Hervorbringung des Menschen angelegt. Die Entwicklung der Menschheit läuft ihrerseits auf die Menschwerdung Gottes zu, die sich an einer bestimmten Stufe der Entwicklung ereignet und zum Ausgangspunkt einer neuen Dynamik wird. „Gott in Christus" ist das Zentrum des ganzen Kosmos, der im kosmischen Christus als Punkt Omega auf sein definitives Ziel zuläuft. T.s Denken ist getragen von ignatian. Christus-Mystik und dem Verlangen, auch dem modernen, naturwiss. geprägten Denken den Glauben an Christus zu vermitteln.

Lit.: [3]LThK 9 (2000), 1313f.; H. de Lubac, T. de Ch.s religiöse Welt (1968).

RUDOLF VODERHOLZER

Teresa von Ávila → Theresia von Ávila

Tersteegen, Gerhard, reformierter Kirchenlieddichter und Mystiker, * 25. 11. 1697 (Moers), † 3. 4. 1769 (Mülheim, Ruhr). Nach dem Besuch der Lateinschule trat T. 1713 eine Kaufmannslehre an und gründete 1717 ein eigenes Geschäft in Mülheim. Unter pietist. Einfluß erlebte er 1717 eine erste Bekehrung. 1719 gab er die Kaufmannstätigkeit auf und wandte sich, einem einsamen und bedürfnislosen Lebensstil verpflichtet, dem Weberhandwerk zu. Seine u.a. von der Lektüre J. → Böhmes beeinflußte geistige Weiterentwicklung erreichte ihren Höhepunkt 1724 in der sog. *Verschreibung*, einer schriftl. Übereignung seiner selbst an Christus, seinen „Bräutigam". Es begann eine reiche lit., dichter. und prakt.-seelsorgerl. Wirksamkeit des Laientheologen, der zu einer zentralen Gestalt des reformierten Pietismus in Deutschland mit weitreichender Ausstrahlung ins Bergische Land und in die Niederlande wurde. Neben der Übersetzung und Bearbeitung von myst. Erbauungsschriften aus dem Französischen, u.a. von J. de → Labadie (*Handbüchlein*, 1726) und der *Nachfolge Christi* des → Thomas von Kempen entstand die vielbeachtete, später mehrfach erweiterte Sammlung von Gedichten und Liedern, das *Geistliche Blumengärtlein* (1729, vgl. Ev. Gesangbuch Nr. 165). Das pietist.-biograph. Interesse dokumentieren die zw. 1733–1743 erschienenen drei Bde. der *Auserlesenen Lebensbeschreibungen.* Seit 1728 lebte T. als freier Seelsorger, Prediger und Schriftsteller ganz für seine Freundeskreise, zum Teil von Zensur und Versammlungsverbot behindert. T.s Verhältnis zur reformierten Kirche war nicht ohne Spannungen, doch hat er nie zur Separation geraten. 1756 mußte er aus gesundheitl. Gründen seine Predigt- und Reisetätigkeit aufgeben. Der Empfang der Freunde und Ratsuchenden in seinem Haus und eine reiche Korrespondenz bestimmten die letzten Lebensjahre.

Lit.: BBKL 11 (1996), 674–695; Brecht 2 (1995), 390–410. HANS-MARTIN KIRN

Tertullian, Quintus Septimius Florens (Tertullianus), Kirchenschriftsteller, 2./3. Jh., * Karthago. Geburts- und Todesjahr T.s sind unbekannt, doch läßt sich ein Teil seiner Schriften zuverlässig auf die Jahre 197–211 datieren. Die meiste Zeit seines Lebens verbrachte T. in seiner Geburtsstadt; bezeugt ist ferner ein Aufenthalt in Rom. T. wurde heidnisch erzogen und ist erst als Erwachsener (vor 197) Christ geworden. Zw. 203 und 207 wandte er sich mehr und mehr dem Montanismus zu, welcher mit der baldigen Heraufkunft von Christi Friedensreich rechnete und eine rigorose Askese vorschrieb. Nach dem Zeugnis des → Augustinus trennte sich T. schließlich von den Montanisten und gründete eine eigene Sekte. Erhalten haben sich von T. rund 30 Traktate; sie lassen sich in drei Gruppen einteilen: apologet., antihäret.-dogmat. und prakt.-asketische. Zur ersten Gruppe gehört das im Jahr 197 verfaßte *Apologeticum* (*Verteidigungsschrift*); das Werk gibt sich als Plädoyer vor den Provinzstatthaltern des röm. Reichs, wendet sich aber in Wahrheit an die Heiden insgesamt. Ziel der Argumentation ist es, zu zeigen, daß es keineswegs die Christen, sondern im Gegenteil die Heiden sind, deren Unmoral das röm. Imperium in Gefahr bringt. Dabei widerlegt T. die heidn. Vorwürfe nicht nur, sondern schleudert sie auf die Widersacher zurück; so habe z. B. bisher niemand die heidn. Anschuldigung belegen können, daß die Christen bei ihren Zusammenkünften Inzest und Kindermord verübten; hingegen hätten nordafrikan. Heiden noch bis vor kurzem Menschenopfer dargebracht. Der Gott, den die Christen verehrten, habe die Welt erschaffen, sei unsichtbar und unbegreifbar; alle Menschen hätten eine dunkle Ahnung von ihm, was sich zeige, wenn sie in einer gefährl. Situation unwillkürlich „Das gebe Gott!“ ausriefen – T. nennt dies „das Zeugnis der von Natur aus christlichen Seele“ (*testimonium animae naturaliter Christianae*). Die ebenfalls im Jahre 197 entstandene Schrift *Adversus Iudaeos* (*Gegen die Juden*) erörtert die Frage, ob die Heiden nur dann die Huld Gottes erlangen können, wenn sie sich dem mosaischen Gesetz unterwerfen. In dem Traktat *De pallio* rechtfertigt T., daß er die Toga gegen das Pallium eingetauscht habe, das Obergewand der Philosophen, der die freien Künste Ausübenden – und der Christen. Zu den antihäret.-dogmat. Schriften zählt *De praescriptione haereticorum* (*Von der Einsprache beim Prozeß, die Irrlehrer betreffend*); T. wendet sich hier bes. gegen die Häresie → Markions. Als wahre christl. Lehre habe diejenige zu gelten, welche die Gemeinden von den → Aposteln übernommen hätten, die sie ihrerseits von Christus empfangen haben. Der Traktat *Adversus Hermogenem* ist das früheste erhaltene Beispiel christl. Auslegung der Genesis. Gegen den Häretiker Markion richtet sich auch die umfangreichste Schrift, die sich von T. erhalten hat (*Adversus Marcionem*, 5 Bücher); hier werden außerordentl. viele Stellen aus der Bibel herangezogen und näher erläutert. In *De anima* (*Von der Seele*) setzt sich T. vornehml. mit Platons Lehre von der Unsterblichkeit der Seele und von der Wiedererinnerung (Anamnesis) auseinander; für T. entsteht die Einzelseele im Akt der Zeugung. Der Traktat *Adversus Praxean* widmet sich dem Problem der Trinität und weist die Auffassung zurück, daß Vater und Sohn nichts anderes seien als versch. Offenbarungsweisen derselben Gottheit; auch in dieser Schrift werden viele Stellen aus der Bibel erklärt. Von den zahlr. prakt.-asket. Traktaten T.s befaßt sich beispielsweise *De virginibus velandis* (*Von der Verhüllung der Jungfrauen*) mit der Frage, ob → Paulus' Forderung, jedwede Frau müsse beim Gebet ihr Haupt bedecken, auch für Jungfrauen gelte; T. bejaht dies mit Nachdruck. Der Traktat *De spectaculis* warnt entschieden vor dem Besuch „öffentlicher Schaustellungen" wie Gladiatorenkämpfen, Wagenrennen und Theateraufführungen; alle diese Darbietungen seien mit dem heidn. Götterkult, der Idololatrie, verknüpft. Im ganzen stellt sich T. dar als ein Meister der Sprache, der außerordentl. schwungvoll zu argumentieren versteht. In der Exegese des Bibeltexts läßt T. die allegor. Interpretation hinter der literalen zurücktreten. Die Folgezeit hat bes. die geschliffenen Formulierungen und Begriffsbestimmungen geschätzt, die sich bei ihm in großer Zahl finden.

Lit.: HLL 4 (1997), 438–511.

Siegmar Döpp

Tetzel, Johannes, OP, Ablaßprediger, * um 1465 (Pirna), † 11. 8. 1519 (Leipzig). Nach dem Studium in Leipzig, wo er in den OP eintrat, war T. seit 1504 als Ablaßprediger, seit 1509 auch als Inquisitor für Polen, dann für die Ordensprovinz Sachsen tätig. Als Generalsubkommissar predigte er zuletzt im Auftrag → Albrechts von Brandenburg in Magdeburg und Halberstadt den Ablaß für den Neubau der Peterskirche in Rom. Die Art seiner vordergründigen, die Strategie der Angst plakatierenden Ablaßpredigt (Geldablaß) erfuhr vielfach schneidende Kritik und führte zum öffentl. Hervortreten M. → Luthers mit seinen 95 Ablaßthesen im Spätjahr 1517, damit zur Reformation. T. verfaßte mehrere (Verteidigungs-) Schriften zum Ablaß.

Lit.: ³LThK 9 (2000), 1359f.

Manfred Heim

Thadden-Trieglaff, Reinold von, Jurist, Agrarwissenschaftler, * 13. 8. 1891 (Mohrungen, Ostpreußen), † 10. 10. 1976 (Fulda). T.-T. stammte aus einer alten bodenständigen ev. Adelsfamilie des dt. Ostens. Seit 1928 war der Jurist (Dr. jur.) erster Vorsitzender der Dt. Christl. Studentenvereinigung (DCSV), die aus den Erweckungsbewegungen des 19. Jh.s hervorgegangen ist. Diese 1890 gegründete Studentenvereinigung wurde 1938 vom NS-Regime aufgelöst. T.-T. war auch Vizepräsident des internat. *Christlichen Studenten-Weltbundes* und Reichstagsabgeordneter der Deutschnat. Volkspartei (DNVP). Bereits 1925 wurde er in die Synode seiner Heimatkirche gewählt; außerdem war er Mitglied des Provinzialkirchenrates. Als 1933 die Dt. Christen in Partei- und SA-Uniform in den Sitzungssaal der Stettiner Synode einmarschierten, trat T.-T. an die Spitze der Widerstand leistenden *Arbeitsgemeinschaft für eine lebendige Volkskirche*. Er schloß sich der Bekennenden Kirche an und stand als Präses der Bekenntnis-Synode Pommern zehn Jahre lang an der Spitze des kirchl. Widerstandes seiner Heimat. Drei der fünf Söhne T.-T.s sind im 2. Weltkrieg gefallen. Seine Schwester Elisabeth von Thadden wurde vom Volksgerichtshof zum Tode verurteilt und 1944 in Berlin-Plötzensee hingerichtet. An der 1949 erfolgten Proklamierung des Dt. Ev. Kirchentages als einer Dauereinrichtung des dt. Protestantismus hatte T.-T. entscheidenden Anteil. Später wurde er Kirchentagspräsident.

Lit.: BBKL 14 (1998), 1542–1544; H. Schroeter, Kirchentag als vorläufige Kirche (1993); TRE 19 (1990), 104–106; W. Hühne, T.-T. (1959); R.v.T.-T., Auf verlorenem Posten? (1948).

JOSEF KREIML

Thalhofer, Valentin, Liturgiewissenschaftler, * 21. 1. 1825 (Unterroth bei Ulm), † 17. 9. 1891 (ebd.). 1848 in München zum Dr. theol. promoviert und im gleichen Jahr zum Priester geweiht, lehrte Th. seit 1850 als Prof. der Exegese und bibl. Archäologie am Lyzeum in Dillingen und folgte 1863 einem Ruf auf den Lehrstuhl für Pastoraltheologie an der Univ. München, wo er zugleich die Leitung des Herzogl. Georgianums übernahm. 1876 wurde er Domdekan in Eichstätt (1889 Dompropst) und versah dort von 1877 bis zu seinem Tode die Professur für Liturgik am Lyzeum. In diesen Jahren ungestörter wiss. Arbeit entstand sein Hauptwerk *Handbuch der katholischen Liturgik* (2 Bde., 1883/90), das bei aller Praxisorientierung den theol. Grundlagen der Liturgie bes. Aufmerksamkeit schenkt, den Schwerpunkt auf die Vergegenwärtigung des Heilswerks Christi im liturg. Vollzug legt und einem organolog. Kirchenverständnis verpflichtet ist.

Lit.: BBKL 11 (1996), 766–769; KThD 3 (1975), 106–124. KARL HAUSBERGER

Theodor von Mopsuestia, Bischof und bed. Theologe der antiochen. Schule, * um 350, † 428. Nach einer gediegenen philos. und rhetor. Ausbildung bei Libanius wurde Th., zusammen mit → Johannes Chrysostomus, im Asketerion des → Diodor von Tarsus auch theol. und aszet. geschult. Mit Johannes Chrysostomus, der den 18jährigen Th. mit einem Mahnschreiben *Ad Theodorum lapsum* von seinen Hochzeitsvorbereitungen auf den monast. Weg zurückholte, verband ihn eine lebenslange Freundschaft. Noch aus seinem Exil bedankte sich Chrysostomus in einem bewegenden Brief für die Anteilnahme Th.s. Als Presbyter in Antiochien und später in Tarsus erwarb sich Th. den Ruf eines streitbaren Theologen, der es mit allen Häretikern spielend aufnahm. 392/93 wurde er Bf. in Mopsuestia. Th. stand in geistigem Austausch mit allen großen Theologen seiner Zeit. Für seine spätere Reputation wurde ihm zum Verhängnis, daß seine Christologie 553 vom II. Konzil von Konstantinopel auf Betreiben Kaiser → Justinians als eines der drei des Nestorianismus (→ Nestorius) bezichtigten „Kapitel“ (neben Ibas von Edessa und → Theodoret von Cyrus) verurteilt wurde. Damit geriet das ges. Werk eines der fruchtbarsten Theologen und bed. Exegeten der antiochen. Schule ins Zwielicht. Man weiß heute, daß die Verurteilung mehr aus takt. Überlegungen im Dienst der Justinianischen Kirchenpolitik denn aus theol. Gründen geschah, und sieht in Th. sogar einen Vorläufer der chalcedonens. Christologie. Th. betonte die soteriolog. Bedeutung des freien menschl. Willens Jesu als Teil seiner unversehrten Menschennatur (gegen → Apollinaris). Dieser freie menschl. Wille Jesu habe sich aufgrund der gnadenhaften Verbindung mit dem göttl. Logos angesichts der Herausforderung von Kreuz und Leid bewährt. Indem Th. auch von der göttl. Einwohnung des Logos im Menschen Jesus und der Begegnung der beiden Naturen in dem einen göttl. Wohlgefallen und der menschl. Bewährung ausgeht, kann er von einer realen Einheit der göttl. und menschl. Natur Christi in einer Person reden. Die *katechetischen Homilien* Th.s (FC 17/1–2) handeln über das *Credo* und das *Vater Unser*, führen dann aber auch in die Liturgie ein, bezeugen das Aufblühen der antiochen. Liturgie im 4. Jh. und dokumentieren ein Verständnis des priesterl. Dienstes als vergegenwärtigende Darstellung (*typos* oder *eikon*) Christi als Haupt der Kirche.

Lit.: [2]LACL 592–594.

Rudolf Voderholzer

Theodoret von Cyrus, Bischof, Theologe, Kirchengeschichtsschreiber, * um 393 (Antiochien), † (460). Nach hervorragender rel. und theol. Ausbildung in antiochen. Klöstern und einem mehrjährigen Aufenthalt in einem syr. Kloster (nach dem Tod seiner Eltern 416) wurde Th. Bischof 423 der kleinen Stadt Cyrus nahe Antiochien. Im Nestorian. Streit (→ Nestorius) stand Th. auf der Seite des Bf. von Antiochien und griff mit zwei Schriften → Cyrill von Alexandrien an. An der Unionsformel (DH 272 f.), die schließl. 433 zur Grundlage der Anerkennung des Konzils von Ephesus 431 durch die antiochen. Bischöfe wurde, wirkte Th. maßgeblich mit. Als der Streit um die richtige Formulierung der Personeinheit Christi im Zusammenhang mit den Lehren des radikalen Antinestorianers → Eutyches (378–450) erneut aufflammte, wurde Th. 449 von der „Räubersynode" verurteilt, vom Konzil von Chalcedon 451 aber feierlich rehabilitiert, nachdem schon P. → Leo I. im *Tomus Leonis* Th.s Christologie akzeptiert hatte. Die von einem fortgeschrittenen Reflexionsstand ausgehende, rückwirkende Verurteilung pronestorian. Schriften Th.s durch das II. Konzil von Konstantinopel 553 (*Dreikapitelstreit*) führte zum Verlust eines großen Teils von Th.s Schrifttum. Nach eigenen Angaben hat er 35 Werke verfaßt. Neben den dogmat. und apologet. Büchern stehen eine Reihe exeget. Schriften, die Th. als den neben → Theodor von Mopsuestia führenden Schriftausleger der antiochen. Schule ausweisen. Seine *Kirchengeschichte* (für die Zeit 325–428) in der Nachfolge des → Eusebius von Caesarea und seine *Mönchsgeschichte* sind in die [2]BKV (50 und 51) aufgenommen.

Lit.: [2]LACL 596–598.

Rudolf Voderholzer

Theodoros Anagnostes, (Theodor Lector). Th. war Anfang des 6. Jh.s Vorleser (*lector*) an der Hagia Sophia (Konstantinopel). Um 530 faßte er die Kirchengeschichten des → Sokrates, → Sozomenos und → Theodoret von Cyrus in einer vierbändigen *Historia Tripartita* zusammen (Bd. 1/2 sind in einem Venezianer Codex erhalten), die er um zwei eigene Bücher erweiterte und die Darstellung bis 527 (→ Justinian I.) führte. In der Behandlung seiner Quellen ist Th. sehr freizügig, greift korrigierend ein und läßt seine eigene dogmat. Position aufscheinen. Das Werk wurde im 7./8. Jh. epitomiert, Auszüge sind bei gr. Chronographen erhalten.

Lit.: [2]LACL 591f. SUSANNE STÜBINGER

Theodoros Studites (Theodor von Studion), hl. (Fest 11. 11.), Erneuerer des Mönchtums, † 759 (Konstantinopel), † 11. 11. 826 (Insel Prinkipo bei Konstantinopel). Th. war seit 780 Mönch im Klr. Symbolon (Bithynien), seit 782 im Klr. Sakkudion, wo er 787/88 zum Priester geweiht und 794 Abt wurde. Seit 798 Abt des berühmten, 463 vom oström. Konsul Studios gegründeten Studion-Klr. in Konstantinopel (ein Gelehrtenzentrum mit bed. Schreibschule), reformierte er das Kloster nach asket.-koinobit. Ideal; seine Reform (Regel) wurde vielfach als Muster übernommen (u.a. → Athanasios Athonites) und erwies sich als äußerst einflußreich. Im Bilderstreit wurde Th., führender Vertreter der bilderfreundl. Partei, mehrfach verhaftet und verbannt (erstmals 809 auf die Insel Chalke), 821 endgültig freigelassen. Seine Gebeine wurden 844 in das Studion-Klr. überführt. Th. ist Verfasser bed. asket. und homilet. Schriften sowie liturg. Dichtungen.

Lit.: [3]LThK 9 (2000), 1418f.

MANFRED HEIM

Theodosius I. der Große (Flavius Th.), röm. Kaiser (379–395), * 11. 1. 347 (?) (Cauca, Spanien), † 17. 1. 395 (Mailand). Einer begüterten Familie entstammend, wurde er 373 *dux Moesiae*. 376 heiratete er Aelia Flaccilla, nach deren Tod (386) im Jahre 387 Galla († 394). Nachdem die Römer am 9. 8. 378 bei Adrianopel gegen die Germanen eine vernichtende Niederlage erlitten hatten, übernahm Th. das Amt des Heermeisters (*magister militum*). Am 19. 1. 379 wurde er zum Augustus ausgerufen. Seine erste herausragende Maßnahme war das Edikt, das er am 27. 2. 380 erließ (*Codex Theodosianus* 16,1,2); es war zwar formell an die Bevölkerung von Konstantinopel gerichtet, aber doch als für alle Reichsbewohner verbindlich gedacht: „Alle Völker, welche unserer gnädigen Milde Leitung regiert, sollen, das ist unser Wille, in dem Glaubensbekenntnis verharren, welches der göttliche Apostel Petrus, wie bis heute der von ihm verkündete Glaube dartut, den Römern überliefert hat und dem sichtbar der Pontifex Damasus folgt …; das heißt, daß wir glauben nach der apostolischen Unterweisung und der evangelischen Lehre an des Vaters, des Sohnes und des Heiligen Geistes eine Gottheit in gleichartiger Majestät und in frommer Dreifaltigkeit. Die diesem Gesetz folgen, sollen, so gebieten wir, die Bezeichnung katholische Christen beanspruchen, die anderen aber, nach unserem Urteil Unsinnige und Verrückte, sollen die schimpfliche Ehrenminderung der Häresie erleiden ..." (Übers.: A. Lippold). Im Herbst 380 ließ sich Th. taufen. Die Gefahr, die von den Goten für das Imperium ausging, bannte er, indem er die bisherigen Gegner im Status von Föderaten südl. der unteren Donau ansiedelte (Vertrag vom 3. 10. 382). Auch mit den Persern gelang ein Friedensschluß (spätestens 387). Nachdem Th. im Juli 388 den Usurpator Maximus besiegt hatte, hielt er sich im Juni 389 für ein paar Tage in Rom auf und stattete dabei dem Senat einen Besuch ab. Im Frühjahr 390 kam es dadurch, daß Th. einen Befehl nicht rechtzeitig widerrief, in Thessaloniki zu einem Blutbad unter der Bevölkerung; darauf wurde Th. von → Ambrosius aus der Kirchengemeinschaft ausgeschlossen und erst am Weihnachtstag 390 wieder zur Kommunion zugelassen, nachdem er sich mehrfach ohne seine ksl. Hoheitszeichen in der Kirche zu Boden geworfen und sein Vergehen eingestanden hatte. In der Folgezeit verstärkte Th. seinen Kampf gegen das Heidentum. Am 24. 2. 391 erließ er eine Verfügung, welche den Besuch von Tempeln und das Opfern verbot; formell an den Stadtpräfekten von Rom gerichtet, sollte dieses Gesetz für das ganze Imperium gelten. Eine noch gravierendere Maßnahme gegen die Heiden erfolgte am 8. 11. 392: Th. verbot in einem für das gesamte Reichsgebiet bestimmten Erlaß alle Arten von Götterkult für jedermann und an jegl. Ort; Verstöße gegen dieses Gesetz wurden mit strengen Strafen bedroht. Im September 394 besiegte Th. den Usurpator Eugenius am Frigidus. Da Th. seine ganze Regierungszeit über das Ziel verfolgt hatte, das Heidentum zu überwinden und die gesamte Reichsbevölkerung zum Nizän. Glaubensbekenntnis hinzuführen, wurde ihm im 5. Jh. von kirchl. Seite der Beiname *der Große* gegeben.

Lit.: A. Lippold, Th. d. Gr. und seine Zeit (1980). Siegmar Döpp

Theodulf von Orléans, Bischof, Abt, Theologe und Dichter, * um 760 (westgot. Herkunft), † 821 (Le Mans). Th. wirkte seit etwa 780/85 am Hof → Karls d. Gr. im Geist der *Karolingischen Reform* und war neben → Alkuin der einflußreichste Berater Karls, den er 800 auch nach Rom begleitete, wo er 801 von P. → Leo III. das Pallium erhielt, damit zum Erzbischof erhoben wurde. Spätestens 798 wurde Th. Bf. von Orléans und Abt von Fleury; er bemühte sich intensiv um kirchl. Reformen in seinem Bistum und verfaßte dazu zwei Kapitularien, von denen das erste weite Verbreitung fand und ins Altengl. übersetzt wurde. Unter → Ludwig d.Fr. fiel Th., der Mitwirkung an einer Verschwörung geziehen, in Ungnade, wurde 818 seiner Ämter enthoben und mit Klosterhaft in Angers und Le Mans belegt. Seine lit. Werke weisen ihn als einen der bedeutendsten Theologen des Frankenreiches aus. Er war beteiligt an der Revision des Bibeltextes und ist u.a. Verf. der *Libri Carolini*, einer von Karl d. Gr. veranlaßten Widerlegung der (mißverstandenen) Beschlüsse des II. Konzils von Nizäa (787) über die Bilderverehrung auf der Synode von Frankfurt (794), und des Prozessionsliedes *Gloria, laus et honor* für den Palmsonntag, das bis heute in der Liturgie fortlebt. Th.s Hymnen, v. a. seine formvollendeten Lehr- und Briefgedichte sind ein weiterer Beleg für seine stupende Gelehrtheit.

Lit.: ³LThK 9 (2000), 1426 f.; LMA 8 (1997), 647 f. MANFRED HEIM

Theophilus von Antiochien, hl. (Fest syr. 17. 10., kopt. 15. 10.), 169 Bf. von Antiochien, † zw. 181 und 188. Von seinen zahlr. Schriften sind nur die um das Jahr 180 verfaßten drei Bücher *Ad Autolycum* erhalten (dt.: ²BKV 14, 12–106). Den darin enthaltenen Angaben zufolge kam Th. erst als Erwachsener unter dem Eindruck der Prophetenbücher zum christl. Glauben. *Ad Autolycum* verteidigt den christl. Glauben gegenüber heidn. Vorwürfen und polemisiert gegen die gr. Mythologie und Philosophie. Nach → Justin und → Tatian stützte sich auch Th. konsequent auf den sog. *Altersbeweis*: die bibl. Überlieferungen seien älter und darum glaubwürdiger als die Lehren der Philosophen, die ihre Weisheit aus den hl. Schriften „gestohlen" hätten, wie die Chronologie im 2. Teil des 3. Buches zeigen soll. Darüber hinaus zieht Th. die Unterscheidung zw. *logos endiathetos* (das im Herzen beschlossene Wort) und *logos prophorikos* (das ausgesprochene Wort) heran, um die ewige Zeugung des Sohnes aus dem Vater mit dem Hervorgang des äußeren aus dem inneren Wort zu vergleichen. Th. betonte die heilsgeschichtl. Bedeutung des Gesetzes und der Propheten und entwickelte die Trinitätslehre allein aus Gen 1.

Lit.: ²LACL 602 f.

RUDOLF VODERHOLZER

Theresia (Teresa) von Ávila (Theresia von Jesus, Teresa de Jesús, auch Theresia die Große oder die Große Theresia [im Unterschied zur Kleinen → Theresia von Lisieux], eigtl. Teresa Sánchez de Ahumada), hl. (Fest 15. 10.), OCarm, span. Mystikerin, Ordensreformerin, Kirchenlehrerin, * 28. 3. 1515 Ávila), † in der Nacht der Einführung des Gregorian. Kalenders, vom 4. auf den 15. 10. 1582 (Alba de Tormes, Salamanca). Aus einer adeligen Familie als drittes von zwölf Kindern geboren, trat Th. am 2. 11. 1535 in den Karmel von Ávila ein. Eine lange, durch schwere Krankheit 1539 ausgelöste Lebenskrise überwand sie 1554 in einem Bekehrungserlebnis, das zum Impuls für ihr Gottes Liebe und Barmherzigkeit verinnerlichendes myst. Empfinden, Erfahren und Beten im Einklang mit strenger Buße und Askese, zugleich auch für ihr Reformwerk im Orden wurde. Th. erneuerte mit großem organisator. Geschick seit 1562 (seit 1568 zus. mit → Johannes vom Kreuz) den Karmel im Sinne der Regel von 1247 und gründete insgesamt 15 Frauen- und 16 Männer-Klöster der Unbeschuhten Karmeliten (Diskalzeaten; aus diesem Reformzweig entstand 1593 ein eigener Orden). Die begnadete Mystikerin Th., zugleich eine Klassikerin der span. Sprache und der Weltliteratur, schuf mit ihren Schriften den Höhepunkt span. Mystik; neben zahlr. Kleinschriften, Gedichten und Briefen sind v. a. zu nennen: a) *Buch meines Lebens* (*Libro de la Vida*, 1562–1565), die Autobiographie Th.s, durch die auch die hl. E. → Stein zu ihrer „Wahrheit" gefunden hat; b) *Weg der Vollkommenheit* (*Camino* *de Perfección*, 1566/67), der die myst. Vermählung mit Gott beschreibt; c) *Buch der Gründungen* (*Libro de los Fundaciones*, 1573–1582), das ihre Kloster-Reformen und -Gründungen beinhaltet, zudem autobiograph. Züge trägt; d) *Seelenburg* (*Castillo Interior*, 1577), die den Zugang des Menschen zur höchsten Vollendung in Gott aufweist. Im Mittelpunkt ihrer Lehre steht das Motiv der „Freundschaft", die Gott nicht als höhere Macht, sondern als im Menschen Jesus Christus begegnenden Freund begreift. Diese Vorstellung hat sie auch in einem weltberühmten Gebet klass. zum Ausdruck gebracht: „Nichts soll dich ängstigen, nichts dich erschrecken; alles vergeht, Gott aber bleibt derselbe. Hab' Geduld, dann gelingt dir alles. Wer auf Gott vertraut, dem fehlt es an nichts; Gott allein genügt" („solo Dios basta"). Th. ist zweifellos eine der größten Frauengestalten der Kirchengeschichte und 1970 zus. mit der hl. → Katharina von Siena zur Kirchenlehrerin erhoben worden. Sie ist auch Schutzpatronin Spaniens.

Lit.: B. Souvignier, Die Würde des Leibes (2001); [3]LThK 9 (2000), 1487–1489; Metzler 678–681; J. Burggraf, Th. (1996). MANFRED HEIM

Theresia von Lisieux (Theresia vom Kinde Jesus [und vom hl. Antlitz], Thérèse de l'Enfant-Jésus et de la Sainte-Face, auch Kleine Theresia [im Unterschied zur „Großen" → Theresia von Ávila], eigtl. Marie Françoise Thérèse Martin), hl. (Fest 1. 10.), OCD, Kirchenlehrerin, * 2. 1. 1873 (Alençon/Normandie), † 30. 9. 1897 (Lisieux). Th. trat (nach dem frühen Tod ihrer Mutter) am 9. 4. 1888, erst 15jährig, doch bereits myst. erfahren, in den Karmel von Lisieux ein, wo sie strengster Behandlung durch die Priorin ausgesetzt war. Seit 1893 Novizenmeisterin, litt sie seit Karfreitag 1896 an Tuberkulose und starb, seit Ostern des selben Jahres von starker Glaubensprüfung geplagt, 18 Monate später. Ihre von der innigen Liebe zu Jesus, der Kreuzesnachfolge und der geistigen Kindschaft geprägte Mystik als *Kleiner Weg* der geistl. Armut und Barmherzigkeit, die das unbedingte Angewiesensein des Menschen auf die Gnade Gottes lehrt, kleidete sie u. a. in die Worte: „Meine Seligkeit im Himmel soll darin bestehen, Gutes zu tun auf Erden … Nach meinem Tode werde ich Rosen auf die Erde herabfallen lassen." Neben Gedichten, Gebeten und Briefen verfaßte sie eine Autobiographie, die nach ihrem Tod weite Verbreitung fand: *Geschichte einer Seele* (1898). Th. wurde 1925 heiliggesprochen und 1997 (nach den hll. Theresia von Avila und → Katharina von Siena) zur Kirchenlehrerin erhoben. Sie ist Patronin der Weltmission und (mit → Jeanne d'Arc) Frankreichs.

Lit.: [3]LThK 9 (2000), 1490–1492; Metzler 677 f.; I. F. Görres, Th. (1998). MANFRED HEIM

Thomas, Apostel → Apostel (Zwölf) und Evangelisten

Thomas Becket → Becket, Thomas

Thomas von Aquin, hl. (Fest 28. 1.), berühmtester scholast. Philosoph und Theologe, * 1224/25 (Burg Roccasecca bei Neapel), † 7.3.1274 (Fossanova). Geboren als Kind einer adligen Familie, wurde Th. als

Fünfjähriger dem OSB von Montecassino als Oblate zur Erziehung übergeben. Wegen pol. Querelen mußte er 1239 die Abtei verlassen und begab sich zum Studium an die ksl. Univ. Neapel, wo er in Kontakt mit dem OP kam. Angezogen von deren Ideal des „apostel-gleichen Lebens“ (Glaubensverkündigung in Verbindung mit persönl. Armut), trat er dem Orden bei (1243/44) – gegen den zunächst erbitterten Widerstand seiner Familie, die ihn zwei Jahre lang gefangenhielt. In Paris und Köln studierte er v. a. bei → Albertus Magnus, der die hohe Begabung erkannte. Bereits 1256 erhielt Th. die Lehrbefugnis; er lehrte zunächst in Paris, dann in Orvieto/Viterbo und Rom (1261–1268); ein zweiter Aufenthalt in Paris folgte. Ab 1272 lehrte er wiederum in Italien (Neapel). Auf der Reise zum Konzil von Lyon starb Th. am 7. 3. 1274 in der OCist-Abtei Fossanova. Th. hinterließ ein gewaltiges philos.-theol. Werk: Auslegungen zum AT und NT, Kommentare zu Aristoteles, → Dionysius Areopagita und → Boethius, Gutachten und Abhandlungen zu aktuellen Fragen, die schriftl. Ausarbeitung universitärer Disputationen, Predigten. Das Spektrum reicht von diffizilen Fragen der Metaphysik und Erkenntnistheorie – wo es ihm gelang, Aristoteles für die christl. Philosophie und Theologie fruchtbar werden zu lassen – bis zur seelsorgerl. motivierten Auslegung der Grundgebete (*Credo*, *Vater Unser*, *Ave Maria*). Th.’ Ruhm als „allgemeiner Lehrer“ (*Doctor communis*) wurde v. a. durch die beiden syst. Werke, die *Summa contra gentiles* und die *Summa theologiae*, begründet. Letztere war von Th. als Lehrbuch konzipiert und erlangte größte Bedeutung für die Ausbildung kath. Theologen seit dem 16. Jh. Eine seiner großen Leistungen war die klarere Verhältnisbestimmung von Philosophie und Theologie, die zwar einen je eigenen Gegenstand und eine je eigene Methode haben, aber dennoch nicht beziehungslos nebeneinander laufen: Während die Philosophie nach der mit den Mitteln der menschl. Vernunft zugängl. Wahrheit fragt und dabei zu einem ersten Ursprung alles Seienden gelangen kann, „den alle ‚Gott‘ nennen“, ist Theologie die Teilnahme des Menschen am Erkennen Gottes aufgrund der geschenkten und im Glauben angenommenen Offenbarung. Sich der Wahrheit, die Gott selbst ist, denkend und betend zuzuwenden und das Erkannte anderen mitzuteilen, war Th.’ Lebensziel (*contemplari et contemplata aliis tradere*). Der Ehrentitel *engelgleicher Lehrer* (*Doctor angelicus*) bringt dies und die persönl. Lauterkeit zum Ausdruck. Nach heftigen postumen Lehrkontroversen 1323 wurde Th. heiliggesprochen, 1567 zum Kirchenlehrer erklärt, mehrfach von Päpsten (v. a. → Leo XIII.) als bevorzugt zu studierender Lehrer empfohlen. Th. wird im dominikan. Habit dargestellt, zuweilen mit der Sonne auf der Brust oder der Hl.-Geist-Taube am Ohr; häufig mit der Eucharistie, da er auch maßgebl. mitwirkte an der Gestaltung der Liturgie des Fronleichnamsfestes.

Lit.: R. Schönberger, Th.v.A. zur Einführung (1998); J. P. Torrell, Magister Th. (1995); R. Heinzmann, Th.v.A. (1994); J. Weisheipl, Th.v.A. (1980).

Marianne Schlosser

Thomas von Kempen (Thomas Hemerken), CRV, Schriftsteller, * 1379/80 (Kempen, Niederrhein), † 1. 5. oder 25. 7. 1471 (Klr. Agnietenberg, Zwolle). In Deventer, wo Th. seit 1392 die Schule des Johannes Boom besuchte, schloß er sich den Brüdern vom Gemeinsamen Leben im Haus des Florentius Radewijn an. 1399 trat Th. in das Augustinerchorherrenstift St. Agnietenberg ein, 1406/07 erfolgte die Profeß, 1414 die Priesterweihe. Im Kloster wirkte Th. als Subprior (1425–1431, seit 1448), zeitweise als Prokurator, Novizenmeister, Prediger und Kopist. Th. hinterließ 38 Werke meist aszet. Inhalts, die der *Devotio moderna* verpflichtet sind. Die Schrift *De tribus tabernaculis* über Armut, Demut und Geduld, das *Soliloquium animae* und der *Libellus de disciplina claustralium* sind aus dieser Gruppe hervorzuheben. Außerdem verfaßte Th. eine Chronik seines Klosters, homilet. Werke, Predigten, Meditationen, Gedichte, Gebete und Traktate. Die myst. Erbauungsschriften *Hortulus rosarum* und *Vallis liliorum* waren weit verbreitet. Es gilt jetzt als gesichert, daß Th. der Verfasser der *Imitatio Christi* (*Nachfolge Christi*, um 1434) war, die in 767 Handschriften, über 3000 Drucken und 96 verschiedensprachigen Übersetzungen verbreitet ist und die Spiritualität kath. und ev. Theologen von der Reformation bis zur Gegenwart beeinflußte (z.B. → Ignatius von Loyola, J. → Arndt, J. M. → Sailer). Th.' Schriften wurden allesamt schon im 15. Jh. gedruckt.

Lit.: [3]LThK 9 (2000), 531f.; LLex 11 (1991) 343–345. MARIANNE SAMMER

Thomas von Torquemada (Tomás de T.), OP, span. Inquisitor, * 1420 (Valladolid), † 16. 9. 1498 (Ávila). Th., Neffe des → Johannes von Torquemada, trat 1437 in Valladolid in den OP ein, war Prior von Santa Cruz in Segovia und leitete seit 1483 (seit 1486 mit dem Titel *Großinquisitor*) die span. Inquisition, die er als zentralist. und von der Röm. Kurie unabhängige Behörde rechtl. organisierte. Beichtvater → Ferdinands II. von Aragón und → Isabellas von Kastilien, war er an den kgl. Maßnahmen zur Vertreibung der Juden aus Spanien 1492 maßgebl. beteiligt. Th. ist Verfasser von Instruktionen (*Instrucciones*) für die Inquisition.

Lit.: [3]LThK 9 (2000), 1537f.; LMA 8 (1997), 877. MANFRED HEIM

Thomasius, Christian, bed. Jurist, * 1. 6. 1655 (Leipzig), † 23. 9. 1728 (Halle). 1672 Magister der Philosophie (Leipzig), 1679 Dr. iuris utriusque (Frankfurt/Oder); 1679–1686 Advokat, ab 1682 auch Vorlesungen in Leipzig, sogar erstmals an einer dt. Univ. in dt. Sprache (1687/88, Discurs über B. → Gracián); am 10. 3. 1690 ergeht gegen ihn ein Lehr-, Disputations- und Veröffentlichungsverbot vom sächs. Kurfürsten, worauf er nach Halle wechselt und ab 1690 Vorlesungen zunächst an der Hallenser Ritterakademie, dann an der neugegründeten Univ. hält und 1710 Direktor der Univ. auf Lebenszeit wird. In vielem ein krit., origineller und zuweilen trotziger Querdenker, v.a. aber Protagonist der dt. Aufklärung. Seine Position gegenüber der Folter ist letztlich noch bejahend: 1705 erscheint zwar eine sie ablehnende Dissertation seines Schülers Bernhardi, Th. distanzierte sich aber in einem Begleitschreiben krit. von ihm. Th. hielt die Folter für unchristl., aber nolens volens für prakt. notwendig. Eindeutig ist aber seine Ablehnung der Hexenprozesse, gegen die er in *De Crimine Magiae* (1701, dt. Aufl. schon 1702 und 1704) und *Processus Inquisitorii contra Sagas* (1712) lit. zu Felde zieht, nachdem er im Zuge der Aktenversendung in schwebenden Verfahren an die Hallenser Juristenfakultät damit befaßt war: „Nun verdroße es mich aber nicht wenig, daß bey disen ersten mir unter die Hände gerathenen Hexen-Prozeß mein Votum nicht hatte wollen attendiret werden …" In der Frage nach dem Verhältnis von Staat und Kirche vertritt er eine aus der Souveränität des Landesherrn resultierende allumfassende Zuständigkeit, ein *ius circa sacra* zur äußeren Regelung der Religionsausübung, also ein prinzipiell uneingeschränktes landesherrl. Kirchenregiment. Naturrechtl. besteht die Herrschergewalt nach dem Unterwerfungsvertrag (S. von → Pufendorf) so weit, wie es für Ruhe im Staat (*pax externa*) und Glückseligkeit der Untertanen als Staatszwecke erforderl. ist, in Glaubensangelegenheiten als innerer Haltung des Bürgers (*fides*) hat der Fürst kein Recht. Nach Ansicht Th.' ist das Verbot des konfessionellen Pluralismus im Staate nicht zwingend notwendig, wegen der Zugehörigkeit des *ius circa sacra* zur Souveränität (*superioritas territorialis*) aber Verfassungswirklichkeit. In den *Fundamenta Juris Naturae et gentium* (1705) vollzieht Th. die Trennung von Recht und Moral nach dem Kriterium der Erzwingbarkeit: wenn Recht nur die positiv vom jeweiligen Souverän gesetzten und von ihm erzwingbaren Normen sind – aus diesem Grund sind auch keine Freiheits*rechte* der Untertanen denkbar –, dann ist Naturrecht nur vernunfts- und erfahrungsmäßig erkannte Ethik, als solche aber unerzwingbar und nur relevant als Norm für das Gewissen. Das gilt konsequenterweise auch für die Gebote der Bibel, die in diesem Sinn nicht als Recht anzusehen sind – wodurch es auch zur Trennung von Theologie und Recht kommt.

Lit.: F. Vollhardt (Hg.), Ch. Th. – neue Forschungen im Kontext der Frühaufklärung (1997); [4]Kleinheyer-Schröder 424–431; [2]Stolleis 627f.

Hans-Georg Hermann

Tichon (Tychon, Wassili Iwanowitsch Bellawin), hl. (Fest 25. 3.), Patriarch, * 19. 1. 1865 (Toropez), † 7. 4. 1925 (Moskau). 1897 Bf. von Lublin, 1914 Ebf. von Vilnius (Wilna) und nach Wiedereinführung des Patriarchates (→ Peter I. d. Gr.) 1917 Patriarch von Moskau und ganz Rußland, blieb T. dem kommunist. Regime gegenüber unbeugsam, wurde 1922 inhaftiert, dann unter Hausarrest gestellt und war bis zu seinem Lebensende schweren Repressalien ausgesetzt. T. wurde 1989 als Bekenner heiliggesprochen.

Lit.: BBKL 17 (2000), 1374f.

Manfred Heim

Tillich, Paul, ev. Theologe, Religionsphilosoph, * 20. 8. 1886 (Starzeddel, im heutigen Polen), † 22. 10. 1965 (Chicago). In den Jahren ab 1920 glaubte T. an die Möglichkeit einer Synthese zw. Christentum und Sozialismus. Er hatte verschiedene Professuren (für Syst. Theologie in Marburg, für Religionswissenschaft in Dresden, für Philosophie und Soziologie in Frankfurt a.M.) inne. Nachdem T. wegen seiner Sympathien für den Sozialismus 1933 in Frankfurt seines Lehrstuhls enthoben wurde, erhielt er das Angebot, am *Union Theological Seminary* in New York zu dozieren. In seiner dreibändigen *Systematischen Theologie* (1951–1963) entwickelte T. den Gedanken der „paradoxalen Immanenz des Transzendenten", das alle Welt als „Tiefe" ihres Seins durchherrscht. Das Zueinander von Philosophie und Offenbarung beschrieb T. mit seiner Methode der „Korrelation": Er verstand das philos. Ringen als „Frage", auf die das göttl. Offenbarungsgeschehen Antwort gibt. Alles kreatürl. Sein ist durch einen inneren Seinsbezug mit Gott verbunden. Das „neue Sein" in Christus verleiht dem Menschen einen auf Zukunft orientierten „Mut zum Sein". T. zählt zu den bedeutendsten Theologen des 20. Jh.s. Sein bes. Verdienst besteht darin, daß er die prot. Theologie für philos. Fragestellungen geöffnet hat.

Lit.: BBKL 12 (1997), 85–123; W. Schüßler, P. T. (1997); G. Wehr, P. T. mit Selbstzeugnissen und Bilddokumenten (1979). JOSEF KREIML

Torquemada, Juan/Tomás de → Johannes/Thomas von Torquemada

Troeltsch, Ernst, ev. Theologe und Religionsphilosoph, * 17. 2. 1865 (Haunstetten bei Augsburg), † 1. 2. 1923 (Berlin). T. studierte seit 1884 Theologie in Erlangen, Berlin und Göttingen, wo er 1891 als Schüler von A. → Ritschl zum Dr. theol. promovierte und sich habilitierte. Nach kurzer Lehrtätigkeit in Bonn (1892–1894) entfaltete er in seiner wiss. produktivsten Zeit als Prof. für Syst. Theologie in Heidelberg (1895–1915) ein weitgespanntes Programm, „in dessen Zentrum der Versuch stand, die kulturelle Mitteilbarkeit theologischer Gehalte in der modernen Lebenswelt zu sichern", wobei er bei der Überprüfung der Geltungsansprüche der wiss. Theologie und christl. Religion zu dem Ergebnis kam, „daß die Theologie nur als historische Disziplin Wissenschaftscharakter habe und das Christentum nicht die absolute Religion, sondern die bislang höchste Stufe der religiösen Menschheitsentwicklung sei" (H. Ruddies). Der in diesem rel. Historismus implizierten Entfernung von der kirchl. gebundenen Theologie trug nach außen hin die 1915 durch Intervention A. → Harnacks erfolgte Berufung an die Philos. Fakultät in Berlin Rechnung, wo sich der auch in der Soziologie versierte T. auf dem neugeschaffenen Lehrstuhl für *Kultur-, Geschichts-, Gesellschafts- und Religionsphilosophie und christliche Religionsgeschichte* zum bedeutendsten Geschichtsphilosophen seiner Zeit entwickelte und darüber hinaus seine kulturtheoret. und pol. Tätigkeit (1919/20 Abgeordneter der linksliberalen Dt. Demokrat. Partei und Unterstaatssekretär im preuß. Kultusministerium) intensivieren konnte. Von den dialekt. Theologen der *damnatio memoriae* preisgegeben, wurde erst in jüngster Zeit, hauptsächl. durch die Forschungen der 1981 gegründeten *Ernst-Troeltsch-Gesellschaft*, deutlich, daß der Denkweg dieses Gelehrten die prot. Theologie aus der Enge eines wiss. Bezirks in die Weite einer kulturgeschichtl. Disziplin geführt und der Vertiefung des Kulturbewußtseins gleichermaßen gedient hat wie der Erneuerung der Religion. Heute ist sein in der Theologie und in den Kulturwissenschaften internat. präsentes Werk „ein Bezugspunkt für die Debatten über den kulturellen Umgang mit den Ambivalenzen der Moderne“ (H. Ruddies).

Lit.: DBE 10 (1999), 91–93; BBKL 12 (1997), 497–562; F. W. Graf (Hg.), Profile des neuzeitl. Protestantismus, Bd. 2/2 (1993), 295–335. KARL HAUSBERGER

Tyndale, William, engl. Bibelübersetzer, * um 1490 (Grafschaft Gloucester), † verbrannt Anfang Okt. 1536 (Vilvorde bei Brüssel). T. studierte in Oxford, wohl mit bibelhumanist. Schwerpunkt. Bei der Lektüre und Übersetzung von → Erasmus' *Handbüchlein* (*Enchiridion militis christiani*) überzeugte er sich von der Bedeutung volkssprachl. Bibelübersetzungen, die in England seit J. → Wyclifs Zeiten unterdrückt worden waren. Trotz staatl. Verbots begab er sich 1524 nach Wittenberg zu M. → Luther, wo er zusammen mit einem Gleichgesinnten die erste engl. Übersetzung des NT aus dem gr. Urtext (1525/26) erarbeitete und Lutherschriften ins Englische übertrug. Nach Abschluß des NT begann T. mit der Übersetzung des AT aus dem Hebräischen, die unvollendet blieb. Eine revidierte Fassung des NT erschien 1534. Vom Festland aus organisierte T. die Verbreitung von Bibel und reformator. Literatur in England, von König und Klerus heftig bekämpft. 1535 wurde T. in Antwerpen auf Betreiben eines engl. Agenten verhaftet und Anfang Oktober 1536, als luth. Ketzer verdammt, erdrosselt und auf dem Scheiterhaufen verbrannt (trad. Gedenktag der angl. Kirche: 6. 10.). T.s Übersetzung des NT ging zu einem Großteil in die *King James Version* von 1611 ein.

Lit.: J. D. Long, The Bible in English (1998); Kaufmann 76f.; D. Daniell, W. T. (1994). HANS-MARTIN KIRN

U

Ulfila → Wulfila

Ulrich, hl. (Fest 4. 7.), Bf. von Augsburg, * 890 (Augsburg), † 4. 7. 973 (ebd.). 900–908 in St. Gallen erzogen, Tätigkeit beim Augsburger Bf. Adalpero und Priesterweihe; am 28. 12. 923 zum Bf. von Augsburg geweiht. 926 Errichtung einer Mauer gegen die Ungarn-Einfälle; am 8./9. 8. 955 steht U. selbst gegen die Ungarn im Feld (Sieg → Ottos I. auf dem Lechfeld am 10. 8.). U. hatte als erster Bf. Augsburgs das Münzrecht (U.-Denare). Wohl um 962 Abgabe aller weltl. Verpflichtungen U.s und reine Konzentration auf seelsorger. Aufgaben. Förderung von Mönchtum, Klöstern und der Augsburger Domschule, Gründung des Kanonissenstifts St. Stephan in Augsburg (23. 4. 968); Einsatz für die Menschen, v. a. bei rechtl. und soz. Mißständen (Gründung eines Armenhospitals in Augsburg). Zw. 904 und 971/72 weilte U. mind. viermal in Rom und übertrug um 940 die Reliquien der thebaischen Märtyrer nach Augsburg. Bestattung U.s durch Bf. → Wolfgang von Regensburg in St. Afra in Augsburg. Heiligsprechung durch P. Johannes XV. am 31. 1. 993 in der ersten förml. Kanonisation. Attribute: Evangelienbuch, Fisch (Wasser- und Quellenpatronat).

Lit.: [3]LThK 10 (2001), 354–356.
SUSANNE STÜBINGER

Urban II., Papst (12. 3. 1088 – 29. 7. 1099), sel. (Fest 29. 7.), vorher Odo von Châtillon, * um 1035 (Châtillon-sur-Marne), aus einer Adelsfamilie der Champagne, † 29. 7. 1099 (Rom). Nach Studien in Reims bei → Bruno von Köln Kanoniker und Archidiakon in Reims; Prior in Cluny; seit 1079/80 in Rom; Kard.-Bf. von Ostia; 1084/85 Legat → Gregors VII. in Deutschland; zum Papst gewählt am 12. 3. 1088 im normann. Terracina bei Gaëta. Im Investiturstreit konnte U. (nach dem äußeren Scheitern Gregors VII.) die Gegensätze mildern, das ksl. Schisma (Gegenpapst Clemens III.) weitgehend überwinden und dem „gregorianischen" Reformpapsttum zum Durchbruch verhelfen. Auf der Synode von Clermont (1095) beantwortete U. den Hilferuf aus Byzanz mit dem Aufruf zum (ersten) Kreuzzug, womit er die Kreuzzugsbewegung einleitete.

Lit.: [3]LThK 10 (2001), 455f.; LMA 8 (1997), 1282–1284; DHP (1994), 1674–1677. GEORG SCHWAIGER

Urban VIII., Papst (6. 8. 1623 – 29. 7. 1644), vorher Maffeo Barberini, * 1568 (Florenz) aus Kaufmannsfamilie, † 29. 7. 1644 (Rom). 1604–1607 Nuntius in Paris; 1606 Kardinal; 1608–1617 Bf. von Spoleto, 1611–1614 Legat von Bologna. U. war gut gebildet, Freund und Förderer der Künste und Wissenschaften. Seine Regierung fiel in die schwerste Zeit des 30jährigen Krieges. Im Gegensatz zu seinen Vorgängern Paul V. (1605–1621) und → Gregor XV. (1621–1623) stellte U. die Subsidienzahlungen an die kath. Partei (Kaiser und Liga) ein, unterstützte, auch unter dem Druck Kard. → Richelieus, Frankreich gegen Habsburg und damit indirekt die prot. Partei, drängte aber seit 1632 zum Frieden (unter fakt. Preisgabe der Gegenreformation). Sein hemmungsloser Nepotismus prägte seine unglückl. Politik v. a. in Italien ebenso wie seine für den Kirchenstaat ruinöse Finanzpolitik – zus. mit einer grandiosen Bautätigkeit (1626 Weihe der Peterskirche). Folgenschwer erwiesen sich die Bekämpfung des Gallikanismus und Jansenismus (1642 Verurteilung des *Augustinus* von Bf. C. → Jansen) sowie die Verurteilung G. → Galileis (1633).

Lit.: [3]LThK 10 (2001), 459–461; DHP (1994), 1683–1687. GEORG SCHWAIGER

Urlsperger, Samuel, luth.-pietist. Theologe, * 31. 8. 1685 (Kirchheim unter Teck), † 20. 4. 1772 (Hamburg). Nach dem Studium in Tübingen (1703–1707) besuchte U. auf einer Bildungsreise Halle und schloß Freundschaft mit A. H. → Francke. 1710 wurde er Pfarrer an der dt. Savoykirche in London, 1715 Hofprediger und Konsistorialrat in Stuttgart. 1718 übernahm er, wegen Obrigkeitskritik abgesetzt, das Amt eines Superintendenten in Herrenberg. Von 1723 an wirkte U. in Augsburg als Pfarrer an St. Anna und als Senior des Geistl. Ministeriums. In seiner 42jährigen kirchenleitenden Tätigkeit wurde Augsburg zu einem Zentrum des Hallischen Pietismus in Süddeutschland. Neben seiner Predigt- und Seelsorgetätigkeit entfaltete er einen vielseitigen soz. und missionar. Aktivismus, u. a. förderte er die Juden- und Heidenmission. Seine Hilfsaktionen für die 1731 vertriebenen Salzburger Protestanten machten ihn weit über Deutschland hinaus bekannt; U. wurde zu einem wichtigen Unterstützer der in Georgia entstandenen Exulantensiedlung Eben Ezer. Von seinen weltweiten Verbindungen zeugt der umfangreiche Briefwechsel mit Partnern unterschiedl. Konfessionen.

Lit.: R. Schwarz (Hg.), S. U. (1685–1772) (1996); W. Mayer, Verzeichnis der Werke S. U.s (1991). HANS-MARTIN KIRN

V

Valentin, hl. (Fest 14. 2., Diözese Erfurt 13. 2.), Bf. von Terni, Märtyrer, * 3. Jh., † enthauptet 14. 2. um 268. Schon im 4. Jh. existierten entlang der Via Flaminia zwei Grablegen am zweiten (dort unter P. Julius I., 337–352, Errichtung einer V.s-Basilika, „quae appellatur Valentini") und 63. Meilenstein; die ersten Passiones (Leidensgeschichten) sind auf das 7. Jh. zu datieren. Danach war V. Presbyter in Rom, wurde unter Ks. Claudius Goticus (268–270) wegen Verweigerung eines Götteropfers hingerichtet und an der Via Flaminia, nach anders lautender Überlieferung nahe Terni beigesetzt (Überführung der Gebeine in die Kathedrale von Terni 1605); er wird des öfteren mit Valentin von Rätien (Fest 7. 1.) verwechselt. – Der Brauch des Blumenschenkens als Zeichen der gegenseitigen Liebe geht wohl zurück auf den antiken Gedächtnistag zu Ehren der Göttin Juno (14. 2., Schützerin der Ehen/Familien; Frauen bekamen an diesem Tag Blumen) und etablierte sich im dt.-sprachigen Raum nach dem 2. Weltkrieg unter amerik. Einfluß; in Frankreich, Belgien, England ist der V.s-Tag seit dem 14. Jh. (greifbar seit G. Chaucer) der Festtag der Jugend und der Liebenden. In England werden an diesem Tag anonyme Liebesbriefe verschickt (*Valentine Greetings*); in Frankreich und Belgien bestimmte man durch Los V. und Valentine, die dann ein Jahr lang eine Art Verlöbnis lebten. In den Hansestädten trafen sich die Zünfte der Seefahrer, Kaufleute und Handwerker zum gemeinsamen Freundschaftsmahl. V.

gilt u. a. als Patron der Jugend, der Imker, für Verlobung und gute Heirat, gegen Pest, Ohnmacht und Epilepsie („fallende Krankheit"); Darstellungen zeigen ihn als Bischof mit Hahn, mit Krüppeln oder Epileptikern.

Lit.: [3]LThK 10 (2001), 520–522; BBKL 12 (1997), 1051–1055. SUSANNE STÜBINGER

Valentinus, um die Mitte des 2. Jh.s unangefochten in Rom wirkender, rhetor. und lit. gewandter Theologe. Seine Lehre ist nur schwer aus der antihäret. Literatur (v. a. → Tertullian, *Adversus Valentinianos*; → Epiphanius, *Panarion*) zu rekonstruieren und unterscheidet sich gewiß deutl. von den Auffassungen seiner Epigonen. Nach Tertullian fiel er vom rechten Glauben ab, nachdem er wider Erwarten nicht in ein kirchl. Amt gewählt wurde. Epiphanius weiß aus der Lokaltradition seiner Bischofsstadt von einem Glaubensabfall erst um 160 in Zypern, wohin V. zufällig gelangt sei. Kern der Irrlehre des V. scheint die Auffassung zu sein, die noch mangelhafte Schöpfung des Menschen durch Engel habe durch den obersten Gott ausgeglichen werden müssen. Durch die Offenbarung des „allein guten Vaters" (Mt 19,17) durch den Sohn werde das im Sündenfall (als Schöpfungsmangel interpretiert) verdorbene Herz des Menschen gereinigt.

Lit.: [2]LACL 620f.

RUDOLF VODERHOLZER

Valerian (Publius Licinius [Valerianus] Augustus), röm. Kaiser (253–260), * um 190, † 260. Er hatte in Rätien ein militär. Kommando inne, als er im Sommer 253 von den Truppen zum Augustus ausgerufen wurde. Für die Ereignisse während V.s Regierungszeit gibt es keine verläßl. Chronologie. Im Herbst 253 erhob er seinen Sohn Gallienus zum Mitherrscher und vertraute ihm den militär. Schutz des Westens an, während er selbst im Osten gegen Goten und Perser den Kampf aufnahm. In jener Zeit kam es zu blutigen Christenverfolgungen, denen u. a. → Cyprian von Karthago zum Opfer fiel. 259 scheiterte V. bei dem Versuch, das von den Persern belagerte Edessa zu entsetzen, und wurde gefangengenommen. Der pers. König Schapur I. ließ in einem Felsenrelief festhalten, wie sich V. demütig zu seinen Füßen niederwirft.

Lit.: D. Kienast, Röm. Kaisertabelle ([2]1996), 241–246. SIEGMAR DÖPP

Valla, Laurentius (Lorenzo della Valle), Humanist und Philosoph, * 1405/07 (Rom), † 1. 8. 1457 (ebd.). Von Leonardo Bruni seit 1426 ausgebildet, lehrte V. 1431–1433 in Pavia Rhetorik, wo er mit seinen ersten Entwürfen zu *De voluptate* und *De libero arbitrio* zunächst in gutem Ruf stand, bis ihn Reaktionen auf seine Kritik des Rechtswesens (*Epistula de insigniis et armis*) und seine Ausfälle gegen die Scholastik (*Quaestiones dialectiae*) zwangen, die Stadt zu verlassen. Seit 1435 stand V. bei Alfons I. von Neapel als Sekretär in Diensten, bis er 1444 vor der Inquisition fliehen mußte. 1447/48 war V. rehabilitiert (*Apologia adversus calumniatores*) und als Schreiber am päpstl. Hof tätig, 1450 als Rhetorikprofessor, 1455 als Kuriensekretär. Der Philologe V. erwies unabhängig von → Nikolaus von Kues die *Konstantinische Schenkung* als Fälschung, klassifizierte die Vulgata nicht als inspirierte Schrift, sondern als fehlerhafte Übersetzung, bezweifelte die apostol. Autorität des Glaubensbekenntnisses, sah in Moses nicht den Verfasser des Pentateuch, in den Evangelisten keine Historiker. Als Philosoph bestritt V. den eth. Vorzug des Klosterlebens vor dem weltl. Leben (*De professione Religiosorum*) und stellte den Stoizismus dem Epikureismus gegenüber, die beide vom Christentum überhöht würden (*De voluptate*). Für P. → Nikolaus V. übersetzte V. Thukydides. Ihm überreichte er auch seinen Bibelkommentar (1449), den später → Erasmus von Rotterdam benutzte. Seine *Elegantiarum linguae latinae libri sex* (1435–1444) wirkten vorbildl. für die Normierung der Latinität des Humanismus bis 1500. V. versuchte, antike und christl. Traditionen zugunsten einer Aufwertung des Diesseitigen zu harmonisieren, ohne der Reformation vorgearbeitet oder die Lehre der Kirche verworfen zu haben.

Lit.: BBKL 12 (1997), 1096–1113; LMA 8 (1997), 1392f. MARIANNE SAMMER

Venantius Fortunatus (V. Honorius Clementianus F.), Bischof und Schriftsteller, * 530/40 (Valdobbiadene bei Treviso), † bald nach 600 (Poitiers). Einer begüterten Familie entstammend, studierte V. Grammatik und Rhetorik in Ravenna. 565 brach er nach Gallien auf, nach eigenem Bekunden, um zum Grab des hl. → Martin von Tours zu pilgern, dem er die Befreiung von einem Augenleiden verdanke. Die Reiseroute führte an Rhein und Mosel entlang nach Metz und schließl. nach Tours. 567 oder 568 ließ sich V. in Poitiers nieder, wo er Radegunde, die Witwe Chlotars I., und deren Pflegetochter, die Äbtissin Agnes, kennenlernte. Seit etwa 573 stand V. in freundschaftl. Beziehung zu Bf. → Gregor von Tours; um 576 wurde er von diesem zum Priester und um 600 zum Bf. von Poitiers geweiht. V.' lit. Hinterlassenschaft zeigt große Vielfalt der Formen und Themen. In Prosa verfaßte er Briefe, eine Auslegung des *Vaterunser*, eine Erklärung des *Credo*, eine Schrift über die Tugenden des Bf. → Hilarius von Poitiers sowie eine Reihe von Heiligenviten, darunter eine über die 587 verstorbene Radegunde (*Vita Radegundis*). Den weitaus größten Sektor von V.' Werk bildet die Poesie: rund 250 Gedichte, überwiegend in eleg. Distichen abgefaßt. Zu einem großen Teil handelt es sich um Huldigungen an weltl. oder kirchl. Würdenträger. So hat V. im Jahre 567 auf die Hochzeit des Kg. Sigibert von Austrasien ein *Epithalamium* verfaßt, das der antik-paganen Dichtungstradition stark verpflichtet ist (carm. 6,1). In einer ganzen Reihe von Gedichten ist die Reise von Ravenna nach Gallien beschrieben. Daneben gibt es von V. Epitaphien sowie Gedichte auf Kirchen und deren Patrone; über den Niedergang Thüringens schrieb er eine Elegie (*De excidio Thoringiae*). Einen großen Raum nehmen schließl. die Gedichte rel. Inhalts ein. Zu ihnen gehören beispielsweise das Ostergedicht carm. 3,9, das die erwachende Natur schildert, und zwei Hymnen auf das Kreuz Christi: *Pange lingua gloriosi proelium certaminis* (2,2) und *Vexilla regis prod-*

eunt (2, 6); anläßl. der Ankunft einer Kreuzesreliquie in Poitiers verfaßt, fanden sie später Eingang in die Liturgie. Die umfangreichste Dichtung des V. ist das 574/75 geschriebene Epos über das Leben des hl. Martin (*De vita sancti Martini*) in vier Büchern; diesem 2243 daktyl. Hexameter umfassenden Werk hat V. die Martinsschriften des Sulpicius Severus (ca. 363–420) zugrundegelegt, die um 470 schon von Paulinus von Périgueux in ein Epos umgesetzt worden waren.

Lit.: J. W. George, V. F. (1992); F. Brunhölzl, Geschichte der lat. Literatur des MA, Bd. 1 (1975), 118–128, 525 f.
Siegmar Döpp

Vianney, Jean-Baptiste Marie (Pfarrer von Ars), hl. (Fest 4. 8.), frz. Seelsorger, * 8. 5. 1786 (Dardilly bei Lyon), † 4. 8. 1859 Ars (Dép. Ain). Als viertes Kind einer tiefgläubigen Bauernfamilie geboren, erhielt V. nach Tätigkeit als Bauernknecht erst 19jährig seine Ausbildung und absolvierte unter großen persönl. Schwierigkeiten, zudem in der Umbruchszeit der Frz. Revolution (seit 1789), sein Studium. 1815 wurde er in Grenoble zum Priester geweiht und wirkte seit 1818 in Ars. Durch seinen unermüdl. Seeleneifer, seine Güte, Selbstentsagung und seine vorbildhaft gelebte Christusnachfolge machte er den seelsorgl. verödeten Ort zu einer blühenden Musterpfarrei, errichtete Schule und Waisenhaus. Rasch und in steigendem Maße kamen Menschen von Nah und Fern, um bei dem begnadeten Prediger und Beichtvater Hilfe, Trost und Erbauung zu finden. V. wurde 1905 selig-, 1925 heiliggesprochen und 1929 zum Patron der Seelsorger erhoben, Ars zu einer bis heute (v. a. von Seelsorgern) stark frequentierten Wallfahrt.

Lit.: [3]LThK 10 (2001), 758 f.; G. Rossé, Der Pfr. von Ars an seine Gemeinde (1995). Manfred Heim

Vicelin von Oldenburg (auch Wizelin), hl. (Fest 12. 12.), Bischof, * um 1090 (Hameln?), † 12. 12. 1154 (Neumünster). V. war Domscholaster zu Bremen, studierte in Frankreich (1123–1126) und wurde 1126 in Magdeburg vom hl. → Norbert von Xanten zum Priester geweiht. Nach Bremen zurückgekehrt, wurde V. in die Mission nach Wagrien gesandt, um dort das Evangelium den Wenden zu verkünden. Er gründete mehrere Augustinerchorherrenstifte, darunter Neumünster. Die pol. Wirren behinderten aber sein Werk. 1149 wurde er Bf. von Oldenburg. Er gilt als wichtiger Vorgänger der späteren Bischöfe von Lübeck. Den Titel *Apostel der Wenden* trägt er wohl zu Unrecht.

Lit.: [3]LThK 10 (2001), 761; K. Elm, Christi cultores et novelle ecclesie plantatores (1989), 148–157. Wolfgang Rotzsche

Vieira, Antonio, SJ (1623), Missionar und Kanzelredner (*der portugies. Demosthenes*), * 6. 2. 1608 (Lissabon), † 18. 7. 1697 (Bahia). V. kam 1612 mit seinen Eltern nach Brasilien, war von 1641–1652 Ratgeber Kg. Johanns IV. von Portugal, portugies. Gesandter in zahlr. Ländern und kam 1653 wieder nach Brasilien; 1661 Deportation wegen seines Eintretens für die Indianer nach Portugal, dort Verurteilung durch die Inquisition wegen einzelner

Thesen seiner prophet.-utop. Werke (*Esperanças de Portugal*, *Quinto Imperio do Mundo*, *Historia de futuro*); 1669 kam V. frei, bis 1675 Romaufenthalt (Wertschätzung durch Clemens X.); 1681 Rückkehr in die Maranhão-Mission; dort u.a. Vorbereitung der Drucklegung seiner Predigten, die als Glanzstücke barocker Beredsamkeit gelten.

Lit.: [3]LThK 10 (2001), 776.
SUSANNE STÜBINGER

Vigilius, Papst (29.3.537–7.6.555), aus senator. Adel, † 7. 6. 555 (Syrakus). V. erstrebte ehrgeizig das Papstamt und hatte sich der Kaiserin Theodora gegenüber verpflichtet, für die Anerkennung des Monophysitismus zu wirken. Er wurde nach Absetzung des P. Silverius unter dem Druck des byz. Feldherrn Belisar gewählt und nach dem Tod des Silverius allg. anerkannt. Als Papst suchte V. am Glauben des Konzils von Chalkedon (451) festzuhalten; im Dreikapitelstreit wurde er 547 auf Befehl Ks. → Justinians I. nach Konstantinopel gebracht, wo er durch würdelosen Wankelmut jede Glaubwürdigkeit verlor. Bed. Teilkirchen trennten sich von ihm. Er starb auf der Rückreise nach Rom in Syrakus und blieb noch auf Jh.e geächtet.

Lit.: [3]LThK 10 (2001), 787f.; DHP (1994), 1724–1727.
GEORG SCHWAIGER

Vinzenz von Beauvais, gelehrter Dominikaner, * vor 1200, † 1264 (Beauvais). Sein Name leitet sich vom Konvent zu B. her, bei dessen Aufbau V. maßgebl. beteiligt war. Nach dem Studium in Paris war er zunächst als Erzieher für die Kinder → Ludwigs IX. des Hl. tätig. Seinen Ruhm begründete ein drei Teile umfassendes enzyklopäd. Werk: Das *Speculum naturale* ist eine Summe des naturkundl. Wissens seiner Zeit, von den Elementen, der Botanik und Zoologie bis zur Physiologie des Menschen. Das *Speculum doctrinale* leistet eine Wissenschaftsbegründung. Das am weitesten verbreitete *Speculum historiale* zeichnet die (Heils-)Geschichte von der Schöpfung bis in V.' eigene Zeit. Übers. in mehrere Volkssprachen folgten.

Lit.: [3]LThK 10 (2001), 796f.; LMA 8 (1997), 1705–1707.
MARIANNE SCHLOSSER

Vinzenz von Lérins, Priestermönch in Lérins, † vor 450. Verfaßte um 434 unter dem Namen Peregrinus ein Werk *Gegen die Irrlehrer* – womit bes. die trinitar. und christolog. Häresien seiner Zeit gemeint sind –, das als *Commonitorium* bekannt ist. Einflußreich wurde V.' Bestimmung des Katholischen zur Unterscheidung von auftretenden Häresien, die sich ebenfalls auf die Hl. Schrift beziehen können: „Was überall, immer und von allen geglaubt worden ist", d.h.: sich ausdrückl. als der Glaube der Kirche manifestiert hat.

Lit.: [3]LThK 10 (2001), 798f.; [2]LACL 629.
MARIANNE SCHLOSSER

Vinzenz von Paul, hl. (Fest 19. 7.), * 24. 4. 1581 (Pouy bei Dax), † 27. 9. 1660 (Paris). Nach seinen Studien wurde V. 1600 Priester. Unter dem Pontifikat P. Clemens' VIII. war er in Rom, seit 1608 in Paris, wo er 1623 das Lizentiat des kanon. Rechts erwarb. 1613–1626 war V. Hausgeistlicher und Lehrer des Generals der kgl. Galeeren. 1617 legte er das Gelübde darauf ab, die Arbeit für Arme zum Lebenszweck zu bestimmen. Er missionierte die arme Landbevölkerung, konnte Weltpriester für sein Anliegen gewinnen und gründete 1625 die *Congregatio Missionis* (Lazaristen). Sitz war das große Priorat von St-Lazare. Das Missionsanliegen fand in mehreren europ. Ländern Gehör. V. unterstützte die Gründung von Priesterseminaren und führte Einzelexerzitien für Laien und Priester durch. Er gilt als Erneuerer des rel. Lebens im Frankreich des 17. Jh.s. Auf ihn gehen auch Gründungen von weiteren Missionen, der *Confrérie des Dames de la Charité*, der Vinzentinerinnen und der Vinzenzkonferenzen (→ Ozanam) zurück. Mit Louise de Marillac unterrichtete er Mädchen vom Lande im geistl. Leben. Die Heiligsprechung erfolgte 1737. Seit 1885 wird V. als Patron aller Vereinigungen der Barmherzigkeit angerufen.

Lit.: [3]LThK 10 (2001), 799f.; O. Schnelle, V.v.P. aktuell ([2]1990).

WOLFGANG ROTZSCHE

Vitoria, Franz von → Francisco de Vitoria

Vladimir → Wladimir

Voetius, Gisbertus (Gijsbert), niederländ. reformierter Theologe, * 3. 3. 1589 (Heusden), † 1. 11. 1676 (Utrecht). V. studierte 1604–1611 in Leiden, wo er unter dem Einfluß seines Lehrers Franciscus Gomarus eine streng prädestinatian., gegen den Arminianismus gerichtete Theologie scholast.-orth. Prägung entwickelte. Von 1611–1634 war V. Pfarrer in zwei Dorfgemeinden und seinem Heimatort. 1618/19 nahm er an den Beratungen der Dordrechter Synode teil. Schon in seiner ersten Schrift von 1627, in der er sich für eine streng puritan. Sonntagsheiligung aussprach, zeigte er sich als Anhänger der sog. *Nadere Reformatie*, der auf Weiterführung und Vertiefung der Reformation in allen Bereichen des Glaubens und Lebens drängenden Frömmigkeitsbewegung. V. wurde, seit 1634 Prof. in Utrecht, zum wegweisenden Förderer und Sammler dieser auf den Pietismus vorausweisenden wichtigsten kirchl. Erneuerungsbewegung des 17. Jh.s in den Niederlanden. Im Sinne des puritan. „Präzisismus" betonte er die strenge Ausrichtung des privaten und öffentl. Lebens auf die göttl. Gebote. Er förderte die außergottesdienstl. Zusammenkünfte (Konventikel) zur gegenseitigen Erbauung der Gläubigen, solange sie kirchl. eingebunden blieben. Gegenüber staatskirchl. Ansprüchen betonte er die Unabhängigkeit der Kirche von der weltl. Obrigkeit. Der 1658 ausbrechende Streit um die Interpretation des Sabbatgebots, bei dem J. → Coccejus im Sinne einer heilsgeschichtl. Überbietung des mosaischen Gesetzes der strengen Auffassung des V. widersprach, offenbarte die tiefen theol. und lebensprakt. Differenzen. Bes. die Sorge um das Eindringen des angebl. zum Atheismus führenden Cartesianismus in die Theologie ließ V. zum entschiedenen Kämpfer gegen Coccejus werden. Nach V.' Tod verstärkten sich die Gegensätze, Voetianer und Coccejaner bildeten für einige Jahrzehnte die maßgeblichen theol. Richtungen in der niederländ. reformierten Kirche.

Lit.: BBKL 12 (1997), 1549–1554; Brecht 1 (1993), 78–88.

HANS-MARTIN KIRN

Voltaire, François-Marie Arouet, Schriftsteller, Kritiker und Philosoph, * 21. 11. 1694 (Paris), † 30. 5. 1778 (ebd.). V. studierte Rechte und ging 1726–1729 nach England. Nach seiner Rückkehr veröffentlichte er die *Lettres Philosophiques* (1734), in denen er den liberalen Geist Englands propagierte. 1750–1753 hielt sich V. am Hof Friedrichs II. in Berlin auf. 1758 ließ er sich in Ferney am Genfer See nieder und entfaltete eine rege lit. Tätigkeit. Er war ein militanter Vertreter der Aufklärung und übte weniger durch eigenständiges Denken als durch die geschickte Darbietung übernommener Ideen (hauptsächl. von Pierre Bayle und John Locke) Einfluß aus. Als Gegner jegl. Metaphysik kämpfte er leidenschaftl. gegen die Religion. V.s Gesamtwerk hat enzyklopäd. Umfang. Sein philos. Denken ist am besten im *Dictionnaire Philosophique* (1764) greifbar.

Lit.: G. Holmsten, F.-M.V. mit Selbstzeugnissen und Bilddokumenten ([13]1999); BBKL 13 (1998), 1–55.

JOSEF KREIML

Walahfrid Strabo (oder Strabus; der Schielende), OSB, Abt von Reichenau, Exeget, Dichter, Erzieher Karls II. des Kahlen, * um 808 (Schwaben), † verunglückt 18. 8. 849 (an der Loire). Ausgebildet von Abt Grimald im Klr. Reichenau, setzte W. seine Studien bei → Hrabanus Maurus in Fulda fort. 829 kam W. als Kapellan und Erzieher Karls an den Hof → Ludwigs d. Fr. nach Aachen. Dieser ernannte ihn 838 zum Abt von Klr. Reichenau. W. wurde 840 von Ludwig dem Deutschen seines Amtes enthoben, doch durfte er 842 als Abt und Lehrer in sein Kloster zurückkehren. W.s exeget. Werk besteht v.a. in seinen Kommentaren zum Pentateuch, seinen auf eigener Kompilation beruhenden Ps-Kommentaren und Homilien. Die *Glossa ordinaria* wird W. nicht mehr zugeschrieben. Zu seinen didakt. Werken zählt ein bed. Buch über Liturgie (*Libellus de exordiis et incrementis rerum ecclesiasticarum*). W. verfaßte zwei Prosaviten und bearbeitete → Einhards *Vita Caroli Magni* sowie Thegans *Gesta Hludowici imperatoris*. Sein Nachruhm beruht auf den kunstvollen, der *Karoling. Renaissance* verpflichteten Dichtungen, wie *De cultura hortorum* auf den Klostergarten von Reichenau, der *Visio Wettini*, zwei Versviten oder dem Panegyricus *De imagine Tetrici* zu Ehren der ksl. Familie sowie auf zahlr. Briefgedichten. Zu Lebzeiten scheint W. als Dichter unbekannt geblieben zu sein.

Lit.: [2]VerfLex 10, (1999), 594–603; LMA 8 (1997), 1937f.

MARIANNE SAMMER

Waldburg, Gebhard Truchseß von, Ebf. und Kf. von Köln, * 10. 11. 1547 (Heiligenberg, Baden), † 31. 5. 1601 (Straßburg). Nach Studien an verschied. Univ. erhielt W. mehrere Dompräbenden, wurde am 5. 12. 1577 zum Ebf. von Köln gewählt und am 19. 3. 1578 zum Priester (nie jedoch zum Bischof) geweiht. Zum Luthertum übergetreten, sagte er sich am 19. 12. 1582 öffentl. von der kath. Kirche los, verkündete die Gleichberechtigung der Bekenntnisse und heiratete am 2. 2. 1583 seine Geliebte, die Gerresheimer Stiftsdame Agnes von Mansfeld. Seine Absicht, das Kölner Erzstift in ein prot. Fürstentum umzuwandeln, stellte nach Kf.-Ebf. Hermann zu Wied (1515–1547) den zweiten Versuch dar, zugleich einen Verstoß gegen die Klausel des *Geistlichen Vorbehalts* im Augsburger Religionsfrieden von 1555. W. wurde am 1. 4. 1583 von P. → Gregor XIII. exkommuniziert, Ernst von Bayern am 23. 5. 1583 von der kath. Partei des Domkapitels zum Erzbischof gewählt. Es kam zum *Kölner Krieg* (auch *Truchsessenkrieg*), zum Kampf um das Erzstift Köln, damit um die kath. Mehrheit im Kurfürstenkolleg. Der 1585 durch das Zusammenwirken der ksl., bayr. und span. Kräfte und deren militär. Einsatz siegreich verlaufene Krieg sicherte den kath. Glauben im Nordwesten Deutschlands und begründete die bis 1761 währende Sekundogenitur des bayr. Fürstenhauses der Wittelsbacher in Erzbistum und Kurfürstentum Köln. W. starb als prot. Domdekan in Straßburg.

Lit.: [3]LThK 10 (2001), 951 f.; Gatz B 1448, 705–707. MANFRED HEIM

Waldes von Lyon (Valdès, Vaudes, Valdo), Begründer der Waldenser, * um 1140 (?) (Lyon?), † um 1205/07 (?). W., von dem weder Lebensdatum noch Vorname (Petrus?) gesichert sind, war reicher Kaufmann aus Lyon. Sein Entschluß zur radikalen Umkehr wird um 1173–1176 gefallen sein. Er verteilte sein Vermögen an die Armen, um die unbedingte Christusnachfolge als Armer zu verwirklichen. Mit Gleichgesinnten, die sich ihm anschlossen, begann er seine Wanderschaft durch Südfrankreich und Oberitalien, wo er mit seiner Armuts- und Bußpredigt größtes Aufsehen erregte. Die ordensähnl. Gemeinschaft (auch Arme von Lyon, Kath. Arme genannt), deren Armut P. → Alexander III. 1179 lobte, deren Predigt er aber verbot, lehnte Liturgie, Sakramente (außer der Buße), Heiligenverehrung, Ablaß, Eidleistung, Totenmessen, Arbeit, Kriegsdienst, Todesstrafe und kath. Hierarchie ab. W. wurde mit anderen Häretikern 1184 zwar verdammt, doch verbreiteten sich die Waldenser auch nach dem Tod ihres Stifters und bestehen bis heute.

Lit.: [3]LThK 10 (2001), 952–955; Metzler 705 f. MANFRED HEIM

Ward, Maria (Mary), engl. Ordensgründerin, * 23. 1. 1585 (Mulwith, Kent), † 30. 1. 1645 (Hewarth bei York). Aus kath. Landadel stammend, wurde W. 1606 in Saint-Omer Klarissin und gründete mit fünf adeligen Gefährtinnen nach dem Vorbild der SJ (Jesuitinnen) dort 1609 ein Institut für Erziehung und Unterricht der weibl. Jugend. Mit Genehmigung der jeweil. Bischöfe bzw. Landesherren errichtete sie weitere Häuser in London, Lüttich, Trier, Köln, Neapel und Perugia, 1626/27 auch in München und Wien. Ihr letztlich vergebl. Ringen um Klausurfreiheit, Jesuitenregel und unmittelbare Unterstellung unter den Papst führte auf Betreiben der Inquisition 1631 zur Aufhebung der Kongregation und brachte ihr eine sechsjährige Haft im Münchener Klarissenkloster am Anger ein. Ihre letzten Lebensjahre verbrachte sie in England, wo sie sich mit kirchl. Erlaubnis der Erziehungsarbeit der weibl. Jugend widmete. Aus der vom bayr. Kurfürsten geförderten Niederlassung in München entstand das Institut der *Englischen Fräulein*, das zu den bedeutendsten Lehrorden der kath. Kirche gehört und in vielen Ländern Europas und über die halbe Welt verbreitet ist.

Lit.: ³LThK 10 (2001), 977f.

MANFRED HEIM

Weißenberg, Joseph, der *Heiler*, Gründer der Johannischen Kirche, * 24. 8. 1855 (Fehebeutel), † 6. 3. 1941 (Bad Obernigk). W. gründete 1904 (1907) die *Christliche Vereinigung ernster Forscher vom Diesseits nach Jenseits, wahrer Anhänger der christl. Kirchen*, aus der 1926 die *Evangelisch-Johannische Kirche nach der Offenbarung St. Johannis* hervorging, die sich als wiedererrichtete Urkirche auf spiritist. Basis versteht. In sog. *Geistfreundreden* pflegt die Gemeinde über Medien Kontakt mit dem Jenseits; diese Reden bilden ein *drittes Testament* als Fort- und Weiterführung von AT und NT. Am 17. 1. 1935 Verbot der Ev.-Johann. Kirche durch die Gestapo; nach 1945 Neuorganisation durch W.s Tochter Frieda Müller; sie gründete in Westberlin das karitativ engagierte *Johannische Aufbauwerk* (heute *Johannisches Sozialwerk e. V.*). 1990 Anerkennung als Körperschaft des öffentl. Rechts.

Lit.: Obst 517–545; Gasper 530f.

SUSANNE STÜBINGER

Werner, Karl, kath. Theologe, * 8. 3. 1821 (Hafnerbach, Niederösterreich), † 4. 4. 1888 (Wien). Nach dem Studium der Philosophie (1836–1838) und Theologie (1838–1842) in Kremsmünster und St. Pölten 1843 zum Priester geweiht und 1845 in Wien zum Dr. theol. promoviert, erhielt W. 1847 eine Professur für Moraltheologie an der Diözesanhochschule St. Pölten, wechselte 1865 auf den Lehrstuhl für ntl. Exegese über und wurde für das gleiche Fachgebiet 1870 an die Univ. in Wien berufen, wo er 1881 als Ministerialrat in das Kultusministerium eintrat. In seinem theol. Denken erhielt er, wie das erste größere Werk *System der christlichen Ethik* (3 Bde., 1850–1852) ausweist, entscheidende Anregungen von A. → Günther, dessen dualist. Ansatz er zunächst gegen gegner. Angriffe in einer anonymen Schrift verteidigte, ehe er sich nach der Indizierung von Günthers Kritik an der Scholastik distanzierte. Sein zweites Hauptwerk trug daher den bezeichnenden Titel *Der heilige Thomas von Aquino* (3 Bde., 1858/59). Nicht minder bezeichnend für die innerkirchl. Stickluft, die der Kampf gegen den *Güntherianismus* erzeugte, ist die Tatsache, daß W. fortan die philos.-theol. Spekulation hintanstellte und sich auf Arbeiten zur Geschichte der Theologie konzentrierte, dabei in den zweifellos verdienstvollen und wegen ihres Materialreichtums heute noch unentbehrl. Standardwerken *Geschichte der apologetischen und polemischen Literatur der christlichen Theologie* (5 Bde., 1861–1867) und *Geschichte der katholischen Theologie Deutschlands seit dem Trienter Concil …* (1866) auf eine krit. Wertung der referierten Aussagen weitgehend verzichtete, um Raum für eine „höhere Vermittlung" frei zu halten.

Lit.: BBKL 13 (1998), 864–869; KThD 3 (1975), 145–168. KARL HAUSBERGER

Werthmann, Lorenz, kath. Theologe, * 1. 10. 1858 (Geisenheim), † 10. 4. 1921 (Freiburg i. Br.). Nach dem Studium der Theologie und Philosophie am Collegium Germanicum in Rom (seit 1877) und Promotion in den beiden Fächern (1880/84) wurde W. 1884 zum Priester geweiht und war anschließend Sekretär und Mitarbeiter des Bf. von Limburg, dann des Ebf. von Freiburg. In Köln gründete er 1897 den *Caritasverband für das katholische Deutschland* (seit 1913 *Deutscher Caritasverband*), dessen erster Präsident er bis zu seinem Tod war. W., der auch Hg. der Zs. *Charitas* (seit 1909 *Caritas*) war, engagierte sich in hohem Maße in der kath. Sozial- und Verbandsarbeit.

Lit.: [3]LThK 10 (2001), 1111; DBE 10 (1999), 454. MANFRED HEIM

Wesley, 1) Charles, engl. Theologe, bed. Kirchenliederdichter, 18. 12. 1707 (Epworth, Lincolnshire), † 29. 3. 1788 (London). Ch. W. begann 1726 sein Studium am Christ Church College in Oxford. Er gilt zus. mit seinem Bruder J. als Begründer der methodist. Bewegung. 1735 brach er nach Georgia (Nordamerika) auf. Während der Überfahrt begegnete er Herrnhutern und war von ihrer reformator. geprägten Frömmigkeit tief beeindruckt. 1736 kehrte er nach London zurück und wurde angl. Vikar. 1738 erfuhr er – im Sinne des herrnhutisch orientierten Pietismus – die persönl. Heilsgewißheit. Ab 1740 brach Ch. W. zu versch. Evangelisationsreisen nach Wales und Irland auf.

Wesley, 2) John, engl. Theologe, Begründer des Methodismus, * 17. 6. 1703 (Epworth, Lincolnshire), † 2. 3. 1791 (London). 1728 wurde J. W. Geistlicher der angl. Kirche, 1729 übernahm er in Oxford die Leitung eines von seinem Bruder Ch. gegründeten Studentenkreises, der sich gemeinsames Gebet, Bibellesung, Abendmahlsempfang, ernsthaftes Studium und Armenfürsorge zum Ziel gesetzt hat. Von Mitstudenten wurde dieser Kreis, aus dem sich später die methodist. Bewegung entwickelte, als *Holy Club* verspottet. Der Name „Methodismus" spielt auf bestimmte Methoden der Frömmigkeit an. 1735–1737 wirkte J. W. ohne bes. Erfolg als Missionar in Georgia (Nordamerika). Am 24. 5. 1738 erfuhr er beim Vorlesen von → Luthers Vorrede zu Röm seine „Bekehrung". Daraufhin begann er eine unermüdl. Predigt- und Seelsorgstätigkeit. Seine Erweckungspredigten kreisten um die Themen Buße, Rechtfertigung, Wiedergeburt und persönl. Heiligung. 1741 trennte sich J. W. von der Herrnhuter Brüdergemeine. Trotz Anfeindungen durch die angl. Kirche vollzog er nie die Trennung von ihr. Ch. und J. W. beteuerten, daß sie in der Kirche von England „leben und sterben" und Gemeinschaften innerhalb dieser Kirche bilden wollten. Zur Unterstützung setzte J. W. Laienprediger ein, mit denen er sich seit 1744 in jährl. „Konferenzen" beriet. Der in Amerika etablierte Zweig der Methodisten verselbständigte sich 1784 und löste sich von der angl. Kirche. In England wurde die Trennung formal nie ausgesprochen, aber nach J. W.s Tod faktisch vollzogen. Der *Weltrat Methodistischer Kirchen* umfaßt heute 70 Mitgliedskirchen mit mehr als 30 Millionen Vollmitgliedern in über 90 Ländern.

Lit.: [3]LThK 10 (2001), 1114; BBKL 13 (1998), 895–976; [3]LThK 7 (1998), 203 f.

JOSEF KREIML

Wessenberg, Ignaz Heinrich Freiherr von, kath. Theologe und letzter Konstanzer Generalvikar, * 4. 11. 1774 (Dresden), † 6. 8. 1860 (Konstanz). Einem Breisgauer Adelsgeschlecht entstammend, erhielt W. früh Anwartschaften auf Dompräbenden in Augsburg und Konstanz, studierte neben Philosophie und Theologie auch Kanonistik und Literaturwissenschaft in Dillingen (u.a. bei J. M. → Sailer), Würzburg und Wien und wurde 1802 von C. von → Dalberg zum Generalvikar des weiträumigen Bistums Konstanz ernannt, in dem er als kirchl. Reformer im Geist einer gemäßigten kath. Aufklärung eine ungemein rege Aktivität entfaltete. Seine in Südwestdeutschland und der Schweiz lange nachwirkenden pastoralen Maßnahmen betrafen insbes. die Verbesserung der Aus- und Fortbildung des Klerus (für welch letztere er regelmäßige Kapitelskonferenzen mit obligator. Themen vorschrieb und die Zs. *Archiv für Pastoralkonferenzen* begründete), die Förderung des Schulwesens, die Intensivierung der rel. Unterweisung durch bibl. fundierte Predigt und Katechese (Christenlehre), die Stärkung des parochialen Prinzips, die aktive Teilnahme der Gläubigen am Gottesdienst (landessprachl. Liturgie, Konstanzer Gesangbuch von 1812) und die Wiederbelebung synodaler Strukturen. Ob dieser Reformen und mehr noch durch seinen Konflikt mit der Luzerner Nuntiatur über die Reichweite bfl. Rechte während der napoleon. Gefangenschaft des Papstes fiel W., der dem febronian.-episkopalist. Kirchenbild verpflichtet war und auf dem Wiener Kongreß (1814/15) in Vertretung Dalbergs vergeblich für eine gesamtdt. Kirchenorganisation unter primatialer Führung eintrat, beim Hl. Stuhl in Ungnade. Als ihn seine Mitkapitulare nach Dalbergs Tod 1817 einhellig zum Kapitularvikar und Bistumsverweser bestellten, verwarf → Pius VII. die Wahl und trieb zudem die weitere Zertrümmerung des Bistums Konstanz voran, dem dann die zur Errichtung der Oberrhein. Kirchenprovinz erlassene Zirkumskriptionsbulle *Provida solersque* vom 16. 8. 1821 den Todesstoß versetzte. Gegen den Willen Roms führte W. mit landesherrl. Billigung die geistl. Verwaltung des Konstanzer Restbistums bis zum Vollzug dieser Bulle unter schwierigsten Bedingungen fort, ehe er sich ab 1827, zwischenzeitl. auch als Kandidat für die neuen Bischofsstühle von Freiburg und Rottenburg schroff abgewiesen, ins Privatleben zurückzog und sich fortan hauptsächl. seinen schriftsteller. Neigungen widmete, die kirchenpol. Ereignisse zwar krit. beobachtend, doch von persönl. Einflußnahme Abstand nehmend. Bis zuletzt verkannt und oftmals verleumdet, war W. gleichwohl eine der redlichsten Priestergestalten seiner Zeit und der markanteste Vertreter eines von den Gegnern als „Wessenbergianismus" gescholtenen reformkath. Programms, das eine zukunftsträchtige Alternative zum siegreichen ekklesiolog. Konzept des Ultramontanismus hätte sein können, aber leider desavouiert wurde und erst durch das II. Vatikanum eine positive Würdigung erfuhr.

Lit.: [3]LThK 10 (2001), 1115–1117; BBKL 13 (1998), 976–988; F. X. Bischof, Das Ende des Bistums Konstanz (1989). KARL HAUSBERGER

White, Ellen Gould, geb. Harmon, * 26. 11. 1827 (Gorham bei Portland), † 16. 7. 1915 (Elmshaven). Mitglied der Adventisten. Unter dem maßgebl. Einfluß von Ellen (prophet. Auslegerin der Bibel) und James W. entstand am 23. 5. 1863 in Battle Creek aus Teilen der → Miller-Bewegung die Gemeinschaft der Siebenten-Tags-Adventisten. Die Gruppierung hält an zentralen reformator. Grundgedanken (*sola scriptura*, *sola gratia*, *solus Christus*) fest, kennt aber einige adventist. Sonderlehren (Heiligtumslehre, Sabbatlehre, Lehre von der baldigen Wiederkunft Christi). Heute verfügt die Gemeinschaft nach eigenen Angaben weltweit über das größte Bildungs- und Sozialwerk nach der kath. Kirche; 1999 betrug die Zahl der getauften Gemeindemitglieder 10 Millionen.

Lit.: Obst 352–408; Gasper 19–21, 989–994. SUSANNE STÜBINGER

Wichern, Johann Hinrich, ev. Theologe, Sozialpädagoge, Gründer der Inneren Mission, * 21. 4. 1808 (Hamburg), † 7. 4. 1881 (ebd.). W. war im 19. Jh. der bedeutendste ev. Vertreter einer inneren Erneuerung der Christenheit auf der Basis ihrer soz. Verantwortung. Er wurde 1832 Oberlehrer in der ersten, nach engl. Vorbild gegründeten „Sonntagsschule". Unter dem Eindruck des soz. Elends vieler Kinder gründete W. 1833 in Horn bei Hamburg das „Rauhe Haus" als Erziehungsheim für verwahrloste Jugendliche, das zur Keimzelle der ev. männl. Diakonie wurde. Aus seiner Initiative auf dem ersten Dt. Ev. Kirchentag in Wittenberg (1844) wuchs die *Innere Mission* (freie Wohl- und Liebestätigkeit zur Verwirklichung der christl. und soz. Wiedergeburt). W., seit 1857 Oberkonsistorialrat und im preuß. Innenministerium tätig für die Reform des Strafvollzugs, begründete 1848/49 den *Centralausschuß für die Innere Mission der Dt. Ev. Kirche*, deren Einrichtungen und Anstalten 1957 im *Diakonischen Werk* aufgegangen sind.

Lit.: [3]LThK 10 (2001), 1136; BBKL 15 (1999), 1473–1503; J. Albert, Christentum und Handlungsform bei J. H. W. (1997). JOSEF KREIML

Widukind von Corvey, † nach 973, ist W. v.a. Künder des Ruhms des Sachsenvolkes und der frühdt. Könige aus sächs. Hause, die er durch Gottes Hand geleitet weiß. Bekannt ist, daß W. vor 942 ins Klr. Corvey eintritt, daß er zunächst dort mehrere hagiograph. Werke verfaßt und daß er dann eine dreibändige Sachsengeschichte schreibt – sein Hauptwerk –, deren Zweck die Mehrung des Ruhms des sächs. Volkes ist – möglicherweise zur Unterrichtung der Kaisertochter Mathilde. Trotz lit. Anleihen bei → Paulus Diaconus und → Beda Venerabilis ist der Horizont der Darstellung geograph. und institutionell beschränkt; das Kaisertum als solches wird nicht beschrieben, ebensowenig finden sich in früheren Redaktionen Hinweise auf den Papst oder Kirchliches von Belang. Sein „Papst" ist der Mainzer Erzbischof. Auffällig an der Darstellung ist öfter die intensive Übernahme antiker und bibl. Vorbilder. Von letzterem ausgehend, betont W. auch immer wieder Gottes Einfluß auf das Weltgeschehen, bereitet so über das dem lit. Genus der Chronik typ. Topos hinaus in gewisser Weise bereits die Idee des „Gottesgnadentums" als Herrscherlegitimation vor.

Lit.: ²VerfLex 10 (1999), 1000–1006.

JÖRG MÜLLER

Wilberforce, William, brit. Politiker, evangelikaler Christ, Vorkämpfer für die Abschaffung der Sklaverei, * 24. 8. 1759 (Hull, Yorkshire), † 29. 7. 1833 (London). Ausbildung an den Schulen von Putney und Pocklington sowie am St. John's College in Cambridge; Freundschaft mit (dem späteren Premierminister) William Pitt d.J., mit dem W. seit 1780 im brit. Unterhaus war. Urspr. ein freiheitl. Denker (1792 Ernennung zum Ehrenbürger des revolutionären Frankreich), erlebte W. unter dem Eindruck der Frz. Revolution einen Gesinnungswechsel und unterstützte fortan die konservative Regierung. Durch den evangelikalen Prediger Isaac Milner und die Lektüre von Philipp Doddridges *The Rise and Progress of Religion in the Soul* (1745) kam W. zu einem asket. und soz. Engagement gewidmeten Leben. Sein Hauptanliegen wurde der Kampf gegen den Sklavenhandel; 1787 wurde er Mitbegründer der *Society for Effecting the Abolition of the Slave Trade* und hielt seit dem 12. 5. 1789 im Parlament zahlr. Reden gegen den Sklavenhandel; 1821 kam es zur Gründung der *Society for the Mitigation and Gradual Abolition of Slavery throughout the British Dominion* (*Anti-Slavery-* bzw. *Abolition-Society*), deren Vizepräsident W. 1823 wurde. Aufgrund gesundheitl. Probleme mußte er ab 1825 alle öffentl. Tätigkeiten aufgeben; W. verstarb einen Monat vor der Erreichung seines Lebenszieles, der Abschaffung der Sklaverei am 29. 8. 1833 durch den *Slavery Abolition Act*.

Lit.: BBKL 13 (1998), 1160–1166.

SUSANNE STÜBINGER

Wilhelm von Auvergne, scholast. Theologe, Bischof, * um 1180 (Aurillac), † 1249 (Paris). Nach 1215 Magister Artium, 1225 Prof. der Theologie an der Univ. Paris, 1228 Bf. von Paris. W. war einer der ersten, die sich den Herausforderungen der aristotel. und arab. Philosophie stellten, wobei er einzelne Lehren krit. mit → Augustinus konfrontierte. W.s Werk sollte v.a. für die Theologen der OFM-Schule (→ Bonaventura) inspirierend werden.

Lit.: LMA 9 (1998), 162f.

MARIANNE SCHLOSSER

Wilhelm von Champeaux, Philosoph und Theologe, Bischof * um 1070 (Champeaux), † 1122 (Châlons-sur-Marne). Lehrte an der Kathedralschule von Paris Logik. Sein berühmtester Student und Gegner wurde → Abaelard. W. vertrat in der sog. Universalienfrage (d.h., welche Wirklichkeit den Allgemeinbegriffen zukommt) zunächst die realist. Position, korrigierte sie aber aufgrund der Kritik Abaelards. 1108/09 trat W. bei den regulierten Chorherren ein und lebte in St. Victor bei Paris; 1113 wurde er Bf. von Châlons-sur-Marne. Zus. mit → Anselm von Laon darf W. – gegen die polem. Geringschätzung Abaelards – als angesehener Lehrer gelten.

Lit.: LMA 9 (1998), 167f.; M. Grabmann, Geschichte der scholast. Methode (1911, 1961), II, 128–168.

MARIANNE SCHLOSSER

Wilhelm von Hirsau, sel., OSB, Abt von Hirsau, * um 1030 (?) (Bayern), † 2.6./5.7.1091 (Hirsau). Als Oblate und Mönch im Klr. St. Emmeram zu Regensburg erhielt W. v.a. durch den gelehrten Otloh von St. Emmeram (um 1010 – um 1070) seine Ausbildung. 1069 zum Abt des um 830 gegründeten OSB-Klr. Hirsau im Schwarzwald gewählt (Weihe aus Rücksicht auf seinen abgesetzten Vorgänger erst 1071), erneuerte W. das Kloster im Geist der Cluniazens. Reform und schuf eine monast. Erneuerungsbewegung eigenen Gepräges, die *Hirsauer Reform*. Durch die direkte Unterstellung der zur Hirsauer Observanz gehörenden Klöster unter den Papst (Privileg P. → Gregors VII. von 1075) gelangte die Cluniazens. Reform in Deutschland zu größerem Einfluß. Im Investiturstreit gehörten die Hirsauer zu den energischsten Anhängern der päpstl. Partei im Kampf gegen die Ks. → Heinrich IV. und → Heinrich V. Von großer Bedeutung wurden bis zum etwa 1150 einsetzenden Niedergang die Hirsauer Schreib- und „Bauschule“ (als Sammelbegriff für den Typ der an Hirsauer Klöster orientierten dreischiffigen, flachgedeckten Säulenbasilika). 1083 veranlaßte W. den Neubau des damals größten Klosters auf dt. Boden; auch Schriften zur Astronomie und Musik zeigen seine vielfältigen Begabungen.

Lit.: ^{3}LThK 10 (2001), 1180f.; DBE 10 (1999), 505; LMA 8 (1997), 155f.; J. Köhler, Politik und Spiritualität (1991).

MANFRED HEIM

Wilhelm von Nogaret → Nogaret, Guillaume de

Wilhelm von Ockham, OFM, spätscholast. Theologe, Berater → Ludwigs IV. des Bayern, * 1285/90 (Ockham), † 10.4.1347 (München). Manches in der Biographie W.s bleibt im Dunkeln. Vermutl. wurde er in dem Dorf Ockham (35 km von London) geboren. Er wurde Franziskaner und erhielt seine Ausbildung wohl in Oxford. Dort wurde er insbes. mit den Lehren des großen OFM-Theologen J. → Duns Scotus bekannt, dessen Ansätze er teilweise in seiner eigenen Lehrtätigkeit noch zuspitzte. Bis 1324 verfaßte W. einen *Sentenzenkommentar* und mehrere *Aristoteles-Kommentare*, sein Hauptinteresse gehört dabei der Logik. Berühmt wurde sein Sparsamkeitsprinzip („Ockhams Rasiermesser"): Vielheit sei nicht ohne Notwendigkeit anzunehmen. Wegen einiger theol. Thesen (Eucharistie-Lehre, Spekulationen im Anschluß an die Lehre von der absoluten Freiheit und Macht Gottes, die nicht ohne Rückwirkungen auf die Gnadenlehre sind) wurde O. zunächst von seiner Provinz, 1323 vom Kanzler der Oxforder Univ., Johannes Lutterell, zur Rechenschaft gezogen. Das von diesem eingeleitete Verfahren am päpstl. Hof zu Avignon endete zwar nicht mit einer formellen Verurteilung, doch bildete der Aufenthalt für W.s Biographie einen tiefen Einschnitt: Er traf mit dem Ordensgeneral Michael von Cesena zusammen und schloß sich im sog. „theoretischen Armutsstreit" dessen Auffassung an, die auch Ludwig d. Bay. in der Sachsenhausener Appellation sich zu eigen gemacht hatte: P. → Johannes XXII. sei als Häretiker zu betrachten, da er die Armutsauffassung der extremen Franziskaner – Christus und die → Apostel hätten weder individuell noch kollektiv etwas besessen – nicht billigte. W. floh mit dieser Gruppe an den Hof Ludwigs nach Pisa, dann nach München. Seit dieser Zeit (v.a. seit 1332) verfaßte er polem. Pamphlete wie auch großangelegte Werke zur pol. Theorie, die Fragen des Naturrechts (Eigentum) und das Verhältnis von Staat und Kirche betreffen, aber auch ein bestimmtes Verständnis von Glauben und Kirche selbst (Bedeutung des Einzelnen, des Laien) spiegeln. W. starb 1347 in München; eine Gedenktafel an der Gruft des heutigen OFM-Klosters erinnert dort an ihn.

Lit.: J. P. Beckmann, W.v.O. (1995); TRE 25 (1995), 6–18.

MARIANNE SCHLOSSER

Williams, Sir George, Gründer des CVJM, * 11. 10. 1821 (Ashway Farm, Dulverton), † 6. 11. 1905 (Torquay). Der erfolgreiche und vermögende Tuchhändler W. wurde von den puritan. Wanderpredigern Ch. G. Finney und Th. Binney stark beeinflußt und wirkte selber als Prediger und Sekretär einer Sonntagsschule in London. Dort gründete er 1844 mit elf Gleichgesinnten die 1842 als *Young Men's Missionary Society* begründete *Young Men's Christian Association* (YMCA, dt. Christl. Verein Junger Männer, CVJM), eine freie Vereinigung der ev. männl. Jugend mit dem Ziel, „junge Männer miteinander zu verbinden, die Jesus Christus nach der Heiligen Schrift als ihren Gott und Heiland anerkennen ... und gemeinsam danach trachten wollen, das Reich ihres Meisters unter den jungen Männern auszubreiten" (Erklärung der Pariser Basis, 1855), sowie soz. und erzieher. Engagement zu fördern.

Lit.: S. Fischer, Die Größe des kleinen Anfangs (1982).

MANFRED HEIM

Willigis von Mainz, hl. (Fest 23. 2.), Erzbischof, * um 940, † 23. 2. 1011 (Grab in Mainz). Der Hofkaplan

Ks. Ottos II. wurde 975 Ebf. von Mainz und Erzkanzler. Er diente drei Kaisern. Sein Ehrentitel *Vater des Kaisers und des Reiches* war ihm Programm. Er sorgte sich nach dem Tod Ottos II. um die Erziehung des dreijährigen Sohnes und sicherte ihm die Krone. Er beendete den Thronstreit nach dem frühen Tod → Ottos III. und krönte → Heinrich II. in Mainz zum König. Dort ließ er den Martinsdom errichten. Auch St. Stephan und St. Viktor sowie das OSB-Kloster Jechaburg (Thüringen) gehen auf W. zurück. Täglich wurden 30 Arme auf seine Veranlassung gespeist.

Lit.: [3]LThK 10 (2001), 1213 f.; W. Goez, Der hl. W., in: Säulen der Mainzer Kirche im ersten Jahrtausend (1998), 61–80.
WOLFGANG ROTZSCHE

Winfrid Bonifatius → Bonifatius

Witzel, Georg (Wicelius), kath. Reformtheologe, * 1501 (Vacha/Werra), † 16. 2. 1573 (Mainz). Nach Theol.-Studium in Erfurt und Wittenberg (seit 1516) empfing W. 1521 die Priesterweihe, heiratete jedoch zwei Jahre später und wurde 1525 ev. Pfarrer in Lupnitz. 1526 entlassen, übernahm er auf Empfehlung M. → Luthers 1526 die Pfarrei Niemegk, die er 1531 wieder verließ, um zur kath. Kirche zurückzukehren. 1533 wirkte W. als verheirateter kath. Prediger (acht Kinder) in Eisleben, seit 1541 beim Fürstabt von Fulda, seit 1553 in Mainz. Er nahm teil an verschiedenen Reichstagen und am Leipziger Religionsgespräch, wo er gemeinsam mit M. → Bucer die (letztlich vergebl.) Einigungsformel ausarbeitete. Mit seinen zahlr. v.a. kontroverstheol. Schriften rang W. um die Kircheneinheit, die ihm Hauptanliegen war. Sein Reformprogramm entwickelte er etwa in *Methodus concordiae* (1538), bes. aber in seinen Spätschriften *Via Regia* (1564) und *Typus* (1566).

Lit.: B. Henze, Aus Liebe zur Kirche Reform (1995). MANFRED HEIM

Wladimir I. (Vladimir/Volodymyr Swjatoslawitsch), der Heilige, der Große, hl. (Fest 15. 7.), Großfürst von Kiew, Fürst von Nowgorod, * 956 (Kiew), † 15. 7. 1015 (Berestova, Kiew). W., der in verschiedenen Feldzügen sein Reich vergrößerte und die Kiewer Rus innenpol. festigte, heiratete die Schwester des von ihm militär. unterstützten byz. Ks. Basileios II. Nicht zuletzt aus diesem Grund ließ er sich 988 von byz. Priestern taufen, führte auch Adel und Volk geschlossen zum Christentum und erhob das orth. Christentum zur Staatsreligion (mit Kiew als Metropole). Mit der Christianisierung und Eingliederung der Ostslawen in das Byz. Reich legte W., der seit dem 13. Jh. als Hl. verehrt wird, die Grundlagen für die innere Konsolidierung und die Verbreitung der byz. Kultur in Rußland.

Lit.: BBKL 17 (2000), 1506 f.
MANFRED HEIM

Wolfgang, hl. (Fest 31. 10.), Bf. von Regensburg, * um 924 (Schwaben), † 31. 10. 994 (Pupping bei Linz). Als Sohn freier Eltern geboren, wurde W. an der Reichenauer Klosterschule und an der Domschule in Würzburg ausgebildet. 956–964 war er Domscholaster in Trier und trat dann als Mönch in das Klr. Einsiedeln ein. Bf. → Ulrich von Augsburg weihte ihn zum Priester. Mit Erlaubnis seines Abtes wirkte W. etwa 971/72 missionar. bei den Ungarn und wurde auf Initiative des Bf. Pilgrim von Passau 973 Bf. von Regensburg. Als Bischof förderte er die Einführung der lothring. Klosterreform in Regensburg, löste die Personalunion zw. Bischofsamt und Klosterleitung von St. Emmeram und ermöglichte durch Abtrennung von Regensburger Diözesangebiet die Errichtung des Bistums Prag. W. ist Patron des Bistums Regensburg.

Lit.: [3]LThK 10 (2001), 1279f.; LMA 9 (1998), 306–308; G. Schwaiger, P. Mai (Hgg.), Wallfahrten im Bistum Regensburg (1994). STEPHAN HAERING

Wolsey, Thomas, engl. Staatsmann und Kardinal, Ebf. von York, * 1474/75 (Ipswich), † 29. 11. 1530 (Leicester). Student und (seit 1497) Fellow am Magdalen College in Oxford, seit 1507 Kaplan am Hof Kg. Heinrichs VII. von England, seit 1509 Hofprediger (*the King's Almoner*), wurde der hochbegabte und vielfache Pfründeninhaber W. 1514 Ebf. von York, 1515 Kardinal und 1518 päpstl. Legat. Unter Kg. → Heinrich VIII., dessen Gunst er besaß, schwächte er als Lordkanzler (seit 1515) und eigentl. Leiter der Regierungsgeschäfte den Einfluß des Hochadels und des Parlaments zugunsten der kgl. Macht. Außenpol. zunächst auf Seiten Ks. → Karls V., verbündete er sich nach der Schlacht von Pavia (1525) mit Frankreich. Er versuchte vergebl., die päpstl. Zustimmung zur Auflösung der Ehe Heinrichs VIII. mit Katharina von Aragón zu erwirken (Th. → Cranmer). Dies, Intrigen am Hof (u.a. wegen seiner Steuerpolitik und seines aufwendigen Lebensstils) und der pol. Umschwung (Bündnis Karls V. mit Franz I. von Frankreich) ließen W. beim König in Ungnade fallen. 1529 wurde er aller seiner Ämter enthoben und 1530 als Hochverräter verhaftet, starb jedoch noch vor seiner Verurteilung. W. gründete u.a. das spätere Christchurch College in Oxford.

Lit.: [3]LThK 10 (2001), 1283f.; LMA 9 (1998), 325f. MANFRED HEIM

Wulfila (Ulfila[s], „Wölfchen"), got. arian. Theologe, Bf. der Goten, Bibelübersetzer, * um 311, † um 383 (Konstantinopel). Seit 336 oder 341 Bf. der Goten (Weihe durch → Eusebius von Nikomedien), wirkte W. sieben Jahre nördl. der Donau, danach 33 Jahre in Mösien. Auf dem 2. Ökum. Konzil von Konstantinopel (381) versuchte er vergebl., die erneute Verurteilung des Arianismus (→ Arius) abzuwenden. Von größter Bedeutung wurde seine Übersetzung der Bibel, von der nur Teile (v.a. des NT) im *Codex argenteus* (heute Uppsala) erhalten sind und für die W. die got. Schrift schuf (andere Werke aus seiner Feder sind verloren). Diese Bibelübersetzung bildete die Grundlage für den Erhalt des arian. Glaubens als Stammeskirche der Goten und Vandalen und für ein Christentum arian.-german. Prägung.

Lit.: [3]LThK 10 (2001), 352; Metzler 741f.; [2]LACL 634; LMA 8 (1997), 1189f. MANFRED HEIM

Wyclif, John, engl. Theologe und Reformer,* um 1330 (Spreswell bei Richmond, Yorkshire), † 31. 12. 1384 (Lutterworth bei Oxford). Der aus ländl. Adel stammende W. studierte in Oxford, wo er auch als Dozent wirkte. Seit 1361 hatte er verschiedene Pfarrstellen inne, zuletzt seit 1374 die von Lutterworth. W. war ein herausragend gebildeter Philosoph und Theologe, der u.a. seit 1371 das Königshaus in Rechtsstreitigkeiten mit der Kirche beriet und 1374 an den Friedensverhandlungen zw. England und Frankreich teilnahm. Zu seinem Hauptanliegen wurde, von den Bettelorden inspiriert, die Reform der macht- und geldbestimmten Kirche nach den Idealen der bibl. Urgemeinde. Er entwickelte eine heftig umstrittene Herrschafts- und Eigentumstheorie, welche das kirchl. Finanzsystem als antichristl. erklärte und die weltl. Obrigkeit mit der Aufgabe der Kirchenreform, u.a. durch Enteignung des kirchl. Besitzes, betraute. 1377 verurteilte P. Gregor XI. 18 einschlägige Thesen W.s und bemühte sich, freilich vergeblich, um dessen Inhaftierung. W. baute seine Kritik weiter aus: Unter Berufung auf die alleinige Autorität der Hl. Schrift und auf → Augustinus wandte er sich gegen die weltl. Machtansprüche des Papstes, gegen Heiligenverehrung und Ablaßhandel und griff die Transsubstantiationslehre an. Seine Anhänger, die Lollarden, trugen W.s Ansichten in breite Bevölkerungskreise. Von W. ging auch der Anstoß zu einer Übertragung der Bibel (Vulgata) ins Englische aus (*Lollard Bible*). Der Bauernaufstand von 1381, als dessen Anstifter man W. verdächtigte, schwächte die Bewegung. W.s Schriften wurden 1382 auf Betreiben des Ebf. von Canterbury verdammt. Sein Denken beeinflußte, ausgehend vom Armutsideal, J. → Hus, mit dem er auf dem Konstanzer Konzil 1415 verurteilt wurde, und die hussit. Bewegung. Die Anordnung des Konzils, W.s Gebeine zu exhumieren und zu verbrennen, wurde 1428 ausgeführt. Die Anklänge an M. → Luther, als dessen Vorläufer W. zus. mit Hus gepriesen und gescholten wurde, können die fundamentalen Unterschiede nicht verdecken.

Lit.: [3]LThK 10 (2001), 1337–1341; BBKL 14 (1998), 242–258; A. Hudson, The Premature Reformation (1988); M. Vasold, Frühling im MA (1984).

HANS-MARTIN KIRN

X

Ximenes (Jiménez) de Cisneros, Francisco, span. Theologe, Reformer und Humanist, * 1436 (Torrelaguna), † 8. 11. 1517 (Roa, Provinz Burgos). X. reformierte als Provinzialvikar von Kastilien die Franziskanerobservanten und erwarb sich einen hervorragenden Ruf als Prediger und Beichtvater. Als Ebf. von Toledo und Primas von Spanien (ab 1495) vertrat er die Religionspolitik der Krone. Seine Visitationsreisen dienten der sittl. Hebung des Klerus. X. gründete 1508 die Univ. Alcalá, an der er neue wiss. und theol. Strömungen (Humanismus, Mystik, *Devotio moderna*) förderte. Kg. → Ferdinand II. von Aragón ließ X. zum Kardinal erheben und ernannte ihn zum Großinquisitor Kastiliens.

Lit.: BBKL 14 (1998), 278–281.

JOSEF KREIML

Z

Zabarella, Franciscus, Kanonist und Kardinal, * 10. 8. 1360 (Padua), † 26. 9. 1417 (Konstanz). Z. lehrte seit 1382 kanon. Recht in Bologna, seit 1385 in Florenz und 1391–1410 in Padua; 1410 wurde er Bf. von Florenz, 1411 Kardinal. Z. hatte vor und auf dem Konzil von Konstanz (1414–1418) großen Einfluß, v. a. bei der Überwindung des Abendländ. Schismas und der Formulierung des Dekrets *Haec sancta* (1415) über die Stellung von Konzilien. Sein Hauptwerk *Decretalium commentaria in quinque libros* (letzte Fassung 1404–1410; EA: 1502) fand weite Verbreitung.

Lit.: BBKL 14 (1998), 289–292; D. Girgensohn, F. Z. aus Padua, in: Zs. der Savigny-Stiftung für Rechtsgeschichte, Kanonist. Abteilung 79 (1993), 232–277.

FRANZ KALDE

Zaiß, Hermann, Fabrikant, * 1889, † 1958. Z. gründete 1945/49 in Solingen-Ohligs als selbständige dt. Gruppe der internat. Pfingstbewegung die *Gemeinde der Christen (Ecclesia)*. Zu dieser rel. Gruppierung, die durch Evangelisationsreisen ihres Gründers und seiner Mitarbeiter in Deutschland, Holland, Dänemark, der Schweiz und außerhalb Europas stark gewachsen ist, gehörten 1958 über 300 Gruppen (davon existierten 1995 noch ungefähr 100). Für die *Gemeinde der Christen* sind Dogmen und kirchl. Glaubensformen weitgehend irrelevant. Ihre Anhänger lehnen die Kindertaufe ab; sie praktizieren die Glaubenstaufe, oft auch das Heilungsgebet.

Lit.: [3]LThK 4 (1995), 423.

JOSEF KREIML

Zell, Katharina, geb. Schütz, reformator. Schriftstellerin, Ehefrau des Straßburger Reformators Matthäus Z., * 1498 (Straßburg), † 1562 (ebd.). Die aus einer wohlhabenden Handwerkerfamilie stammende Z. erhielt eine solide Elementarbildung im Lesen und Schreiben, die ihr eine weitere Fortbildung und lit. Tätigkeiten ermöglichten. Ende 1523 heiratete sie, von der reformator. Verkündigung angesprochen, den Prediger und Reformator Matthäus Z. Das Paar wurde von M. → Bucer getraut. Zw. 1524 und 1558 veröffentlichte die gute Kennerin der Bibel und der reformator. Theologie bemerkenswerte, zum Teil direkt an betroffene Frauen gerichtete Traktate sowie Streit- und Bittschriften: 1524 verteidigte sie die Klerikerehe. 1535/36 brachte sie eine neue Ausgabe des ersten dt.-sprachigen Gesangbuchs der Böhm. Brüder von Michael Weiße heraus. 1548 nahm sie, ein ungewöhnl. Vorgang, bei der Beerdigung ihres Mannes das Wort und veröffentlichte die Grabrede. 1557 erschien ihre ausführl. Verteidigung der Straßburger Reformation gegen die luth. geprägten Vorhaltungen des Ludwig Rabus, des langen Weggefährten und Nachfolgers ihres verstorbenen Mannes, der Straßburg verlassen und Superintendent in Ulm geworden war. Zuletzt erschienen ihre Psalmen- (Ps 51 und 130) und Vaterunser-Meditationen (1558). Hinzu kam die Korrespondenz mit namhaften Zeitgenossen. Als Pfarrfrau führte Z. ein gastfreies Haus, unterstützte Glaubensflüchtlinge und wurde soz. aktiv. Gut blieb ihr Verhältnis zu dem aus Straßburg vertriebenen C. von → Schwenckfeld. Z.s Wirken stellt, ähnlich dem der K. von → Bora, ein wichtiges Zeugnis für die Wirksamkeit von Frauen in der reformator. Bewegung und ihrer Laienfrömmigkeit dar.

Lit.: E. A. McKee, K. Schütz Z., 2 Bde. (1999). HANS-MARTIN KIRN

Zenzelinus de Cassanis, Kanonist, † 1334 (Avignon). Z., der auch unter Namensvarianten wie Jesselinus, Genselinus oder Gaucelinus begegnet, lehrte zunächst kanon. und röm. Recht in Montpellier, bevor er päpstl. Kaplan und *Auditor sacri Palatii* (Richter der Rota) in Avignon wurde. Sein Hauptwerk ist ein Kommentar zu den Extravaganten P. → Johannes' XXII. aus dem Jahr 1325, der als *Glossa ordinaria* in den glossierten Ausgaben gedruckt wurde.

Lit.: LMA 9 (1998), 543; J. Tarrant (Hg.), Extravagantes Iohannis XXII. (1983), bes. 22–26. FRANZ KALDE

Zinzendorf, Nikolaus Ludwig Reichsgraf von, Begründer der Herrnhuter Brüdergemeine, * 26. 5. 1700 (Dresden), † 9. 5. 1760 (Herrnhut). Durch die von seiner Großmutter veranlaßte Aufnahme in das Pädagogium in Halle schon in der Jugend vom Pietismus geprägt, studierte Z. zunächst Jura in Wittenberg und wurde Hof- und Justizrat in Dresden. Auf seinem Gut Berthelsdorf in der Oberlausitz entstand ab 1722 durch die Aufnahme von Restmitgliedern der alten böhm.-mähr. Brüderunität eine neue Gemeinschaft, mit der Z. den Ort Herrnhut („unter des Herren Hut") gründete. Ab 1727 widmete er sich ganz dem Ausbau der Gemeine, unternahm viele Reisen und verwirklichte Tochtergründungen. Sein Ziel war die innere Erneuerung der prot. Kirche, nicht die Schaffung eines neuen konfessionellen Zweigs. Z.s bleibende Bedeutung liegt in der Begründung einer diakon. und missionar. ausgerichteten Freikirche. Das reiche liturg. Leben der Herrnhuter Brüdergemeine förderte Z. auch durch seine Kirchenlieddichtungen.

Lit.: [3]LThK 10 (2001), 1461f.; E. Beyreuther, N. L. Graf von Z. (2000); D. Meyer, Z. und die Herrnhuter Brüdergemeine 1700–2000 (2000); P. Peucher, D. Meyer, Graf ohne Grenzen (2000); P. Zimmerling, N. L. Graf v. Z. und die Herrnhuter Brüdergemeine (1999). STEPHAN HAERING

Zwingli, Huldrych (Ulrich), Zürcher Reformator, * 1. 1. 1484 (Wildhaus, Toggenburg), † 11. 10. 1531 (bei Kappel). Der aus einer angesehenen Bauernfamilie stammende Z. studierte nach dem Besuch der Lateinschulen in Basel und Bern (1494–1498) an den Univ. Wien und Basel (1498–1506), wo er eine trad.-scholast. Ausbildung im Sinne der *via antiqua* erhielt. Nach kurzem Studium der Theologie empfing er die Priesterweihe und wirkte 1506–1518 als Pfarrer in Glarus und Einsiedeln. Wegweisend für seine theol. Entwicklung wurden das intensive Selbststudium klass., patrist. und scholast. Schriften, die Beschäftigung mit dem Werk des → Erasmus von Rotterdam, dem er 1516 in Basel persönl. begegnete, und die Kontakte mit schweizer. Humanisten. Durch Erasmus entdeckte Z. die Bibel und den eth. Charakter des christl. Glaubens neu. Nach der Berufung zum Leutpriester an das Großmünster in Zürich 1519 bildete sich bei Z., beeinflußt von einer Pesterkrankung, der Lektüre von → Augustinus und M. → Luther und den Herausforderungen bibl. begründeter Predigt, in einem mehrjährigen Prozeß eine eigenständige reformator. Theologie, bestimmt vom kommunalen und eidgenöss. Kontext, heraus (Typus der Stadtreformation). Zur öffentl. Auseinandersetzung kam es, als Z. eine demonstrative Übertretung der Fastenordnung durch einige Laien im Namen christl. Freiheit verteidigte und jede kirchl. Bestrafung ablehnte (erste reformator. Schrift Z.s: *Von Erkiesen [Wählen] und Freiheit der Speisen*, 1522). Z.s Ablehnung von Heiligen- und Marienverehrung, mönch. Lebensform und bfl. Autorität sorgten für weiteren Konfliktstoff. Einen Durchbruch im Sinne Z.s brachte die vom Rat der Stadt einberufene sog. Erste Zürcher Disputation von 1523, die zur Anerkennung des reformator. Schriftprinzips und zur Absage an die Autorität der Kirche und ihrer Tradition führte. Die von Z. vorbereiteten *67 Schlußreden* (Artikel) bilden die früheste Zusammenfassung seiner Theologie. In der Folgezeit spielte Z. für die Ausgestaltung der Zürcher Reformation eine zentrale Rolle. 1524 wurden Bilder und Statuen aus den Kirchen Zürichs entfernt, 1525 die Klöster aufgehoben, der Gottesdienst neu geordnet (ev. Abendmahlsfeier, ohne Orgel und Gesang), eine Armenordnung erlassen, das Schulwesen reorganisiert und in der Ablösung von der bfl. Jurisdiktion das Ehe- und Sittengericht etabliert. Zur Reform des Großmünsterstifts gehörte die Einrichtung der sog. *Prophezei* (1525), einer gemeinschaftl. Lehrveranstaltung zur Bibelauslegung, die v.a. der Fortbildung der Geistlichen diente, aber auch interessierten Laien offenstand. An ihr hatte Z. neben seiner volkssprachl. Predigttätigkeit regelmäßigen Anteil. Auf der Arbeit der *Prophezei* basierten Z.s Bibelkommentare und die 1529 erschienene Gemeinschaftsarbeit der Zürcher Bibelübersetzung. Mit seinem *Kommentar über die wahre und falsche Religion* (*Commentarius de vera et falsa religione*, 1525), der ersten umfassenden reformierten Dogmatik in lat. Sprache, bot Z. auf dem Höhepunkt der kirchenreformer. Maßnahmen eine lehrmäßige Konsolidierung und Abgrenzung gegen die starke kath. und täufer. Opposition sowie eine Profilierung gegenüber Luther. Die Täufer, anfangs Z.s enge Verbündete, wurden wegen ihrer Ablehnung der Kindertaufe und ihrer obrigkeitskrit. Haltung unnachsichtig bekämpft (Ertränkung des Täufers Felix Mantz in der Limmat 1527). In der innerprot. Abendmahlskontroverse wurde Z. mit seiner symbol. Deutung der Einsetzungsworte zum Hauptgegner Luthers; der Streit ließ sich auch im Marburger Gespräch 1529 nicht beilegen. Mit der *Rechenschaft über den Glauben* (*Fidei ratio*) legte Z. auf dem Augsburger Reichstag sein eigenes Glaubensbekenntnis vor. In der Sakramentsfrage ähnlich antikath. und antilutherisch, fiel die an den frz. König gerichtete *Erklärung des christlichen Glaubens* (*Expositio fidei*, 1531) aus. In enger Verbindung mit den pol. Akteuren förderte Z. die Durchsetzung der Reformation in der Eidgenossenschaft (Bern und St. Gallen 1528, Basel 1529). Die konfessionelle Zweiteilung des Landes suchte Z. durch eine europaweite antihabsburg. Bündnispolitik und den militär. Angriff auf die innerschweizer. Gegner zu verhindern. Nach der Schwächung der kath. Seite im Ersten Kappeler Landfrieden 1530 brachte der Zweite Kappeler Krieg 1531, bei dem die kath. Stände den Angriff führten, Zürich die Niederlage. Z. fand mit mehr als 20 anderen Zürcher Geistlichen in der Schlacht den Tod. Sein Nachfolger wurde H. → Bullinger, der die durch die Niederlage sichtbar gewordene Krise der zwinglian. Reformation überwinden half. Charakterist. blieb Z.s Ideal eines christl. Gemeinwesens, in dem die weltl. Obrigkeit als Repräsentantin der Gesamtgemeinde auch kirchl. Regelungsaufgaben wahrnahm.

Lit.: [3]LThK 10 (2001), 1524–1528; Kaufmann 53–56; B. Hamm, Z.s Reformation der Freiheit (1988); J. V. Pollet, H. Z. (1988); U. Gäbler, H. Z. (1983).

Hans-Martin Kirn

Personenregister

Das Register enthält alle in den Artikeln erwähnten Personen,
zu denen es keinen eigenen Artikel gibt.